본성과 본능

쌍개념들의 탐구

본성과 본능

쌍개념들의 탐구

이상익 지음

심산

序

작년에 출간한 『본성과 본능 : 서양 人性論史의 재조명』에 이어, 그 후속편으로 『본성과 본능 : 쌍개념들의 탐구』를 출간하게 되었다. 앞의 책에서는 본성과 본능의 개념을 구분하고, 인성론(人性論)의 근본 문제는 결국 도덕적 본성과 이기적 본능이라는 인간 천성의 양면성을 해명하는 것임을 밝혀보았다면, 이번 책에서는 인문학이나 사회과학의 근본 문제는 도덕적 본성과 이기적 본능 사이의 관계설정 문제로 귀결된다는 점을 밝혀보고자 했다.

내가 '본성과 본능' 이라는 주제에 본격적인 관심을 두게 된 것은 '인권(人權)과 인륜(人倫)' 이라는 주제를 공부하면서부터이다. 전근대의 인륜론자들은 도덕적 본성을 중심으로 인간을 이해했는데, 근대의 인권론자들은 이기적 본능을 중심으로 인간을 이해하고 있음을 발견하게 된 것이다. 도덕적 본성을 중심 개념으로 삼는 삶과 이기적 본능을 중심 개념으로 삼는 삶은 그 양상이 전혀 다르다. 그리하여 이 문제에 관심을 두고 공부하다 보니, 차츰 관심의 범위가 확대되어 '본성과 본능' 이라는 주제로 두 권의 책을 저술하게 된 것이다.

인간은 생존을 위해 끊임없이 식색(食色)의 욕구를 충족해야 하는 동물의 일원이요, 또한 동시에 다른 동물들과는 달리 도덕을 추구하는 존엄한 존재이다. 우리는 보통 '식색의 추구' 를 '육체적 본능' 이라 하는데, 이는 인간과 다른 동물들이 공유하는 것이다. 또한 '도덕의 추구' 를 '도덕적 본성' 이라 하는데, 이는 다른 동물들과 구별되는 인간의 고유한 특징이다.

아리스토텔레스나 칸트가 정의한 '본성' 의 개념을 따른다면, '본성' 이란 어떤 종(種)의 '보편적 성향' 인 동시에 그 종을 다른 종과 구별시켜주는 '고유한 성향' 을 말한다. 그렇다면 '인간의 본성' 이란 인간이면 누구나 지니는 인간의 '보편적 성향' 인 동시에, 인간을 다른 동물과 구별해주는 인간만의 '고유한 성향' 인 것이다. 이렇게 본다면, 인간은 누구나 '육체적 본능' 과 '도덕적 성향' 을 동시에 지니고 있더라도, '육체적 본능' 은 인간과 다른 동물이 공유하는 내용인바, 따라서 오직 '도덕적 성향' 만이 '인간의 본성' 으로 인정될 수 있다.

사람들은 누구나 제한 없는 욕구의 충족을 원하면서도 또한 혼란과 쟁탈은 기피한다. 그 까닭은 혼란과 쟁탈이 그 자체 바람직하지 못하기 때문이기도 하며, 혼란과 쟁탈 속에서는 자신의 안전도 보장받을 수 없기 때문이기도 하다. 그러므로 이기적 본능을 적절히 통제할 필요가 대두하는데, 그 당위성과 가능 근거는 바로 인간의 도덕적 본성에서 찾아지는 것이다. 이러한 맥락에서, '육체적 본능' 과 '도덕적 본성' 은 인간의 심성을 좌우하는 두 축이라 할 수 있다.

나는 그동안 철학을 공부하면서 이런저런 개념체계들을 접했다. 그런데 '인심과 도심', '군자와 소인', '왕도와 패도', '존현(尊賢)과 사능(使能)' 등 전통 유교의 쌍개념은 물론, '재산과 교양', '정언명령과 가언명령', '자연법과 자연권', '일반의지와 특수의지' 등 서양 철학의 쌍개념들의 밑바탕에는 바로 '본성과 본능' 의 문제가 놓여 있다는 것을 발견하게 되었다. 그리하여 이 책에서는 내가 공부한 범위에서 주요 쌍개념들을 '본성과 본능' 의 문제와 연관 지어 정리해 본 것이다. 이를 통해서 나는 인문학이나 사회 · 정치 철학의 근본 문제는 결국 도덕적 본성과 이기적 본능 사이의 관계설정 문제라고 이해하게 되었다.

아리스토텔레스는 인간을 '이성적 동물' 로 규정했는데, 이는 인간의 양면성을 가장 단순 명쾌하게 설파한 것이다. '이성적' 이라는 말은 '지혜롭다' 는 말과 같은 뜻으로서, '욕구를 효과적으로 충족시킨다' 는 뜻과 '불합리한 욕구를 통제한다' 는 뜻을 동시에 지닌다. 인간은 과연 다른 동물들보다 훨씬 효과적으로 자신의 욕구를 충족시키며, 또한 보다 훌륭한 삶을 위해 불합리한 욕구를 통제할 수 있지 않은가? 이렇게 본다면 인간은 이성과 동물성을 함께 지니는바, 이성은 도덕적 본성에 해당하고 동물성은 이기적 본능에 해당한다.

인간을 '이성적 동물' 이라 한다면, '이성과 동물성' 또는 '도덕적 본성과 이기적 본능' 중에 어느 하나를 무시하고는 '인간다운 삶' 을 설명할 수 없는 것이다. 이러한 맥락에서 '인간다운 삶' 이란 '이성과 동물성' 또는 '도덕적 본성과 이기적 본능' 사이의 중용(조화와 균형)을 통해서 이루어진다고 볼 수 있겠다. 이는 우리의 '건전한 상식' 에 속하는 것으로서, 결코 특별한 내용이 아니다.

이 건전한 상식을 공자는 '극기복례(克己復禮)' 로 설명한 것이요, 부처님은 '무아(無我)' 로, 아우구스티누스는 '순서가 바른 사랑' 으로 설명했던 것이다. 그런데 르네상스 이후 근대에 접어들면서 이러한 건전한 상식이 무너지기 시작했다. 보카치오(Boccaccio)와 에라스뮈스(Erasmus)는 '휴머니즘' 의 이름으로 방종한 쾌락을 미화했으며, 이후 자유주의자들은 '인권' 의 이름으로 온갖 욕구의 해방을 주창했다. 이들이 선도한 '세속화(世俗化)' 의 결과, 이제 세상은 플라톤의 말대로 '배부른 돼지들의 나라' 가 되었다.

오늘날 '배부른 돼지들의 나라' 에서 사람들 사이의 갈등은 개선되지 않았고, 환경오염과 자원고갈은 더욱 악화되었다. 이미 공상 영화의 단골 주제가 되었듯이, 모험심과 개척정신이 강한 사람들은 이제 지구를 떠나 우주로 진출하여 인류의 새로운 터전을 건설하겠다고 나섰다. 이 대목에서 나는 '이성적 존재로서의 지혜로움' 이란 과연 무엇인지 묻게 된다. 우리에게 주어진 터전을 알뜰하게 가꾸면서 오손도손 사는 것이 지혜로운 것인가, 아니면 주어진 터전을 제멋대로 다루다가 망가지면 내팽개치고 어디에 있는지도 모르는 다른 세상을 찾아 나서는 것이 지혜로운 것인가?

아무튼 백 년 후, 천 년 후 인류의 미래를 낙관할 수 있는 사람이 과연 얼마나 될까? 내가 이 책에서 말하고 싶은 것은 다음의 세 가지였다. 첫째, 인간에게는 도덕적 본성과 이기적 본능의 양면성이 있다는 것. 둘째, 인문학이나 사회과학의 핵심 과제는 본성과 본능 사이의 올바른 관계를 설정하는 데 있다는 것. 셋째, 서양 근대의 잘못된 휴머니즘을 타파하고, 올바른 휴머니즘을 정립해야 한다는 것. 이것이 개인적으로는 '행복하고 건강한, 사람다운 삶의 길' 이요, 인류 전체의 차원에서는 '나와 이웃이 공존(共存)하고, 자연과 인간이 동생(同生)하는 길' 이다.

나의 학업을 성원해주신 주위의 모든 분들께 감사드린다. 아울러, 출판계의 어려운 여건에도 불구하고 매번 '졸저(拙著)' 를 흔쾌히 출판해주시는 심산출판사 최원필 사장님께 감사드린다.

2017년 清明節

이상익 삼가 씀

目次

제2부 서양 철학의 주요 쌍개념들

서론

1. 성선설과 성악설

인간의 본성에 대해 논하자면 흔히 맹자의 성선설(性善說)과 순자의 성악설(性惡說)을 떠올리고, 두 사람의 인성론을 상반되는 것으로 생각하기 쉽다. 그런데 두 사람의 인성론이 그렇게 상반된 것은 아니다. '도덕적(사회적) 성향'과 '육체적(동물적, 이기적) 본능'을 중심으로 인간의 심성을 해명하고, 결론적으로 육체적 본능보다 도덕적 성향을 강조한 점에서는 두 사람의 견해가 일치하기 때문이다. 먼저 이러한 관점에서 맹자의 성선설과 순자의 성악설을 살펴보자.

맹자 당시에 '性'이란 용어는 '인간이 타고난 동물적 본능'을 지칭하기도 하고, '인간이 타고난 도덕적 성향'을 지칭하기도 했었다. 예컨대 맹자의 논적이었던 고자(告子)는 "사람이 타고난 것 그 자체가 바로 본성"이라 하고,[1] 보다 구체적으로는 "식색(食色)의 본능이 바로 인간의 본성"이라 하였다.[2] 그러나 맹자는 '식색의 본능'을 '인의예지(仁義禮智)의 성향'과 구

1) 『孟子』 告子上 3 : 告子曰 生之謂性
2) 『孟子』 告子上 4 : 告子曰 食色 性也

분하고, '군자(君子)는 식색의 본능을 본성으로 여기지 않는다' 고 단언했다. '군자는 오직 인의예지만을 본성으로 여긴다' 는 것이다. 맹자는 다음과 같이 말한다.

> 입은 맛있는 음식을 원하고, 눈은 아름다운 색을 원하며, 귀는 아름다운 소리를 원하고, 코는 좋은 냄새를 원하며, 사지(四肢)는 안일을 추구하는 것은 性인데, 命이 있으니, 군자는 이러한 것들을 性이라고 말하지 않는다. 부자(父子)의 仁과 군신(君臣)의 義와 빈주(賓主)의 禮와 현자(賢者)의 智와 성인(聖人)이 천도(天道)를 추구함은 命이나, 性이 있으니, 군자는 이러한 것들을 命이라고 말하지 않는다.[3]

'이목구비와 사지의 욕망' 은 오늘날의 개념으로는 '육체적 본능' 또는 '본능적 욕망' 에 해당한다. 맹자는 '본능적 욕망' 에 대해서 일단 '性' 이라고 인정하면서도, "命이 있으니,[4] 군자는 이러한 것들을 性이라고 말하지 않는다." 고 했다. 요컨대 본성은 '아무런 제한 없이 있는 그대로 실현되어야 하는 것' 인데, 본능적 욕망은 '제한을 받아야 마땅한 것' 이므로 본성으로 인정할 수 없다는 것이다. 이는 '육체적 본능' 에 대해 사실적 차원에서는 性으로 인정하면서도, 당위적 차원에서는 性으로 인정하지 않은 것이다. '인의예지와 천도(天道)를 추구함' 은 맹자가 성선설을 주장할 때에 지칭하는 性으로서, 오늘날의 개념으로는 '도덕적 본성' 에 해당한다. 맹자는

---

3) 『孟子』 盡心下 24 : 口之於味也 目之於色也 耳之於聲也 鼻之於臭也 四肢之於安佚也 性也 有命焉 君子不謂性也 仁之於父子也 義之於君臣也 禮之於賓主也 智之於賢者也 聖人之於天道也 命也 有性焉 君子不謂命也

4) '命이 있음' 에 대하여, 程子는 "이 다섯 가지의 욕망은 性이다. 그러나 分限이 있어서, 원하는 대로 충족시킬 수 없으니, 이것이 命이다." 라고 풀이하였다(『孟子集註』 盡心下 24, 集註).

'인의예지와 천도를 추구함' 에 대해서도 '命'[5]이 있음을 인정하면서도, "性이 있으니, 군자는 이러한 것들을 命이라고 말하지 않는다." 고 했다. 요컨대 인간의 도덕적 본성을 실현하는 데에도 命으로 인한 제약이 따름을 인정하면서도, 군자는 그러한 제약을 넘어서는 것이라 하여, '본성의 완전한 실현' 을 강조한 것이다.

맹자는 인간에게는 누구나 사단(四端)이 있다는 점을 논거로 인의예지를 인간의 본성으로 규정하고, 성선설을 주장했다. 맹자는 다음과 같이 말한다.

> 지금 사람들이 갑자기 어린아이가 장차 우물에 빠지는 것을 본다면 모두 깜짝 놀라며 측은히 여기는 마음을 가질 것이다. 이는 어린아이의 부모와 교분을 맺으려는 것도 아니요, 마을의 친구들에게 명예를 얻으려는 것도 아니며, (아이를 구해주지 않았을 때의) 비난하는 소리가 싫어서 그런 것도 아니다. 이것으로 본다면, 측은지심(惻隱之心)이 없으면 사람이 아니요, 수오지심(羞惡之心)이 없으면 사람이 아니며, 사양지심(辭讓之心)이 없으면 사람이 아니요, 시비지심(是非之心)이 없으면 사람이 아니다. 측은지심은 仁의 단서요, 수오지심은 義의 단서이며, 사양지심은 禮의 단서요, 시비지심은 智의 단서이다. 사람에게 이 사단(四端)이 있음은 몸에 사지(四支)가 있는 것과 마찬가지이다. 이 사단을 지니고 있으면서 스스로 '나는 인의예지를 실천할 수 없다' 고 하는 것은 스스로를 해치는 것이요, '우리 임금은 인의예지를 실천할 수 없다' 고 하는 것은 자기 임금을 해치는 것이다. 무릇 나에게 있는 사단을 모두 확충시킬 줄 안다면, 불이 처음 타오르는 것과 같고, 샘이 처음 뚫리는 것과 같으니, 진실로 확충시킬 수 있

5) 朱子는 '두텁고 맑은 氣' 를 타고나면 仁義禮智와 天道를 완전하게 실현할 수 있으나, '얇고 흐린 氣' 를 타고나면 仁義禮智와 天道를 완전하게 실현할 수 없다고 설명하고, 이 모든 것이 이른바 '命' 이라 하였다(『孟子集註』 盡心下 24, 集註).

다면 온 세상을 보전하기에 충분하고, 진실로 확충시키지 않는다면 부모를 섬기기에도 부족할 것이다.[6]

위의 인용문은 맹자 성선설의 핵심 내용이다. 맹자가 성선설을 주장하는 논거는 인간은 누구나 사단을 지니고 있다는 것뿐이다. 측은지심은 仁의 본성이 드러난 것으로서, '남을 사랑하는 마음' 특히 '곤경에 처한 사람을 불쌍히 여기고 도와주려는 마음' 이다. 수오지심은 義의 본성이 드러난 것으로서, '자신의 잘못을 부끄러워하고 남의 잘못을 미워하는 마음' 이다. 사양지심은 禮의 본성이 드러난 것으로서, '자신을 낮추고 상대방을 존중하는 마음' 이다. 시비지심은 智의 본성이 드러난 것으로서, '옳고 그름을 분별하는 마음' 이다. 여기서 알 수 있듯이, '인의예지' 는 모두 인간의 도덕성이나 사회성과 관련된 것이다. 맹자는 '사단이 없으면 인간이 아니다' 라고 단언했다. 다른 동물들과는 달리 인간은 인의예지의 본성을 타고났거니와, 이러한 본성을 발휘해야만 '인간' 이라 말할 수 있다는 것이다.

앞에서 말했듯이, 인간에게는 악으로 흐를 가능성이 큰 '육체적 본능' 이 있다는 것을 맹자도 잘 알았다. 더 나아가, 맹자는 육체적 본능이 도덕적 성향을 압도한다고 보았다. 맹자는 "사람과 금수(禽獸)의 차이는 아주 적다. 보통 사람들은 이 차이를 무시하고, 군자는 이 차이를 보존한다."[7]고 했다. 사람과 금수는 육체적 본능을 공유하는바, 따라서 이 말은 육체적 본

---

6) 『孟子』 公孫丑上 6 : 今人乍見孺子 將入於井 皆有怵惕惻隱之心 非所以內交於孺子之父母也 非所以要譽於鄕黨朋友也 非惡其聲而然也 由是觀之 無惻隱之心 非人也 無羞惡之心 非人也 無辭讓之心 非人也 無是非之心 非人也 惻隱之心 仁之端也 羞惡之心 義之端也 辭讓之心 禮之端也 是非之心 智之端也 人之有是四端也 猶其有四體也 有是四端而自謂不能者 自賊者也 謂其君不能者 賊其君者也 凡有四端於我者 知皆擴而充之矣 若火之始然 泉之始達 苟能充之 足以保四海 苟不充之 不足以事父母

7) 『孟子』 離婁下 19 : 人之所以異於禽獸者 幾希 庶民去之 君子存之

능은 매우 강력함에 비하여 도덕적 성향은 매우 미약하다는 뜻이요, 군자란 이 미약한 도덕적 성향을 잘 지키고 발휘하는 사람이라는 뜻이다. 맹자는 또한 "사람에게는 道가 있거니와, 배불리 먹고 따뜻하게 입으며 편안히 살되 가르침이 없다면 곧 금수에 가깝게 된다. 성인(聖人)이 이를 근심하시어, 설(契)을 사도(司徒)로 삼아 인륜(人倫)을 가르치게 하셨다."[8]고 했다. 의식주(衣食住)의 충족이라는 본능의 차원에서는 사람과 금수가 다르지 않으므로, 오직 '인륜' 만이 사람과 금수를 구별해주는 준거가 된다는 것이다. 인의예지의 본성을 바탕으로 동물적 본능을 제어함으로써 사회적 삶을 바람직하게 이루어나가는 것이 바로 '인륜적 삶' 이요 '인간다운 삶' 이다.

맹자의 주장을 정리하면, 식색의 본능적 욕구를 추구하는 점에서는 인간과 동물이 마찬가지라는 것, 식색의 본능이 도덕적 본성을 압도할 정도로 도덕적 본성은 미약하다는 것, 그럼에도 불구하고 도덕적 본성이야말로 인간을 인간답게 해 주는 성질이므로 이를 잘 확충해야 한다는 것이었다. 맹자의 이러한 주장은 이후 유교의 지론이 되었다.

맹자는 '금수와 구별되는 인간의 고유한 본성' 을 주목한 반면, 순자는 인간이 타고난 육체적 본능과 도덕적 성향 가운데 '어느 것이 더 강력한가' 를 주목했다. 둘 가운데 더 강력한 것은 물론 육체적 본능이다. 이러한 관점에서 순자는 다음과 같이 말한다.

> 이제 사람의 본성은 태어나면서부터 이익을 좋아하거니와, 이를 따르기 때문에 쟁탈(爭奪)이 생기고 사양(辭讓)이 없어진다. 태어나면서부터 미워하고 싫어하는 바가 있거니와, 이를 따르기 때문에 잔적(殘賊)이 생기고 충신(忠信)이 없어진다. 태어나면서부터 눈과 귀의 욕망이 있어서 성색(聲色)을 좋아하거니와,

8) 『孟子』 滕文公上 4 : 人之有道也 飽食煖衣 逸居而無教 則近於禽獸 聖人有憂之 使契爲司徒 教以人倫

> 이를 따르기 때문에 음란(淫亂)이 생기고 예의(禮義)와 문리(文理)가 없어진다. 그렇다면, 사람의 성정(性情)을 따르면 반드시 쟁탈이 생겨서, 분수를 범하고 이치를 어지럽혀 포악하게 되는 것이다. 그러므로 반드시 장차 사법(師法)의 교화(敎化)와 예의(禮義)의 道가 있은 다음에야 사양이 생겨서, 문리(文理)에 부합하여 다스려지는 것이다. 이것으로 본다면, 사람의 본성은 惡함이 분명하다. 그 善은 인위적 노력의 결과이다.[9)]

위에 보이듯이, 순자는 '이익을 좋아하고 손해를 싫어하는 마음' 또는 '이목구비의 욕망'을 인간의 본성으로 규정했다. 요컨대 순자는 육체적 본능을 인간의 본성으로 규정한 것이다. 인간이 이목구비의 본능적 욕망에 충실하다 보면 금수처럼 다툼을 일삼게 되는데, 순자는 이러한 사실을 바탕으로 성악설을 주장한 것이다.

순자는 육체적 본능을 인간의 본성으로 파악하여 성악설을 주장하지만, 한편으로는 인간은 누구나 본래 '인의(仁義)와 법정(法正)을 알고 행할 수 있는 자질'을 지니고 있다고 주장한다.

> 무릇 우(禹)가 우(禹)가 된 까닭은 인의(仁義)와 법정(法正) 때문이다. 그렇다면 인의와 법정을 알 수 있고 행할 수 있는 이치가 있는 것이다. 그런데 길을 가는 사람들도 모두 인의와 법정을 알 수 있는 자질이 있고, 인의와 법정을 행할 수 있는 도구가 있다. 그렇다면 그들도 우(禹)처럼 될 수 있음이 분명하다. (…) 지금 길을 가는 사람들도 모두 안으로는 부자(父子)의 의리를 알 수 있고, 밖으

9) 『荀子』〈性惡〉: 今人之性 生而有好利焉 順是故爭奪生而辭讓亡焉 生而有疾惡焉 順是故殘賊生而忠信亡焉 生而有耳目之欲 有好聲色焉 順是故淫亂生而禮義文理亡焉 然則從人之性順人之情 必出於爭奪 合於犯分亂理 而歸於暴 故必將有師法之化 禮義之道 然後出於辭讓合於文理 而歸於治 用此觀之 然則人之性惡 明矣 其善者僞也

로는 군신(君臣)의 바른 도리를 알 수 있으니, 그렇다면 길을 가는 사람에게도 알 수 있는 자질과 행할 수 있는 도구가 있음이 분명하다.[10)]

순자는 보통사람에게도 '인의와 법정을 알고 행할 수 있는 자질'이 있다고 주장하고, 따라서 그들도 우(禹)처럼 훌륭한 사람이 될 수 있다고 확언했다. 더 나아가, 순자는 "사람이 사람이 되는 까닭은 다만 두 발이 있고 털이 없기 때문이 아니라 변별(辨別)이 있기 때문이다. (…) 무릇 금수에게도 '부자(父子)'는 있으나 '부자의 친함'은 없으며, '암수'는 있으나 '남녀의 분별'은 없다. 인도(人道)에는 변별이 없는 것이 없으니, 변별은 구분보다 큰 것이 없고, 구분은 禮보다 큰 것이 없다."[11)]고 하여, 사람이 금수와 구별되는 '사람다움의 근거'는 인륜(人倫)에 있다고 보았다. 그런데 인륜은 분명 '인의(仁義)와 법정(法正)을 알고 행할 수 있는 자질'로부터 비롯되었을 것이다. 그렇다면 인륜을 사람다움의 근거로 설정하고, 타고난 본성에서 그 가능 근거를 찾은 것은 순자와 맹자가 마찬가지였다.

이상의 내용을 정리해 보자. 맹자나 순자는 모두 인간은 '식색(食色)의 본능'과 '인의예지(仁義禮智)의 성향'을 함께 지니고 태어났다는 점을 인정했다. 그런데 맹자는 식색의 본능이 인의예지의 성향을 압도함에도 불구하고, 식색의 본능은 '사람과 금수가 공유하는 것'이라고 보아 그 위상을 폄하하고, 인의예지의 성향이야말로 '사람다움의 보루'라고 보아 이를 인간의 본성으로 규정하여 '성선설'을 주장했다. 반면에 순자는 인륜과

---

10) 『荀子』〈性惡〉: 凡禹之所以爲禹者 以其爲仁義法正也 然則仁義法正有可知可能之理 然而塗之人也 皆有可以知仁義法正之質 皆有可以能仁義法正之具 然則其可以爲禹明矣 (…) 今塗之人者 皆內可以知父子之義 外可以知君臣之正 然則其可以知之質 可以能之具 其在塗之人明矣

11) 『荀子』〈非相〉: 人之所以爲人者 非特以二足而無毛也 以其有辨也 (…) 夫禽獸有父子而無父子之親 有牝牡而無男女之別 故人道莫不有辨 辨莫大於分 分莫大於禮

인의예지를 사람다움의 보루로 보았음에도 불구하고, 식색의 본능이 인의예지의 성향을 압도하는 현실을 보고, 이를 인간의 본성으로 규정하여 '성악설'을 주장했다. 그러나 순자가 '惡'이라고 규정한 '본성'은 엄밀하게 말하면 '본능'에 해당하는 것이다. 따라서 맹자 성선설과 순자 성악설의 대립의 핵심은 '도덕적 성향'을 중심으로 인간의 본성을 이해하는가, '이기적 본능'을 중심으로 인간을 이해하는가 하는 문제였던 것이다.

한편, 오늘날 미국의 정치철학자 볼(Terence Ball)과 대거(Richard Dagger)는 다음과 같이 말한 바 있다.

> 어떤 이데올로기는 희소자원을 놓고 가능한 한 최대한의 몫을 얻기 위해 타인과 경쟁하는 것이 인간존재의 '본성'이라고 가정한다. 또 다른 이데올로기들은 사람들이 '본성적으로' 타인과 협력하고 그들이 가지고 있는 것을 나누려는 경향이 있다고 주장한다. 예를 들면 고전적 자유주의자나 현대의 자유지상주의자는 인간존재가 '본성적으로' 경쟁적이고 탐욕적이라고 믿는 것 같다. 이에 비하여 공산주의자는 경쟁심과 탐욕은 자본주의 체제가 길러낸 '비본성적'이고 더러운 惡이라고 주장할 것이다. 즉 그들에게 인간의 '진정한' 본성은 협력적이고 관대한 것이지만, 자본주의 체제가 인간 본성을 왜곡하고, 이렇게 왜곡된 본성이 다시 자본주의 체제를 왜곡시키는 악순환이 펼쳐진다는 것이다.[12)]

위의 인용문에 의하면, 자유주의자들은 '경쟁과 탐욕'을 인간의 '본성'으로 간주하고, 공산주의자들은 '협력과 관대'를 인간의 '본성'으로 간주한다. 그런데 '경쟁과 탐욕'은 인간의 '이기적 본능'에서 유래하고, '협력과 관대'는 인간의 '도덕적 성향'에서 유래한다. 이렇게 본다면, 인간은 본

12) 볼 · 대거, 『현대 정치사상의 파노라마』, 29쪽.

래 '경쟁적이고 탐욕적인가, 아니면 협력적이고 관대한가' 에 대한 자유주의자와 공산주의자의 대립된 견해 역시 '도덕적 성향' 을 중심으로 인간을 이해하는가, '이기적 본능' 을 중심으로 인간을 이해하는가 하는 문제였다.

그렇다면 우리는 '도덕적 성향' 과 '이기적 본능' 가운데 어느 것을 '인간의 본성' 으로 규정해야 하는가? 이제 이 문제를 살펴보기로 하자.

2. 도덕적 본성과 이기적 본능

'도덕적 성향' 과 '육체적 본능' 을 중심으로 인간의 심성을 해명하는 것은 동서고금 모든 철학자들의 공통점이다. 개별 철학자들의 특징은 도덕적 성향과 육체적 본능 가운데 어디에 초점을 맞추느냐 하는 점일 뿐이다. 이와는 별개로, 인간의 본성에 대한 학설이 성선설과 성악설 등으로 대립하게 된 근본 원인은 '본성 개념의 다중성' 에 있다. 여러 철학자들의 인성론을 종합해 보면, 혹자는 '인간이 타고난 성향' 자체를 인간의 본성이라 하고, 혹자는 '인간이 타고난 성향' 가운데 인간을 다른 사물과 구별해주는 '인간만의 고유한 성향' 을 인간의 본성이라 하며, 혹자는 '인간이 타고난 성향' 가운데 '보다 우세한 성향' 을 인간의 본성이라 했다.[13)]

인간의 경우로 말하면, 인간은 '생존을 추구하는 성향' 과 '도덕을 추구하는 성향' 을 동시에 지니고 태어났으니, '인간이 타고난 성향' 자체를 인간의 본성이라 하는 관점에서는 '인간의 본성에는 육체적 본능과 도덕적 성향이 함께 존재한다' 고 말할 수 있다. '인간의 본성에는 선과 악이 함께 존재한다' 는 성선악혼설(性善惡混說)이 바로 이러한 입장을 견지하는 것이다.

---

13) 이에 대한 자세한 논의는 拙著, 『본성과 본능 : 서양 人性論史의 재조명』, 23~25쪽 참조.

그런데 생존을 추구하는 육체적 본능은 인간뿐만 아니라 다른 모든 동물들이 공유하는 것이다. 따라서 '인간만의 고유한 성향' 을 강조하는 입장에서는 육체적 본능을 제외하고 '도덕적 성향' 만을 인간의 본성으로 규정한다. 이러한 맥락에서 맹자의 성선설(性善說)이 성립하는 것이다.

그러나 혹자는 도덕적 성향과 육체적 본능 가운데 '더욱 우세한 성향' 을 인간의 본성으로 규정하기도 한다. 이 둘 가운데 더 우세한 것은 물론 '육체적 본능' 이요, 육체적 본능은 종종 인간을 악에 빠뜨린다. 순자는 이러한 맥락에서 성악설(性惡說)을 주장했던 것이다.

인간은 분명 생존을 위해 끊임없이 식색의 욕구를 충족시켜야 하는 동물의 일원이요, 또한 동시에 다른 동물들과는 달리 도덕을 추구하는 존엄한 존재이다. 우리는 보통 '식색의 추구' 를 '육체적 본능' 이라 하는데, 이는 인간과 다른 동물들이 공유하는 것이다. 또한 '도덕의 추구' 를 '도덕적 본성' 이라 하는데, 이는 다른 동물들과 구별되는 인간만의 고유한 특징이다. 이제 이 문제를 좀 더 살펴보기로 하자.

『도덕감정론』의 저자 스미스(Adam Smith)는 '자기보존과 종족번식은 모든 생명체들의 가장 큰 목적' 이라고 전제하고, 그에 입각하여 '인간의 본능' 을 다음과 같이 설명한 바 있다.

> 자기보존과 종족번식이야말로 조물주가 모든 동물들을 창조할 때 불어넣은 가장 큰 목적이라고 할 것이다. 인간은 이와 같은 목적을 추구하려는 욕망과 그 반대되는 것에 대한 반감, 생명에 대한 사랑과 죽음에 대한 공포, 종족의 계속성과 영속성에 대한 욕망과 종족의 완전한 소멸에 대한 반감을 부여받았다. 이와 같은 방식으로 우리가 그러한 조물주의 목적들을 추구하는 강한 욕망을 부여받기는 하였으나, 그것을 달성하는 데 적합한 수단을 강구하는 임무는 느리고 불확실한 이성(理性)의 판단에 맡겨지지는 않았다. 조물주는 본래 타고난 직

접적인 본능(本能)을 통하여 우리들을 이와 같은 대부분의 수단들로 인도하였다. 배고픔, 목마름 그리고 남녀를 결합시키는 격정, 환희에 대한 사랑, 그리고 고통에 대한 두려움은 우리로 하여금 그 자체를 위하여 다수의 수단들을 활용하도록 촉구한다.[14)]

스미스는 '자기보존과 종족번식에 적합한 수단을 강구하는 것'이 '본능의 임무'라고 설명했다. "생명에 대한 사랑과 죽음에 대한 공포, 종족의 계속성과 영속성에 대한 욕망과 종족의 완전한 소멸에 대한 반감" 및 "배고픔, 목마름 그리고 남녀를 결합시키는 격정, 환희에 대한 사랑, 그리고 고통에 대한 두려움"은 '본능' 또는 '본능적 욕구와 감정'의 구체적 내용을 열거한 것으로서, 이러한 것들이 우리에게 생존과 번식에 적합한 수단을 강구하도록 촉구하는 것이다.

스미스는 육체적 본능은 '모든 동물들이 함께 타고난 것'이라 했거니와, 따라서 이를 '인간의 본성'이라 말할 수 있는가에 대해서는 논란이 없을 수 없다. 앞에서 언급한 것처럼, '타고난 것'이라는 사실 자체를 중시하는 입장에서는 육체적 본능을 인간의 본성에 포함시킨다. 그러나 이럴 경우, '인간의 인간다움' 또는 '인간의 존엄성'을 설명하기 곤란하게 된다. '인간의 인간다움' 또는 '인간의 존엄성'의 근거를 확보하려면 '인간과 여타 동물의 차이' 즉 '인간만의 고유한 특징'을 주목하지 않을 수 없다. 이러한 맥락에서, 칸트는 '본성' 또는 '본성적'이라는 말에 함축된 의미를 다음과 같이 설명한 바 있다.

인간이 본성적으로 선하다든가 혹은 악하다고 말할 때, 그 말이 의미하는 것

14) 스미스, 『도덕감정론』, 144~145쪽.

은 인간 안에 선한 준칙 또는 악한 준칙을 채용하는 최초의 근거가 내재한다는 것이다. 그리고 이 근거는 모든 인간에게 보편적으로 주어져 있는 것이므로 이것을 통하여 인간은 그의 종족 전체의 본성을 나타낸다고 하는 것이다. 그러므로 우리는 (인간을 다른 가능한 이성적 존재자로부터 구별하는) 이런 성격 중의 하나에 대해서 "그것은 인간에게 생득적(生得的)인 것이다"라고 말할 것이다.[15)]

위의 인용문에서 주목할 것은 '최초의 근거'와 '보편적' 및 '인간을 다른 가능한 이성적 존재자로부터 구별하는'이라는 말이다. 우리는 보통 인간의 행동양식은 인간의 본성과 밀접한 관련이 있다고 생각한다. 다시 말해, 인간이 어떤 방식으로 행동함은 '인간의 본성이 본래 그러하기 때문'이라고 설명할 수 있거니와, 이러한 맥락에서 본성은 어떠한 행위의 '최초의 근거'가 되는 것이다. 그런데 이 최초의 근거는 개인마다 다른 '특수한 것'이 아니요 인간이라는 종(種) 전체가 공유하는 '보편적인 것'이다. 칸트는 '인간 전체가 공유하는 보편성'에 다른 동물과 인간을 구별해주는 '인간만의 고유한 특징'을 추가하여 '인간의 본성'을 설명했다. 인간은 누구나 어떤 '보편적'이면서도 '인간을 다른 가능한 이성적 존재자로부터 구별해주는' 성질을 함께 지니고 태어나거니와, 칸트는 이를 '인간의 본성'이라 한 것이다.

칸트의 이러한 설명은 사실 플라톤 · 아리스토텔레스의 전통을 충실히 계승한 것이다.[16)] 요컨대 아리스토텔레스나 칸트가 정의한 '본성'의 개념

15) 칸트, 『理性의 한계 안에서의 宗敎』, 26~27쪽.

16) 유원기는 아리스토텔레스의 본성론에 입각하여 '본성'을 다음과 같이 규정한 바 있다. ① x라는 개체가 x이기 위해 반드시 소유해야 하는 성질이다. 즉 본성은 x가 x인 한에 있어서, 반드시 가져야 하며, 그 본성을 잃게 되면 x는 더 이상 x일 수 없다. ② x라는 개체가 탄생하면서 내재적으로 갖는 성질이다. 즉 본성은 외부로부터 주어지는 것이 아니라 x라는 개체가 본래적으로, 그리고 내재적으로 갖는 성질이다. ③ x라

을 따른다면, '본성' 이란 어떤 종(種)의 '보편적 성향' 인 동시에 그 종을 다른 종과 구별시켜주는 그 종만의 '고유한 성향' 을 말한다. 그렇다면 '인간의 본성' 이란 인간이면 누구나 지니는 '인간의 보편적 성향' 인 동시에, 인간을 다른 동물과 구별해주는 '인간만의 고유한 성향' 을 뜻하는 것이다. 이렇게 본다면, 인간은 누구나 '육체적 본능' 과 '도덕적 성향' 을 동시에 지니고 있더라도, '육체적 본능' 은 인간과 다른 동물이 공유하는 내용인바, 따라서 오직 '도덕적 성향' 만이 '인간의 본성' 으로 인정될 수 있다. 맹자는 바로 이러한 관점에서 인의예지를 추구하는 도덕적 성향을 인간의 본성으로 규정하고, 이를 인간 존엄성의 근거로 설정하면서,[17] 성선설을 역설했던 것이다.

'인간의 인간다움' 또는 '인간의 존엄성' 의 근거는 '도덕적 본성' 에 있다 하더라도, '인간의 생존' 을 뒷받침하는 '육체적 본능' 또한 경시할 수 없다. '의식(衣食)이 풍족해야 예절(禮節)을 안다' 는 말이나 '항산(恒產)이 없으면 항심(恒心)을 잃는다' 는 말은 본능적 욕구의 우선성과 강력성을 설파

는 種(species)에 속하는 x들의 본성은 과거나 현재 그리고 미래에도 동일하다. 인간을 예로 들자면, 인간이란 種의 본성은 과거로부터 현재를 거쳐 미래에 이르기까지 더해지거나 감해지지 않고 동일하다는 것이다(유원기, 「아리스토텔레스의 인간본성론」, 272~273쪽). 이러한 '본성' 개념을 따른다면, '육체적 본능' 은 인간과 다른 동물이 공유하는 내용인바, 따라서 오직 '도덕적 본성' 만 '인간의 본성' 으로 인정할 수 있는 것이다. 한편 進化學者 장대익은 『인간에 대하여 과학이 말해준 것들』에서 '탐구, 모방, 공감, 신앙, 융합' 을 다른 동물과 구별되는 '인간의 고유한 본성' 으로 제시한 바 있다.

17) 오늘날 다윈의 進化論에 입각한 윤리학자들은 다른 동물들도 인간처럼 이성능력과 도덕성을 지니고 있다고 주장하면서, 따라서 '인간이 존엄하다는 생각' 은 '신뢰를 상실한 형이상학의 도덕적 잔재' 로서 '인간중심적 種差別主義(speciesism)' 에 불과하다고 주장한다(레이첼즈, 『동물에서 유래된 인간』, 21쪽). 다른 동물들도 인간처럼 이성과 도덕능력을 지니고 있다 하더라도, 그들도 인정하듯이 인간과 다른 동물의 차이는 너무나 현격하다. 그러므로 論者는 이성과 도덕성은 여전히 인간 존엄성의 근거가 될 수 있다고 본다.

한 것이다. 이처럼 본능적 욕구가 도덕적 본성보다 우선하고 강력한 것이 대부분의 사람들의 현실이다. 사실 사람들은 대개 식색을 통해서 즐거움을 찾고 의식주를 해결한 뒤에야 도덕을 돌본다. 이러한 맥락에서는 본능적 욕구의 충족이 일차적 관건이요, 도덕성의 발휘는 부차적 문제인 것이다.

하지만 육체적 본능은 이기적인 것이기 때문에, 본능적 욕구를 제한 없이 추구하면 각종 혼란과 쟁탈을 야기한다. 사람들은 누구나 제한 없는 욕구의 충족을 원하면서도 또한 혼란과 쟁탈은 기피한다. 그 까닭은 혼란과 쟁탈이 그 자체 바람직하지 못하기 때문이기도 하며, 혼란과 쟁탈 속에서는 자신의 안전도 보장받을 수 없기 때문이기도 하다. 그러므로 이기적 본능을 적절히 통제할 필요가 대두되는데, 그 당위성과 가능근거는 바로 인간의 도덕적 본성에서 찾아지는 것이다.

이제 마지막으로, 우리 한국의 원로 철학자 김형효(金炯孝)의 '본성과 본능' 에 대한 설명을 살펴보자. 김형효에 의하면 본성과 본능은 모두 인간의 자연성에 속하는 것이다. 요컨대 '자연의 자발성은 본능과 본성이라는 이중적인 흐름의 교차로 구성되어 있다' 는 것이다. 또한 그는 본성과 본능을 모두 '욕망' 이라는 관점에서 이해한다. 즉 본성과 본능은 '인간 욕망의 이중주' 라는 것이다.[18] 그에 의하면, '본성과 본능' 은 '서로 길항하는 관계' 로서, '정신적 욕망과 감각적 욕망' 을 뜻하며, '사회성과 이기성' 또는 '존재와 소유' 라는 두 계열로 구분되는 것이다. 먼저 본성과 본능의 '길항 관계' 에 대해 살펴보자. 그는 다음과 같이 말한다.

> 마음은 두 가지 흐름을 갖고 있는 셈이다. 본성의 욕망이라는 흐름과 본능의 욕망이라는 흐름이다. 전자의 욕망이 강하게 흐르면 후자의 욕망은 적어지면서

18) 김형효, 『철학적 사유와 진리에 대하여』, 287쪽.

거의 힘을 잃게 되는 마음의 경지가 일어난다. 이런 마음의 경지를 우리는 보살(菩薩)과 성자(聖者)의 경지라고 불러도 좋으리라. 마음은 욕망의 흐름이므로 본능의 욕망을 존재하는 '어떤 것' 으로 갖고 있지 않다. 다만 이 경향이 강해지면 저 경향이 거의 사라진다. 반대로 저 경향이 아주 강하면 본성의 말은 거의 은폐되고 만다.[19]

김형효에 의하면, 본능의 욕망이 강해지면 본성의 욕망은 위축되며, 본성의 욕망이 강해지면 본능의 욕망은 위축된다. 그는 본성의 욕망이 강해져서 본능의 욕망이 거의 힘을 잃게 된 상태가 성인(聖人)의 경지라 하였다. 그렇다면 소인(小人)이란 본능의 욕망이 강해져서 본성의 욕망이 거의 힘을 잃게 된 상태라 하겠다.

한편, '정신적 욕망과 감각적 욕망' , '사회성과 이기성' , '존재와 소유' 는 서로 맥락을 같이 하는 개념쌍들인데, 김형효는 다음과 같이 말한다.

자연성의 상태에서 인간은 감각의 본능과 정신의 본성 사이에 괴리가 발생하지 않는다. 그러나 인간이 사회생활 속에서 살기 위한 경쟁의 전략전술에 돌입하는 순간에 그는 이기적인 본능의 욕망과 공동체적인 본성의 욕망 사이에 틈이 벌어짐을 느낀다. 현실과 당위 사이에 갈등이 일어난다.[20]

인간의 욕망은 본능의 정욕이 자기에게 유리하거나 해롭다고 여기는 측면과 본성이 자기에게 유리하거나 해롭다고 여기는 측면으로 나누어진다. 본능의 욕망은 소유의 욕망이고 정욕(la passion)이 탐하는 것이고, 영혼의 사유 능력의 쇠퇴를 초래하는 슬픔과 불행의 진원지이다. 거기에 반해 본성의 욕망은 존재

19) 김형효, 『철학적 사유와 진리에 대하여』, 730쪽.
20) 김형효, 『철학적 사유와 진리에 대하여』, 32쪽.

의 욕망이고 정감(l'affection)이 원하는 것이고, 생명의 힘의 자연적 증대와 영혼의 사유 능력의 증대를 가져오는 기쁨과 지복(至福)의 원천이다.[21]

위의 첫째 인용문에서는 '본성과 본능' 을 '정신적인 것과 감각적인 것', '공동체적인 것과 이기적인 것', '당위적인 것과 현실적인 것' 으로 분류했다. 둘째 인용문에서는 '본성과 본능' 을 '존재와 소유', '정감(affection)과 정욕(passion)' 으로 분류했는데, 이는 스피노자의 관점에 입각한 것이다. 본성과 본능은 이처럼 계열을 달리하며 서로 길항하고 있다는 것이다.

김형효는 이처럼 본성과 본능을 두 계열로 분류하여 설명했지만, 근원적으로는 본성과 본능이 명확하게 구분되지 않는 모호한 지점이 있다고 보았다. 그는 다음과 같이 말한다.

존재와 소유의 언어학적 유사성은 존재와 소유가 다 기본적으로 인간 욕망의 공통적 뿌리에서 다른 방향으로 자란 가지임을 말하는 것이 아닌가? 인간의 몸이 존재인가, 아니면 소유인가? 몸은 존재의 양식인 동시에 소유의 양식이라는 그런 이중성을 노정하는 것이 아닌가? (…) 나의 몸은 나의 소유이고 동시에 나의 존재이다. 몸은 소유론적 욕망과 존재론적 욕망의 뿌리이고, 본능과 본성이 불일이불이(不一而不二)하게 상관적 차이로서 동거적으로 공동귀속하는 무의식적 리비도의 진원지인 것으로 보인다.[22]

김형효에 의하면, '존재와 소유의 언어학적 유사성'[23]으로 볼 때, 존재

21) 김형효, 『철학적 사유와 진리에 대하여』, 697쪽.
22) 김형효, 『철학적 사유와 진리에 대하여』, 255~256쪽.
23) '존재와 소유의 언어학적 유사성' 이란 예컨대 '有' 라는 글자가 '**있다**(존재)' 는 뜻과

와 소유가 다 기본적으로 인간 욕망의 공통적 뿌리에서 다른 방향으로 자란 가지이다. 또한 인간의 몸은 존재의 양식인 동시에 소유의 양식이라는 이중성을 노정한다. 이렇게 볼 때, 본성과 본능은 '하나도 아니고 둘도 아닌〔不一而不二〕' 관계로서, 둘을 명확하게 구분하기는 어렵다는 것이다.

이제 이상의 내용을 정리해 보자. 김형효에 의하면, 본성과 본능은 모두 인간의 몸으로부터 유래하는 욕망으로서, 근원적으로는 분리하기 곤란한 것이다. 그러나 인간이 사회 속에서 남들과 접촉하면서 자기와 남을 구분하기 시작하면서 '공동체적(사회적) 본성'과 '이기적 본능'이 뚜렷하게 갈라지기 시작하고, 당위와 현실 사이에 갈등이 생기기 시작한다. 우리 인간은 육체를 지닌 생명체이기 때문에, 생존을 위해서는 자신의 욕구를 충족시키지 않을 수 없다. 이는 본능의 욕망으로서, 이기적이고 소유를 지향한다. 그런데 우리 인간은 또한 자신과 남을 동등하게 배려해야 한다는 생각을 타고났다. 이는 본성적 욕망으로서, 공동체적(사회적)이고 존재를 지향한다. 김형효는 '본성과 본능'에 대해 이와 같이 설명하고, '동서고금의 철학사(哲學史)'를 '본성과 본능 사이의 갈등'을 해결 또는 해소하는 방책을 찾아가는 여정(旅程)으로 이해했다.[24] 그렇다면 '본성과 본능'의 문제야말로 '철학의 근본 문제'라 하겠다.

이제까지 살핀 것처럼, '도덕적 본성과 육체적 본능'은 인간의 심성을 좌우하는 두 축이라 할 수 있다. 우리가 흔히 말하는 '양심과 욕심', 또는 유교에서 말하는 '인심(人心)과 도심(道心)', 또는 서양철학에서 흔히 말하는 '이성(理性, reason)과 정념(情念, passion)' 또는 '영혼과 육체' 등도 곧 '도덕적 본성과 육체적 본능'과 궤를 같이하는 개념체계이다. 그리하여 동서고금의 인성론은 사실 '도덕적 본성과 육체적 본능'을 두 축으로 삼

'**지니다**(소유)'의 뜻을 동시에 **지니고 있음**을 말한다.

24) 김형효, 『철학적 사유와 진리에 대하여』, 12~15쪽 참조.

아 전개되었던 것이다.

예컨대 유교의 경전 『서경』에서는 "인심(人心)은 오직 위태롭고 도심(道心)은 오직 은미하니, 오직 정밀하게 살피고 오직 한결같이 지켜서, 진실로 그 중용을 잡으라."[25]고 하였다. 고대 그리스의 철학자 아리스토텔레스도 "영혼은 주인이 노예를 다스리는 것과 같은 종류의 권위를 갖고 육체를 지배한다. (…) 이 양면이 균형을 이루거나 지배 · 피지배 관계가 거꾸로 된다면 항상 유해한 일이다."[26]라고 한 바 있다. 이처럼 '도덕적 본성과 육체적 본능'을 대비시키는 것은 인성론과 윤리학 · 정치학의 단골 논법이었다. 근대 영국의 철학자 흄(David Hume)은 다음과 같이 말한 바 있다.

> 정념(情念)과 이성(理性)의 싸움을 이야기하며 이성의 편을 들고, 사람은 이성의 명령에 따르는 만큼 유덕할 뿐이라고 주장하는 것은 철학은 물론 심지어 일상생활에서조차 가장 흔하다. 이성적 존재는 이성을 통해 자신의 행동을 통제하지 않으면 안 된다. 그리고 만일 다른 동기나 원리가 그의 행동 지침과 어긋날 경우에, 그 동기나 원리가 완전히 사라지거나 적어도 상위 원리와 합치될 때까지 그는 그 동기나 원리와 맞서야 한다. 근대 및 고대의 도덕 철학은 대부분 이런 사고방식에 토대를 둔 것으로 생각된다.[27]

물론 위의 인용문은 서양의 경우를 설명한 것이지만, 이러한 사고방식은 우리의 전통 유교에서도 쉽게 찾아볼 수 있다. 앞에서 소개한 『서경』의 "인심은 오직 위태롭고 도심은 오직 은미하니, 오직 정밀하게 살피고 오직

---

25) 『書經』「虞書」〈大禹謨〉: 人心惟危 道心惟微 惟精惟一 允執厥中

26) 아리스토텔레스, 『정치학』, 1254b.

27) 흄, 『정념에 관하여』(『인간 본성에 관한 논고』 제2권), 158쪽. 물론 흄은 이러한 '기존의 사고방식'에 동의하지 않았고, 새로운 관점을 제시하였다.

한결같이 지켜서, 진실로 그 중용을 잡으라."는 말이 바로 그것이다. 주자는 "천하의 위대한 성인이 천하의 중대한 일을 수행하여 왕위를 서로 주고받음에 정녕 경계하여 당부한 말은 이에 불과하였다. 그렇다면 천하의 이치가 어찌 이에 덧보탤 것이 있겠는가?"[28]라고 하여, 인심도심론을 정치철학의 핵심 문제로 규정했다. 이처럼 동서고금 모든 철학의 핵심 문제는 결국 '육체적 본능과 도덕적 본성 사이의 관계설정' 문제였던 것이다.

3. 이 책의 목적과 구성

이 책의 일차적인 목적은 인성론(人性論)의 관점에서 우리에게 익숙한 주요 쌍개념들을 고찰함으로써, 각각의 개념들을 보다 심도 있게 해명하는 한편, 동서고금의 제반 철학사상이 결국 본성과 본능의 문제로 귀결됨을 밝히는 것이다. 흄은 『인간 본성에 관한 논고』의 〈서문〉에서 다음과 같이 말한 바 있다.

> 모든 학문이 인간의 본성과 어느 정도 관련되어 있고, 또 학문들 가운데 인간의 본성과 거리가 먼 것처럼 보이는 그런 학문들도 이런저런 경로를 거쳐 분명히 인간의 본성으로 되돌아온다. 심지어 수학과 자연 철학 그리고 자연 종교조차도 어느 정도 인간학에 의존하고 있다. (…) 여태껏 지루하도록 쫓아다녔던 타성적 방법을 버리고 우리가 철학적 탐구에서 성공을 기대할 수 있는 유일한 방편이 여기 있는데, 그것은 곧 이따금 변방의 성(城)이나 마을을 점령하는 대신 이들 학문의 서울 또는 그 중심을 향해, 즉 인간 본성 그 자체를 향해 곧장 나

---

28) 『中庸章句大全』〈中庸章句序〉: 以天下之大聖 行天下之大事 而其授受之際 丁寧告戒 不過如此 則天下之理 豈有以加於此哉

아가는 것이다. 단 한 번이라도 우리가 인간 본성을 꿰뚫어 볼 수 있다면, 우리는 어디서나 손쉬운 승리를 기대할 수 있을 것이다. 이 주둔지에서 출발하여 우리는 인간의 삶에 더욱 밀접하게 관여하는 모든 학문을 정복해 갈 수 있을 것이며, 나중에는 순수한 호기심의 대상이 되는 학문들까지도 여유를 가지고 보다 충분히 밝힐 수 있게 될 것이다.[29]

흄은 모든 학문이 인성론과 관련되어 있다고 설명하고, 인성론을 '모든 학문의 중심'으로 규정했다. 같은 맥락에서 흄은 "우리가 인간학에 정통하기 전에 확실하게 결론 내릴 수 있는 것도 전혀 없다."고 부연하고, "인간학은 다른 학문을 위한 유일하고 견실한 기초"라고 설파했다.[30] 그런데 일찍이 주자(朱子) 역시 흄과 같은 맥락에서 다음과 같이 말한 바 있다.

학문은 모름지기 한 번에 크게 전진해야 비로소 유익하다. 만약 능히 하나의 중대한 곳을 공격해 격파하여 그 밖의 허다한 자질구레한 것들은 다만 하나의 도리(道理)임을 깨닫는다면 바야흐로 쾌활할 것이다. 이는 자질구레한 것들은 이해할 필요가 없다는 말이 아니요, 다만 중대한 곳을 격파하지 않으면 비록 자질구레한 것들을 이해하여 사소한 것들을 깨달아도 끝내 쾌활하지 못하다는 말이다. (…) 천하에는 다만 하나의 도리가 있으니, 학문이란 다만 이 하나의 도리를 깨달아 얻는 것이다. 이 하나의 도리에 통달하면 무릇 '天理와 人欲', '義와 利', '公과 私', '善과 惡'의 변별에 모두 통달하게 된다.[31]

29) 흄, 『오성에 관하여』(『인간 본성에 관한 논고』 제1권), 20~21쪽.

30) 흄, 『오성에 관하여』, 21쪽 참조.

31) 『朱子語類』 卷8(中華書局本 131쪽) : 學問須是大進一番 方始有益 若能於一處大處攻得破 見那許多零碎 只是這一箇道理 方是快活 然零碎底非是不當理會 但大處攻不破 縱零碎理會得些少 終不快活 (…) 天下只有一箇道理 學只要理會得這一箇道理 這裏纔通 則凡天理人欲 義利 公私 善惡之辨 莫不皆通

주자 역시 학문의 방법으로 자질구레한 문제에 매달리지 말고, '하나의 중대한 곳'을 공격해 격파하라고 권하였다. 주자는 '인심(人心)과 도심(道心)'의 문제를 학문의 가장 중요한 논제로 인식했거니와, "이 하나의 도리에 통달하면 무릇 '天理와 人欲', '義와 利', '公과 私', '善과 惡'의 변별에 모두 통달하게 된다."는 것이다. 이 책은 주자와 흄의 이러한 주장에 깊이 공감하면서, 구체적으로 다음과 같은 다섯 가지를 목표로 삼는다.

첫째, 도덕적 본성과 이기적 본능의 구분 자체가 매우 중요한 문제라는 것을 밝히는 것이다. '본능'에는 사실적 의미만 포함되어 있지만, '본성'에는 사실적 의미와 함께 당위적 의미가 포함되어 있다.[32] 그런데 오늘날 사람들은 본성과 본능의 구분에 둔감하여, 본능적인 것을 본성적인 것으로 간주하는 경우가 매우 많다. 이렇게 하면 사실론(事實論)에서도 문제를 야기하지만, 당위론(當爲論)에서 수많은 혼란을 초래한다. 요컨대 본성과 본능은 모두 사실적인 것이면서도, 본성은 실현되어야 마땅한 것이요, 본능은 통제되어야 마땅한 것이다.[33] 그런데 본능적인 것을 본성적으로 간

32) 그레이엄(Angus Charles Graham)은 "중국어의 '性'과 영어의 'nature'는 분명 중요한 유사성을 갖고 있다. (…) 서양에 있어 'nature'의 개념에도 중국과 명백히 동일한 事實的 의미와 規範的 의미의 결합이 존재하는데, 이것도 전통적 도덕성에 대항하는 공동의 무기이다. 다시 말해, 일반적으로 우리는 인간의 본성은 인간에 관한 사실이라는 점과 '이것은 나의 본성에 위배된다'는 것은 어떤 행위를 수행하지 않겠다는 강력한 이유라는 점을 모두 기꺼이 인정한다."고 설명한 바 있다(그레이엄, 『道의 논쟁자들』, 230쪽). 그레이엄에 의하면, '本性(nature)'이라는 개념에 事實性과 當爲性을 동시에 부여한 것은 동양이든 서양이든 마찬가지인 것이다.

33) '본능의 통제'라는 말에 거부감을 느끼는 사람들도 있을 것이다. 그런데 오늘날 가장 적극적으로 자유를 옹호했던 인물 중의 한 사람인 하이에크(Friedrich Hayek)조차 '아무런 제한 없이 자유를 가질 수 있다'는 일반적 가정은 혼란을 초래한다고 비판했다. "이러한 의미에서의 일반적인 자유는 불가능하다. 다른 모든 사람에게 무제한의 자유를 허용한다면, 곧 아무런 구속도 가하지 않는다면 각자의 자유는 함몰하기 때문이다." 따라서 문제는 모든 사람을 위해 '가능한 한 최대의 자유'를 어떻게 확보할 수 있는가 하는 것인바, 이에 대해 하이에크는 "이러한 자유는 (…) 추상적인

주하면, 본능적인 것이 본성적인 것처럼 권리 주장을 하게 되는 것이다.[34] 오늘날 우리 사회의 혼란은 이와 깊은 관련이 있다.[35]

둘째, '인심과 도심', '군자와 소인', '존현(尊賢)과 사능(使能)', '숭덕(崇德)과 광업(廣業)', '왕도(王道)와 패도(覇道)', '대동(大同)과 소강(小康)', '중화(中華)와 이적(夷狄)' 등 전통 유교의 주요 쌍개념들이 대부분 '도덕적 본성과 육체적 본능'의 문제에 연원한다는 점, 그리고 이러한 쌍개념들은 결국 인간의 '육체적 본능과 도덕적 본성' 사이의 바람직한 관계를 제시하려는 것이었음을 밝히는 것이다.

셋째, 뿐만 아니라 '군주정과 민주정', '재산과 교양', '천상도성(天上都城)과 지상도성(地上都城)', '일반의지와 특수의지', '정언명령과 가언명령', '소유양식과 존재양식', '소극적 자유와 적극적 자유', '합리성과 합당성' 등 서양 철학사에 등장했던 주요 쌍개념들 역시 '육체적 본능과 도덕적 본성'의 문제와 연관되어 있음을 밝히는 것이다. 이처럼 인문학이나 사회과학 분야의 많은 쌍개념들이 사실은 '본성과 본능'의 대립을 반영한 것임이 밝혀진다면, '본성과 본능'의 문제는 우리 삶의 거의 모든 부면과 연결된 것임을 알 수 있게 된다.

넷째, 도덕적 본성과 이기적 본능의 바람직한 상호관계를 탐구함으로써, 우리가 추구해야 할 '삶의 방향'이나 '문명의 방향'을 모색하는 것이다. '인심과 도심', '군자와 소인', '왕도와 패도', '중화와 이적', '일반의

규칙에 의해 모든 사람의 자유를 균등하게 제한함으로써 확보할 수 있다."고 설명했다(하이에크, 『치명적 자만』, 128쪽).

34) 예컨대 '어떤 것'이 인간의 본성이라고 규정되면, '그것은 실현되어야 마땅하다'는 의미를 부여받게 된다. 따라서 육체적 본능을 인간의 본성으로 규정하면, '본능적 욕망은 충분히 충족되어야 마땅하다'는 주장이 성립하게 된다. 이러한 맥락에서 근대인들은 '본능적 욕망의 자유로운 충족'을 모든 사람의 '자연적 권리'로 규정했던 것인바, 근대의 인권사상이 바로 그것이다.

35) 김주연, 『사라진 낭만의 아이러니』, 198쪽 참조.

지와 특수의지', '정언명법과 가언명법', '존재양식과 소유양식', '합리성과 합당성' 등의 쌍개념들은 결국 우리에게 일정한 가치관이나 실천의 방향을 제시하고자 고안된 것이다. 그렇다면 우리는 이러한 쌍개념들을 검토함으로써 '본성과 본능'의 바람직한 관계를 해명하고, 이를 우리의 삶과 문명의 지침으로 삼을 수 있을 것이다.

다섯째, 이상의 논의를 바탕으로 '인문학'과 '사회과학'의 바람직한 지향방향을 제시하는 것이다. '인문학'이란 그 어원상 '인간을 인간답게 하는 요소' 또는 '인간다운 삶의 본질'을 규명하는 학문을 뜻한다. 그렇다면 인문학은 바로 '인간의 본성'에 대한 논의로부터 시작되어야 할 것이다. 유감스럽게도 이제까지 인문학을 표방하면서 '인간다움'을 구현하는 데 기여하지 못하고 오히려 인간을 금수로 타락시키는 데 기여한 경우가 적지 않은데, 이는 인간의 본성에 대한 논의를 외면했기 때문이다.[36] 한편, 사회과학은 '인간의 전모(全貌)'로부터, 즉 인간은 도덕적 본성과 이기적 본능을 함께 지니고 있다는 사실로부터 출발하여야 한다. 그런데 그동안의 사회과학은 어느 한편에 치우쳐 폐단을 낳은 경우가 많았다.

위와 같은 목표 아래, 이 책의 제1부에서는 전통 유학의 여러 쌍개념들을 살펴볼 것이다. 『서경』의 '人心과 道心', 『예기』의 '天理와 人欲', 『중용』의 '계구(戒懼)와 신독(愼獨)', 『논어』의 '군자와 소인', 『맹자』의 '존현

36) 2016년 8월 4일부터 시행된 〈인문학 및 인문정신문화의 진흥에 관한 법률〉의 제3조 1항에서는 "'인문'이란 인간과 인간의 근원문제 및 인간의 사상과 문화를 말한다."고 하였고, 2항에서는 "'인문학'이란 인문에 관하여 탐구하는 학문"이라 하였다. 그런데 '인간의 사상과 문화'에는 '나치즘, 파시즘, 테러리즘, 데카당스, 인종주의, 성차별주의' 등 온갖 독단주의 · 폭력주의 · 퇴폐주의 · 차별주의가 다 포함되는 것이다. 그렇다면 우리 〈인문학 및 인문정신문화의 진흥에 관한 법률〉은 이것들도 모두 진흥의 대상에 포함시키는 것인지 궁금하다. 인문학은 '인간의 인간다움'을 논하는 것, 즉 '사람다움의 의미, 근거, 내용'을 밝히는 것이어야 하는데, 이 법률에서는 이를 看過하고 있다.

(尊賢)과 사능(使能)', 『서경』의 '公과 私', 『주역』의 '숭덕(崇德)과 광업(廣業)', 『예기』의 '대동(大同)과 소강(小康)', 『맹자』의 '왕도와 패도', 『춘추』의 '중화(中華)와 이적(夷狄)' 등이 그 예이다. 이렇게 본다면 '본성과 본능'의 문제는 유교사상 전반을 관통하는 핵심적 주제라 할 수 있는바, 제1부는 유교사상을 '본성과 본능'이라는 관점에서 재구성하는 작업이 되기도 할 것이다.

제2부에서는 서양 철학의 주요 쌍개념들을 고찰하고, 그것들 역시 '육체적 본능과 도덕적 본성'의 구분에 입각하고 있음을 밝힐 것이다. 플라톤의 '군주정과 민주정', 아리스토텔레스의 '교양과 재산', 아우구스티누스의 '천상도성과 지상도성', 에라스뮈스의 '우신(愚神)과 현자(賢者)' 홉스의 '자연권과 자연법', 루소의 '일반의지와 특수의지', 칸트의 '정언명령과 가언명령', 프롬의 '소유양식과 존재양식', 오크쇼트의 '신념정치와 의심정치', 벌린의 '소극적 자유와 적극적 자유', 롤즈의 '합리성(合理性)과 합당성(合當性)', 저잔의 '문명과 원시' 등이 그 예이다.

결론부에서는 먼저 제1부와 제2부에서 논의한 쌍개념들의 내용을 정리하고, 도덕적 본성과 이기적 본능 사이의 바람직한 관계에 대해 고전 철학자들과 근대 철학자들이 서로 견해를 달리했음을 밝힌 다음, 도덕적 본성과 이기적 본능 사이의 바람직한 관계에 대해 논의할 것이다. 다음 제2절과 제3절에서는 이상의 논의를 바탕으로 '인문학'과 '사회과학'의 바람직한 지향 방향을 논의할 것이다. 인문학은 '인간의 본성'에 초점을 맞추어야 하나, 사회과학은 '인간의 양면성'에 초점을 맞추어야 한다는 것이 이 책의 최종적인 결론이 될 것이다.

본론에 들어가기에 앞서, '본성'을 둘러싼 개념적 혼란을 예방하기 위해 논자가 구상하는 인성론적 개념체계를 소개하면 다음과 같다.[37]

논자는 우선 어떤 사물〔種〕이 '본래 타고난 성향(성질)' 은 그 사물의 '천성(天性, innate disposition)' 이라고 부르고, 어떤 사물의 '고유한 성향(성질)' 은 그 사물의 '본성(本性, nature)' 이라고 부를 것을 제안한다. 이 구도에 따르면, 인간이 본래 타고난 성질은 '인간의 천성' 인바, '인간의 천성' 에는 '인간만의 고유한 성질' 도 있고, '인간과 동물이 공유하는 성질' 도 있다. '인간만의 고유한 성질' 은 '도덕적(사회적) 성향' 으로서, 이것이 '인간의 본성(human nature)' 에 해당하는 것이요, 이러한 맥락에서 '인간의 본성' 과 '도덕적 본성(moral nature)' 은 동의어로 쓰일 수 있다. '인간과 동물이 공유하는 성질' 은 육체에서 유래하는 '본능(instinct)' 으로서, 이는 동물과 공유하는 것이므로 '동물적 본능(animal instinct)' 이라 부를 수도 있고, 이기적 특징을 지니므로 '이기적 본능(selfish instinct)' 이라고 부를 수도 있다.[38)]

이렇게 구분하고 나면, '인간의 천성' , '인간의 본성' , '인간의 본능' 은 각각 범주가 다른 개념이 된다. '인간의 천성' 은 인간의 '도덕적 본성' 과 '육체적 본능' 을 아우르는 개념이요, '인간의 본성' 은 인간의 '도덕적 본성' 을 지칭하는 개념이며, '인간의 본능' 은 인간의 '육체적 본능' 을 지칭하는 개념이다. 이러한 개념 구분 체계가 정착되면 인성론에 있어서 수많은 불필요한 혼란을 종식시킬 수 있다.

이제 인성론과 밀접한 관계가 있는 여타의 개념들을 정리해 보자. '마음' [39)]은 천성(도덕적 본성과 육체적 본능)을 담고 있으면서, 천성을 발현시

37) 論者가 인성론적 개념체계를 이와 같이 제시하는 까닭에 대한 자세한 논의는 拙著, 『본성과 본능 : 서양 人性論史의 재조명』, 315~320쪽 참조.

38) 하이에크(Friedrich Hayek)는 이타심과 연대성을 '본능' 으로 규정했는데(하이에크, 『치명적 자만』, 130쪽), 이는 進化論을 수용하는 사람들의 특징이다. 다윈은 '동료에 대한 애정과 공감' 을 '사회적 본능' 이라고 불렀다(다윈, 『인간의 유래와 성선택』, 69~70쪽).

키는 주체이다.[40] 마음의 작용은 지각 · 감정 · 의지로 요약된다. 마음은 대상의 사물을 지각하고, 호오(好惡)나 시비(是非)의 감정을 일으키며, 그에 따라 의지를 발동시켜 특정한 행위를 산출하는 것이다. 그런데 마음의 이러한 작동 과정에 본성이나 본능이 개입하는 것이다.

예컨대 맛있는 음식물을 보면(지각), 그것을 먹고 싶다는 감정을 일으키며, 마침내 먹기로 결심한 다음(의지), 먹는 행위에 이르는 것이다. 또한 멋진 이성(異性)을 보면(지각), 그 사람과 함께 하고 싶다는 감정이 생겨서, 데이트를 신청하기로 결심한 다음(의지), 마침내 데이트를 하게 되는 것이다. 이것은 '식색(食色)의 본능'이 마음을 통해 발현되는 양상으로서, 이처럼 육체적 본능을 지향하는 마음을 '욕심'이라 하는 것이다.

또 다른 예로, 곤경에 처한 사람을 보면(지각), 그를 돕고 싶다는 감정이 일어, 마침내 돕기로 결심한 다음(의지), 돕는 행위를 하게 된다. 또한 못된 짓을 하는 사람을 보면(지각), 그것을 저지하고 싶다는 감정이 생겨서, 저지하기로 결심한 다음(의지), 마침내 저지하는 행위를 하게 되는 것이다. 이것은 '인의(仁義)의 본성'이 마음을 통해 발현되는 양상으로서, 이처럼 도덕적 본성을 지향하는 마음을 '양심'이라 하는 것이다.

이제 이러한 개념체계를 염두에 두고 본론에 들어가기로 하자.

---

39) 플라톤이나 아리스토텔레스의 철학에서는 영혼과 본성 · 마음 · 정신 · 의지 등이 명확하게 구분되지 않았고, 그로 인해 많은 논리적 혼선을 야기했다. 아우구스티누스는 '의지'를 '영혼(도덕적 본성)'이나 '육체(육체적 본능)'와 구별되는 제3의 존재로 규정함으로써 플라톤 · 아리스토텔레스가 범했던 논리적 혼선을 일부 제거했다. 論者는 '의지'보다 포괄적인 '마음'이라는 개념을 동원하여, '본성 · 본능'과 '마음'을 뚜렷이 구별함으로써 그동안의 논리적 혼선을 보다 명료하게 정리하려는 것이다.

40) 性理學에서는 마음은 '본성을 담고 있는 그릇'이요, '본성을 실현시키는 주체'라고 규정하고 이를 '心統性情'이라는 명제로 표현했다. 論者는 여기에 '본능'을 추가하여, 마음은 '본성과 본능을 담고 있는 그릇'이요, '본성과 본능을 실현시키는 주체'라고 규정한 것이다.

제1부 전통 유학의 주요 쌍개념들

人心 道心 天理 人欲 戒懼 愼獨

人心 道心 天理 人欲 戒懼 愼獨

제1장

인간의 양면성과 수양의 과제

1. 『서경』의 '인심(人心)과 도심(道心)'
2. 『예기』의 '천리(天理)와 인욕(人欲)'
3. 『중용』의 '계구(戒懼)와 신독(愼獨)'

1. 『서경』의 '인심(人心)과 도심(道心)'

인심도심론은 유학 특히 주자학의 핵심 논제이다. '군자(君子)와 소인(小人)', '왕도(王道)와 패도(霸道)', '중화(中華)와 이적(夷狄)' 등 유교의 주요 쌍개념들도 알고 보면 인심도심론과 맥락을 같이 한다. 조선시대의 대표적 학술논쟁 '사단칠정논쟁' 도 한편으로는 '인심도심논쟁' 이라고 불릴 만큼 그 저변에 인심도심론을 깔고 있었다.[1)]

인심도심론은 『서경』의 "人心은 오직 위태롭고 道心은 오직 은미하니, 오직 정밀하게 살피고 오직 한결같이 지켜서, 진실로 그 중용을 잡으라〔人心惟危 道心惟微 惟精惟一 允執厥中〕"[2)]는 말로부터 유래한다. 이 말은 순(舜)이 우(禹)에게 왕위를 물려주면서 당부한 내용이라 하는데, 주자는 〈중용장구서(中庸章句序)〉에서 이에 대해 다음과 같이 설명한 바 있다.

> 마음의 허령(虛靈)한 지각(知覺)은 하나일 뿐인데 인심과 도심의 다름이 있는 것은, 인심은 '형기의 사사로움〔形氣之私〕' 에서 생기고 도심은 '성명의 바름〔性命之正〕' 에 근원하여, 그 지각하는 바가 같지 않기 때문이다. 그러므로 인심은 위태하여 불안하고, 도심은 미묘하여 드러나기 어렵다. 그러나 인간은 누구나 형기(形氣, 육체)를 지니고 있기 때문에 비록 상층의 지혜로운 사람이라 하

1) 전통 유학에서 말하는 '人心' 이란 輿論과 같은 맥락에서 '사람들의 마음' 을 뜻하기도 하고, 道心과 반대되는 맥락에서 '육체적 욕망을 추구하는 마음' 을 뜻하기도 한다. 앞으로 이 책에서 말하는 '人心' 은 모두 기본적으로 人心道心說에서의 '人心' 을 뜻하는 것이다.

2) 『書經』「虞書」〈大禹謨〉.

더라도 인심이 없을 수 없고, 또한 누구나 본성(本性)을 지니고 있기 때문에 비록 하층의 어리석은 사람이라 하더라도 도심이 없을 수 없다.

인심과 도심이 마음속에 섞여 있어 다스릴 줄을 모른다면, 인심은 더욱 위태로워지고 도심은 더욱 미묘해져서, '천리(天理)의 공정함' 이 마침내 '인욕(人欲)의 사사로움' 을 이길 수 없을 것이다. '精' 이란 인심과 도심의 간격(차이)을 살펴서 섞지 않는 것이요, '一' 이란 본심의 바름을 지켜서 떠나지 않는 것이다. 조금도 중단 없이 이에 종사하여, 반드시 도심으로 항상 한 몸의 주재자를 삼아 인심이 항상 그 명령을 따르게 한다면, 위태로운 인심은 편안해지고 미묘한 도심은 드러나게 되어, 모든 말과 행동이 저절로 지나치거나 모자라는 잘못이 없게 될 것이다.

무릇 요 · 순 · 우(堯舜禹)는 천하의 위대한 성인(聖人)이었고, 천하를 서로 전해 줌은 천하의 중대한 일이었다. 천하의 위대한 성인이 천하의 중대한 일을 수행하여 왕위를 서로 주고받음에 정녕 경계하여 당부한 말은 이에 불과하였다. 그렇다면 천하의 이치가 어찌 이에 덧보탤 것이 있겠는가?[3)]

위의 첫째 문단은 인심과 도심의 개념을 설명하고 양자가 서로 불가결의 관계임을 밝힌 것이요, 둘째 문단은 '유정유일(惟精惟一)' 의 공부를 통해 '윤집궐중(允執厥中)' 에 이르는 방법을 설명한 것이며, 셋째 문단은 세상만사는 결국 인심과 도심의 문제로 귀결됨을 밝힌 것이다. 이 세 문단을

---

3) 『中庸章句大全』〈中庸章句序〉: 心之虛靈知覺 一而已矣 而以爲有人心道心之異者 則以其或生於形氣之私 或原於性命之正 而所以爲知覺者不同 是以 或危殆而不安 或微妙而難見耳 然人莫不有是形 故雖上智 不能無人心 亦莫不有是性 故雖下愚 不能無道心 二者雜於方寸之間 而不知所以治之 則危者愈危 微者愈微 而天理之公 卒無以勝夫人欲之私矣 精則察夫二者之間而不雜也 一則守其本心之正而不離也 從事於斯 無少間斷 必使道心 常爲一身之主 而人心每聽命焉 則危者安 微者著 而動靜云爲 自無過不及之差矣 夫堯舜禹 天下之大聖也 以天下相傳 天下之大事也 以天下之大聖 行天下之大事 而其授受之際 丁寧告戒 不過如此 則天下之理 豈有以加於此哉

중심으로 주자의 인심도심론을 살펴보도록 하자.[4)]

첫째 문단에서는 '인심은 형기(形氣)에서 생기고 도심은 성명(性命)에 근원한다' 고 했다.[5)] '형기(形氣)' 란 인간의 육체를 말하는바, 인심이란 육체적 본능에서 유래하는 마음으로, 배가 고프면 음식을 먹고자 하고, 추우면 옷을 입고자 하며, 정욕이 일면 이성(異性)을 그리워함 등이 이에 해당한다. 주자는 '형기의 사사로움' 또는 '인욕의 사사로움' 이라 하여, 인심을 '사사로운 것' 으로 규정했다. '사사로운 것' 이란 '개인에 속한다' 는 뜻이니, 사람들이 각자 '자신의 육체적 욕망을 추구하는 것' 이 인심이다. '성명(性命)' 이란 인간의 도덕적 본성을 뜻하는바, 도심이란 인의예지(仁義禮智)의 본성에서 유래하는 마음으로서, 측은지심(惻隱之心) · 수오지심(羞惡之心) · 사양지심(辭讓之心) · 시비지심(是非之心) 등이 이에 해당한다. 주자는 '천리(天理)의 공정함' 또는 '성명(性命)의 공정함' 이라 하여, 도심을 '공정한 것' 으로 규정했다. 사람들이 '남들과 함께하기 위해 공정성을 추구하는 것' 이 도심이다.

주자는 인심과 도심이 서로 없을 수 없다고 보았다. 인심은 무엇보다도 자신의 육체적 생존을 뒷받침하는 것인바, 따라서 성인(聖人)이라도 인심이 없을 수 없다. 또 도심은 인의예지의 본성으로부터 발하는 것으로서, 아무리 어리석은 사람이라도 조금이나마 도덕적 지각능력을 지니고 있다.[6)] 이

---

4) '人心과 道心' 은 본래 『書經』에 보이는 말이나, 인심도심론을 본격적으로 전개한 것은 朱子이다. 따라서 이 節의 실질적 내용은 '주자의 인심도심론' 이다.

5) 주자의 인심도심론을 논의하면서 유의할 것은 '인심과 도심' 은 다만 '하나의 마음' 이라는 점이다. 〈中庸章句序〉에서는 "人心은 '形氣의 사사로움' 에서 생기고, 道心은 '性命의 바름' 에 근원한다." 고 했는데, 이렇게 설명하면 인심과 도심은 '서로 근원이 다른 것' 즉 '두 개의 것' 으로 오해될 수 있다. 그러나 주자는 그 앞에 "마음의 虛靈한 知覺은 하나일 뿐" 이라고 전제했다.

6) 온갖 범죄를 자행한 흉악범이나 파렴치범들도 체포되었을 때에는 모두 고개를 숙이고 얼굴을 가린다. 이는 자신들의 범행이 잘못된 것임을 스스로 알고 부끄러워하기 때

러한 맥락에서 사람은 누구나 인심과 도심을 모두 지니고 있다는 것이다.

둘째 문단에서는 '유정유일(惟精惟一)의 공부를 통해 도심이 인심을 주재해야 한다' 고 했다. 주자는 '惟精惟一' 을 '자신이 지금 품고 있는 마음이 인심인지 도심인지 정밀하게 살피고, 도심이 인심을 한결같이 주재함' 으로 설명하였다. 인심과 도심은 서로 없을 수 없는바, 양자의 바람직한 관계는 '도심이 인심에게 합당한 길을 제시하고, 인심이 항상 그에 따르는 것' 이라는 말이다. 이렇게 하면, 위태로운 인심은 편안해지고 미묘한 도심은 드러나게 되어, 모든 말과 행동이 저절로 지나치거나 모자라는 잘못이 없게 된다. 이것이 바로 『서경』의 인심도심론이 궁극적 목표로 삼는 '윤집궐중(允執厥中)' 이다.

주자는 인심과 도심을 설명하면서 천리와 인욕을 함께 거론했다. 그리하여 일견 '도심=천리, 인심=인욕' 이라고 생각하기 쉬우나, 천리인욕론은 인심도심론과는 궤를 달리하는 개념체계이다.[7] 율곡은 "도심은 순수한 천리로서 순선무악하지만, 인심에는 천리도 있고 인욕도 있어 선악이 함께 존재한다." 고 했다. 즉 인심 가운데 생존을 위해 기본적 욕구를 추구하는 것은 천리이지만, 기본적 욕구를 넘어서는 사치와 방탕 등의 욕망은 인욕이라는 것이다.[8] 이 문제를 좀 더 살펴보기로 하자.

주자에 의하면, 인심이란 자신의 육체적 욕망을 추구하는 것으로서, 사적(私的)인 것이다. 이것은 다시 두 측면으로 나누어 볼 수 있다. 첫째는 배고프면 음식을 먹고자 하고 추우면 옷을 입고자 함 등으로서, 이는 생존을

문이다. 요컨대 그들이 범죄를 저지른 것은 욕심 때문이었지만, 그들도 양심이 있기 때문에 부끄러워하고 참회할 수 있는 것이다.

7) 天理人欲論에 대해서는 다음 節에서 살펴보기로 하자.

8) 『栗谷全書』 卷14 頁4, 〈人心道心圖說〉: 道心純是天理 故有善而無惡 人心也有天理也有人欲 故有善有惡 如當食而食 當衣而衣 聖賢所不免 此則天理也 因食色之念 而流而爲惡者 此則人欲也

위해 필수불가결한 것이다. 둘째는 이미 배부르고 이미 따뜻한데도 더 많은 음식과 더 좋은 옷을 욕구하는 것으로서, 이는 사치와 방탕에 빠지는 것이다. 주자는 첫째에 대해서는 '천리' 로서 '성인(聖人)에게도 없을 수 없다' 고 긍정하지만, 둘째에 대해서는 '인욕' 으로서 '결국 惡으로 귀착된다' 고 비판한다. 즉 주자는 인심에는 사치와 방탕 등 인욕의 요소가 있기 때문에 '쉽게 惡으로 흐를 수 있다' 고 보면서도, 또한 육체적 생존을 위한 기본적 욕구를 추구하는 측면이 있기 때문에 곧바로 惡으로 규정할 수는 없다고 보았다. 그리하여 인심을 곧바로 '惡한 것' 으로 규정하지 않고, 다만 '위태로운 것' 으로 규정한 것이다. 그러면 인심이 쉽게 인욕으로 흐르는 까닭, 즉 인심이 위태로운 까닭은 무엇인가? 이에 대해 주자는 다음과 같이 말한다.

> 사람이 배고프면 먹어야 함은 알고 마땅히 먹어야 할 것과 마땅히 먹지 말아야 할 것은 모르며, 추우면 입고자 할 줄만 알고 마땅히 입어야 할 것과 마땅히 입지 말아야 할 것은 모르는 것과 같은 것들, 이것이 인심이 위태로운 까닭이다.[9)]

인심은 그 자체로서는 '정당성에 대한 자각' 이 결여되어 있기 때문에 위태로운 것이다. 주자는 그러므로 인심은 도심의 주재를 받아야 한다고 하였다. 인심과 마찬가지로, 도심도 역시 두 맥락을 지니고 있다. 첫째는 육체적 욕망과는 무관하게 순수하게 인륜(人倫)과 정의(正義)만을 추구하는 것을 말한다. 이러한 맥락에서는 '군신(君臣)과 부자(父子)의 윤리를 아는 것' , '의리(義理)를 아는 것' , '측은지심과 수오지심' 등을 도심이라고 규

9)『朱子語類』 卷78(中華書局本 2011쪽) : 且如人知饑之可食 而不知當食與不當食 知寒之欲衣 而不知當衣與不當衣 此其所以危也

정한다. 둘째는 육체적 욕망과 관련된 것이라도 도심의 주재를 받으면 역시 도심이 된다는 것이다. 이러한 맥락에서는 '마땅히 성내야 할 것을 성내는 것', '음식의 올바름을 얻은 것' 등도 도심으로 규정한다. 요컨대 인심도 도심의 주재를 받아 공정하게 추구된다면 도심이 된다는 것이다. '도심의 주재를 받아 공정하게 인심을 추구함'이 바로 '윤집궐중(允執厥中)'이다. 즉 '윤집궐중'은 개인적 차원에서는 '인심과 도심의 조화'로 해석될 수 있고, 사회적 차원에서는 '사익(私益)과 공익(公益)의 조화'로 해석될 수 있다.

주자 인심도심론의 결론은 '도심으로 인심을 주재하라'[10)]는 것인데, 이는 곧 '공정성의 원칙에 입각하여 자신의 욕망을 추구하라'는 말이다. 그러면 개인의 입장에서는 왜 자신의 욕망을 공정성의 원칙에 종속시켜야 하는가? 그것은 "천리를 따르면 이익을 추구하지 않아도 저절로 불리함이 없으나, 인욕을 따르면 이익을 추구해도 얻어지지 않고 오히려 손해가 따르기 때문"[11)]이다. 요컨대 공정성의 원칙에 따라야만 개인의 행복도 제대로 실현된다는 것이다.

셋째 문단에서는 '천하를 다스리는 것처럼 중대한 일도 결국 인심과 도심의 올바른 관계를 정립하는 문제로 귀결된다'고 했다. '유정유일(惟精惟一)'은 개인이 자신의 삶을 바르게 영위하는 길이기도 하고, 통치자가 국가를 정의롭게 다스리는 길이기도 하다. '惟精惟一'은 모두가 지녀야 할

---

10) 주자는 이를 "마땅히 人心으로 하여금 항상 道心의 區處를 따르게 해야만 옳다(當使人心 每聽道心之區處 方可)"는 말로 표현하기도 했다(『朱子語類』 卷62). '區處'란 말 그대로 '구분하여 처리함'으로서, 옳은 일과 그른 일, 착한 일과 악한 일, 이로운 일과 해로운 일 등을 구분하여 처리한다는 뜻이다. '道心의 區處'란 道心이 '옳은 일, 착한 일, 이로운 일' 등을 추구하도록 인도하는 것인바, 人心은 마땅히 이에 따라야 한다는 뜻이다.

11) 『孟子集註』 梁惠王上 1, 朱子註 : 徇天理 則不求利而自無不利 徇人欲 則求利未得而害已隨之

'마음가짐' 으로서, 시비(是非)와 선악(善惡) 또는 치란(治亂)과 성패(成敗)를 결정짓는 관건이 된다. 요 · 순 · 우처럼 위대한 성인이 왕위를 주고받는 것처럼 가장 중대한 일을 수행할 때 정녕 경계하여 당부한 말이 이에 불과하였으니, 인심과 도심의 문제야말로 세상만사의 궁극적 관건이라는 것이다. 더 나아가, 주자는 인심도심론이야말로 유교의 모든 가르침을 대표하는 것이라고 보았다. 주자는 다음과 같이 말한다.

> 인심도심론은 요 · 순(堯舜)으로부터 전해진 것으로, 다른 의론(議論)이 있기 전에 먼저 이 말씀이 있었으니, 이를 대신할 만한 성인(聖人)의 심법(心法)은 없다. 경전에는 인심도심론의 뜻을 지닌 것이 매우 많다. 『중용』의 '善을 택해 굳게 지킨다〔擇善而固執之〕' 는 말에서, '善을 택함' 은 곧 '惟精' 이고, '굳게 지킴' 은 곧 '惟一' 이다. 또 '널리 배우고, 살펴 묻고, 신중하게 생각하고, 밝게 분변함〔博學之 審問之 謹思之 明辨之〕' 은 모두 '惟精' 에 해당하고, '독실하게 실행함〔篤行〕' 은 '惟一' 에 해당한다. 또 '선에 밝음〔明善〕' 은 '惟精' 에 해당하고, '참되게 노력함〔誠之〕' 은 '惟一' 에 해당한다. 『대학』의 '사물의 이치를 탐구하여 앎을 이룸〔格物致知〕' 은 '惟精' 이 아니면 불가능하고, '뜻을 참되게 함〔誠意〕' 은 곧 '惟一' 이다. 학문이란 곧 이러한 도리를 배우는 것이다.[12]

위에 보이듯이, 주자는 『중용』과 『대학』의 주요 가르침들이 모두 '惟精惟一' 과 궤를 같이하는 것이라고 설명하고, '학문이란 곧 惟精惟一의 도리를 배우는 것' 이라고 단언했다. 그렇다면 인심도심론은 '천하의 모든 사

12) 『朱子語類』 卷78(2014쪽) : 此自堯舜以來所傳 未有他議論 先有此言 聖人心法 無以易此 經中此意極多 所謂擇善而固執之 擇善卽惟精也 固執卽惟一也 又如博學之審問之謹思之 明辨之 皆惟精也 篤行又是惟一也 又如明善是惟精也 誠之便是惟一也 大學致知格物 非惟精不可能 誠意則惟一矣 學則是學此道理

업'을 포괄하는 것일 뿐만 아니라 '유학의 모든 영역'을 포괄하는 것이기도 하다.

이상에서 주자의 인심도심론을 살펴보았다. 주자의 인심도심론은 '도덕적 본성과 육체적 본능'이라는 관점에서 인간의 마음을 두 측면으로 구분하여 논의한 것이다. 주자의 대부분의 학설이 그러했듯이, 주자의 이러한 설명 체계도 이후 성리학자들이 '인심과 도심'을 논함에서 하나의 전범(典範)이 되었다. 이제 조선시대 유학자들의 인심도심론 가운데 핵심적인 것 몇 가지를 살펴보기로 하자. 우선 퇴계(退溪)는 주자와 같은 맥락에서 다음과 같이 말한 바 있다.

> 제왕(帝王)의 학문과 심법의 요점은 위대한 순(舜)이 우(禹)에게 명한 것에서 연원합니다. 그 말에 이르기를, "인심은 오직 위태롭고 도심은 오직 은미하니, 오직 정밀하게 살피고 오직 한결같이 지켜서, 진실로 그 중용을 잡으라."고 했습니다. 무릇 천하를 서로 전해 주는 것은 그로 하여금 천하를 편안하게 하도록 하려는 것입니다. 따라서 그 부탁하는 말은 정치보다 더 급한 것이 없을 텐데, 순이 우에게 간곡하게 경계한 말씀이 이에 불과한 것은, 어찌 '학문으로 덕을 이룸'을 정치의 큰 근본으로 삼고, '정밀하게 살피고 한결같이 지켜서 그 중용을 잡음'을 학문의 큰 법도로 삼았기 때문이 아니겠습니까? 큰 법도로 큰 근본을 세우면 천하의 정치가 모두 여기에서 나올 것입니다. 오직 옛 성왕의 가르침이 이와 같기 때문에 臣처럼 미련한 사람도 성학(聖學)이 지극한 정치의 근본이 된다는 것을 알아서 참람하게 말씀드리는 것입니다.
>
> 비록 그러하나 순(舜)의 이 말씀은 '위태하고 은미하다'는 것만 일러 주고 그 원인에 대해서는 언급하지 않았으며, '정밀하게 살피고 한결같이 지키라'고만 가르치고 그 방법은 제시하지 않아서, 후세 사람들이 이것을 근거로 道를 참으로 알고 실천하려 하여도 거의 어려웠습니다. 그 뒤로 여러 성인(聖人)이 계승

하다가 공자(孔子)에 이르러 그 방법이 크게 완비되니, 『대학』의 '격물치지(格物致知)와 성의정심(誠意正心)', 『중용』의 '명선(明善)과 성신(誠身)' 이 이것입니다. 또 학자들이 계속 나오다가 주자(朱子)에 이르러 그 학설이 크게 밝혀졌으니, 『대학장구(大學章句)』와 『중용장구(中庸章句)』 및 『대학혹문(大學或問)』과 『중용혹문(中庸或問)』이 이것입니다.[13)]

퇴계에 의하면, 『서경』의 인심도심설은 '정치의 큰 근본' 인 동시에 '학문의 큰 법도' 로서, 공자와 주자의 주요 가르침도 모두 인심도심설을 부연하는 데 초점이 있는 것이다. 퇴계의 이러한 설명은 유학에서 인심도심설이 차지하는 위상을 다시 한 번 일깨워준다.

퇴계의 인심도심론 역시 '도덕적 본성과 육체적 본능' 이라는 관점에서 인간의 마음을 두 측면으로 구분하여 논의한 것이다. '도덕적 본성' 은 동서고금 모든 도덕의 존립 기반으로서, 인간 사회의 질서와 평화의 원천이 된다. 문제는 '육체적 본능' 으로서, 이는 인간의 생존을 지탱하는 성향인 동시에 그 이기적 특성으로 인해 모든 갈등의 원천이 되기도 한다. 요컨대 인간은 생존을 위해 본능적 욕구를 충족시키지 않을 수 없는데, 또한 본능적 욕구는 종종 인간을 타락시키고 사회를 갈등과 혼란에 빠뜨리는 것이다. 육체적 본능의 이러한 양면성은 퇴계의 다음과 같은 말에 잘 드러나 있다.

---

13) 『退溪集』 卷6 頁42~43, 〈戊辰六條疏〉: 帝王之學 心法之要 淵源於大舜之命禹 其言曰 人心惟危 道心惟微 惟精惟一 允執厥中 夫以天下相傳 欲使之安天下也 其爲付囑之言 宜莫急於政治 而舜之於禹 丁寧告戒 不過如此者 豈不以學問成德 爲治之大本也 精一執中 爲學之大法也 以大法而立大本 則天下之政治 皆自此而出乎 惟古之聖謨若此 故雖以如臣之愚 亦知聖學爲至治之本 而僭有獻焉 雖然 舜之此言 但道其危微 而不及其危微之故 但教以精一 而不示以精一之法 後之人 雖欲據此而眞知實踐乎道 殆亦難矣 其後列聖相承 至孔氏而其法大備 大學之格致誠正 中庸之明善誠身是也 諸儒迭興 逮朱氏而其說大明 大學中庸之章句或問 是也

음식(飮食)과 남녀(男女)는 지극한 이치가 깃든 곳이며 또한 커다란 욕망이 존재하는 곳이다. 군자(君子)가 인욕(人欲)을 이기고 천리(天理)를 회복하는 것도 이로부터 말미암고, 소인(小人)이 천리를 해치고 인욕을 끝까지 추구하는 것도 이로부터 말미암는다. 그러므로 마음을 다스리고 몸을 닦는 데는 음식과 남녀를 긴요한 문제로 삼는 것이다.[14)]

음식을 먹는 것은 우리의 생존에 필수불가결한 일이니 '지극한 이치' 가 되는 것이나, 또한 맛있는 음식을 더 많이 먹고자 하는 데서 온갖 탐욕이 벌어지니 '커다란 욕망' 이 개입하기도 하는 것이다. 남녀의 결합도 종족의 보존에 필수불가결한 일이니 '지극한 이치' 가 깃든 곳이나, 또한 이를 쾌락의 수단으로 삼고자 하는 데서 온갖 탐욕이 벌어지니 역시 '커다란 욕망' 이 개입하기도 하는 것이다. 그리하여 퇴계는 '식색(食色)의 본능적 욕망' 이 마음을 다스리고 몸을 닦는 데 긴요한 사안이라고 보았다. 이는 이른바 '인격의 수양' 이란 결국 '본능적 욕망에 대한 통제력' 을 기르는 것이라는 말이다.

'도덕적 본성' 은 '인간을 인간답게 만들어주는 성향' 인 반면, '육체적 본능' 은 인간과 짐승이 공유하는 성향이다. 따라서 인간이 육체적 본능에 매몰되는 한 인간과 짐승의 차이를 확보할 수 없게 된다. 이는 맹자의 지론이기도 했지만, 화서(華西) 이항로(李恒老)의 다음과 같은 논설에서도 여실히 드러난다.

어떤 사람이 "입으로는 맛있는 고기를 좋아하고 눈으로는 아리따운 처녀를 좋아하는 것은 천성(天性)이다. 이러한 마음이 이미 발동하면, 이는 성(誠)이 드러난 것으로서 숨길 수 없는 것이다. 만일 예문(禮文)에 구애되어

14) 『退溪集』 卷35 頁18, 〈答李宏仲〉 : 飮食男女 至理所寓 而大欲存焉 君子之勝人欲而復天理由此 小人之滅天理而窮人欲亦由此 故治心修身 以是爲切要也

먹지 않거나 보지 않는다면, 이는 안으로는 자신의 마음을 속이고 밖으로는 남들을 속이는 것이 아니겠는가?" 라고 주장하자, 이에 대해 이항로는 다음과 같이 답하였다.

이것은 요·순(堯舜)과 공·맹(孔孟)의 가르침이 아니요, 이적(夷狄)과 금수(禽獸)의 주장에 빠진 것이다. 대개 자신의 고집을 버리고 남의 의견을 따르는 것은 요순의 道요, 자기의 사욕을 이기고 예(禮)로 돌아가는 것은 공맹의 가르침이며, 정욕(情欲)에 따라 곧바로 실행하여 예의(禮義)가 없는 것은 이적의 풍습이요, 다만 한 길로만 통해서 배고프면 먹고 목마르면 마실 줄만 아는 것은 금수의 지각이다. (…)

그대는 맛있는 고기를 좋아하고 아리따운 처녀를 좋아하는 사사로움이 그대의 마음에서 나온다는 것만을 알고, 부모에게 효도하고 임금에게 충성하는 공정함이 그대의 마음속에 뿌리박고 있다는 것은 모르는가? 모두 같은 그대의 마음인데, 맛있는 고기를 좋아하고 아리따운 처녀를 좋아하는 것은 그대의 형체(形體)에서 생기는 것이요, 부모에게 효도하고 임금에게 충성하는 것은 그대의 성명(性命)에서 나오는 것이다. 형체는 한 개인의 사사로운 물건이요, 성명은 천하의 공정한 이치이니, 형체는 깃털처럼 가벼운 것이요, 성명은 태산처럼 무거운 것이다.

이를 어떻게 알 수 있는가? 배고플 때 그대가 밥 한 그릇을 얻었다면, 먼저 그대의 부모님께 드리겠는가, 아니면 먼저 그대의 입에 넣겠는가? 그대의 입을 잊고 부모님을 먼저 생각하는 것은 다름이 아니라 도리(道理)는 무겁고 구복(口腹)은 가볍기 때문이다. 추울 때 그대가 옷 한 벌을 얻었다면, 먼저 그대의 부모님께 입혀드리겠는가, 아니면 먼저 그대의 몸에 입겠는가? 그대의 몸을 뒤로하고 부모를 급하게 여기는 것은 다름이 아니라 예의(禮義)는 크고 신체(身體)는 작기 때문이다. 이것으로 미루어본다면 (…) 公을 앞세우고 私를 뒤로 하며, 남을 먼저 생각하고 자신을 뒤로하며, 중요한 것을 앞세우고 가벼운 것을 뒤로하며, 큰 것을 앞세우고 작은 것을 뒤로하는 것이 곧 천지의 본연한 절문(節文)이요, 인간의 당연한 질서이니, 이것을 따르면 길(吉)하고 이것을 어기면 흉(凶)한 것이 바로 만고불변의 이치이다.

비록 그러하나 그대의 형체에는 재질이 있고 그대의 도리에는 형태가 없다. 형체에는 재질이 있기 때문에 그 욕망이 쉽게 발하여 제어하기 어렵고, 도리에는 형태가 없기 때문에 그 실마리를 찾기 어려워 쉽게 잃는다. 그러므로 인욕(人欲)을 막는 것은 도적을 정찰하거나 홍수를 막는 것보다 어려우며, 천리(天理)를 밝히는 것은 갓난아이를 보호하거나 메마른 뿌리를 살려내는 것보다 어려운 것이다. 그리하여 한 마음 위에서 형기(形氣)의 욕망은 번성을 기약하지 않아도 날마다 번성하고, 도리(道理)의 본체는 소멸을 기약하지 않아도 날마다 쇠퇴하는 것이다. 그리하여 이 세상에 평화롭게 다스려지는 날은 항상 적고 어지럽고 쇠망하는 날은 항상 많은 것이다. 이것이 어진 하늘이 안타깝게 여기는 바요 성인(聖人)이 근심하는 바로서, 사람들마다 알 수 있는 것이 아니다.

이에 하늘이 성인께 명령하여 그대들의 군주와 스승이 되게 하여 한편으로는 다스리고 한편으로는 가르치게 한 것이니, 이는 모두 그대들의 마음을 바로잡고 그대들의 삶을 완수하기 위한 것이다. 부모를 섬김에 禮를 다하는 것은 그대 마음속의 은애(恩愛)를 기르기 위한 것이요, 임금을 섬김에 몸을 바치는 것은 그대 마음속의 충경(忠敬)을 다하기 위한 것이며, 부귀(富貴)와 작록(祿爵)은 그대 마음속의 善을 권면하기 위한 것이요, 형벽(刑辟)과 부월(鈇鉞)은 그대 마음속의 惡을 징계하기 위한 것이다. 대개 아름다운 여자를 좋아하고 나쁜 냄새를 싫어하는 것은 사람과 금수가 같은 것이요, 선을 좋아하고 악을 싫어하는 것은 금수는 할 수 없으나 사람만 할 수 있는 일이다. 그대가 금수와 다른 점이 바로 여기에 있고, 성인(聖人)이 그대를 위해 근심하는 점 또한 여기에 있다. 그대는 도리어 저 금수의 道를 참된 것이라 하고 이 사람의 道를 거짓된 것이라 하니,

또한 매우 미혹된 것이 아니겠는가?[15)]

위에 보이는 것처럼 이항로의 답변이 매우 장황하여, 편의상 다섯 문단으로 구분해 보았다. 첫째 문단에서는 본능적 욕구에만 충실한 것은 이적의 풍습이요 금수의 행태라고 규정했다. 둘째 문단에서는 '인간의 마음' 속에는 식색(食色)을 추구하는 육체적 본능과 함께 인륜(人倫)을 추구하는 도덕적 본성도 내재한다는 점을 밝히고, 이를 각각 형체(形體, 육체적 본능)와 성명(性命, 도덕적 본성)에 연결시켰는데, 이는 주자의 인심도심설을 그대로 따른 것이다. 요컨대 형체에서 유래하는 인심은 사사로운 것이요, 성명에서 유래하는 도심은 공정한 것이니, 그러므로 '인심은 깃털처럼 가볍고, 도심은 태산처럼 무겁다' 는 것이다. 셋째 문단에서는 "배고플 때 그대가 밥 한 그릇을 얻었다면, 먼저 그대의 부모님께 드리겠는가, 아니면 먼저 그대의 입에 넣겠는가?" 라는 설문으로 '인간의 인간다움' 에 대한 성찰을

---

15) 『華西集』 卷24 頁21~23, 〈孔雀問答〉 : 此非堯舜孔孟之敎也 淫於夷狄禽獸之說也 蓋舍己從人 堯舜之道也 克己復禮 孔孟之敎也 徑情直行 無禮無義 夷狄之風也 只通一路 飢食渴飮 禽獸之知也 (…) 爾知悅味悅色之私出於爾心 而獨不知仁親義君之公根於爾心乎 等爾心也 悅味悅色之類 生於爾之形體 仁親義君之類 根於爾之性命 形體者 一己之私物也 性命者 天下之公理也 彼則輕如鴻毛 此則重如泰山 何以明其然也 爾於飢時得一飯 則欲先餉爾父母乎 抑欲先入爾口乎 忘爾口而先父母者無他 道理重而口腹輕故也 爾於寒時得一衣則欲先煖爾父母乎 抑欲先被爾身乎 後爾身而急父母者無他 禮義大而身體小故也 以此推之 (…) 先公而後私 先人而後己 先重而後輕 先大而後小 卽天地本然之節文 人物當然之次第也 順此則吉 反此則凶 乃萬古不易之理也 雖然 爾之形體有質 爾之道理無形 惟其有質也 故其欲易發而難制 惟其無形也 故其緖難尋而易失 是以人欲之難遏 甚於偵察寇賊 隄防洪河 天理之難闡 甚於保養嬰兒 培植枯株 所以一心之上 形氣之欲 不期盛而日熾 道理之體 不期消而日鑠 以致天地之間 治平之日常少 亂亡之日常多 此則仁天之所愍 聖人之所憂而非人人之所及知也 於是乎天命聖人 使爲爾君 使爲爾師 一治一敎 無非所以正爾心而遂爾生也 事父盡禮 所以養爾心之恩愛也 事君致身 所以達爾心之忠敬也 富貴祿爵 所以勸爾心之善也 刑辟鈇鉞 所以懲爾心之惡也 蓋好好色惡惡臭 人與禽獸之所同也 好善惡惡 禽獸之所不能 而人之所獨能也 爾所以異於禽獸者 定在於此 聖人所以爲爾憂者 亦在於此 爾反認彼爲誠 認此爲僞 不亦惑之甚乎

촉구하였다. 이항로는 이러한 논법을 미루어나가 "公을 앞세우고 私를 뒤로하며, 남을 먼저 생각하고 자신을 뒤로 함"이 "천지의 본연한 절문(節文)[16]이요, 인간의 당연한 질서"라고 설파하고, "이것을 따르면 길하고 이것을 어기면 흉한 것이 바로 만고불변의 이치"라고 단언했다. 여기서 인심도심론이 '公과 私'로 연결됨을 다시 확인할 수 있으며, 더 나아가 '길(吉)과 흉(凶)'으로까지 연역됨을 볼 수 있다.

위의 넷째 문단에서는 도덕적 본성보다 육체적 본능이 강력하다는 것, 그리하여 이 세상에는 평화로운 날보다 어지러운 날이 많다는 것을 설명했다. 마지막 문단에서는 이러한 혼란한 현실을 극복하기 위해 성인(聖人)의 통치와 스승의 교육이 필요하다는 점을 논하고, 결론적으로 '인간과 짐승이 구분되는 지점'을 천명하였다. "대개 아름다운 여자를 좋아하고 나쁜 냄새를 싫어하는 것은 사람과 금수가 같은 것이요, 선을 좋아하고 악을 싫어하는 것은 금수는 할 수 없으나 사람만 할 수 있는 일이다. 그대가 금수와 다른 점이 바로 여기에 있고, 성인이 그대를 위해 근심하는 점 또한 여기에 있다. 그대는 도리어 저 금수의 道를 참된 것이라 하고 이 사람의 도를 거짓된 것이라 하니, 또한 매우 미혹된 것이 아니겠는가?" 이 말은 이

16) '節文'이란 '마디 짓고(節) 그에 알맞게 꾸밈(文)'을 말한다. 朱子는 禮를 "天理의 節文이며 人事의 儀則"이라고 정의한 바 있다. '天理의 節文'이란 禮의 원리를 말한 것이며, '人事의 儀則'이란 天理의 節文이라는 禮의 원리가 일정한 행위 양식으로 규범화된 것을 말한다. 禮란 마디를 짓고, 그에 알맞게 꾸미는 것이다. '마디를 지음'은 구별 또는 차등에 해당하는 것으로서, 구체적으로는 '親·疎'와 '尊·卑' 등을 구별하는 것이다. '그에 알맞게 꾸밈'은 먼 사람보다 가까운 사람을 厚待하고, 비천한 사람보다 존귀한 사람을 優待하는 것이다. 유가는 가까운 사람을 후대하고 존귀한 사람을 우대하는 것이 天理에 부합하는 것이라고 본다. 이러한 원리를 규범화한 것이 '人事의 儀則'으로서, 이 儀則이 인간의 현실 생활을 규제하는 것이다. 예를 들어, 혈연의 寸數에 따라 喪服을 달리하는 것은 親·疎에 따라 꾸밈을 달리하는 것이며, 관직의 高下에 따라 儀典 등 각종 처우를 달리하는 것은 尊·卑에 따라 꾸밈을 달리하는 것이다. 이에 대한 자세한 논의는 拙著, 『儒家社會哲學研究』, 254~256쪽 참조.

항로의 정문일침(頂門一鍼)으로서, 식색(食色)을 숭상하고 인륜을 외면하는 오늘날 더욱 절실하게 음미할 필요가 있다.[17)]

한편, 조선시대를 대표하는 철학 논쟁 '사단칠정논쟁(四端七情論爭)' 도 인심도심론과 밀접한 관련이 있었다. 퇴계는 "인심은 칠정이 바로 그것이요, 도심은 사단이 바로 그것이니, 별도로 두 개의 도리가 있는 것이 아니다."[18)]라고 하여, 사단칠정론과 인심도심론을 같은 맥락으로 이해했다. 사단칠정에 관한 퇴계의 지론은 '사단은 이발(理發), 칠정은 기발(氣發)' 이라는 것이다. 이를 인심도심론에 적용하면 '人心은 氣가 발한 것, 道心은 理가 발한 것' 이라는 주장이 된다. 퇴계의 이러한 주장은 주자의 '人心은 형기(形氣)의 사사로움에서 생기고, 道心은 성명(性命)의 바름에 근원한다' 는 주장과 궤를 같이한다. 이러한 설명은 '인심은 육체적 본능과 연결되고, 도심은 도덕적 본성과 연결된다' 는 점을 잘 표현하고 있으나, 문제는 이렇게 설명하면 인심과 도심이 '두 개의 것' 처럼 여겨진다는 점이다.

주자는 '人心은 형기의 사사로움에서 생기고, 道心은 성명의 바름에 근원한다' 고 말하기에 앞서, '마음의 허령한 지각은 하나일 뿐' 이라 하여, '인심과 도심은 하나일 뿐' 이라는 점을 분명히 하였다. 사실 주자는 인심도심론을 전개하면서 '인심과 도심은 다만 하나의 것' 이라는 점을 누차 역설하였다.

---

17) 주지하듯이, 許筠(1569~1618)은 "男女의 情慾은 하늘이 준 것이며, 分別하는 倫理는 聖人의 가르침이다. 하늘은 聖人보다 존엄하다. 차라리 聖人의 가르침을 어길지언정, 감히 하늘이 부여한 본성을 어기지 않겠다(男女情慾 天也 分別倫紀 聖人之敎也 天尊於聖人 則寧違於聖人 而不敢違天稟之本性)" 고 주장한 바 있는데(『順菴集』 卷17 頁11, 〈天學問答〉), 이항로의 頂門一鍼은 허균의 이 말에도 그대로 적용되는 것이다.

18) 『退溪集』 卷36 頁2, 〈答李宏仲問目〉: 人心 七情 是也 道心 四端 是也 非有兩箇道理也

혹자(或者)가 '인심과 도심의 구별'을 묻자, 주자가 답하기를, "다만 하나의 마음이다. 지각(知覺)이 눈과 귀의 욕망을 따라가면 바로 인심이요, 지각이 의리(義理)를 따라가면 바로 도심이다."[19]

사람에게는 다만 하나의 마음이 있다. 다만 지각이 도리(道理)에 관한 것을 깨달으면 도심이요, 지각이 형색(形色)과 취미(趣味)에 관한 것을 깨달으면 인심이다. (…) 두 개의 마음이 있는 것은 아니다. 도심과 인심은 본래 다만 하나의 것인데, 다만 지각하는 바가 다른 것이다.[20]

육체에서 생긴 견식(見識)이 바로 인심이요, 의리에서 생긴 견식이 바로 도심이니, 마음은 하나이다.[21]

위의 세 인용문에서는 거듭 '인간의 마음은 하나일 뿐'이라고 설명했다. 그렇다면 인심과 도심은 '한 마음의 두 측면'이라는 것이 분명할 것이다. 그런데 위의 세 인용문은 사실 미묘한 차이를 보여준다. 첫째 인용문에서는 "지각이 눈과 귀의 욕망을 따라가면 인심, 지각이 의리를 따라가면 도심"이라 했는데, 이는 '인심과 도심'을 '한 마음의 두 지향성'으로 설명한 것이다. 둘째 인용문에서는 "지각이 도리에 관한 것을 깨달으면 도심, 지각이 형색과 취미에 관한 것을 깨달으면 인심"이라 했는데, 이것도 역시 '인심과 도심'을 '한 마음의 두 지향성'으로 설명한 것이다. 그런데 셋째 인용문에서는 "육체에서 생긴 견식이 인심, 의리에서 생긴 견식이 도심"

---

19) 『朱子語類』 卷78(2009쪽) : 或問人心道心之別 曰 只是這一箇心 知覺從耳目之欲上去 便是人心 知覺從義理上去 便是道心

20) 『朱子語類』 卷78(2010쪽) : 人只有一箇心 但知覺得道理底是道心 知覺得形色趣味底是人心 (…) 非有兩箇心 道心人心 本只是一箇物事 但所知覺不同

21) 『朱子語類』 卷78(2010쪽) : 形骸上起底見識 便是人心 義理上起底見識 便是道心 心則一也

이라 했다. 이렇게 설명하면 인심과 도심은 서로 근원이 다른 것이 되어, '마음은 하나일 뿐' 이라는 주자의 본의와는 다르게, 인심과 도심은 '두 개의 것' 으로 오해될 수 있다. 같은 맥락에서, 〈중용장구서(中庸章句序)〉의 '人心은 형기의 사사로움에서 생기고, 道心은 성명의 바름에 근원한다' 는 설명도 '두 마음' 을 연상한다. 그리하여 율곡(栗谷)은 다음과 같이 말한다.

> 감정이 발현할 때 도의(道義)를 위하여 발하는 것이 있으니, 예컨대 어버이에게 효도하려 하고, 임금에게 충성하려 하며, 어린애가 우물에 빠지는 것을 보면 측은히 여기고, 義가 아닌 것을 보면 미워하거나 부끄러워하며, 종묘(宗廟)를 지나갈 때엔 공경하는 것들로서, 이를 '道心' 이라 한다. 구체(口體)를 위하여 발하는 것이 있으니, 예컨대 배고플 때 먹으려 하고, 추울 때 입으려 하고, 힘들 때 쉬고자 하고, 정력이 왕성해지면 아내를 생각하는 것들로서, 이를 '人心' 이라 한다. (…) 방촌(方寸)에는 애초에 두 마음이 없고, 다만 발하는 곳에 이 두 단서가 있는 것이다.[22)]

주자의 혹생혹원론(或生或原論)은 인심과 도심을 근원에서부터 갈라놓음으로써, 자신의 본의와 달리 인심과 도심을 '두 개의 마음' 으로 오해할 여지를 남긴 것이다. 이에 반해, 율곡은 한 마음이 '도의(道義)를 지향하면 도심, 구체(口體)를 지향하면 인심' 이라 하여, 인심과 도심을 '한 마음의 두 지향성' 으로 설명하였다.[23)]

22) 『栗谷全書』 卷14 頁4, 〈人心道心圖說〉: 情之發也 有爲道義而發者 如欲孝其親 欲忠其君 見孺子入井而惻隱 見非義而羞惡 過宗廟而恭敬之類 是也 此則謂之道心 有爲口體而發者 如飢欲食 寒欲衣 勞欲休 精盛思室之類 是也 此則謂之人心 (…) 方寸之中 初無二心 只於發處 有此二端

23) 비유적으로 설명하면, 朱子의 或生或原論은 '동쪽에서 나온 것은 道心, 서쪽에서 나온 것은 人心' 이라는 것인바, 그렇다면 인심과 도심은 서로 다른 근원에서 나온 것이

이제 이상의 내용을 정리해 보자. 인간의 마음에는 '공정한 도덕적 본성〔性命之正〕' 과 '사사로운 육체적 본능〔形氣之私〕' 이 함께 존재한다. 우리가 대상의 사물을 지각할 때 도덕적 본성과 육체적 본능은 함께 개입(작용)한다. 예컨대 불쌍한 사람을 보면 측은한 마음을 품게 되는 것은 지각의 과정에 도덕적 본성이 개입한 결과요, 맛있는 음식을 보면 먹고 싶다는 마음을 품게 되는 것은 지각의 과정에 육체적 본능이 개입한 결과이다. 또한 우리는 아무리 맛있는 음식이라도 자기 것이 아니면 일단 식욕을 자제하는데, 이 자제심은 도덕적 본성이 개입한 결과이다. 이처럼 우리의 마음속에는 도덕적 본성과 육체적 본능이 함께 존재하면서 지각의 과정에 개입하는 것이다. 이때 우리 마음이 본성의 지시를 따르면 도심이라 하고, 본능적 욕구를 따르면 인심이라 하는 것이다.

모든 사람은 인심과 도심을 함께 지니며, 또한 인심과 도심은 둘 다 제대로 실현될 필요가 있다. 이처럼 둘 다 제대로 실현될 필요가 있다 하더라도, 양자 사이에 우선순위가 없을 수 없다. 그렇다면 도덕적 본성과 육체적 본능 가운데 어느 것을 우선할 것인가? 유학에서는 이에 관한 '마음가짐〔心法〕' 이 우리의 삶과 세상만사 모두를 좌우한다고 보았다. 유학에서는 그 마음가짐의 대원칙을 '도심의 주재 아래 인심을 실현하라' 는 말로 설명했는데, 이는 '공정성의 원칙에 입각하여 자신의 욕망을 추구하라' 는 뜻이었다.

불교에서는 '일체유심조(一切唯心造)' 라 하여 세상만사를 자신의 한 마음으로 귀결시킨다.[24] 유교의 인심도심론도 세상만사를 우리의 마음으로

므로 '두 개의 것' 이라 할 수 있다. 이에 반해, 栗谷의 설명은 '하나의 마음이지만, 동쪽을 향하면 道心, 서쪽을 향하면 人心' 이라는 것인바, 이렇게 설명하면 인심과 도심은 본래 '하나의 마음' 이지만 '서로 지향이 다르다' 는 뜻이 된다.

24) 『80華嚴經』의 〈菩薩說偈品〉에서는 "만약 과거 현재 미래의 모든 부처를 알고 싶거든 응당 法界의 성질을 살펴야 하니, 모든 것은 마음이 지어내는 것이다(若人欲了知 三

귀결시킨다는 점에서는 불교의 '일체유심조' 와 맥락을 같이 한다. 그런데 단순히 마음의 주체성을 강조하는 '일체유심조' 와는 달리, 인심도심론은 마음을 육체적 본능을 추구하는 인심과 도덕적 본성을 추구하는 도심으로 구분하여 시비선악(是非善惡)과 치란성패(治亂成敗)를 해명함으로써, 우리에게 요구되는 바람직한 마음가짐을 일깨워주는 것이다. 요컨대 인심도심론은 '인간은 누구나 육체적 본능과 함께 도덕적 본성을 지니고 있다' 는 전제 아래 양자의 바람직한 관계를 논의하는 주제였던 것이다.[25)]

世一切佛 應觀法界性 一切唯心造)" 라고 했다. '一切唯心造' 와 관련해 자주 언급되는 고사는 元曉大師의 일화이다. 원효가 당나라로 유학을 가는 길에, 하루는 날이 저물어 어느 무덤 앞에서 잠을 잤다. 잠결에 목이 말라 물을 마셨는데 甘露水처럼 맛있었다. 그런데 아침에 일어나서 잠결에 마신 물이 해골에 괸 물이었음을 알고, 구역질을 하게 되었다. 이를 계기로 원효는 '모든 것은 오로지 마음에 달렸음' 을 깨닫고, 유학을 포기하고 돌아왔다고 한다.

25) 플라톤은 인간의 영혼을 이성(지혜를 사랑하는 부분, 분별있는 부분), 기개(이기기를 좋아하는 부분), 욕구(利를 탐하는 부분)로 구분한 다음, "魂 전체가 지혜를 사랑하는 부분을 따르고 반목을 하지 않는다면, 魂의 각 부분이 다른 모든 면에서도 자기 일들을 할 수 있으며 올바를 수 있고, 특히 각각이 자기의 즐거움들을, 최선의 그리고 가능한 한의 가장 참된 즐거움들을 누릴 수 있을 걸세." 라고 했는데(『국가』, 586d~e), 이는 유교의 人心道心論과 궤를 같이한다.

2. 『예기』의 '천리(天理)와 인욕(人欲)'

『예기(禮記)』에서는 인간의 성정(性情)을 논하면서 '天理와 人欲' 이라는 개념을 제시했는데, 이후 천리인욕론은 인심도심론 못지않게 전통 유학의 핵심 논제로 자리 잡게 되었다. 먼저 천리와 인욕의 개념을 살펴보자. 주자는 "(천리와 인욕은) 다만 한 사람의 마음이다. 도리(道理)에 부합하는 마음이 천리요, 정욕(情欲)에 따르는 마음이 인욕이다."[1)]라고 설명한 바 있다. '천리' 란 일반적으로는 '자연의 이법(理法)' 또는 자연의 이법에서 도출된 '사람의 마땅한 도리' 를 뜻하거니와, 천리인욕론에서의 천리란 '도리에 부합하는 마음' 을 뜻한다. 같은 맥락에서, '인욕' 도 문자상으로는 '인간의 욕구' 로 풀이할 수 있으나, 천리인욕론에서의 인욕이란 '과도하게 감정과 욕구를 따르는 마음' 을 뜻한다.

인심도심론과 마찬가지로 천리인욕론도 인간의 '도덕적 본성과 이기적 본능' 을 두 축으로 삼아 구축된 개념체계요, 또 유학자들의 논설에서는 인심도심론과 천리인욕론이 함께 자주 등장한다. 그런데 앞에서 언급한 것처럼 양자는 약간 궤를 달리한다. 먼저 이 점을 살펴보자.

정자는 '道心은 곧 天理' 라고 설명했는데, 주자는 이를 수용했으며, 대부분의 학자도 이견이 없다. 문제는 인심과 인욕의 경우이다. 정자는 '人心은 곧 人欲' 이라고 설명했는데, 주자는 이러한 설명에 반대했으며, 대부분의 학자도 주자를 따랐다. 주자에 의하면, 도심은 천리와 서로 등치 할

1) 『朱子語類』 卷78(2015쪽) : 只是一人之心 合道理底是天理 徇情欲底是人欲

수 있으나 인심과 인욕은 서로 등치 할 수 없다. 식색(食色)이나 의식주(衣食住) 등 본능적 욕구를 추구하는 마음이 인심인데, 인심에는 천리도 있고 인욕도 있다는 것이다. 예컨대 배가 고파 음식을 먹는 것은 천리요, 맛있는 음식을 요구하는 것은 인욕이다.[2] 배가 고파 음식을 먹는 것 자체는 도리에 부합하므로 천리이지만, 맛있는 음식을 고집하거나 필요 이상으로 많은 음식을 차지하는 것은 도리에 어긋나므로 인욕인 것이다. 또 배가 고파 음식을 먹는 것은 분명 도리에 부합하는 일이나, 이는 자칫 더 맛있는 것을 더 많이 먹으려는 탐욕(인욕)으로 흐를 위험이 있다.[3]

요컨대 '본능적 욕구를 추구함' 자체는 인심이지만 '생존에 필요한 것 이상을 추구함'은 인욕이요, 인심은 다만 '위태로운 것〔危〕'이나 인욕은 전적으로 '옳지 못한 것〔惡〕'이다. 그러므로 유교에서는 인심에 대해서는 '도심의 주재를 받아 중용을 지키라' 하고, 인욕에 대해서는 '과감하게 없애라' 한 것이다. 이제 『예기』〈악기(樂記)〉의 다음과 같은 내용을 살펴보자.

> 사람이 태어나면서 고요한 것은 타고난 性이요, 사물에 감응하여 움직이는 것은 性의 욕망이다. 사물이 이름에 지각(知覺)이 알게 되니, 그런 다음에 호오(好惡)가 형성된다. 안으로는 호오가 절제되지 않고 밖으로는 지각이 유혹하여, 자신을 반성하지 못하면, 天理가 소멸된다. 무릇 사물이 사람을 감동하게 하는 것은 끝이 없는데, 사람의 호오가 절제됨이 없다면, 이것은 사물이 이름에 사람이 사물로 변화하는 것이다. 사람이 사물로 변화한다는 것은 天理를 소멸하고 人欲을 끝없이 추구하는 것이다. 이에 패역(悖逆)·속임·거짓의 마음이 있게

2) 『朱子語類』 卷13(224쪽) : 問 飮食之間 孰爲天理 孰爲人欲 曰 飮食者 天理也 要求美味 人欲也

3) 그러므로 유교에서는 '人心은 오직 위험하다〔人心惟危〕'고 했던 것이다.

되고, 음란하고 혼란스러운 일들이 있게 된다. 그리하여 강자는 약자를 협박하고, 다수는 소수에게 횡포를 부리며, 지식이 있는 자는 어리석은 자를 속이고, 용기 있는 자는 겁 많은 자를 괴롭힌다. 질병에 걸려도 돌보지 않고, 늙은이 · 어린이 · 고아 · 홀아비들은 마땅한 처우를 얻지 못한다. 이것은 대란(大亂)의 길이다. 그러므로 선왕(先王)은 예악(禮樂)을 제정하였다.[4]

위의 인용문에서는 먼저 마음의 지각작용을 통해 사물에 대한 '호오의 감정' 또는 '욕구'가 형성되는 과정을 설명했다. 마음의 작용은 단순히 대상 사물을 지각하는 것으로 그치지 않고, 마음속에 내재하는 본성 또는 본능으로 인해 사물에 대한 호오의 감정이나 욕구를 산출하게 된다는 것이다. 문제는 호오의 감정이나 욕구는 결코 스스로 절제되지 않는다는 점이다. 그리하여 위의 인용문에서는 "사물이 사람을 감동하게 하는 것은 끝이 없는데, 사람의 호오가 절제됨이 없다면, 이것은 사물이 이름에 사람이 사물로 변화하는 것"이라고 말한 것이다.

맹자는 "눈과 귀는 생각하는 기능이 없어서 사물에 가려지게 되니, 사물과 사물이 교제하면 서로 끌어당길 뿐"[5]이라 했다. 눈과 귀는 사유기능이 없는바, 맹자는 사유기능이 없는 눈과 귀는 하나의 사물과 같다고 보았다. "사물과 사물이 교제한다."는 것은 눈으로 어여쁜 사물을 보고 귀로 아름다운 소리를 듣는 것 등을 말한다. 마음의 생각하는 기능이 뒷받침되지 않는다면, 이런 경우 눈은 어여쁜 사물에 끌려가고, 귀는 아름다운 소리에 끌

---

4) 『禮記』〈樂記〉: 人生而靜 天之性也 感於物而動 性之欲也 物至知知 然後好惡形焉 好惡無節於內 知誘於外 不能反躬 天理滅矣 夫物之感人無窮 而人之好惡無節 則是物至而人化物也 人化物也者 滅天理而窮人欲者也 於是有悖逆詐僞之心 有淫泆作亂之事 是故强者脅弱 衆者暴寡 知者詐愚 勇者苦怯 疾病不養 老幼孤獨不得其所 此大亂之道也 是故先王之制禮樂

5) 『孟子』 告子上 15 : 耳目之官 不思而蔽於物 物交物 則引之而已矣

려간다. 위의 인용문에서는 이를 "사물이 이름에 사람이 사물로 변화하는 것" 이라 표현했다.

사람이 사물로 변화한 결과, 天理를 소멸하고 人欲을 끝없이 추구하게 된다. 그리하여 패역(悖逆)과 거짓으로 속이는 마음이 생기게 되고, 음란하고 혼란스러운 일들이 벌어져, 마침내 큰 혼란에 빠지게 되는 것이다. 강자는 약자를 협박하고, 다수는 소수에게 횡포를 부리며, 지식이 있는 자는 어리석은 자를 속이고, 용기 있는 자는 겁 많은 자를 괴롭히는 것은 자신의 탐욕을 채우기 위해 남의 재물을 가로채는 양상들이며, 남이 질병에 걸려도 돌보지 않고, 늙은이 · 어린이 · 고아 · 홀아비들을 제대로 대접하지 않는 것은 탐욕에 찌들어 인색해짐으로써 곤궁한 사람들을 외면하는 양상들이다.

위의 인용문에서는 "안으로는 호오(好惡)가 절제되지 않고 밖으로는 지각(知覺)이 유혹하여, 자신을 반성하지 못하면, 天理가 소멸된다." 고 했다. 그렇다면 이러한 혼란을 막는 방법은 '자신을 반성하는 것' 이다. '자신을 반성함' 은 '마음' 의 몫이거니와, 따라서 혼란을 막고 천하를 화평하게 만드는 것은 역시 우리의 마음에 달린 것이다. 이러한 맥락에서 유학에서는 '심법(心法)' 또는 '마음가짐' 을 모든 일의 근본으로 설정했던 것이다. 여기서 잠시 『맹자』의 다음과 같은 말을 살펴보자.

> 공도자가 묻기를, "똑같은 사람인데, 어떤 사람은 대인(大人)이 되고 어떤 사람은 소인(小人)이 되는 것은 무슨 까닭입니까?" 맹자가 답하기를, "그 대체(大體)를 따르는 사람은 대인이 되고, 그 소체(小體)를 따르는 사람은 소인이 된다." 공도자가 묻기를, "똑같은 사람인데, 어떤 사람은 대체를 따르고 어떤 사람은 소체를 따르는 까닭은 무엇입니까?" 맹자가 답하기를, "눈과 귀는 생각하는 기능이 없어서, 사물에 가려지게 된다. 사물과 사물이 교제하면 서로 끌어당

길 뿐이다. 마음의 기능은 생각하는 것이니, 생각하면 얻고 생각하지 않으면 얻지 못한다. 이것들(눈, 귀, 마음)은 하늘이 우리 인간에게 부여한 것이니, 먼저 그 '큰 것(마음)' 을 세우면 그 '작은 것(눈과 귀)' 이 능히 빼앗지 못한다. 이것이 대인이 되는 까닭이다."[6]

눈과 귀는 생각하는 기능이 없기 때문에 사물에 이끌려간다고 했는데, 이것이 바로 육체적 본능의 특징이다. 반면에 마음의 기능은 생각하는 것이다. 마음은 욕망을 효과적으로 충족시킬 수 있는 방법도 생각해내지만, 그 욕망 자체의 옳고 그름도 생각해내며, 욕망의 추구가 초래하는 여러 가지 결과도 생각해낸다. 마음은 이처럼 시비(是非)와 득실(得失)을 판단하면서 육체적 욕망을 통제할 수 있다. 맹자는 이와 같이 마음의 사유기능과 통제기능을 제대로 발휘하는 사람을 대인(大人)이라 하고, 그렇지 못하고 이목구비의 욕망에 끌려가는 사람을 소인(小人)이라 했다. 요컨대 '자신을 반성함' 은 '마음으로 생각함' 을 말하고, 이는 결국 마음으로 육체의 욕망을 통제함을 뜻한다. 이러한 맥락에서, 유학에서 말하는 '심법(心法)' 또는 '마음가짐' 이란 '인욕을 막고 천리를 보존함〔遏人欲 存天理〕' 을 말한다.

한편『예기』〈예운(禮運)〉에서는 '천리와 인욕' 대신 '인의(人義)와 인정(人情)' 이라는 개념을 제시하는데, 그 기본 논리는 〈악기(樂記)〉의 경우와 동일하다.

무엇을 '사람의 감정' 이라 하는가? 희 · 노 · 애 · 구 · 애 · 오 · 욕(喜怒哀懼

---

6)『孟子』告子上 15 : 公都子問曰 鈞是人也 或爲大人 或爲小人 何也 孟子曰 從其大體爲大人 從其小體爲小人 曰 鈞是人也 或從其大體 或從其小體 何也 曰 耳目之官 不思而蔽於物 物交物 則引之而已矣 心之官則思 思則得之 不思則不得也 此天之所與我者 先立乎其大者 則其小者不能奪也 此爲大人而已矣

愛惡欲)으로서, 이 일곱 가지 감정은 배우지 않고도 능하다. 무엇을 '사람의 의리' 라 하는가? 부모는 자식을 사랑하고 자식은 부모께 효도하며〔父慈子孝〕, 형은 아우를 우애하고 아우는 형을 공경하며〔兄良弟弟〕, 남편은 아내를 의롭게 대하고 아내는 남편께 순종하며〔夫義婦聽〕, 어른은 어린이에게 은혜를 베풀고 어린이는 어른께 순종하며〔長惠幼順〕, 임금은 신하를 어질게 대하고 신하는 임금께 충성하는 것〔君仁臣忠〕으로서, 이 열 가지를 '사람의 의리' 라 한다. 신의(信義)를 강마하고 화목(和睦)을 닦는 것을 '사람의 이익' 이라 하고, 싸우고 빼앗으며 서로 죽이는 것을 '사람의 근심' 이라 한다. 그러므로 성인(聖人)은 사람의 칠정(七情)을 다스리고 십의(十義)를 닦는 것이다.[7]

위의 인용문에서는 '사람의 감정' 을 일곱 가지로 분류하여 '칠정(七情)' 이라 하고, 칠정을 '배우지 않고도 능한 것' 으로 규정했다. 요컨대 칠정은 '인간의 본능' 이라는 것이다. 〈예운〉에서는 "음식(飮食)과 남녀(男女)는 사람들이 크게 욕구하는 바요, 사망(死亡)과 빈고(貧苦)는 사람들이 크게 혐오하는 바이다. 그러므로 욕망과 혐오는 '마음의 큰 단서(端緖)' 이다."[8]라고도 했다. 이렇게 본다면 칠정 가운데 핵심은 욕(欲)과 오(惡)로서, 구체적으로는 '음식남녀(飮食男女)에 대한 욕구' 와 '사망빈고(死亡貧苦)에 대한 혐오' 가 본능적 감정의 핵심을 이룬다.

위의 인용문에서는 '사람의 의리' 를 열 가지로 분류하여 '십의(十義)' 라 했는데, 십의는 그 표현만 조금 다를 뿐 『맹자』의 '오륜(五倫)' 과 궤를 같이 한다. 위의 인용문에 의하면, 칠정을 다스리지 않고 방치하면 '서로 싸우

7) 『禮記』 〈禮運〉: 何謂人情 喜怒哀懼愛惡欲 七者 弗學而能 何謂人義 父慈子孝 兄良弟弟 夫義婦聽 長惠幼順 君仁臣忠 十者 謂之人義 講信修睦 謂之人利 爭奪相殺 謂之人患 故聖人所以治人七情 修十義

8) 『禮記』 〈禮運〉: 飮食男女 人之大欲存焉 死亡貧苦 人之大惡存焉 故欲惡者 心之大端也

고 빼앗으며 죽이는 근심' 을 면할 수 없는 반면, 십의를 닦으면 '서로 믿고 화합하는 이익' 이 생긴다. 그리하여 위의 인용문에서도 '칠정을 다스리고 십의를 닦아야 한다' 는 당위론을 제시한 것이다.

주자는 "사람의 한 마음은 천리가 보존되면 인욕이 없어지고, 인욕이 이기면 천리가 소멸되어, 천리와 인욕이 서로 뒤섞이는 경우는 없다. 학자는 반드시 이에 대해 몸소 깨닫고 성찰해야 한다."[9]고 했다. 사람의 마음속에 '천리와 인욕이 서로 뒤섞이는 경우는 없다' 는 것은 천리와 인욕은 공존할 수 없다는 뜻이다. 따라서 천리인욕론은 우리에게 단도직입적으로 양자택일을 요구하는데, 그리하여 '인욕을 막고 천리를 보존해야 한다〔遏人欲 存天理〕' 는 당위론이 성립하는 것이다.[10] 실제로 많은 유학자들이 이러한 관점에서 당시의 국정(國政)을 논하고 임금께 간언했다. 몇 가지의 예를 살펴보자. 장온고(張蘊古)는 당태종(唐太宗)께 올린 〈대보잠(大寶箴)〉에서 다음과 같이 말한 바 있다.

> 쾌락을 지나치게 추구하지 말 것이니, 쾌락이 지나치면 슬픔을 낳습니다. 욕구를 풀어놓으면 안 되니, 욕구를 풀어놓으면 재앙이 닥칩니다. 구중(九重)궁궐 안을 장엄하게 꾸미더라도 자기가 거처하는 곳은 무릎을 들여놓을 만한 공간에 불과하거늘, 저 어리석은 군주는 이를 모르고 누대(樓臺)와 궁실(宮室)을 금은보화로 화려하게 꾸밉니다. 앞에 온갖 산해진미(山海珍味)를 늘어놓아도 자기

9)『朱子語類』卷13(224쪽) : 人之一心 天理存則人欲亡 人欲勝則天理滅 未有天理人欲夾雜者 學者須要於此體認省察之

10) 주자는 〈中庸章句序〉에서 '人心과 道心' 에 대해서는 '양자가 마음속에 뒤섞이는 경우' 를 인정하고, '人心이 道心의 명령에 따라야 한다' 고 설명했다. 요컨대 天理人欲論에서는 '人欲을 막고 天理를 보존할 것' 을 요구하나, 人心道心論에서는 '人心과 道心 사이의 중용〔允執厥中〕' 을 요구하는 것이다. 이 점에서도 人心道心論과 天理人欲論은 궤를 달리한다.

가 먹는 것은 입맛에 맞는 것 몇 가지에 불과한데, 저 미치광이 군주는 이를 생각하지 못하고 주지육림(酒池肉林)을 일삼습니다. 안으로는 주색(酒色)에 빠지지 말고, 밖으로는 사냥에 빠지지 마시며, 얻기 어려운 보화(寶貨)를 귀하게 여기지 마시고, 나라를 망하게 하는 음악을 듣지 마십시오. 안으로 주색에 빠지면 사람의 본성을 해치게 되고, 밖으로 사냥에 빠지면 사람의 마음을 방탕하게 만들며, 얻기 어려운 보화는 사치스러운 것이요, 나라를 망하게 하는 음악은 음란한 것입니다.[11]

'대보(大寶)' 란 '제왕(帝王)의 자리' 를 뜻하거니와, 위의 인용문은 갓 등극한 당태종에게 '스스로 탐욕을 극복할 것' 을 간언한 것이다. 장온고는 먼저 탐욕스러운 쾌락의 추구는 결국 재앙과 고통을 초래할 뿐이라고 전제한 다음, 어리석은 제왕의 탐욕이 사실은 자신의 행복에도 전혀 도움이 되지 못할 뿐만 아니라 결국엔 자신의 인격을 망치고 국가를 망하게 한다고 간언했다. "구중궁궐 안을 장엄하게 꾸미더라도 자기가 거처하는 곳은 무릎을 들여놓을 만한 공간에 불과하다"는 점과 "앞에 온갖 산해진미를 늘어놓아도 자기가 먹는 것은 입맛에 맞는 것 몇 가지에 불과하다"는 점은 모든 인간에게 해당하는 틀림없는 사실이다. 그렇다면 이를 초과하는 사치는 탐욕에 불과한 것으로서, 결코 자신의 행복에 도움이 되지 않는 것이다.

장온고는 "안으로 주색에 빠지면 사람의 본성을 해치게 되고, 밖으로 사냥에 빠지면 사람의 마음을 방탕하게 만든다."고 했다. 이는 인욕이 천리

11)『古文眞寶』後集 卷2,〈大寶箴〉: 樂不可極 樂極生哀 欲不可縱 縱欲成灾 壯九重於內 所居不過容膝 彼昏不知 瑤其臺而瓊其室 羅八珍於前 所食不過適口 唯狂罔念 丘其糟而池其酒 勿內荒於色 勿外荒於禽 勿貴難得貨 勿聽亡國音 內荒伐人性 外荒蕩人心 難得之貨侈 亡國之音淫

를 해치는 양상인바, 그러므로 천리를 보존하기 위해서는 인욕을 막아야 하는 것이다. 이러한 맥락에서 주자는 다음과 같이 말한다.

> 군주가 천하의 일을 제어함은 한 마음에 근본 하는데, 마음이 주(主)로 삼는 바는 또한 천리와 인욕의 차이가 있습니다. 천리와 인욕이 일단 나뉘면 공·사(公私)와 사·정(邪正)의 길이 결정됩니다. 대개 천리는 이 마음의 본래 모습으로서, 따르면 마음이 공정(公正)하게 됩니다. 인욕은 이 마음의 병폐로서, 따르면 마음이 사사(私邪)롭게 됩니다. 공정한 것은 편안하고 날로 아름답게 되지만, 사사로운 것은 수고롭고 날로 졸렬하게 됩니다. 그 효과는 치란안위(治亂安危)에 이르러 크게 상반(相反)되지만, 그 실마리는 다만 일념(一念)의 사이에 있을 뿐입니다.[12)]

위의 인용문에서는 '마음'을 '공정한 천리'와 '사사로운 인욕'으로 구분하고, 천리는 편안하고 날로 아름답게 되는 결과를 초래하지만, 인욕은 수고롭고 날로 졸렬하게 되는 결과를 초래한다고 대비하였다. 이러한 맥락에서 주자는 군주의 한 마음이 국가의 치란안위를 결정하는 관건이라고 규정하고, 이로써 군주의 올바른 마음가짐을 간청한 것이다. 주자는 다음과 같이 말하기도 한다.

> 폐하께서는 '오늘의 (不振한) 치효(治效)'에 대해 그 까닭을 거슬러 올라가 탐구해 보시고, 순·우(舜禹)와 공자(孔子)·안자(顏子)께서 주고받은 말씀에

---

12) 『朱子大全』 卷13 頁9, 〈辛丑延和奏箚二〉: 人主所以制天下之事者 本乎一心 而心之所主 又有天理人欲之異 二者一分 而公私邪正之塗判矣 蓋天理者 此心之本然 循之則其心公而且正 人欲者 此心之疾疢 循之則其心私而且邪 公而正者 逸而日休 私而邪者 勞而日拙 其效至於治亂安危有大相絶者 而其端特在夫一念之間而已

조금이라도 유의하시기 바랍니다. 오늘부터는 한 생각이 싹틀 때 그것이 천리인지 인욕인지 반드시 조심스럽게 살피십시오. 과연 천리이면 조심스럽게 확충하여 조금이라도 막힘이 없도록 하시고, 과연 인욕이면 조심스럽게 이겨내서 조금이라도 엉김이 없게 하십시오. 이것을 미루어, 언어(言語)·동작(動作)과 용인(用人)·처사(處事)에 이르기까지 모두 이렇게 마름질하십시오. 그것이 옳음을 알고 실행할 때에는 '그 노력하지 못함' 만 근심하시고, '그 노력이 지나침' 은 근심하지 마십시오. 그것이 잘못임을 알고 제거할 때에는 '그 과감하지 못함' 만 근심하시고, '그 과감이 심함' 은 근심하지 마십시오. 그 사람이 어진 것을 알고 등용할 때에는 '그에게 오로지 맡기지 못함' 과 '그런 사람을 많이 모으지 못함' 을 근심하시고, '그들이 당(黨)을 이룸' 은 근심하지 마십시오. 그 사람이 불초(不肖)한 것을 알고 물리칠 때에는 '빨리 물리치지 못함' 과 '모두 제거하지 못함' 만을 근심하시고, '그것이 치우친 것임' 은 근심하지 마십시오. 이렇게 하신다면, 성심(聖心)이 밝아지고 안과 밖이 융철(融徹)하여 아주 작은 사욕(私欲)도 그사이에 끼어들 수 없을 것이요, 천하의 일도 장차 모두 폐하께서 뜻하시는 대로 이루어질 것입니다.[13]

당시 송(宋)의 통치가 부진한 까닭은 '군주의 마음가짐' 이 제대로 확립되지 못한 데 있다는 인식 아래, 주자는 군주에게 요청되는 마음가짐을 두루 열거한 것이다. 군주에게 요청되는 마음가짐이란 물론 '인욕을 막고 천

---

13) 『朱子大全』 卷14 頁9~10, 〈延和奏箚五〉: 竊願陛下 卽今日之治效 泝而上之 以求其所以然之故 而於舜禹孔顔所授受者 少留意焉 自今以往 一念之萌 則必謹而察之 此爲天理耶爲人欲耶 果天理也則敬以擴之 而不使其少有壅閼 果人欲也則敬以克之 而不使其少有凝滯 推而至於言語動作之間 用人處事之際 無不以是裁之 知其爲是而行之 則行之惟恐其不力 而不當憂其力之過也 知其爲非而去之 則去之惟恐其不果 而不當憂其果之甚也 知其爲賢而用之 則任之惟恐其不專 聚之惟恐其不衆 而不當憂其爲黨也 知其爲不肖而退之 則退之惟恐其不速 去之惟恐其不盡 而不當憂其有偏也 如此則聖心洞然 中外融徹 無一毫之私欲得以介乎其間 而天下之事 將惟陛下之所欲爲 無不如志矣

리를 보존하겠다' 는 자세이다. 주자는 이러한 마음가짐과 관련하여 '순·우와 공자·안자께서 주고받은 말씀' 에 유념하라고 주문했다. '순과 우가 주고받은 말씀' 은 앞에서 살펴본 『서경』의 '인심도심론' 이 그것이다. 한편 '공자와 안자가 주고받은 말씀' 이란 『논어』의 '극기복례론(克己復禮論)' 을 일컫는바, 이제 이에 대해서 살펴보기로 하자.

> 안연이 仁에 관해 묻자, 공자가 말씀하시길, "자기를 이기고 禮로 돌아가는 것이 仁이다. 하루 동안 자기를 이기고 禮로 돌아가면 천하가 仁으로 돌아올 것이다. 仁을 실천함은 자기로부터 말미암으니, 남으로부터 말미암겠는가?" 안연이 말하기를, "청컨대 그 조목을 묻겠습니다." 공자가 말씀하시길, "禮가 아니면 보지 말며, 禮가 아니면 듣지 말며, 禮가 아니면 말하지 말며, 禮가 아니면 움직이지 말라." 안연이 말하기를, "제가 비록 민첩하지 못하나, 청컨대 이 말씀을 일삼겠습니다."[14]

안연이 '仁' 에 관해 묻자 공자는 '자기를 이기고 禮로 돌아감〔克己復禮〕' 이라고 답하고, 극기복례를 실천하면 '온 천하가 仁으로 돌아올 것' 이라고 설명했다. '천하가 仁으로 돌아옴' 은 모든 사람의 소망일 것인데, 공자는 그 단초를 극기복례에서 찾은 것이다. 그리고 공자는 이어서 '仁을 실천함은 자기로부터 말미암는다〔爲仁由己〕' 고 부연했다. 이처럼 공자는 '자기' 에 대해 두 맥락에서 규정했다. '극기복례(克己復禮)' 에서는 자기가 '극복의 대상' 으로 규정되었으나, '위인유기(爲仁由己)' 에서는 자기가 '仁을 실천하는 주체' 로 규정된 것이다. 요컨대 '자기' 는 한편으로는 '욕망의

14) 『論語』 顔淵 1 : 顔淵問仁 子曰 克己復禮爲仁 一日克己復禮 天下歸仁焉 爲仁由己 而由人乎哉 顔淵曰 請問其目 子曰 非禮勿視 非禮勿聽 非禮勿言 非禮勿動 顔淵曰 回雖不敏 請事斯語矣

주체' 로서 극복의 대상이면서, 한편으로는 '도덕실천의 주체' 로서 긍정의 대상인 것이다. 인간에게는 이러한 양면성이 있다는 것이 공자의 생각이었다.

인간의 이러한 양면성을 '본성과 본능' 이라는 맥락에서 말하면, '욕망의 주체' 란 '본능적 자아' 를 뜻하고, '도덕실천의 주체' 란 '본성적 자아' 를 뜻한다. 전통 유학에서는 본능적 자아를 인심 또는 인욕과 연관 지어 절제의 대상 또는 극복의 대상으로 규정하고, 본성적 자아를 도심 또는 천리와 연관 지어 확충의 대상 또는 실천의 주체로 규정했다.

천리인욕론의 귀결은 '인욕을 막고 천리를 보존하라〔遏人欲 存天理〕' 는 것인바, 이를 공자는 '극기복례' 라는 말로 표현한 것이다. 공자는 극기복례의 구체적 방법으로 '禮가 아니면 보지도, 듣지도, 말하지도, 행동하지도 말라' 고 하였다. 이는 천리〔禮法〕를 시청언동(視聽言動)의 준칙으로 삼으라는 말이다. 우리는 왜 그래야만 하는가? 정자(程子)는 〈사물잠(四勿箴 : 視箴 · 聽箴 · 言箴 · 動箴)〉[15]으로 그 까닭을 설명한 바 있다. 먼저 〈시잠(視箴)〉에서는 다음과 같이 말한다.

心兮本虛　마음은 본래 텅 비었으니
應物無迹　사물에 대응함에 자취가 없다.
操之有要　마음을 잡음에 요령이 있으니
視爲之則　보는 것이 그 규칙이 된다.
蔽交於前　물욕이 앞에서 가리면
其中則遷　마음이 옮기어 가니
制之於外　외면을 제어하여

15) 『心經附註』 卷4 頁15.

以安其內　그 안을 편안하게 하라.

克己復禮　자기의 사욕을 이기고 禮로 돌아가면

久而誠矣　오래도록 마음이 진실하게 될 것이다.

인간에게는 여러 감각기관이 있는데, 그중에 핵심은 '눈으로 보고, 귀로 듣는 것' 이다. "마음을 잡음에 요령이 있으니, 보는 것이 규칙이 된다."는 것은 여러 가지 감각 가운데 무엇보다도 '보는 것' 이 가장 중요함을 설파한 것이다. 또 "물욕이 앞에서 가리면, 마음이 옮기어 간다."는 것은 견물생심(見物生心)을 말한다. 또한 "외면을 제어하여 그 안을 편안하게 함"은 견물생심을 예방하여 자신의 마음을 올바로 간직하는 것인바, 이를 위해서는 '禮가 아닌 것을 보지 않음' 으로부터 시작해야 한다. 이러한 극기복례의 노력을 오래도록 실천하면 마침내 우리의 마음이 참되게 된다. 다음, 〈청잠(聽箴)〉에서는 다음과 같이 말한다.

人有秉彝　사람에게는 양심이 있으니

本乎天性　천성에 근본 한 것이다.

知誘物化　지각(知覺)이 유혹하고 외물(外物)에 동화되어

遂亡其正　드디어 그 올바름을 잊게 된다.

卓彼先覺　탁월한 저 선각자는

知止有定　머물 곳을 알아 마음을 정함이 있었으니,

閑邪存誠　사악(邪惡)을 막고 성실(誠實)을 보존하여

非禮勿聽　禮가 아니면 듣지 말지어다.

"사람에게는 양심이 있으니, 천성에 근본 한 것이다. 지각이 유혹하고 외물에 동화되어, 드디어 그 올바름을 잊게 된다."는 것은 '사람에게는 천

성에 근본 한 양심이 있어도, 외부의 사물을 지각하면서 물욕에 빠져, 마침내 양심을 잃게 됨' 을 설명한 것이다. 이러한 사태를 막으려면 "머물 곳을 알아 마음을 정해야"[16] 한다. 『대학』에서는 삼강령(三綱領)의 하나로 '지극한 선에 머물 것〔止於至善〕' 을 제시하면서, 그 예로 '문왕(文王)의 다섯 가지 머묾' 을 소개했다. 문왕은 임금이 되어선 仁에 머물고, 신하가 되어선 敬에 머물고, 자식이 되어선 孝에 머물고, 부모가 되어선 慈에 머물고, 국민들과 사귈 때엔 信에 머물렀다는 것이다.[17] 이러한 맥락에서 "머물 곳을 알아 마음을 정해야" 한다는 것은 자신의 본분을 자각하고 그에 충실함으로써 마음을 안정시키는 것이다. 이렇게 하면 물욕의 유혹을 막고 자신의 참된 양심을 보존할 수 있는바, 정자는 그 방법으로 '禮가 아니면 듣지 말 것' 을 권했다. 다음, 〈언잠(言箴)〉에서는 다음과 같이 말한다.

人心之動　사람의 마음이 움직임은
因言以宣　말로 인해 베풀어지니
發禁躁妄　말할 때 조급함과 경망함을 금하여야
內斯靜專　마음이 고요하고 전일(專一)해진다.
矧是樞機　하물며 말은 추기(樞機)라서
興戎出好　전쟁도 일으키고 좋은 일도 만들어내니
吉凶榮辱　길흉과 영욕은
惟其所召　오직 말이 불러들인 것이다.

---

16) 『大學章句』 經1章에서는 "머물 곳을 안 다음에 (마음이) 정해지니, 정해진 다음에 능히 고요할 수 있고, 고요한 다음에 능히 편안할 수 있고, 편안한 다음에 능히 생각할 수 있고, 생각한 다음에 능히 얻을 수 있다(知止而后有定 定而后能靜 靜而后能安 安而后能慮 慮而后能得)" 고 했다.

17) 『大學章句』 傳3章 : 詩云 穆穆文王 於緝熙敬止 爲人君止於仁 爲人臣止於敬 爲人子止於孝 爲人父止於慈 與國人交止於信

傷易則誕　경솔하게 말하면 허탄하고

傷煩則支　번잡하게 말하면 지루하며

己肆物忤　자기가 방자하게 말하면 남도 거슬리게 말하고

出悖來違　가는 말이 어그러지면 오는 말도 어긋난다.

非法不道　법도가 아니면 말하지 말아서

欽哉訓辭　훈계하는 말을 공경할지어다.

"사람의 마음이 움직임은 말로 인해 베풀어진다."는 것은 '자신의 언어 행태가 자신의 마음에 영향을 끼친다'는 뜻이다. 예컨대 말을 조급하게 하면 마음도 조급해지고, 말을 함부로 하면 마음도 거칠어진다. 그러므로 정자는 "말할 때 조급함과 경망함을 금하여야 마음이 고요하고 전일(專一)해진다."고 설파한 것이다. 하물며 말은 모든 일의 추기(樞機)라서, 말로 인해 전쟁도 일어나고 말로 인해 좋은 일도 생긴다. 이러한 맥락에서 "길흉과 영욕은 오직 말이 불러들인 것"인바, 따라서 우리는 말을 매우 신중하게 해야 한다. "경솔하게 말하면 허탄하고, 번잡하게 말하면 지루하며, 자기가 방자하게 말하면 남도 거슬리게 말하고, 가는 말이 어그러지면 오는 말도 어긋난다." 그러므로 우리는 항상 말을 신중하고 간결하고 올바르게 해야 하는데, 그 요령은 '禮에 어긋나는 것이면 말하지 않는 것'이다. 다음, 〈동잠(動箴)〉에서는 다음과 같이 말한다.

哲人知幾　철인(哲人)은 기미를 알고자

誠之於思　생각함에 정성스럽고

志士勵行　지사(志士)는 행실에 힘써서

守之於爲　하는 일에서 지킨다.

順理則裕　천리를 따르면 여유롭고

從欲惟危　인욕을 따르면 오직 위태롭다.

造次克念　급박하고 구차한 때라도 잘 생각하고

戰兢自持　늘 전전긍긍하는 자세를 간직하라.

習與性成　습관이 본성과 함께 이루어지면

聖賢同歸　성현과 함께 돌아가리라.

"철인(哲人)은 기미를 알고자 생각함에 정성스럽고, 지사(志士)는 행실에 힘써서 하는 일에서 지킨다."는 말은 철인과 지사의 인격적 특징을 말한 것으로서, 철인은 행위에 이르기 전에 옳고 그른 기미를 파악하기 위해 생각에 정성을 기울이고, 지사는 행위의 단계에서 과오를 막기 위해 조심한다는 뜻이다. "천리를 따르면 여유롭고, 인욕을 따르면 오직 위태롭다."는 말은 철인이나 지사나 천리를 보존하고 인욕을 막고자 한다는 점에 있어서는 지향이 같다는 말이다. "급박하고 구차한 때라도 잘 생각하라."는 것은 '생각함에 정성스러움'을 말하고, "늘 전전긍긍하는 자세를 간직하라."는 것은 '하는 일에서 지킴'을 말한다. 정자는 참된 생각과 조심스러운 실천이 쌓여서 "습관이 본성과 함께 이루어지면, 성현과 함께 돌아갈 것"이라 하여, 사람은 누구나 극기복례를 통해 성현이 될 수 있다고 격려하였다.

'보고, 들음'은 우리의 자아가 대상 사물을 인식(수용)하는 과정이요, '말하고, 행동함'은 우리가 자아를 대상의 사물에 전개하는 과정이다. 대상 사물을 인식하는 과정에서는 '사물의 유혹'에 빠지는 것을 경계해야 하는바, 이러한 맥락에서 〈시잠(視箴)〉과 〈청잠(聽箴)〉에서는 '사악(邪惡)을 막고 성실(誠實)을 보존하는 방법'을 제시한 것이다. 그러나 자아를 대상의 사물에 전개하는 과정에서는 자신의 경박한 기질이나 그릇된 품행을 제어해야 하는바, 이러한 맥락에서 〈언잠(言箴)〉과 〈동잠(動箴)〉에서는 '습관을 본성과 함께 이루는 방법' 을 제시한 것이다.

이상의 논의를 정리해 보자. 『서경』의 인심도심론이나 『예기』의 천리인욕론은 직접적으로 '본성과 본능' 의 문제로부터 제기된 주제로서, 우리들의 올바른 '심법' 이나 '마음가짐' 을 정립하기 위한 것이었다. 도심은 측은지심이나 사양지심처럼 '도덕적 본성을 구현하는 마음' 또는 배가 고플 때 밥을 먹거나 추울 때 옷을 입는 것처럼 '도덕법칙에 어긋나지 않게 본능적 욕구를 충족시키려는 마음(도심의 주재를 받는 인심)' 을 뜻하며, 도심과 천리는 같은 뜻을 지닌 개념으로 간주되어 왔다. 반면에 인심은 단순히 '육체적 본능을 추구하는 마음' 을 뜻하나, 인욕은 '과도하게 육체적 본능을 추구하는 마음' 곧 '탐욕' 을 뜻하는 것으로서, 양자는 서로 다른 개념으로 인식되어 왔다. 그리하여 전통적으로 인심에 대해서는 '위험한 것' 으로 규정하여 도심의 주재를 받아 '중용을 이룰 것〔允執厥中〕' 을 주장했고, 인욕에 대해서는 '악한 것' 으로 규정하여 '인욕을 막고 천리를 보존할 것〔遏人欲 存天理〕' 을 주장했다. 이는 배고파서 밥을 먹는 것이나 추워서 옷을 입는 것처럼 알맞은 욕구의 충족에 대해서는 '천리' 라 하여 충분히 긍정하나, 본능적 욕구의 충족이 과도하게 되어 탐욕으로 전락할 경우에는 '인욕' 이라 하여 제지하는 논리이다. 『논어』의 '극기복례(克己復禮)' 는 인욕을 막고 천리를 보존하는 가장 대표적인 방법이라 할 수 있다.[18] 속담에 '견물생심(見物生心)' 이라 했는데, 시청언동(視聽言動)을 예법에 맞게 하려고 노력하면 자연스럽게 인욕을 막고 천리를 보존할 수 있다. 이제 다음과 같은 범준(范浚)의 〈심잠(心箴)〉[19]을 소개하면서 논의를 마무리하고자

18) 人欲을 막고 天理를 보존하는 또 하나의 방법으로 『中庸』의 '戒愼恐懼와 愼獨' 을 들 수 있다. 朱子學에서는 '戒愼恐懼와 愼獨' 을 '存養省察' 로 해석하였거니와, 이에 대해서는 다음 節에서 살펴보기로 하자.

한다.

茫茫堪輿　아득하고 아득한 천지는
俯仰無垠　굽어보고 우러러봄에 끝이 없도다.
人於其間　사람은 그 사이에
眇然有身　조그마한 몸을 두고 있도다.

是身之微　이 몸의 작음은
太倉稊米　큰 창고의 쌀 한 톨과 같은바
參爲三才　천지와 더불어 삼재(三才)가 됨은
曰惟心爾　오직 마음이 있기 때문이네.

往古來今　옛날이나 지금이나
孰無此心　누구인들 이 마음이 없었던가?
心爲形役　마음이 몸에 부림을 당하여
乃獸乃禽　마침내 금수처럼 되고 마네.

惟口耳目　오직 입과 귀와 눈과
手足動靜　손과 발의 움직임이
投間抵隙　빈틈을 파고들어
爲厥心病　마음을 병들게 하네.

一心之微　미약한 하나의 마음을

19) 『心經附註』 卷4 頁18.

衆欲攻之　여러 욕망들이 공격하니

其與存者　그 보존된 것이

嗚呼幾希　아, 거의 드물구나.

君子存誠　군자는 성(誠)을 보존하여

克念克敬　능히 생각하고 능히 공경하니

天君泰然　마음이 태연하게 되어

百體從令　몸이 그 명령에 따르게 되네.

3. 『중용』의 '계구(戒懼)와 신독(愼獨)'

주자는 〈중용장구서(中庸章句序)〉에서 『서경』의 인심도심론을 해설한 바 있는데, 『중용』의 '계신공구(戒愼恐懼)와 신독(愼獨)' 은 인심도심론 가운데 '유정유일(惟精惟一)' 의 공부에 해당하는 내용이다. 『서경』의 인심도심론은 '유정유일' 을 통해 '윤집궐중(允執厥中)' 을 기약하자는 것이었다. 당연한 말이겠지만, 이는 또한 『중용』의 기본 논리이기도 하다. 『중용』의 제1장에서는 다음과 같이 말한다.

> 하늘로부터 타고난 것을 '본성' 이라 하고, 본성을 따르는 것을 '道' 라 하며, 道로써 닦는 것을 '교육' 이라 한다. 道는 잠시도 떠날 수 없는 것이니, 떠날 수 있다면 道가 아니다. 그러므로 군자는 그 보지 않는 바에도 경계하고 삼가며〔戒愼〕, 그 듣지 않는 바에도 두려워한다〔恐懼〕. 숨겨진 곳보다 잘 드러나는 것이 없으며 은미한 것보다 잘 나타나는 것이 없으니, 그러므로 군자는 그 홀로 있을 때에 삼간다〔愼獨〕[1] 희로애락(喜怒哀樂)이 아직 발하지 않은 것을 '中' 이라 하

---

1) "君子戒愼乎其所不睹 恐懼乎其所不聞 莫見乎隱 莫顯乎微 故君子愼其獨也" 를 茶山 丁若鏞은 "君子는 그 보이지 않는 바에 대해 경계하고 삼가며, 그 들리지 않는 바에 대해서도 두려워한다. 숨겨진 것보다 잘 드러나는 것이 없으며 은미한 것보다 잘 나타나는 것이 없으니, 그러므로 君子는 그 홀로 있을 때에 삼가는 것이다" 라고 해석하고, '보이지 않는 것과 들리지 않는 것' 을 天(上帝)으로, '숨겨진 것과 은미한 것' 을 '天(上帝)이 하는 일' 로 풀이했다(『與猶堂全書』 第2集 第3卷 頁4~6, 「中庸自箴」 참조). 요컨대 茶山의 해석을 따르면 君子는 보이지 않고 들리지 않는 하느님을 경계하고 두려워하며, 하느님이 하는 일은 은미하므로 홀로 있을 때에도 삼가는 것이다. 論者는 茶山의 해석도 매우 설득력이 있다고 본다. 그러나 '其所不睹와 其所不聞' 을 '자기가 보지 않고,

고, 발하여 모두 절도(節度)에 맞는 것을 '和'라 한다. 中은 천하의 대본(大本)이며, 和는 천하의 달도(達道)이다. 中和를 이루면 하늘과 땅이 제 자리를 잡고 만물이 자라난다.[2)]

위의 인용문에서는 먼저 사람은 누구나 훌륭한 본성을 타고났다는 것, 이 본성을 그대로 발휘하는 것이 사람의 도리라는 것, 이 도리에 입각하여 사람을 교육해야 한다는 것을 밝히고, 간단(間斷)없이 이 도리를 실천하는 방법으로 '계신(戒愼)·공구(恐懼)와 신독(愼獨)'을 거론했다. 자신의 본성을 온전히 발휘하여 중화를 이루기 위해서는 '계신·공구와 신독'의 공부가 필요하다는 것인바, 주자는 이에 대해 다음과 같이 주석했다.

군자의 마음은 항상 경외(敬畏)를 보존하여, 비록 보고 듣지 않더라도 또한 감히 소홀히 하지 않으니, 천리(天理)의 본연(本然)을 보존하여 잠시라도 道를 떠나지 않게 하려는 것이다. (…) 어두운 가운데의 은미한 일은 자취는 비록 드러나지 않았으나 기미(幾微)는 이미 움직인 것이니, 남들은 모르더라도 자기는 홀로 아는 것이다. 그렇다면 천하의 일이 이보다 더 밝게 드러난 것이 없는 셈이다. 그러므로 군자는 이미 항상 계구(戒懼 : 戒愼과 恐懼)하는 마음을 품고 있으면서도 이에 더욱 삼가는 것〔愼獨〕이니, 인욕(人欲)이 장차 싹트려 할 때에 막아서, 은미한 가운데 속으로 자라나서 道에서 멀어지는 일이 없도록 하려는 것이다.[3)]

자기가 듣지 않는 것'으로, 즉 '마음의 未發 상태'로 해석하는 朱子의 견해도 하나의 일관된 체계를 이루며, 특히 뒤의 '未發/已發'과 잘 호응하는 것이다.

2)『中庸章句』1 : 天命之謂性 率性之謂道 修道之謂敎 道也者 不可須臾離 可離非道也 是故君子 戒愼乎其所不睹 恐懼乎其所不聞 莫見乎隱 莫顯乎微 故君子 愼其獨也 喜怒哀樂之未發 謂之中 發而皆中節 謂之和 中也者 天下之大本也 和也者 天下之達道也 致中和 天地位焉 萬物育焉

위의 인용문의 요지를 정리하면, 희로애락의 감정은 대상의 사물을 보고 듣는 것을 계기로 발하는바, 대상의 사물을 아직 지각(知覺)하지 않았을 때에는 계구(戒懼)를 통해 '천리(天理)의 본연(本然)' 즉 '자신의 본성'을 잘 보존해야하고, 대상의 사물을 지각하여 마음이 막 움직이려 할 때에는 신독(愼獨)을 통해 '인욕(人欲)이 싹트는 것'을 막아야 한다는 말이다. 위의 계구와 신독에 대해 『주자대전』에서는 다음과 같이 더욱 체계적으로 명료하게 설명한 바 있다.

> 계구(戒懼)란 아직 희로애락이 발하기 전에 함양(涵養)하는 것이요(이때는 고요하여 움직임이 없으니, 다만 涵養 공부를 할 수 있을 뿐이다. 涵養이란 天理를 보존하려는 것이다), 신독(愼獨)이란 희로애락이 이미 발한 다음에 성찰(省察)하는 것이다(이때에 조금이라도 방심한다면 人欲으로 흐르게 된다. 義와 利를 판별함은 모두 이때에 달려 있다. 省察이란 人欲을 막으려는 것이다).[4]

위의 인용문에 의하면, '계구'란 희로애락의 감정이 발하기 전〔未發時〕의 공부로서 천리(天理, 本性)를 보존하려는 것이며, '신독'이란 희로애락의 감정이 발할 때〔已發時〕의 공부로서 인욕(人欲)을 막으려는 것이다. '천리를 보존함'은 '자신의 본성을 잘 함양함'과 같은 뜻인바, 그리하여 위의

---

3) 『中庸章句』 1, 朱子註 : 君子之心 常存敬畏 雖不見聞 亦不敢忽 所以存天理之本然 而不使離於須臾之頃也 (…) 幽暗之中 細微之事 跡雖未形 而幾則已動 人雖不知 而己獨知之 則是天下之事 無有著見明顯而過於此者 是以 君子旣常戒懼 而於此又加謹焉 所以遏人欲於將萌 而不使其潛滋暗長於隱微之中 以至離道之遠也

4) 『朱子大全』 卷53 頁23, 〈答胡季隨〉 : 戒懼者 所以涵養於喜怒哀樂未發之前 (當此之時 寂然不動 只下得涵養功夫 涵養者 所以存天理也) 愼獨者 所以省察於喜怒哀樂已發之後 (當此之時 一毫放過 則流於欲矣 判別義利 全在此時 省察者 所以遏人欲也) (이 말은 胡季隨가 자기의 同學 潘友恭의 견해를 소개한 것으로, 이에 대해 朱子는 "이 설명이 매우 훌륭하다"고 답한 바 있다).

인용문에서는 '계구' 와 '함양' 을 같은 뜻으로 설명했다. 또 '인욕을 막음' 은 막 발동하는 자신의 감정이 천리에 속하는지 인욕에 속하는지 성찰함으로부터 시작되거니와, 그리하여 위의 인용문에서는 '신독' 과 '성찰' 을 같은 뜻으로 설명했다. 이러한 맥락에서, 『중용』의 '계구와 신독' 을 후대의 주자학자들은 '함양과 성찰' 로 이해하고, '미발시(未發時)의 함양' 과 '이발시(已發時)의 성찰' 을 마음공부의 두 축으로 삼았다.

'미발시의 함양' 이란 아직 대상 사물과 접촉하지 않아 마음이 움직이지 않을 때 계신 · 공구의 공부를 통해 순수한 마음을 잘 보존함으로써 선한 본성을 잘 유지하자는 것이다. 맹자는 일찍이 이를 '마음을 보존함으로써 본성을 기른다〔存心養性〕' 는 말로 표현하고,[5] '우산(牛山)의 나무' 에 비유하여 설명한 바 있다. 우산은 본래 나무가 무성했던 아름다운 산인데, 근처에 제(齊)나라의 도읍이 들어서면서 날마다 벌목(伐木)을 당하게 되었다. 그래도 밤에 이슬을 맞아 싹이 조금 자라나기도 하고, 비를 맞아 움이 트기도 했는데, 낮이 되면 다시 소와 양을 방목하여 모조리 뜯어먹게 하니, 결국 벌거숭이 민둥산이 되고 말았다. 그런데 사람들은 민둥산이 된 것만을 보고 '우산에는 일찍부터 나무가 없었다' 고 말하게 되었다. 이에 대해 맹자는 "이것이 어찌 우산의 본성이겠는가?" 라고 탄식하면서,[6] 다음과 같이 말한다.

> 비록 사람에게 보존된 것인들 어찌 인의(仁義)의 마음이 없겠는가? 그런데 그 양심(良心)을 잃는 것이 또한 도끼와 자귀가 매일같이 나무를 베는 것과 같으

---

5) 『孟子』 盡心上 1 : 盡其心者 知其性也 知其性則知天矣 存其心 養其性 所以事天也 殀壽不貳 脩身以俟之 所以立命也

6) 『孟子』 告子上 8 : 孟子曰 牛山之木嘗美矣 以其郊於大國也 斧斤伐之 可以爲美乎 是其日夜之所息 雨露之所潤 非無萌蘖之生焉 牛羊又從而牧之 若彼濯濯也 人見其濯濯也 以爲未嘗有材焉 此豈山之性也哉

니, 아름답게 될 수가 있겠는가? 날마다 밤에 자라나는 바와 아침의 맑은 기운으로 인해 그 호오(好惡)가 다른 사람들과 비슷하게 됨이 조금 있는데, 낮에 하는 일이 다시 그것을 질곡 시켜 없애버리니, 질곡 하기를 반복하면 그 야기(夜氣)를 보존할 수가 없고, 야기를 보존하지 못하면 금수(禽獸)와 어긋남이 멀지 않게 된다. 사람들은 그가 금수가 된 것을 보고는 '일찍이 훌륭한 재질이 없었다' 고 여기니, 이것이 어찌 사람의 실정이겠는가? 그러므로 진실로 그 기름을 얻으면 자라나지 않는 물건이 없고, 진실로 그 기름을 잃으면 소멸하지 않는 물건이 없다. 공자(孔子)는 "잡으면 보존되고 놓으면 없어져서, 나가고 들어옴이 일정한 때가 없어, 그 있는 곳을 알 수 없다는 것은 오직 사람의 마음을 일컬은 것이다." 라고 하셨다.[7)]

맹자는 '인의(仁義)의 마음' 을 '양심(良心)' 이라고도 했다. 이는 '인의예지의 본성' 으로부터 우러난 마음을 '양심' 이라 한 것으로, 주자가 '성명(性命)의 바름' 으로부터 우러난 마음을 '道心' 이라 한 것과 같은 의미이다. 인의예지의 본성은 누구나 타고난 것이므로, 마찬가지로 사람은 누구나 인의의 양심을 지니는 것이다. 그런데 '낮에 하는 일' 이 인의의 양심을 질곡하고 해친다는 것이다. '낮에 하는 일' 이란 낮에 벌이는 각종 욕구충족 활동을 말한다. 흔히 말하듯이, 생존경쟁의 장에서 더 좋은 재물을 더 많이 차지하려고 아귀다툼을 벌이는데, 그러다보면 종종 자신의 양심을 손상시키게 된다. 그러나 집에 돌아와 밤새 휴식을 취하고 아침의 맑은 공기를 쐬면 다시 청명한 기운을 회복하고, 양심도 조금이나마 되살아나는데, 맹자

7)『孟子』告子上 8 : 雖存乎人者 豈無仁義之心哉 其所以放其良心者 亦猶斧斤之於木也 旦旦而伐之 可以爲美乎 其日夜之所息 平旦之氣 其好惡與人相近也者幾希 則其旦晝之所爲 有梏亡之矣 梏之反覆 則其夜氣不足以存 夜氣不足以存 則其違禽獸不遠矣 人見其禽獸也 而以爲未嘗有才焉者 是豈人之情也哉 故苟得其養 無物不長 苟失其養 無物不消 孔子曰 操則存 舍則亡 出入無時 莫知其鄕 惟心之謂與

는 이를 '야기(夜氣)' 라 하였다. 맹자는 '야기를 보존하지 못하면 금수와 가깝게 된다' 고 했다. 야기를 잘 보존하는 것이 곧 양심을 보존하고 사람다움을 지키는 길이다.

요컨대 『중용』에서 말하는 '계신공구(戒愼恐懼)', 맹자가 말하는 '존심양성(存心養性)', 주자가 말하는 '함양(涵養)' 은 모두 '자신이 타고난 선한 본성을 제대로 보존하자' 는 취지였다. 당연한 말이겠지만, 주자는 '미발시(未發時)의 함양' 이 바로 '이발시(已發時) 성찰' 의 가능근거라고 보았다. 미발시에 함양을 잘해야 이발시에 성찰도 잘 할 수 있다는 것이다. 주자는 다음과 같이 말한다.

> (희로애락의 감정이) 아직 발하기 전에는 (마음의 본체를) 찾아볼 수 없고, 이미 지각한 다음에는 (마음의 작용을) 안배(安排)할 수 없다. 다만 평소에 엄숙하고 경건한 마음으로 함양하는 공부를 지극하게 하여, 인욕의 사사로움으로써 혼란스럽게 하는 일이 없다면, 아직 발하지 않았을 때에는 (마음의 본체가) 밝은 거울이나 고요한 물과 같고, 발할 때에는 절도에 맞지 않음이 없을 것이다. 이것이 평상시 본령(本領)의 공부로서, 일에 따라 성찰(省察)하고 사물에 나아가 미루어 밝히는 것 또한 반드시 이를 근본으로 삼는다. (…) 예전에는 강론하고 사색하면서 마음을 곧바로 이발(已發)로 여기고, 일상생활의 공부도 또한 다만 '실마리를 살펴서 아는 것〔察識端倪〕' 을 최초의 착수처로 삼았었다. 그런 까닭에 평소에 함양(涵養)하는 한 단계의 공부가 누락되어, 사람들로 하여금 가슴 속이 떠들썩하게 하여 '깊이 침잠하여 순수하고 한결같은 맛' 이 없게 하였으며, 말과 행동으로 드러나는 즈음에도 또한 항상 급박하고 들떠서 다시는 '온화하고 조용하고 깊고 두터운 풍모' 가 없게 하였다. 대개 소견(所見)이 한번 어긋나면 그 폐해가 바로 여기에 이르니, 살피지 않을 수 없겠다.[8)]

위의 인용문 후반부에 보이듯이, 주자도 처음에는 함양을 누락한 채 성찰을 마음공부의 출발점으로 삼았었다. 위의 "일상생활의 공부도 또한 다만 '실마리를 살펴서 아는 것' 을 최초의 착수처로 삼았었다" 는 말이 그것이다. 그런데 이처럼 찰식단예(察識端倪)를 최초의 착수처로 삼고 그 전에 함양하는 단계의 공부를 생략하면, 결국엔 마음이 안정되지 못하여 '깊이 침잠하여 순수하고 한결같은 맛' 이 없게 되며, 일상의 언행도 항상 급박하고 들떠서 다시는 '온화하고 조용하고 깊고 두터운 풍모' 가 없게 된다. 주자는 이런 경험을 반복하면서 자신의 학문 방법에 무언가 문제가 있음을 깨닫게 되었고, 마침내 새로운 깨달음을 얻게 된 것이다.

주자가 애초에 성찰(省察, 察識端倪)을 학문의 출발점으로 삼게 된 까닭은 위의 인용문에 보이는 것처럼 '마음을 곧바로 이발(已發)로 여겼기 때문' 이다. 마음을 곧바로 이발(已發)로 여긴다면, 마음공부의 출발점은 마음이 움직일 때 그것이 천리인지 인욕인지 그 실마리를 살피는 것일 수밖에 없게 된다. 그런데 이런 공부 방법은 위와 같은 폐단을 낳게 되므로, 주자는 마음에 대한 이해의 체계를 다시 정립하고자 노력했고, 그 결과 마음을 미발(未發)과 이발(已發)로 나누어 보는 견해를 확립한 다음, '이발시 성찰' 에 우선하는 '미발시 함양' 의 공부를 제창한 것이다.[9] 주자는 함양성찰의 지

---

8) 『朱子大全』 卷64 頁37, 〈與湖南諸公論中和第一書〉 : 未發之前 不可尋覓 已覺之後 不容安排 但平日莊敬涵養之功至 而無人欲之私以亂之 則其未發也鏡明水止 而其發也無不中節矣 此是日用本領工夫 至於隨事省察 卽物推明 亦必以是爲本 (…) 向來講論思索 直以心爲已發 而日用工夫 亦止以察識端倪 爲最初下手處 以故闕却平日涵養一段工夫 使人胸中擾擾 無深潛純一之味 而發之言語事爲之間 亦常急迫浮露 無復雍容深厚之風 蓋所見一差 其害乃至於此 不可以不審也

9) 주지하듯이, 마음을 已發로 규정하고 察識端倪說을 제창한 것은 胡五峯(胡宏)과 그 제자 張南軒(張栻) 등 '湖南의 학파(湖湘學)' 였는데, 주자도 한때 이를 따랐다. 그러나 주자는 40세(1169년, 己丑) 무렵 찰식단예설의 문제점을 명확히 깨닫고 새롭게 미발시 함양과 이발시 성찰이라는 涵養省察論을 정립했는데, 이러한 깨달음을 '己丑之悟' 라

극한 경지를 다음과 같이 묘사한 바 있다.

성인(聖人)의 마음은 사물을 지각하지 않았을 때에는 그 본체가 광대(廣大)하면서도 허명(虛明)하여 결코 조금의 치우침도 없으니, 이른바 '천하의 대본(大本)' 이며, 사물을 지각하게 되면 희로애락의 발용이 각각 느끼는 바에 따라 반응하여 하나도 절도에 맞지 않음이 없으니, 이른바 '천하의 달도(達道)' 이다. 대개 본체(本體)로부터 말하면, 거울이 아직 비추는 바가 없을 때엔 텅 비어 있는 것과 같고, 저울이 아직 올려놓은 물건이 없을 때엔 수평을 이루고 있는 것과 같다. 그 작용(作用)을 말하자면, 그 지극히 비어있음 때문에 아름다움과 추함이 그 형체를 숨길 수 없고, 그 지극히 평평함 때문에 가벼움과 무거움이 그 법칙을 어길 수 없는 것이다. 이것이 중화(中和)를 이루어 천지가 자리를 잡고 만물이 자라날 수 있는 까닭이니, 비록 천하처럼 큰 것도 모두 '내 마음의 조화(造化)' 로부터 벗어날 수 없다.[10)]

위에서 말하는 성인(聖人)은 물론 함양성찰을 모범적으로 수행한 사람일 것이다. 그 결과 성인은 미발시(未發時)에는 마음의 본체가 넓고 크면서도 텅 비고 밝아 결코 조금의 치우침도 없고, 이발시(已發時)에는 마음의 작용이 각각 느끼는 바에 따라 반응하여 모두 절도에 꼭 들어맞는 것이다. 주자는 이를 거울과 저울에 비유했다. 거울은 비추는 대상이 없을 때엔 텅 비어 있다가 대상이 등장하면 아름다움과 추함을 정확히 비추고, 저울은 올려

하고, 새로운 학설을 '中和新說' 이라 한다.

10) 『朱子大全』 卷67 頁4~5, 〈舜典象刑說〉 : 聖人之心 未感於物 其體廣大而虛明 絶無毫髮偏倚 所謂天下之大本者也 及其感於物也 則喜怒哀樂之用 各隨所感而應之 無一不中節者 所謂天下之達道也 蓋自本體而言 如鏡之未有所照 則虛而已矣 如衡之未有所加 則平而已矣 至語其用 則以其至虛而好醜無所遁其形 以其至平而輕重不能違其則 此所以致其中和而天地位萬物育 雖以天下之大而擧不出乎吾心造化之中也

놓은 물건이 없을 때엔 수평을 이루고 있다가 물건을 올려놓으면 가벼움과 무거움을 정확히 알려준다. 그렇다면 함양이란 비유컨대 평소에 거울을 밝게 닦아두는 것이요 저울을 수평을 이루게 하여 두는 것이며, 성찰이란 자신의 사의(私意)가 개입함 없이 아름다움과 추함을 정확히 비추고, 가벼움과 무거움을 정확히 재는 것이다. 주자는 이러한 맥락에서 『중용』의 대본(大本)·달도(達道)와 치중화(致中和)를 설명하고, "비록 천하처럼 큰 것도 모두 '내 마음의 조화(造化)' 로부터 벗어날 수 없다." 고 결론지었다.

이상에서 살핀 것처럼 주자학의 마음공부는 '미발시 본체의 함양' 과 '이발시 작용의 성찰' 로 요약되는데, 주자는 양자를 다시 '敬' 으로 일관시켰다. 敬은 미발과 이발, 즉 움직일 때와 고요할 때를 일관하는 공부법이라는 것이다. 주자는 이러한 생각을 〈경재잠(敬齋箴)〉[11]으로 남긴 바 있거니와, 그 전문(全文)을 소개하면 다음과 같다.

正其衣冠　의관을 바르게 하고
尊其瞻視　눈매를 존엄하게 하며
潛心以居　잠심하여 거처하면서
對越上帝　상제를 대하여 모시듯 하라.

足容必重　발걸음은 반드시 무겁게 하고
手容必恭　손동작은 반드시 공손하게 하라.
擇地而蹈　땅을 가려서 밟고
折旋蟻封　개미집도 돌아서 가라.

11) 『心經附註』 卷4 頁20~21.

出門如賓　문을 나서면 손님을 뵙는 것처럼 하고
承事如祭　일을 맡으면 제사를 받드는 것처럼 하라.
戰戰兢兢　조심조심 두려워하여
罔敢或易　감히 혹시라도 쉽게 여기지 말라.

守口如甁　입을 다물기를 병마개를 한 듯이 하고
防意如城　뜻을 지키기를 성(城)을 방비하듯 하라.
洞洞屬屬　성실하고 한결같게 하여
罔敢或輕　감히 혹시라도 경솔하지 말라.

不東以西　동으로 가려다가 서로 가지 말고
不南以北　남으로 가려다가 북으로 가지 말라.
當事而存　일을 당하면 오직 거기에만 마음을 두고
靡他其適　다른 데로 달아나지 않게 하라.

弗貳以二　두 가지 일로서 두 갈래로 하지 말고,
弗參以三　세 가지 일로서 세 갈래로 하지 말라.
惟心惟一　오직 마음을 한결같게 하여
萬變是監　온갖 변화를 살펴라.

從事於斯　이에 종사하는 것을
是曰持敬　敬을 간직하는 것이라 한다.
動靜不違　움직일 때나 고요할 때나 어기지 말고
表裏交正　안과 밖을 서로 바르게 하라.

須臾有間　잠시라도 틈이 생기면
私慾萬端　사사로운 욕심이 만 갈래로 일어나
不火而熱　불이 아니어도 뜨거워지고
不冰而寒　얼음이 아니어도 차가워진다.

毫釐有差　털끝만큼이라도 오차가 생기면
天壤易處　하늘과 땅이 뒤바뀌어
三綱旣淪　삼강(三綱)이 이미 무너지고
九法亦斁　구법(九法) 또한 실추된다.

於乎小子　아아, 소자(小子)들이여
念哉敬哉　생각하고 공경하라.
墨卿司戒　먹으로 경계하는 말을 써서
敢告靈臺　감히 마음에 고하노라.

위의 제1장은 고요할 때 몸가짐과 마음가짐을 경건하게 함을 말한 것이요, 제2장은 움직일 때 동작 하나하나를 조심스럽고 경건하게 함을 말한 것이다. 제3장은 겉으로 드러나는 몸가짐을 바르게 하여 방자함이 없도록 함을 말한 것이요, 제4장은 안의 마음가짐을 바르게 하여 사념(邪念)이 싹트지 못하게 함을 말한 것이다. 제5장은 맡은 일에 정신을 집중하여 차질이 없게 함을 말한 것이요, 제6장은 한 번에 하나의 일만 주장하여 마음이 갈라지지 않도록 함을 말한 것이며, 제7장은 앞의 6장을 총괄한 것이다. 제8장은 마음이 이리저리 옮겨 가는 병폐를 말한 것이요, 제9장은 한 번에 하나의 일만을 주장하지 못하는 병폐를 말한 것이며, 제10장은 경재잠 전편(全篇)을 총결한 것이다.

요컨대 주자는 움직일 때의 자세와 고요할 때의 자세, 몸가짐과 마음가짐, 맡은 일을 수행하는 방법 등을 모두 敬으로 설명했다. 이러한 맥락에서 주자의 함양성찰론은 지경(持敬)으로 수렴되는 것이다. 퇴계는 주자의 이러한 논법을 잘 계승하고 있거니와, 이제 퇴계의 논설을 몇 가지 살펴보기로 하자.

퇴계는 "고요할 때엔 천리(天理)의 본연(本然)을 함양하고, 움직일 때엔 기미(幾微)에서 인욕(人欲)을 끊는다. 이처럼 참된 노력을 오래 쌓아 순수하고 익숙한 데 이르면, 고요할 때엔 텅 비고 움직일 때엔 곧게 된다〔靜虛動直〕.[12] 그렇게 되면 일상생활에서 비록 온갖 일이 일어나고 소멸해도, 마음은 진실로 변함이 없어, 쓸데없는 생각이 저절로 우리의 근심이 될 수 없을 것이다."[13]라고 했는데, 이는 주자의 함양성찰론을 그대로 계승한 것이다. 퇴계의 특징은 敬으로 미발시 함양과 이발시 성찰을 철저히 일관시킨 데 있다.

> 대저 학문을 함에 있어서는 유사(有事)와 무사(無事), 유의(有意)와 무의(無意)를 막론하고 오직 敬으로 주(主)를 삼아야 한다. 움직일 때든 고요할 때든 敬을 잃지 않으면, 사려가 아직 싹트지 않았을 때는 마음의 본체가 텅 비고 밝아 본령(本領)이 깊이 순수해지고, 사려가 이미 발했을 때는 의리(義理)가 밝게 드러나고 물욕(物欲)이 물러가게 된다. (…) 만약 여러 일들이 동시에 교차하는 때를 만나서 혹은 좌·우(左右)로, 혹은 피·차(彼此)로 대응하고자 한다면, 어찌 복잡한 것을 다 생각하고, 생각대로 대응할 수 있겠는가? 다만 여기에 우뚝 마

12) '靜虛動直'은 周濂溪가 '聖人의 경지'를 표현한 말이기도 하다. 주렴계의 『通書』〈聖學第20〉에서는 "聖可學乎 曰可 曰有要乎 曰有 請聞焉 曰一爲要 一者 無欲也 無欲則靜虛動直 靜虛則明 明則通 動直則公 公則溥 明通公溥 庶矣乎"라고 했다.

13) 『退溪集』 卷28 頁19~20, 〈答金惇敍〉: 靜而涵天理之本然 動而決人欲於幾微 如是眞積力久 至於純熟 則靜虛動直 日用之間 雖百起百滅 心固自若 而閒雜思慮 自不能爲吾患

> 음의 주재(主宰)가 확립되어 있어서 여러 일들의 강령이 된다면, 그 밑에 대응하는 일들이 기미(幾微)가 다 드러나고 사체(四體)가 묵묵히 깨달아서, 곡절(曲折)에 누락됨이 없을 것이다.[14)]

위의 인용문은 지경(持敬)을 동시(動時)와 정시(靜時)를 일관하는 공부법으로 전제한 다음, 지경을 통한 함양과 성찰의 효과를 설명한 것이다. '마음의 본체가 텅 비고 밝아 본령이 깊이 순수해짐' 은 지경을 통한 함양의 효과요, '의리가 밝게 드러나고 물욕이 물러감' 은 지경을 통한 성찰의 효과이다. 위의 인용문 후반부에 보이듯이, 퇴계는 지경을 '마음의 주재를 확립하는 공부' 로 인식했다. 세상만사는 복잡다단한데 그것을 각각 별개로 대응하고자 한다면 결국 지리멸렬하게 되므로, 바람직한 방법이 못 된다. 그러므로 대상에 집중하는 것과 반대로 주체에 집중하는 방식을 택하여, 마음의 주재를 확립하는 노선을 취해야 한다는 것이다. 그렇다면 마음의 주재를 확립하는 데에는 왜 지경이 긴요한 것인가? 퇴계는 그 까닭을 다음과 같이 설명한다.

> 이 마음의 이치는 매우 방대하여 본떠서 잡을 수 없으며, 매우 넓어서 끝을 볼 수 없으니, 진실로 敬으로 일관하지 않는다면 어찌 본성(本性)을 보존하여 체(體)를 확립할 수 있겠는가? 이 마음의 발함은 터럭 끝을 살피기 어려운 것처럼 미미하고, 구덩이를 밟기 어려운 것처럼 위태로우니, 진실로 敬으로 일관하지 않는다면 또 어찌 그 기미(幾微)를 바르게 하여 용(用)에 통달하게 하겠는가?

14) 『退溪集』 卷28 頁17~18, 〈答金惇敍〉 : 大抵 人之爲學 勿論有事無事有意無意 惟當敬以爲主 而動靜不失 則當其思慮未萌也 心體虛明 本領深純 及其思慮已發也 義理昭著 物欲退聽 (···) 若遇衆事交至之時 或左或右 一彼一此 豈可雜然而思 旋思旋應 只是心之主宰 卓然在此 爲衆事之綱 則當下所應之事 幾微畢見 四體默喩 曲折無漏矣

그리하여 군자의 학문은 이 마음이 아직 발하지 않았을 때는 敬을 주로 하여 존양(存養) 공부를 하고, 이 마음이 이미 발하였을 때도 또한 敬을 주로 하여 성찰(省察) 공부를 한다. 이것이 敬이 학문의 처음과 끝이 되고 체(體)와 용(用)을 관통하는 까닭이다.[15)]

마음의 본체는 헤아릴 수 없이 넓기 때문에 敬이 아니면 보존할 수 없고, 마음의 쓰임은 미미하고도 위태롭기 때문에 敬이 아니면 바르게 할 수 없다는 것이다. 과연 우리의 마음은 넓고도 넓어서 세상만사에 생각이 미치며, 미미하면서도 위태로워 때로는 미물에게도 측은한 마음을 품다가 곧잘 돌변하여 포악한 마음을 품는 것이다. 정주학(程朱學)에서 敬은 흔히 '주일무적(主一無適, 마음을 한 곳에 집중하여 달아나지 않게 함), 정제엄숙(整齊嚴肅, 몸가짐과 마음가짐을 가지런하고 엄숙하게 함), 상성성(常惺惺, 늘 깨어있는 자세를 유지함), 수렴(收斂, 달아난 마음을 거두어들임)' 등으로 설명되었다. 이는 마음이 '분산되는 현장'을 문제 삼는 것이 아니라 '수렴되는 중심'을 문제 삼는 것이다. 마음이 분산되는 현장을 문제 삼기로 한다면, 그 수가 헤아릴 수 없이 많아 일일이 점검하기란 불가능하다. 이에 敬은 분산된 마음을 한 곳으로 수렴하고, 그 중심을 다스림으로써 지엽까지 미치고자 하는 것이다. 위의 인용문에서는 중심을 다스리는 방법으로 미발시의 존양(存養)과 이발시의 성찰(省察)을 들었다. 존양을 통해 본체를 확립하고, 성찰을 통해 기미를 바르게 하면, 그 결과 모든 일에 두루 곡진하게 대응할 수 있다는 것이다. 이러한 맥락에서 퇴계는 "敬이 학문의 처음과 끝이 되

15) 『退溪續集』 卷8 頁20, 〈天命圖說〉 : 此心之理 浩浩然不可模捉 渾渾然不可涯涘 苟非敬以一之 安能保其性而立其體哉 此心之發 微而爲毫釐之難察 危而爲坑塹之難蹈 苟非敬以一之 又安能正其幾而達其用哉 是以君子之學 當此心未發之時 必主於敬而加存養工夫 當此心已發之際 亦必主於敬而加省察工夫 此敬學之所以成始成終 而通貫體用者也

고 체(體)와 용(用)을 관통한다."고 보았다.[16)]

그런데 위의 인용문에서 '본성을 보존하여 체(體)를 확립한다'고 했듯이 지경을 통한 존양도 결국 '도덕적 본성의 함양' 또는 '존천리(存天理)'를 추구한 것이며, '기미를 바르게 하여 용(用)에 통달한다'고 했듯이 지경을 통한 성찰도 결국 '이기적 본능의 통제' 또는 '알인욕(遏人欲)'을 추구한 것이다. 요컨대 『중용』의 계구신독론(戒懼愼獨論)이나 주자학의 함양성찰론(涵養省察論)은 이처럼 '본성의 함양'과 '본능의 통제'라는 문제에 초점을 두고 있었다.

함양과 성찰을 논하면서 또 하나 유의할 것은 '자아(自我)의 이중성 여부' 문제이다. 주자학에서는 '인간의 마음은 하나일 뿐'이라 하여, 우리에게 '자아는 하나일 뿐'이라고 역설한다. 그런데 유교 경전의 함양·성찰과 관련된 구절, 또는 인심·도심과 관련된 구절을 보면 우리의 자아가 두 개로 상정된 것이 아닌가 하는 의문을 품게 된다. 이제 마지막으로 이 문제를 살펴보기로 하자.[17)]

『서경』에서는 "인심은 오직 위태롭고 도심은 오직 은미하니, 오직 정밀하게 살피고 오직 한결같이 지켜서〔惟精惟一〕, 진실로 그 중용을 잡으라."고 하였고, 『맹자』에는 "잡으면 보존되고 놓으면 없어져서, 나가고 들어옴이 일정한 때가 없어, 그 있는 곳을 알 수 없다는 것은 오직 사람의 마음을

16) 拙著, 『嶺南性理學硏究』, 73~75쪽 참조.

17) '자아의 이중성' 문제는 앞의 제1장에서 살핀 或生或原論과도 연관된 것이다. 人心과 道心을 '形氣에서 생긴 마음'과 '性命에서 생긴 마음'으로 설명하면 '性命에서 생긴 道心이 形氣에서 생긴 人心을 통제해야 한다'는 논리로 발전하기 쉬운데, 그러면 '二元的 自我觀'에 가까워지는 것이다. 반면에 人心과 道心을 '形氣를 지향하는 마음'과 '性命을 지향하는 마음'으로 설명하면 '나의 마음이 形氣를 지향하는 것을 접고 性命을 지향해야 한다'는 논리로 발전하기 쉬운데, 이는 시종일관 '一元的 自我觀'을 견지하는 것이다.

일컬은 것이다." 라는 공자의 말씀이 인용되어 있다. 그런데 이런 주장들은 '하나의 마음으로 다른 하나의 마음을 통제한다' 는 맥락, 즉 '자아의 이중성' 을 전제한 것처럼 보인다. 주자는 이 문제에 대해 다음과 같이 설명한 바 있다.

> 마음은 하나인데, 바름과 바르지 못함에 따라 그 이름을 달리하는 것이다. '유정유일(惟精惟一)' 이란 그 바름에 거하면서 그 어긋남을 살피고, 그 다름을 물리치고 그 같음으로 돌아가는 것이니, 능히 이렇게 한다면 진실로 그 중용을 잡아서 지나치거나 모자라는 치우침이 없는 것이다. 이는 도심으로 하나의 마음을 삼고, 인심으로 하나의 마음을 삼아서, 또 하나의 마음으로 정일(精一)하게 하는 것이 아니다. 무릇 '잡아서 보존함' 이란 '저것으로 이것을 잡아서 보존함' 이 아니며, '놓아서 없어짐' 이란 '저것으로 이것을 놓아버려 없어짐' 이 아니다. 마음이 스스로 잡으면 없어진 것이 보존되고, 놓아서 잡지 않으면 있는 것이 없어진다. 그런데 그 '잡음' 이란 또한 '낮에 하는 일이 그 인의(仁義)의 양심(良心)을 해치지 않도록 함' 일 뿐이니, 돌부처처럼 우뚝하게 앉아서 밝으나 쓰이지 않는 지각(知覺)을 지키는 것을 '잡아서 보존함' 이라 하는 것이 아니다.[18]

주자는 우선 "마음은 하나인데, 바름과 바르지 못함에 따라 그 이름을 달리하는 것" 이라 했다. 우리의 일상어로 말하면 '양심' 과 '욕심' 이 바로 그것이다. 우리에게는 하나의 마음만 있을 뿐인데, 그 마음이 바른 상태로

18) 『朱子大全』 卷67 頁24~25, 〈觀心說〉 : 心則一也 以正不正而異其名耳. 惟精惟一 則居其正而審其差者也. 絀其異而反其同者也. 能如是則信執其中 而無過不及之偏矣. 非以道爲一心 人爲一心 而又有一心 以精一之也 夫謂操而存者 非以彼操此而存之也 舍而亡者 非以彼舍此而亡之也 心而自操則亡者存 舍而不操則存者亡耳 然其操之也 亦曰 不使旦晝之所爲 得以梏亡其仁義之良心云爾 非塊然兀坐 以守其烱然不用之知覺 而謂之操存也

있을 경우엔 양심이라 부르고 바르지 못한 상태에 있을 경우엔 욕심이라 부른다는 것이다. 주자는 이러한 맥락에서 인심과 도심을 이해하고, '유정유일' 을 "그 바름에 거하면서 그 어긋남을 살피고, 그 다름을 물리치고 그 같음으로 돌아가는 것" 이라고 설명했다. 공자의 "(우리의 마음은) 잡으면 보존되고 놓으면 없어진다." 는 말씀에 대해서도, '마음을 잡아서 보존한다' 고 말하면 마치 '이 마음으로 저 마음을 붙잡는 것' 처럼 이해할 수 있는데, 주자는 결코 그런 것이 아니라고 설명했다. '마음을 잡아서 보존함' 또한 '낮에 하는 일이 그 인의의 양심을 해치지 않도록 함' 일 뿐이라는 것이다.

이처럼 우리의 '자아는 하나일 뿐' 이라는 것이 유학, 특히 주자학의 지론이었다. 그럼에도 불구하고 유학사(儒學史)에서 '자아의 이중성 여부' 는 종종 제기되는 문제였다. 이러한 문제가 지속적으로 제기된 까닭은 이 문제 자체가 중요하고도 아리송하기 때문이기도 했고, 주자의 설명 방식이 자신의 지론과는 달리 두 개의 자아를 인정하는 것처럼 오해할 소지가 있었기 때문이기도 하다. 예컨대 조선시대의 호학군주(好學君主) 정조(正祖)는 경연(經筵)에서 다음과 같은 질문을 제기한 바 있다.

> "道心이 주인이 되고 人心은 그 명령을 들어야 한다." 고 말한다면, 이것은 하나의 마음이 있어서 주인이 되고 또 다른 하나의 마음이 있어서 명령을 듣는 것으로서, 위치가 분명히 다르고 경계가 분명하게 나누어져 있는 것인가? 그리고 불교의 관심(觀心)을 우리 유학에서 비판하는 것은 '마음으로 마음을 보는〔以心觀心〕' 병통이 있기 때문인데, '마음으로 마음의 명령을 듣는 것〔以心聽心〕' 이 과연 '마음으로 마음을 보는 것' 과 무슨 차이가 있겠는가?[19)]

19) 『弘齋全書』 卷82 頁8, 〈經史講義〉 : 今曰 道心爲主 人心聽命 則是將有一心爲之主 又有一心爲之聽命 而位置較異 界分截然耶 且釋氏之觀心 吾儒譏之者 以其有以心觀心之病也 以

주자는 인심도심론을 전개하면서 '유정유일(惟精惟一)'을 "반드시 도심으로 하여금 한 마음의 주인이 되게 하고, 인심이 항상 그 명령을 듣게 한다."[20]는 말로 설명한 바 있는데, 이에 대해 정조는 두 가지 의문을 제기한 것이다. 첫째는 '그렇다면 인심과 도심이 두 개의 것이 아닌가' 하는 의문이며, 둘째는 '그렇다면 불교의 관심설(觀心說)과 무슨 차이가 있느냐' 하는 의문이다. 이에 대해 당시의 경연관 조석중(曺錫中)은 다음과 같이 답변했다.

> 주자는 일찍이 '방심(放心)[21]을 구함'을 논한 글에서 "하나의 마음으로 다른 하나의 마음을 구하는 것이 아니요, 구할 줄을 알면 마음이 바로 여기에 있는 것"이라고 한 바 있습니다. 臣 또한 "다만 주인이 된다는 것을 알면 바로 이미 명령을 듣는 것"이라고 말씀드리겠습니다. 반드시 '하나는 주인이고, 하나는 명령을 듣는다'는 명목을 빌려 그 '의리(義理)의 마음'이 항상 '형기(形氣)의 사사로움'을 이기게 하려는 것이요, '저 마음으로 이 마음의 명령을 듣게 한다'는 말이 아닙니다. 그렇다면 불교의 '마음으로 마음을 살핌〔以心觀心〕'을 여기에 견주어서는 안 될 것입니다.[22]

조석중 역시 주자의 지론에 따라 '마음은 하나일 뿐이며, 유정유일은 마음이 스스로 주재하는 것일 뿐, 저 마음으로 이 마음의 명령을 듣게 한다는

心聽心 果何異於以心觀心

20) 『中庸章句』〈中庸章句序〉: 必使道心 常爲一身之主 而人心每聽命焉 則危者安 微者著 而動靜云爲 自無過不及之差矣

21) '放心'이란 '밖으로 달아난 마음'으로서, 맹자는 "학문의 요점은 달아난 마음을 구하는 데 있을 뿐"이라고 말한 바 있다(『孟子』 告子上 11).

22) 『弘齋全書』 卷28 頁8, 「經史講義」: (錫中對) 朱子嘗論求放心之說曰 非以一心求一心 知求則心便在 臣亦曰 只知爲主則便已聽命矣 必借得一主一聽之名目 以言其義理之心 常能勝形氣之私也 非謂以彼心聽此心 則釋氏之以心觀心 不可比論於此矣

뜻은 아니다' 라고 설명했다. 조석중은 이렇게 설명하면서도 또한 주자의 취지를 "'하나는 주인이고, 하나는 명령을 듣는다' 는 명목을 빌려 그 '의리의 마음' 이 항상 '형기의 사사로움' 을 이기게 하려는 것" 이라고 설명함으로써, 여전히 자아의 이중성에 관한 논란의 불씨를 남겨두었다.

사실 함양 · 성찰과 관련된 '자아의 이중성 여부' 문제는 모든 것을 말로 설명하기에는 어려움이 많은 문제이다. 함양성찰론의 취지를 쉽게 설명하려면 '양심과 욕심' 처럼 마음을 둘로 구분하는 논법이 편리한데, 그러면 '자아의 이중성' 이라는 문제에 봉착하게 되는 것이다. 따라서 이 문제는 언어적 표현보다는 묵식심통(默識心通)이 필요한 것이라 하겠다. 이와 관련하여 서양의 철학자 칸트의 입장을 소개하는 것으로 이 절(節)의 논의를 마치고자 한다.

칸트는 『윤리형이상학』에서 양심을 '우리 내부의 재판관' 이라고 설명한 바 있다. 그런데 양심을 '우리 내부의 재판관' 으로 설정하면, 우리의 자아는 '재판을 하는 주체' 와 '재판을 받는 객체' 로 구분되어, '자아의 이중성' 문제가 대두되게 마련이다. 이에 대해 칸트는 다음과 같이 설명한 바 있다.

> 양심 안에서 자신을 고소하고 재판하는 인간은 자기 안에서 이중적 인격성을 생각하지 않을 수 없는바, 한편으로는 그 자신에게 믿고 맡기는 법정의 피고석에서 떨고 서 있을 수밖에 없고, 그러나 다른 한편으로는 재판관의 직무를 생래적인 권위로써 자신의 수중에 가지는 이러한 이중의 자기는, 이성이 자기 자신과 모순에 빠지지 않기 위해서는, 설명이 있어야 한다.— 원고이자 피고인 나는 바로 동일한 인간(數的으로 同一者)이다. 그러나 도덕적인, 자유의 개념에서 출발하는, 법칙수립의 주체(叡智體 人間)로서, 그 자신이 수립한 법칙에 종속하는 인간은 이성을 갖춘 감성존재자와는 다른 인간(種的으로 相異者)으로, (…) 이

종적인 상이성은 인간을 특징짓는 것인, 인간의 능력들의(즉 상위 능력과 하위 능력의) 상이성이다.[23]

칸트는 "원고이자 피고인 나는 바로 동일한 인간(數的으로 同一者)"이라 하여, 자아는 다만 하나일 뿐이라고 규정했다. '원고와 피고'란 다만 한 자아 안에서의 '상위 능력〔叡智〕과 하위 능력〔感性〕'을 지칭할 뿐이라는 것이다. 요컨대 자아는 본래 하나이지만, 이성을 발휘하는 예지 능력과 쾌락을 추구하는 감성 능력을 동시에 지님으로써 두 측면을 발휘하게 된다는 말이다. 이렇게 본다면 '양심의 가책'이란 '나의 예지가 나의 감성을 꾸짖는 것'이다. 칸트에 의하면, 이런 꾸짖음을 통해 인간은 쾌락의 탐닉에서 벗어나 인간의 본 모습을 되찾을 수 있다. 칸트의 이러한 설명 방식은 이제까지 살핀 주자의 설명 방식과 놀랍도록 유사한 것이다.

23) 칸트, 『윤리형이상학』, 541쪽.

子人賢能私業子人賢能私業
君小貪使公德君小貪使公德

제2장

이상적 인격과 가치의 추구

4. 『논어』의 '군자(君子)와 소인(小人)'
5. 『맹자』의 '존현(尊賢)과 사능(使能)'
6. 『서경』의 '공(公)과 사(私)'
7. 『주역』의 '덕(德)과 업(業)'

4. 『논어』의 '군자(君子)와 소인(小人)'

주지하듯이, 공자는 사람의 인격을 논할 때 '군자와 소인' 이라는 구분을 즐겨 썼다. 『논어』의 이상적 인간상은 '성인(聖人)' 과 '군자(君子)' 로 대변된다. '성인' 이란 '仁' 을 완전하게 실천하는 진선진미(盡善盡美)한 사람을 일컫고, '군자' 란 성인처럼 진선진미하지는 못하나 기본적 지향이 仁에 있는 사람을 일컫는다. 공자는 "성인을 만나볼 수 없다면, 군자라도 만나볼 수 있으면 괜찮겠다."[1]고 했다. 『논어』에서는 성인을 궁극적 인간상으로 표방하지만, 현실적으로는 한 발 양보하여 군자를 추구한 것이다. 그리하여 『논어』에서는 성인에 대해서는 많이 언급하지 않고, 군자에 대해 많이 언급한 것이다.[2]

'군자' 란 본래 '지배계급에 속한 사람들' 을 일컫던 명칭이었는데, 공자는 '덕(德)이 있는 사람' 을 일컫는 말로 그 의미를 바꾸어 놓았다. 『논어』의 군자란 '仁을 목표로 부지런히 자기를 닦는 사람' 이다. 『논어』의 '수기(修己)' 란 '올바른 깨달음을 통해 사욕(私欲)을 극복하는 것' 으로 집약된다. 이러한 수기의 노력이 결여된 사람은 '소인(小人)' 에 머무는 것이다. 『논어』에서는 군자와 소인을 서로 대비시켜 묘사한 내용이 많다. 몇 가지의 예를 살펴보자.

○ 군자는 의리(義理)에 밝고, 소인은 이익(利益)에 밝다.[3]

---

1) 『論語』 述而 25 : 子曰 聖人 吾不得而見之矣 得見君子者 斯可矣

2) 『論語』에는 '聖人' 또는 '聖' 이라는 글자가 8회 보이나, '君子' 는 107회나 보인다.

○ 군자는 평안하고 너그러우나, 소인은 늘 근심이 많다.[4)]

○ 군자는 남과 조화를 이루되 같아지지 않고, 소인은 남과 같아지되 조화를 이루지 못한다.[5)]

○ 군자는 사람을 두루 사귀되 편당(偏黨)을 짓지 않고, 소인은 자기들끼리 편당을 짓고 두루 사귀지 못한다.[6)]

○ 군자는 남의 좋은 점을 이루어 주고 나쁜 점은 이루어 주지 않으나, 소인은 이와 반대된다.[7)]

○ 군자는 섬기기는 쉬워도 기쁘게 하기는 어려우니, 기쁘게 하기를 道로써 하지 않으면 기뻐하지 않고, 사람을 부림에는 (그 사람의) 그릇에 맞게 활용한다. 소인은 섬기기는 어려워도 기쁘게 하기는 쉬우니, 기쁘게 하기를 비록 道로써 하지 않아도 기뻐하고, 사람을 부림에는 모두 갖추기를 요구한다.[8)]

위의 인용문은 『논어』에서 군자와 소인을 대비해 설명한 대표적 예문이다. 이를 중심으로 군자와 소인에 대해 살펴보자.

"군자는 의리(義理)에 밝고, 소인은 이익(利益)에 밝다."는 말은 『논어』에서 군자와 소인을 대비시킨 대표적 내용이라 할 수 있다. '군자는 의리에 밝다'는 말은 군자는 이익보다 의리를 중시한다는 뜻이다. 이는 군자가 이익을 외면한다는 뜻이 아니요, 이익을 취하고자 할 때엔 먼저 그것이 정당한 것인지 살펴, 정당한 이익만 취한다는 뜻이다. 그런데 소인은 이익에 밝

---

3) 『論語』 里仁 16 : 子曰 君子 喩於義 小人 喩於利

4) 『論語』 述而 36 : 子曰 君子 坦蕩蕩 小人 長戚戚

5) 『論語』 子路 23 : 子曰 君子 和而不同 小人 同而不和

6) 『論語』 爲政 14 : 子曰 君子 周而不比 小人 比而不周

7) 『論語』 顔淵 16 : 子曰 君子 成人之美 不成人之惡 小人反是

8) 『論語』 子路 25 : 子曰 君子 易事而難說也 說之不以道 不說也 及其使人也 器之 小人 難事而易說也 說之雖不以道 說也 及其使人也 求備焉

아, 의리를 돌보지 않고 이익만 추구하는 것이다. 이익은 결국 물질적 이득을 뜻하는바, 이익은 사람의 육체적 생존을 뒷받침하는 요소이다. 반면에 의리는 공정함 또는 옳음을 뜻하는바, 짐승에게는 이러한 요소가 없다. 요컨대 의리는 사람과 짐승을 구별하는 준거요, 사람의 사람다운 삶을 뒷받침하는 것이다. 사람은 분명 육체를 지녔으니, 따라서 이익은 사람의 생존에 필수적인 요소이다. 그러나 이익만으로 생존하는 삶은 짐승의 삶과 구별되지 않는다. 의리가 추가되어야만 비로소 사람다운 삶이 된다. 이렇게 본다면, 군자는 사람다운 삶을 추구하는 사람이며, 소인은 짐승과 잘 구별되지 않는 삶에 만족하는 사람이다. 이러한 맥락에서 맹자는 "사람과 짐승의 차이는 아주 적다. 보통 사람은 이 차이를 무시하고, 군자는 이 차이를 보존한다."[9]고 설파했다.

"군자는 평안하고 너그러우나, 소인은 늘 근심이 많다."는 말에 대해 정자(程子)는 "군자는 이치를 따르므로 항상 (몸과 마음이) 펴지고 태연하며, 소인은 사물에 부림을 당하므로 근심과 걱정이 많다."[10]고 풀이한 바 있다. 군자는 모든 일을 순리대로 처리하므로 구김살이 없으나, 소인은 물욕의 지배를 받으므로 근심이 많아진다는 말이다. 정자는 '인간의 본성은 곧 천리〔性卽理〕'라고 했거니와, 그러므로 '이치를 따른다'는 것은 '인의예지의 본성에 순응한다'는 뜻이기도 하다. 군자는 자신의 본성이 지향하는 대로 순응하므로 늘 평안하고 너그럽게 되나, 소인은 자신의 본성을 어기면서까지 물욕에 집착하므로 근심이 많게 된다. '이치를 따른다'는 말에는 '자신의 합당한 몫에 만족한다'는 뜻도 포함된다. 군자가 평탄하고 느긋할 수 있는 까닭은 무엇보다도 자신의 합당한 몫에 만족하는 데 있다. 자기의 합당한 몫에 만족하지 못하는 사람이 취할 수 있는 방도는 두 가지이

---

9) 『孟子』 離婁下 19 : 人之所以異於禽獸者 幾希 庶民去之 君子存之

10) 『論語』 述而 36, 集註 : 程子曰 君子循理 故常舒泰 小人役於事物 故多憂戚

다. 남의 것을 빼앗거나, 또는 요행을 바라는 것이다.[11] 하지만 이 둘 다 쉽지 않다. 가만히 앉아서 자기 것을 빼앗길 사람도 없고, 요행을 바란다고 복권에 당첨되는 것도 아니기 때문이다. 따라서 소인의 삶은 늘 근심에서 벗어나지 못하는 것이다.

"군자는 남과 조화를 이루되 같아지지 않고〔和而不同〕, 소인은 남과 같아지되 조화를 이루지 못한다〔同而不和〕."는 말은 다양한 맥락에서 해석될 수 있다. 주자의 집주(集註)에서는 "和란 어그러진 마음이 없는 것이요, 同이란 아부하는 뜻이 있는 것이다."라고 풀이한 다음, 윤화정(尹和靖)의 "군자는 의리를 숭상하므로 뇌동(雷同)하지 않는다. 소인은 이익을 숭상하니 어찌 화합할 수 있겠는가?"라는 말을 소개한 바 있다.[12]

'남과 조화를 이룸'은 두 가지를 필수로 요구한다. 첫째는 공통의 규범을 준수하는 것이다. 이는 남의 권익도 나의 권익처럼 존중한다는 뜻이다. 남의 권익을 침해하면서 남들과 조화를 이룬다는 것은 불가능하다. 둘째는 남들의 개성을 인정하고 존중하는 것이다. 다양한 요소들이 서로 잘 어울릴 때 조화를 이루었다고 하듯이, 조화라는 말은 이미 다양성을 전제한다. 따라서 남들의 다양한 개성을 인정하지 않고서는 조화를 거론할 수 없다. 한편 '남들과 같아지지 않는다'는 것은 자신의 주체성이나 개성을 잃지 않는다는 말이다. 이러한 맥락에서, '화이부동(和而不同)'은 '공통의 규범을 준수하고, 남들의 개성을 존중하며, 동시에 자신의 개성을 지킨다'는 뜻이다. 공자는 이런 사람들을 군자라 했다.

'남과 같아진다'는 것도 두 맥락에서 풀이할 수 있다. 첫째는 이익을 위해 자신의 주체성을 망각하고 남에게 아부하는 것이다. 이런 사람은 자신

11)『中庸章句』14 : 君子居易以俟命 小人行險以徼幸

12)『論語』子路 23, 集註 : 和者 無乖戾之心 同者 有阿比之意 尹氏曰 君子尙義 故有不同 小人尙利 安得而和

이 권력자가 되었을 때에는 남이 자신에게 아부하기를 바란다. 전자는 자기 스스로 주체성을 망각하는 것이요, 후자는 남의 주체성을 부정하는 것이니, 이러한 행태가 곧 '동이불화(同而不和)' 이다. 둘째는 자신도 남과 같아지려 하고 남에게도 자신과 같아질 것을 요구하는 것이다. 이는 자신의 개성도 망각하고 남의 개성도 무시하는 것으로서, 모든 사람이 똑같이 생각하고 똑같이 행동할 것을 요구하는 '획일주의' 이다. 이러한 획일주의는 종종 횡포로 연결된다. 자신과 달리 생각하고 행동하는 사람들에 대해 온갖 비난과 저주를 일삼는 것이다. 이러한 행태 또한 '동이불화(同而不和)' 로서, 공자는 이런 사람들을 소인이라 했다.

"군자는 사람을 두루 사귀되 편당을 짓지 않고〔周而不比〕, 소인은 자기들끼리 편당을 짓고 두루 사귀지 못한다〔比而不周〕."는 말에 대해, 주자는 "周는 두루 널리 사귀는 것이요, 比는 치우치게 무리를 짓는 것이다. 周나 比가 모두 남을 친하고 두텁게 대하는 것이지만, 周는 공정한 것이요, 比는 사사로운 것이다."[13]라고 풀이한 바 있다. 요컨대 '周' 란 모든 사람을 두루 공정하게 대하는 것이요, '比' 란 사사롭게 편당을 지어 끼리끼리 뭉치는 것이다.

소인들이 사사롭게 편당을 지어 끼리끼리만 뭉치는 까닭은 특정한 이익을 자기들끼리 독점하기 위한 것이다. 예컨대 우리 사회에서 학연(學緣)·지연(地緣)·혈연(血緣) 등에 입각한 연고 집단들이 종종 지탄의 대상이 되거니와, 그 까닭은 그에 속한 사람들이 공정성을 해치면서 배타적으로 특정한 이익을 독점하는 행태를 보여주기 때문이다. 그렇지 않다면 학연·지연·혈연 등을 매개로 서로 교류하는 것을 누가 나무랄 것인가?

소인들이 사사로운 이기심에 얽매인 사람이라면 군자는 사사로운 이기

---

13) 『論語』 爲政 14, 集註 : 周 普徧也 比 偏黨也 皆與人親厚之意 但周公而比私爾

심을 벗어난 사람이다. '견득사의(見得思義)' 라고 했듯이, 군자는 사사로운 이기심보다 공정한 의리를 앞세운다. 그러므로 사람들을 대할 때도 편당을 짓지 않고 모든 사람들을 두루 공정하게 대하는 것이다. 이런 군자에게는 목숨을 바쳐 충성하는 소수의 충복(忠僕)들은 없을지라도, 많은 사람들이 묵묵히 그를 지켜보며 성원한다.

"군자는 남의 좋은 점을 이루어 주고 나쁜 점은 이루어 주지 않으나, 소인은 이와 반대된다."는 말에서, '좋은 점과 나쁜 점' 은 각각 '장점과 단점' 을 뜻한다. 실제로 어떤 사람은 남의 장점을 북돋고 격려하나, 어떤 사람은 남의 장점을 시기하고 저주함을 볼 수 있다. 도대체 사람들의 행동양식은 왜 이렇게 다른 것일까? 이는 무엇보다도 각자의 도량(度量)의 차이에서 비롯된다. 도량이 큰 사람은 남의 장점을 칭찬하고 격려하나, 도량이 작은 사람은 그것이 불가능하다. 그런데 이는 근원적으로 사회생활의 본질에 대한 인식과 관련된 것이다. 사회생활의 본질을 어떻게 규정하느냐에 따라서, 남의 장점과 단점에 대한 우리들의 태도가 달라지는 것이다.

인간의 사회생활은 '협력' 의 관점에서 이해할 수도 있고 '경쟁' 의 관점에서 이해할 수도 있다. 협력의 관점에서 보면, 사회생활이란 나는 그가 필요로 하는 것을 제공하고, 그는 내가 필요로 하는 것을 제공하는 것이다. 이러한 맥락에서는 나와 그가 '동반자' 로 인식된다. 그러나 경쟁의 관점에서 보면, 사회생활이란 서로가 좋은 것을 차지하기 위해 경쟁하는 과정에 불과하다. 이러한 맥락에서는 나와 그가 '적(敵)' 으로 인식된다.

사회생활은 본질적으로 '상호 협력' 이요, 따라서 그와 나는 '동반자' 라고 인식한다면, 그의 장점은 나의 기쁨이 되고, 그의 단점은 나의 슬픔이 된다. 군자가 '남의 아름다운 점을 이루어주고, 남의 나쁜 점은 이루어주지 않음' 은 이러한 관점에서 이해할 수 있다. 공자는 "군자는 남들과 경쟁하는 바가 없다" 고 했거니와,[14] 군자는 사회를 상호 협력의 체계로 가꾸려는 사람들이다. 반면에 사회를 상호 경쟁의 체계로 이해하고, 그와 나를 경쟁자라고 인식한다면, 그의 장점은 나의 슬픔이 되고, 그의 단점은 나의 기쁨이 된다. 경쟁사회에서 상대방의 실수나 불행은 곧 나의 승리로 연결되거니와, 그러므로 '타인의 불행은 나의 행복' 이라고 생각하게 되는 것이다. 소인이 '남의 아름다운 점은 이루어주지 않고, 남의 나쁜 점은 이루어줌' 은 이러한 관점에서 이해할 수 있다.

모든 사회는 사실 협력과 경쟁의 두 측면을 동시에 지닌다. 순수하게 협력의 체계로만 이루어진 사회도 없고, 순수하게 경쟁의 체계로만 이루어진 사회도 없다. 어느 사회이고 이 두 측면이 조화를 이루어야만 제대로 존립하는 것이다. 이 양면성 가운데, 군자는 협력의 측면을 유념하여 남의 장점을 자신의 기쁨으로 인식하나, 소인은 경쟁의 측면에 집착하여 남의 장점을 자신의 슬픔으로 인식하는 것이다.

"군자는 섬기기는 쉬워도 기쁘게 하기는 어려우니, 기쁘게 하기를 道로써 하지 않으면 기뻐하지 않고, 사람을 부림에는 (그 사람의) 그릇에 맞게 활용한다. 소인은 섬기기는 어려워도 기쁘게 하기는 쉬우니, 기쁘게 하기를 비록 道로써 하지 않아도 기뻐하고, 사람을 부림에는 모두 갖추기를 요구한다."는 말은 사람을 대하는 방식을 두고 군자와 소인을 대비한 것이다. 이에 대해 주자는 "군자의 마음은 공정하고 너그러우나, 소인의 마음은 사사롭고 각박하다."[15]고 풀이했다. 군자는 공정한 마음과 헤아리는 마음으로 남을 대하는 것이요, 소인은 사사로운 마음과 각박한 마음으로 남을 대하는 것이다.

우선 '공정한 마음' 과 '사사로운 마음' 을 대비해 보자. 공정한 사람을 섬길 때엔 별도의 노력이 필요 없고, 오직 자신의 소임에 충실하면 된다.

14)『論語』八佾 7 : 君子無所爭

15)『論語』子路 25, 集註 : 君子之心 公而恕 小人之心 私而刻 天理人欲之間 每相反而已矣

그러므로 군자는 섬기기가 쉽다. 또 같은 맥락에서 군자는 원리원칙을 존중하는 사람이니, 원칙을 무시하고 편법을 따르려는 사람들로서는 군자를 기쁘게 하기가 어려운 것이다. 반면에 사사로운 사람을 섬길 때엔 자신의 책임을 다하는 것만으로는 부족하고, 그의 사사로운 취향에 맞추어야 한다. 그러므로 소인은 섬기기가 어렵다. 또 같은 맥락에서, 소인은 사사로운 이익을 좋아하는 사람이니, 아첨과 뇌물 등으로 쉽게 기쁘게 할 수 있다.

이제 '헤아리는 마음' 과 '각박한 마음' 을 대비해 보자. 군자는 자신에게 장점 못지않은 단점이 있다는 것을 잘 안다. 군자는 자신의 이러한 실정을 미루어 남을 대하기 때문에, 남의 단점을 감싸면서 장점을 북돋는다. 그러나 소인은 자신에 대해서는 단점은 가리면서 장점만 부각하고, 남에 대해서는 단점만 부각하고 장점은 외면한다. 그러므로 어떤 사람을 어떤 자리에 임용함에 있어서도, 군자는 그의 장점을 주목하여 임용하고자 하나, 소인은 그의 단점을 부각시켜 탈락시키고자 한다. '똥 묻은 개가 겨 묻은 개 나무란다' 고 했거니와, 소인은 남의 허물을 트집 잡는 데 능하다. 이러한 맥락에서 주자는 "군자와 소인은 천리(天理)와 인욕(人欲)의 사이에서 항상 상반될 뿐" 이라고 풀이했다. 군자가 늘 천리를 따르는 사람이라면, 반대로 소인은 인욕으로 일관하는 사람이라는 말이다.

이상에서 '군자와 소인' 을 여러 측면에서 대비해 보았거니와, 이처럼 군자와 소인의 서로 다른 지향성은 각각 도덕적 본성과 육체적 본능으로 소급될 수 있다. 요컨대 도덕적 본성에 충실한 사람이 군자요 육체적 본능에 충실한 사람이 소인이다. 이러한 맥락에서 몇 개의 예문을 더 살펴보기로 하자.

○ 군자는 道를 도모하고 밥을 도모하지 않으며 (…) 군자는 道를 근심하고 가난을 근심하지 않는다.[16]

○ 군자는 밥을 먹음에 배부름을 추구하지 않고, 거처함에 편안함을 추구하지 않으며, 일에 있어서는 민첩하고, 말에 있어서는 신중하며, 道가 있는 사람에게 나아가 자신을 바로잡는다.[17]

○ 군자는 아홉 가지를 생각하니 (…) 이득(利得)을 보면 의리(義理)를 생각한다.[18]

○ 부(富)와 귀(貴)는 사람들이 원하는 것이지만, 정당한 방법으로 얻은 것이 아니면 누리지 않는다. (…) 군자가 仁을 버리면 어떻게 명예를 이루겠는가?[19]

군자는 道를 추구하고 仁과 義를 추구하는 사람이라 할 때, 군자의 이러한 지향성은 바로 인의예지의 '도덕적 본성' 에서 유래하는 것이다. 또한 밥을 먹음에 배부름을 추구하고 거처함에 편안함을 추구하는 것은 인간의 '육체적 본능' 이거니와, 군자는 이러한 본능적 욕구에 지배당하지 않는 사람이다. 군자도 부귀와 이득을 누릴 수 있는데, 다만 군자는 道를 우선하는 사람이므로 정당한 부귀, 정당한 이득만을 누린다.

소인은 정확히 이와 반대되는 사람으로서, 밥을 도모하고 道를 도모하지 않으며, 밥을 먹음에는 배부름을 추구하고 거처함에는 편안함을 추구하며, 의리를 무시하고 이득을 추구하며, 수단과 방법을 가리지 않고 부귀를 좇는 사람이다. 소인은 '이기적 본능' 에 매몰된 까닭에 그 행실이 이와 같은 것이다. 이러한 맥락에서 주자는 군자와 소인에 대해 다음과 같이 풀이한 바 있다.

---

16) 『論語』 衛靈公 31 : 子曰 君子 謀道 不謀食 (…) 君子 憂道 不憂貧

17) 『論語』 學而 14 : 子曰 君子 食無求飽 居無求安 敏於事而愼於言 就有道而正焉

18) 『論語』 季氏 10 : 孔子曰 君子有九思 (…) 見得思義

19) 『論語』 里仁 5 : 子曰 富與貴 是人之所欲也 不以其道得之 不處也 (…) 君子去仁 惡乎成名

군자와 소인이 하는 짓이 서로 다름은 음·양(陰陽)과 주·야(晝夜)가 항상 서로 반대되는 것과 같다. 그런데 그 분기점을 탐구해보면 공(公)과 사(私)의 즈음에 터럭만 한 차이에서 비롯되는 것이다.[20)]

군자의 마음은 공정하고 너그러우나 소인의 마음은 사사롭고 각박하여, 천리(天理)와 인욕(人欲)의 사이에서 항상 서로 반대될 뿐이다.[21)]

위의 첫째 인용문에서는 '군자와 소인'을 '公과 私'로 구분하고, 둘째 인용문에서는 '公과 私'를 다시 '천리와 인욕'으로 풀이했다. 앞에서 이미 논했듯이, '천리'는 도덕적 본성에서 유래한 '도리에 부합하는 마음'을 뜻하고 '인욕'은 이기적 본능에서 유래한 '지나친 탐욕'을 뜻한다. 그렇다면 위의 두 인용문은 '군자는 공정성을 추구하고 소인은 사익을 추구하는데, 그 까닭은 군자는 도덕적 본성을 지향하고 소인은 이기적 본능을 지향하기 때문'이라는 내용으로 요약할 수 있다.

지금까지 '군자와 소인'의 성품을 비교해 살펴보았다. 그렇다면 '군자와 소인', 즉 우리들의 인격은 선천적인 것인가, 후천적인 것인가? 이제 이 문제를 살펴보기로 하자. 공자는 '군자'를 '敬으로 자신을 닦는 사람〔修己以敬〕, 자신을 닦아 남들을 편안하게 해주는 사람〔修己以安人〕, 자신을 닦아 백성을 편안하게 해주는 사람〔修己以安百姓〕'이라고 설명한 바 있다.[22)] 공자는 이처럼 군자를 '수기(修己)에 힘쓰는 사람'으로 설명했거니와, 그렇다면 군자라는 인격은 후천적인 노력을 통해 이루어지는 것이라 할 수

---

20) 『論語』 爲政 14, 集註 : 君子小人 所爲不同 如陰陽晝夜 每每相反 然究其所以分 則在公私之際毫釐之差耳

21) 『論語』 子路 25, 集註 : 君子之心 公而恕 小人之心 私而刻 天理人欲之間 每相反而已矣

22) 『論語』 憲問 45 참조.

있겠다. 그렇다면 '수기' 란 무엇인가?

『대학』에서는 대학의 출발점을 '명덕을 밝힘〔明明德〕' 에 두었는데, 주자는 이에 대해 다음과 같이 풀이한 바 있다.

> 명덕(明德)이란 사람이 하늘로부터 얻은 '텅 비고 신령하며 밝은 마음' 으로서, 인의예지(仁義禮智)의 본성(本性)을 갖추고 만사(萬事)에 응하는 것이다. 다만 기품(氣稟)에 의해서 구애되거나 인욕(人欲)에 의해서 가려지게 된다면 명덕이 때때로 어둡게 되지만, 그러나 그 본체의 밝음은 일찍이 끊인 적이 없다. 그러므로 배우는 사람들은 마땅히 그 명덕이 발현되는 것을 계기로 하여 더욱 완전히 밝혀서 처음의 본체를 회복하여야 한다.[23]

'명덕' 이란 사람이 타고난 '텅 비고 신령하며 밝은 마음' 이다. 그러나 인간의 밝은 덕을 제약하는 요소가 둘이 있으니, 바로 '기품(氣稟)의 구애' 와 '인욕(人欲)의 가림' 이 그것이다. 하지만 이러한 제약이 있다 하더라도 타고난 명덕이 소멸한 것은 아니다. 그러므로 인간은 배움을 통하여 본래의 명덕을 회복할 수 있는 것이다.

이상에서 '수기(修己)' 란 무엇보다도 '기품의 구애' 와 '인욕의 가림' 을 제거하는 것임을 알 수 있겠다. '기품의 구애' 란 타고난 기질(氣質)이 탁박(濁駁)하여 빗어지는 단점을 말한다.[24] 그런데 유교에서는 타고난 기품도

23) 『大學章句』 經一章, 朱子註 : 明德者 人之所得乎天 而虛靈不昧 以具衆理而應萬事者也 但爲氣稟所拘 人欲所蔽 則有時而昏 然其本體之明 則有未嘗息者 故學者當因其所發而遂明之 以復其初也

24) 氣質이란 '마음의 재질' 로서, 유교에서는 인간이 타고난 氣質을 '淸 · 濁 · 粹 · 駁' 으로 분류한다. 淸 · 濁은 앎의 능력과 관계된 것으로서, 기질이 맑으면 지혜롭게 되나 기질이 흐리면 어리석게 된다. 粹 · 駁은 행동 능력과 관계된 것으로서, 기질이 깨끗하면 어질게 되나 기질이 더러우면 고약하게 된다.

후천적인 노력을 통해 바꿀 수 있다고 본다. 『중용』에서는 탁박한 기질을 청수한 기질로 변화시키는 방법으로 '박학(博學, 널리 배움), 심문(審問, 살펴 물음), 신사(愼思, 신중하게 생각함), 명변(明辨, 밝게 분변함), 독행(篤行, 독실하게 실천함)' 을 제시하고, 다음과 같이 말한 바 있다.

> 배우지 않을지언정 배운다면 능하지 못한 것을 남겨두지 않고, 묻지 않을지언정 묻는다면 모르는 것을 남겨두지 않으며, 생각하지 않을지언정 생각한다면 얻지 못함을 남겨두지 않고, 분변하지 않을지언정 분변한다면 밝지 못한 것을 남겨두지 않으며, 행하지 않을지언정 행한다면 독실하지 않음을 남겨두지 않는다. 다른 사람이 한 번에 능하게 된다면 나는 백 번을 노력하고, 다른 사람이 열 번에 능하게 된다면 나는 천 번을 노력한다. 과연 이러한 방법에 능하게 된다면, 비록 어리석더라도 반드시 밝게 되며, 비록 유약(柔弱)하더라도 반드시 강건(强健)하게 된다.[25]

요컨대 『중용』에서는 '널리 배우고, 살펴 묻고, 신중하게 생각하고, 밝게 분변하고, 독실하게 실천하는 공부' 를 통해 어둡고 허약한 기질을 밝고 강건한 기질로, 흐리고 더러운 기질을 맑고 깨끗한 기질로 변화시킬 수 있다고 보았다. 물론 그것은 쉬운 것이 아니어서, '백배의 노력' 이 필요하다고 했던 것이다.

'인욕(人欲)의 가림' 이란 '탐욕이 명덕을 가림' 으로써 빚어지는 단점을 말한다. 인욕에 대해서는 앞에서 '천리와 인욕' 을 논하면서 충분히 거론한 바 있거니와, 『논어』의 극기복례론(克己復禮論)을 다시 한 번 살펴보기로

---

25) 『中庸章句』 제20장 : 有弗學 學之 弗能 不措也 有弗問 問之 弗知 弗措也 有弗思 思之 弗得 弗措也 有弗辨 辨之 弗明 弗措也 有弗行 行之 弗篤 弗措也 人一能之 己百之 人十能之 己千之 果能此道矣 雖愚必明 雖柔必强

하자.

안연이 仁에 대해 묻자, 공자가 말씀하시길, "자기를 이기고 禮로 돌아가는 것이 仁이다. 하루 동안 자기를 이기고 禮로 돌아가면 천하가 仁으로 돌아올 것이다. 仁을 실천함은 자기로부터 말미암으니, 남으로부터 말미암겠는가?" 안연이 말하기를, "청컨대 그 조목을 묻겠습니다." 공자가 말씀하시길, "禮가 아니면 보지 말며, 禮가 아니면 듣지 말며, 禮가 아니면 말하지 말며, 禮가 아니면 움직이지 말라." 안연이 말하기를, "제가 비록 민첩하지 못하나, 청컨대 이 말씀을 일삼겠습니다."[26]

안연이 '仁'에 대해 묻자, 공자는 '자기를 이기고 예로 돌아감〔克己復禮〕'이라고 답했다. 그런데 주목할 것은, 공자가 바로 이어서 '仁을 실천함은 자기로부터 말미암는다〔爲仁由己〕'고 부연했다는 점이다. '극기복례(克己復禮)'에서는 자기가 '극복의 대상'으로 규정되었으나, '위인유기(爲仁由己)'에서는 자기가 '仁을 실천하는 주체'로 규정된 것이다. 요컨대 '자기'는 한편으로는 극복의 대상이면서 한편으로는 도덕 실천의 주체이다. 인간에게는 이러한 양면성이 있다는 것이 공자의 생각이었다.

'본성과 본능'이라는 맥락에서 보면, 자아의 양면성은 '본성적 자아'와 '본능적 자아'로 설명될 수 있다. 본성적 자아란 양심 또는 도심처럼 인간의 도덕적 본성에서 우러난 마음을 뜻하고, 본능적 자아란 욕심 또는 인심처럼 인간의 이기적 본능에서 우러난 마음을 뜻한다. 이렇게 볼 때, '仁을 실천하는 주체'로서 자아란 '본성적 자아'로서 '군자'란 이러한 자아상을

26) 『論語』 顔淵 1 : 顔淵問仁 子曰 克己復禮爲仁 一日克己復禮 天下歸仁焉 爲仁由己 而由人乎哉 顔淵曰 請問其目 子曰 非禮勿視 非禮勿聽 非禮勿言 非禮勿動 顔淵曰 回雖不敏 請事斯語矣

실현하는 사람이며, '극복해야 할 대상' 으로서의 자아란 '본능적 자아' 로서 '소인' 이란 이러한 자아상에 매몰된 사람이다. 모든 사람은 이러한 양면성을 지니고 있거니와, 유교의 군자소인론은 도덕적 본성과 이기적 본능 사이의 올바른 관계를 제시하는 것이다. '禮에 어긋난 것은 보지 말라' 는 말은 '禮에 맞는 것만 보라' 는 뜻인바, 이처럼 도덕에 입각해 본능적 욕구를 통제하는 사람을 '군자' 라 했던 것이다.

『논어』의 군자소인론은 인심도심론이나 천리인욕론이 제시하는 심법이나 마음가짐에 입각하여 각자의 인격을 평가하고 사람다운 사람의 길을 독려하기 위한 것이었다. 유교에서는 도심과 천리를 따르는 사람을 군자라 하고, 그와 반대되는 사람을 소인이라 했다. 일찍이 구양수(歐陽脩)는 〈붕당론(朋黨論)〉에서 '군자와 소인' 의 이러한 차이를 여실하게 논한 바 있다.

붕당(朋黨)이라는 말은 옛날부터 있었거니와, 오직 다행은 군왕이 '군자와 소인' 을 분간함에 있을 뿐입니다. 무릇 '군자와 군자' 는 '道를 같이 함' 으로써 붕당을 삼고, '소인과 소인' 은 '이익을 같이 함' 으로써 붕당을 삼으니, 이것은 자연스러운 이치입니다. 그런데 臣이 "소인은 붕당이 없고, 오직 군자만이 붕당이 있다" 고 말하는 까닭은 무엇이겠습니까? 소인이 좋아하는 것은 이록(利祿)이며, 탐내는 것은 재화(財貨)이니, 그 이익을 같이 할 때에 잠시 서로 끌어당겨 붕당을 만드는 것은 '가짜' 입니다. 이익 앞에서는 서로 먼저 차지하려고 다투고, 이익이 소진되면 서로 소원해지며, 심한 경우에는 도리어 서로 해쳐서, 비록 형제와 친척끼리도 서로 보전할 수 없으니, 그러므로 臣은 "소인은 붕당이 없고, 그들이 잠시 붕당을 이루는 것은 가짜" 라고 말하는 것입니다. 군자는 그렇지 않으니, 그들이 지키는 것은 도의(道義)요, 실천하는 것은 충신(忠信)이며,

아끼는 것은 명예와 절개입니다. 이것으로 자신을 닦으면 道를 같이 하여 서로 이롭게 되고, 이것으로 국가를 섬기면 마음을 같이 하여 서로 구제하는바, 시종일관 이렇게 하니, 이것이 '군자의 붕당' 입니다. 그러므로 군왕이 된 사람은 다만 마땅히 '소인의 거짓 붕당' 을 물리치고, '군자의 참된 붕당' 을 등용해야 하는바, 그렇게 하면 천하가 다스려집니다.[27]

구양수는 소인이 좋아하는 것은 이록(利祿)이며 탐내는 것은 재화(財貨)이기 때문에 그들은 참된 붕당을 이룰 수 없으나, 군자가 지키는 것은 도의(道義)요 실천하는 것은 충신(忠信)이며 아끼는 것은 명예와 절개이기 때문에 그들만이 참된 붕당을 이룰 수 있다고 설명했다. 요컨대 소인은 이해관계에 따라 행동하는 사람들이요, 군자는 도의에 따라 행동하는 사람들이다. '군자와 소인' 은 이처럼 매우 반대되는 인간상이요, 또한 서로 공존하기 어려운 인간상이다. 이러한 맥락에서 주자는 다음과 같이 말한다.

대개 군자와 소인은 얼음과 숯처럼 서로 용납할 수 없고, 향내와 누린내처럼 서로 섞일 수 없는 것입니다. 따라서 소인이 진출하면 군자는 반드시 물러나고 군자를 친하게 여기면 소인은 반드시 멀어지게 되니, 군자와 소인을 함께 등용하여 서로 방해가 되지 않는 경우는 없습니다. 능히 이 점을 살펴서 인재(人材)의 취사(取舍)를 결정한다면, 견문(見聞)에 이롭고 훈도(薰陶)에 도움이 되어, 저

---

27) 『古文眞寶』 後集 卷7, 〈朋黨論〉 : 朋黨之說 自古有之 惟幸人君辨其君子小人而已 大凡君子與君子 以同道爲朋 小人與小人 以同利爲朋 此自然之理也 然臣謂小人無朋 惟君子則有之 其故何哉 小人所好者 利祿也 所貪者 財貨也 當其同利之時 暫相黨引以爲朋者 僞也 及其見利而爭先 或利盡而交疎 甚者反相賊害 雖其兄弟親戚 不能相保 故臣謂小人無朋 其暫爲朋者 僞也 君子則不然 所守者道義 所行者忠信 所惜者名節 以之修身則同道而相益 以之事國則同心而共濟 終始如一 此君子之朋也 故爲人君者 但當退小人之僞朋 用君子之眞朋 則天下治矣

절로 삼가 사벽(邪僻)을 막고 의리(義理)에 편안한 습관을 기르게 되며, 그리하여 밖으로 베푸는 여러 거조(擧措)나 형상(刑賞)이 결코 한쪽으로 치우치는 잘못이 없게 될 것입니다. 그러나 하나라도 살피지 못하면, 함부로 청탁이 횡행할 뿐만 아니라 몰래 군왕의 권위를 농락하여 나의 정사를 해치고 아첨으로 유도하여 나쁜 냄새로 물들이게 됩니다. 그리하여 사람들로 하여금 자신들도 모르는 사이에 저절로 그들과 동화되게 만들면, 그것이 나의 본심과 바른 본성을 해침은 또 이루 말할 수 없을 것입니다.[28)]

위의 인용문은 주자가 갓 등극한 송(宋)의 광종(光宗)에게 올리려던 상소문의 일부이다. 주자는 이 상소문에서 군자와 소인의 상극 관계를 설명하고, 성공적인 통치를 위해서는 반드시 소인을 물리치고 군자를 등용해야 한다고 역설했다. 군자와 소인이 서로 상극인 까닭은, 군자는 공정한 의리를 추구하나 소인은 사사로운 이익을 추구하기 때문이다. 특히 주자는 '소인에게 동화되면 나의 본심과 바른 본성을 해치게 된다' 고 했거니와, 소인은 이기적 본능에 매몰되어 도덕적 본성을 해치는 사람인 것이다.

이와 반대로 군자는 도덕적 본성을 발휘하는 사람인바, 군자의 특징은 공정한 처신을 통해 모든 불행을 미연에 방지하는 데 있다. 당(唐)의 문인 섭이중(聶夷中)은 〈군자행(君子行)〉에서 다음과 같이 읊은 바 있다.

君子防未然　군자는 불행을 미연(未然)에 방지하니
不處嫌疑間　혐의스러운 사이에는 처하지 않네.

---

28) 『朱子大全』 卷12 頁4, 〈己酉擬上封事〉 : 蓋君子小人 如冰炭之不相容 薰蕕之不相入 小人進則君子必退 君子親則小人必疎 未有可以兼收並蓄而不相害者也 能審乎此 以定取舍 則其見聞之益 薰陶之助 所以謹邪僻之防 安義理之習者 自不能已 而其擧措刑賞 所以施於外者 必無偏陂之失 一有不審 則不惟其妄行請託 竊弄威權 有以害吾之政事 而其導諛薰染 使人不自知覺而與之俱化 則其害吾之本心正性 又有不可勝言者

瓜田不納履　오이 밭에서는 신을 고쳐 신지 않고
李下不正冠　오야나무 아래에서는 관(冠)을 고쳐 쓰지 않네.

嫂叔不親授　수숙(嫂叔) 간에는 직접 물건을 주고받지 않으며
長幼不比肩　어른과 어린이가 어깨를 나란히 하지 않네.
勞謙得其柄　공로가 크면서도 겸손하여 권력을 얻게 되니
和光甚獨難　광채를 숨기기란 홀로 매우 어렵도다.

周公下白屋　주공(周公)은 하찮은 선비에게도 몸을 낮추어
吐哺不及餐　먹던 음식 뱉고 즉시 만나 밥을 먹지 못하고
一沐三握髮　한 번 머리 감는데 세 번이나 머리를 움켜쥐어
後世稱聖賢　후세에 성현으로 일컬어졌네.[29)]

"오이 밭에서는 신을 고쳐 신지 않고, 오야나무 아래에서는 관을 고쳐 쓰지 않는다."는 말은 자신의 공정성을 의심받을 만한 일은 애초에 하지 않는다는 뜻이며, "수숙(嫂叔) 간에는 직접 물건을 주고받지 않으며, 어른과 어린이가 어깨를 나란히 하지 않는다."는 말은 남녀유별과 장유유서의 예법을 지킨다는 뜻이다. 군자의 또 하나의 특징은 '노겸(勞謙)'으로서, 이는 큰 공로가 있으면서도 겸손하게 자처하는 것이다. 주공(周公)은 노겸의 화신으로 칭송되거니와,[30)] 섭정(攝政)의 높은 지위에 있으면서도 하찮은

---

29) 『古文眞寶』 前集 卷11, 〈君子行〉.

30) 『周易』 謙卦 九三 爻辭에서는 "勞謙이니, 君子가 끝맺음을 잘하는 것이니, 吉하다."고 했는데, 程傳에서는 "공로가 있으면서 겸덕을 지키는 것이 勞謙이다. 古人 가운데 여기에 해당하는 사람이 있으니, 바로 周公이다. 몸소 天下의 大任을 맡아서, 위로는 어리고 약한 군주를 받들면서 겸손과 공경으로 스스로를 다스리고 두려운 듯이 조심하였으니, '공로가 있으면서 능히 겸손했다' 고 말할 수 있다."고 풀이했다.

선비에게도 몸을 낮추어, 밥을 먹을 때 선비가 찾아오면 먹던 음식을 뱉고 즉시 만나 밥을 먹지 못하고, 머리를 감을 때 선비가 찾아오면 감던 머리를 움켜쥐고 즉시 만나 머리를 제대로 감지 못했을 정도라 한다. 이러한 고사는 주공이 겸덕뿐만 아니라 선공후사(先公後私) 정신을 지니고 있었음을 보여주는 것이다.

5.『맹자』의 '존현(尊賢)과 사능(使能)'

맹자는 '인정(仁政)을 베풀어 천하의 왕자(王者)가 되는 방법' 을 설명하면서, 그 첫째 방법으로 "어진 사람을 존중하고 능력 있는 사람을 등용하여〔尊賢使能〕, 준걸(俊傑)이 벼슬자리에 있게 하면, 천하의 선비들이 모두 기뻐하여 그 조정(朝廷)에서 벼슬하기를 원할 것"[1]이라 하였다. 요컨대 맹자는 천하의 왕자(王者)가 되는 첫째 관건은 '천하의 걸출한 인재들이 자신의 조정으로 모이게 하는 것' 이라고 설명하고, 그 비결로 '현자(賢者)를 존중하고, 능자(能者)를 등용할 것' 을 들었다. 이것이 이른바 존현사능론(尊賢使能論)으로서, 이후 유교사회에서 관리의 선발 문제를 논할 때면 항상 동원되는 원론(原論)이 되었다.[2]

맹자는 "賢者가 높은 지위에 있고, 能者가 중요한 직책을 맡으면, 나라가 한가해진다."[3]고도 했는데, 이에 대해 주자는 다음과 같이 주석한 바 있다.

현자(賢者)는 '덕이 있는 사람' 을 말하니, 그로 하여금 높은 지위에 있게 하

---

1)『孟子』公孫丑上 5 : 孟子曰 尊賢使能 俊傑在位 則天下之士皆悅 而願立於其朝矣

2) 요즘에도 총리나 장관 등 고위 관리를 뽑을 때에는 항상 '도덕성과 실무능력' 을 따지는데, 이는 맹자의 尊賢使能論과 맥락을 같이하는 것이다. 도덕성은 인격을 말하는 것으로서, 인격이 훌륭하여 솔선수범하는 사람은 아랫사람을 잘 통솔할 수 있다. 실무능력은 재능을 말하는 것으로서, 재능이 탁월한 사람은 주어진 과제를 잘 해결할 수 있다. 오늘날에도 국민들은 '도덕성과 실무능력을 겸비한 인재' 를 요구하는바, 그렇다면 尊賢使能論은 지금도 여전히 유효한 原論이라 하겠다.

3)『孟子』公孫丑上 4 : 賢者在位 能者在職 國家閒暇

면 군왕(君王)을 바로잡고 풍속(風俗)을 착하게 만들기에 충분하다. 능자(能者)는 '재능이 있는 사람'을 말하니, 그로 하여금 중요한 직책을 맡게 하면 정사(政事)를 닦고 사업(事業)을 성공시키기에 충분하다.[4]

위에 보이듯이, 賢者란 '덕행이 훌륭한 사람'을 말하고, 能者란 '재능이 뛰어난 사람'을 말한다. 賢者를 존중하여 높은 지위에 등용하면 간언을 통하여 임금의 잘못을 바로잡고 솔선수범을 통하여 풍속을 아름답게 만들 것이요, 能者를 우대하여 중요한 직책을 맡기면 복잡다단한 정무를 능숙하게 처리하고 각종 이용후생(利用厚生)의 사업을 성공시킬 것이니, 그리하여 '나라가 한가해지는 축복'을 누리게 된다는 것이다.[5]

『주역』에서는 우리가 추구해야 하는 가치를 '도덕〔德〕과 산업〔業〕'으로 요약한 바 있는데, 존현사능론도 이와 궤를 같이한다. 요컨대 賢者란 도덕적으로 모범을 보이는 사람을 말하는바, '賢者를 존중함'은 '도덕적 본성의 발휘'를 지향하는 것이요, 能者란 사무를 처리하고 산업을 발전시킬

4) 『孟子集註』 公孫丑上 4, 朱子註 : 賢有德者 使之在位 則足以正君而善俗 能有才者 使之在職 則足以修政而立事

5) '尊賢使能'에서 '賢'과 '能'은 '한 사람이 賢과 能을 겸한 것'으로 볼 수도 있고, '賢者와 能者를 별개로 구분한 것'으로 볼 수도 있다. 물론 가장 바람직한 것은 '賢과 能을 겸한 사람'을 등용하는 것이다. 그러나 그런 사람을 찾기 힘들 경우, 현자는 현자대로 알맞게 등용하고 능자는 능자대로 알맞게 등용하는 것이다. 한편, "'賢者가 지위에 있고, 能者가 직책을 맡는다'는 말은 '賢者는 德이 있으니 다만 지위에 있도록 하고 일은 맡기지 않으며, 能者는 才能이 있으니 그러므로 그로 하여금 직책을 맡아서 일을 처리하도록 한다'는 말인가?"라는 或者의 질문에, 雙峰饒氏는 "이렇게 설명한다면 賢者는 무능한 사람일 것이다. 대개 무릇 賢者라면 모두 지위에 있게 해야 한다. 그러나 賢者들의 재능은 각각 다르니, 그 가운데 능히 教育을 베풀 수 있는 자는 교육을 담당하는 지위에 있게 하고, 獄事를 다스릴 수 있는 자는 옥사를 다스리는 지위에 있게 하는 것이다. 이미 그 지위에 있으면 바로 그 직책이 있는 것이다. 천하에 어찌 직책이 없는 지위가 있겠으며, 재능이 없는 賢者가 있겠는가?"라고 답한 바 있다(『孟子集註大全』 公孫丑上 4, 雙峰饒氏 小註 참조).

수 있는 사람을 말하는바, '能者를 등용함' 은 '육체적 본능의 충족' 을 지향하는 것이다. 또한 존현사능론은 맹자의 항산항심론(恒産恒心論)과도 궤를 같이한다. 맹자는 "보통 사람들은 항산(恒産)이 없으면 따라서 항심(恒心)도 잃게 된다." 고 했는데,[6] 곤궁한 상황에서도 항심을 지키는 사람이 賢者요, 탁월한 재능을 발휘하여 백성들의 항산을 보장할 수 있는 사람이 能者이다.

이처럼 관리의 선발 기준으로 '도덕성과 실무능력' 을 따지는 것은 유교의 오랜 지론으로서, 맹자가 처음 제안한 것이 아니다. 존현사능론은 『서경(書經)』, 『예기(禮記)』, 『주례(周禮)』 등 유교의 여러 경전에서 이미 설파했던 내용이다. 먼저 『서경』의 다음과 같은 내용을 보자.

> 관직은 오직 賢者를 임명하고, 일은 오직 能者에게 맡기며, 백성들에게 오륜(五倫)을 가르치는 것과 양식(糧食)과 상례(喪禮)와 제례(祭禮)를 중요하게 여기고, 信을 두텁게 하고 義를 밝히며, 德을 높이고 功에 보답하니, 팔짱을 끼고 있어도 천하가 다스려졌다.[7]

> 賢者를 추천하고 能者에게 사양하면 모든 관리들이 화합할 것이나, (그렇게 하지 않아) 화합하지 못하면 정사가 어지러워질 것이다.[8]

위의 첫째 인용문에서는 '팔짱을 끼고 있어도 천하가 다스려지게 하는 방법' 의 으뜸으로 '賢者를 임명하고 能者에게 맡길 것' 을 들었다. 둘째 인

---

6) 『孟子』 梁惠王上 7 : 無恒産而有恒心者 惟士爲能 若民則無恒産 因無恒心
7) 『書經』 周書 武成 : 建官惟賢 位事惟能 重民五教 惟食喪祭 惇信明義 崇德報功 垂拱而天下治
8) 『書經』 周書 周官 : 推賢讓能 庶官乃和 不和政厖

용문에서도 같은 맥락에서 賢者를 추천하고 能者에게 사양하면 모든 관리들이 화합하여 정사가 바로잡힐 것이라 하였다. 사실 관직은 예나 지금이나 많은 사람들이 선망하는 대상인바, 따라서 관리의 선발을 두고 여러 분란이나 잡음이 일어나기 쉽다. 그렇기 때문에, 요즈음 말로 혈연(血緣)·지연(地緣)·학연(學緣) 등을 모두 배제하고 '존현사능' 이라는 원칙을 관철시키면 모든 사람들이 승복하게 된다는 것이다. 이러한 맥락에서 위의 두 인용문은 맹자의 "賢者가 높은 지위에 있고, 能者가 중요한 직책을 맡으면, 나라가 한가해진다."는 말과 궤를 같이한다. 한편, 『예기』에서는 다음과 같이 말한다.

대도(大道)가 행해질 때에는 천하가 공공의 것이었으니, 賢者와 能者를 뽑아 관직을 맡겼고, 신의(信義)를 강마하고 화목(和睦)을 닦았으니 (…) 이를 '대동(大同)' 이라 한다.[9)]

성인(聖人)이 남면(南面)하여 천하를 다스릴 때 먼저 해야 할 일이 다섯 가지인데, 백성을 다스리는 일은 포함되지 않는다. 첫째는 친족(親族)을 다스리는 것이요, 둘째는 유공자(有功者)에게 보답하는 것이요, 셋째는 賢者를 등용하는 것이요, 넷째는 能者를 임명하는 것이요, 다섯째는 사랑하는 자를 살피는 것이다. 이 다섯 가지 일을 이루면 백성들은 부족한 것, 넉넉하지 못한 것이 없게 된다.[10)]

선비는 안에서 일컬을 때엔 친족(親族)을 회피하지 않고, 밖에서 천거할 때엔

9) 『禮記』 禮運 : 大道之行也 天下爲公 選賢與能 講信脩睦 (…) 是謂大同

10) 『禮記』 大傳 : 聖人南面而聽天下 所且先者五 民不與焉 一曰治親 二曰報功 三曰擧賢 四曰使能 五曰存愛 五者一得於天下 民無不足 無不贍者

원수(怨讐)를 회피하지 않으며, 功을 헤아리고 일을 따져보아 賢者를 추천하되 그 보답을 바라지 않으며, 군주가 그 뜻을 얻어 진실로 국가를 이롭게 하였더라도 부귀(富貴)를 구하지 않는다. 선비는 이처럼 賢者를 천거하고 能者를 응원하는 것이다.[11)]

위의 첫째 인용문은 이른바 '대동(大同)'을 설명하는 내용의 첫머리인바, 대동 사회를 만들기 위한 첫째 과제로 존현사능을 거론한 것이다. 여기서 주목할 것은 존현사능은 천하를 공공의 것으로 여기는 것과 취지를 같이한다는 점이다. 천하가 군주의 사유물이라면, 군주는 사사롭게 자기가 총애하는 사람을 관직에 임용해도 될 것이다.[12)] 그러나 천하가 공공의 것이라면, 천하 만민의 행복을 위해 관직에는 최선의 적임자를 임용해야 마땅한바, 바로 賢者와 能者가 그 적임자일 것이다. 이러한 맥락에서 존현사능은 천하를 공공으로 여기는 것, 공공의 복리 추구와 궤를 같이하는 것이다.

위의 둘째 인용문에서는 성왕(聖王)이 백성을 제대로 다스리기 위한 전제 조건으로 다섯 가지를 거론하였다. '친족을 다스린다'는 것은 군왕의 친족이 군왕의 권력을 믿고 부당하게 횡포를 부리는 일이 없도록 다스리라는 말이며, '사랑하는 자를 살핀다'는 것은 역시 군왕이 총애하는 자가 그 총애를 믿고 방자하게 구는 일이 없도록 살피라는 말이다.[13)] 한편, 功을

11) 『禮記』 儒行 : 儒有內稱不辟親 外擧不辟怨 程功積事 推賢而進達之 不望其報 君得其志 苟利國家 不求富貴 其擧賢援能 有如此者

12) 『禮記』에서는 大同과 小康을 '天下爲公'과 '天下爲家'로 대별했다. 天下爲公의 大同에서는 賢者와 能者를 뽑아 통치권을 맡기는 반면, 天下爲家의 小康에서는 통치권이 세습된다는 것이다.

13) 『大學章句』 傳8章에서는 "사람들은 자기가 親愛하는 사람에 대해 치우칠 수 있다. (…) 그러므로 좋아하면서도 그 단점을 알고, 미워하면서도 그 장점을 아는 사람은 천하에 드물다(人 之其所親愛而辟焉 (…) 故好而知其惡 惡而知其美者 天下鮮矣)."고 하

세운 사람은 현자나 능자일 것이기 때문에, 유공자에게 보답하는 일은 현자나 능자를 우대하는 것과 궤를 같이하는 것이다. 이렇게 본다면 위의 다섯 가지 사항은 사실 존현사능으로 귀결되는 것이요, 그 결과 "백성들은 부족한 것, 넉넉하지 못한 것이 없게 된다."

위의 셋째 인용문에서는 '현자를 천거하고 능자를 응원함'을 선비의 도리로 규정했다. 여기서 주목할 것은 선비가 현자를 천거하고 능자를 응원할 때에는 친족이라고 기피해서도 안 되고, 원수라고 기피해서도 안 된다는 점이다. 여대림(呂大臨)에 의하면, "그 사람이 어질고 능력 있는 줄을 알면서도 친족이나 원수라고 하여 오히려 천거를 기피한다면, 이는 공정한 것이라고 하지만 실은 사사로운 것으로서, 한 몸의 사사로움을 지나치게 따져서 천하의 공정함과 다르게 되는 것"[14]이다. 요컨대 어떤 사람이 어질고 능력이 있어서 그 일의 적임자라고 판단이 되면 친족이든 원수이든 구애받지 말고 천거하라는 것이다.

이상에서 『서경』과 『예기』의 존현사능론을 살펴보았거니와, 이처럼 존현사능론은 매우 일찍부터 유교의 전통으로 확립되었던 것이다. 한편, 『주례(周禮)』에서는 대사도(大司徒)가 백성들에게 교육해야 할 내용과 그 효과를 12가지로 제시한 바 있는데, 그것은 다음과 같다.

> 첫째, 사례(祀禮, 제사의 예법)로 공경(恭敬)을 가르치면 백성들이 구차해지지 않는다. 둘째, 양례(陽禮, 鄕射禮와 鄕飮酒禮)로 겸양(謙讓)을 가르치면 백성들이 다투지 않는다. 셋째, 음례(陰禮, 婚禮)로 친함을 가르치면 백성들이 원망

여, 통치자는 '親愛'에 대해 특별히 경계해야 함을 강조한 바 있다(여기서 '親愛'는 '親愛하는 사람'으로 풀이할 수도 있고, '親族과 愛人'으로 풀이할 수도 있다).

14) 『禮記集說大全』 卷29 頁12, 藍田呂氏 小註 : 知其賢也 猶有親怨之避 謂之公而實私也 過計於一己之私 不同乎天下之公也

하지 않는다. 넷째, 악례(樂禮)로 조화(調和)를 가르치면 백성들이 어긋나지 않는다. 다섯째, 의례(儀禮)로 등급을 분변하면 백성들이 분수를 넘지 않는다. 여섯째, 풍속(風俗)으로 안정(安定)을 가르치면 백성들이 음모를 꾸미지 않는다. 일곱째, 형벌로 법을 지키도록 가르치면 백성들이 포악해지지 않는다. 여덟째, 서약(誓約)으로 서로 구휼할 것을 가르치면 백성들이 게을러지지 않는다. 아홉째, 법도(法度)로 절제를 가르치면 백성들이 만족할 줄 알게 된다. 열째, 세사(世事, 士農工商의 일)로 기능(技能)을 가르치면 백성들이 직업을 잃지 않는다. 열한째, 어짊에 따라 작(爵)을 제정하면〔以賢制爵〕 백성들이 덕행을 신중히 한다. 열두째, 공적(功績)에 따라 녹(祿)을 제정하면〔以庸制祿〕 백성들이 공(功)을 이룬다.[15)]

위의 12가지 내용 가운데, 첫째부터 아홉째까지는 모두 '덕행(德行)' 에 관한 사항이며, 열째는 '기능(技能, 才能)' 에 관한 사항이다. 그다음 열한째는 '덕행이 훌륭한 賢者' 에 대한 표창과 그 효과를 설명한 것이며, 열두째는 '재능이 훌륭한 能者' 에 대한 포상과 그 효과를 설명한 것이다. 위에서는 덕행에 대해서는 자세히 논하고 기능에 대해서는 간략히 논한 차이는 있지만,[16)] 그 요지는 교육의 내용을 '덕행과 기능' 으로 대별하고, 이를 통

---

15) 『周禮』 地官司徒 大司徒 : 一曰以祀禮教敬 則民不苟 二曰以陽禮教讓 則民不爭 三曰以陰禮教親 則民不怨 四曰以樂禮教和 則民不乖 五曰以儀辨等 則民不越 六曰以俗教安 則民不愉 七曰以刑教中 則民不虣 八曰以誓教恤 則民不怠 九曰以度教節 則民知足 十曰以世事教能 則民不失職 十有一曰以賢制爵 則民愼德 十有二曰以庸制祿 則民興功

16) 德行에 해당하는 것은 아홉 조목이나 되고, 技能에 해당하는 것은 한 조목뿐이니, 그리하여 '기능에 대해서는 간략히 논한 편' 이라 한 것이다. 그런데 '技能에 해당하는 열째 조목' 에서 말한 '世事' 는 '士農工商의 일' 을 모두 포괄하는 것이므로, 사실은 매우 포괄적인 것이다. 위의 '열째, 열한째, 열두째 조목' 에 대한 註釋을 소개하면 "世事는 士農工商의 일을 말한다. 어릴 때부터 이를 익히게 하면 그 마음이 안정되니, 이를 바탕으로 기능을 교육하면 그 직업을 바꾸지 않는다. 愼德은 자기의 착한 덕을 자랑스럽게 여기는 것이니, 善을 실천하도록 권장하는 것이다. 庸은 功이다. 爵으로

해 '賢者와 能者' 를 배출함으로써, '도덕과 산업' 을 동시에 발전시켜야 한다는 것이었다. 한편 『주례』의 '향대부(鄕大夫)' 조목에서는 다음과 같이 말한다.

향대부(鄕大夫)의 직책은 각각 그 향(鄕, 12,500 가구가 사는 지역)의 정교(政教)와 금령(禁令)을 관장하는 것이다. 해마다 정월(正月)의 길일(吉日)에 사도(司徒)에게 교육에 관한 법령을 받아, 향으로 돌아와 향리(鄕吏)에게 반포하여, 각자 다스리는 지역에서 가르치게 하고, 백성들의 덕행(德行)과 도예(道藝)를 살피게 한다. (…) 3년이 되면 크게 과거(科擧)를 열어, 그 덕행과 도예를 살펴서 현자와 능자를 빈홍(賓興)한다. 향로(鄕老)와 향대부(鄕大夫)는 향리(鄕吏)와 여러 백성들을 이끌고 예법(禮法)에 따라 현자와 능자를 빈홍하고, 그다음 날 향로와 향대부 및 여러 향리들은 현자와 능자의 명단을 기록한 책을 군왕께 바친다. 군왕은 재배(再拜)하고서 그 책을 받아 천부(天府)에 올리고, 내사(內史)는 이를 베껴 두 권으로 만들어 둔다. 그런 다음 물러나, 향사례(鄕射禮)의 다섯 물건으로 중서(衆庶)에게 묻는데, 첫째는 화(和)요, 둘째는 용(容)이요, 셋째는 주피(主皮)요, 넷째는 화용(和容)이요, 다섯째는 홍무(興舞)이다. 이것을 일러 "백성들로 하여금 현자를 천거하게 하여, 현자가 나와 우두머리가 되게 하며, 백성들로 하여금 능자를 천거하게 하여, 능자가 들어가 다스리게 한다." 고 하는 것이다.[17)]

賢者를 드러내고, 祿으로 功이 있는 사람에게 賞을 준다." 고 했다(『纂圖互註周禮』 卷3 頁13). 爵과 祿을 대비하자면, 爵은 名譽가 큰 것이요, 祿은 實利가 큰 것이다. 이처럼 賢者와 能者에 대해 그 보상 방식을 달리 한 것도 주목할 만하다.

17) 『周禮』 地官司徒 鄕大夫 : 鄕大夫之職 各掌其鄕之政教禁令 正月之吉 受教法于司徒 退而頒之于其鄕吏 使各以教其所治 以攷其德行 察其道藝 (…) 三年則大比 攷其德行道藝 而興賢者能者 鄕老及鄕大夫 帥其吏與其衆寡 以禮禮賓之 厥明 鄕老及鄕大夫 羣吏獻賢能之書于王 王再拜受之 登于天府 內史貳之 退而以鄕射之禮五物詢衆庶 一曰和 二曰容 三曰主皮 四曰和容 五曰興舞 此謂使民興賢 出使長之 使民興能 入使治之

위의 인용문에서는 '덕행(德行)과 도예(道藝)'[18]를 말하고 '賢者와 能者'를 말했는데, 덕행이 있는 자를 賢者라 하고, 도예가 있는 자를 能者라 하는 것이다.[19] 향대부는 3년마다 한 번씩 크게 과거를 열어 현자와 능자를 선발하는데 이를 '빈흥(賓興)'이라 하고, 이렇게 선발된 현자와 능자를 중앙의 군왕께 천거하는데 이를 '공거(貢擧)'라 한다. 군왕은 추천된 현자와 능자의 명단을 천부(天府, 왕실의 보물을 관리하는 부서)에 보관하게 한 다음, 향사례(鄕射禮)를 열어 여러 사람들이 참여한 가운데 추천된 현자와 능자를 다시 시험하고, 여러 사람들의 의견을 묻는 것이다. 그러므로 위의 인용문 말미에서는 이를 "백성들로 하여금 현자를 천거하게 하여, 현자가 나와 우두머리가 되게 하며, 백성들로 하여금 능자를 천거하게 하여, 능자가 들어가 다스리게 한다."고 했는데, 이에 대한 주석을 소개하면 다음과 같다.

> 이른바 "백성들로 하여금 스스로 현자를 천거하게 하고, 그리하여 현자가 (마을로) 나와 덕행(德行)과 도예(道藝)를 교육하는 우두머리가 되게 하는 것이며, 백성들로 하여금 스스로 능자를 천거하게 하고, 그리하여 능자가 (조정으로) 들어가 백성들의 공부(貢賦)와 전역(田役)에 관한 일을 다스리게 한다."는 말이니, '정사(政事)를 행함은 민심(民心)을 따르는 것으로 근본을 삼는다'는 말이다.[20]

---

18) '德行과 道藝'는 『周禮』 天官冢宰 '宮正' 條에 "宮正은 王宮의 戒令과 糾禁을 관장한다. (…) 王宮에서 일하는 사람들의 功績을 살피고 德行을 규찰하며 (…) 道藝를 가르친다."는 말에서 처음 보이는데, '道藝'에 대해 鄭司農은 "道는 先王이 백성들을 敎導하던 바를 말하고, 藝는 禮·樂·射·御·書·數를 말한다."라고 주석한 바 있다(『纂圖互註周禮』 卷1 頁31, 註 참조).

19) 『纂圖互註周禮』 卷3 頁31, 註 : 賢者 有德行者 能者 有道藝者

20) 『纂圖互註周禮』 卷3 頁32~33, 註 : 言是乃所謂使民自擧賢者 因出之而使之長民敎以德行道藝於外也 使民自擧能者 因入之而使之治民之貢賦田役之事於內也 言爲政以順民爲本也

위의 인용문에 의하면, 賢者는 백성들에게 덕행(德行)과 도예(道藝)를 교육하는 데 종사하게 되고, 能者는 백성들의 공부(貢賦)와 전역(田役)에 관한 일을 다스리는 데 종사하게 되는 것이다. 한편, 위의 인용문을 통해서 관리의 선발은 최종적으로는 민심에 부합해야 한다는 점을 아울러 확인할 수 있겠다. 요컨대 만인이 보는 앞에서 賢者와 能者를 시험하여, 만인이 수긍할 때 이들을 등용한다는 것인바. 이러한 맥락에서 존현사능론은 또한 관리의 공정한 선발과도 맥락을 같이 하게 되었다.

지금까지 『맹자』와 여러 경전들을 통해 유교의 존현사능론을 살펴보았거니와, 이제는 이에 관한 여러 유학자들의 논설을 살펴보기로 하자. 주자는 〈학교공거사의(學校貢擧私議)〉에서 다음과 같이 말한 바 있다.

> 옛날에 학교에서 인재를 기르고 선발하던 방식은 향당(鄕黨)에서 시작하여 국도(國都)까지 연계된 것으로서, 덕행과 도예를 교육하고 그중에 현자와 능자를 추천한 것이다. (…) 그러므로 선비들은 정해진 뜻이 있어서 다른 것을 사모하지 않고 아침부터 밤늦게까지 오직 덕(德)과 업(業)이 닦이지 않음만 걱정하고, 작록(爵祿)이 이르지 않을까 걱정하지는 않았다. 공자의 "말에는 허물이 적고 행동에는 뉘우칠 일이 적으면 그 가운데 녹(祿)이 있게 된다."[21]는 말씀과 맹자의 "천작(天爵)을 닦음에 인작(人爵)이 따라온다."[22]는 말씀이 모두 이를 말

---

21) 孔子는 "많이 듣고서 의심스러운 것은 뺀 다음 그 나머지를 조심스럽게 말하면 허물이 적으며, 많이 보고서 위태로운 것은 뺀 다음 그 나머지를 조심스럽게 실천하면 후회할 일이 적다. 말에는 허물이 적고 행실에 후회할 일이 적으면, 그 가운데 祿이 있을 것이다."라고 한 바 있다(『論語』 爲政 18).

22) 孟子는 "天爵도 있고, 人爵도 있다. 仁義忠信과 善을 즐거워하여 부지런히 실천하는 것은 天爵이며, 公卿大夫는 人爵이다. 옛날 사람들은 天爵을 닦음에 人爵이 따라왔다. 지금 사람들은 天爵을 닦음으로써 人爵을 요구하고, 이미 人爵을 얻음에 그 天爵을 버리니, 매우 미혹된 것이다. 끝내는 반드시 망하고 말 것이다."라고 한 바 있다(『孟子』 告子上 16).

한 것이다. 저 하·은·주(夏殷周) 삼대(三代)의 교육은 예(藝)를 가장 낮은 것으로 보았으나, 또한 모두가 실제 사용하는 것이어서 빠뜨릴 수 없는 것이다. 당시 법제(法制)의 정밀함은 마음을 다스리고 氣를 기르는 데 도움이 되기에 충분하여, 도덕에 나아가게 하는 결과를 거두었다. 이것이 옛날의 법제가 능히 인재(人材)를 길러 풍속(風俗)을 두텁게 하며, 세상의 일을 구제하여 태평(太平)을 이루게 했던 까닭이다.[23]

〈학교공거사의〉라는 제목이 상징하듯이, 어느 사회에서나 '학교의 교육〔學校〕'과 '관리의 선발〔貢擧〕'은 표리의 관계를 이루는 것이다. 위에 보이듯이, 주자는 교육의 두 축을 '덕행과 도예'로 설정하고, 이와 궤를 같이하여 '賢者와 能者'를 관리로 선발하는 것이라고 설명했다. 따라서 선비들은 '덕(德)과 업(業)'을 닦는 데 힘쓰게 되어, 그 결과 '풍속이 두텁게 되고, 세상이 태평하게 되었다'는 것이다. '인재를 길러 풍속을 두텁게 함'은 '덕행이 훌륭한 賢者'를 우대한 결과요, '세상의 일을 구제하여 태평을 이루게 함'은 '도예가 탁월한 能者'를 등용한 결과임은 물론일 것이다. 이처럼 주자는 '덕행과 도예' 및 '존현과 사능'이라는 전통적 논법을 그대로 계승하여 학교의 교육과 관리의 선발 문제를 설명했다. 이제 조선 중기의 문신(文臣) 어촌(漁村) 심언광(沈彦光)의 논설을 살펴보자. 그는 〈홍문관상소(弘文館上疏)〉에서 다음과 같이 말한 바 있다.

관직을 설치하여 직책을 분장(分掌)시켜도, 그 적임자를 얻지 못하면 여러 업

23)『朱子大全』卷69 頁21~22,〈學校貢擧私議〉: 古者學校選擧之法 始於鄕黨而達於國都 敎之以德行道藝 而興其賢者能者 (…) 是以 士有定志而無外慕 蚤夜孜孜 惟懼德業之不修 而不憂爵祿之未至 夫子所謂言寡尤行寡悔 祿在其中 孟子所謂修其天爵而人爵從之 蓋謂此也 若夫三代之敎 藝爲最下 然皆猶有實用 而不可闕 其爲法制之密 又足以爲治心養氣之助 而進於道德之歸 此古之爲法 所以能成人材而厚風俗 濟世務而興太平也

적을 이룰 수 없으니, 그러므로 현명한 군왕은 관직(官職)을 사사로이 친한 사람에게 주지 않았고, 작위(爵位)를 악덕(惡德)한 사람에게 내리지 않았던 것입니다. 맹자는 "賢者를 존중하고 能者를 등용하여, 준걸(俊傑)이 벼슬자리에 있게 하면, 천하의 선비들이 모두 기뻐하여 그 조정에서 벼슬하기를 원할 것"이라 했습니다. 나라를 잘 다스리고자 하는 군주가 누구인들 賢者와 能者를 등용하기를 원치 않겠습니까? 그런데 항상 賢者와 愚者가 뒤바뀜을 근심하는 것은, 그 사람을 알아볼 만큼 현명하지 못하고, 그 재능에 어울리게 등용하지 못하기 때문입니다. 만약 존중하는 사람이 반드시 현자가 아니고, 등용하는 사람이 반드시 능자가 아니며, 功이 없는데도 상(賞)을 주고, 죄가 없는데도 물리친다면, 어찌 능히 여러 정무를 도맡아 다스려 백성들을 편안하게 만들 수 있겠습니까?(…)

君王을 책망하고 비판하는 것을 '공(恭)'이라 하며, 착한 일을 베풀고 간사한 일을 막는 것을 '敬'이라 합니다. 다만 책선(責善)을 하는 논의는 쉽게 임금의 얼굴을 찌푸리게 만들고, 간사함을 막는 말은 대부분 임금의 귀에 거슬리게 되며, 임금에게 순종하는 사람을 기뻐하고, 임금의 뜻을 거역하는 사람은 용서하기 어렵습니다. 그러므로 (賢者를) 속으로는 싫어하면서도 겉으로는 따르는 척하여, (賢者들이) 점점 멀리 떠나게 됩니다. 충직(忠直)한 사람이 조정에서 용납되지 못하면, 간사하고 아첨하는 사람들이 그 틈을 타서 그들의 음모를 꾸미게 되니, 만약 그렇게 된다면 국가는 국가가 아니게 됩니다. 옛날부터 군왕이 꾀와 술책으로 간언하는 신하를 물리친다면, 그 나라는 반드시 위태롭게 되었으니, 경계하지 않을 수 있겠습니까? 귀에 거슬리는 말을 하는 사람을 용납하고, 얼굴을 찌푸리게 만드는 사람을 권장하여 그들로 하여금 날마다 임금 앞에서 준엄한 격론(激論)을 펼치게 한다면, 이는 신하들에게 이익이 되는 것이 아니요, 바로 국가의 복(福)이 되는 것입니다.[24)]

---

24) 『漁村集』 卷8 頁14~15, 〈弘文館上疏〉: 設官分職 非其人 莫可以熙庶績 故明王 官不及私昵 爵罔及惡德 孟子曰 尊賢使能 俊傑在位 則天下之士 皆悅而願立於其朝矣 願治之主 孰

위의 인용문 가운데, 첫째 문단은 종래의 논리대로 존현사능론을 전개한 것이다. 여기서 주목할 것은 "나라를 잘 다스리고자 하는 군주가 누구인들 현자와 능자를 등용하기를 원치 않겠습니까? 그런데 항상 賢者와 愚者가 뒤바뀜을 근심하는 것은, 그 사람을 알아볼 만큼 현명하지 못하고, 그 재능에 어울리게 등용하지 못하기 때문입니다."라는 말이다. 군주가 존현사능의 의지가 있어도, 군주에게 현자와 능자를 알아볼 수 있는 식견이 없다면 존현사능은 이루어질 수 없다. 이는 사실 문제라 하지 않을 수 없는 바, 그러므로 유교에서는 인재의 등용 문제를 공론(公論)과 연결시킨 것이다.[25] 군왕이 자신의 사견(私見)을 고집하지 않고 공중(公衆)의 평가에 따라 인재를 등용한다면 위와 같은 문제는 충분히 극복할 수 있을 것이다.

둘째 문단은 특히 간쟁(諫爭)을 '賢者의 책무'로 규정하고, 군왕이 간쟁을 일삼는 현자들을 존중해야만 하는 이유를 설명한 것이다. 군왕이 충직한 간언을 듣기 싫어하면서 현자를 멀리하면 간사하고 아첨하는 사람들이 그 틈을 타서 사사로운 음모를 꾸미게 되고, 결국 나라가 위태롭게 된다. 따라서 군왕이 현자들의 준엄한 간언을 수용하면, 이는 간언하는 신하들에게 이로운 것이 아니요, 바로 국가의 복(福)이 된다는 것이다. 심언광의 위와 같은 논지는 주자가 "賢者로 하여금 높은 지위에 있게 하면 군왕

不欲選賢擧能 而常患於賢愚之倒置者 明不能知其人 用不能稱其才也 如或所尊未必賢 所使未必能 非功而賞之 非罪而斥之 則安能摠理庶務 綏寧生民乎 (…) 責難於君 謂之恭 陳善閉邪 謂之敬 但責善之論 易至犯顔 閉邪之言 類多逆耳 順適者可喜 而觸忤者難容 故陰擠顯逐 稍稍遠去 忠直不容於朝廷 奸諛乘間而逞其謀 若然則國非其國矣 自古 人主以智術排擯諫臣 其國必危 可不戒哉 逆耳者容之 犯顔者奬之 使危言激論 日陳於前 非人臣之利 乃國家之福也

25) 예컨대 율곡은 〈應旨論事疏〉(『栗谷全書』 卷6 頁23)에서 "한 사람의 聰明은 有限하고 天下의 道理는 無窮합니다. 그러므로 비록 聖人이라도 감히 자기의 聰明을 믿지 못하고, 반드시 뭇 사람의 귀로 자기의 귀를 삼고 뭇 사람의 눈으로 자기의 눈을 삼으니, 그런 다음에 聰明함에 듣고 보지 못하는 것이 없을 것이요, 지혜와 德도 두루 갖추어지는 것입니다."라는 말로 公論에 따를 것을 강조한 바 있다.

을 바로잡고 풍속을 착하게 만들기에 충분하다."고 말했던 것과 궤를 같이한다.

한편 율곡은 『성학집요』 위정편(爲政篇) 입기강장(立紀綱章)의 결론부에서 다음과 같이 말한 바 있다.

기강(紀綱)은 국가의 원기(元氣)입니다. 기강이 서지 않으면 만사가 무너지고, 원기가 튼튼하지 않으면 백해(百骸, 몸에 있는 모든 뼈)가 해이해집니다. (…) 대개 정사(政事)를 행하면서 기강을 세우는 것은 마치 학자가 義를 모아서 호연지기(浩然之氣)를 낳는 것과 같습니다. 어찌 하나의 명령이 바르고, 한 가지 일이 마땅하다고 하여 갑자기 그 효과를 보겠습니까? 대체로 위에서는 반드시 다스려야겠다는 의지가 없고 아래에서는 녹(祿)을 타 먹겠다는 마음만 품고 있어서, 착한 사람을 보고도 등용하지 못하고, 악한 사람을 보고도 물리치지 못하며, 功 있는 사람이 반드시 상을 받는 것이 아니고, 죄가 있는 사람이 반드시 형벌을 받는 것도 아니어서, 도학(道學)이 끊이고 교화(敎化)가 무너지고 풍속(風俗)이 쓰러져서, 오직 권세와 이익만을 좇고 기강을 세워야 한다고 말로만 떠듭니다. 이 어찌 고질(痼疾)에 걸린 사람이 입으로는 양약(良藥)을 말하면서 실지로는 목으로 넘기지 않는 것과 다르겠습니까? 반드시 임금이 먼저 의지를 확립하여 학문을 바르게 하고 몸을 성실히 하며, 명령을 내리고 일을 거행하는 것이 순수하게 대공지정(大公至正)한 道에서 나오지 않는 것이 없어서, 신하들로 하여금 청천백일(靑天白日)처럼 임금의 마음을 우러러보고 느낌이 일게 해야 합니다. 그런 다음, 현자를 존중하고 능자를 등용하며, 아첨하는 사람을 쫓아내고 간사한 사람을 제거하며, 실적을 따져서 상벌을 분명히 하며, 일을 시행하고 조처하는 것이 모두 천리(天理)에 따르고 사람들의 마음에 부합하여, 크게 한세상을 복종시킨다면 기강이 진작되고 명령이 행해지고 금령이 지켜져서, 천하의 일이 장차 모두 뜻대로 될 것입니다. 이것이 이제(二帝)와 삼왕(三王)이 사람들의 마음을 기쁘게 복종시키고 세도(世道)를 유지하여, 수백 년을 전하면서도 견고하여 무너지지 않았던 까닭입니다.[26]

율곡은 국가의 기강이 무너지는 핵심적 이유를 '위에서는 반드시 다스려야겠다는 의지가 없고, 아래에서는 녹을 타 먹겠다는 마음만 품고 있음'으로 설명했다. 임금은 나라를 반드시 제대로 다스려야 하겠다는 의지가 없고, 여러 신하들은 녹에만 관심이 있는 결과, 존현사능(尊賢使能)과 신상필벌(信賞必罰)을 소홀히 하게 되어, 결국 기강이 무너지게 된다는 것이다. 그렇다면 기강을 다시 세우는 방법도 자명할 것인바, 임금이 먼저 의지를 확립하여 모범을 보이고, 신하들은 이를 본받아 동참하게 하는 것이 관건인 것이다. 그런 다음, 존현사능과 신상필벌을 두 축으로 삼아 '천리에 따르고 사람들의 마음에 부합하는 공명정대한 정치' 를 펴면 국가의 기강이 다시 확고해진다는 것이다.

이상에서 전통 유교의 존현사능론을 살펴보았는데, 그 요점은 다음과 같이 정리할 수 있겠다. 첫째, 존현사능론은 본래 치국(治國)·평천하(平天下)의 가장 손쉬운 방법, 가장 바람직한 방법을 제시한 것이다. 현자와 능자를 등용하여 정사를 맡기면 천하는 저절로 잘 다스려진다. 이를 『서경』에서는 "현자를 임명하고 능자에게 맡기면 팔짱을 끼고 있어도 천하가 다

---

26) 『栗谷全書』 卷25 頁28~29, 「聖學輯要」: 紀綱者 國家之元氣也 紀綱不立 則萬事頹墮 元氣未固 則百骸解弛 (…) 夫爲政而能立紀綱 如學者集義以生浩然之氣也 豈由一令之得正 一事之合宜 而遽見其效哉 夫上無必治之志 下懷持祿之心 見善而不能擧 見惡而不能退 有功者不必賞 有罪者不必刑 道學廢絶 敎化陵夷 風俗靡然 惟勢利是趨 而徒以口舌 切切然稱道紀綱之當立 則是何異痼病之人 口說良藥 而實不下咽者哉 必也君志先定 典學誠身 發號擧事 莫不粹然一出於大公至正之道 使羣下咸得仰睹君心 如靑天白日 觀感興起 然後尊賢使能 黜憸遏去邪 考績核實 信賞必罰 施爲注措 無不順天理合人心 大服一世 則紀綱振肅令行禁止 天下之事 將無往而不如意矣 此二帝三王所以悅服人心 維持世道 傳數百年 而鞏固不解者也

스려진다."는 말로 표현했고, 맹자는 "현자가 높은 지위에 있고, 능자가 중요한 직책을 맡으면, 나라가 한가해진다."는 말로 표현했다.[27] 둘째, 존현사능론은 '관리의 선발 기준'을 제시한 것이다. '賢者를 존중함'은 군왕의 잘못을 바로잡고 풍속을 아름답게 만들자는 취지로서, 이는 도덕성의 발휘와 궤를 같이한다. '能者를 등용함'은 공부(貢賦)와 전역(田役)에 관한 일이나 기타 복잡다단한 통치의 실무를 이들에게 맡기자는 취지로서, 이는 산업의 효율화와 궤를 같이한다. 셋째, 존현사능론은 '학교의 교육 내용'을 제시한 것이기도 하다. 어느 사회에서나 관리의 선발과 학교의 교육은 서로 표리를 이루거니와, '현자와 능자'를 선발하기 위해서는 학교에서도 '덕행과 도예'를 중심으로 교육해야 한다.[28] 넷째, 존현사능론은 '기강의 확립 방법'을 제시한 것이기도 하다. '존현과 사능'이라는 관리의 선발 기준을 명확히 제시하고 이를 준수하며, 주기적으로 업적을 평가하여 상과 벌을 정확히 시행하면, 국가의 기강이 확립된다. 다섯째, 이상의 모든 내용을 종합한 것으로서, 존현사능론은 천하와 국가를 공정하고도 효율적으로 다스리는 방법을 제시한 것이기도 하다. 천하와 국가는 공공의 것으로서,

---

27) 이러한 맥락에서 尊賢使能論은 委任責成論과 맥락을 같이 한다. 孔子는 "아무 일도 하지 않았는데 잘 다스려진 것〔無爲而治〕은 舜일 것이다. 무릇 무엇을 하셨겠는가? 자신을 공손하게 하여 바르게 南面하셨을 뿐이다."라고도 했고(『論語』 衛靈公 4), "舜에게 다섯 사람의 신하가 있음에 천하가 다스려졌다"고도 했다(『論語』, 泰伯 20). 舜은 禹·稷·契·皐陶·伯益 등 훌륭한 신하를 등용하여 정사를 맡겼기 때문에, 舜은 그저 공손하게 南面하고 있었을 뿐인데도 천하가 잘 다스려졌다는 것이다. 朱子 역시 〈延和奏箚二〉(『朱子大全』 卷13 頁9~10)에서 "무릇 천하의 통치는 진실로 반드시 한 사람에게서 나와야 하지만, 천하의 정사는 한 사람이 홀로 맡을 수 없는 것입니다. 그러므로 君主는 궁궐의 깊은 곳에서 誠意·正心에 힘쓰면서, 반드시 天下의 敎厚誠實하고 剛明公正한 賢者를 찾아서 輔相으로 삼는 것입니다."라고 하여, 君主는 무엇보다도 修己에 힘쓰고 통치의 실무는 賢者에게 위임해야 한다고 주장한 바 있다.

28) 조선시대의 경우도 교육의 가장 중요한 목적은 물론 人倫을 밝히는 것이었고, 다음 목적은 軍事·法律·文書·計算·醫藥·天文·地理·通譯 등 국가 운영에 필요한 다양한 實務를 익히게 하는 것이었다(『朝鮮經國典』 「禮典」 〈學校〉 참조).

가장 공정하고 가장 효율적으로 다스려야 한다면, 당연히 현자와 능자를 등용해야만 한다.

이상의 다섯 가지는 모두 국가의 운영에서 중대한 의의를 지니는 사안이다. 그리하여 유교 정치사상에서는 존현사능론이 항상 중요한 논제로 취급되어 왔던 것이다. 그런데 이처럼 관리의 선발이나 학교의 교육이 존현(尊賢)과 사능(使能)이라는 두 개념으로 압축되었던 까닭은 '본성과 본능' 의 문제로 소급된다. 도덕적 본성을 발휘함에 있어서 모범적인 사람이 현자였고, 본능적 욕구를 충족함에 있어서 효율적인 방법을 계발하는 사람이 능자였던바, 현자와 능자를 우대함으로써 '도덕적으로 정당하면서도 경제적으로 풍요로운 사회' 를 만들자는 것이었다.

6. 『서경』의 '공(公)과 사(私)'

'멸사봉공(滅私奉公)'나 '선공후사(先公後私)'라는 말이 우리의 귀에 익숙하듯이, '公과 私' 역시 '인심과 도심'이나 '군자와 소인' 못지않게 전통 유교에서 많이 거론되었던 쌍개념이다. 그런데 인심도심론이나 군자소인론은 '군주의 심법(心法)'을 문제 삼을 때뿐만 아니라 '선비들의 인격수양'을 권면할 때에도 거론되는 주제였다면, '公과 私'는 주로 군주나 관료 등 통치자들의 심법을 문제 삼을 때 거론되던 주제였다. 요컨대 국가의 권력을 담당한 통치자들에게 '사심을 버리고 권력을 공정하게 운용하라'고 요구할 때 등장하는 것이 바로 '公과 私'의 논법이었다.[1] 그런데 앞에서 누차 언급한 '천리의 공정함〔天理之公〕과 인욕의 사사로움〔人欲之私〕'이라는 말에서 알 수 있듯이, '公과 私'라는 쌍개념은 천리인욕론과도 밀접한 관련이 있으며, 이러한 맥락에서 '公과 私' 역시 인간의 '도덕적 본성과 이기적 본능'이라는 이분법을 토대로 삼는 것이다. 요컨대 도덕적 본성에 입각하여 모든 일을 공정하게 처리하는 것이 '公'이며, 이기적 본능에 집착하여 탐욕을 부리거나 편을 가르는 것이 '私'이다.

1) 유교의 경전에는 '公'이라는 글자가 수두룩하게 보이는데, 그것은 대부분 '국가, 왕의 宗室, 관청' 등 지배권력 및 지배 기구를 의미했다. 그런데 지배권력이나 통치계급은 공정성이나 공평성을 지녀야 한다는 맥락에서 '公' 字가 점차 윤리적 의미로 확장되게 된 것이다. 이승환은 '公'이 '국가, 왕의 宗室, 관청' 등 지배권력 및 지배 기구를 의미하기도 하고, '공정성과 공평성' 등 윤리원칙을 의미하기도 하며, '다수의 이익과 의견'을 의미하기도 한다는 점을 해명하고, "이런 점에서 동양의 '公' 개념은 단순개념이 아니라, 〈지배권력(公)=공평·공정(公)=다수(共)〉의 의미를 지닌 복합개념"이었다고 설명한 바 있다(이승환, 「한국 및 동양의 공사관과 근대적 변용」, 47~55쪽).

'公과 私' 라는 쌍개념은 『시경』에도 보이지만,[2] '멸사봉공' 이라는 맥락의 '公과 私' 는 『서경』의 〈주관(周官)〉에서 유래하는 관념이다. 이제 『서경』의 이공멸사론(以公滅私論)을 살펴보고, 이러한 관념이 후대의 유학자들에게 어떻게 계승되어왔는가를 살펴보기로 하자.

『서경』의 〈주관〉은 성왕(成王)이 주(周)의 관료제도를 개관하고, 관료들에게 '이공멸사(以公滅私)의 근무 자세' 를 당부한 글이다. 성왕은 "밝은 군왕이 국정을 확립함은 관직을 두루 설치함에 있지 않고, 그 관직에 합당한 인물을 얻음에 있었다. 지금 나 소자(小子)는 덕을 공경하고 부지런히 하여 아침 일찍부터 밤늦게까지 미치지 못하듯이 하고 있으며, 앞 시대를 우러르고 따르고자 그대들 관리들에게 훈도하는 바이다."[3]라고 전제한 다음, 삼공(三公 : 太師, 太傅, 太保), 삼고(三孤 : 少師, 少傅, 少保), 육경(六卿 : 冢宰, 司徒, 宗伯, 司馬, 司寇, 司空)과 각지 제후(諸侯)들의 업무를 분장시키고, 그들에게 다음과 같이 당부하였다.

> 오호라. 무릇 나의 관직을 맡은 君子들이여. 맡은 일을 공경하여 조심스럽게 명령을 내리고, 명령을 내렸으면 실행되도록 하여 되돌리는 일이 없도록 하시오. 공정한 자세로 사사로움을 없애면〔以公滅私〕 백성들이 진실로 따를 것이오. 옛일을 배우고 관직에 들어가 제도에 맞게 일을 의논하면 정사가 미혹되지 않을 것이오. 그대들은 일정한 법을 스승으로 삼고, 교묘한 말로 그대들의 관직을

---

2) 『詩經』「小雅」〈大田〉篇에서는 "우리 公田에 비를 내려 마침내 우리 私田에 미친다(雨我公田 遂及我私)" 고 했는데, 맹자는 이를 인용하고 "여덟 가구가 함께 公田을 경작하여, 公田의 일을 마친 다음 감히 私田의 일을 한다(公事畢然後 敢治私事)" 고 했다(『孟子』 滕文公上 3). 유교의 '先公後私' 라는 관념은 여기에서 비롯된 것인바, 이는 일반 백성들에게 '사익보다 공익을 먼저 존중하라' 고 요구한 것이다.

3) 『書經』 周書 周官 : 王曰 (…) 明王立政 不惟其官 惟其人 今予小子 祗勤于德 夙夜不逮 仰惟前代時若 訓迪厥官

> 어지럽히지 마시오. 의심을 쌓아두면 계책이 실패하고, 게으르고 소홀하면 정사가 거칠어지며, 배우지 않으면 담을 마주하고 선 것 같아서 정사가 더욱 번거로워질 것이오. 그대들 경사(卿士)에게 경계하노니, 功이 높아짐은 뜻에 달려 있고, 업적이 많아짐은 부지런함에 달려 있소. 오직 과감하게 결단할 수 있어야 뒷날의 어려움이 없을 것이오. 관직은 교만을 위한 것이 아니고, 녹(祿)은 사치를 위한 것이 아니오. 덕은 공손하고 검소한 것이니, 그대들의 거짓됨을 행하지 마오. 덕을 행하면 마음이 편안하고 날로 아름다워지지만, 거짓을 행하면 마음이 수고롭고 날로 졸렬해지는 법이오. 총애를 받을 때에는 위태로움을 생각하여, 두려워하지 않음이 없도록 하오. 두려워하지 않으면 두려운 일에 빠지는 법이오. 어진 사람을 추천하고 능력 있는 사람에게 사양하면 모든 관리들이 화합할 것이나, 화합하지 못하면 정사가 어지러워질 것이오. 천거한 사람이 그 관직을 잘 수행하면 이는 그대의 능력인 것이나, 그 관직에 어울리지 않는 사람을 추천하면 이는 그대의 임무를 잘못한 것이오.[4]

위의 인용문에 대해 채침(蔡沈)은 "천하의 공정한 이치로 자기의 사사로운 감정을 제거하면 명령이 행해져서, 백성들이 공경하고 믿어 복종하지 않을 사람이 없게 된다."[5]고 주석했거니와, 성왕이 관료들에게 당부한 이공멸사(以公滅私)의 자세는 다음과 같이 요약할 수 있다. 첫째, 이미 검증된 과거의 선례와 일정한 법도에 따르고, 자신의 사사로운 생각에 따르지 말라. 둘째, 관직을 교만과 사치의 수단으로 삼지 말고, 공손하고 검소한 덕

---

4) 『書經』 周書 周官 : 嗚呼 凡我有官君子 欽乃攸司 愼乃出令 令出惟行 弗惟反 以公滅私 民其允懷 學古入官 議事以制 政乃不迷 其爾典常 作之師 無以利口亂厥官 蓄疑敗謀 怠忽荒政 不學牆面 莅事惟煩 戒爾卿士 功崇惟志 業廣惟勤 惟克果斷 乃罔後艱 位不期驕 祿不期侈 恭儉惟德 無載爾僞 作德心逸日休 作僞心勞日拙 居寵思危 罔不惟畏 弗畏入畏 推賢讓能 庶官乃和 不和政厖 擧能其官 惟爾之能 稱匪其人 惟爾不任

5) 『書傳大全』 卷9 頁53, 蔡沈註 : 以天下之公理 滅一己之私情 則令行而民莫不敬信懷服矣

을 기르라. 셋째, 총애를 받을수록 더욱 조심하여, 뒷날 낭패를 당하는 일이 없도록 하라. 넷째, 어질고 능력 있는 사람을 추천하고, 사사로운 인연에 얽매여 자격에 미달하는 사람을 추천하지 말라. 요컨대 사사로운 지혜를 버리고 공정한 법도를 따르며, 사사로운 과시욕을 버리고 검소한 덕을 기르며, 사사로운 인연에 집착하지 말고 인사를 공정하게 하라는 것이 성왕의 당부였다.[6)]

『서경』의 〈주관〉과 마찬가지로, 『서경』 〈홍범(洪範)〉의 황극론(皇極論) 역시 멸사봉공(滅私奉公)의 맥락에서 이해할 수 있다. 다만 차이가 있다면, 〈주관〉은 군왕이 신하들에게 이공멸사의 자세를 당부한 것이라면, 〈홍범〉의 황극론은 거꾸로 군왕에게 이공멸사의 자세를 당부한 것이라는 점이다.[7)] 이제 〈홍범〉의 황극론을 살펴보기로 하자. 기자(箕子)는 황극론을 개진하면서 무왕(武王)에게 다음과 같이 당부하였다.

> 치우침이 없고 기울어짐이 없게 하여 군왕의 義를 따르고, 사사롭게 좋아함이 없어서 군왕의 道를 따르며, 사사롭게 미워함이 없어서 군왕의 길을 따르시오. 치우침이 없고 공평하지 않은 일이 없어야 왕도(王道)가 멀리 미치고, 공평하지 않은 일과 치우침이 없어야 왕도가 고루 펴져서, 떳떳함에 어긋남이 없고 기울어짐이 없어야 왕도가 바릅니다. 이렇게 되면 (백성들이) 지극한 표준이 있는 데로 모여, 지극한 표준이 있는 데로 귀의합니다.[8)]

---

6) 한편 『書經』 虞書 大禹謨에는 舜이 禹에게 "오직 너는 어질어서, 나라 일에는 능히 부지런하였고, 집안 일에는 능히 검소하였다(唯汝賢 克勤于邦 克儉于家)"고 칭찬한 내용이 보인다. 이에 대해 韓末의 유학자 省齋 柳重教는 "'나라 일에 부지런함' 은 나라의 公的인 업무에 힘을 다한 것이요, '집안일에 검소함' 은 자신을 봉양하는 私的인 일에는 검약을 다한 것" 이라고 풀이한 바 있다(『省齋集』 卷26 頁5, 〈三書衍義〉 : 克勤于邦者 盡力乎王事之公也 克儉于家者 致約乎自奉之私也).

7) 武王이 殷나라를 정복하고 箕子를 방문했을 때, 箕子는 '洪範九疇' 를 설명하면서 그 다섯 번째 범주로 皇極論을 개진했다고 전해진다.

위의 인용문에 대해 채침은 "공평하고 광대한 이치에 통달하여, 인욕(人欲)이 깨끗이 사라지고 천리(天理)가 유행하면, (백성들이) 왜 그런지도 모르게 저절로 지극한 표준으로 모이고 지극한 표준으로 귀의하게 되니, 그 효과가 매우 간절한 것"[9]이라고 주석했다. 요컨대 군왕이 사심과 사욕을 버리고 모든 일을 공평하게 처리하면, 백성들은 저절로 군왕의 공명정대함을 따르고, 나아가 백성들도 스스로 공명정대하게 된다는 것이다.[10]

『서경』의 이공멸사론(以公滅私論)은 사리사욕을 위해 권력을 남용하기 쉬운 공직자들에게 "관직은 교만을 위한 것이 아니고, 녹(祿)은 사치를 위한 것이 아님"과 "덕은 공손하고 검소한 데 있음"을 일깨운 것이다. 『서경』의 이공멸사론은 두 맥락을 지닌다. 첫째는 인사나 정책결정 등에서 '사심(私心, 편파성)을 배제하고 공정성을 추구하라'는 맥락이며, 둘째는 공권력의 운용 과정에서 '사리사욕을 위한 부정부패를 일소하고 철저히 공익을 관철하라'는 맥락이다. 앞에서 소개한 장온고(張蘊古)의 〈대보잠(大寶箴)〉에서는 이 두 맥락을 모두 잘 거론하고 있다.

> 성인(聖人)이 천명(天命)을 받아 제왕(帝王)이 되어, 도탄에 빠진 백성을 구하고 막힌 것을 뚫어주며, 죄는 자기에게 돌리고 민심(民心)에 따라 결정하니, 크게 밝은 것은 사사로이 비추어주는 것이 없고, 지극하게 공정한 것은 사사로이 친한 것이 없는 것입니다. 그러므로 한 사람으로 천하를 다스리되, 천하로 한 사람을 받들게 하는 것이 아닙니다. (…) 『시경』의 '불식부지(不識不知)'[11]와

---

8) 『書經』「周書」〈洪範〉: 無偏無陂 遵王之義 無有作好 遵王之道 無有作惡 遵王之路 無偏無黨 王道蕩蕩 無黨無偏 王道平平 無反無側 王道正直 會其有極 歸其有極

9) 『書傳大全』卷6 頁66, 蔡沈註: 達乎公平廣大之理 人欲消熄 天理流行 會極歸極 有不知其所以然而然者 其功用深切

10) 『書傳大全』卷6 頁66, 朱子小註: 會其有極 歸其有極云者 則以言夫天下之人 皆不敢徇己之私 以從乎上之化 而會歸乎至極之標準也

『서경』의 '무편무당(無偏無黨)'[12]은 마음속에서 피차(彼此)를 한결같이 대하여 호오(好惡)의 감정을 없애는 것입니다. 백성이 버린 다음에 형벌을 가하고 백성이 기뻐한 다음에 상을 내려서, 강포(强暴)한 사람은 약하게 만들고 혼란을 일으키는 사람은 다스리며, 억울한 사람을 펴주고 굽은 사람을 바룹니다. 그러므로 "저울과 같고 추와 같아 자신의 사사로운 마음으로 사물의 한도를 설정해 두지 않으니, 매달린 물건의 가볍고 무거움이 저절로 드러나고, 고요한 물과 같고 밝은 거울과 같아 사물에 자신의 사사로운 감정을 보여주지 않으니, 비추어진 물건의 아름답고 추함이 스스로 드러난다."고 말하는 것입니다.[13]

"크게 밝은 것은 사사로이 비추어주는 것이 없다."는 것은 '하늘의 태양은 만물을 공정하게 비춘다'는 말로서, 제왕도 이처럼 지극히 공정하게 처신하여 사사로이 친한 것이 없어야 한다는 뜻이다.[14] 이는 제왕에게 기본적으로 요구되는 마음가짐으로서 먼저 '이공멸사(以公滅私)의 심법'을 제언한 것이다. 다음, "한 사람으로 천하를 다스리되, 천하로 한 사람을 받들게 하는 것이 아니다."라는 말은 제왕의 자리가 결코 사익 추구의 도구가 아니라는 사실을 간언한 것이다. 위의 인용문에서는 또 『시경』의 '불식부

11) 『詩經』「大雅」〈皇矣〉편에서는 "不識不知 順帝之則(스스로 총명한 체하지 말고, 上帝의 법칙을 따르라)"고 했다.

12) 『書經』「周書」〈洪範〉에서는 "無偏無黨 王道蕩蕩(치우침이 없고 파당이 없어야 王道가 멀리 미친다)"고 했다.

13) 『古文眞寶』後集 卷2, 〈大寶箴〉: 聖人受命 拯溺亨屯 歸罪於己 因心於民 大明無私照 至公無私親 故以一人治天下 不以天下奉一人 (…) 詩之不識不知 書之無偏無黨 一彼此於胸臆 損好惡於心想 衆棄而後加刑 衆悅而後行賞 弱其强而治其亂 伸其屈而直其枉 故曰 如衡如石 不定物以限 物之懸者 輕重自見 如水如鏡 不示物以情 物之鑑者 姸媸自生

14) 『禮記』에는 孔子의 "하늘은 사사로이 덮어주는 것이 없고, 땅은 사사로이 실어주는 것이 없으며, 해와 달은 사사로이 비추어주는 것이 없으니, 이 셋을 본받아 천하를 다스리는 것을 '三無私'라 한다."는 말이 보인다(『禮記』〈孔子閒居〉: 孔子曰 天無私覆 地無私載 日月無私照 奉斯三者 以勞天下 此之謂三無私).

지(不識不知)' 와 『서경』의 '무편무당(無偏無黨)' 을 인용하여 "마음속에서 피차(彼此)를 한결같이 대하여 호오(好惡)의 감정을 없앨 것" 을 주문했는데, 이는 인사나 정책결정 등에서 '공정성을 추구하여 편파성을 배제하라' 는 뜻이었다. 장온고는 제왕에게 요구되는 공정성을 '저울과 추' 또는 '맑은 물이나 밝은 거울' 에 비유하고, 만인을 이러한 자세로 대하면 "매달린 물건의 가볍고 무거움이 저절로 드러나고, 비추어진 물건의 아름답고 추함이 스스로 드러난다." 고 설명했다. 위의 〈대보잠〉은 본래 제왕에게 간언한 잠언이나, 또한 공직자 일반에게도 두루 요청되는 마음가짐으로서, 유교적 이공멸사론의 극치를 보여주는 것이다.

이상에서 『서경』의 이공멸사론(以公滅私論)을 소개했거니와, 이는 이후 유학자들이 국정(國政)의 시비와 성패를 논할 때 약방의 감초처럼 늘 활용하는 논리가 되었다. 이제 주자 · 퇴계 · 율곡 등 대표적인 유학자들의 사례를 통해 이를 확인해보기로 하자.

주자는 "천하에는 다만 하나의 도리가 있으니, 학문이란 다만 이 하나의 도리를 깨달아 얻는 것이다. 이 하나의 도리에 통달하면 무릇 '天理와 人欲', '義와 利', '公과 私', '善과 惡' 의 변별에 모두 통달하게 된다." [15]고 설파한 바 있다. 주자에 의하면 '公과 私' 의 문제는 '天理와 人欲' 처럼 '善과 惡' 의 문제로 직결되는 것인바, 어느 것을 따르느냐에 따라 국가의 치란과 흥망이 결정되는 것이다. 주자는 '공정한 마음' 이 '질서와 평안' 을 초래하고 '사사로운 마음' 이 '혼란과 위험' 을 초래하는 구체적 과정을 다음과 같이 설명한다.

하늘은 사사로이 덮어주는 것이 없고, 땅은 사사로이 실어주는 것이 없으며,

---

15) 『朱子語類』 卷8(131쪽) : 天下只有一箇道理 學只要理會得這一箇道理 這裏纔通 則凡天理人欲 義利 公私 善惡之辨 莫不皆通

해와 달은 사사로이 비추어주는 것이 없습니다. 그러므로 군왕이 이 세 가지 사사로움이 없음을 받들어 천하를 다스린다면, 모든 사람을 똑같이 대하고 널리 사랑하여 크게 공정하게 되니, 천하 사람들이 모두 마음으로 기뻐하고 진실로 복종할 것입니다. 만약 그사이에 다시 신 · 구(新舊)에 따라 친 · 소(親疏)를 삼으면, 그 편당의 정과 편협한 도량이 진실로 사람들로 하여금 분노하여 복종하지 않으려는 마음을 지니게 할 것입니다. 그 호오(好惡)와 취사(取舍) 또한 반드시 의리에 합당할 수 없을 것이며, 심하면 모책(謀策)을 막고 국사(國事)를 망치며 덕을 방해하고 정사를 어지럽히는 데 이를 것이니, 그 해로움은 이루 말할 수 없습니다.[16]

요컨대 군왕이 공정한 마음으로 천하를 다스리면 '모든 사람이 마음으로 기뻐하고 진실로 복종할 것' 이나 군왕이 사사로운 마음으로 편을 가른다면 '모든 사람들이 분노하여 복종하지 않게 된다' 는 것이다. 주자는 이러한 맥락에서 '公과 私' 가 국가의 치 · 란(治亂)과 흥 · 망(興亡)을 좌우한다고 보았다.

현실의 각종 통치제도는 대부분 여러 관리들의 선발과 업무분장 및 업무처리 절차에 관한 것이다. 즉 통치제도에서 가장 중요한 것은 인재의 선발이요, 합당한 인재를 얻으면 그 제도는 원활하게 운용된다. 그런데 '군주의 사심(私心)' 은 인재의 선발을 왜곡하게 된다. 군주가 사심(私心)으로 사인(私人)을 뽑으면, 그다음부터는 일정한 타락의 경로를 밟게 된다. 주자는 〈무신봉사(戊申封事)〉에서 그 타락의 과정을 다음과 같이 설명한다.

16) 『朱子大全』 卷12 頁5, 〈己酉擬上封事〉 : 天無私覆 地無私載 日月無私照 故王者奉三無私以勞於天下 則兼臨博愛 廓然大公 而天下之人 莫不心悅而誠服 儻於其間 復以新舊而爲親疎 則其偏黨之情 褊狹之度 固已使人憪然有不服之心 而其好惡取舍 又必不能中於義理 而甚則至於沮謀敗國 妨德亂政 而其害有不可勝言者

이제 한 생각의 사사로움을 이기지 못하여 사심(私心)을 두게 되고, 집안사람 및 가까운 신하들을 바루지 못함으로써 사인(私人)을 두게 되었습니다. 사심으로 사인을 부리자면 사비(私費)가 없을 수 없습니다. 이에 안으로는 세입(稅入)을 잘라먹고 밖으로는 뇌물을 받아들여 사재(私財)를 두게 되었습니다.[17]

군주가 사심을 품으면, 그 사심을 뒷받침할 사인을 두게 되고, 사인을 부리자면 사비가 필요하고, 사비를 마련하기 위해서는 공금을 가로채거나 뇌물을 받게 된다는 것이다. 그 결과 국정의 공정성은 사라지고, 통치 권력은 오히려 사익 추구의 수단으로 변질하게 된다. 이는 동서고금을 막론하고 최고 통치자의 사심에 의해서 정치가 타락하는 공통의 경로이다. 위의 인용문에 이어서 주자는 다음과 같이 말한다.

폐하는 황천(皇天)의 아들로서 (황천은 폐하께) 천하를 모두 맡기고 사사로워 공정하지 못한 처사가 없도록 하셨으니, 폐하께 부여된 것은 결코 사소한 것이 아닙니다. 그럼에도 크게 확충시키지 못하시고 스스로 깎고 찢어서 협소하게 하시어, 천하만사의 폐단이 모두 이로부터 연유하게 하시니, 이것이 어찌 애석한 일이 아니겠습니까?[18]

천명사상(天命思想)에 의하면, 군주가 사심을 두어서는 안 되는 까닭은 본래 '공정(公正)을 추구하라' 는 임무를 위임받았기 때문이다. 주자는 시

17) 『朱子大全』 卷11 頁29, 〈戊申封事〉 : 今以不能勝其一念之邪 而至於有私心 以不能正其家人近習之故 而至於有私人 以私心用私人 則不能無私費 於是 內損經費之入 外納羨餘之獻 而至於有私財

18) 『朱子大全』 卷11 頁29, 〈戊申封事〉 : 陛下上爲皇天之所子 全付所覆 使其無有私而不公之處 其所以與我者 亦不細矣 乃不能充其大 而自爲割裂 以狹小之 使天下萬事之弊 莫不由此而出 是豈不可惜也哉

세(時勢)의 이해(利害)에 입각해 보더라도 군주는 사심을 두어서는 안 된다고 말한다. 합치면 강하고 분열되면 약한 것이 천하의 형세이다. 군주가 일신의 이익을 위하여 소인을 안으로 끌어들이고 군자를 밖으로 물리치며, 법령을 폐지하여 간사한 무리들을 보호한다면, 국가는 안으로 분열될 것이요, 외적(外敵)은 밖에서 틈을 엿볼 것이니, 내우외환 속에서 국가가 위태롭게 된다.[19] 이상의 내용으로 본다면, 국정을 좀먹기 시작하는 원천은 '최고 통치자의 사심' 이다. 그러므로 주자는 항상 '군주의 바른 마음' 이 성공적인 통치의 핵심 관건이요 출발점이라고 주장한 것이다.

위의 인용문은 직접 당시의 군주에게 사심을 타파하도록 촉구한 것인바, 주자는 당시의 여러 대신(大臣)들에게도 '임금의 잘못된 마음을 바룸〔格君心之非〕' 이 대신의 첫째 과제라고 상기시켰다. 예컨대 주자는 다음과 같이 말한다.

> 오늘날 천하의 일로 논하자면, 위로는 천심(天心)이 노하여 기근이 거듭 닥치고, 아래로는 민력(民力)이 이미 바닥나 부세(賦稅)를 거두는 것이 바야흐로 급하며, 도적이 사방에서 일어나 인심이 동요하고 있습니다. 장차 하나 둘씩 그 폐단을 궁구하여 회복할 수 있는 방법을 찾고자 한다면, 어찌 이루 다 말할 수 있겠습니까? 그러나 이 큰 우환의 근본을 말하자면 진실로 있는 곳이 있으니, 대개 (金과의) '강화(講和)의 계책' 이 결정됨에 삼강(三綱)이 무너지고 만사(萬事)가 기울었으며, (君主께서) '독단(獨斷)하라는 주장' 이 올라감에 위에서 군주의 뜻이 교만해지고, '국시(國是)라는 주장' 이 나오면서 아래에서 공론(公論)

19) 『朱子大全』 卷11 頁29~30, 〈戊申封事〉 : 若以時勢之利害言之 則天下之勢 合則彊 分則弱 (…) 內小人而外君子 廢法令而保姦回 使內之所出者 日有以賊乎外 公之所立者 常不足以勝乎私 則是此兩國者 又自相攻 而其內之私者 常勝 外之公者 常負也 外有鄰敵之虞 內有陰邪之寇 日夜夾攻而不置 爲國家者 亦已危矣

이 막혔습니다. 이 셋이 그 우환의 근본입니다. 그런데 이러한 주장을 펴는 자들은 진실로 '군주의 심술(心術)의 가림' 에 편승하지 않는다면 또한 말미암아 들어갈 곳이 없습니다. 이것이 내가 지난번 편지에서 다른 일들을 언급할 겨를도 없이 합하(閤下)께 깊이 '임금의 잘못된 마음을 바룰 것' 을 바랐던 까닭입니다. 대개 이 세 주장이 타파되지 않는다면 천하의 일이 이루어질 리가 없습니다. 그런데 군주의 마음이 바르지 못하다면 또한 어찌 이 세 주장이 타파될 리가 있겠습니까? 알지 못하겠지만, 합하의 지난번의 논의도 또한 일찍이 이러한 점들을 언급했었습니까? (…) 합하께서 진실로 그 근본을 얻어 논의한다면 천하의 일은 일거에 바로잡혀, 어려움이 거의 없을 것입니다.[20]

거듭되는 기근, 국고(國庫)의 고갈, 도적의 창궐, 민심의 동요 등이 당시 국정의 중요 현안이었던바, 그 근원은 '군주의 심술(心術)의 가림' 에 있다는 것이다. 그러므로 대신들은 말단인 여러 현안에 매달리기 전에 근본인 '군주의 마음' 을 바로잡아야 하는 것이다. "진실로 그 근본을 얻어 논의한다면 천하의 일은 일거에 바로잡혀, 어려움이 거의 없게 된다."는 것이 주자의 지론이었다.

이제 퇴계의 경우를 살펴보자. 퇴계는 선조(宣祖)가 15세의 어린 나이로 즉위하자(1567년), 어린 국왕을 올바로 인도하기 위해 여러 방면으로 노력했다. 무진년(戊辰年, 1568년)에 올린 〈무진육조소(戊辰六條疏)〉와 〈성학십

20) 『朱子大全』 卷24 頁14~15, 〈與陳侍郎書〉: 且以今日天下之事論之 上則天心未豫而饑饉荐臻 下則民力已殫而賦斂方急 盜賊四起 人心動搖 將一二以究其弊而求所以爲圖回之術 則豈可以勝言哉 然語其大患之本則固有在矣 蓋講和之計決而三綱頹萬事隳 獨斷之言進而主意驕於上 國是之說行而公論鬱於下 此三者 其大患之本也 然謂是說者 苟不乘乎人主心術之蔽 則亦無自而入 此熹所以於前日之書 不暇及他 而深以夫格君心之非者 有望於明公 蓋是三說者不破 則天下之事 無可爲之理 而君心不正 則是三說者 又豈有可破之理哉 不審閤下前日之論 其亦嘗及是乎 (…) 閤下誠得其本而論之 則天下之事 一擧而歸之於正 殆無難者

도(聖學十圖)〉가 그 대표적인 것이요, 경연(經筵)을 통해 수시로 올린 계차(啓次)도 같은 맥락이었다. 퇴계는 무진년에 올린 경연계차에서 다음과 같이 말한다.

'私' 란 한 마음을 갉아먹는 도적이요, 온갖 惡의 근본입니다. 옛날부터 국가가 다스려진 날은 항상 적고 혼란한 날은 항상 많아, 마침내 몸을 망치고 나라를 망하게 했던 것은 모두 군왕이 '私' 라는 한 글자를 제거하지 못했기 때문입니다. 그런데 마음을 해치는 도적을 제거하고 악의 근본을 뿌리 뽑아 천리(天理)의 순수함을 회복하고자 한다면, 깊이 학문의 노력에 힘입지 않고서는 불가능합니다. (…) 그러므로 옛 성현(聖賢)은 깊은 연못에 임한 듯, 얇은 얼음을 밟은 듯 종일토록 삼가고 조심하고도, 오히려 잠시라도 소홀히 하여 구덩이로 추락하지 않을까 근심했으니, 그 마음은 일찍이 '나의 학문이 이미 지극하니 사사(私邪)에 빠질 근심이 없다' 고 여기지 않았던 것입니다. 그러므로 『대학』에서는 이미 격물치지(格物致知)와 성의정심(誠意正心)의 공부를 설명하여 '私가 없어졌을 것' 같은데도, 수신(修身)과 제가(齊家)의 조목에서는 오히려 '편벽(偏僻)' 을 경계하고, 치국(治國)과 평천하(平天下)의 조목에서도 또한 '한 사람이 탐욕을 부리는 것' 과 '이익으로 이익을 삼는 것' 을 경계했습니다. 안연(顔淵)은 자기의 사욕을 이기고 禮를 회복했고, 노여움을 남에게 옮기지 않았고, 같은 잘못을 두 번 반복하지 않았으며, 세 달 동안 仁을 어기지 않은 다음에야 나라를 다스리는 방도를 질문했으니, 어찌 다시 조금이라도 사사로움이 있었겠습니까? 그런데도 공자는 오히려 '음탕한 정(鄭)나라 음악을 물리치고, 아첨하는 사람을 멀리하라' 고 경계했습니다. 기자(箕子)가 무왕(武王)을 위해 '홍범구주(洪範九疇)' 를 베풀 때에 먼저 '다섯 가지 일을 공경하라〔敬用五事〕' [21]고 말한 다음

21) '敬用五事' 는 洪範九疇의 둘째 범주로서, '容貌를 공손하게 함, 말을 순조롭게 함, 밝게 봄, 밝게 들음, 깊이 생각함' 을 말한다.

> 에 극진하게 '황극(皇極)의 道'를 말씀드리고 (…) "이렇게 되면 (백성들이) 지극한 표준이 있는 데로 모여, 지극한 표준이 있는 데로 귀의한다."고 결론지었습니다. 이는 대개 반드시 치우치거나 기울어지거나 좋아하거나 싫어하는 사사로움이 없는 다음에 왕도(王道)를 따를 수 있고, 치우치거나 공평하지 않거나 떳떳함에 어긋나거나 기울어지는 일이 없는 다음에 왕도가 멀리 미치고 고루 퍼져서, (백성들이) 지극한 표준으로 모이고 지극한 표준으로 돌아갈 수 있다는 말입니다. 이것으로 본다면, 비록 성인(聖人)의 지위에 이르렀다고 하더라도 오히려 혹시 '편벽의 사사로움'이 있을까 두려워 항상 거듭 삼갈 것으로 경계한 것입니다. 하물며 성인에 이르지 못한 사람은 마땅히 어떠해야 하겠습니까?[22]

위의 인용문은 매우 장황하나, 그 내용은 셋으로 요약할 수 있다. 첫째, 유교 경전의 제반 내용을 '사심(私心)의 제거'라는 목표로 일관된 것으로 파악했다는 점이다. 앞에서 언급한 것처럼, '公과 私'의 문제는 인심도심론이나 천리인욕론 등과 궤를 같이하는바, 이러한 문제들은 실로 유교 경전을 전반적으로 관통하는 대표적 주제였던 것이다. 둘째, 사리사욕을 추구하는 것뿐만 아니라 편벽되어 공평하지 못한 것도 사심에 포함시켰다는 점이다. 우리는 사심이라 하면 사리사욕을 추구함만 연상하기 쉽다. 그

22) 『退溪集』 卷7 頁3~4, 〈戊辰經筵啓箚二〉: 私者 一心之蟊賊 而萬惡之根本也 自古國家治日常少 亂日常多 馴致於滅身亡國者 盡是人君不能去一私字故也 然欲去心賊拔惡根 以復乎天理之純 不深藉學問之功不可 (…) 是以 古之聖賢 兢兢業業 如臨深淵 如履薄氷 日乾夕惕 惟恐頃刻怠忽 而有墮坑落塹之患 其心未嘗自謂吾學已至 不患有陷於私邪也 故大學既說格物致知誠意正心之功 則宜若無私矣 然而於修身齊家 猶以偏僻爲戒 治國平天下 亦以一人貪戾 以利爲利戒之 顔淵克己復禮 不遷怒 不貳過 至於三月不違仁 而後乃問爲邦之道 寧復有一毫之私乎 孔子猶以放鄭聲 遠佞人戒之 箕子爲武王陳洪範 先言敬用五事 而後極讚皇極之道 (…) 然後乃結之曰 會其有極 歸其有極 蓋必其無偏陂好惡之私 然後王道可遵 無偏黨反側之事 然後王道蕩平 而會極歸極 可得而言 以此觀之 雖至聖人地位 猶恐或有偏僻之私 常懔懔爲戒 況未至於聖人 宜如何哉

러나 앞에서 소개한 것처럼 〈주관〉이나 〈홍범〉에서 이미 개인의 편견으로 인한 '편벽된 처사'를 私에 포함시키고 있었으며, 퇴계 역시 이러한 논법을 계승한 것이다. 셋째, 사심은 쉽게 제거되지 않으므로, 유교의 경전에서는 곳곳에서 거듭 또 거듭 사심의 제거를 역설했다는 것이다. 퇴계는 "비록 성인(聖人)의 지위에 이르렀다고 하더라도 오히려 혹시 '편벽의 사사로움'이 있을까 두려워 항상 거듭 삼갈 것으로 경계한 것입니다. 하물며 성인에 이르지 못한 사람은 마땅히 어떠해야 하겠습니까?"라고 반문했거니와, 이는 이공멸사(以公滅私)를 '군왕의 평생 과업'으로 설정한 것이다.

이제 마지막으로 율곡의 경우를 살펴보자. 율곡 역시 선조(宣祖)께 올린 〈만언봉사(萬言封事)〉에서 '편벽됨과 사사로움을 제거하여 지극히 공정한 도량을 넓힐 것'을 주문하면서 다음과 같이 말한 바 있다.

> 군주는 엄하지 못함을 근심할 것이 아니라 공정하지 못함을 근심해야 합니다. 공정하면 밝아지고, 밝아지면 엄함이 그 가운데 있게 됩니다. 바라옵건대 전하께서는 法을 시행하심에 귀척(貴戚)과 근신(近臣)으로부터 시작하시고, 仁을 미루어나가 서민 대중까지 미치도록 하십시오. 궁중(宮中)과 부중(府中)을 하나로 여기시어, 환관들이 임금을 가까이 모심을 믿고 조정의 신하들을 업신여기지 못하게 할 것이며, 수많은 백성들을 한결같이 보아서 내시들이 임금의 사사로운 은혜를 믿고 바라서는 안 될 일을 엿보게 하지 마십시오. 왕실의 재물은 유사(有司)에게 맡겨 사유물(私有物)로 여기지 마시고, 치우친 생각을 마음속에서 끊고 공평(公平)한 도량으로 두루 감싸도록 하십시오. 이렇게 하신다면 나라의 창고에 쌓인 것이 모두 재물인데 어찌 쓸 것이 없음을 근심하겠으며, 모든 백성들이 모두 신하인데 어찌 부릴 사람이 없음을 근심하겠습니까?[23)]

〈만언봉사〉는 선조 7년(1574년)에 제진한 봉사이거니와, 선조는 당시 자신의 통치가 효과를 발휘하지 못하는 까닭을 '군주가 엄하지 않기 때문' 이라고 파악했다. 이는 당시 나이 많은 신하들이 국왕이 어리다는 이유로 무시하기 때문에 국정이 문란해지고 있다는 항변이었던 것이다. 선조의 이러한 항변에 대해, 율곡은 "전하께서는 가까운 신하들을 친하게 대하지 않으시고 환관으로 사사로운 신하를 삼고 계시며, 서민들을 백성으로 생각하지 않으시고 내시들을 사사로운 백성으로 삼고 계십니다. 이러한 병폐를 제거하지 않는다면 시국의 일을 바로잡을 수 없을 것입니다."라고 진단하고,[24] "군주는 엄하지 못함을 근심할 것이 아니라 공정하지 못함을 근심해야 합니다. 공정하면 밝아지고, 밝아지면 엄함이 그 가운데 있게 됩니다."고 간언했던 것이다. 율곡은 『성학집요(聖學輯要)』 수기편(修己篇)에서도 '덕량(德量)을 넓힐 것' 을 주문하면서 '公과 私' 의 문제를 거론하였다.

도량이 작은 사람은 그 병통이 세 가지가 있으니, 첫째는 '치우치고 왜곡된 것' 이요, 둘째는 '스스로 잘난 체하는 것' 이요, 셋째는 '이기기를 좋아하는 것' 입니다. 치우치고 왜곡된 자는 막혀 있고 두루 통하지 못하여 공평한 마음으로 이치를 살피지 못하며, 스스로 잘난 체하는 자는 조금 얻은 것에도 만족하여 뜻을 겸손하게 하여 덕에 나가지 못하며, 이기기를 좋아하는 자는 잘못을 꾸며서 자기를 비우고 善을 따르지 못하니, 세 가지가 모두 하나의 '사사로움' 일 뿐입

23) 『栗谷全書』 卷5 頁29, 〈萬言封事〉 : 人君不患不嚴而患不公 公則明 明則嚴在其中矣 伏願殿下行法 始於貴近 推仁達於衆庶 宮府一體 而毋使宦官恃近而輕朝紳 兆民一視 而毋使內奴恃私而窺非望 內帑付之有司 不以爲私物 偏繫之念 絶於方寸 公平之量 包涵遍覆 夫如是則府庫皆財 何患無用 率土皆臣 何患無奴哉

24) 『栗谷全書』 卷5 頁28, 〈萬言封事〉 : 聖敎曰 時事多誤 君上不嚴之故也 (…) 今殿下莫親於近臣 而乃以宦官爲私臣 莫衆於庶民 而乃以內奴爲私民 此病未除 則時事無由可正

니다. 아, 하늘과 사람은 원래 하나로 분별이 없는데, 천지(天地)는 사사로움이 없고 사람에겐 사사로움이 있기 때문에 사람이 하늘과 땅과 더불어 그 큼을 함께하지 못하는 것입니다. 성인(聖人)은 사사로움이 없기 때문에 덕이 하늘과 땅에 부합하고, 군자(君子)는 사사로움을 버리기 때문에 행실이 성인에 부합하는 것입니다. 공부하는 사람은 마땅히 그 사사로움을 극복하고 도량을 넓혀서 군자와 성인에 미치도록 힘써야 할 것입니다.[25]

율곡은 '치우치고 왜곡된 것, 스스로 잘난 체하는 것, 이기기를 좋아하는 것' 등을 도량이 작은 데서 연유하는 병통으로 규정하고, 이 세 병통의 근원을 모두 '사사로움'에서 찾았다. 율곡에 의하면, 성인은 사사로움을 극복하여 천지와 하나가 된 사람이요, 군자는 이를 본받아 성인을 지향하는 사람이다.

율곡의 이러한 인식은 공론정치론(公論政治論)으로 연결되었다. 정자(程子)는 "공정하면 사람들의 마음이 하나로 통일되고, 사사로우면 사람들의 마음이 제각각 분열된다. 사람들의 마음이 각자의 얼굴처럼 제각각 다르게 된 것은 다만 사심(私心) 때문이다."[26]라고 설파한 바 있다. 율곡 역시 같은 맥락에서 공정성을 국론 통일의 계기로, 편벽됨을 국론 분열의 계기로 인식하고, 공정한 천리에 입각하여 모든 국민의 마음을 하나로 결집하는 공론정치(公論政治)를 역설했던 것이다. 율곡은 다음과 같이 말한다.

---

25) 『栗谷全書』 卷22 頁5, 「聖學輯要」 : 量之小者 其病有三 一曰偏曲 二曰自矜 三曰好勝 偏曲者 滯而不周 不能公心以觀理 自矜者 足於少得 不能遜志以進德 好勝者 安於飾非 不能虛己以從善 三者 都是一箇私而已 嗚呼 天人一也 更無分別 惟其天地無私 而人有私 故人不得與天地同其大焉 聖人無私 故德合乎天地焉 君子去私 故行合乎聖人焉 學者當務克其私 以恢其量 以企及乎君子聖人焉

26) 『栗谷全書』 卷22 頁5, 「聖學輯要」 : 程子曰 公則一 私則萬殊 人心不同如面 只是私心

'사람들의 마음이 다 함께 그렇다고 여기는 것' 을 공론(公論)이라 하고, 공론이 있는 곳을 국시(國是)라 한다. 국시란 한 나라의 사람들이 서로 꾀하지 않고서도 함께 옳다고 여기는 것이다. 이익으로 유혹하지도 않고, 위협하여 겁을 주지도 않았는데 삼척동자도 또한 그 옳음을 아는 것, 이것이 바로 국시이다.[27)]

율곡에 의하면, 공론(公論)이나 국시(國是)란 사람들이 서로 꾀하지 않았는데도 자연스럽게 모두가 '함께 그렇다고 여기는 것' 또는 '함께 옳다고 여기는 것' 이다. 율곡에 의하면, 사람들의 마음은 제각각이지만, 그런 가운데 또한 '다 함께 그렇다고 여기는 것' 이 있는데,[28)] '天理가 있는 곳' 이 바로 그것이다.[29)] '성즉리(性卽理)' 라는 성리학의 대전제에 따르면, '내 마음속에 있는 천리' 란 '인간의 도덕적 본성' 을 뜻한다. 공론(公論)이란 바로 인간의 도덕적 본성에서 우러난 논의로서, 모든 사람들이 자연스럽게 그 정당성을 인정하는 논의를 뜻한다.

여기서 잠시 '공론(公論)' 이라는 개념이 등장하게 된 배경을 살펴볼 필요가 있다. 유교의 '공론' 은 기존의 '민심(民心)' 을 지양시킨 것으로서, 송대(宋代)에 정립된 개념이다. 예로부터 '민심은 천심' 이라 하여, 천명(天命)에 버금가는 권위를 민심에 부여해 왔다. 그런데 '민심이 반드시 정당한

27) 『栗谷全書』 卷7 頁7, 〈辭大司諫兼陳洗滌東西疏〉: 人心之所同然者 謂之公論 公論之所在 謂之國是 國是者 一國之人 不謀而同是者也 非誘以利 非怵以威 而三尺童子 亦知其是者 此乃國是也

28) '사람들의 마음이 다 함께 그렇다고 여기는 것〔心之所同然者〕' 은 본래 맹자의 말인바, 맹자는 '理와 義' 가 바로 '사람들의 마음이 다 함께 그렇다고 여기는 것' 이라고 설명한 바 있다(『孟子』 告子上 7: 心之所同然者 何也 謂理也義也 聖人先得我心之所同然耳).

29) 『栗谷全書』 拾遺 卷2 頁7, 〈代淸洪道儒生告歸疏〉: 夫民各有心而其所同然者 則天理之所在也

것은 못 된다'는 각성이 싹트게 되어, 마침내 '공론'이라는 개념이 등장하게 된 것이다. 민심이 반드시 정당한 것은 못 되는 까닭은 우리의 마음에는 '사사로운 人心'도 있고 '공정한 道心'도 있기 때문이다. 각자의 '공정한 도심'이 결집된 민심은 '정당한 민심'이겠지만, 각자의 '사사로운 인심'이 결집된 민심은 '부당한 민심'일 것이다.[30] 그러므로 민심 가운데 '도심이 결집된 민심'만을 정치적 정당성의 준거로 삼자는 것이 바로 주자의 공론론이었다. 그런데 '도심'이란 '도덕적 본성에서 유래한 마음' 또는 '도의(道義)를 추구하는 마음'인바, 이러한 맥락에서 공론 개념의 저변에는 바로 '도덕적 본성'이 자리 잡고 있는 것이다.[31]

사람은 누구나 공정성을 추구하는 도덕적 본성을 지니고 있으므로, 도덕적 본성에 입각하면 그만큼 공정성을 확보할 수 있다. 반면에 사심(私心)이나 사견(私見)은 공정성을 외면하고 편파적으로 자신의 이익을 추구하는 것인바, 이는 이기적 본능으로부터 유래하는 것이다. 『서경』에서 말한 '사기종인(舍己從人), 이공멸사(以公滅私), 무편무당(無偏無黨)' 등은 모두 '자신의 사견(私見)을 버리고 천하의 공론(公論)을 따른다'는 주장으로 수렴되는

30) 여기서 말하는 '정당한 民心'과 '부당한 民心'은 루소의 '一般意志'와 '特殊意志(多數意志)'에 비견될 수 있다.

31) 주자는 '公論'을 '天理에 따르고, 사람들의 마음에 부합되어, 천하의 모든 사람들이 함께 옳다고 여기는 것〔順天理 合人心 天下之所同是者〕'으로 설명한 바 있다('合人心'에서의 '人心'은 '본능적 욕구를 추구하는 마음'이 아니라 말 그대로 '사람들의 마음'을 뜻한다). 유교의 公論 개념에 대한 자세한 논의는 拙著, 『儒教傳統과 自由民主主義』, 제8장 〈유교의 公論論과 政治的 正當性의 문제〉 참조.

32) 마지막으로 다시 한 번 강조하고자 하는 것은, '以公滅私'는 '관료들에게 요구된 心法'이요, 결코 '일반 백성들에게 요구된 心法'이 아니었다는 점이다. 유교에서는 일반 백성들에게는 '先公後私'를 요구했거니와, 이는 '公益을 私益보다 앞세우라'는 주문이요, 결코 '개인의 정당한 이익'을 포기하라는 주문이 아니었다. 반면에 관료들에게 요구한 '以公滅私'에서의 '私'는 '애초부터 부당한 私利私慾과 私見'을 뜻하는 것이었다. 이처럼 '私'에 대한 태도가 이중적인 까닭은 '이기적 본능' 자체가 이

바, 그 밑바탕에는 바로 '이기적 본능과 도덕적 본성' 의 문제가 깔려 있었던 것이다.[32]

중적인 성격을 지니기 때문이다. 이기적 본능은 한편으로는 '생존을 위해' 적절하게 충족되어야 하는 것이요, 한편으로는 '사회질서를 위해' 탐욕으로 발전하는 것을 억제해야 하는 것이다.

7. 『주역』의 ‘덕(德)과 업(業)’

주지하듯이 『주역』은 음양사상을 담고 있는 책이다. 역학(易學)에서 말하는 ‘음과 양’은 ‘남자와 여자’, ‘임금과 신하’, ‘밤과 낮’, ‘추위와 더위’ 등 다양한 맥락으로 풀이된다. 요컨대 역학에서 말하는 ‘음과 양’은 이 세상의 다양한 대립물들을 두루 상징하는 매우 포괄적인 범주이다. 그런데 그 가운데 우리의 관심을 끄는 것은, 『주역』에서는 ‘도덕(道德)과 산업(產業)’ 역시 음양론의 맥락에서 인식하고 있다는 점이다. 예컨대 『주역』의 〈계사전(繫辭傳)〉에서는 다음과 같이 말한다.

> 건(乾)의 道는 남자를 이루고 곤(坤)의 道는 여자를 이루니, 乾은 만물의 위대한 시작을 주관하고 坤은 만물을 완성시킨다. 乾은 ‘쉬움〔易〕’으로써 위대한 시작을 주관하고, 坤은 ‘간단함〔簡〕’으로 능히 만물을 완성시킨다. 쉬우면 알기 쉽고, 간단하면 따르기 쉬우니, 알기 쉬우면 친하게 되고, 따르기 쉬우면 功이 있게 된다. 친하게 되면 오래 갈 수 있고, 功이 있으면 크게 될 수 있다. 오래갈 수 있는 것은 현인(賢人)의 德이요, 크게 될 수 있는 것은 현인(賢人)의 業이다. 쉬움과 간단함으로 천하의 이치를 얻으니, 천하의 이치를 얻음에 하늘과 땅 사이에 자리를 잡게 된다.[1]

---

1) 『周易』〈繫辭上傳〉1 : 乾道成男 坤道成女 乾知大始 坤作成物 乾以易知 坤以簡能 易則易知 簡則易從 易知則有親 易從則有功 有親則可久 有功則可大 可久則賢人之德 可大則賢人之業 易簡而天下之理得矣 天下之理得而成位乎其中矣

위의 인용문에서는 '乾=남자, 坤=여자'의 논법에서 시작하여 '乾=德, 坤=業'으로 유추해 내고, 우리 인간은 덕과 업을 잘 조화시킴으로써 하늘과 땅 사이에 자리를 잡아 삼재(三才)가 될 수 있다고 설명했다. 『주역』에서는 "무릇 역(易)은 성인(聖人)이 덕을 높이고〔崇德〕 업을 넓히기〔廣業〕 위한 것"[2]이라고도 했거니와, 역학에서 말하는 '德과 業'은 오늘날의 말로는 '도덕과 산업'에 해당하는 것이다. 이는 『주역』의 "부유하게 만드는 것을 위대한 業이라 하고, 날로 새로워지는 것을 성대한 德이라 한다."[3]는 말에서 단적으로 확인할 수 있다. 이처럼 역학의 '德과 業'을 오늘날의 '도덕과 산업'으로 풀이할 수 있다면, 『주역』의 '德과 業'이라는 쌍개념 역시 '도덕적 본성과 육체적 본능'이라는 이분법을 저변에 깔고 있는 것이라 하겠다.[4]

역학에서 '德과 業'을 음양의 관계로 인식하고 있다는 것은 근본적으로 '도덕적 본성과 육체적 본능'을 음양의 관계로 인식하고 있다는 뜻이다. 그런데 주지하듯이 역학의 음양론은 '음과 양은 서로 없을 수 없다'는 '상호보완'의 관념과 '양은 높고 음은 낮다'는 '가치위계'의 관념을 동시에 함축하고 있다. 이러한 맥락에서 본다면, 역학에서는 도덕적 본성과 육체적 본능을 상호보완적인 것으로 인식하면서도, 궁극적으로는 도덕적 본성을 발휘하는 것이 육체적 본능을 충족하는 것보다 중요하다는 입장을 견

---

2) 『周易』〈繫辭上傳〉7 : 夫易 聖人所以崇德而廣業也

3) 『周易』〈繫辭上傳〉5 : 富有之謂大業 日新之謂盛德. 이 구절에 대해 西山眞氏는 "이는 비록 易의 이치를 말한 것이지만, 易과 天地와 聖人은 하나일 뿐이다. '끝없이 만물을 낳음'은 天地의 大業이요, '쉬지 않고 운행함'은 天地의 盛德이다. '功이 萬世에 미침'은 聖人의 大業이요, '끝나면 다시 새롭게 시작함'은 聖人의 盛德이다. 德에 나아가고 業을 닦고자 하는 學者는 반드시 天地와 聖人을 본받아야 한다."고 풀이한 바 있다(『周易傳義大全』卷22 頁37).

4) 賢者는 '德이 훌륭한 사람'이요, 能者는 '業을 이룰 수 있는 재능이 많은 사람'이라는 점에서, '崇德廣業'은 앞에서 살펴본 '尊賢使能'과도 궤를 같이하는 것이다.

지하는 것이다. 사실 이러한 논법은 전통 유학의 지론이었다. 이제 여러 경전과 선현들의 논설들을 통해 이를 확인해 보기로 하자.

『서경』에서는 "덕은 오직 선정(善政)을 베푸는 것이요, 정사(政事)는 백성을 기르는 데 있으니, 五行과 곡식에 관한 일을 잘 닦고, 정덕(正德)과 이용(利用)과 후생(厚生)을 잘 조화시키라."[5]고 했는데, 이에 대해 채침은 다음과 같이 주석하였다.

> '五行과 곡식에 관한 일을 잘 닦음' 이란 물은 불을 이기고, 불은 쇠를 이기고, 쇠는 나무를 이기고, 나무는 흙을 이겨서 오곡(五穀)을 낳으니, 혹은 서로 견제하여 그 지나친 것을 덜고, 혹은 서로 도와 그 부족한 것을 보충하여, 五行과 곡식이 모두 닦이지 않음이 없게 하는 것이다. '정덕(正德)' 이란 부모는 사랑하고 자식은 효도하며, 형은 우애하고 아우는 공손하며, 남편은 올바르고 아내는 순종하는 것으로서, 백성의 덕을 바르게 하는 것이다. '이용(利用)' 이란 장인(匠人)은 각종 집기를 만들고 상인(商人)은 재화를 유통시켜, 백성의 쓰임새를 편리하게 하는 것이다. '후생(厚生)' 이란 비단옷을 입고 고기를 먹어 굶주림과 추위가 없게 하는 것으로서, 백성의 생활을 두텁게 하는 것이다. 오행과 곡식을 이미 닦으면 민생(民生)이 비로소 완수되는바, 편안히 살면서 교육이 없을 수 없다. 그러므로 두터운 예법으로 교육을 베풀어 그 덕을 바르게 하고, 장인들의 생산품을 상인들이 유통시켜 그 쓰임새를 편리하게 하고, 절제하고 삼가는 법도로 그 생활을 두텁게 하여, 모두 그 이치에 마땅하여 어긋남이 없게 한다면, 조화(調和)를 이루지 못함이 없게 된다.[6]

---

5) 『書經』「虞書」〈大禹謨〉: 德惟善政 政在養民 水火金木土穀 惟脩 正德利用厚生 惟和

6) 『書傳大全』卷2 頁8~9, 蔡沈註 : 水火金木土穀 惟脩者 水克火 火克金 金克木 木克土 而生五穀 或相制 以洩其過 或相助 以補其不足 而六者無不修矣 正德者 父慈子孝 兄友弟恭 夫義婦聽 所以正民之德也 利用者 工作什器 商通貨財之類 所以利民之用也 厚生者 衣帛食肉

五行의 원리를 이용하여 오곡을 기르고, 정덕(正德)을 통하여 인륜을 실천하며, 이용(利用)을 통하여 생활을 편리하게 하고, 후생(厚生)을 통해 복지를 두텁게 한다면, 도덕적 본성의 발휘라는 측면이나 육체적 본능의 충족이라는 측면에서 모두 전혀 유감이 없을 것이다. 이것이 『서경』에서 제시한 '선정(善政)의 과제' 였다. 한편 『논어』에는 다음과 같은 내용이 보인다.

> 공자께서 위(衛)에 가셨을 때, 염유가 말을 몰았다. 공자께서 말씀하시길, "백성이 많도다." 염유가 묻기를, "이미 백성이 많으면, 그다음엔 무엇을 해야 합니까?" 공자께서 답하시기를, "부유하게 만들어야 한다." 염유가 또 묻기를, "이미 부유해졌다면, 그다음엔 무엇을 해야 합니까?" 공자께서 답하시기를, "(人倫을) 가르쳐야 한다."[7)]

위의 인용문에서 주목할 것은, 공자는 '백성을 부유하게 만드는 것' 을 '백성을 교육하는 것' 보다 우선적인 과제로 설정했다는 점이다. 이는 요컨대 '의식이 풍족해야 예의를 알게 된다' 는 주장과 맥락을 같이 한다. 맹자는 '항산(恒産)이 있어야 항심(恒心)을 지킬 수 있다' 는 말로 공자의 이러한 가르침을 뒷받침했다. 맹자는 다음과 같이 말한다.

> 백성들은 항산(恒産)이 없으면 따라서 항심(恒心)도 잃게 된다. 진실로 항심이 없으면 제 마음대로 온갖 사악한 일과 사치를 일삼게 되니, 마침내 죄에 빠

不飢不寒之類 所以厚民之生也 六者旣修 民生始遂 不可以逸居而無教 故爲之惇典敷教 以正其德 通功易事 以利其用 制節謹度 以厚其生 使皆當其理而無所乖 則無不和矣

7) 『論語』 子路 9 : 子適衛 冉有僕 子曰 庶矣哉 冉有曰 旣庶矣 又何加焉 曰 富之 曰 旣富矣 又何加焉 曰 教之

뜨린 다음에 형벌을 가한다면, 이는 백성을 그물질하는 것이다. 어찌 어진 사람이 윗자리에 있으면서 백성을 그물질하겠는가? 그러므로 현명한 군주는 백성의 생업을 제정함에 반드시 위로는 부모를 섬기기에 충분하고 아래로는 처자를 기르기에 충분하게 하여, 풍년에는 종신토록 배부르고 흉년에는 굶어 죽음을 면하게 했다. 그런 다음에 백성을 이끌어 善을 향하도록 했으니, 그러므로 백성들이 따르기 쉬웠던 것이다. 지금은 백성의 생업을 제정함에 위로는 부모를 섬기기에도 부족하고 아래로는 처자를 기르기에도 부족하게 하여, 풍년에는 종신토록 고생하고 흉년에는 굶어 죽음을 면할 수 없게 한다. 이렇게 하면 오직 죽음을 면하고자 해도 부족할까 두려우니, 어느 겨를에 예의(禮義)를 다스릴 수 있겠는가?[8]

위의 인용문은 '항산이 있어야 항심을 지킬 수 있다' 는 관점에서 항산의 우선적 중요성을 강조한 것이다. 그런데 맹자는 또 다음과 같이 말하기도 한다.

후직(后稷)이 백성들에게 농사를 가르쳐 오곡을 심게 하니, 오곡이 익어 백성들이 양육되었다. 사람에게는 道가 있거니와, 배불리 먹고 따뜻하게 입으며 편안히 살되 가르침이 없다면 곧 금수에 가깝게 된다. 성인(聖人)이 이를 근심하시어, 설(契)을 사도(司徒)로 삼아 인륜을 가르치게 하셨으니, 부자유친(父子有親), 군신유의(君臣有義), 부부유별(夫婦有別), 장유유서(長幼有序), 붕우유신(朋友有信)이 그것이다.[9]

---

8)『孟子』梁惠王上 7 : 無恒產而有恒心者 惟士爲能 若民則無恒產 因無恒心 苟無恒心 放僻邪侈 無不爲已 及陷於罪 然後從而刑之 是罔民也 焉有仁人在位 罔民而可爲也 是故 明君制民之產 必使仰足以事父母 俯足以畜妻子 樂歲終身飽 凶年免於死亡 然後驅而之善 故民之從之也輕 今也 制民之產 仰不足以事父母 俯不足以畜妻子 樂歲終身苦 凶年不免於死亡 此惟救死而恐不贍 奚暇治禮義哉

위의 인용문은 백성의 항산을 보장하여 의식주를 풍족하게 만든 다음에는 반드시 인륜을 교육해야 한다는 점을 설명한 것이다. 요컨대 우선적으로 중요한 것은 '항산의 보장' 또는 '본능적 욕구의 충족' 이지만, 궁극적으로 중요한 것은 '인륜의 실현' 또는 '도덕적 본성의 발현' 이라는 것이 맹자의 입장이었다.

'도덕과 산업' 또는 '항산과 항심' 에 관한 맹자의 이러한 주장은 사실 유교의 지론으로서, 각종 유교 경전의 가르침이나 여러 유학자들의 주장은 모두 이와 궤를 같이한다. 이제 몇 가지의 예를 더 확인해 보기로 하자.

『대학』에서는 "도덕은 근본이요, 재물은 말단이다. 근본을 바깥으로 삼고 말단을 안으로 삼으면 백성들이 서로 다투고 빼앗게 만드는 것이다."[10] 라고 했다. 이 말은 도덕과 재물 사이의 가치의 위계를 분명히 확립해야 한다는 말이요, 재물을 외면하라는 말이 아니다. '음과 양' 처럼 '근본과 말단' 역시 서로 의존하는 관계이기 때문이다. 이러한 맥락에서, 주자 역시 '도덕과 재물' 을 '근본과 말단' 의 관계로 인식하면서도 양자의 상호보완성을 누차 강조하였다. 주자가 이처럼 '도덕과 산업' 또는 '도덕과 재물' 을 상호 불가결한 것으로 파악했다는 점은 그가 향촌에서 향약(鄕約)과 사창(社倉)의 보급에 심혈을 기울였다는 점에서도 확인된다. 향약은 향촌민들의 항심을 북돋기 위한 것이요, 사창은 향촌민들의 항산을 보장하기 위한 것이었음은 물론이다.[11]

송대(宋代)의 유학자들이 고안하고 전파한 향약과 사창은 조선시대에도 두루 행해졌다. 다만 고을에 따라 향약만 시행하기도 하고, 향약과 사창을

---

9) 『孟子』 滕文公上 4 : 后稷教民稼穡 樹藝五穀 五穀熟而民人育 人之有道也 飽食煖衣 逸居而無教 則近於禽獸 聖人有憂之 使契爲司徒 教以人倫 父子有親 君臣有義 夫婦有別 長幼有序 朋友有信

10) 『大學章句』 傳10章 : 德者本也 財者末也 外本內末 爭民施奪

11) 주자의 鄕約과 社倉에 대한 자세한 논의는 拙著, 『朱子學의 길』, 208~213쪽 참조.

결합해 시행하기도 했거니와, 극재(克齋) 신익황(申益愰, 1672~1722)은 〈약목현사창계약속서(若木縣社倉契約束序)〉에서 다음과 같이 말한 바 있다.

옛날 성왕(聖王)이 천하를 다스릴 때, 도읍과 시골에 모두 창고가 있어서 곡식을 가득 쌓아두었고, 서울과 지방에 모두 학교가 있어서 교화를 밝혔다. 곡식을 쌓아둔 것이 가득했기 때문에 비록 흉년을 만나도 백성들이 굶지 않았고, 교화가 밝혀졌기 때문에 비록 어리석고 천한 사람이라도 범죄를 부끄럽게 여겼다. 이것이 삼대(三代)의 융성한 시절에 부유하고 인구가 많으면서 태평하게 다스려졌던 까닭으로서, 후세에 능히 미칠 수 있는 바가 아니었다. 세상이 타락하고 道가 어두워져 정교(政敎)가 무너짐에, 기근이 거듭되어도 굶주리는 사람을 구제할 수 없었고, 간악(奸惡)이 더욱 번져도 법령을 시행할 수 없었다. 오직 사창(社倉)의 제도는 수 · 당(隋唐)에서 시작되었고, 향약(鄕約)의 법은 송대(宋代)에 시작되었는데, 옛날의 곡식을 쌓아두고 교화를 행하던 유의(遺意)를 얻은 것으로서, 진실로 후세에 거행할 수 있는 바이다. 우리 국가는 몇 년 전부터 재이(災異)가 거듭 생겨 사람들이 삶을 완수하지 못하게 되었으니, 들에는 '배를 두드리며 부르는 노래' 가 끊겼고, 마을에는 '집집마다 봉해줄 만한 풍속' 이 드물게 되었다.[12] 이것이 어찌 하늘은 백성을 사랑하지 않고, 백성은 병이(秉彝)가 없어서 그런 것이겠는가? 참으로 '백성을 부유하게 한 다음 가르치는 방법' 을 제대로 시행하지 않았기 때문이다. 지난번에 조정에서 '향약을 시행하고 사창을 닦으라' 는 명령을 반포했다. 이는 실로 백성을 구제하는 급무인데도 군현에서는 제대로 명령을 받들어 시행하는 곳이 없으니, 매우 통탄할 일이다. 약목(若木)은 인주(仁州)의 속현(屬縣)으로서, 인물이 많고 풍속이 아름다워 본래부

12) '배를 두드리며 부르는 노래' 란 풍요를 누리며 행복을 구가하는 노래를 뜻하고, '집집마다 봉해줄 만한 풍속' 이란 집집마다 어진 사람이 즐비할 정도의 美風良俗을 뜻한다.

터 낙토(樂土)로 불렸다. 그런데 지형적으로 큰 강(江)에 임해 있으나 편리한 제방이 없어서, 홍수나 가뭄의 피해를 항상 먼저 입는다. 또한 선부로(先父老)들이 영락(零落)한 다음부터 이웃과 화목하게 지내는 유범(遺範)이 모두 사라지고, 해마다 사람들은 항산이 없고 집안에는 착한 풍습이 없어, 장차 스스로 보존하고 서로 보호할 수 없게 되었다. 그러므로 현(縣) 안의 여러 원로들이 이를 근심하여, 마침내 서로 회의하여 사창계(社倉契)를 만들고 겸하여 향약(鄕約)도 실행하기로 하였다.[13)]

위의 인용문에서 주목할 것은 "옛날의 곡식을 쌓아두고 교화를 행하던 유의(遺意)" 라는 말과 "백성을 부유하게 한 다음 가르치는 방법" 이라는 말, 그리고 "사람들은 항산이 없고 집안에는 착한 풍습이 없어, 장차 스스로 보존하고 서로 보호할 수 없게 되었다." 는 말이다. 요컨대 약목현의 원로들은 항산과 항심이 서로 밀접한 연관이 있듯이 사창과 향약도 서로 표리를 이루는 것이라고 보았다. 그런데 항산과 항심이 표리를 이루는 관계라 하더라도 우선적 관건은 항산에 있다는 것이 유교의 지론이었기 때문에, 약목현의 원로들도 '먼저 사창을 통해 항산을 보장하고, 아울러 향약을 통해 항심을 배양하자' 고 의견을 모았던 것이다.

---

13) 『克齋集』 卷10 頁1~2, 〈若木縣社倉契約束序〉: 古者聖王之治天下也 都鄙皆有廩庾 以實委積 鄕國皆有學校 以明敎化 委積實 故雖遇凶荒 民不闕食 敎化明 故雖甚愚賤 罔不恥犯 此三代盛時 所以富庶治平 而非後世之所能及也 世降道晦 政荒敎弛 饑饉荐至 而餓莩不可救 奸慝滋興 而法令不可行矣 惟社倉之制 始於隋唐 鄕約之法 昉於趙宋 而得古委積敎化之遺意 誠後世之所可擧而行之者也 我國家自近歲以來 災異疊臻 物不遂生 野絶鼓腹之謠 戶罕可封之俗 是豈天不愛民 民無秉彝而然哉 誠以富之敎之之術 有所未至耳 嚮者 朝廷頒設鄕約修社倉之令 此實救民之急務 而郡國莫或承行 甚可歎也 若木 卽仁州之屬縣也 人物之盛 風俗之美 素號樂土 而地濱大江 無防堤之利 而水旱之害 實先被焉 又自先父老零落之後 睦隣遺範 無復存者 比年以來 人無恒産 家無善習 將無以自存而相保矣 故縣中達尊諸公 患是然也 遂相與會議 爲社倉之契 仍欲兼行鄕約

한편 반계(磻溪) 유형원(柳馨遠)은 조선 후기 실학파의 비조로서 『반계수록(磻溪隧錄)』에서 종합적인 국정개혁안을 제시한 것으로 유명하거니와, 오광운(吳光運)은 〈반계수록서문〉에서 다음과 같이 말한 바 있다.

형이상자(形而上者)를 道라 하고, 형이하자(形而下者)를 器라 한다. (…) 맹자가 왕도(王道)를 논할 때 반드시 정전제(井田制)를 말했으니, 일찍이 道와 器를 떠나서 말씀하지 않았다. (…) 정자(程子)나 주자(朱子)와 같은 대현(大賢)들은 하 · 은 · 주 삼대의 정치에 뜻이 있었거니와, 그들의 논저(論著)는 道에 대해서는 자세히 논했지만, 器에 대해서는 빠뜨린 것은 무슨 까닭인가? (…) 대개 그 뜻은 道가 밝아지면 器도 저절로 회복된다는 것이었으니, 장횡거(張橫渠)가 밭을 사서 정전(井田)을 그은 것을 보면 당시 여러 군자들의 마음을 미루어 알 수 있다. 그러나 정자 · 주자 이후로 道는 분명 밝아졌으나 器는 여전히 무너진 채로 있으니, 道가 어찌 일찍이 器를 떠나서 홀로 행해질 수 있겠는가? (…) 반계 유형원 선생은 숨어 살면서 책을 지어서 세상을 구제하려는 측은한 뜻을 담아 『반계수록』이라 이름 붙였다. 이 책은 전제(田制)를 근본으로 삼았는데, 정전(井田)을 긋지 않고서도 정전제의 효과를 얻을 수 있게 했다. 그런 다음, 선비를 기르고, 어진 사람을 뽑아 관직을 맡기고, 군대를 통제하고, 예교(禮敎)와 정법(政法)을 행하는 규모(規模)와 절목(節目)을 조금도 막힘없이 모두 천리(天理)에 맞게 설계했다. 나는 이 책을 한 번 보고서는 이미 선생의 천덕(天德)을 엿볼 수 있었다. 또 선생이 지은 이기(理氣), 인심도심(人心道心), 사단칠정설(四端七情說) 등을 읽어보니, 그 순수하고 정확하고 깊은 경지가 요즘 여러 선비들이 미칠 수 있는 바가 아니었다. 그리하여 나는 道와 器가 서로 떠날 수 없다는 것을 더욱 믿게 되었다. (…) 무릇 누가 건괘(乾卦)와 곤괘(坤卦)의 쉽고 간단한 이치가 한 길로 여기에 이르는 것임을 알겠는가?[14]

위의 인용문은 "형이상자를 道라 하고, 형이하자를 器라 한다."는 말로 시작하고 있거니와, 이 역시 널리 알려진 『주역』의 구절이다.[15] 한때 '동도서기(東道西器)' 라는 말이 유행했듯이, 위의 인용문에서 말하는 道는 물론 '도덕' 을 뜻하고, 器는 '이용후생의 도구' 를 뜻한다. "道가 어찌 일찍이 器를 떠나서 홀로 행해질 수 있겠는가?" 라는 말은 "항산이 보장되어야 항심을 지킬 수 있다" 는 말과 궤를 같이하는 것으로서, 아무리 선한 본성을 지니고 있다 하더라도 생존의 차원에서는 이기적 본능의 지배를 받지 않을 수 없는 인간의 현실을 지적한 것이다.

위의 인용문에서 또 하나 주목할 것은 '道와 器가 서로 떠날 수 없음' 을 논한 다음, "乾卦와 坤卦의 쉽고 간단한 이치가 한 길로 여기에 이르는 것" 이라고 설명한 점이다. 이는 요컨대 '건괘와 곤괘' 즉 『주역』의 '음과 양' 을 '道와 器' 로 풀이하고, '음과 양' 의 상호불가결성이라는 맥락에서 '道와 器' 의 상호불가결성을 강조한 것이다. 이러한 맥락에서, 오광운은 『반계수록』이 전제(田制)로부터 시작하여 예교(禮敎)와 정법(政法)으로 끝맺은 것을 '道와 器의 상호보완성' 이라는 관점에서 높이 평가하였다.

역학(易學)의 음양사상에 입각하여 '도덕과 산업' 의 상호불가결성을 천

14) 『磻溪隨錄』〈隨錄序〉: 形而上者謂之道 形而下者謂之器 (…) 孟子論王道 必曰井田 未嘗離道器而言之 (…) 夫以程朱之大賢 慨然有意於三代之治 而其所論著 詳於道而闕於器 何也 (…) 蓋其意以爲道明則器自復爾 觀於橫渠買田畫井之說 而諸君子之心 可推以見也 然程朱以後 道不可謂不明 而器之蕩然者自如 道何嘗離器而獨行哉 (…) 磻溪柳先生 隱居著書 以寓夫拯捄惻怛之志 名曰隨錄 其書以田制爲本 不畫井形而得井田之實 然後養士選賢任官制軍禮敎政法規模節目 不泥不礙 沛然皆合於天理 愚一覽其書 而已窺先生之天德 已而得先生所著理氣人心道心四端七情說讀之 其純粹精深 非近世諸儒所可及 於是益信道器之不相離也 (…) 夫孰知乾坤簡易之理 一至於此哉

15) 易學에서 道는 太極과 상응하는 개념으로, 器는 陰陽과 상응하는 개념으로 해석되어 왔다는 점에서 『주역』의 道器論은 陰陽論과는 궤를 달리하는 개념이다. 그런데 대립물의 '상호 불가결성' 과 '가치의 위계' 를 함축한다는 점에서는 양자가 공통되는 점이 있다.

명한 대표적 학자는 일수(一叟) 이원구(李元龜, 1758~1828)이다. 그는 종종 인륜(人倫)을 '구도(九道)'로, 산업(産業)을 '육사(六事)'로 표현했거니와, 스스로 그 취지를 다음과 같이 설명한 바 있다.

> 자연으로 말하면, 九는 노양(老陽)의 乾道요, 六은 노음(老陰)의 坤道이다. 인간으로 말하면, 九는 인륜으로서 삶을 인도하는 대도(大道)이며, 六은 산업으로서 생명을 보존하는 대사(大事)이다. 『주역』에서는 "乾과 坤은 역(易)의 문(門)이니, 乾과 坤이 훼손되면 천지가 거의 멈추게 될 것"이라 했다. 대개 九道와 六事는 천 · 지 · 인(天地人) 삼재(三才)의 요도(要道)요 묘결(妙訣)이다.[16]

위에 보이듯이, 이원구가 말하는 '구도(九道)와 육사(六事)'에서, '九와 六'은 각각 '양과 음'을 숫자로 표현한 것이요, '道와 事'는 각각 '인륜과 산업'을 상징하는 글자이다. 위의 인용문에 보이듯이, 이원구는 인륜을 '삶을 인도하는 대도(大道)'로, 산업을 '생명을 보존하는 대사(大事)'로 규정하고, 양자를 '음과 양'의 관계로 규정함으로써 그 상호 불가결성을 강조하였다. 그는 다음과 같이 말하기도 한다.

> 세상에는 간혹 인륜을 거론하되 산업을 저속하게 여기는 자도 있고, 산업은 취하면서 인륜은 경시하는 자도 있으니, 옳은 일이겠는가? 이런 자세를 버리지 않는다면, 나는 이 道가 어떤 경지에 이르게 될지 모르겠다. 인륜과 산업은 하나인데, 둘로 여겨서 서로 다투니, 애석하도다. 이는 한 몸의 좌 · 우 팔뚝이 서로 다투는 것과 같다. 그 병폐가 이미 고질이 되었으니, 결국엔 또한 둘 다 망하게

16) 『心性錄』 第一上部 13쪽 : 以天言則九者老陽之乾道也 六者老陰之坤道也 以人言則九者人倫導生之大道也 六者產業衛生之大事也 易曰 乾坤其易之門歟 乾坤毁則天地或幾乎息矣 蓋九道六事 天地人三才之要道妙訣

될 것이다.[17]

위의 인용문 역시 인륜과 산업의 상호 불가결성을 설파한 것으로서, 그 저변에는 당시의 성리학자들이 대개 산업을 소홀히 하고 실학자들이 대개 인륜을 소홀히 함을 비판하는 뜻을 아울러 담고 있다.[18] 이원구는 '인륜과 산업'의 긴밀한 상호관계를 설명하기 위해 '천근(天根)과 월굴(月窟)'[19]이라는 비유를 사용하기도 하고, '남편과 아내'라는 비유를 사용하기도 했다. 그는 다음과 같이 말한다.

인륜이 아니면 산업을 다스릴 수 없고, 산업이 아니면 인륜을 밝힐 수 없다. 인륜은 남편에 견줄 수 있고, 산업은 아내에 견줄 수 있다. 인륜만 거론하고 산업을 다스리지 않으면 홀아비와 같고, 산업만 말하고 인륜을 따르지 않으면 과부와 같다. 이러한 이치를 안다면 누가 홀아비로 살고자 할 것이며, 누가 과부로 살고자 할 것인가? 인륜은 하늘을 본받고 해를 본받는 것이며, 산업은 땅을 본받고 달을 본받는 것이다. 하늘의 기운이 아래로 내려오고 땅의 기운이 위로 올라간 다음에 사계절이 운행되고 만물이 태어나고 자란다.[20]

이원구에 의하면, 아내가 없는 홀아비의 삶이나 남편이 없는 과부의 삶이 바람직스럽지 못하듯이, 인륜과 산업은 반드시 서로 결합하여야만 인

---

17) 『心性錄』 第一上部 17쪽 : 世或有擧人倫而俗産業者 或有取産業而輕人倫者 可乎 如此不已 則吾未知是道至於何境也 倫業一也 二之而相戰 惜哉 是如一身上左右肱之相鬪也 其疾已痼 終亦兩敗而已矣

18) 이선경, 「一叟 李元龜의 易學思想 硏究」, 17~18쪽.

19) 『心性錄』 第一上部 62쪽 : 九道者 天根也 六事者 月窟也

20) 『心性錄』 第一上部 13~14쪽 : 非人倫 無以治産業 非産業 無以明人倫 人倫比之如夫 産業比之如妻 單擧人倫而不治産業者 鰥也 獨取産業而不循人倫者 寡也 如知之則孰欲鰥居 孰願寡處 人倫效天效日 産業法地法月 天氣下降 地氣上昇 然後 四時行焉 萬物生焉

간의 만사가 형통해진다. 위의 인용문에서는 이를 "하늘의 기운이 아래로 내려오고 땅의 기운이 위로 올라간 다음에 사계절이 운행되고 만물이 태어나고 자란다."는 말로 표현했다. 이는 '음과 양'은 서로 대립하면서도 통일되는 것처럼, 인륜과 산업 역시 대립하면서도 통일되는 것이라는 뜻을 설파한 것이다.[21]

『주역』의 숭덕광업론(崇德廣業論)은 도덕과 산업을 음양의 관계로 인식한 데 특징이 있다. 역학의 음양론은 음양의 상호보완성을 강조함과 동시에 양존음비(陽尊陰卑)를 설파하는바, 같은 맥락에서 도덕과 산업의 상호보완성과 선후관계를 추론할 수 있다. 이러한 맥락에서 모든 유학자들은 일관되게 '우선적으로 중요한 것은 항산을 통한 본능의 충족이지만, 궁극적으로 중요한 것은 항심을 통한 본성의 발현'이라는 입장을 견지해 왔던 것이다.

이상에서 살핀 것처럼, 전통 유교에서는 '도덕과 산업'을 상호 불가결한 것으로 인식했다. 나아가 유교에서는 육체적 본능의 현실적 주도권을 십분 긍정하여 산업이 우선적으로 중요하다고 보면서도, 인간의 인간다움은 도덕적 본성의 실현에 있다고 보아 궁극적으로 중요한 것은 인륜과 도덕이라고 보았다. 도덕은 인간의 영적(靈的) 가치를 상징하고, 산업은 인간의 육체적 가치를 상징한다. 과거의 전근대사상이 흔히 육체적 가치를 폄하하고 영적 가치를 일방적으로 미화한 것과는 달리, 전통 유교에서는 도덕과 산업을 음양의 관계로 인식함으로써 영육쌍전(靈肉雙全)을 추구해 왔

21) 이원구가 "九道는 天根이요, 六事는 月窟이다.", "九道는 六事가 아니면 모두 빈 그릇이요, 六事는 九道가 아니면 모두 헛 이름이다."라 한 것을 바탕으로, 이선경은 "九道와 六事는 역시 대립과 통일의 구조를 지닌다."고 설명한 바 있다(이선경, 「一叟 李元龜의 易學思想 硏究」, 31쪽).

던 것이다.[22)]

22) 易學의 崇德廣業論을 오늘날의 맥락으로 풀이하면, 崇德은 '민주화와 인권보장' 에 해당하고, 廣業은 '산업화와 경제발전' 에 해당하는 것이다. 따라서 民主化와 産業化의 문제를 역학적 관점에서 설명하면, 민주화와 산업화는 상호보완적인 것으로서, 우선적으로 중요한 것은 민생을 보장하는 경제발전이며, 궁극적으로 중요한 것은 인권을 보장하는 민주화라고 말할 수 있다. 그런데 오늘날 우리 한국에서 민주화 세력과 산업화 세력이 아직도 서로 적대적인 관계를 해소하지 못하고 있다. 조선 후기에도 人倫을 중시하는 性理學者들과 産業을 중시하는 實學者들이 서로 적대시했던 점이 있었는데, 당시의 그러한 현실에 대해 이원구는 "인륜과 산업은 하나인데, 둘로 여겨서 서로 다투니, 애석하도다. 이는 한 몸의 좌 · 우 팔뚝이 서로 다투는 것과 같다. 그 병폐가 이미 고질이 되었으니, 결국엔 또한 둘 다 망하게 될 것이다."라고 개탄했던 것이다. 그의 예견대로 얼마 지나지 않아 인륜과 산업이 둘 다 망하여, 결국엔 亡國을 면할 수 없었다. 이러한 맥락에서, 오늘날 우리 사회의 좌파와 우파는 민주화와 산업화의 상호보완성을 원리적으로 성찰하면서, 과거의 역사적 과오를 되풀이하지 않도록 각성해야 할 것이다.

大同 小康 王道 覇道 中華 夷狄

大同 小康 王道 覇道 中華 夷狄

제3장

문명의 이상과 현실

8. 『예기』의 '대동(大同)과 소강(小康)'
9. 『맹자』의 '왕도(王道)와 패도(覇道)'
10. 『춘추』의 '중화(中華)와 이적(夷狄)'

8. 『예기』의 '대동(大同)과 소강(小康)'

『예기』의 〈예운(禮運)〉편에서는 대도(大道)가 행해질 때의 세계상으로서 '대동(大同)'과 대도가 숨었을 때의 세계상으로서 '소강(小康)'을 거론한 바 있다. 이후 대동은 유교적 이상사회의 최대치로, 소강은 유교적 이상사회의 최소치로 간주되어 왔거니와, '대동과 소강' 역시 '본성과 본능'의 문제와 밀접하게 연관된 개념이었다. 요컨대 대동은 모든 사람이 도덕적 본성에 입각할 뿐 조금도 이기적 본능에 얽매이지 않는 사회였으며, 소강은 사람들이 제각각 이기심을 발휘하되 도덕규범의 테두리를 넘지 않는 사회였다. 이제 이러한 관점에서 대동과 소강에 대해 살펴보자. 『예기』에서는 다음과 같이 대동사회를 묘사한다.

> 대도(大道)가 행해질 때에는 천하가 공공의 것이었다〔天下爲公〕. 어질고 능력 있는 사람을 등용하여 신의(信義)를 가르치고 화목(和睦)을 닦았다. 그러므로 사람들은 자기의 어버이만 어버이로 여기거나, 자기의 자식만을 자식으로 여기지 않았다. 노인은 편안히 여생을 마치도록 하였고, 젊은이는 자기의 능력을 발휘할 수 있도록 하였으며, 어린이는 잘 자라나도록 하였다. 홀아비, 과부, 고아, 늙어서 자식이 없는 사람, 장애인, 몹쓸 병을 앓는 사람 등이 모두 먹고살 수 있도록 하였으며, 남자들은 직업이 있고 여자들은 시집갈 곳이 있게 하였다. 재물이 낭비되는 것은 미워했지만, 반드시 자기가 소유하려고 하지는 않았으며, 몸소 일하지 않는 것을 미워했으나 반드시 자기만을 위해서 일하지는 않았다. 그러므로 간사한 음모가 생겨나지 않았고, 도둑이나 난리도 일어나지 않았

다. 그리하여 문을 바깥으로 하여 잠그지도 않았다. 이것을 '대동(大同)' 이라 한다.[1]

대동사회는 '천하위공(天下爲公)' 의 사회이다. 따라서 특정 개인이 천하를 소유하는 일이나 지배 · 피지배의 권력정치 등이 없고, 오로지 현능(賢能)한 사람이 신의와 화목으로 사람들을 지도하는 일만 있다. 대동사회는 혈연 · 지연 · 학연 등 사사로운 연고(緣故)를 벗어난 공공성, 덕성과 재능 등 개인적 능력의 존중, 자기와 남의 구별을 넘어선 보편적 인류애, 모든 인간의 자아실현, 인간다운 삶을 보장하는 사회적 처우 등이 실현됨으로써 완전한 평화에 도달한 사회이다. 『예기』에서는 이러한 사회가 역사적으로 실재했었다고 보는바, 요 · 순(堯舜) 시대가 그것이다. 그러나 사람들이 자기와 남을 구별하고 이기심에 눈을 뜨게 됨으로써, '천하위공' 의 '대동' 은 더 이상 바랄 수 없게 되었다. 자기와 남을 구별하고 이기심을 추구하면 사회는 결국 혼란에 빠지게 되는데, 예의로 기강을 세워 혼란을 막고 그런대로 소소한 평화를 유지한 사회가 '소강(小康)' 이다. 『예기』에서는 다음과 같이 소강사회를 설명한다.

이제 대도(大道)가 이미 숨어, 천하가 개인의 집안처럼 되었다〔天下爲家〕. 그리하여 각각 자기의 어버이를 어버이로 여기고, 자기의 자식을 자식으로 여기며, 재물과 힘을 자기를 위해 사용하게 되었다. 천자(天子)와 제후(諸侯)의 자리를 부자간에 전승하거나 형제간에 전승하는 것을 禮로 여기고, 성곽과 해자를

1) 『禮記』〈禮運〉: 大道之行也 天下爲公 選賢與能 講信脩睦 故人不獨親其親 不獨子其子 使老有所終 壯有所用 幼有所長 矜寡孤獨廢疾者 皆有所養 男有分 女有歸 貨惡其棄於地也 不必藏於己 力惡其不出於身也 不必爲己 是故 謀閉而不興 盜竊亂賊而不作 故外戶而不閉 是謂大同

견고하게 만들었으며, 예의로 기강을 세웠다. 이로써 군신관계를 바르게, 부자관계를 돈독하게, 형제관계를 화목하게, 부부관계를 화목하게 하였다. 또한 이로써 제도를 베풀고, 경작지와 마을을 세웠으며, 용기와 지식이 있는 사람을 훌륭하게 여기고, 功을 자기의 것으로 삼았다. 그러므로 꾀를 씀이 생겨나고, 전쟁이 이로써 일어나게 되었다. 우(禹) · 탕(湯) · 문왕(文王) · 무왕(武王) · 성왕(成王) · 주공(周公)은 이러한 상황에서 선출된 사람들이다. 이 여섯 군자들은 禮를 삼가지 않은 사람이 없었다. 이로써 義를 밝히고, 信을 이루고, 허물을 밝히고, 仁을 모범으로 삼고, 겸양을 가르쳐서, 백성들에게 떳떳한 법도를 보여주었다. 만일 이러한 것에 말미암지 않는 군주가 있다면, 백성에게 재앙을 끼치는 군주라 하여 폐출하였다. 이것을 '소강(小康)' 이라 한다.[2)]

천하를 공공의 것으로 여기는 '대도(大道)' 가 이미 사라지고 자기와 남을 구별하게 됨으로써, 이제 사람들은 자신의 이익, 자기 가족의 행복, 자기 국가의 번영을 추구하는 사회가 되었다. 이처럼 각자의 이기심이 작동함에 따라 마침내 서로 꾀를 부리고 전쟁을 일으키게 되는 것이다. 이러한 시대에 우 · 탕 · 문왕 · 무왕 · 성왕 · 주공 등은 기강을 세우고 법제를 갖춤으로써, 그런대로 소소한 평화를 실현하였는데, 이것이 소강사회라는 것이다.

대동과 소강을 구별해주는 가장 큰 척도는 '천하위공(天下爲公)' 과 '천하위가(天下爲家)' 로서, 이는 두 차원에서 해석할 수 있다. 첫째는 '통치권의 향방' 에 초점을 맞춘 해석으로서, '천하위공' 이란 천하를 공공의 것으

2) 『禮記』 〈禮運〉 : 今大道旣隱 天下爲家 各親其親 各子其子 貨力爲己 大人世及以爲禮 城郭溝池以爲固 禮義以爲紀 以正君臣 以篤父子 以睦兄弟 以和夫婦 以設制度 以立田里 以賢勇知 以功爲己 故謀用是作而兵由此起 禹湯文武成王周公 由此其選也 此六君子者 未有不謹於禮者也 以著其義 以考其信 著有過 刑仁講讓 示民有常 如有不由此者 在埶者去 衆以爲殃 是謂小康

로 여겨 세습하지 않고 현자(賢者)와 능자(能者)를 선발하여 통치하도록 하는 것이요, '천하위가' 란 천하를 한 가족의 사유물로 여겨 세습적으로 통치하는 것이다. 둘째는 '소유의 방식' 에 초점을 맞춘 해석으로써, '천하위공' 이란 천하의 모든 재화를 공유(共有)하는 것이며, '천하위가' 란 천하의 모든 재화를 각자가 사유(私有)하는 것이다. 하지만 인간의 이기심(利己心)을 어떻게 처리하느냐에 따라서 대동과 소강이 나누어진다는 점에 서는 두 차원이 모두 마찬가지이다. '대동' 은 도덕적 본성만 발휘될 뿐, 이기심은 전혀 개입하지 않는 사회이다. 반면에 '소강' 은 이기심이 작용하는 사회인바, 다만 이기심을 전면적으로 긍정하고 수용하는 것이 아니라 도덕이나 기강과 법제 등으로 적절하게 통제하는 사회이다.[3)]

'대동과 소강' 은 여러 관점에서 논의할 수 있지만, 그 핵심 논점 가운데 하나는 '겸애(兼愛)와 별애(別愛)' 의 문제이다. 앞에서 소개했듯이, 대동은 모든 사람을 평등하게 사랑하는 겸애의 사회이고, 소강은 각자 제 가족을 더 소중하게 사랑하는 별애의 사회이다. 그런데 주지하듯이 유가의 지론은 겸애가 아니라 별애였기 때문에, 유학자들 사이에서도 『예기』의 대동론에 대해서는 '그것이 과연 유교적인 것인가?' 라는 의문이 종종 제기되

3) 大同과 小康은 각각 플라톤의 '칼리폴리스(Kallipolis)' 와 '마그네시아(Magnesia)' 에 대비된다. 플라톤은 전기 대화편 『國家』에서는 理想國家로서 칼리폴리스를 제시하였고, 후기 대화편 『法律』에서는 실현 가능한 국가로서 마그네시아를 설정하였다. 이데아에 근거한 칼리폴리스는 最善의 국가였고, 현실에 근거한 마그네시아는 次善의 국가였다. 칼리폴리스의 특징은 哲人王에 의한 통치와 재화의 완전한 共有이다. 반면에 마그네시아에서는 제도적 장치〔法律〕가 중시되고, 재화는 균등하게 분배되어 私有된다. 칼리폴리스에서는 이성에 의해 욕망을 완전히 극복하는 것을 이상으로 삼았다면, 마그네시아에서는 이성과 욕망을 조화시키고자 하였다. 플라톤은 칼리폴리스는 너무 高遠하여 실현 가능성이 없다고 생각하여, 현실에서 실현 가능한 국가로서 마그네시아를 제시한 것이다. 이에 대한 자세한 논의는 T. K. Seung, *Plato Rediscovered : Human Value and Social Order*, 256~258쪽, 286~288쪽 ; 서병훈, 『자유의 미학』, 198~205쪽 ; 김태경, 「'왕도적 치자' 와 나눔의 방법」, 41쪽) 참조.

었던 것이다.[4] 따라서 이러한 맥락에서 '겸애와 별애'의 문제를 살펴볼 필요가 있겠다.

일찍이 묵자(墨子)는 '천하의 치·란(治亂)'을 '겸애와 별애'의 관점에서 설명한 바 있다. 모두가 겸애를 실천하면 천하가 평화롭게 다스려지고, 모두가 별애를 실천하면 천하가 혼란에 빠진다는 것이다. 그런데 맹자는 묵자의 겸애를 비판하고, 오히려 별애를 옹호하였다. 그렇다면 이 두 사람의 견해를 비교해본 다음, 유교에서 추구하는 이상사회의 모습을 규명해 보기로 하자.

춘추전국 시대의 제자백가들이 모두 그랬듯이, 묵자 역시 당시의 혼란한 세상을 구제하는 데 뜻이 있었다. 묵자의 대전제는 "천하가 서로 겸애하면 다스려지고, 서로 미워하면 혼란해진다."[5]는 것이었다. 묵자는 다음과 같이 겸애를 옹호하고 별애를 비판한다.

> 천하에 남을 미워하고 해치는 자들은 겸애하는 사람인가, 별애하는 사람인가? 반드시 그들은 별애라고 말할 것이다. 그러므로 서로 별애하는 자들이야말

---

4) 石梁王氏나 陳氏 등은 堯·舜 시대를 大同으로 규정하고 禹·湯·文·武·成王·周公의 시대를 小康으로 규정하는 것은 道家(老莊)의 색채가 있다고 비판하였다(『禮記集說大全』 卷9 頁2~5 참조). 朱子도 "禮運篇은 『老子』와 흡사하지 않느냐?"라는 질문에 "聖人의 글이 아니다."라고 답한 바 있다(『朱子語類』 卷87, 2240쪽). 그러나 栗谷은 『聖學輯要』 爲政功效章第十의 첫머리에 『禮記』의 大同論을 두어, 그것이 儒家의 理想임을 분명히 하였다(율곡은 『聖學輯要』의 결론부 聖賢道統의 마지막 按說에서 '자신의 大同論'을 전개했는데, 이는 『禮記』의 大同論을 유교적 입장에 맞게 수정한 것이다. 이에 대한 자세한 논의는 강정인, 『넘나듦〔通涉〕의 정치사상』, 242~245쪽 참조). 蕭公權은 "〈禮運〉의 眞僞에 대해서는 의심스러운 점이 있지만, 大同이 孔子의 理想이라는 것을 인정한다고 하더라도 중대한 착오는 아닐 것"이라고 보았다(蕭公權, 『中國政治思想史』, 127쪽 참조). 안병주는 유교의 仁이 方法的인 면에서 差別愛主義를 취하고 있지만 그것이 博愛와 平等에 모순되는 것은 아니라는 관점에서, 大同社會를 유교의 理想에서 제외할 필요는 없다고 주장하였다(안병주, 『儒敎의 民本思想』, 68~70쪽 참조).

5) 『墨子』〈兼愛上〉: 天下兼相愛則治 交相惡則亂

> 로 결국 천하에 큰 해를 끼치는 자들일 것이다. (…) 천하에 남을 이롭게 하고 사랑하는 자들은 겸애하는 사람인가, 별애하는 사람인가? 반드시 그들은 겸애라고 말할 것이다. 그러므로 서로 겸애하는 자들이야말로 결국 천하에 큰 이로움을 주는 자들일 것이다.[6]

그렇다면 묵자가 말하는 겸애와 별애는 구체적으로 무엇인가? 묵자가 말하는 '겸애' 란 '사람들이 자기와 남을 차별하지 않고 똑같이 사랑하는 것' 이다. 묵자는 다음과 같이 말한다.

> 남의 나라를 자기 나라처럼 여기고, 남의 가문을 자기 가문처럼 여기며, 남의 몸을 자기 몸처럼 여기니, 그러므로 제후(諸侯)가 서로 사랑하면 들판에서 전쟁하지 않고, 대부(大夫)가 서로 사랑하면 서로 찬탈하지 않으며, 사람들이 서로 사랑하면 서로 도적질하지 않는다. 임금과 신하가 서로 사랑하면 은혜롭고 충성하며, 부모와 자식이 서로 사랑하면 자비롭고 효도하며, 형과 아우가 서로 사랑하면 화목하고 조화한다. 천하 사람들이 모두 서로 사랑하면, 강한 자는 약한 자를 억누르지 않고, 다수는 소수를 겁탈하지 않고, 부자는 빈자를 모독하지 않고, 귀한 사람은 천한 사람을 업신여기지 않고, 꾀 많은 사람은 어리석은 사람을 속이지 않는다. 무릇 천하의 재앙과 찬탈과 원한이 일어나지 않게 하려면 서로 사랑해야 한다. 그러므로 어진 사람은 겸애를 칭송하는 것이다.[7]

---

6) 『墨子』〈兼愛下〉: 天下惡人而賊人者 兼與別與 卽必曰別也 然卽之交別者 果生天下之大害者與 (…) 天下愛人而利人者 別與兼與 卽必曰兼也 然卽之交兼者 果生天下之大利者與

7) 『墨子』〈兼愛中〉: 子墨子言 視人之國若視其國 視人之家若視其家 視人之身若視其身 是故諸侯相愛則不野戰 家主相愛則不相簒 人與人相愛則不相賊 君臣相愛則惠忠 父子相愛則慈孝 兄弟相愛則和調 天下之人皆相愛 强不執弱 衆不劫寡 富不侮貧 貴不敖賤 詐不欺愚 凡天下禍簒怨恨可使毋起者 以相愛生也 是以仁者譽之

묵자의 주장처럼, 모든 사람들이 서로 겸애를 실천한다면 천하의 재앙과 찬탈과 원한이 일어나지 않게 될 것이다. 문제는 사람들은 대부분 이기적 본능을 지니고 있어서 겸애를 실천하기 어렵다는 점이다. 이 점은 묵자도 의식하고 있었던바, "겸애는 좋은 것이나, 실행할 수 없는 것"이라는 당시 사람들의 비판에 대하여, 묵자는 "겸애는 옛 성왕(聖王)들께서 이미 실행하셨던 것"이라 하여 누구나 마음만 먹으면 실행할 수 있다고 역설했다.[8)]

한편, 묵자가 말하는 '별애'란 '사람들이 자기와 남을 똑같이 사랑하지 않고, 각자 자기 것만 사랑하는 것'이다. 묵자는 다음과 같이 말한다.

> 도적은 제 집안을 사랑하면서도 남의 집안은 사랑하지 않으므로 남의 집안 것을 훔쳐서 제 집안을 이롭게 한다. (…) 이것은 무슨 까닭인가? 모두 서로 사랑하지 않아서 생기는 일이다. 대부(大夫)들이 서로 가문을 어지럽히고 제후(諸侯)들이 서로 국가를 침공하는 것도 마찬가지이다. (…) 천하를 어지럽히는 물건이 여기에 있으니, 어디로부터 이런 일이 일어나는가? 살펴보면 모두 서로 사랑하지 않는 데서 생기는 일이다.[9)]

묵자는 천하의 혼란은 모두 사람들이 서로 사랑하지 않는 데서 생긴다고 지적하고, 별애를 모든 사회악의 근원으로 비판했다. 위의 인용문에서 주목할 것은 "남의 집안 것을 훔쳐서 제 집안을 이롭게 한다."는 말로서, 묵자가 말하는 별애는 단순히 '자기 집안을 더 사랑함'에 그치는 것이 아

---

8) 『墨子』〈兼愛中〉: 今天下之士君子曰 然乃若兼則善矣 雖然不可行之物也 (…) 古者聖王行之

9) 『墨子』〈兼愛上〉: 盜愛其室不愛其異室 故竊異室以利其室 (…) 此何也 皆起不相愛 雖至大夫之相亂家 諸侯之相攻國者亦然 (…) 天下之亂物具此而已矣 察此何自起 皆起不相愛

니고 '남의 집안에 대한 침탈' 을 포함한다는 점이다.

이상에서 묵자가 겸애를 옹호하고 별애를 비판한 내용을 살펴보았거니와, 묵자의 주장은 나름대로 충분한 타당성을 지닌다고 볼 수 있다. 그런데 맹자는 거꾸로 겸애를 비판하고 별애를 옹호하면서,[10] 묵자의 주장을 이단사설(異端邪說)로 규정했다. 그렇다면 이제 맹자의 입장을 살펴보기로 하자.

맹자는 묵자의 겸애설(兼愛說)과 양주의 위아설(爲我說)을 모두 배격하면서, 별애(別愛)를 옹호했다. 묵자의 겸애설은 '자기와 남을 차별하지 않고 똑같이 사랑하자' 는 것이며, 양주의 위아설은 '사람들이 각자 자신을 위해 노력할 뿐, 남을 도울 생각은 하지 말자' 는 것이다. 맹자는 겸애에 대해서는 자기의 부모와 남의 부모를 평등하게 사랑하는 것은 결국 '자기의 부모를 무시하는 것' 이라고 비판했고, 위아에 대해서는 자기의 이익을 추구할 줄만 알고 자신을 희생할 줄을 모르는 것은 결국 '자기의 임금을 무시하는 것' 이라고 비판했다.[11] 이러한 맥락에서 맹자의 별애는 묵자의 겸애설과 양주의 위아설을 지양시킨 것이었다.

맹자가 말하는 별애는 사랑의 실천은 그 대상에 따라 선·후(先後)와 후·박(厚薄)을 달리해야 한다는 것이다. 요컨대 자기와 가까운 사람을 먼저 두텁게 사랑하고, 먼 사람은 나중에 엷게 사랑하는 것이 바로 맹자가 말하는 별애이다. 맹자는 다음과 같이 말한다.

> 군자는 만물(萬物, 禽獸草木)에 대해서는 아끼기는 하지만 仁으로 대하지는

---

10) 여기서 주의할 것은, 맹자가 옹호한 별애와 묵자가 비판한 별애는 사실 전혀 별개라는 점이다. 묵자가 비판한 별애는 "남의 것을 훔쳐서 자신을 이롭게 함" 인바, 이를 옹호할 철학자는 없을 것이다.

11) 『孟子』 滕文公下 9 : 楊氏爲我 是無君也 墨氏兼愛 是無父也 無父無君 是禽獸也

않으며, 백성에 대해서는 어질게 대하기는 하지만 친하게 대하지는 않는다. 친족(親族)을 친하게 여기고 백성을 어질게 대하며, 백성을 어질게 대하고 만물을 아낀다〔親親而仁民 仁民而愛物〕.[12]

위의 "친족을 친하게 여기고 백성을 어질게 대하며, 백성을 어질게 대하고 만물을 아낀다."는 말은 별애의 취지를 단적으로 보여주는 말이다. 요컨대 맹자의 별애란 '사랑의 실천은 그 대상에 따라 선·후와 후·박을 달리해야 한다'는 것일 뿐, 묵자가 말한 별애처럼 '남의 것을 훔쳐서 자신을 이롭게 한다'거나, 양주가 말한 위아처럼 '자기만 이롭게 하고 남은 돌보지 말자'는 것이 아니었다. 맹자는 오히려 "내 어버이를 존경하고 그 마음을 미루어 남의 어버이를 존경함에 이르고, 내 자식을 사랑하고 그 마음을 미루어 남의 자식을 사랑함에 이른다."[13]고 했다. 이처럼 맹자 역시 자기 가족에 대한 사랑을 이웃으로 확충시켜 나갈 것을 주장했다. 맹자는 다만 자기의 가족을 먼저 사랑하는 것이 각자의 본능적 감정에 부합하는 것이므로, 그것을 현실로 인정하고, 이를 실마리로 삼아 사랑을 더 널리 확충시켜나갈 수 있도록 북돋아야 한다고 보았던 것이다.

주지하듯이 이기심은 긍정적인 측면과 부정적인 측면을 모두 지닌다. 이기심은 '자발성과 역동성'을 낳기도 하고, '사회적 갈등'을 낳기도 하는 것이다. 묵자는 이기심의 부정적 측면을 주목하여 별애를 남에 대한 침탈로 규정하여 비판하고, 자기와 남을 차별하지 않는 평등한 사랑을 제창한 것이다. 그러나 유가는 이기심의 양면성을 모두 인식하여, 한편으로는 이기심을 긍정하여 자발성과 역동성을 확보하고,[14] 한편으로는 이기심을 경

12)『孟子』盡心上 45 : 君子之於物也 愛之而弗仁 於民也 仁之而弗親 親親而仁民 仁民而愛物
13)『孟子』梁惠王上 7 : 老吾老 以及人之老 幼吾幼 以及人之幼 天下可運於掌
14) 맹자는 兼愛를 '제 부모를 무시하는 것'이라고 비판했다. 유가가 兼愛를 비판하는 또

계하여 도덕과 기강으로 통제하고자 했던 것이다. 맹자의 별애도 이런 맥락에서 이해할 수 있다. 맹자의 별애는 사람은 누구나 자기의 가족을 더 사랑한다는 점에서 각자의 이기적 본능을 승인하는 것이되, 나의 사랑을 남의 가족까지 확충시킬 것을 요구한다는 점에서 궁극적으로는 겸애를 지향하는 것이다.

맹자의 이러한 노선은 사실 공자의 노선이기도 했다. 공자는 "자기가 서고 싶으면 남도 설 수 있게 하고, 자기가 영달하고 싶으면 남도 영달할 수 있게 하라."[15]고 했고, "자기가 원하지 않는 일을 남에게 베풀지 말라."[16]고 했다. 이는 '자기를 위하는 마음을 남에게까지 미루어 나가라'는 것으로서, 이러한 '추기급인(推己及人)'의 원리를 『대학』에서는 '혈구지도(絜矩之道)'라 하였다. 요컨대 개인의 이기적 동기를 승인하되, 이기심이 타인에 대한 침해로 연결되는 것을 제어하면서, 오히려 나의 이익을 소중히 여기는 마음으로 타인의 이익까지 배려하여, 결국 호혜적인 사회를 만들자는 것이 맹자가 말한 '별애'요, 『예기』에서 말한 '소강'이었다.

이렇게 볼 때, 유가는 '나와 남'의 구별을 인간의 현실로 시인하지만, 궁극적으로는 보편적 인류애가 실현되는 '대동'을 지향한 것이라 할 수 있다. 자기를 위하는 마음에서 출발하되, 그 마음을 미루어 남을 배려하는 데

하나의 이유는, 사람은 누구나 자기 가족을 먼저 사랑한다는 人之常情에 어긋나므로 '실천하기 어렵다'는 것이었다(『性理大全』 卷57 頁19, 朱子語 : 墨子之說 尤出於矯僞不近人情而難行). 주자는 『論語』의 '忠 · 恕'에 대해, 忠은 '남을 위해 자신을 헌신하는 것〔盡己〕'이요, 恕는 '자신을 미루어 남을 대하는 것〔推己及人〕'이라고 설명한 다음, "남을 위해 일을 도모함에 있어서 忠한다는 것은 또한 어려운 일이다. 대개 사람들은 자기를 위해 일을 도모할 때에는 최선을 다하지만, 남을 위해 일을 도모할 때에는 반드시 최선을 다하지는 않는다."고 말한 바 있다(『朱子語類』 卷21, 483쪽). 주자의 이 말은 '겸애의 비현실성'을 지적하는 말로도 해석될 수 있다. 이러한 맥락에서 유가는 兼愛보다는 別愛를, 忠보다는 恕를 더 긴요한 실천원리로 삼는다.

15) 『論語』 雍也 28 : 夫仁者 己欲立而立人 己欲達而達人

16) 『論語』 顏淵 2 : 己所不欲 勿施於人

까지 미친다면, 그러한 사회가 '소강' 이다. 만일 혈구지도 또는 추기급인의 원리가 무제약적으로 완전히 실현된다면 그것은 '대동' 에 가깝게 된 것이다. 그러나 유가는 추기급인을 말하면서도, '나와 남' 사이에 선 · 후와 후 · 박의 차등을 설정한다. 따라서 소강과 대동 사이에는 일정한 이념적 간극이 있는 것이다. 그러나 '보편적 인류애의 실현' 이라는 관점에서 본다면, 대동과 소강의 간극은 그렇게 큰 것이 아니다. 모든 사람이 유교적 별애의 원리를 따른다면, 모든 사람에게 돌아가는 사랑의 몫은 같기 때문이다. 예를 들어, 나는 나의 자식을 더 사랑하고 남의 자식을 덜 사랑하며, 남도 역시 자기의 자식을 더 사랑하고 나의 자식을 덜 사랑한다면, 결과적으로 각자의 자식이 누리는 사랑의 몫은 같게 된다. 여기서 소강과 대동의 이념적 간극은 '실제로는' 해소되는 것이다.[17)]

『예기』의 대동소강론은 유교의 이상사회관을 설파한 것으로서, 유교에서는 궁극적으로는 '대동' 을 이상으로 여기면서도 보다 소박하면서도 실현 가능한 이상으로 '소강' 을 추구했음을 알 수 있다. 보다 일반적인 맥락에서 말하자면, 유교에서는 이상적인 세계, 이상적인 인격, 이상적인 덕목들에 대해 항상 이중적인 맥락으로 접근해왔다. 『예기』의 '대동과 소강' 은

17) 따라서 맹자의 別愛도 묵자의 兼愛와 마찬가지로 보편적 인류애의 한 방식인 것이다. 한편, 유교의 別愛는 요즘 말로 하면 사회복지를 가족 단위로 해결하자는 취지이다. 복지 문제에 대해, 오늘날 자유주의자들은 개인의 책임으로 규정하고 사회주의자들은 사회의 책임으로 규정한다. 그런데 '이기적 본능' 에 입각한 개인책임 모델은 '부익부 빈익빈의 양극화' 를 낳고, '도덕적 본성' 에 입각한 사회책임 모델은 '도덕적 해이' 를 낳는다. 가족책임 모델의 근본적 의의는 가족은 이기적 본능과 도덕적 본성이 만나는 지점이라는 사실에서 찾을 수 있다. 혈육을 나눈 가족 간에는 본능적으로 사랑을 베푸는 것이 人之常情인바, 가족 간의 사랑은 도덕적으로도 정당한 것이다. 이러한 맥락에서, 유교에서는 복지를 기본적으로 가족 단위로 해결할 것을 권하면서, 서로 돌보아줄 가족이 없는 '홀아비, 과부, 고아, 독거노인' 및 가족 차원에서 돌보기 힘든 장애인이나 몹쓸 병을 앓는 사람들만 국가가 돌보아야 한다고 주장했다.

물론이요, 『논어』의 '성인(聖人)과 군자(君子)' 및 '충(忠)과 서(恕)', 『중용』의 '대덕(大德)과 소덕(小德)' 등이 그것이다. 그런데 조금만 주의 깊게 살펴보면, '大同, 聖人, 大德, 忠' 등은 최대도덕을 추구하는 것이고 '小康, 君子, 小德, 恕' 등은 최소도덕을 추구하는 것이라는 점과 유교의 정체성(正體性)은 '大同, 聖人, 大德, 忠' 보다는 오히려 '小康, 君子, 小德, 恕' 에 있다는 점을 발견할 수 있다.

증자는 "공자의 道는 충서(忠恕)일 뿐"[18]이라고 설명한 바 있는데, '忠'은 보통 '남을 위해 자신의 최선을 다함' 으로 해석되고, '恕' 는 보통 '자기의 마음을 미루어 남에게 미침' 으로 해석된다. 공자의 道는 '忠恕' 로 일관된 것이라 하더라도, 그중에서 더욱 긴요한 것은 '恕' 였다. 공자는 자공이 종신토록 실천할 만한 한마디 말을 청했을 때 '恕' 라고 대답하고, "자기가 원치 않는 것을 남에게 베풀지 말라."[19]고 말해주었던 것이다. 맹자 역시 "恕에 힘써 실천한다면, 仁을 추구함이 이보다 더 가까울 수 없다."[20]고 말한 바 있다. 한편, 주자는 "남을 위해 일을 도모함에 있어서 忠한다는 것은 또한 어려운 일이다. 대개 사람들은 자기를 위해 일을 도모할 때에는 최선을 다하지만, 남을 위해 일을 도모할 때에는 반드시 최선을 다하지는 않는다."[21]고 말한 바 있다. 그렇다면, 忠을 모든 사람이 반드시 준수해야 할 실천의 원리로 규정할 수는 없을 것이다. 요컨대 忠은 '권장사항' 이었던 반면, 恕는 종신토록 실천해야 할 '준수사항' 이었던 것이다.[22]

『중용』에서는 '대덕(大德)과 소덕(小德)' 을 구분하여 "만물은 함께 자라

18) 『論語』 里仁 15 : 曾子曰 夫子之道 忠恕而已矣
19) 『論語』 衛靈公 23 : 子貢問曰 有一言而可以終身行之者乎 子曰 其恕乎 己所不欲 勿施於人
20) 『孟子』 盡心上 4 : 孟子曰 萬物皆備於我矣 反身而誠 樂莫大焉 强恕而行 求仁莫近焉
21) 『朱子語類』 卷21(483쪽) : 爲人謀而忠 也自是難底事 大凡人爲己謀便盡 爲人謀 便未必盡
22) 忠恕에 관한 자세한 논의는 拙著, 『儒敎傳統과 自由民主主義』 제3장 〈유교의 忠恕論과 自由主義〉 참조.

면서도 서로 해치지 않고, 道는 함께 운행되면서도 서로 어긋나지 않는다. 소덕(小德)은 냇물이 흐르는 것과 같고, 대덕(大德)은 만물의 화육(化育)을 두텁게 한다."[23]고 설명한 바 있다. 이에 대하여 주자는 "서로 해치지 않고 서로 어긋나지 않는 것은 '소덕의 천류(川流)' 이고, 함께 자라고 함께 운행하는 것은 '대덕의 돈화(敦化)' 이다."[24]라고 주석하였다. '만물의 화육을 돕는 것' 은 '함께 자라고 함께 운행함' 으로써 '타인의 행복을 증진시키는 것' 이고, '냇물처럼 흐르는 것' 은 '서로 해치지 않고 서로 어긋나지 않음' 으로써 '타인의 행복을 증진시키지는 않지만 또한 타인에게 해를 끼치지도 않는 것' 이다. 이와 같이 『중용』에서도 덕을 최대치와 최소치의 두 차원으로 나누어 설명한 것이다.

공자는 "성인(聖人)을 만나볼 수 없다면, 군자라도 만나볼 수 있다면 괜찮겠다."[25]고 말한 바 있다. 유교에서는 '仁을 완전하게 실천하는 사람' 즉 완전무결한 인격체를 성인(聖人)으로 규정하고, '기본적 지향은 仁에 있으나 실천적으로는 다소 결함이 있는 사람' 을 군자(君子)로 규정한다. 그런데 군자의 '결함' 이란 '과실(過失)' 을 말하는 것이지 '惡' 을 말하는 것은 아니다. 공자는 "진실로 仁에 뜻을 둔다면 惡이 없다."[26]고 했다. 仁에 뜻을 둔 사람은 의도적이지 않은 과실을 범할 수는 있어도, 의도적으로 남에게 해악을 끼치지는 않는다는 말이다. 따라서 仁에 뜻을 둔 사람을 군자라고 규정한다면, 군자는 여러 과실은 있지만 결코 남에게 해악을 끼치지는 않는 사람이다. 이런 맥락에서, 유교의 성인(聖人)은 忠과 恕를 완전하게 실천하는 사람이요, 군자(君子)는 忠을 제대로 실천하지는 못해도 恕는 웬만큼 실

23) 『中庸章句』 제30장 : 萬物竝育而不相害 道竝行而不相悖 小德川流 大德敦化

24) 『中庸章句』 제30장, 朱子註 : 所以不害不悖者 小德之川流 所以竝育竝行者 大德之敦化

25) 『論語』 述而 25 : 子曰 聖人 吾不得而見之矣 得見君子者 斯可矣

26) 『論語』 里仁 4 : 子曰 苟志於仁矣 無惡也

천하는 사람이며, 소인(小人)은 恕마저도 종종 외면하는 사람이라고 설명할 수 있을 것이다. 요컨대, 유교에서 성인(聖人)이란 이상적 인격의 최대치였던 것이고, 군자(君子)는 이상적 인격의 최소치였던 것이다.

이처럼 유교에서는 이상적인 인격, 이상적인 덕목들에 대해 항상 이중적인 맥락으로 접근해왔다는 점을 고려한다면, 마찬가지로 이상적인 세계에 대해서도 이중적인 맥락으로 접근해 왔다고 봄이 자연스러울 것이다. 이렇게 본다면 '대동과 소강'을 둘러싼 기존 유학계의 논란은 충분히 해소될 수 있을 것이다.

9.『맹자』의 '왕도(王道)와 패도(霸道)'

맹자는 성선설(性善說)로도 유명하지만, 왕도를 천명하고 패도를 비판한 것으로도 유명하다. 맹자는 전국시대에 패권경쟁을 일삼던 여러 제후들의 통치를 패도로 규정하고, 패도는 '나무에 올라 물고기를 찾는 것〔緣木求魚〕' 처럼 부질없는 시도라고 비판했다. 맹자가 대안으로 제시한 노선이 왕도였던바, 왕도는 요 · 순 · 우 · 탕 · 문왕 · 무왕 등의 성왕들이 실천했던 인정(仁政)으로서, 맹자는 '어진 정치를 베푸는 왕에게 대적할 수 있는 사람은 없다〔仁者無敵〕' 는 논리로 제후들에게 왕도를 권하였다. 맹자 이후 '왕도와 패도' 는 유학에서 정치를 논하는 데 핵심 개념으로 자리 잡았다. 먼저 왕도와 패도의 개념을 살펴보자. 맹자는 다음과 같이 말한다.

> 힘으로 다스리되 仁政을 가장하는 것은 패도(霸道)이니, 패도는 반드시 큰 나라를 차지하고자 한다. 德으로 仁政을 행하는 것은 왕도(王道)이니, 왕도는 큰 나라를 기다리지 않는다. 탕(湯)은 사방 70리로 왕도를 행하셨고, 문왕(文王)은 사방 100리로 왕도를 행하셨다. '힘으로 남을 복종시키는 것' 은 진심으로 복종하는 것이 아니라 힘이 부족하기 때문에 복종하는 것이다. '덕으로 남을 복종시키는 것' 은 마음속부터 기뻐하여 참으로 복종하는 것이니, 예컨대 70명의 제자가 공자(孔子)께 복종하는 것과 같다. 『시경』의 "동쪽에서, 서쪽에서, 남쪽에서, 북쪽에서 복종하지 않는 이가 없다." 는 말이 바로 이것이다.[1)]

1)『孟子』公孫丑上 3 : 孟子曰 以力假仁者霸 霸必有大國 以德行仁者王 王不待大 湯以七十里 文王以百里 以力服人者 非心服也 力不贍也 以德服人者 中心悅而誠服也 如七十子之服孔

패도의 성격은 "힘으로 다스리되 仁政을 가장하는 것은 패도이니, 패도는 반드시 큰 나라를 차지하고자 한다."는 말에 잘 나타나 있다. 패도는 힘으로 백성을 억압하고 착취하여 부국강병을 이룩한 다음, 이를 바탕으로 영토를 넓히고 패권을 차지하려는 것인바, 그러면서도 겉으로는 '仁政'이라는 그럴듯한 명분을 내세우는 것이다. 다시 말해, 패도에서 仁政은 거짓 꾸밈에 불과할 뿐이요, 패도의 진짜 목표는 천하를 자신의 지배하에 두려는 것이다. 이에 반해, 왕도는 명실상부하게 仁政을 행하는 것이다. 왕도는 仁政을 통해 백성의 행복을 증진하려는 것일 뿐, 영토의 확장이나 패권 경쟁에는 관심이 없는 것이다. 또한 왕도는 덕으로 다스리는 것인바, 덕으로 다스리면 백성들은 통치자에게 저절로 감복하게 된다는 것이다. 위의 인용문과 그 밖의 『맹자』의 다른 설명들을 종합하여, 율곡은 왕도란 "몸소 인의(仁義)의 道를 행하여 불인(不忍)의 정치를 베풂으로써 천리(天理)의 공정함을 극진하게 하는 것"이요, 패도란 "인의(仁義)의 이름을 빌려 권모술수(權謀術數)의 정치를 베풂으로써 공리(功利)의 사사로움을 추구하는 것"이라고 간명하게 정리했다.[2)]

이상에서 왕도와 패도의 개념을 살펴보았거니와, 주목할 것은 '왕도와 패도'에 대한 논의 역시 그 저변에 '본성과 본능'의 구별을 깔고 있다는 점이다. 요컨대 왕도란 '仁政을 베푸는 것'으로서 결국 '인의예지의 본성에 입각한 정치'를 뜻하며, 패도란 '패권(覇權)을 추구하는 것'으로서 결국 '이기적 본능에 입각한 정치'를 뜻한다. 이는 『맹자』의 첫머리에서 바로 확인된다. 『맹자』의 첫머리를 장식하는 내용은 맹자와 양혜왕의 대화로서, 패도를 비판하고 왕도를 옹호하는 내용이다. 먼저 이를 살펴보기로 하자.

子也 詩云 自西自東 自南自北 無思不服 此之謂也

2)『栗谷全書』 卷15 頁2, 〈東湖問答〉: 躬行仁義之道 以施不忍人之政 極夫天理之正者 王道也 假借仁義之名 以施權謀之政 濟夫功利之私者 覇道也

맹자가 양혜왕(梁惠王)을 만났다.

양혜왕 : 노인께서 천 리(千里)를 멀게 여기지 않고 오셨으니, 또한 장차 내 나라를 이롭게 함이 있겠습니까?

맹 자 : 왕께서는 하필 利를 말씀하십니까? 또한 仁과 義가 있을 뿐입니다. 왕께서 '어떻게 하면 내 나라를 이롭게 할 수 있을까?' 라고 하시면, 대부(大夫)는 '어떻게 하면 내 집안을 이롭게 할 수 있을까?' 하며, 사(士)와 서인(庶人)은 '어떻게 하면 내 몸을 이롭게 할 수 있을까?' 라고 합니다. 그리하여 윗사람과 아랫사람이 서로 이익을 다투면 국가가 위태롭게 됩니다. 만승(萬乘)의 나라에서 그 군주를 죽이는 자는 반드시 천승(千乘)의 집안이며, 천승의 나라에서 그 군주를 죽이는 자는 반드시 백승(百乘)의 집안입니다. 만(萬)에서 천(千)을 취하고 천(千)에서 백(百)을 취함이 적은 것이 아닙니다만, 진실로 義를 뒤로하고 利를 앞세우면, 빼앗지 않고서는 만족하지 못합니다. 어질면서 그 어버이를 버리는 자는 있지 않고, 의로우면서 그 임금을 배반하는 자도 있지 않습니다. 왕께서는 또한 仁義를 말씀하셔야 할 뿐인데, 하필 利를 말씀하십니까?[3)]

위의 인용문에 대해 주자는 "왕이 말하는 利란 부국강병(富國强兵)을 뜻한다." 고 풀이한 다음, "인의(仁義)는 마음속 고유한 것에 뿌리박고 있으니 '천리(天理)의 공정함' 이요, 이심(利心)은 '나와 남이 서로 드러남' 에서 생겨나니 '인욕(人欲)의 사사로움' 이다. 천리를 따르면 이익을 추구하지 않아도 저절로 이롭지 않음이 없고, 인욕을 따르면 이익을 추구해도 얻지 못

3) 『孟子』 梁惠王上 1 : 孟子見梁惠王 王曰 叟不遠千里而來 亦將有以利吾國乎 孟子對曰 王何必曰利 亦有仁義而已矣 王曰 何以利吾國 大夫曰 何以利吾家 士庶人曰 何以利吾身 上下交征利 而國危矣 萬乘之國 弑其君者 必千乘之家 千乘之國 弑其君者 必百乘之家 萬取千焉 千取百焉 不爲不多矣 苟爲後義而先利 不奪不饜 未有仁而遺其親者也 未有義而後其君者也 王亦曰仁義而已矣 何必曰利

하고 오히려 손해를 보게 된다." 라고 설명한 바 있다.[4] 양혜왕이 추구한 것은 부국강병의 패도인바 이에 대해서는 '인욕의 사사로움' 에서 비롯된 것이라고 비판하고, 맹자가 권한 것은 인의의 왕도인바 이에 대해서는 '천리의 공정함' 에 근거한 것이라고 옹호한 것이다.

주자의 이러한 설명은 맹자가 仁政의 가능근거를 '사람을 차마 해치지 못하는 마음〔不忍人之心〕' 또는 '사단(四端)' 에서 찾은 것에 근거한다. 맹자는 왕도를 '덕으로 인정을 베푸는 것' 이라 하고, 인정을 다른 말로는 '사람을 차마 해치지 못하는 정치〔不忍人之政〕' 라 했다. 요컨대 맹자는 왕도를 '사람을 차마 해치지 못하는 정치' 로 해석하고, 인의예지의 본성에서 왕도의 가능근거를 찾은 것이다. 맹자는 다음과 같이 말한다.

> 사람은 모두 '사람을 차마 해치지 못하는 마음' 을 지니고 있다. 선왕(先王)은 '사람을 차마 해치지 못하는 마음' 이 있었기에 그리하여 '사람을 차마 해치지 못하는 정치' 를 베푼 것이다. 사람을 차마 해치지 못하는 마음으로 사람을 차마 해치지 못하는 정치를 행한다면, 천하를 손바닥 위의 물건처럼 손쉽게 다스릴 수 있을 것이다. '사람은 누구나 사람을 차마 해치지 못하는 마음이 있다' 고 말하는 까닭은, 지금 사람들이 갑자기 어린아이가 장차 우물에 빠지는 것을 본다면 모두 깜짝 놀라며 측은히 여기는 마음을 가지기 때문이다. (…) 무릇 나에게 있는 사단(四端)을 모두 확충시킬 줄 안다면, 불이 처음 타오르는 것과 같고, 샘이 처음 뚫리는 것과 같으니, 진실로 확충시킬 수 있다면 온 세상을 보전하기에 충분하고, 진실로 확충시키지 않는다면 부모를 섬기기에도 부족할 것이다.[5]

4) 『孟子』 梁惠王上 1, 集註 : 王所謂利 蓋富國强兵之類 (…) 仁義 根於人心之固有 天理之公也 利心生於物我之相形 人欲之私也 循天理 則不求利而自無不利 循人欲 則求利未得而害已隨之

5) 『孟子』 公孫丑上 6 : 孟子曰 人皆有不忍人之心 先王有不忍人之心 斯有不忍人之政矣 以不忍人之心 行不忍人之政 治天下可運之掌上 所以謂人皆有不忍人之心者 今人乍見孺子 將入

위의 인용문에 분명히 보이듯이, 맹자가 말하는 仁政이란 '사단(四端)을 확충시켜나가는 정치', 곧 '인의예지의 본성을 발휘하는 정치'이다. 불은 처음 타오를 때에는 미약하나 일단 불이 붙으면 곧 활활 타오르며, 샘이 처음 뚫렸을 때에는 물이 조금씩밖에 솟지 않으나 조금만 더 파내면 곧 콸콸 솟아나게 된다. 이러한 맥락에서 "사단을 모두 확충시킬 줄 안다면, 불이 처음 타오르는 것과 같고, 샘이 처음 뚫리는 것과 같다."는 말은 '처음엔 미약하지만 곧 왕성하게 된다'는 뜻이다. 그러므로 맹자는 "사단을 진실로 확충시킬 수 있다면 온 세상을 보전하기에 충분하다."고 했던 것이다.

왕도정치는 인의예지의 도덕적 본성을 발휘하는 정치인바, 그렇다고 하여 '도덕으로 시작하여 도덕으로 끝나는 정치'는 아니다. 인간은 분명 육체를 지닌 동물인바, 그리하여 도덕적 본성을 강조하기 전에 먼저 본능적 욕구를 적절히 충족시킬 수 있어야 한다는 것이 공자와 맹자 등 유교의 일관된 가르침이었다. 이러한 맥락에서 맹자는 다음과 같이 말한다.

농사철을 어기지 않으면 곡식을 이루 다 먹을 수 없고, 촘촘한 그물을 연못에 넣지 않으면 물고기와 자라를 이루 다 먹을 수 없으며, 도끼와 자귀를 때에 맞추어 산림에 들어가게 하면 재목을 이루 다 쓸 수 없다. 곡식과 물고기를 이루 다 먹을 수 없으며 재목을 이루 다 쓸 수 없다면, 이는 백성들로 하여금 산 사람을 봉양하고 죽은 사람을 장사지냄에 유감이 없게 하는 것이니, 이것이 바로 왕도(王道)의 시작이다. 5무(畝)의 택지(宅地) 주변에 뽕나무를 심으면 50세 된 사람이 비단옷을 입을 수 있고, 닭과 개 · 돼지 등의 가축을 그 번식시킬 때를 잃지 않으면 70세 된 사람이 고기를 먹을 수 있으며, 100무의 밭에 그 농사철을 빼앗지 않는다면 몇 식구의 가족이 굶주리지 않을 것이며, 학교의 교육을 신중히

於井 皆有怵惕惻隱之心 (…) 凡有四端於我者 知皆擴而充之矣 若火之始然 泉之始達 苟能充之 足以保四海 苟不充之 不足以事父母

하여 효제(孝悌)의 의리로 거듭 가르친다면 머리가 희끗희끗한 사람이 길에서 짐을 지거나 이지 않을 것이다. 70세 된 사람은 비단옷을 입고 고기를 먹으며 젊은 사람들은 굶주림과 추위에 시달리지 않는데, 그러면서도 왕이 되지 못하는 사람은 있지 않다.[6]

위에 보이듯이, 왕도의 시작은 백성들의 의식주를 풍족하게 해 주는 것이며, 왕도의 완성은 인륜의 실현이다. '의식이 풍족해야 예의를 안다' 는 것이 관자(管子)의 통찰이었다면,[7] '항산이 없으면 항심을 잃게 된다' 는 것은 맹자의 격언이었다. 이러한 맥락에서 맹자는 백성들의 의식주를 풍족하게 해 주는 것이 왕도의 시작이라고 설명했던 것이다. 그런데 또한 배불리 먹고 따뜻하게 입으며 편안히 살되 인륜을 가르침이 없다면 곧 금수에 가깝게 되므로, 의식주를 해결한 다음에는 반드시 인륜을 교육해야 한다고 강조한 것이다. 이렇게 본다면 왕도정치는 백성들의 의식주를 보장하는 것에서 시작하여 인륜의 실현으로 완성되는 것이다.

당시 제후들이 부국강병을 통한 패권경쟁에 혈안이 되었을 때, 맹자는 왕도정치가 '천하의 왕' 이 되는 지름길이라고 설파했다. '仁政을 베푸는 사람에게는 대적할 사람이 없다' 는 인자무적론(仁者無敵論)이 그것이다. 맹자와 양혜왕의 다음과 같은 대화를 보자.

양혜왕 : 우리 진(晉)나라가 천하에 막강한 나라임은 노인께서도 아시는 바일

6) 『孟子』 梁惠王上 3 : 不違農時 穀不可勝食也 數罟不入洿池 魚鼈不可勝食也 斧斤以時入山林 材木不可勝用也 穀與魚鼈不可勝食 材木不可勝用 是使民養生喪死無憾也 養生喪死無憾 王道之始也 五畝之宅 樹之以桑 五十者可以衣帛矣 雞豚狗彘之畜 無失其時 七十者可以食肉矣 百畝之田 勿奪其時 數口之家可以無饑矣 謹庠序之教 申之以孝悌之義 頒白者不負戴於道路矣 七十者衣帛食肉 黎民不饑不寒 然而不王者未之有也

7) 『管子』 〈輕重甲〉 : 倉廩實 則知禮節 衣食足 則知榮辱

것입니다. 그런데 과인(寡人)의 때에 이르러, 동쪽으로는 제(齊)에 패하여 맏아들이 전사하였고, 서쪽으로는 진(秦)에 패하여 7백 리나 되는 땅을 잃었고, 남쪽으로는 초(楚)에 모욕을 당했습니다. 과인은 이것을 부끄러워하여, 전사한 맏아들을 위하여 한 번 설욕하고자 하는데, 어떻게 하면 되겠습니까?

맹 자 : 영토가 사방 1백 리만 되어도 왕 노릇을 할 수 있습니다. 왕께서 만약 백성들에게 인정(仁政)을 베푸시어 형벌을 줄이고 세금을 가볍게 하시면, 백성들은 농사일에 열중할 것입니다. 젊은이들은 한가한 틈을 타서 효제충신(孝悌忠信)을 닦아서, 들어가서는 부형(父兄)을 섬기고 나와서는 윗사람을 섬길 것이니, 그들로 하여금 몽둥이를 만들어서 진나라 · 초나라의 견고한 갑옷을 입고 예리한 무기를 지닌 병사들을 종아리 치게 할 수 있을 것입니다. 저들이 (군사훈련을 위해) 백성들의 농사철을 빼앗아, 백성들로 하여금 제대로 농사를 지어 부모를 봉양할 수 없게 한다면, 그들의 부모는 추위와 배고픔에 시달리고 형제와 처자는 뿔뿔이 흩어지게 될 것입니다. 저들이 자기의 백성을 도탄에 빠뜨리거든, 왕께서 가서 바로잡으신다면, 무릇 누가 왕과 대적하겠습니까? 그러므로 '인정을 베푸는 사람에게는 대적할 사람이 없다' 고 하는 것이니, 왕께서는 이 말을 의심하지 마십시오.[8)]

맹자는 "임금이 仁政을 베풀면, 백성들은 그 윗사람을 친애하고 윗사람을 위해 죽을 것"[9)]이라고도 했고, "임금이 仁政을 베풀면 이웃 나라의 백

8)『孟子』梁惠王上 5 : 梁惠王曰 晉國天下莫强焉 叟之所知也 及寡人之身 東敗於齊 長子死焉 西喪地於秦七百里 南辱於楚 寡人恥之 願比死者 壹洒之 如之何則可 孟子對曰 地方百里而可以王 王如施仁政於民 省刑罰 薄稅斂 深耕易耨 壯者以暇日 修其孝悌忠信 入以事其父兄 出以事其長上 可使制梃 以撻秦楚之堅甲利兵矣 彼奪其民時 使不得耕耨以養其父母 父母凍餓 兄弟妻子離散 彼陷溺其民 王往而征之 夫誰與王敵 故曰 仁者無敵 王請勿疑

성들이 부모처럼 우러를 것이니, 그 자제를 이끌고 그 부모를 공격하는 것은 이제까지 성공한 예가 없었다."[10]고도 했다. 요컨대 통치자가 仁政을 베풀면, 자기 나라 백성은 물론 이웃 나라의 백성들까지 그를 위해 목숨을 바치게 된다는 말이다. 목숨을 바쳐 충성하는 백성을 나라 안팎으로 두루 거느린 통치자에게는 과연 대적할 수 있는 사람이 없을 것이다.

맹자는 이처럼 왕도에 대해서는 '인자무적(仁者無敵)'이라고 옹호한 반면, 패도에 대해서는 '나무에 올라 물고기를 찾는 것〔緣木求魚〕'처럼 부질없는 시도라고 비판했다. 맹자와 제선왕(齊宣王)의 다음과 같은 대화를 보자.

맹 자 : 왕께서는 전쟁을 일으켜 군사와 신하들을 위태롭게 만들고 제후들과 원한을 맺은 다음에야 마음이 흡족하십니까?

제선왕 : 아닙니다. 내 어찌 이것을 흡족하게 여기겠습니까? 장차 나의 큰 야망을 실현하고자 하는 것입니다.

맹 자 : 왕의 큰 야망에 대해 들을 수 있겠습니까?

제선왕 : (웃으면서 말하지 않았다)

맹 자 : 살지고 맛있는 음식이 입에 부족하기 때문입니까? 가볍고 따듯한 옷이 몸에 부족하기 때문입니까? 아니면 아름다운 빛깔이 눈으로 보기에 부족하고, 아름다운 음악이 귀로 듣기에 부족하며, 환관이나 궁녀들이 부리기에 부족하기 때문입니까? 왕의 여러 신하들이 이것들을 모두 충분히 공급할 것인데, 왕께서는 어찌 이것들을 더 추구하십니까?

제선왕 : 아닙니다. 나는 이것들을 더 추구하는 것이 아닙니다.

---

9) 『孟子』 梁惠王下 12 : 君行仁政 斯民 親其上 死其長矣

10) 『孟子』 公孫丑上 5 : 信能行此五者 鄰國之民 仰之若父母矣 率其子弟 攻其父母 自生民以來 未有能濟者也 如此則無敵於天下 無敵於天下者 天吏也 然而不王者未之有也

맹　자 : 그렇다면 왕의 큰 야망을 알 수 있겠습니다. 토지를 개척하며, 진(秦)과 초(楚)에게 조회(朝會)를 받아, 중국에 임하여 사방의 오랑캐들을 어루만지고자 하시는 것입니다. 이와 같은 행위(군대를 일으켜 제후들과 원수를 맺는 행위)로써 큰 야망을 이루고자 하신다면, 그것은 '나무에 올라가서 물고기를 구하는 것〔緣木求魚〕' 과 같을 것입니다.

제선왕 : 그처럼 터무니없는 것입니까?

맹　자 : 그보다도 더 터무니없는 것입니다. 나무에 올라가 물고기를 구하면 비록 물고기를 얻지는 못하나, 훗날의 재앙은 없습니다. 그러나 이와 같은 행위(군대를 일으켜 제후들과 원수를 맺는 행위)로써 큰 야망을 이루고자 하신다면, 마음과 힘을 다하여 추구하시더라도 반드시 뒤에 재앙이 있을 것입니다.

제선왕 : 그 까닭을 들을 수 있겠습니까?

맹　자 : (작은) 추(鄒)나라와 (큰) 초(楚)나라가 싸운다면, 왕께서는 어느 나라가 이길 것이라고 여기십니까?

제선왕 : 초(楚)가 이길 것입니다.

맹　자 : 그렇다면, 작은 나라는 진실로 큰 나라를 대적할 수 없을 것이며, 적은 사람으로는 진실로 많은 사람을 대적할 수 없을 것이며, 약한 나라는 진실로 강한 나라를 대적할 수 없을 것입니다. 해내(海內)의 땅 가운데 사방 천 리(千里)가 되는 나라가 아홉인데, 제(齊)는 그중의 하나입니다. 하나로써 여덟을 복종시키고자 하는 것이 어찌 추(鄒)가 초(楚)를 대적하는 것과 다르겠습니까? 또한 그 근본으로 돌아가야 할 것입니다. 지금 왕께서 仁政을 베푸시어, 천하의 벼슬하는 사람들로 하여금 모두 왕의 조정에서 벼슬하고 싶게 하며, 농부들로 하여금 모두 왕의 들판에서 농사짓고 싶게 하며, 장사꾼들로 하여금 모두 왕의 시장에 물건을 쌓아두고 싶게 하며, 여행객들로 하여금 모두 왕의 길로 다니고 싶게 한다면, 천하의 자기 군주를 미워하는 자들은 모두 왕께 달려와 하소연하고자 할 것입니다. 이와 같으면 누가 이것을 막을 수 있겠습니까?[11)]

맹자가 패도를 '연목구어(緣木求魚)만도 못한 것' 으로 비판한 논거는 둘로 정리된다. 첫째는 무력으로 패권을 추구하는 것은 이웃 나라들과 원수를 맺는 것으로서, 한 나라가 주위 여러 나라를 모두 무력으로 굴복시키는 것은 불가능하다는 것이다. 둘째는 패권을 위해 부국강병을 추구하다 보면, 결국엔 내부적 반발에 봉착하게 된다는 것이다. 즉 패도정치는 부국강병을 위해 민력(民力)을 과도하게 착취하게 되는데 그러면 국민들이 반발하게 된다는 것이며, 또한 패도정치는 부국강병을 위해 공리(功利)를 숭상하게 되는데 그러면 백성들 간의 이익 다툼으로 국가가 내부적으로 붕괴하게 된다는 것이다.

이상에서 살핀 것처럼, 맹자는 패도를 '연목구어만도 못한 것' 으로 비판하고 '인자무적(仁者無敵)' 이라 하여 왕도를 옹호했다. 이에 대해 법가의 한비자는 왕도를 '수주대토(守株待兎)' 처럼 어리석은 것이라고 비판하고, 엄한 형벌로 백성을 통제하고 부국강병으로 천하를 제패해야 한다는 주장

11) 『孟子』 梁惠王上 7 : 抑王 興甲兵危士臣 構怨於諸侯 然後快於心與 王曰 否 吾何快於是 將求吾所大欲也 曰 王之所大欲 可得聞與 王笑而不言 曰 爲肥甘不足於口與 輕煖不足於體與 抑爲采色不足視於目與 聲音不足聽於耳與 便嬖不足使令於前與 王之諸臣 皆足以供之 而王豈爲是哉 曰 否 吾不爲是也 曰 然則王之所大欲 可知已 欲辟土地 朝秦楚 莅中國 而撫四夷也 以若所爲 求若所欲 猶緣木而求魚也 王曰 若是其甚與 曰 殆有甚焉 緣木求魚 雖不得魚 無後災 以若所爲 求若所欲 盡心力而爲之 後必有災 曰 可得聞與 曰 鄒人與楚人戰 王以爲孰勝 曰 楚人勝 曰 然則小固不可以敵大 寡固不可以敵衆 弱固不可以敵强 海內之地方千里者九 齊集有其一 以一服八 何以異於鄒敵楚哉 蓋亦反其本矣 今王發政施仁 使天下仕者皆欲立於王之朝 耕者皆欲耕於王之野 商賈皆欲藏於王之市 行旅皆欲出於王之途 天下之欲疾其君者 皆欲赴愬於王 其如是 孰能禦之

을 폈다. 한비자는 다음과 같이 말한다.

송(宋)나라의 어느 농부가 밭을 갈고 있었다. 그때 토끼가 달려오다 밭 가운데 있는 그루터기에 머리를 부딪쳐 죽었다. 그것을 본 뒤로 농부는 밭일을 그만두고 날마다 그루터기만 지켜보고 있었다. 다시 토끼를 얻을 수 있을까 하는 생각에서였다. 그러나 토끼는 다시 나타나지 않았고, 그는 세상 사람들의 웃음거리가 되었다. 옛 성인(聖人)의 仁政을 흉내 냄으로써 오늘의 정치가 잘 될 것으로 생각하는 사람은 그루터기를 지키고 토끼를 기다리는 농부와 같다. (…) 옛날에는 나라와 나라가 '도덕'으로 경쟁했고, 다음에는 '지혜와 꾀'로 경쟁했으며, 지금은 서로 '힘'으로 경쟁한다. 제나라가 노나라를 치려고 하자, 노나라에서는 자공(子貢)을 보내 제나라를 설득하게 했다. 그러자 제나라 사람들은 "선생의 말씀은 과연 지당하오. 그러나 우리가 원하는 것은 당신들의 영토이지, 당신의 말씀이 아니오."라고 말하고, 군사를 일으켜 노나라 성문에서 10리 되는 곳까지 영토를 넓혔다. 결국 서(徐)나라 언왕(偃王)은 仁政을 행했으나 나라는 망했고, 자공의 말은 웅변이었지만 노나라의 영토는 줄어들고 말았다. 이것으로 인의나 웅변은 영토를 지키는 데 도움이 되지 않음을 알 수 있다. 만일 서나라와 노나라가 인의와 웅변을 쓰지 않고 힘으로써 상대했다면 강대한 초나라와 제나라였다 하더라도 이 두 나라를 자기네 뜻대로 할 수는 없었을 것이다. (…) 백성은 세력에 복종하고, 義에 복종하는 사람은 아주 드물다. 공자(孔子)는 지극한 성인으로서, 행실을 닦고 道를 밝혀 천하를 두루 돌아다니며 가르침을 폈으나, 그가 말한 인의에 감동하여 제자가 된 사람은 겨우 70명이었다. (…) 공이 있는 자에게는 반드시 상을 주고, 죄지은 자에게는 용서 없이 벌을 주며, 상에는 명예가 따르고 벌에는 불명예가 따르게 한다면, 착한 사람이건 착하지 못한 사람이건 모두가 있는 힘을 다하여 복종할 것이다.[12)]

한비자에 의하면, 仁政은 과거 한 때에만 가능했던 것으로서, 보편적인 통치술이 될 수 없다. 한비자는 상황이 바뀌면 통치술도 바뀌어야 한다고 주장하고, 전국시대와 같은 혼란기에는 신상필벌(信賞必罰)의 법치, 권세(權勢)와 술수(術數)를 활용하는 패도의 통치가 필요하다고 주장했다.[13] 이와 같은 패도론의 저변에는 '인간은 이기적 본능을 따르는 존재이므로, 신상필벌에만 반응하고 仁義에는 관심이 없다' 는 인간관이 깔려있는 것이다.

중국을 통일하여 전국시대를 마감한 진시황(秦始皇)은 한비자의 가르침대로 패도를 숭상한 인물이었다. 그러나 진나라는 통일을 완성한 후(서기전 221년) 불과 15년 만에 내부의 반란으로 멸망하고 말았다. 진시황의 사례는 패도의 의의와 한계를 여실히 보여주는 교훈이 되었다. 이후 '무력으로 천하를 얻을 수는 있으나, 무력으로 천하를 지킬 수는 없다' 는 것을 깨달은 사람들은 패도를 배격하고 다시 왕도를 숭상하게 되었다. 여기서 진시황의 실정(失政)을 비판하는 두 편의 글을 소개하고자 한다.

당(唐)나라 두목(杜牧)은 〈아방궁부(阿房宮賦)〉에서 먼저 진시황의 궁전 아방궁의 웅장하고 사치스러운 모습을 묘사한 다음, '자멸(自滅)을 초래할 뿐' 인 패도정치의 허무한 종말을 다음과 같이 비판하였다.

> 천하 사람들로 하여금 감히 말 못하면서 분노하게 하니, 독부(獨夫)의 마음은 날마다 더욱 교만하고 완고해졌네. 수졸(戍卒)이 절규함에 함곡관(函谷關)이 함락되고, 초(楚)나라 사람의 횃불 한 번에 아방궁은 가련하게도 불바다가 되었도다. 오호라. 六國(楚 · 燕 · 齊 · 韓 · 魏 · 趙)을 멸망시킨 것은 六國이요 진(秦)이

---

12) 『韓非子』〈五蠹〉.

13) 여기서 알 수 있듯이, 왕도와 패도의 논쟁은 '목적이 수단을 정당화할 수 있는가' 에 대한 논쟁이기도 하다. 왕도를 옹호하는 사람들은 정당한 원칙에 따를 것을 강조하고, 패도를 옹호하는 사람들은 편법의 사용도 무방하다고 본다(『孟子』 滕文公下 1 참조).

아니며, 秦을 멸망시킨 것은 秦이요 천하가 아니다. 슬프다. 만약 六國이 각각 자기 백성을 사랑했더라면 秦을 막아낼 수 있었을 것이요, 秦이 다시 육국의 백성을 사랑했더라면 대대로 물려주어 만세(萬世)에 이르도록 군왕 노릇을 할 수 있었을 것이니, 누가 멸망시킬 수 있었겠는가? 秦 사람들이 스스로 슬퍼할 겨를도 없었기에 후세 사람들이 이를 슬퍼하는구나. 후세 사람들이 슬퍼하기만 하고 이를 거울로 삼지 않는다면, 또한 후세 사람으로 하여금 다시 후세 사람을 슬퍼하게 하는 것이다.[14]

주지하듯이, '독부(獨夫)' 란 '민심을 얻지 못한 외로운 폭군' 을 상징하는 말인바, 두목은 진시황을 교만하고 완고한 '독부' 로 규정했다. 독부의 권력은 그토록 막강해 보여도, 사실은 한 수졸(戍卒)의 절규에 무너질 만큼 취약한 것이다. 두목은 "六國을 멸망시킨 것은 六國이요 秦이 아니며, 秦을 멸망시킨 것은 秦이요 天下가 아니다."라고 규정한 다음, "만약 六國이 각각 자기 백성을 사랑했더라면 秦을 막아낼 수 있었을 것이요, 秦이 다시 六國의 백성을 사랑했더라면 대대로 물려주어 만세에 이르도록 군왕 노릇을 할 수 있었을 것이니, 누가 멸망시킬 수 있었겠는가?"라고 설명했다. 요컨대 위의 인용문은 '패도의 무상(無常)함' 을 깨우치고, 이를 거울삼아 '왕도와 仁政' 에 힘쓰라고 권한 것이다. 한편, 당(唐)나라 호증(胡曾)은 〈장성(長城)〉이라는 시에서 다음과 같이 읊었다.

祖舜宗堯自太平　요 · 순을 본받으면 저절로 태평해지거늘

14) 『古文眞寶』 後集 卷5, 〈阿房宮賦〉 : 使天下之人 不敢言而敢怒 獨夫之心 日益驕固 戍卒叫函谷擧 楚人一炬 可憐焦土 嗚呼 滅六國者 六國也 非秦也 族秦者 秦也 非天下也 嗟夫 使六國 各愛其人 則足以拒秦 秦復愛六國之人 則遞三世 可至萬世而爲君 誰得而族滅也 秦人不暇自哀 而後人哀之 後人哀之而不鑑之 亦使後人而復哀後人也

秦皇何事苦蒼生	진시황은 어찌하여 수많은 백성을 괴롭혔던가?
不知禍起蕭墻內	화근(禍根)은 나라 안에서 일어난다는 것을 모르고
虛築防胡萬里城	헛되이 오랑캐 막는다고 만리장성 쌓았네.[15]

호증은 먼저 "요 · 순을 본받으면 저절로 태평해진다."는 말로 왕도와 仁政의 의의를 요약했다. 그런데 진시황은 仁政을 베풀어 민심을 얻으면 그것이 장성(長城)보다 굳건한 요새가 된다는 점을 몰랐기에 만리장성을 쌓는다고 백성을 괴롭혔던 것이요, 결국엔 그로 인해 반란에 봉착하여 자멸한 것이다. 호증의 이러한 시 역시 왕도와 패도에 관한 유교의 전형적인 인식을 담고 있는 것이다.

'왕도와 패도'의 문제에서 또 하나의 쟁점은 '목적이 수단을 정당화할 수 있는가?' 하는 점이다. 왕도가 정직과 솔선수범을 추구하는 것과 달리, 패도는 권모술수(權謀術數)를 용인한다.[16] 요컨대 왕도를 옹호하는 사람들은 정당한 원칙에 따를 것을 강조하고, 패도를 옹호하는 사람들은 편법의 사용도 무방하다고 본다. 맹자는 이 문제를 사냥에 있어서 '궤우(詭遇)'와 '범아치구(範我馳驅)'로 설명한 바 있다. '궤우'는 사냥감과 정면으로 대결하지 않고 살금살금 다가가 기습하는 것이며, '범아치구'는 사냥감과 정면으로 대결하는 것이다. 맹자는 이익으로 말하자면 궤우가 훨씬 크지만, 이러한 방법으로 이 세상을 바로잡을 수는 없다고 단언했다.[17]

유념할 것은, 왕도는 기본적으로 '범아치구'를 추구하지만, 한편으로는 '임기응변(臨機應變)'을 시인한다는 점이다. 유교에서는 이 문제를 '상도

15) 『全唐詩』 卷647.

16) 法家의 대가 韓非子는 자신의 통치론을 '勢 · 法 · 術'로 정리했는데, 여기서 '術'은 바로 權謀術數를 뜻하는 것이었다.

17) 『孟子』 滕文公下 1 참조.

(常道)와 권도(權道)' 라는 개념으로 설명했다. '상도' 란 평상시의 상황에서 따라야 할 변함없는 원칙으로서, 이는 고금을 통해 일정하기 때문에 '경도(經道)' 라고도 한다. '권도' 란 물건을 저울질할 때에는 물건의 경중에 따라 저울추를 옮겨 저울대가 수평을 이루도록 하듯이, 주어진 상황을 올바로 파악해서 최적의 대응책을 모색하는 것이다.[18] 유교에서는 평상시에는 상도를 따르고 비상시에는 권도를 발휘하여, 항상 주어진 상황에 대한 최적(最適)의 대응을 모색하는 것을 '시중지도(時中之道)' 라 했다.[19]

그러나 '시중지도' 를 실천한다는 것은 말처럼 쉬운 것이 아니어서, 역사의 중요한 고비마다 유학자들 사이에 수많은 논쟁을 야기하였다. 가장 흔한 예는 조국을 침략한 적국과 '결사적으로 항전(抗戰)하느냐, 굴욕을 감수하며 강화(講和)하느냐' 하는 문제이다. 義라는 원칙에 입각한다면 침략자에게는 결사적으로 항전하는 것이 마땅할 것이다〔常道〕. 그러나 항전의 와중에 국토가 짓밟히고 수많은 백성이 희생된다는 점을 생각한다면 굴욕적이라 하더라도 강화가 오히려 이득일 수 있다〔權道〕.

병자호란(丙子胡亂, 1636년) 당시 청음(淸陰) 김상헌(金尙憲)은 상도에 입각하여 굴욕적인 강화를 배격하고 항전을 주장했고, 지천(遲川) 최명길(崔鳴吉)은 권도에 입각하여 항전의 무모함을 설득하면서 강화를 주장했다. 청(淸)에 굴복한 이후 두 사람은 모두 심양(瀋陽)으로 끌려갔는데, 함께 감옥살이하면서 다음과 같은 시를 주고받았다. 먼저 최명길은 〈경도(經道)와 권도(權道)를 강명함〉이라는 시에서 다음과 같이 읊었다.

---

18) '經' 은 본래 옷감을 짤 때의 '날줄' 로, 상하를 관통하는 실을 뜻하는 말이다. '聖人의 말씀이 담긴 책' 을 '經典' 이라 하는 것도 '聖人의 말씀은 고금을 관통하는 진리' 라는 뜻을 담고 있다. 한편 '權' 은 본래 '저울질' 을 뜻하는 말인바, '統治 權力' 이란 '국가의 상황을 능동적으로 판단하여 적절하게 대처할 수 있는 힘' 을 뜻하는 것이다.

19) 時中之道에 대한 보다 자세한 논의는 拙著, 『朱子學의 길』, 제5장 3절 '理 · 勢와 時中之道' 참조.

靜處觀群動　조용히 만물의 움직임을 살펴보나니
眞成爛漫歸　참으로 난만(爛漫)하게 삶을 누리며 돌아가누나.
湯氷俱是水　끓는 물과 얼음은 모두 같은 물이요
裘葛莫非衣　갖옷과 갈옷도 모두 같은 옷이네.
事或隨時別　일은 때에 따라 간혹 다르게 대처할 수 있으나
心寧與道違　내 마음이 어찌 道와 어긋나리오.
君能悟斯理　그대는 능히 이러한 이치를 잘 알고 있을 터
語默各天機　언어와 침묵이 각각 천기(天機)에 부합하는 것이라오.[20]

"조용히 만물의 움직임을 살펴보나니, 참으로 난만하게 삶을 누리며 돌아가누나."는 만물이 모두 각자의 삶을 충분히 누리며 살고 있음을 찬탄한 것이요, 동시에 우리 조선 백성은 전란에 휩싸여 생명의 꽃을 피우지도 못하고 허망하게 희생당하고 있음을 한탄한 것이다. "끓는 물과 얼음은 모두 같은 물이요, 갖옷과 갈옷도 모두 같은 옷이네."는 여름에는 시원한 물을 마시고 갈옷을 입으며 겨울에는 따뜻한 물을 마시고 가죽옷을 입듯이, 상황에 따라 오랑캐와도 강화(講和)할 수 있다는 말이다. "일은 때에 따라 간혹 다르게 대처할 수 있으나, 내 마음이 어찌 道와 어긋나리오."는 부득이한 상황 때문에 자신이 강화를 주장했지만, 그것은 시중지도로서 결코 도리에 어긋나지 않는다는 말이다. 최명길은 이러한 논리로서 김상헌을 설득하려 한 것이다. 그러나 김상헌은 이에 동의하지 않고 다음과 같이 화답하였다.

成敗關天運　성패는 다 천운에 달려 있나니

20) 『遲川集』 卷3 頁19~20, 〈用前韻講經權〉.

須看義與歸　모름지기 義를 살펴 돌아가야 하리라.
雖然反夙暮　비록 아침과 저녁은 수시로 바뀐다 해도
詎可倒裳衣　어찌 치마와 웃옷을 바꾸어 입을 수 있겠는가?
權或賢猶誤　권도(權道)는 현인(賢人)도 간혹 잘못 쓸 수 있으나
經應衆莫違　경도(經道)는 대중들도 도리에 맞게 쓸 수 있다네.
寄言明理士　이치에 밝은 선비께 당부하노니
造次愼衡機　아무리 급박해도 판단을 신중히 하시오.[21]

"성패는 다 천운에 달려 있나니, 모름지기 義를 살펴 돌아가야 하리라."는 성패는 천운에 맡기고, 오랑캐와는 강화할 수 없다는 원칙만을 지키자는 것이다. "비록 아침과 저녁은 수시로 바뀐다 해도, 어찌 치마와 웃옷을 바꾸어 입을 수 있겠는가?"는 수시로 변하는 시세(時勢)에 따라 대응을 달리 할 수 있더라도 치마와 웃옷을 바꾸어 입는 것처럼 터무니없는 일은 없어야 한다는 뜻이다. "권도는 현인도 간혹 잘못 쓸 수 있으나, 경도는 대중들도 도리에 맞게 쓸 수 있다네."는 권도는 오류를 범할 가능성이 크나 경도는 오류를 범할 가능성이 적다는 뜻이다. 김상헌은 이러한 맥락에서 최명길에게 "아무리 급박해도 판단을 신중히 하시오."라고 권했다.

위의 두 편의 시에서 잘 드러났듯이, '상도와 권도' 즉 시중지도(時中之道)의 문제는 전형적으로 '의리(義理)와 이익(利益)', 즉 '도덕과 생존' 사이의 괴리에서 빚어지는 문제이다. 대부분의 일상에서는 도덕(본성)과 생존(본능)이 크게 어긋나지 않거니와, 이런 경우에는 평상시의 상도로 대부분의 일을 처리할 수 있다. 그러나 외적의 침입과 같은 비상시의 경우에는 도덕과 생존이 크게 어긋나는 경우가 많다. 이런 경우, 도덕적 의리를 위해서

21) 『淸陰集』 卷12 頁12~13, 〈次講經權有感韻〉.

는 상도를 지켜야 하나 생존의 이익을 위해서는 권도를 모색하지 않을 수 없다는 문제가 발생한다.

'도덕적 본성과 이기적 본능' 의 문제에 대해 유교는 늘 '중용의 길' 을 모색해 왔듯이, '도덕과 생존' 이 충돌하는 경우에도 유교는 무조건 도덕을 옹호하지 않고 생존의 중요성에 대해서도 충분히 그 가치를 인정했다. 따라서 유교에서는 '시중지도' 라는 논법으로 '도덕과 생존' 사이의 갈등 상황을 해결하고자 했던 것이다.

『맹자』의 왕패론(王霸論)은 당시 제후들의 패권경쟁을 위한 통치를 패도로 규정하여 비판하고, 과거 성왕들의 仁政을 왕도로 규정하여 옹호함으로써, 우리가 추구해야 할 올바른 통치의 길을 제시한 것이다. 맹자는 패도를 '연목구어(緣木求魚)만도 못한 것' 이라 하여 한껏 비판하고, 왕도를 '인자무적(仁者無敵)' 이라 하여 한껏 옹호했다. 그런데 예나 이제나 많은 사람들이 '왕도는 실현 가능성이 희박한 이상주의' 라고 비판하고 '패도야말로 현실성이 높은 것' 이라고 옹호했으며, 혹자는 상황에 따라 양자를 함께 활용해야 한다는 '왕패병용론' 을 제창하기도 했다.[22]

'왕도와 패도' 의 문제는 가치관의 향방을 결정하는 문제로서, 유교인들은 대체로 이의 없이 왕도를 옹호한 편이다. 그러나 왕도를 전제한 다음의

---

22) 여기서 우리는 통치의 목적은 '국민 개개인의 행복한 삶을 보장함' 에 있는 것인지, '세계의 패권을 차지함으로써 自國의 영광을 실현함' 에 있는 것인지 근본적으로 성찰해야 한다. '齊桓公, 晉文公, 秦始皇' 등 霸者들이 추구한 부국강병은 결국 자신들의 야욕을 실현하기 위한 수단이었던 반면, '堯·舜·禹·湯·文·武' 등 王者의 仁政은 與民同樂을 추구한 것이라는 점에서 서로 극명하게 대비된다. 맹자는 霸者에 대한 복종은 외면적 복종에 불과하나, 王者에 대한 복종은 내면으로부터 우러나는 진실한 복종이라 했다. 이는 진시황의 사례에서 여실하게 입증되었다. 근래의 일로 말하면 독일의 히틀러, 소련의 스탈린, 일본의 히로히토 등도 진시황의 경우와 진배없다고 하겠으니, 패도는 '緣木求魚만도 못한 것' 이라는 맹자의 비판은 진실로 빈말이 아닌 것이다.

'상도와 권도' 의 문제는 실로 쉽게 결론을 내리기 힘든 문제였고, 따라서 수많은 논란을 일으켰던 것이다. 시중지도란 과연 말처럼 쉬운 것이 아닌 바, 따라서 이 문제에 있어서만큼은 서로 허심탄회하게 상대방의 견해를 존중하면서 타협점을 모색해야 마땅할 것이다. 마지막으로, 아리스토텔레스의 다음과 같은 말을 소개하면서 이 절의 논의를 마치고자 한다.

> 대부분의 사람들은 제국(帝國)의 원칙을 신봉한다. 이것은 제국을 성취하면 크게 물질적인 번영을 얻을 수 있다고 믿기 때문이다. 스파르타의 정치 질서에 관하여 저술한 모든 다른 사람들과 마찬가지로 티브론(Thibron)도 명맥하게 이런 뜻에서 스파르타의 입법자가 국민들로 하여금 위험에 대처하도록 훈련시킨 결과 제국을 창설하게 되었다고 찬양한다. 오늘날 스파르타인들은 그들의 제국을 상실했으며, 그래서 우리는 모두 스파르타가 행복한 공동체가 아님을 우리 스스로 볼 수 있고, 또한 그들의 입법자가 올바르지 않았다는 것을 알 수 있다. (…) 스파르타는 사람의 생활을 가치 있게 만드는 모든 것을 상실한 것이다. (…) 전쟁에서의 승리와 인접 국가들을 복속시키는 것을 위하여 국민들이 훈련받는 국가를 행복하다고 생각할 수 없으며, 또한 그러한 나라의 입법자를 찬양할 수 없는 또 하나의 이유가 있다. 그러한 정책에는 국내 생활에 해독을 끼칠 위험이 크게 따른다. 즉 명백하게 그러한 정책에는 어떤 시민이라도 그렇게 할 수만 있으면, 그 자신의 나라의 정부를 탈취하는 것을 목적으로 삼아야 한다는 것이 함축되어 있기 때문이다. (…) 전쟁을 주목적으로 삼는 나라들은 대개 전쟁을 하고 있는 동안에서만 안전하다. 그들은 목적을 달성하여 제국을 형성하자마자 붕괴하며, 평화 시에는 마치 사용하지 않는 칼처럼 그들의 기질을 상실시키고 마는 것이다.[23]

23) 아리스토텔레스, 『정치학』 1333b~1334a.

10. 『춘추』의 '중화(中華)와 이적(夷狄)'

중국인들은 옛날부터 이 세계의 중심을 자처하여, 자신들의 나라를 '중국(中國)' 이라 하고 주변 민족(나라)들을 '사방 오랑캐' [1]라 하였다. 특히 문화적 관점에서는 자부심을 더하여 자신들을 '중화(中華)' 또는 '화하(華夏)' [2]라 했는데, 이는 '이 세계의 중심에 있는 찬란한 문명국가' 라는 뜻이었다.

'중화(중국)와 이적' 을 구분하는 관념은 유교 경전 곳곳에 보인다. 예컨대 『서경』에서는 "백성을 먹여 살리는 것은 오직 농사철을 빼앗지 않는 데 있다. 먼 곳의 사람들을 부드럽게 대하고, 가까운 곳 사람들을 길들이며, 덕이 있고 진실하고 어진 사람을 두텁게 대하고 간사한 사람을 물리치면 '만이(蠻夷)도 서로 복종해 올 것' 이다." [3]라고 했고, "만이(蠻夷)가 화하(華夏)를 어지럽히고, 나라 안팎에서 도적이 발호한다." [4]고도 했다. 『논어』에

---

1) 『禮記』〈王制〉에서는 "中國과 사방 오랑캐 등 五方의 백성들은 모두 특징이 있어서 바꿀 수 없다. 東方의 오랑캐를 '夷' 라 하는데, 머리털을 풀어헤치고 몸에는 문신을 새기며, 火食을 하지 않는 자도 있다. 南方 오랑캐를 '蠻' 이라 하는데, 이마에 먹물을 새기고 양쪽 발가락이 서로 향하게 걸으며, 火食을 하지 않는 자도 있다. 西方 오랑캐를 '戎' 이라 하는데, 머리털을 풀어헤치고 가죽옷을 입으며, 곡식을 먹지 않는 자도 있다. 北方 오랑캐를 '狄' 이라 하는데, 새의 깃털로 옷을 만들어 입고 굴에서 살며, 곡식을 먹지 않는 자도 있다. 中國과 夷 · 蠻 · 戎 · 狄은 모두 그들 나름대로 편안히 사는 집, 조화로운 음식, 알맞은 옷, 편리한 집기를 갖추고 있다. 五方의 백성들은 서로 言語가 통하지 않고 嗜欲이 다르다."라고 했다.

2) 『書傳大全』 卷1 頁62, 蔡沈註 : 夏 明而大也 曾氏曰 中國文明之地 故曰華夏

3) 『書經』「虞書」〈舜典〉: 食哉惟時 柔遠能邇 惇德允元 而難任人 蠻夷率服

4) 『書經』「虞書」〈舜典〉: 蠻夷猾夏 寇賊姦宄

서는 "이적(夷狄)들에게 군왕이 있음은 여러 화하(華夏)의 나라에 군왕이 없는 것과 같지 않다."[5]고 했고, 『맹자』에서는 "중화의 문물을 써서 이적의 풍속을 바꾼다〔用夏變夷〕"[6]고 했으며, 『대학』에서는 "오직 어진 사람만이 (남을 시기하고 미워하는 사람들을) 사방 오랑캐의 땅으로 추방하여, 중국에서 함께 살 수 없게 한다."[7]고 했고, 『중용』에서는 "명성이 중국에 넘쳐 오랑캐 땅까지 미친다."[8]고 했다. 이처럼 '중화와 이적'의 관념은 유교 경전 곳곳에 보이는데, 그 취지는 대개 '중화를 존중하고 이적을 물리친다'는 존화양이론(尊華攘夷論)이었다.

유교는 본래 '문명을 숭상하고 야만을 배격한다'는 입장을 견지하거니와, 이러한 맥락에서 존화양이론은 실로 유교의 종지(宗旨) 가운데 하나이다. 그런데 유교의 여러 경전 가운데 존화양이론을 역설한 대표적 경전으로는 단연코 『춘추』가 꼽힌다. 주자가 "『춘추』의 취지로서 크게 드러나는 것은 난신(亂臣)을 베고 적자(賊子)를 성토하는 것, 안으로 중국(中國)을 높이고 밖으로 이적(夷狄)을 물리치는 것, 왕도(王道)를 귀하게 여기고 패도(覇道)를 천하게 여기는 것일 뿐"[9]이라 한 것이 그 예이다. 이처럼 존화양이(尊華攘夷)는 '『춘추』의 대의(大義)' 가운데 하나로 꼽히거니와, 우리가 주목할 것은 유교에서 말하는 '중화와 이적' 역시 '도덕적 본성과 육체적 본능'이라는 이분법을 바탕으로 성립하는 개념체계라는 사실이다.[10] 이제

---

5) 『論語』 八佾 5 : 夷狄之有君 不如諸夏之亡也

6) 『孟子』 滕文公上 4 : 用夏變夷

7) 『大學章句』 傳10章 : 唯仁人 放流之 迸諸四夷 不與同中國

8) 『中庸章句』 31 : 聲名洋溢乎中國 施及蠻貊

9) 『朱子語類』 卷83(2144쪽) : 春秋大旨 其可見者 誅亂臣討賊子 內中國外夷狄 貴王賤伯而已

10) 宋代의 유학자 胡安國(1074~1138)은 『春秋傳』을 지어 올리면서 "天理는 날로 소멸되고 人欲은 날로 자라나서, 夷狄이 中華를 어지럽히니, 난리를 평정하여 올바른 세상을 회복하는 글은 또한 세상에 유행시킬 만합니다(昔胡文定公傳春秋以進曰 天理日消 人欲日長 而夷狄亂華 撥亂反正之書 亦可以行矣)."라고 한 바 있는데(『宋子大全』 卷137

이러한 관점에서 유교의 존화양이론을 살펴보기로 하자.

중국인들이 세계의 중심을 자처하여 자기 나라를 '중국' 이라 하고 주변 민족(나라)들을 '사방 오랑캐' 라 한 데서 알 수 있듯이, '중화와 이적' 은 본래 '지리적, 종족적' 개념이었다. 그런데 당대(唐代)의 문호 한퇴지(韓退之)가 "공자께서 『춘추』를 지으실 때, 제후들이 이적의 예법을 쓰면 이적으로 취급하고, 이적이 중국의 예법을 배우면 중국으로 취급했다."[11]고 했듯이, 공자는 『춘추』를 기록하면서 주변 오랑캐들이 중국의 예법을 따르면 그들을 중화로 취급했고, 중국의 제후들이 오랑캐의 풍습을 따르면 그들을 오랑캐로 취급했다.[12] 요컨대 공자는 '중화와 이적' 을 '지리적, 종족적' 개념에서 '문화적' 개념으로 탈바꿈시킨 것이다. 따라서 공자 이후 '중화와 이적' 이라는 말은 문화적 차원에서의 '선진과 후진', 즉 '문명과 야만' 을 뜻하게 되었다.

그러면 전통 유교에서 '중화와 이적' 을 구분하던 척도는 무엇이었던가? 정자는 "禮를 한 번 잃으면 이적(夷狄)이 되고, 두 번 잃으면 금수(禽獸)가 된다. 성인(聖人)은 애초에 사람이 금수로 전락하는 것을 두려워했다. 그러므로 『춘추』의 필법(筆法)은 매우 근엄하여, 중국이 이적의 예법을 쓰면 바로 이적으로 취급한 것이다."[13]라고 했거니와, '예법의 유 · 무' 가 바로 '중화와 이적' 을 구분하는 척도라는 것이다. 정자는 다음과 같이 말하기도 한다.

頁18~19, 〈淸陰先生年譜序〉 참조), 여기서 中華는 天理와, 夷狄은 人欲과 상응하는 개념임을 단적으로 확인할 수 있다.

11) 『古文眞寶』 後集 卷2, 〈原道〉 : 孔子之作春秋也 諸侯用夷禮則夷之 夷而進於中國則中國之

12) 이에 대한 자세한 논의는 권정안, 「春秋의 根本理念과 批判精神에 관한 연구」, 88~95쪽 참조.

13) 『二程集』 卷2上(漢京文化事業有限公司本 43쪽) : 禮一失則爲夷狄 再失則爲禽獸 聖人初恐人入於禽獸也 故於春秋之法極謹嚴 中國而用夷狄禮 則便夷狄之

진(秦)나라는 포학하여 『시경』과 『서경』을 불사르고 망했다. 한(漢)나라가 일어나서 그 폐단을 거울삼아 너그러운 덕을 숭상하고 경술(經術)을 닦은 선비를 우대하니, 그러므로 선비들이 많아졌다. 선비들이 많아지니, 비록 성인(聖人)의 학문을 알지는 못했더라도 경전을 받들고 옛 교훈을 본받아서 의리를 아는 자가 많았다. 그러므로 왕망(王莽)의 반란에 절개를 지킨 선비가 많았다. 세조(世祖)가 이어 일어나서 명예와 절개를 숭상하지 않을 수 없었으니, 그러므로 동한(東漢)의 선비들은 명예와 절개가 있는 사람들이 많았다. 명예와 절개를 알면서 禮로 절제할 줄 모른다면 마침내 고절(苦節)에 이르게 된다. 그러므로 당시 명예와 절개가 있는 선비들은 (명예와 절개를 지키다가) 죽는 것을 (고향으로) 돌아가는 것처럼 여겼다. 고절(苦節)이 이미 극에 달했기 때문에, 그러므로 위(魏)와 진(晉)의 선비들은 광탕(曠蕩)으로 변하여, 부허(浮虛)를 숭상하고 예법을 잃게 된 것이다. 예법이 이미 망하면 이적(夷狄)과 다름이 없게 된다. 그러므로 오호(五胡)가 중화(中華)를 어지럽히게 된 것이다. 이적의 혼란이 이미 심해지면, 반드시 영웅이 나와서 평정하니, 그러므로 수(隋)와 당(唐)이 천하를 혼일(混一)한 것이다. 수(隋)는 천하를 통일했다고 말할 수 없으니, 다만 (夷狄을) 물리친 것일 뿐이다. 당(唐)은 천하를 통일했는데, 정관(貞觀, 627~649)과 개원(開元, 713~741) 연간은 비록 평화롭게 다스려진 시대라고 말하나 또한 이적의 풍습이 남아있었으니, 삼강(三綱)이 바르지 못해 부자(父子)·군신(君臣)·부부(夫婦)의 예법이 없었다. 그 근원은 태종(太宗)으로부터 시작하니, 그러므로 후세의 자제들은 부릴 만한 사람이 없었다. 현종(玄宗)은 겨우 숙종(肅宗)을 부렸으나 문득 황위를 찬탈했고, 숙종(肅宗)은 겨우 영왕(永王) 인(璘)을 부렸으나 문득 반란을 일으켰다. 임금은 임금답지 못하고 신하는 신하답지 못하니, 그러므로 번진(藩鎭)이 복종하지 않고 권신(權臣)이 발호한 것이다. 이처럼 기강이 무너져 오대(五代)의 혼란이 생긴 것이다.[14)]

위의 인용문에서 주목할 것은 "예법이 이미 망하면 이적과 다름이 없게 된다. 그러므로 오호(五胡)가 중화를 어지럽히게 된 것이다."라는 말이다. 중국은 본래 중화(中華, 찬란한 문화국가)이나 중국에서도 시대에 따라 인륜과 예법이 부침하였다는 것이며, 중국이 예법을 잃어 이적과 다름이 없게 되었을 때 이적들이 중국을 침범하여 어지럽혔다는 것이다. 정자는 이러한 관점에서 진대(秦代)와 당대(唐代)를 혹평하고, 한대(漢代)에 대해서는 '고절(苦節, 괴로움을 겪으면서 절개를 지키는 것)'을 야기한 책임과 고절이 초래한 폐단을 지적했다. 여기서 알 수 있듯이, 유교의 존화양이론은 '중국을 찬양하고 이적을 폄하하는 논리'이기도 했지만, 보다 근원적으로는 도덕적 관점에서 중국의 문화적 부침을 설명하고 비판하는 '자기반성의 논리'였다.

주자 역시 정자와 같은 맥락에서 자기반성의 논리로 존화양이론을 전개했다. 주자는 다음과 같이 말한다.

> 臣은 듣자오니, 익(益)이 순(舜)께 경계하기를 "근심이 없을 때 경계하시어 법도(法度)를 잃지 마시고, 편안함에 노닐지 마시고 즐거움에 빠지지 마십시오. 어진 사람에게 맡기되 의심하지 마시고, 사악한 자를 물리치되 의심하지 마십시오."라 하고, "게을리하지 않고 거칠게 하지 않으시면 사방의 이적이 와서 왕으로 받들 것"이라고 끝맺었습니다. 주(周)나라의 문왕과 무왕도 (『詩經』의)

14) 『二程集』 卷18(漢京文化事業有限公司本 236쪽) : 秦以暴虐 焚詩書而亡 漢興 鑑其弊 必尙寬德崇經術之士 故儒者多 儒者多 雖未知聖人之學 然宗經師古 識義理者衆 故王莽之亂 多守節之士 世祖繼起 不得不褒尙名節 故東漢之士多名節 知名節而不知節之以禮 遂至於苦節 故當時名節之士 有視死如歸者 苦節旣極 故魏晉之士變而爲曠蕩 尙浮虛而亡禮法 禮法旣亡 與夷狄無異 故五胡亂華 夷狄之亂已甚 必有英雄出而平之 故隋唐混一天下 隋不可謂有天下 第能驅除爾 唐有天下 如貞觀開元間 雖號治平 然亦有夷狄之風 三綱不正 無父子君臣夫婦 其原始於太宗也 故其後世子弟 皆不可使 玄宗纔使肅宗 便簒 肅宗纔使永王璘 便反 君不君 臣不臣 故藩鎭不賓 權臣跋扈 陵夷有五代之亂

'천보(天保)' 편 이상의 시로 나라 안을 다스렸고, '채미(采薇)' 편 이하의 시로 나라 밖을 다스려, 근심과 근면에서 시작하여 편안함과 즐거움으로 끝맺었습니다. 그 뒤로 점차 미약해져 〈소아(小雅)〉의 가르침이 모두 폐지되고 사방의 이적이 번갈아 침입하여 중국이 쇠약해지고 땅도 깎였습니다. 선왕(宣王)이 이를 계승하여 몸소 행실을 닦아, 현명한 사람을 임용하고 능력 있는 사람을 부려, 안으로 정사를 닦고 밖으로 이적을 물리침에 주나라의 道가 찬란하게 다시 부흥하였습니다. 臣은 일찍이 이를 살핀 다음에 옛 성왕(聖王)들이 이적을 제어한 방도는 그 근본이 위강(威彊)에 있지 않고 덕업(德業)에 있으며, 그 임무는 변경(邊境)에 있지 않고 조정(朝廷)에 있으며, 그 도구는 병식(兵食)에 있지 않고 기강(紀綱)에 있었다는 것을 분명히 알게 되었습니다.[15)]

위의 인용문에서 주목할 것은 "게을리하지 않고 거칠게 하지 않으시면 사방의 이적이 와서 왕으로 받들 것"이라는 말과 "그 뒤로 점차 미약해져 〈소아〉의 가르침이 모두 폐지되고 사방의 이적이 번갈아 침입하여 중국이 쇠약해지고 땅도 깎였습니다."라는 말이다. 이적이 중국에 복종하거나 침범하는 것은 '중국의 예교(禮敎) 여하'에 달려 있으며, 그러므로 "옛 성왕들이 이적을 제어한 방도는 그 근본이 위강(威彊)에 있지 않고 덕업(德業)에 있으며, 그 임무는 변경에 있지 않고 조정에 있으며, 그 도구는 병식(兵食)에 있지 않고 기강(紀綱)에 있었다."는 것이다. 이는 변경으로 출병하여 이적을 군사적으로 진압하자는 주장을 일축하면서, 중앙의 조정에서 덕업을

15) 『朱子大全』 卷13 頁6, 〈垂拱奏箚三〉: 臣聞 益之戒舜曰 儆戒無虞 罔失法度 罔遊于逸 罔淫于樂 任賢勿貳 去邪勿疑 而終之曰 無怠無荒 四夷來王 周之文武 亦以天保以上治內 采薇以下治外 始於憂勤 終於逸樂 其後中微 小雅盡廢 四夷交侵 中國衰削 宣王承之 側身修行 任賢使能 內修政事 外攘夷狄 而周道粲然復興 臣嘗以是觀之 然後 知古先聖王所以制御夷狄之道 其本不在乎威彊 而在乎德業 其任不在乎邊境 而在乎朝廷 其具不在乎兵食 而在乎紀綱 蓋決然矣

닦고 기강을 바로 세우면 이적이 결국 스스로 복종하게 된다고 설파한 것이다. 주자는 다음과 같이 말하기도 한다.

> 중국이 믿는 것은 덕이요, 이적이 믿는 것은 힘입니다. 지금 국사(國事)를 염려하는 자들은 대개 저들과 우리를 살펴 힘의 강·약을 비교하여 말하는데, 이는 이적들이 서로 공격하는 방책만 알고 중국이 이적을 다스리는 도리는 모르는 것입니다. 대개 힘으로 말하면 저들은 항상 강하고 우리는 항상 약하여, 이길 수 있는 때가 없으므로, 강화(講和)를 하지 않을 수 없습니다. 그러나 덕으로 말하면 삼강(三綱)을 떨치고 오상(五常)을 밝히며 조정(朝廷)을 바루고 풍속(風俗)을 격려하는 것은 모두 우리가 힘쓸 수 있는 바요, 저들은 할 수 없는 것이니, 이것이 바로 중국이 이적을 다스리는 도리로서 오늘날 마땅히 논의해야 할 것입니다. 진실로 능히 이로써 스스로 격려한다면 또한 어찌 강화를 할 수 있겠습니까? 나의 근심은, 힘도 이미 떨치지 못하는데 덕도 또한 닦지 않는다면 전쟁이나 강화가 모두 상책(上策)이 될 수 없다는 것입니다.[16]

위의 인용문에는 "중국이 믿는 것은 덕이요, 이적이 믿는 것은 힘"이라 하여 중화와 이적의 본질적 차이를 규명하고, 따라서 이적을 힘으로 제압한다는 것은 무모한 생각이라고 비판하였다. 반면에 "덕으로 말하면 삼강을 떨치고 오상을 밝히며 조정을 바루고 풍속을 격려하는 것은 모두 우리가 힘쓸 수 있는 바요, 저들은 할 수 없는 것이니, 이것이 바로 중국이 이적을 다스리는 도리"라는 것이다.

---

16) 『朱子大全』 卷30 頁7~8, 〈答汪尙書〉: 中國所恃者德 夷狄所恃者力 今慮國事者 大抵以審彼己較强弱爲言 是知夷狄相攻之策 而未嘗及中國治夷狄之道也 蓋以力言之 則彼常强我常弱 是無時而可勝 不得不和也 以德言之 則振三綱明五常正朝廷勵風俗 皆我之所可勉 而彼之所不能者 是乃中國治夷狄之道 而今日所當議也 誠能自勵以此 則亦何以講和爲哉 愚之所憂 獨恐力旣不振 德又不修 則曰戰曰和 俱無上策耳

이상에서 정자와 주자의 존화양이론을 살폈거니와, 조선의 유학자들 역시 같은 맥락에서 존화양이론을 전개하였다. 예컨대 우암(尤庵) 송시열(宋時烈)은 다음과 같이 말한다.

> 삼가 생각건대, 하늘이 베푼 질서는 君臣과 父子가 가장 큰 것으로, 이것이 이른바 하늘과 땅의 변함없는 진리요, 백성들의 떳떳한 도리인 것입니다. 예로부터 제왕이 몸을 바루고 집안을 다스린 것도 여기에 있었으며, 기강을 유지했던 것도 여기에 있었습니다. 진실로 이것을 버린다면 인류가 금수가 되고 중국이 오랑캐가 되고 말 것이니, 삼가지 않을 수 있겠습니까? 우리나라는 기자(箕子) 때부터 이미 예의(禮義)의 나라가 되었으며, 고려에 이르러서도 오랑캐 원(元)나라의 풍속에 다 변화되지는 않았던 것입니다. 명(明)의 태조고황제(太祖高皇帝)께서 천하를 평정했을 때, 문충공(文忠公) 정몽주(鄭夢周)가 제일 먼저 대의(大義)를 내세워 '이적과 중화, 음과 양'을 분변하여 오랑캐 元을 배격하고 참된 주인 明을 섬겼습니다.[17]

위에 보이듯이, 송시열은 인륜과 예법을 준거로 삼아 '중화와 이적'을 구분하였고, 존화양이라는 맥락에서 고려 말기의 배원친명(排元親明) 정책을 옹호하였다. 특히 송시열은 예부터 우리 민족을 '동이(東夷)'라고 불렀던 것에 대해 다음과 같이 논하였다.

---

17)『宋子大全』卷16 頁15~16, 〈進修堂奏箚〉: 伏以天敍天秩 惟君臣父子爲大 是所謂天之經地之義民之彝者也 自古帝王所以正己齊家者在此 所以持綱挈維者在此 苟或捨此 則人類入於禽獸 中國淪於夷狄 可不懼哉 惟我東方 自箕子以來 已爲禮義之邦 而至於勝國 胡風猶未盡變矣 至我太祖高皇帝初定天下 文忠公鄭夢周首建大義 辨夷夏陰陽之分 背胡元而事眞主 至於我太祖大王開國 高皇帝視同內服 恩禮周渥 我太祖大王忠貞恪勤 如子事父 至於壬辰之變 受報酬勤 宗社亡而復存 生民死而復生

중국 사람들은 우리 동방을 '동이(東夷)' 라 일컫는바, 이름이 비록 아름답지 못하나, 또한 어떻게 진흥하느냐에 달린 것이다. 맹자는 "순(舜)은 동이(東夷)의 사람, 문왕(文王)은 서이(西夷)의 사람" 이라 하였다. 그런데 이들은 모두 진실로 성현(聖賢)이 되었으니, 우리 동방이 추로(鄒魯, 孔 · 孟의 故國)가 아님을 근심할 필요가 없다. 옛날에 칠민(七閩)은 실로 남이(南夷)의 구역이었지만, 그 땅에서 주자(朱子)가 나온 뒤로는 중화의 예악문물(禮樂文物)이 나온 지역들이 오히려 그만 못하게 되었다. 지역이 옛날에는 이(夷)였다가 지금은 화하(華夏)로 되는 것은 오직 변화에 달려있다. (…) 『주자어류』에서는 "고려는 풍속이 좋다." 고 했다. 고려 때에는 동이(東夷)의 풍속이 아직 변하지 않았는데도, 남만(南蠻) · 북적(北狄) · 서융(西戎)과 비교해 보면 오히려 점점 변화된 점이 있었던 것이다. 고려 말기에 포은(圃隱) 정몽주(鄭夢周) 선생께서 나와 국정을 맡으면서, 용하변이(用夏變夷)에 힘써 한결같이 예의(禮義)로 옛 풍속을 변화시켰다.[18]

송시열은 순(舜)이 '동이의 사람' 이었다는 사실, '남이 지역이었던 칠민' 은 주자를 배출함으로써 예부터 중화에 속했던 지역을 능가하게 되었다는 사실 등을 들고, 따라서 '화 · 이(華夷)' 는 '지역' 이나 '종족' 으로 구분되는 것이 아니라 '예악문물의 체현 여부' 로 구분되는 것이라고 설명했다. 게다가 조선은 포은 정몽주 이래 적극적으로 중화의 문물을 수용하여 중국인들로부터 '소중화(小中華)' 로 칭송되었거니와, 오랑캐 청(淸)이 중원을 어지럽힌 당시로서는 조선이야말로 이제 유일한 중화의 나라가 되었다는 의식을 지니게 되었다. 이러한 인식은 송시열의 〈황여고실서(皇輿考實

18) 『宋子大全』 卷131 頁24~25, 〈雜錄〉: 中原人指我東爲東夷 號名雖不雅 亦在作興之如何耳 孟子曰舜東夷之人也 文王西夷之人也 苟爲聖人賢人 則我東不患不爲鄒魯矣 昔七閩 實南夷區藪 而自朱子崛起於此地之後 中華禮樂文物之地 或反遜焉 土地之昔夷而今夏 惟在變化而已 (…) 朱子語類稱之曰高麗風俗好 高麗之世 夷俗未變 然視諸南西北諸種則尙有東漸之化矣 粵自麗末 圃隱鄭先生出而當路 蔚然出幽遷喬 一以禮義變其舊俗

序)〉에 잘 나타나 있다.

> 우리는 구석에 치우친 나라에 태어나 천하를 두루 살필 수 없어서, 항상 '우물 안 개구리' 라고 탄식하고 있었다. 이제 정선숙(鄭善叔)이 지은 『황여고실(皇輿考實)』을 보니, 몸소 가서 눈으로 보는 것처럼 역력한바, 참으로 큰 쾌거이다. (…) 슬프다! 이처럼 큰 땅을 지니고 있었음에도, 황조(皇朝, 明)가 '갑신년(甲申年) 3월의 변고'[19]를 당한 것은 무슨 까닭인가? 어찌 땅이 넓고 거친 까닭에 잡초나 뱀・지네 등도 또한 그 사이에서 자라날 수 있었기 때문이 아니겠는가? 그 이후로 거듭된 변천을 겪으며 오늘에 이르러서는, 순・우(舜禹)가 순수(巡狩)하던 나라와 공자(孔子)・주자(朱子)가 강도(講道)하던 곳이 모두 옛날과 같지 않게 썩고 비린 냄새가 나게 되었으니, 어찌하면 천하(天河)의 물을 끌어다가 깨끗이 씻어낼 수 있겠는가? 오직 우리 동방(東方)은 한 구석에 치우쳐 있는 까닭에 홀로 능히 의관(衣冠)을 지킬 수 있는 나라가 되었으니, '주례(周禮)가 노(魯)나라에 남아 있었던 것' 과 같다고 하겠다. 만약 성인(聖人)이 다시 태어나신다면 반드시 '뗏목을 타고 동쪽으로 오고자 하실 것' 이니, 그렇다면 우리가 이 구석에 치우친 나라에 태어난 것이 또한 다행인 것이다.[20]

위에 보이듯이, 송시열은 중원이 모두 옛날과 같지 않게 썩고 비린내가 나게 되었다고 규정하고, 따라서 조선은 유일한 중화의 나라로서 "만약 성

---

19) '甲申年의 變故' 란 1644년 3월 明나라 毅宗(崇禎帝)이 자살하고, 清軍이 北京을 점령한 사건을 말한다.

20) 『宋子大全』 卷138 頁16, 〈皇輿考實序〉 : 吾儕生在偏邦 不得徧觀天下 常有坐井之歎 今觀鄭君善叔所爲皇輿考實 歷歷如身往而目擊 誠大快事也 (…) 惜乎 以如此幅員之大 而皇朝乃有甲申三月之變何也 豈地廣大荒 故稂莠蛇蜒 亦得以滋蔓卵育於其間而然歟 自是以來輾轉推遷 以至於今日 則虞夏巡狩之國 孔朱講道之處 皆非疇昔之舊 而臭敗腥羶矣 安得挽天河之水而一洗之也 惟我東方僻在一隅 故獨能爲冠帶之國 可謂周禮在魯矣 使聖人而復起 想必乘桴而東來矣 然則其亦幸而吾儕生此偏邦也

인이 다시 태어나신다면 반드시 뗏목을 타고 동쪽으로 오고자 하실 것" 이라고 자부하였다.[21] 위와 같은 인식은 당시 유학자들의 일반적 인식이기도 했거니와, 따라서 조선 후기 내내 많은 유학자들이 숭명배청(崇明排淸) 의식을 지니며 살았던 것이다.

위와 같은 존화양이론은 약 2백 년 뒤 서세동점(西勢東漸)과 일제(日帝)의 침략에 봉착하면서 다시 한 번 크게 부각되었다. 이른바 '위정척사론(衛正斥邪論)' 이 그것이다. 위정척사론의 거두 화서(華西) 이항로(李恒老)는 "서양의 학문은 즐겁게 죽는 것을 숨기지 않는 것으로 극치를 삼고, 통화(通貨)와 통색(通色)을 당연한 것으로 여긴다. 이는 이적과 금수도 탐탁하게 여기지 않는 바요, 또한 이적과 금수도 용납할 수 없는 바이다. 무릇 성인(聖人)이 가르침을 베풀고 법을 제정함에, 간음하거나 재물을 훔치는 죄를 사람을 죽인 죄나 해친 죄와 같이 취급했다. 저 간음하고 재물을 훔치는 것은 비록 사람을 죽이거나 해치려는 것은 아니지만, 그 화(禍)는 반드시 생명을 해치는 데까지 이르러, 결국엔 인류를 멸절시키고 말 것이다."[22]라 하여, 당시 서학의 풍조에 대한 완고한 반감을 드러냈다. '즐겁게 죽는 것을 숨기지 않는다' 는 것은 천국의 복락을 기대하면서 기꺼이 순교함을 말하고, '통화(通貨)' 란 상품의 자유로운 교역을 말하며, '통색(通色)' 이란 남녀 사이의 자유연애를 말한다. 이항로는 이 모두를 이적금수조차 용납하지 않는 것으로 규정했다. 이러한 맥락에서, 이항로는 다음과 같이 말한다.

21) 공자는 "(中國에) 道가 행해지지 않으니, 뗏목을 타고 바다를 건너가고 싶다" (『論語』 公冶長 6 : 子曰 道不行 乘桴 浮于海)고 한 바 있다. 공자가 '바다를 건너가고 싶다' 고 한 것은 '東夷에 가서 살고 싶다' 는 것으로 풀이된다. 공자는 東夷를 '君子의 나라' 로 인식하고, '東夷에 가서 살고 싶다' 는 뜻을 밝힌 바 있기 때문이다(『論語』 子罕 13 : 子欲居九夷 或曰陋 如之何 子曰 君子居之 何陋之有).

22) 『華西集』 卷15 頁8, 〈溪上隨錄二〉 : 西洋之學 以不欺樂死 爲渠學之極致 而以通貨通色爲當然 此乃夷狄禽獸之所不屑爲 而亦夷狄禽獸之所不容有者也 夫聖人設敎立法 凡奸色盜貨之罪 與殺人傷人者同科 彼奸色盜貨 雖非本欲殺傷人物 而其禍必至於害生戕生 無有噍類乃已

학자는 갈림길에 있어서 반드시 안목을 크게 가져야만 출발에 있어서 길을 잘못 들어서지 않는다. 음 · 양(陰陽)의 성쇠는 하늘과 땅 사이의 갈림길이며, 화 · 이(華夷)의 성쇠는 천하 만고의 제왕이 왕통을 계승하는 갈림길이다. 선 · 악(善惡)의 소장(消長)은 천하 만고의 군자 · 소인의 갈림길이며, 천리와 인욕의 소장은 마음의 성정이 발용함에 있어서의 갈림길이다. 군자가 이 큰 갈림길에서 뜻을 세우고 처신(處身)함에 있어서, 한 번 길을 잘못 들어서면 문득 공허로 타락하여, 천지의 사이에 설 수 없으며 다시 고칠 수도 없다.[23)]

이항로는 '음 · 양의 성쇠', '화 · 이의 성쇠', '선 · 악의 소장', '천리와 인욕의 소장' 등을 '군자와 소인'이 나뉘는 큰 갈림길이라고 보았다. 이러한 주장은 갈림길에서의 올바른 결단을 촉구하는 것인바, 이를 통해 우리는 존화양이론이 '천리를 보존하고 인욕을 막는다'는 주장과 궤를 같이하는 것임도 확인할 수 있다. 같은 맥락에서 김평묵(金平默)도 다음과 같이 말한다.

군자(君子)는 道心을 주장하지만, 서민(庶民)은 人心을 주장한다. 장부(丈夫)는 도심을 주장하지만, 부녀(婦女)는 인심을 주장한다. 중화와 이적, 인류와 금수의 구분도 마찬가지이다. 이적과 금수가 통달한 것은 형기(形氣)의 욕망뿐이다. 그러므로 군자가 서민을 다스리고 서민이 군자의 명령에 따르며, 장부가 부녀를 제어하고 부녀가 장부에게 순종하며, 중화가 이적을 제어하고 이적이 중화의 명령에 따르며, 인류가 금수를 길들이고 금수가 인류에게 복종하는 것은 양이 음을 통제하고 음이 양을 잇는 것으로서, 음양이 바르게 된 것이다. 음양이 바르

23) 『華西集』 卷14 頁34, 〈溪上隨錄一〉: 學者於界分上 須大着眼目 方始不錯路頭 陰陽盛衰 是天地間大界分 華夷盛衰 是天下萬古帝王承統之大界分 淑慝消長 是天下萬古君子小人之大界分 天理人欲消長 是人心性情發用之大界分 君子立心處身於大界分處 一錯路頭 便是墮空落虛 無以立於天地之間 而無可更故處

게 되면 천지가 제 자리를 잡고 사람과 만물이 자라난다. 이와 반대로 군자가 초야에 있고 소인이 지위를 얻으며, 암탉이 새벽을 맡고, 이적이 중화를 어지럽히며, 금수가 인간을 핍박한다면, 이것은 음이 주인(主人)이 되고 양이 역졸(役卒)이 되어 음양이 바르지 못하게 된 것이다. 음양이 바르지 못하게 되면 천지가 뒤집히고 머리에 쓰는 관(冠)과 발에 신는 신이 거꾸로 되어 재앙이 생기고 사람과 만물이 소진된다. 이것은 고금에 있어서 바뀌지 않는 이치이다.[24)]

김평묵은 군자와 소인, 장부(丈夫)와 부녀(婦女), 중화와 이적, 인류와 금수 등을 다양하게 대비하고, 앞엣것들이 주(主)가 되고 뒤엣것들이 종(從)이 되어야 한다고 주장했다. 이러한 주종관계의 설정은 주자의 인심도심론을 응용한 것으로, 결국 도심이 주가 되어 인심을 다스려야 한다는 것이다. 여기서 우리는 '중화와 이적' 이 '도심과 인심' , 즉 '도덕적 본성과 육체적 본능' 의 문제와 직결된 개념임을 거듭 확인할 수 있다. 이러한 맥락에서, 이들이 제창한 위정척사론이란 '제국주의 열강의 침략을 물리치고 우리의 주권을 수호하자' 는 주장이었던 동시에, '인륜 문명을 수호하여 인류가 야만으로 전락하는 변고를 막자' 는 주장이기도 했다.

병인양요(丙寅洋擾, 1866년)가 일어나자, 이항로는 "인간이 인간으로 남느냐 금수로 타락하느냐, 국가가 생존하느냐 망하느냐가 호흡지간(呼吸之間)에 결판나게 되었다."[25)]고 상소했고, 기정진(奇正鎭)은 "저들의 만족할

---

24) 『重庵集』 卷34 頁5~6, 〈海上筆語〉: 君子掌道心上事 而庶民掌人心上事 丈夫掌道心上事 而婦女掌人心上事 華夏之與夷狄 人類之與禽獸 其分亦然 夷狄禽獸所通者 惟形氣之欲而已 是故君子治庶民 而庶民聽於君子 丈夫御婦女 而婦女順於丈夫 華夏制夷狄 而夷狄命於華夏 人類馴禽獸 而禽獸伏於人類 此之謂陽統陰陰承陽 而陰陽之得其正也 陰陽得其正 則天地無不位 人物無不育矣 反是而君子在野 小人在位 牝鷄司晟 蠻夷猾夏 禽獸逼人 則此之謂陰爲主陽爲役 而陰陽之失其正也 陰陽失其正 則是所謂天地飜覆 冠屨倒置 災眚竝興 人物消盡矣 此古今不易之理也

줄 모르는 욕심은, 우리나라를 자기들의 부용(附庸)으로 만들려는 것이며, 우리의 산과 바다를 자기들의 보고(寶庫)로 삼으려는 것이며, 우리의 의관문물(衣冠文物)을 자기들의 노예로 만들려는 것이며, 우리의 부녀자들을 겁탈하려는 것이며 우리의 백성을 금수로 만들려는 것"[26]이라고 상소했거니와, 이들은 병인양요를 '문명과 야만의 갈림길'이요 동시에 '국가 존망의 갈림길'로 인식했음을 볼 수 있다.

한편, 운양호사건(1875년) 이후, 최익현(崔益鉉)은 일본을 금수로 규정하여 일본과의 강화를 배척하였지만, 일본이 서양적 제국주의를 포기하고 인도(人道)를 회복한다면 일본과 수호(修好)할 수 있음을 말하였다. 이적이 평화적 세계질서를 부인하고 침략해 온다면 그들을 배척하지 않을 수 없지만, 평화적 세계질서를 긍정한다면 그들과도 수호할 수 있다는 것이다. 최익현은 〈지부복궐척화의소(持斧伏闕斥和議疏)〉의 말미에서 일본에게 다음과 같이 선언하도록 요구하였다.

> 양적(洋賊)의 금수와 같은 행태는, 천지(天地)의 부모께 용납될 수 없는 적자(賊子)요, 화하(華夏)의 성왕(聖王)께 반드시 주륙을 당할 난신(亂臣)이다. 무릇 천하만고에 사람이라는 이름을 가진 자는 모두 토벌할 수 있는 것이다. 하나라도 그들을 돕는 무리가 있다면 이는 곧 인간의 성품을 거슬리는 것이다. 귀국(貴國, 일본)은 공자 · 주자를 존신(尊信)하고 예의를 숭상하여 이웃 나라로부터 신임을 받은 지가 오래되었다. 그런데 지금은 도리어 양적(洋賊)의 유혹과 협박에 넘어가 기꺼이 그들의 창귀(倀鬼) 노릇을 하고 있으니, 귀국을 대신해 깊이

25) 『華西集』 卷3 頁18, 〈辭工曹參判疏〉: 人獸之關 存亡之機 決於呼吸

26) 『蘆沙集』 卷3 頁2, 〈丙寅疏〉: 其無厭之溪壑 欲附庸我國家 帑藏我山海 奴僕我衣冠 漁獵我少艾 禽獸我生靈耳 萬一開交通之路 則彼之所營 件件如意 次第無碍 不出二三年 殿下赤子 不化爲西洋者 無幾 殿下將誰與爲君乎

부끄러워하는 바이다. 『춘추』의 법은 난신적자(亂臣賊子)는 먼저 그 무리를 다스리는 것이다. 왕자(王者)가 일어난다면 귀국은 마땅히 양적보다도 먼저 심판을 받을 것이다. 귀국은 빨리 계획을 결정하라. 비국(鄙國, 조선)이 비록 무비(武備)를 매우 소홀히 하였지만 '척양(斥洋)' 하나만은 조종(祖宗) 이래로 전수되어온 바꿀 수 없는 가법(家法)이다. 이제 귀국과 구호(舊好)를 회복할 수 없다는 것이 어찌 다만 서계(書契)의 칭호가 참람하여 놀랍다는 것 때문만이겠는가? 음양의 커다란 향배가 이미 이처럼 서로 반대되니, 서로 함께 일을 도모할 수 없을 뿐만 아니라 곧바로 성토해야 할 것이다. 귀국이 지금 이후로 만일 이제까지의 잘못을 뼈저리게 고치고 양적을 엄금하여, 호오(好惡)의 바름이 신명(神明)께 물어도 의심이 없다면 이는 전과 같이 서로 교호(交好)했던 인국(隣國)이 된 것이요 훗날의 난적(亂賊)의 무리가 아닌 것이다. 이와 같이 된 다음에 비로소 우리나라와 수호(修好)를 강정(講定)할 수 있을 것이다. 만일 그렇지 못하다면 그날로 배를 돌려 되돌아갈 것이요, 우리 영토에 오랫동안 머묾으로써 스스로 패망을 재촉하지 말라.[27]

일본이 과거와 같이 유교적 예의질서를 존중한다면 선린관계를 회복할 수 있지만, 지금처럼 양적(洋賊)의 앞잡이 노릇을 계속한다면 수호(修好)할 수 없다는 것이다. 이렇게 본다면 위정척사론은 단순한 배타주의가 아니

27) 『勉菴集』 卷3 頁39~40, 〈持斧伏闕斥和議疏〉: 洋賊之獸行蠱惑者 以言乎天地父母之前 則直是所不容之賊子也 以言乎華夏聖王之世 則直是所必誅之亂臣也 凡天下萬古 以人爲名者 皆得以討之 一有黨助 則直是拂人之性者也 貴國尊信孔朱 敦尙禮義 見信於與國 久矣 今反因彼輩之所誘脅而甘爲之倀鬼 深爲貴國之代羞也 春秋之法 亂臣賊子 先治其黨與 有王者作 則貴國當先洋賊而伏法矣 貴國其亟圖之 鄙國雖甚不武 斥洋一事 已爲祖宗以來 傳授勿替之家法 今與貴國不得修舊好者 豈特書契稱號之濫爲可駭哉 陰陽大向拜 旣若是 其相反 則不惟不相爲謀 方將聲討之不暇 貴國自今以往 若能幡然痛改 嚴絶洋賊 好惡之正 可質神明 則依舊是前日交好之隣國 非後亂賊之黨助也 夫然後 始可講定修好之說於我國 矣 如不能然則便當卽日回舶 不宜久留我境 自速敗亡矣

라, 상대방에게 '야만적 침략주의' 를 버리고 '인륜적 예의질서' 로 편입할 것을 요구하는 것이다. 그러나 이들의 주장은 받아들여지지 않았고, 일제의 침략은 더욱 노골화되었다.

한국을 병탄한 일제는 다음에는 만주(滿洲)를 삼키고 동남아시아까지 세력을 확장하면서 한때 기세가 등등했었으나, 무모한 침략전쟁의 종말은 허무하고 처참할 뿐이었다. 일제는 1945년 원자폭탄의 세례를 받고 결국 '무조건 항복' 을 수용하지 않을 수 없었기 때문이다. 일제가 식민침략을 일삼던 시기, 주변국이 행복을 누렸던 것도 아니요, 그렇다고 일본 국민들이 행복을 누렸던 것도 아니다. 일본인들 역시 대부분 부질없는 전쟁놀음의 희생자가 되고 말았다. 그럼에도 불구하고 그들은 아직도 식민침략의 역사를 제대로 반성하지 못하고, 또 다시 군국주의의 길을 모색하고 있다. 전통 유교의 존화양이론이 이 시대에도 여전히 문명비판의 준거가 될 수 있는 까닭이 여기에 있다.[28)]

『춘추』의 존화양이론(尊華攘夷論)은 문화적 관점에서 '중국을 찬양하고 이적을 폄하하는 논리' 이기도 했지만, 보다 근원적으로는 '도덕적 관점에서 중국의 문화적 부침을 설명하고 비판하는 자기반성의 논리' 였다. 또한 유교의 존화양이론은 '중화는 왕도를 숭상하고, 이적은 패도를 숭상한다' 는 인식과 병행하는 것이기도 했거니와, 이러한 맥락에서 존화양이론은 '왕도를 존중하고 패도를 물리친다' 는 존왕천패론(尊王賤霸論)과도 표리를 이루는 것이었다.

---

28) 韓末 衛正斥邪派의 尊華攘夷論은 이 책의 제2부 12절에서 살펴볼 저잔의 '문명과 야만' 에 상응하는 논리라 할 수 있다. 저잔은 오늘날의 문명을 야만으로 규정하고, 현대인들이 야만적이라고 폄하하는 원시인들이야말로 진정한 문명을 가꾼 것이라고 보았다.

오늘날 몇몇 식자들은 유교의 존화양이론을 '중국이 천하의 중심을 자처하면서 사대(事大)와 禮라는 이념을 통해 주변 국가들의 복종을 유도하고, 때로는 침략하기도 하는 것'이라고 규정하면서, 자못 비판적인 입장을 견지한다. 그러나 이러한 주장은 유교의 존화양이론이 존왕천패론과 표리를 이루고 있다는 점을 간과함으로써 야기된 오해에 가깝다. 이 문제를 정확히 논의하기 위해서는 우리는 먼저 '왕도적 중화주의'와 '패도적 중화주의'를 구분해야 한다. 역사적으로 볼 때, 중화주의는 '중국은 천하의 중심국가로서 주변 나라들을 정치적으로 복속(服屬)시켜야 한다'는 논리로 전개된 경우가 많았는데, 이는 '중국중심적 팽창주의'로서 '패도적 중화주의'에 해당하는 것이다. 그러나 중화주의는 '중국은 천하의 중심국가로서 주변 나라들에 대해 모범을 보이고 우호와 선린을 다져야 한다'는 논리로도 전개되었던바, 이는 '왕도적 중화주의'에 해당하는 것이다. 그런데 우리가 유념해야 할 것은, 유교의 경전이나 주자학이 추구한 것은 '왕도적 중화주의'였다는 점이다. 왕도적 중화주의는 중국을 '인의도덕(仁義道德)의 모범국가'로 만들어야 한다는 것이며, 이를 바탕으로 주변의 국가들과도 우호와 선린의 관계를 형성해야 한다는 것이었다. 몇 가지의 예를 들어보자.

맹자는 "오직 인자(仁者)만이 큰 나라를 가지고 작은 나라를 섬길 수 있고, 오직 지자(智者)만이 작은 나라를 가지고 큰 나라를 섬길 수 있다."고 전제한 다음, "큰 나라로서 작은 나라를 섬기는 것은 낙천자(樂天者)로서 천하를 보존할 수 있고, 작은 나라로서 큰 나라를 섬기는 것은 외천자(畏天者)로서 자기 나라를 보존할 수 있다."고 했다.[29] 맹자가 패도를 '연목구어(緣木求魚)'로 비판하고, 왕도를 '인자무적(仁者無敵)'으로 옹호했음도 유의

---

29)『孟子』梁惠王下 3 : 惟仁者 爲能以大事小 是故湯事葛 文王事昆夷 惟智者 爲能以小事大 故太王事獯鬻 勾踐事吳 以大事小者 樂天者也 以小事大者 畏天者也 樂天者保天下 畏天者保其國

해야 할 것이다. 『중용』에서는 '먼 지방 사람들을 부드럽게 대하면 사방이 귀의하며, 제후들을 회유하면 천하가 두려워한다' 고 한 다음, '제후들을 회유하는 방도' 로서 '많이 베풀고 적게 받으라' 고 하였다.[30] 주자는 일세의 영웅이었다고 칭송하는 한고조(漢高祖) · 당태종(唐太宗)을 패도로 규정하고 가차 없이 비판했음도 기억해야 할 것이다.[31] 요컨대, 유학의 경전이나 주자학에 있어서 침략적 팽창주의는 항상 비판의 대상으로 규정되었을 뿐이다.

흔히 말하듯이, 한말의 위정척사파 역시 중화주의자였다. 그런데 분명히 해야 할 것은, 위정척사파가 추구한 중화주의는 '왕도적 중화주의' 였다는 점이다. 위정척사파는 '유학(주자학)의 보편적 도덕의 논리' 에 입각하여 '제국주의의 힘의 논리' 에 저항했던 것이다. 위정척사파의 이러한 논리에 대해 '현실성이 부족하다' 고 비판할 수 있다. 그러나 모두의 주권이 존중되는 평화로운 국제관계가 우리의 이상이라고 한다면, 보편적 도덕을 외면하고서는 그것을 달성할 수 없음도 사실일 것이다. 이러한 관점에서 '왕도적 중화주의' 를 옹호했던 유학의 의의는 거듭 천명되어야 할 것이다.

---

30) 『中庸章句』 제20장 : 凡爲天下國家有九經 曰 修身也 尊賢也 親親也 敬大臣也 體羣臣也 子庶民也 來百工也 柔遠人也 懷諸侯也 (…) 柔遠人則四方歸之 懷諸侯則天下畏之 (…) 送往迎來 嘉善而矜不能 所以柔遠人也 繼絶世 擧廢國 治亂持危 朝聘以時 厚往而薄來 所以懷諸侯也

31) 이에 대한 자세한 논의는 拙著, 『朱子學의 길』, 304~310쪽 참조. '大國崛起' 를 제창하면서 주변국들과 각종 마찰을 서슴지 않는 오늘날의 중국도 주자학적 관점에서 보면 霸道 국가로서, 지탄의 대상일 것이다. 이에 대한 자세한 논의는 拙稿, 「유교의 中華思想과 동아시아의 화해 협력」 참조.

제2부 서양 철학의 주요 쌍개념들

一般意志
特殊意志、
定言命令
假言命令
消極的自由
積極的自由
合理性
妥當性

제1장

인간의 양면성과 도덕의 문제

1. 루소의 '일반의지와 특수의지'
2. 칸트의 '정언명령과 가언명령'
3. 벌린의 '소극적 자유와 적극적 자유'
4. 롤즈의 '합리성과 합당성'

1. 루소의 '일반의지와 특수의지'

루소(Jean Jacques Rousseau, 1712~1778)의 정치사상을 대변하는 개념은 무엇보다도 '일반의지(一般意志)' 일 것이다. 루소의 『사회계약론』은 '일반의지' 라는 개념을 통해 사회나 국가의 본질 및 성립 문제를 해명하고, '특수의지(特殊意志)' 라는 개념을 통해 사회나 국가의 붕괴 문제를 해명한 저술이다. 요컨대 루소에게서 일반의지는 바람직한 정치체(政治體)의 토대였고, 특수의지는 정치체를 멸망하게 하는 근원이었다. 그런데 루소의 이러한 관점 역시 '도덕적 본성과 육체적 본능의 대립' 이라는 그의 인간관과 표리를 이루는 것이다.

먼저, '일반의지와 특수의지' 라는 개념을 중심으로 루소의 『사회계약론』을 간략히 살펴보기로 하자. 루소는 『사회계약론』의 첫머리에서 다음과 같이 말한다.

> 나는 인간을 있는 그대로 파악하고 법률을 있을 수 있는 형태로 파악할 경우에, 사회질서 속에 어떤 정당하고도 확고한 정치의 원칙이 있을 수 있는가를 연구하고자 한다. 나는 이 연구에서 정의(正義)와 이익(利益)이 결코 분리되지 않도록 하기 위하여 법률이 인정하는 바와 이익이 규정하는 바를 항상 결합시키도록 노력할 생각이다.[1)]

1) 루소, 『사회계약론(外)』, 14쪽.

위에서 말하는 '정의(正義)' 란 '국가의 정의' 를 뜻하고, '이익(利益)' 이란 '개인의 이익' 을 뜻한다. 루소의 목표는 국가의 정의와 개인의 이익을 결합시킴으로써 '정당하고도 확고한 정치의 원칙' 을 모색하는 것이었다. 한편 루소는 "모든 정당한 권위의 기초는 오직 약속뿐"[2]이라는 입장에서 "사회 질서는 약속에 근거를 둔 것"[3]이라고 단언했다. 요컨대 루소의 『사회계약론』은 구성원들 상호 간의 약속을 통해 국가의 정의와 개인의 이익을 결합시킴으로써 정당하고도 확고한 정치체를 건설하는 방법을 논한 것이었다. 이렇게 본다면, 『사회계약론』의 관건은 '국가의 정의와 개인의 이익을 결합시킬 수 있는 구성원 상호 간의 약속을 어떻게 도출하는가?' 에 있는 셈이다. 루소는 이에 대해 두 맥락에서 설명했다.

첫째는 '약속의 내용' 으로서, 사회계약은 각자의 '생명, 재산, 자유' 를 보존하기 위한 수단이라는 것이다. 루소는 다음과 같이 말한다.

> '구성원 전체의 공동의 힘으로 각자의 신체와 재산을 방어하고 보호하며, 각 개인은 전체에 결합되어 있지만 자기 자신에게밖에 복종하지 않고, 이전과 같이 자유로울 수 있는 하나의 결합형태를 발견하는 것' , 이것이 바로 사회계약이 해결해 주는 근본 문제인 것이다.[4]

사회계약을 통해 구성원들은 각자의 신체(생명)와 재산을 보호할 수 있고, 또 여전히 자유를 누릴 수 있는바, 이는 사회계약이 개인들에게 제공하는 이익이다. 그런데 이 개인적 이익은 모든 구성원들이 공평하게 누리는 이익인바, 이는 사회계약이 실현하는 국가의 정의이다. 요컨대 개인들은

---

2) 루소, 『사회계약론(外)』, 21쪽.
3) 루소, 『사회계약론(外)』, 16쪽.
4) 루소, 『사회계약론(外)』, 29쪽.

사회계약을 통해 '구성원 전체의 공동의 힘으로' 각자의 이익과 국가의 정의를 결합시킬 수 있게 된다.

둘째는 '약속의 가능근거'로서, 사회계약은 모든 구성원들의 '일반의지'를 통해 이루어진다는 것이다. 루소는 사회계약의 본질적 내용을 다음과 같이 요약한 바 있다.

> 우리들 각자는 자기의 신체와 모든 힘을 공동의 것으로 하여 일반의지(一般意志)의 최고 지도 아래 맡기고—그런 정치 조직 속에서—우리 모두는 각 구성원을 전체 가운데 불가분한 한 부분으로 받아들인다.[5)]

위의 인용문에 보이듯이, 사회계약이란 '구성원들이 모두 일반의지의 최고 지도에 따르기로 약속하는 것'이요, 이를 통해서 구성원 가운데 누구도 소외를 당하지 않도록 하는 것이다. 그렇다면 루소가 말하는 '일반의지'[6)]란 무엇인가?

루소는 우리의 의지를 공동의 이익만을 고려하는 '일반의지'와 개인의 이익만을 고려하는 '특수의지'로 구분한다.[7)] 그런데 국가는 '공공의 복지'를 위해서 설립된 것이다. 따라서 국가는 일반의지에 의해 지도되어야 한다는 것이 루소의 기본 논리이다. 이러한 맥락에서, 루소는 "일반의지만이 공공의 복지라는 국가 설립의 목적에 따라 국가의 모든 힘을 지도할 수 있다."고 주장하면서, 그 이유를 다음과 같이 설명한다.

---

5) 루소, 『사회계약론(外)』, 30쪽.

6) '一般意志'라는 개념은 루소 이전에 몽테스키외나 디드로(Denis Diderot) 등이 이미 사용했던 개념이다. 루소는 '一般意志'에 새로운 의미와 생명을 부여한 것이다(김용민, 「루소의 일반의지에 나타난 권력 개념」, 108쪽 참조).

7) 루소는 "전체의지는 개인의 이익만을 고려하는 특수의지들의 합계에 불과한 것"이라 하여, '일반의지'와 '전체의지'를 별개로 구분했다(『사회계약론(外)』, 44쪽 참조).

왜냐하면, 개개인들의 이해관계의 대립 때문에 사회 건설이 필요한 것이라면, 이들 이해관계의 일치가 사회 건설을 가능하게 하는 것이기 때문이다. 즉 서로 대립하는 이해관계 속에 들어있는 공통적인 요소가 사회적 결합을 가능하게 하는 것이다. 만약 이들 이해관계가 일치하는 공통점이 없다고 한다면, 어떠한 사회도 존재할 수 없을 것이다. 그러므로 모든 사회는 이러한 공동이익을 기반으로 하여 통치되어야 할 것이다.[8)]

자신의 개인적 이익만 고려하는 특수의지는 '이해관계의 대립' 을 낳고, 구성원 전체의 공동의 이익만 고려하는 일반의지는 '이해관계의 일치' 를 낳는다. 그런데 루소에 의하면, 이해관계의 대립 속에는 일정 부분 이해관계의 일치가 존재한다는 것이다. 예컨대 자연상태에서의 이해관계의 대립은 상당한 혼란을 초래하는바, 자연상태의 혼란을 종식시키기 위해 사회를 건설하기로 약속한다면, 사회의 건설을 통한 혼란의 종식이 바로 '이해관계의 대립 속에 존재하는 이해관계의 일치' 이다. 루소는 사회를 성립시키는 일치된 이해관계의 핵심을 '공동의 이익' 또는 '공공의 복지' 라는 말로 표현했다. 일반의지란 바로 '공동의 이익' 또는 '공공의 복지' 를 추구하는 의지를 말한다. 루소는 다음과 같이 말한다.

의지를 일반의지로 만드는 것은 투표자의 수가 아니라 투표자를 결합하는 공동이익이라는 것을 알 수 있다. 왜냐하면, 이와 같은 제도에 있어서 각자는 자기가 타인에게 부과한 조건에 필연적으로 따르지 않을 수 없기 때문이다. 이것은 개인의 이익과 정의의 놀라운 조화로서, 공동 결의에 공평이라는 성격을 부여해 준다. (…) 사회계약은 모든 시민들 사이에 평등을 확립하는 것으로, 시민

8) 루소, 『사회계약론(外)』, 40쪽.

은 모두 같은 조건을 따르기로 약속하고 따라서 모두 같은 권리를 향유할 수 있다는 것이다. 이와 같이 사회계약의 성질상 주권의 모든 행위, 즉 일반의지의 모든 정당한 행위는 모든 시민들에게 평등하게 의무를 부과하거나 혜택을 베푼다.[9)]

일반의지가 추구하는 '공동의 이익'이란 구체적으로는 모든 시민들에게 평등하게 의무를 부과하거나 혜택을 베푸는 것이다. 루소는 이러한 평등(平等) 또는 공평(公平)이 바로 자신이 『사회계약론』의 첫머리에서 밝힌 '개인의 이익과 정의의 놀라운 조화'라고 말했다. 요컨대 루소에 의하면 일반의지를 통해서 '개인의 이익'과 '국가의 정의'가 조화를 이루게 되는 것이다. 여기서 알 수 있듯이, 일반의지에 따르는 것은 결코 자신의 이익을 포기(희생)하는 것이 아니다. 위의 인용문에서는 '각자는 자기가 타인에게 부과한 조건에 필연적으로 따르지 않을 수 없다'고 했고, 또 '시민은 모두 같은 조건을 따르기로 약속하고 따라서 모두 같은 권리를 향유할 수 있다'고 했거니와, '공평한 원칙에 따라 자신의 이익을 추구하라'는 것이 일반의지의 명령인 것이다. 이러한 맥락에서, 루소는 일반의지에 따른 사회계약의 결과를 다음과 같이 설명했다.

개인이 사회계약으로 인하여 자기가 가지고 있던 진정한 권리를 포기하게 되었다는 생각은 잘못이다. 실제로 이 계약의 결과 그들이 얻은 지위는 그 이전의 지위보다 나아진 셈이다. 권리를 양도한 것이 아니라 유리한 조건으로 교환을 한 것이다. 즉 그들은 불성실하고 불안전한 생활방식 대신에 훨씬 확실하고 안전한 생활방식을 얻고, 자연적 독립 대신에 자유를 얻으며, 타인을 해칠 힘 대

9) 루소, 『사회계약론(外)』, 48~49쪽.

신에 자기 자신의 안전을 얻고, 언제 정복당할지 모를 자기들의 힘 대신에 사회적으로 결합함으로써 누구도 침해할 수 없는 권리를 얻는 것이다.[10)]

위의 인용문에서 설명한 것처럼, 사회계약을 통해서 개인들은 아무도 손해를 본 사람이 없다. 오히려 "이 계약의 결과 그들이 얻은 지위는 그 이전의 지위보다 나아진 셈" 이니, 이는 말 그대로 '개인의 이익과 정의의 놀라운 조화' 라고 할 수 있다. 루소는 또 다음과 같이 말하기도 한다.

다수의 사람이 결합하여 스스로 일체(一體)를 형성하고 있다고 생각하는 한, 그들은 공동의 생존과 전체의 행복이라는 단 하나의 의지만을 갖게 된다. 그렇게 될 때 국가의 모든 기능은 활발해지고 단순해지며, 그 통치 원리도 명백해지고 빛나게 된다. 그리고 이해관계의 혼란이나 모순도 일어나지 않는다.[11)]

모든 사람이 일반의지의 지도에 따른다면 사회의 구성원들은 일체감을 지니게 되고, 국가의 모든 기능이 원활하게 작동하며, 모두가 밝게 빛나는 통치의 혜택을 누리게 된다는 것이다. 일반의지에 따를 때 우리가 함께 누릴 수 있는 이익이 이처럼 지대함에도 불구하고, 몇몇 사람들이 만약 자신만의 더 큰 이익을 추구한다면, 사회의 유대가 이완되고, 결국에는 다시 혼란 상태에 빠지게 된다. 루소는 그 과정을 다음과 같이 설명한다.

사회의 유대가 이완되어 국가가 쇠퇴하기 시작하고 개인적 이익이 대두되며 여러 소집단이 대집단(국가)에 영향을 미치게 되면, 공동의 이익은 변질되고 그에 대한 적대자가 나타난다. 그렇게 되면 벌써 만장일치(滿場一致)의 의견이란

---

10) 루소, 『사회계약론(外)』, 49~50쪽.

11) 루소, 『사회계약론(外)』, 133쪽.

없어지고, 일반의지는 이미 모든 인민의 의지가 아니게 된다. 그리하여 모순된 견해와 논쟁이 일어나, 아무리 훌륭한 의견이라도 논쟁을 거치지 않고는 통과하지 못한다. 그 결과, 국가는 멸망의 구렁텅이에 빠져 환영(幻影)과 같은 공허한 형해(形骸)로밖에 남지 않게 되고 모든 사람의 마음속에는 사회의 유대가 끊어져, 가장 천박한 이익이 후안무치하게 '공공복지'라는 신성한 이름으로 둔갑하게 되며 일반의지는 침묵을 지키고 세상 사람들은 사리사욕에 이끌려, 마치 국가가 존재하지 않는 것처럼 아무도 시민으로서의 의견을 내세우지 않게 된다.[12)]

루소의 지론은, 모든 구성원들이 흔쾌히 공동번영을 위해 일반의지의 지도에 따른다면 사회나 국가가 발전하고, 일부의 구성원들이 더 많은 사익(私益)을 누리기 위해 특수의지를 주장한다면 사회나 국가가 멸망하게 된다는 것이다. 루소는 이러한 맥락에서 정치체의 현재 상태에 대한 진단의 기준을 다음과 같이 제시했다.

우리는 공무(公務)가 어떻게 처리되고 있는가를 보면 정치체의 덕성과 건강의 현상(現狀)을 충분히 알 수 있다. 회의(會議)에 있어서 협조가 이루어지고 있으면 있을수록, 즉 의견이 만장일치에 가까우면 가까울수록 일반의지도 역시 우세한 것이다. 반대로 토의가 길어지든지 의견이 분열되든지 회의장이 소란하든지 하는 것은, 모두 개인적인 이익이 우세하여 국가가 쇠퇴하고 있음을 나타내는 것이다.[13)]

루소는 '공무(公務)에 대한 회의(會議)' 양상을 통해 그 정치체의 덕성과

12) 루소, 『사회계약론(外)』, 134~135쪽.

13) 루소, 『사회계약론(外)』, 136쪽.

건강 상태를 진단할 수 있다고 보았다. 요컨대 일반의지가 우세하여 구성원들의 의견이 통일될수록 덕성 있고 건강한 정치체요, 특수의지가 우세하여 구성원들의 의견이 분열될수록 덕성 없고 쇠락하는 정치체라는 것이다.

이상에서 '일반의지와 특수의지'라는 개념을 중심으로 루소의 사회계약론에 대해 살펴보았다. 그런데 루소가 이처럼 일반의지와 특수의지를 구분하는 것은 그의 인성론과 궤를 같이하는 것이다. 이제 이 점을 확인해 보기로 하자.

주지하듯이, 루소는 인간의 본성을 '자기애(自己愛)와 동정심(同情心)'의 대립구도 속에서 파악했다. '자기애(Amour de soi-mêre, self-love)'란 '자기보존에 대한 욕구'로서, 자기애의 근원은 자신의 안락한 삶을 추구하고 자신에게 해를 끼치는 것을 혐오하는 '맹목적 본능'[14]이다. 루소는 자기애를 '우리 정념의 근원, 다른 모든 정념의 기원이자 시발인 것, 인간과 함께 태어나서 인간이 살아있는 한 인간을 떠나지 않는 유일한 정념'[15]이라고 규정하고, 다음과 같이 말한다.

> 자기애는 언제나 훌륭하며 자연의 질서에 부합한다. 인간은 모두 특히 자기 자신의 보존을 책임지고 있으므로, 인간의 세심한 주의 가운데 최우선적인 데다 가장 중요한 것은 끊임없이 자기 보존에 주의를 기울이는 일이며, 또 당연히 기울여야 한다. (…) 따라서 우리는 자기 보존을 위해서 자신을 사랑하지 않으면 안 된다. 그리고 그와 같은 감정의 직접적인 결과로, 우리는 우리를 보호해 주는 것을 사랑한다. (…) 우리는 우리에게 도움이 되는 것을 추구하며, 우리에게 도움을 주고자 하는 사람을 좋아한다. 우리는 우리에게 해가 되는 것을 피하며, 우리에게 해를 끼치고자 하는 사람을 미워한다.[16]

---

14) 루소, 『에밀』, 380쪽.
15) 루소, 『에밀』, 380쪽.

위의 인용문에 보이듯이, 자기애란 본능적인 추리피해(趨利避害)의 과정이다. 그런데 루소는 자기애를 '언제나 훌륭하며 자연의 질서에 부합한다' 고 정당화하고, 또 모든 인간의 '최우선적 과제' 라고 규정했다. 이는 유교에서 의식주(衣食住) 또는 식색(食色)의 기본적 욕구를 충족시키는 것을 '천리(天理)' 로 승인한 것과 같은 맥락일 것이다.

자기애가 아무리 훌륭하고 당연한 것이라 하더라도, 자기애는 상호성(사회성)이 결여된 자기애일 뿐이다. 루소에게 있어서 동정심(pitie, pity)은 상호성을 통하여 지나친 자기애를 제어하는 요소였다. 루소는 동정심을 '우리를 고통받는 자의 입장에 서보게 하는 감정' [17)]이라고 규정하고, 다음과 같이 말한다.

> 동정심은 각 개인에게 자기애의 활동을 완화시킴으로써 인류 전체의 상호적인 자기 보존에 기여하는 천성적인 감정인 것이 확실하다. 우리의 눈앞에서 고통받는 사람들을 도우러 깊은 생각 없이 달려가게 하는 것이 바로 그 동정심이다. 자연상태에서, 자연의 다정한 목소리에 아무도 거역하고 싶어지지 않는 그 장점으로 인해 법과 미풍양속과 미덕을 대신하는 것도 바로 그 동정심이다. 모든 건장한 미개인으로 하여금 만일 자신이 다른 곳에서 자기 것을 얻을 수 있다고 기대하는 한, 약한 아이나 허약한 노인에게서 그들이 힘들게 얻은 식량을 탈취하는 것을 단념케 하는 것 또한 그 동정심이다. '무엇이든지 남에게 대접을 받고자 하는 대로 너희도 남을 대접하라' 는 말과 같은 합리적인 정의의 그 숭고한 금언 대신에, 모든 사람에게 '가능한 한 타인에게 해를 덜 끼치면서 너를 행복하게 하라' 같은, 앞의 금언보다는 완전함이 훨씬 덜하지만 어쩌면 더 유용한 선천적인 선함에 대한 또 하나의 원리를 마음에 품게 하는 것도 바로 그 동정심

---

16) 루소, 『에밀』, 380~381쪽.

17) 루소, 『인간불평등기원론』, 82쪽.412쪽 참조.

이다.[18)]

위의 인용문에서는 '동정심' 을 '자기애의 활동을 완화시킴으로써 인류 전체의 상호적인 자기 보존에 기여하는 천성적 감정' 으로 규정하고, 동정심이 발휘되는 구체적인 양상을 네 가지로 설명했다. 루소는 인간 본성의 두 요소 가운데 자기애가 동정심보다 우선하며 강력하다고 했거니와, 그럼에도 불구하고 자연상태에서 평화를 유지할 수 있는 원동력은 바로 동정심에 있었던 것이다.

루소에 의하면, 이성(理性)의 발달과 더불어, 인간 본성의 두 요소인 자기애와 동정심도 변화를 겪게 된다. 루소에 의하면, 이성은 '다른 모든 능력의 합성물' 로서, '가장 어렵게, 그리고 가장 늦게 발달되는 능력' 이다.[19)] 그런데 '열다섯 살에서 스무 살까지' 의 시기에 이르러 이성이 본격적으로 발달하면서, 자기애(自己愛)는 '남보다 더 큰 이익을 추구하는' 이기심(利己心)으로 타락하는 반면, 동정심(同情心)은 '옳은 것을 좋아하고 나쁜 것을 싫어하는' 양심(良心)으로 승화된다는 것이다. 루소가 말하는 일반의지는 양심 또는 동정심과 궤를 같이하는 것이며, 특수의지는 이기심 또는 자기애와 궤를 같이하는 것이다.

먼저 루소의 자기애와 양심에 대한 설명을 살펴보자. 루소는 다음과 같이 말한다.

---

18) 루소, 『인간불평등기원론』, 83~84쪽.

19) 루소, 『에밀』, 156쪽. 루소는 "思考하는 일을 배우기 위해서는 지성의 도구인 수족과 감각 기관들을 단련해야 하며, 그 도구들을 최대한으로 이용하기 위해서는 그것들을 공급해주는 육체가 튼튼하고 건강해야 한다. 그처럼 인간의 참된 이성은 육체와 관계없이 따로 형성되지 않는다. 반대로, 훌륭한 신체는 정신 활동을 용이하고 확실하게 만들어준다." 고 했다(『에밀』, 224쪽).

우리의 존재 원인이 무엇이든 그것은 우리에게 우리의 본성에 어울리는 감정을 줌으로써 우리의 보존에 필요한 것을 공급해 준다네. 그리고 사람들은 적어도 그 감정이 선천적이라는 것을 부인할 수는 없을 걸세. 개인에게서 그 감정은 자기애이며, 고통에 대한 두려움이며, 죽음에 대한 공포이며, 그리고 안락함에 대한 욕망이네. 하지만 만일 인간이 천성적으로 사회적이라면, 또는 적어도 그렇게 되도록 태어났다면, 그는 인간이라는 종(種)에 관계되는 다른 선천적인 감정에 의해서만 그렇게 될 수 있네. 왜냐하면 신체적인 욕구만 고려해본다면, 그것은 사람들을 가까이 접근시키게 하는 대신 분명 분산시킬 것임에 틀림없기 때문이지. 그런데 양심(良心)의 충동이 생겨나는 것은 자기 자신과 자기와 같은 사람들에 대한 이 두 가지 관계에 의해 형성된 도덕적 체계로부터지. 善을 아는 것이 선을 사랑한다는 것은 아니라네. 인간은 선에 대한 선천적인 앎을 갖지 않네. 하지만 그의 이성(理性)이 그에게 선을 알게 하자마자, 그의 양심(良心)은 그로 하여금 그것을 사랑하도록 한다네. 다름 아닌 바로 그 감정이 선천적인 것이지.[20]

루소에 의하면 인간은 선천적으로 자기애와 양심을 동시에 지니고 태어난다. 요컨대 인간의 본성에는 자기애와 양심이 함께 존재한다는 것이다. 자기애는 신체적 욕구의 소산으로서, 자신의 생존과 쾌락을 추구하며, 반사회적(反社會的) 성향을 지닌다. 양심은 도덕적 체계의 소산으로서, 공동의 번영을 추구하며, 사회적(社會的) 성향을 지닌다.

루소는 '자기애는 사람들을 가까이 접근시키게 하는 대신 분산시킬 것임에 틀림없다' 고 하였다. 자기애는 이기적 감정으로서 사람들을 분산시키는 반사회적 역할을 함에 반하여, 양심은 도덕적 감정으로서 사람들을

20) 루소, 『에밀』, 520~521쪽.

가까이 접근시키는 사회적 역할을 하는 것이다. 여기서 우리는 '자기애와 양심'은 바로 '특수의지와 일반의지'에 상응하는 것임을 알 수 있다. 루소는 자신의 이익만 고려하는 특수의지는 사회를 분열시키고, 공동의 이익만 고려하는 일반의지는 사회를 결합시킨다고 설명했기 때문이다. 루소는 다음과 같이 말하기도 했다.

> 자연상태로부터 사회화 상태로의 이행은 인간에게 극히 현저한 변화를 가져다준다. 인간의 행위에 있어서 본능(本能) 대신에 정의(正義)를 기본으로 삼게 하고, 이제까지 결여되어 있던 도덕성(道德性)을 부여해 준다. 이때에 이르러서야 비로소 육체의 충동 대신에 의무의 소리가 들리고, 욕망 대신에 권리가 나타나게 된다. 이제까지 자기 자신의 일만을 생각했던 사람도 이제는 다른 원칙에 따라 행동하지 않을 수 없다는 것을 알게 되고, 자기의 욕구(欲求)에 귀를 기울이기 전에 자기의 이성(理性)과 의논하지 않으면 안 된다는 것을 깨닫게 되는 것이다.[21]

루소는 자연상태의 인간들이 일반의지를 결집하여 사회계약을 맺는 것이라고 했거니와, 그렇다면 자연상태는 특수의지가 지배하는 상태요, 사회상태는 일반의지가 지배하는 상태라 할 수 있다. 그렇다면 위에 보이는 자연상태의 여러 특징들, 즉 본능을 기본으로 삼고, 육체의 충동에 따르고, 욕망을 추구하며, 자기 자신의 일만 생각하고, 자기의 욕구에 귀를 기울임은 등은 모두 특수의지에 해당하는 것인바, 루소는 인성론의 맥락에서는 이것들을 모두 자기애의 소산으로 설명했었다. 반면에 사회상태의 여러 특징들, 즉 정의를 기본으로 삼고, 의무의 소리를 듣고, 권리를 추구하며,

---

21) 루소, 『사회계약론(外)』, 35쪽.

공정한 원칙에 따라 행동하며, 이성과 의논함 등은 모두 일반의지에 해당하는 것인바, 루소는 인성론의 맥락에서는 이것들을 모두 양심의 소산으로 설명했었다. 이것으로 본다면 루소의 사회철학에서 '일반의지와 특수의지'는 바로 인성론에서의 '양심과 자기애(이기심)'와 표리를 이루는 것이다. 요컨대 양심은 우리에게 공동의 이익을 위해 일반의지를 따르도록 명하나, 자기애(이기심)는 자신의 개인적 이익을 극대화하기 위하여 특수의지를 발휘하게 한다는 것이 루소의 지론이었다.

루소는 '일반의지는 항상 올바르다'[22]고 했는데, 이는 '양심은 선과 악에 대해 전혀 오판이 없는 심판자'[23]라고 했던 것과 상응한다. 루소에 의하면, 양심이 이기심에 압도당할 때 개인이 타락하는 것처럼, 일반의지가 특수의지에 압도당할 때 사회가 쇠락하는 것이다. 그런데 그런 경우에도 양심이나 일반의지가 소멸하는 것은 아니라는 것이 루소의 지론이었다. 이제 마지막으로 다음의 두 인용문을 비교해 보기로 하자.

> 일반의지는 언제나 존재하고 변하지 않으며 순수하다. 다만 우세한 다른 의지에 압도되었을 뿐이다. 각자는 공동이익으로부터 자기의 개인적인 이익을 분리해 내면서도, 이 양자를 완전히 분리해 낼 수 없다는 사실은 모두 잘 알고 있다. (…) 자기의 개인적 이익만 제외하고 나면, 그는 자기 자신을 위하여 누구 못지않을 만큼 강하게 공동의 이익을 바라고 있는 것이다.[24]

> 지구상에 악한 자가 아무리 많이 있다 해도, 자신의 이해(利害)가 걸린 것 이외의 정의롭고 선한 일에 무감각해진 그런 시체 같은 정신은 거의 없네. 부정은

22) 루소, 『사회계약론(外)』, 44쪽.
23) 루소, 『에밀』, 522쪽.
24) 루소, 『사회계약론(外)』, 135쪽.

그것이 우리에게 이익이 되는 한에서만 우리가 마음에 들어 하는 것이라네. 그 외의 상황에서 우리는 결백한 사람이 보호되기를 원하지.[25]

위의 첫째 인용문에서는 악한(惡漢)도 자신의 이익과 무관한 상황에서는 항상 일반의지를 옹호한다고 했으며, 둘째 인용문에서는 악한도 자신의 이익과 무관한 상황에서는 항상 양심을 발휘한다고 했다. 요컨대 인간에게 있어서 양심과 이기심이 길항하는 양상은 일반의지와 특수의지가 길항하는 양상과 일치한다는 것이다.

이상의 내용을 정리해 보자. 루소는 '일반의지' 와 '특수의지' 라는 개념을 중심으로 사회의 성립과 붕괴를 설명했는데, 이러한 설명 체계는 그의 인성론과 궤를 같이한다. 루소는 인간의 본성에는 '자기보존에 대한 욕구' 와 함께 '타인에 대한 동정심' 이 있다고 하였다. 루소가 말하는 '특수의지' 는 '자기보존에 대한 욕구' 나 '이기심' 과 맥락을 같이 하고, '일반의지' 는 '타인에 대한 동정심' 이나 '양심' 과 맥락을 같이 한다. 한편 루소가 사회계약의 진정한 토대를 일반의지에 둔 것은 궁극적으로 '자기보존에 대한 욕구' 나 '이기심' 보다는 '타인에 대한 동정심' 이나 '양심' 을 우위에 둔 것이다.

홉스의 '자연법과 자연권' 이 '타산적 이성과 이기적 정념' 의 구도에 입각한 개념인 것과 달리, 루소의 '일반의지와 특수의지' 는 '도덕적 본성과 이기적 본능' 의 구도에 입각한 개념이다. 그러나 루소의 '일반의지와 특수의지' 는 역시 '도덕적 본성과 이기적 본능' 의 구도에 입각한 아우구스티누스의 '천상도성과 지상도성' 과도 약간 궤를 달리한다. 요컨대 아우구

25) 루소, 『에밀』, 516쪽.

스티누스의 '천상도성'이 인간의 '도덕성' 내지 '사람다움'을 해명하기에 충분했던 개념임에 반하여, 루소의 일반의지는 이 점에 있어서 약간 미흡함이 있었다.

아우구스티누스에 의하면, '천상도성의 사람' 즉 '영적(靈的)으로 사는 사람'은 '사랑, 기쁨, 평화, 인내, 친절, 선함, 신실, 온유, 절제' 등 사회적(도덕적) 본성을 발휘하는 사람이었다. 여기서 '사랑, 기쁨, 평화, 인내, 친절, 선함, 신실, 온유, 절제' 등은 인간의 '도덕성' 내지 '인간다움'을 해명하기에 충분한 요소들이라 할 수 있다. 그런데 루소의 일반의지가 추구한 '공동선'에는 이러한 요소들이 충분히 반영되어 있지 못하다. 요컨대 루소의 '공동선'은 '공동의 이익' 또는 '공공의 복지'였을 뿐이다. 다음의 두 인용문을 보자.

> '구성원 전체의 공동의 힘으로 각자의 신체와 재산을 방어하고 보호하며, 각 개인은 전체에 결합되어 있지만 자기 자신에게밖에 복종하지 않고, 이전과 같이 자유로울 수 있는 하나의 결합형태를 발견하는 것', 이것이 바로 사회계약이 해결해 주는 근본 문제인 것이다.[26]

> 사회계약은 모든 시민들 사이에 평등을 확립하는 것으로, 시민은 모두 같은 조건을 따르기로 약속하고 따라서 모두 같은 권리를 향유할 수 있다는 것이다. 이와 같이 사회계약의 성질상 주권의 모든 행위, 즉 일반의지의 모든 정당한 행위는 모든 시민들에게 평등하게 의무를 부과하거나 혜택을 베푼다.[27]

위의 두 인용문에 보이듯이, 루소의 사회계약은 '모든 시민이 모두 같은

26) 루소, 『사회계약론(外)』, 29쪽.
27) 루소, 『사회계약론(外)』, 48~49쪽.

조건을 따르기로 약속하고 따라서 모두 같은 권리를 향유하자' 는 것으로서, 그 구체적 내용은 '자유권 · 소유권 · 평등권' 을 보장하기 위한 것이었다. 요컨대 루소는 '모든 사람이 동등한 조건에서 자유권 · 소유권 · 평등권을 누리는 것' 을 공동선이라고 규정했다. 이를 분석적으로 말하면, 루소는 '자유권 · 소유권을 누리는 것' 을 '선(善, 행복)' 이라 규정하고, 이러한 권리들을 '모든 사람이 평등하게 누리는 것' 을 '공동(共同)' 이라 규정한 것이다. 이를 루소의 인간관과 결부시켜 말하면, '육체적 본능' 은 사회계약이 추구하는 선(善, 행복)의 내용을 제시하고, '도덕적 본성' 은 그것을 모든 사람이 평등하게 충족시켜야 한다는 원칙을 제시하는 것이다.

그렇다면 루소의 일반의지는 사람의 '사람다움' 을 뒷받침하기에는 미흡한 것이다. 예컨대 유교적 관점에서 보자면, '모든 사람이 의식주(衣食住)의 권리를 평등하게 누리는 삶' 은 사람다운 삶의 필요조건일 수는 있어도 충분조건일 수는 없다. 맹자는 "사람에게는 道가 있거니와, 배불리 먹고 따뜻하게 입으며 편안히 살되 가르침이 없다면 곧 금수에 가깝게 된다. 성인(聖人)이 이를 근심하시어, 설(契)을 사도(司徒)로 삼아 인륜(人倫)을 가르치게 하셨다."[28]고 했다. 이러한 맥락에서 보자면, 보편적 인권과 함께 부자유친(父子有親) · 군신유의(君臣有義) 등 인륜이 추가되어야만 '사람다운 삶' 이라 할 수 있는 것이다.

28) 『孟子』 滕文公上 4.

2. 칸트의 '정언명령과 가언명령'

루소를 대표하는 개념이 '일반의지와 특수의지' 라 한다면, 그에 필적하는 칸트(Immanuel Kant, 1724~1804)의 개념은 '정언명령(定言命令)과 가언명령(假言命令)' 일 것이다. 루소의 '일반의지와 특수의지' 라는 개념과 칸트의 '정언명령과 가언명령' 이라는 개념은 일견 매우 동떨어진 것 같지만, 양자는 사실 많은 지평을 공유하고 있다. 루소가 '일반의지와 특수의지' 를 구분하는 저변에는 '도덕적 본성과 이기적 본능' 및 '공익(公益, 共同善)과 사익(私益)' 의 구분이 자리 잡고 있는데, 칸트의 '정언명령과 가언명령' 역시 이러한 구분들을 저변에 깔고 있기 때문이다. 이제 칸트의 '정언명령과 가언명령' 에 대해 살펴보기로 하자.

주지하듯이, 칸트는 모든 명령법을 '가언명령과 정언명령' 으로 구분했다. 가언명령은 다른 어떤 목적을 추구하기 위한 방법으로 어떤 행위를 반드시 해야만 한다고 명령하는 것인 반면, 정언명령은 어떤 행위를 그 자체로서 다른 목적에 상관없이 객관적으로 필연적이라고 생각하여 반드시 해야만 한다고 명령하는 것이다.[1] 다시 말해, 가언명령은 '조건적 명령법' 으로서, '다른 어떤 목적을 추구한다' 는 조건이 소멸하면 어떤 행위에 대한 명령 역시 효력을 상실한다. 반면에 정언명령은 '무조건적 명령법' 으로서, 다른 어떤 목적에 구애받음 없이 항상 필연적인 효력을 지닌다. 칸트는 다음과 같이 말한다.

1) 칸트, 『도덕 형이상학을 위한 기초 놓기』, 60쪽 참조.

그 행위가 단지 다른 것에 대해 수단으로서만 선하다면 그 명령법은 가언적이다. 반면에 그 행위가 그 자체로 선하다고 생각되고, 따라서 스스로 이성을 따르는 의지에 필연적인 것으로, 그 의지의 원칙으로 생각된다면 그 명령법은 정언적이다. (…) 가언적 명령법은 그 행위가, 어떠한 가능한 의도나 현실적 의도를 고려할 때 선하다는 것만을 말한다. (…) 정언적 명령법은 그 행위가 어떤 의도와도 상관없이, 즉 어떤 다른 목적 없이 그 자체로 객관적으로 필연적이라고 선언하므로 필연적 (실천) 원칙이라고 할 수 있다.[2)]

칸트에 의하면, 어떤 행위와 결부된 善은 두 차원으로 나뉜다. 첫째는 그 행위가 단지 다른 것에 대해 수단으로 선한 경우요, 둘째는 그 행위가 그 자체로 선한 경우이다. 칸트는 전자를 명하는 것을 가언명령이라 했고, 후자를 명하는 것을 정언명령이라 했다.

먼저 '가언명령' 에 대해 살펴보자. 가언명령은 '어떤 행위가 행복을 촉진하는 수단이기 때문에 그 행위를 필연적으로 실천해야 한다' 고 명령하는 것이다. 칸트는 가언명령을 다시 '숙달의 명령법' 과 '영리함의 명령법' 으로 구분했다.

'숙달의 명령법' 이란 '어떤 목적이라는 과제와 그 목적을 달성하는 방법을 지시하는 명령법' 으로서, '그 목적을 달성하려면 무엇을 해야만 하는가' 를 제시하는 것이다.[3)] 사람들은 각자 추구하는 목적이 다른바, 그에 따라 숙달의 명령법도 부지기수로 다양할 수 있다. 그러나 모든 사람들이 함께 추구하는 공통의 목적도 있는바, 칸트는 '행복' 이 바로 그것이라고 했다. 칸트는 다음과 같이 말한다.

2) 칸트, 『도덕 형이상학을 위한 기초 놓기』, 61쪽.
3) 칸트, 『도덕 형이상학을 위한 기초 놓기』, 62쪽.

어릴 때는 인생에서 우리에게 어떤 목적이 생겨날지 모르기 때문에, 부모는 무엇보다도 아이들에게 정말 여러 가지를 배우게 하고, 모든 종류의 마음 내키는 목적을 위한 수단의 사용에 숙달되게 하려고 애쓴다. 배우고 있는 아이가 장차 그 목적 가운데 실제로 어떤 것을 의도할지는 결정할 수 없지만 (…) 그럼에도 불구하고 모든 이성적인 존재에 실재한다고 추측할 수 있는 하나의 목적이 있다. 그리고 이성적인 존재가 가질 수 있을 뿐만 아니라, 이성적인 존재 전체가 자연 필연성에 따라 갖고 있다고 확실하게 추측할 수 있는 의도가 있다. 그것은 바로 행복해지려는 의도이다. (어떤 행위가) 행복을 촉진하는 수단이기 때문에 그 행위를 필연적으로 실천해야 한다고 생각하는 가언적 명령법은 확연적이다.[4)]

위의 인용문에서 주목할 것은 '자연 필연성' 과 '행복' 이라는 말인바, 이는 '모든 인간은 본능적으로 행복을 추구한다' 는 뜻이다.[5)] 칸트는 '행복' 을 모든 인간에게 공통되는 목적으로 규정하고, 따라서 '숙달의 명령법' 은 궁극적으로 '행복을 촉진하는 수단을 숙달하라' 는 명령법이라고 보았다.

칸트는 '숙달의 명령법' 가운데 자기의 행복을 위한 수단을 '선택' 하는 것에 관한 명령법을 별도로 '영리함의 명령법' 이라 하였다. 칸트는 다음과 같이 말한다.

자기 자신이 가장 잘 살 수 있는 수단을 선택하는 데서의 숙달을 가장 좁은

4) 칸트, 『도덕 형이상학을 위한 기초 놓기』, 62~63쪽.

5) '자연' 은 '본성' 과 궤를 같이하는 용어인바, 유감스럽게도 '도덕적 본성' 과 '이기적 본능' 을 엄밀하게 구분하지 않고 兩者를 함께 '本性' 이라 부르는 철학자들이 많다. 칸트 역시 이러한 맥락에서 '모든 인간이 본능적으로 불가피하게 행복을 추구함' 을 '모든 이성적 존재의 자연 필연성' 이라 한 것이다.

의미에서 영리함이라고 부를 수 있다. 따라서 자기의 행복을 위한 수단을 선택하는 것에 관한 명령법, 다시 말해 영리함이 주는 지시는 항상 가언적이다. 즉 행위를 절대적으로 명령하는 것이 아니라, 다른 어떤 의도를 위한 수단이기 때문에 그 행위를 명령한다.[6]

이상에서 가언명령의 두 유형을 살펴보았다. 가언명령은 궁극적으로 자신의 행복을 추구하는 것으로서, 자신의 행복추구에 도움이 되는 '수단'으로서 이러저러한 행위들을 '숙달' 하거나 '선택' 하라고 명령하는 것이다. 칸트는 가언명령은 의지의 원칙이기는 하지만 법칙이라 불릴 수는 없다고 단언했다. "왜냐하면 단지 자기가 마음먹은 어떤 의도를 달성하기 위해 '해야만 하는' 것은, 그 자체로는 우연적인 것으로 여겨질 수 있어서, 우리가 그 의도를 포기한다면 언제라도 그 지시를 지키지 않을 수 있기 때문이다."[7] 이러한 맥락에서 칸트는 '숙달의 명령법' 은 '숙달의 규칙' 으로, '영리함의 명령법' 은 '영리함의 충고' 로 부르는 것이 합당하다고 설명하고, 오직 정언명령만을 실천적인 법칙이라고 규정했다.[8]

이제 '정언명령' 에 대해 살펴보자. 정언명령은 자신의 행복추구와 무관하게 단지 어떤 행위가 옳은 행위라는 이유만으로 그 행위를 명령하는 것이다. 칸트는 다음과 같이 말한다.

어떤 한 행동을 함으로써 다른 의도를 달성할 수 있는지 없는지에 상관없이 직접적으로 그 행동을 명령하는 명령법이 있다. 이 명령법은 정언적이다. 이 명령법은 행위의 내용과 그 행위에서 따라 나와야 하는 것(행위의 결과)과 관계있

6) 칸트, 『도덕 형이상학을 위한 기초 놓기』, 63쪽.
7) 칸트, 『도덕 형이상학을 위한 기초 놓기』, 70쪽.
8) 칸트, 『도덕 형이상학을 위한 기초 놓기』, 64쪽, 70쪽 참조.

는 것이 아니라, 그 행위 자체가 따르는 형식과 원칙과 관계있다. 그래서 그 행위의 본질적 선은 결과에 상관없이 '마음의 태도' 에 달려 있다. 이 명령법을 도덕성의 명령법이라고 불러도 좋을 것이다.[9)]

칸트는 '어떤 한 행동을 함으로써 다른 의도를 달성할 수 있는지 없는지에 상관없이 직접적으로 그 행동을 명령하는 것' 을 정언명령이라 했다. 칸트는 정언명령에 따른 행위의 본질적 선은 결과에 상관없이 '마음의 태도' 에 달려 있다고 했거니와, '마음의 태도' 란 도덕법칙을 오로지 도덕법칙이라는 이유로 존중하고 따르려는 태도를 말한다. 칸트는 이러한 마음의 태도야말로 '본질적 善' 으로서, 진정한 도덕성의 원천이라고 보았다.

칸트는 『도덕 형이상학을 위한 기초 놓기』에서 정언명령을 세 가지로 정식화한 바 있거니와, 그것은 다음과 같다.

① 그 준칙을 통해서 네가 그것을 동시에 보편적인 법칙으로 삼으려고 할 수 있는 그런 준칙에 따라서만 행위하라(마치 네 행위의 준칙이 네 의지에 의해 보편적인 자연법칙이 되어야 할 것처럼 그렇게 행위하라).[10)]

② 네 인격(人格) 안의 인간성뿐만 아니라 모든 사람의 인격 안의 인간성까지 결코 단지 수단으로만 사용하지 말고, 언제나 (수단과) 동시에 목적으로도 사용하도록 그렇게 행위하라.[11)]

③ 의지가 자기의 준칙에 의해 스스로를 동시에 보편적으로 법칙을 주는 것으

9) 칸트, 『도덕 형이상학을 위한 기초 놓기』, 63~64쪽.
10) 칸트, 『도덕 형이상학을 위한 기초 놓기』, 71~72쪽.
11) 칸트, 『도덕 형이상학을 위한 기초 놓기』, 84쪽.

로 생각할 수 있도록 행위하라.[12)]

①은 '보편성'의 원칙으로서, 누구에게나 공평하게 적용될 수 있는 준칙(격률)만이 도덕법칙의 자격이 있다는 것이다. ②는 '인간의 존엄성'을 설파한 것으로서, 칸트는 도덕법칙을 지니고 있는 한에서 인간은 '인격(人格)'으로서 존엄한 존재라고 보았다. ③은 '자율성' 또는 '주체성'의 원칙을 설파함과 동시에 '솔선수범'의 원칙을 설파한 것이다. 칸트는 자율성(自律性)이 곧 자유(自由)라고 인식했다. 칸트에 의하면, 자유란 '내가 나에게 부여한 법칙에 따라 행동하는 것'이므로, 이성을 발휘하는 것이야말로 '참된 자유'라는 것이다.[13)]

이상에서 정언명령의 세 가지 정식을 살펴보았거니와, 칸트의 『윤리형이상학』에서는 이 정식에 따른 '도덕적 의무'[14)]의 구체적 내용을 다음과 같이 제시한 바 있다.

첫째는 '자신에 대한 의무'로서, '자신의 완전성'을 기약하는 것이다. '자신의 완전성'에 대한 의무는 다시 둘로 구분된다. 하나는 '동물적 존재자로서의 자신에 대한 의무'로서, 여기에는 자신의 생명을 보존하는 것(자살의 금지), 올바른 성애(性愛, 貞淑)를 통해 종족을 보존하는 것(향락의 금지),

---

12) 칸트, 『도덕 형이상학을 위한 기초 놓기』, 92쪽.

13) 근대 자유주의의 일반론은 '자신이 하고 싶은 일을 방해받지 않고 하는 것', 즉 '자신의 욕망을 방해받지 않고 실현하는 것'이 자유라는 것이었다(이를 흔히 '소극적 자유'라 한다). 그러나 칸트는 욕망이나 성향에 따르는 행위는 욕망이나 성향의 지배를 받는 것이므로, 참으로 자유로운 행위가 아니라고 보아, 근대 자유주의의 일반론을 비판한 것이다. '자유란 곧 자율성을 뜻한다'는 칸트의 자유론은 '적극적 자유'를 옹호하는 것이다.

14) 칸트는 『윤리형이상학』에서 '의무'를 '법칙에 의한 자유의사의 강요'(457쪽), '법칙의 표상에 의한 자기강제'(458쪽), '도덕법칙에 의한 직접적인 강요'(564) 등으로 설명한 바 있다.

음식물의 올바른 섭취를 통해 건강을 유지하는 것(폭식과 음주의 절제, 마약의 금지) 등이 포함된다.[15] 다른 하나는 '도덕적 존재자로서의 자신에 대한 의무'로서, 여기에는 '정직(거짓말의 금지)', '쾌적한 생활의 향유(다라움의 금지)', '자기존중(비굴의 금지)' 등이 포함된다.[16]

둘째는 '타인에 대한 의무'로서, '타인의 행복'을 증진하는 것이다. 이는 '타인에 대한 사랑'을 말하는 것으로서, 여기에는 '자선(慈善)의 의무', '감사(感謝)의 의무', '동정(同情)의 의무' 등이 포함된다. '자선(慈善)'이란 '곤경에 처한 타인들의 행복을 위해 그에 대한 아무런 대가를 바라지 않고서 자기의 능력대로 원조하는 것'을 말한다. 무릇 곤경에 처해 있는 사람은 누구나 다른 사람이 자기를 도와주기를 소망하므로, 이러한 보편적 준칙에 따라 자선의 의무가 성립하는 것이다. '감사(感謝)'란 '우리에게 보여준 선행(善行)으로 인해 한 인격에 경의를 표함'을 말한다. '파렴치(破廉恥, 背恩忘德)'는 친절이라는 도덕적 동기를 무효화할 수 있기 때문에, '감사'는 특히 '신성한 의무'로 간주된다. '동정(同情)'이란 '남과 함께 기뻐하고, 함께 괴로워함'으로서, 인간은 이성적 존재일 뿐만 아니라 감성적 존재이기도 하므로, 동정을 통해 호의를 증진하는 것은 '인간성'이라는 이름에 부합하는 '특별한 의무'이다.[17]

이상에서 '정언명령과 가언명령'에 대해 살펴보았거니와, 칸트의 이러한 견해 또한 그의 인성론과 표리를 이루는 것이었다. 이제 이 점을 확인해 보기로 하자.

가언명령은 궁극적으로 '자신의 행복'을 추구하는 것인 반면, 정언명령

---

15) 칸트, 『윤리형이상학』, 515~525쪽 참조.

16) 칸트, 『윤리형이상학』, 526~538쪽 참조.

17) 칸트, 『윤리형이상학』, 554~566쪽 참조. 칸트는 '자선, 감사, 동정'이라는 '인간 사랑의 덕목들'과 정반대되는 '인간 증오의 패악들'로서 '질투, 배은망덕, 고소해 함' 등을 거론한 바 있다(『윤리형이상학』, 569~573쪽 참조).

은 자신의 행복과 무관하게 '도덕성'을 추구하는 것이다. 그런데 칸트에 의하면 자신의 행복을 추구하는 것은 '이기적 본능'의 역할이요, 도덕성을 추구하는 것은 '실천적 이성'[18]의 역할이다.

칸트는 '행복'을 '욕구와 경향성의 충족'으로 규정했거니와, 칸트에 의하면 자신의 행복을 추구하는 '자기애(自己愛)'는 근원적으로 인간의 '본능'으로부터 우러나는 것이다. 요컨대 칸트는 자기 보존, 자기의 복지, 자기의 행복에 적합한 수단은 이성보다는 본능이라고 보았다. 그 까닭은 "피조물이 행복해지기 위해서 해야 하는 모든 행위와 행동 규칙 전부를 본능이 훨씬 더 정확하게 그 피조물에게 지시할 것이고, 이성이 할 수 있는 것보다 훨씬 더 확실하게 본능이 그 목적을 달성할 수 있었을 것이기 때문이다."[19] 이렇게 본다면, 자신의 행복 추구와 결부된 모든 가언명령은 본질적으로 모두 본능의 소산이다.[20]

본능(本能)의 몫은 '행복 추구'에 있다면, 이성(理性)의 몫은 이보다 훨씬 더 가치 있는 일을 하는 데 있다. 칸트는 다음과 같이 말한다.

---

18) 칸트가 말하는 '실천이성' 또는 '이성적 본성'(『도덕 형이상학을 위한 기초 놓기』, 95쪽)은 '도덕적 본성'과 궤를 같이하는 용어이다. 이성의 규범성을 강조한 칸트의 이성관은 이성을 단지 타산의 도구로 인식한 홉스나 흄의 이성관과 상반된다. 요컨대 이성과 정념의 관계에서, 칸트는 이성을 주인으로 인식했으나, 홉스나 흄은 정념을 주인으로 인식했다.

19) 칸트, 『도덕 형이상학을 위한 기초 놓기』, 29~30쪽.

20) 칸트는 自己愛(자신의 행복추구)를 둘로 구분하여, '기계적 자기애'는 '本能'의 소산이요, '비교하는 자기애'는 '도구적 이성'의 소산이라고 설명한 바 있다(『理性의 한계 안에서의 宗敎』, 33~36쪽). 그렇다면 자기애를 추구하는 가언명령 역시 '도구적 이성'의 소산일 수도 있다. 실제로 칸트는 가언명령과 정언명령을 모두 '이성'의 산물로 설명한 바 있는데(『도덕 형이상학을 위한 기초 놓기』, 60쪽), 이는 가언명령은 '도구적 이성'의 산물이요, 정언명령은 '실천적 이성'의 산물이라는 취지일 것이다. 그런데 '도구적 이성'은 결국 '본능적 욕구의 도구'이기 때문에, 칸트는 포괄적 관점에서 '모든 自己愛(가언명령)는 本能의 소산'이라고도 말한 것 같다.

이성이 실천적 능력으로서, 즉 의지에 영향을 주어야 하는 것으로서 우리에게 주어져 있다는 것을 볼 때, 이성의 진정한 사명은 다른 의도를 위한 수단으로서가 아니라 그 자체로 선한 의지를 만들어내는 것이어야만 한다.[21]

칸트에 의하면, 실천적 능력으로서의 이성의 사명은 선의지(善意志)를 창출하는 것이다. '선의지' 란 '의무를 오직 의무이기 때문에 실천하려는 의지' 를 말하거니와, 칸트는 선의지야말로 모든 도덕성의 원천이라고 보았다. 칸트는 이성의 사명을 '보편적 법칙주기에 대한 존경심을 강요하는 것'[22]으로도 설명했거니와, '선의지' 란 바로 '보편적 법칙주기' 로서의 '정언적 명령법' 을 존중하려는 의지이기도 하다.

요컨대 이성의 사명은 선의지를 창출하고 보편적 법칙주기를 존경함으로써 '정언적 명령법' 을 옹호하는 것이라면, 본능의 역할은 자기를 보존하고 자기의 행복을 실현하기 위해 '가언적 명령법' 을 모색하는 것이다. 그런데 칸트는 이기적 본능과 실천적 이성은 서로 대립, 갈등하는 것이라고 보았다. 칸트는 다음과 같이 말한다.

인간은 자기 안에 있는 욕구와 경향성들이, 이성이 높이 존경받을 만하다고 여기는 의무가 내리는 모든 명령에 저항하는 것을 느끼는데, 그러한 욕구와 경향성의 충족을 모두 끌어모아 행복이라고 부른다. 그런데 이성은 경향성에게 아무것도 약속하지 않으며, 말하자면 너무 강렬해서 정당한 것처럼 보이는 요구들을 무시하고 경멸하면서 이성 자신의 지시를 명령한다.[23]

---

21) 칸트, 『도덕 형이상학을 위한 기초 놓기』, 31쪽.
22) 칸트, 『도덕 형이상학을 위한 기초 놓기』, 42쪽.
23) 칸트, 『도덕 형이상학을 위한 기초 놓기』, 45쪽.

자연의 충동들은 인간의 마음 안에서 의무수행의 장해물들 그리고 (때로는 강력한) 반항하는 힘들을 함유한다. 그러므로 인간은 이런 것들과 맞서 싸우고, 이성을 통해 비로소 장래에서가 아니라 바로 지금 (동시에 사상적으로) 그것들을 제압할 수 있는 능력이 있다고 판단하지 않으면 안 된다. 곧 인간은, 인간이 행해야만 한다고 법칙이 무조건적으로 명령하는 바를 행할 수 있다고 판단하지 않으면 안 된다.[24]

위의 첫째 인용문에서 말하는 '욕구와 경향성' 이나 둘째 인용문에서 말하는 '자연의 충동들' 은 모두 인간의 '육체적(동물적) 본능' 과 결부된 것들이다. 칸트에 의하면, '욕구와 경향성' 또는 '자연의 충동' 등 우리의 육체적 본능은 '개인적 행복' 을 추구하나, 우리의 실천적 이성은 '보편적 도덕성' 을 추구함으로써, 양자는 서로 반항하면서 맞서 싸운다는 것이다.

칸트는 '이기적 본능과 실천적 이성' 또는 '개인적 행복과 보편적 도덕성' 을 서로 대립적인 것으로 보면서, 또한 궁극적으로 실천적 이성에 입각한 보편적 도덕성을 추구하면서도, 결코 본능적인 행복의 추구를 폄하하지 않았다. 칸트는 다음과 같이 말한다.

자기의 행복을 확보하는 일은 (최소한 간접적으로는) 의무이다. 왜냐하면 자기의 처지에 만족하지 못해서 많은 걱정이 밀려들고 욕구를 채우지 못한다면, 의무를 어기고 싶은 커다란 유혹에 쉽게 빠질 수 있기 때문이다. 그러나 여기서 의무에 주목하지 않더라도, 모든 인간은 이미 자기 안에 행복에 대한 아주 강하고 깊은 경향성을 갖고 있다. 왜냐하면 행복이라는 이념 안에 모든 경향성이 결합하여 하나로 뭉쳐 있기 때문이다.[25]

---

24) 칸트, 『윤리형이상학』, 458쪽.
25) 칸트, 『도덕 형이상학을 위한 기초 놓기』, 36쪽.

위에 보이듯이, 칸트는 자기의 행복을 추구하는 것을 '(간접적인) 의무' 라고까지 말했다. 또 칸트는 행복 추구를 '아주 강하고 깊은 경향성' 이라 했거니와, 이는 어느 누구도 자신의 행복 추구를 외면할 수 없다는 뜻이었다. 칸트는 이처럼 행복 추구의 의의를 충분히 인정했으면서도, 행복 추구를 '도덕의 원칙' 으로 삼는 것에 대해서는 결단코 반대하였다. 칸트는 다음과 같이 말한다.

> 무엇보다도 자기 행복의 원칙이 가장 혐오스럽다. 그것은 다만 그 원칙이 거짓이고, 잘 행동하면 언제나 잘살게 된다는 말이 경험에 모순되기 때문만은 아니다. 또한 어떤 사람을 행복하게 하는 것과 선한 사람이 되게 하는 것, 그리고 이 사람을 영리하고 자기 이익에 밝은 사람이 되게 하는 것과 그를 덕 있는 사람이 되게 하는 것이 완전히 다른 것이기 때문에 자기 행복의 원칙이 도덕성의 기초를 놓는 데 아무런 기여를 하지 못하기 때문만도 아니다. 오히려 자기 행복의 원칙이 도덕성을 파괴해서 그 숭고함을 모두 말살해버리는 동기들을 도덕성의 바탕으로 삼기 때문이다. 동기가 그렇게 하는 것은, 덕(德)의 동인과 악덕(惡德)의 동인을 하나의 부류로 놓고 더 잘 계산하는 법만 가르칠 뿐 덕과 악덕의 특별한 차이를 완전히 없애버리기 때문이다.[26]

'행복 추구' 를 '도덕의 원칙' 으로 삼는 것은 바로 공리주의(功利主義)이다. 칸트는 공리주의에 대해 '쾌락의 계산' 만 중시할 뿐, 근본적으로 덕과 악덕의 차이를 무시함으로써 도덕성의 기초를 파괴한다고 비판한 것이다.

칸트는 도덕성은 자기 행복이나 쾌락과는 무관하다고 보았다. 도덕성은 선의지로부터 나오는 것이요, 그것은 보편성을 추구하는 정언명령과 궤를

26) 칸트, 『도덕 형이상학을 위한 기초 놓기』, 105쪽.

같이한다. 또한 보편성이란 자신뿐만 아니라 다른 모든 사람을 목적으로 대하는 것과 궤를 같이한다. 그런데 칸트는 목적으로 대우받아야만 하는 사람을 '인간 일반' 이라 말하지 않고 특별히 '이성적인 존재' 인 '인격(人格)' 이라 말했다.[27] 칸트는 다음과 같이 말한다.

> 이성적인 존재가 목적 자체가 될 수 있게 하는 유일한 조건은 도덕성이다. 왜냐하면 목적의 나라에서 법칙을 주는 구성원이 되는 것은 도덕성에 의해서만 가능하기 때문이다. 따라서 도덕성과 도덕적일 수 있는 한에서 인간성이 유일하게 존엄성을 갖는 것이다.[28]

칸트는 "도덕성과 도덕적일 수 있는 한에서 인간성이 유일하게 존엄성을 갖는 것"이라 했는데, 이는 '모든 인간이 무조건 존엄한 것' 이 아니라 '일부의 도덕적인 인간만이 존엄하다' 는 선언이다. '이성적 존재' 또는 '도덕적 인격' 만이 존엄한 까닭은, 그는 외부 사물의 지배를 받지 않는 '자율적 존재' 이기 때문이다. 칸트는 다음과 같이 말한다.

> 이성적인 존재는 목적 그 자체로서, 바로 그렇기 때문에 목적의 나라에서 법칙을 주는 것으로서 모든 자연법칙에서 자유롭고, 다만 자기 스스로 준 것이고 자기의 준칙을 보편적인 법칙으로 될 수 있게 하는 그런 법칙에만 복종하는 것으로서 목적의 나라의 구성원이 되도록 정해져 있다. (…) 따라서 자율성은 인간 본성과 모든 이성적인 본성의 존엄한 근거이다.[29]

---

27) 칸트, 『도덕 형이상학을 위한 기초 놓기』, 83쪽 참조.
28) 칸트, 『도덕 형이상학을 위한 기초 놓기』, 93쪽.
29) 칸트, 『도덕 형이상학을 위한 기초 놓기』, 95쪽.

만약 '어떤 존재' 가 '다른 존재' 의 명령에 따라야만 한다면, 그 '어떤 존재' 는 결코 '존엄한 존재' 일 수 없을 것이다. 이러한 맥락에서 칸트는 스스로 보편적 도덕법칙을 부여하고 스스로 그에 복종하는 '자율성' 이야말로 인간의 존엄성의 궁극적 근거라고 보았다.

칸트의 맥락에서 '자율성, 도덕성, 정언명령' 은 서로 궤를 같이한다. 자율성은 스스로 도덕법칙을 부여하고 그에 복종하는 것이요, 도덕법칙은 오직 정언명령으로만 표현될 수 있기 때문이다. 다시 말해, 정언명령은 자율적 명령으로서 인간의 존엄성을 뒷받침하는 것이다. 이와 반대로 가언명령은 결국 '외부 사물의 지배' 를 받아들이는 것인바, 따라서 가언명령으로는 결코 인간의 존엄성을 해명할 수 없다. 칸트는 다음과 같이 말한다.

> 의지의 객체가 의지에게 법칙을 주는 관계에서는 그것이 경향성에 기인하든 이성에 대한 표상에 기인하든 상관없이 다만 가언적 명령법만이 가능할 것이다. 즉 내가 어떤 것을 '해야만 하는' 것은 곧 내가 다른 어떤 것을 '하려고 하기' 때문인 것이다. 이와 반대로 도덕적인, 따라서 정언적인 명령법은 내가 어떤 다른 것을 '하려고 하지' 않더라도 이러이러하게 행위' 해야만 한다' 고 말한다. (…) 정언적 명령법은 대상이 의지에 전혀 영향을 미치지 않도록 모든 대상을 무시해야 한다. 그렇게 함으로써 실천적 이성(의지)은 자기 것이 아닌 관심들을 그저 (초라하게) 관리하는 것이 아니라, 최상의 '법칙을 주는 것' 으로서 호령하는 자신의 모습을 보여주게 된다.[30]

가언명령에서 '의지의 객체(대상)' 는 부귀영화일 수도 있고 자신의 행복일 수도 있다. '부귀영화나 행복을 누리려면, 이러저러하게 행동하라'

30) 칸트, 『도덕 형이상학을 위한 기초 놓기』, 103~104쪽.

고 하는 가언명령에서는 부귀영화나 행복이 나에게 행동의 법칙을 주는 것이요, 이는 결국 본능적 욕구나 경향성의 지배를 받는 것이다. 따라서 가언명령에서는 결국 자신의 자율성이 존재할 수 없게 된다. 이러한 맥락에서 칸트는 무조건적인 정언명령만이 자신을 '대상을 호령하는 존엄한 존재'로 격상시킨다고 보았다. 이는 평범하게 말하면 '이성이 자율적으로 본능적 욕구를 통제함'을 뜻하거니와, 이런 점에서 칸트는 플라톤의 충실한 후예였던 것이다.[31]

이상에서 살핀 것처럼, 칸트의 '정언명령과 가언명령' 역시 인간의 '도덕적 본성과 이기적 본능'에서 도출된 개념이었다. 칸트는 '이성'의 사명은 보편적 법칙주기에 대한 존경심을 강요하여 선의지를 창출하는 것이라 했고, '본능'의 역할은 자기 보존 또는 자기의 행복을 추구하는 것이라 했다. 또 칸트는 선의지에 따르는 것을 정언명령이라 했고, 자기의 행복을 추구하는 것을 가언명령이라 했다. 칸트의 정언명령과 가언명령은 다음과 같은 세 차원에서 이해할 수 있다.

첫째, '보편성과 특수성'의 맥락으로서, 도덕적 본성은 '보편성(공정성)'을 추구하고, 이기적 본능은 자신의 '사사로운 이익'을 추구한다.

둘째, '목적과 수단'의 맥락으로서 도덕적 본성은 남에 대해 '목적적 대우'를 촉구하고, 이기적 본능은 자신의 이익을 위해 남을 '수단화'하려고 한다.

셋째, '주체성과 비주체성'의 맥락으로서, 도덕적 본성은 자신에 대해 '자율성' 또는 '도덕적 주체성'을 요구하고, 이기적 본능은 자신이 '물욕

31) '이성은 정념의 노예'라는 홉스나 흄의 노선은 플라톤의 노선과 상반되는 것이다. 한편, 칸트의 '정언명령과 가언명령'은 '목적의 나라와 자연의 나라', '睿智界(知性界)와 感性界', '자유와 필연' 등과도 궤를 같이하는 개념이다.

의 지시' 에 따를 것을 요구한다.

칸트는 이처럼 '도덕적 본성과 이기적 본능' 을 서로 대립, 갈등하는 것이라고 보았다. 그러면서도 칸트는 이기적 본능을 일방적으로 폄하하지 않았다. 그 까닭은, 행복의 추구는 모든 인간의 '자연 필연성'[32]이며, "자기의 처지에 만족하지 못해서 많은 걱정이 밀려들고 욕구를 채우지 못한다면, 의무를 어기고 싶은 커다란 유혹에 쉽게 빠질 수 있기 때문"[33]이었다.

칸트가 경계한 것은 이기적 본능을 도덕적 본성보다 앞세우는 일이었다. 칸트는 공리주의(功利主義)가 바로 여기에 해당한다고 보았다. 칸트는 공리주의에 대해 '쾌락의 계산' 만 중시할 뿐, 근본적으로 덕과 악덕의 차이를 무시함으로써 도덕성의 기초를 파괴한다고 비판한 것이다. 이러한 맥락에서, 칸트의 정언명령은 다음과 같은 의의를 지닌다.

첫째, '사람다움' 의 본질을 명확하게 천명했다는 점이다. 칸트는 도덕적 자율성을 지닌 사람만을 '인격(人格)' 이라 칭하고, 인간 존엄성의 근거는 바로 인격에 있다고 보았다. 이는 전통 유학에서 '인륜' 을 '사람다움의 보루' 로 보았던 것과도 궤를 같이한다. 온갖 패악(悖惡)을 일삼는 '짐승만도 못한 사람' 을 두고 '존엄성' 을 거론하는 것은 언어의 오용 또는 남용일 것이다.[34]

둘째, 모든 인격에 대한 '목적적 대우' 를 촉구했다는 점이다.[35] 자신의

---

32) 칸트, 『도덕 형이상학을 위한 기초 놓기』, 62~63쪽.

33) 칸트, 『도덕 형이상학을 위한 기초 놓기』, 36쪽.

34) 카텝(George Cateb)은 "인간의 존엄성은 인간 개개인이나 인류 전체의 정체성에 부여된 실존적 가치"라고 주장하고(카텝, 『인간의 존엄』, 32쪽), 따라서 선량한 사람이든 흉악한 사람이든 '모든 사람은 다 사람으로 존중되어야 한다' 는 입장을 견지했다. 그러나 論者는 이에 동의하기 어렵다. 이에 대한 자세한 논의는 拙稿, 「'인간의 존엄성' 에 대한 새로운 접근법」 참조.

35) '상대방을 목적으로 대우함' 은 헤겔의 '認定' 과 같은 맥락일 것인바, 헤겔은 '상호인정' 을 人倫의 시발점으로 보았다(헤겔, 『哲學綱要』, 516절 참조).

행복만을 중시하는 경우, 남을 종종 자신의 행복을 위한 도구(수단)로 대하기 쉬운데, 이는 상대방의 존엄성을 무시하는 처사요, 또한 자신과 상대방을 다른 척도로 대하는 불공정한 처사이다.

우리 자신이 인격자로서 도덕적 자율성을 발휘하여 솔선수범하고, 다른 사람들을 항상 목적으로 대하여 존중한다면, 사람다운 삶과 행복한 삶을 동시에 기약할 수 있을 것이다. 이러한 맥락에서 '칸트의 3가지 정언명령'은 도덕의 금자탑(金字塔)을 세운 것이라 하겠다.

3. 벌린의 '소극적 자유와 적극적 자유'

현대의 정치철학자 벌린(Isaiah Berlin, 1909~1997)은 〈자유의 두 개념〉이라는 논문으로 잘 알려진 인물이다. 일찍이 칸트(1724~1804)는 '소극적 자유와 적극적 자유'를 구분하여 '적극적 자유'를 옹호한 바 있고,[1] 콩스탕(Benjamin Constant, 1767~1830)은 '고대인의 자유와 근대인의 자유'를 구분하여 '근대인의 자유'를 옹호한 바 있다.[2] 벌린은 이러한 선례에 입각하여 '자유의 두 개념'을 논했던 것이다.[3] 그런데 벌린이 "적극적 자유와 소

---

1) 칸트는 "자유는 이성적 생물의 인과성이 바깥의 원인에 의해 결정당하지 않고 작용할 수 있을 때 갖는 속성일 것이다. (…) 자유에 대한 이러한 설명은 **소극적**이고, 그래서 자유의 본질을 통찰하는 데 효과가 없다. 그렇지만 바로 이것에서 훨씬 더 내용이 풍부하고 효과가 큰 자유의 **적극적**인 개념이 나오는 것이다."라고 했는데(『도덕 형이상학을 위한 기초 놓기』, 113쪽), 칸트가 말하는 '적극적 자유'란 스스로 만든 법칙에 스스로 복종하는 '자율성'을 뜻하는 것이었다.

2) 콩스탕은 "고대의 자유는 사회적 권력을 행사하는 데에서 시민들에게 가장 커다란 몫을 확실하게 하는 것이다. 근대의 자유는 그들의 정부로부터 시민들의 독립을 보장하는 것이다. 그들의 특성의 결과로서 고대인들은 행위에 대한 최우선적인 욕구를 갖고 있었다. 그리고 행위에 대한 욕구는 사회적 권위의 거대한 증가와 쉽게 융화되었다. 근대인들은 평화와 향락을 필요로 한다. 평화는 단지 시민들이 괴로움을 당하지 않도록 보호하는 몇몇 법률에서만 발견될 수 있다. 향락은 개인의 자유의 광범위한 여유에 의해서만 보호된다. 이러한 향락의 희생을 요구하는 어떤 입법도 인류의 현재 조건과 양립할 수 없다."고 하였다(나종석, 『헤겔 정치철학의 통찰과 맹목』, 43쪽 재인용). 고대인의 자유는 '公務 참여와 主權 행사'를 본질로 삼으나, 근대인의 자유는 '평화와 향락'을 본질로 삼는다는 것이다.

3) 칸트의 '적극적 자유'는 콩스탕의 '고대인의 자유'와 상응하고, 칸트의 '소극적 자유'는 콩스탕의 '근대인의 자유'와 상응한다. 벌린은 '적극적 자유'보다 '소극적 자유'를 옹호했는데, 이는 콩스탕과 궤를 같이하는 것이다. 한편, 벌린과 같은 시대를 살았던 프롬 역시 자유를 두 차원으로 구분한 바 있다. 프롬은 "自由란 자유방임(laissez-

극적 자유를 둘러싼 논쟁의 핵심은, 각자가 인간의 본성을 무엇으로 보는지, 또는 인간의 목표가 무엇이라고 생각하는지에 달려 있다."[4]고 한 데서 짐작할 수 있듯이, 그가 말하는 '적극적 자유와 소극적 자유' 역시 '도덕적 본성과 육체적 본능' 이라는 인성론의 문제와 궤를 같이하는 것이다.[5]

먼저, 벌린이 말하는 '적극적 자유와 소극적 자유' 에 대해 살펴보자. 위에서 소개한 것처럼, 벌린 이전에도 자유를 두 차원으로 구분하여 논의한 철학자들이 종종 있었다. 그런데 벌린이 자유를 두 차원으로 구분하여 논의하게 된 직접적 계기는 '자유의 이름으로 자유를 억압하는' 역설적인 현실을 해명하고 비판하기 위한 것이었다. 요컨대 벌린은 기존의 철학자들이 '자유의 두 개념' 을 구분했던 사고방식을 수용하여, 역설적 현실의 본질은 '적극적 자유의 이름으로 소극적 자유를 억압하는 것' 임을 해명하고, 이를 비판한 것이었다.

벌린에 의하면, 인류의 역사상 도덕 이론가들은 거의 모두 자유를 찬양하였다. 그런데 그들이 말하는 '자유' 는 동일한 의미가 아니었다는 것이

---

faize)이나 獨斷이 아니라는 것을 명백히 이해해야만 한다. 다른 種과 마찬가지로, 인간도 특수한 種的 構造를 갖고 있으며, 이 구조의 조건 하에서만 성장할 수 있다. 자유란 모든 지도원칙**으로부터의 자유**를 뜻하는 것이 아니다. 자유란 인간 존재의 구조의 법칙(자율적 제한)**에 따라 성장하는 자유**를 뜻한다. 그것은 최선의 인간 발전을 지배하는 법칙에의 순응을 뜻한다." 고도 했으며(*To Have or To Be?*, 80쪽), "자유란 비합리적인 情念(passions)의 소리에 반대하고, 理性의 소리, 건강의 소리, 행복의 소리, 양심의 소리에 따르는 능력에 불과하다." 고도 했다(*The Heart of Man*, Harper & Row, Publishers, 1964, 130~131쪽). 요컨대 프롬과 벌린이 같은 맥락에서 자유를 두 차원으로 구분했지만, 프롬은 '적극적 자유' 를 옹호하고 벌린은 '소극적 자유' 를 옹호한 것이다.

4) 벌린, 박동천 역, 『자유론』, 아카넷, 2006, 138쪽.

5) 벌린은 '적극적 자유와 소극적 자유' 를 '가치일원론과 가치다원론' 의 맥락에서 논의하기도 했다. 가치일원론자들은 적극적 자유를 옹호하고, 가치다원론자들은 소극적 자유를 옹호한다는 것이다. 本考에서는 다만 人性論의 맥락에 초점을 두고, 價值論의 맥락에 대해서는 論外로 하고자 한다.

다. 벌린은 '자유' 라는 개념이 매우 다양한 의미로 사용됐음을 지적하고, 그 가운데 '가장 핵심적인 두 의미' 로서 '소극적 의미의 자유' 와 '적극적 의미의 자유' 를 구분하여 논의한 것이다. 벌린은 다음과 같이 말한다.

> 첫 번째 의미를 (수많은 先例를 따라) 나는 '소극적(negative)' 의미라 일컫기로 한다. 이는 다음과 같은 질문에 대한 답에 함유되는 종류의 것이다. "인민－한 사람 또는 一群의 사람－이 다른 사람의 간섭 없이 스스로 할 수 있는 일을 할 수 있도록, 또는 스스로 될 수 있는 존재가 될 수 있도록 방임되어야 할 영역은 무엇인가?" 두 번째 의미를 나는 '적극적(positive)' 의미라 지칭할 것이며, 이는 다음과 같은 질문에 대한 답에 함축되는 종류이다. "한 사람으로 하여금 이것 말고 저것을 하게끔, 이런 사람 말고 저런 사람이 되게끔 결정할 수 있는 통제 및 간섭의 근원이 누구 또는 무엇인가?" 이들 질문에 대한 답은 비록 중복될 수 있으나 그 질문들 자체가 서로 다른 질문이라는 점은 분명하다.[6]

위의 인용문은 이해하기가 쉽지 않은바, 벌린은 간단하게 다음과 같이 설명하기도 했다. '소극적 자유' 는 "내가 얼마나 다스림을 받고 있는가?" 라는 질문에 대한 대답에서 잉태되는 발상이며, '적극적 자유' 는 "내가 누구에 의하여 다스림을 받고 있는가?" 라는 질문에 대한 대답에서 잉태되는 발상이라는 것이다.[7] 벌린은 이러한 설문형(設問型) 서술을 응답형(應答型) 서술로 바꾸어, '적극적 자유' 란 '스스로 자신의 주인이 됨' 을 말하고, '소극적 자유' 란 '내가 선택한 행동을 다른 사람 때문에 방해받지 않음' 을 말한다고 설명하기도 했다.[8]

---

6) 벌린, 『자유론』, 343~344쪽.
7) 벌린, 『자유론』, 132쪽.
8) 벌린, 『자유론』, 361쪽.

'소극적 자유' 와 '적극적 자유' 는 흔히 '…로부터의 자유' 와 '…를 향한 자유' 로 구분하기도 하는데, 벌린 역시 이렇게 구분하기도 했다.[9] '…로부터의 자유' 는 '국가권력이나 다른 사람들로부터 방해나 간섭을 받지 않을 자유' 를 말하며, '…를 향한 자유' 는 '자신이 추구하는 이상(理想)을 실현할 수 있는 자유' 를 말한다. 이러한 맥락에서, 벌린은 소극적 자유와 적극적 자유를 다음과 같이 구분하기도 한다.

> 자아실현이라고 하는 적극적 자유는 불간섭이라고 하는 소극적 자유와 충돌할 때도 있고 않을 때도 있다. 대체로 소극적 자유에 대한 강조는 개인이나 집단이 추구할 수 있는 선택의 폭을 넓혀 주며, 적극적 자유는 대체로 그 폭을 좁히지만 일단 선택된 길에 대하여 더 나은 이유 및 더 많은 자원을 가져다준다. 이 둘은 서로 충돌할 수도 있고 않을 수도 있다.[10]

요컨대 소극적 자유는 '남들로부터 간섭을 받지 않음' 을 말하며, 적극적 자유는 '자아실현' 을 말한다는 것이다. 이러한 설명은 양자의 핵심적인 차이를 잘 요약한 것인바, 이제 이들을 보다 구체적으로 살펴보기로 하자. 벌린은 '소극적 자유' 에 대해 다음과 같이 설명한다.

> 다른 사람 어느 누구도 내 활동에 개입하여 간섭하지 않는 만큼 내가 자유롭다는 것이 통상의 어법이다. 이러한 의미에서 보면 정치적 자유는 단순히 한 사람이 다른 사람의 방해를 받지 않고 행동할 수 있는 영역을 의미한다. 가만히 놔두었더라면 내가 할 수 있었을 일을 다른 사람으로 인하여 내가 못하게 되었다면 그만큼 나는 자유롭지 못하다. 그리고 다른 사람 때문에 그 영역이 일정한

9) 벌린, 『자유론』, 359쪽.
10) 벌린, 『자유론』, 148쪽.

한도 이상으로 축소될 때 내가 강제를 받고 있다든가 또는 어쩌면 노예가 되었다는 서술이 가능하게 된다.[11]

벌린은 '소극적 자유'를 '간섭이나 강제가 없는 상태'라고 설명했다. 요컨대 내가 하고 싶은 일을 하지 못하도록 남이 방해하지 않는 상태가 자유의 상태라는 것이다. 벌린은 이러한 '소극적 자유'야말로 자유의 '통상적' 의미와 잘 부합하는 것이라고 설명했다. 벌린은 '적극적 자유'에 대해서는 다음과 같이 설명한다.

'자유'라는 단어의 '적극적' 의미는 자신의 주인이 되기를 원하는 각 개인의 소원에 뿌리를 둔다. (…) 나는 객체가 아닌 주체가 되고 싶다. (…) 무엇을 지향할 것인지 스스로 결정하고 그에 따라 행동하기를 원한다. 다른 사람이 나를 위해 결정해 주는 대로 따라가고 싶지 않으며 외부 자연의 힘 또는 다른 사람의 행동에 수동적으로 영향만을 받고 싶지는 않다. (…) 나 자신을 합리적 존재라 칭할 때, 인간으로서 내가 나를 제외한 세계의 나머지와 구별되는 것은 나에게 이성(理性)이 있기 때문이라 칭할 때, 내가 의미하는 바에는 지금까지 열거한 것들이 포함된다. 나는 무엇보다도 사고하며, 의지를 가지고, 능동적인–자신의 선택에 책임을 지고 자신의 생각과 목표에 준거하여 그 선택을 설명할 수 있는–존재로 나 자신을 인식하고 싶은 것이다.[12]

'적극적 자유'를 위와 같이 설명하고 본다면, 적극적 자유 역시 '하나의 보편타당한 목표'[13]로서, 우리의 간절한 소망이 아닐 수 없다. 그리하여

11) 벌린, 『자유론』, 344쪽.
12) 벌린, 『자유론』, 360쪽.
13) 벌린, 『자유론』, 132쪽.

벌린은 소극적 자유론과 적극적 자유론의 "양편에서 추구하는 목적이 역사적으로나 도덕적으로나 인류의 가장 깊은 이익 가운데 속하는 것으로 각각 동등한 자격을 갖추었다는 점"[14]을 흔쾌히 인정했다.

벌린은 이처럼 '양편의 동등한 자격'을 흔쾌히 인정하면서도, 실제로는 단연코 '소극적 자유'를 옹호했다. 벌린이 이러한 입장을 견지한 까닭은 소련(蘇聯)의 공산주의 등 권위주의가 횡행하던 당시의 시대적 상황에서 '소극적 자유의 부작용'보다 '적극적 자유의 부작용'이 훨씬 심각하다고 보았기 때문이다. 벌린에 의하면, '소극적 자유'와 '적극적 자유'라는 "두 개념은 모두 스스로 저항하고자 하였던 바로 그 해악(害惡)에 봉사하고야 마는 '목적의 전도(顚倒)'에 빠질 수 있다. 그러나 현재의 시점에서 자유주의적 개인지상주의가 세력을 강화하고 있다고는 볼 수 없는 반면에, '적극적' 자유라고 하는 수사(修辭)가 왜곡된 형태로 전도되어, 더 광범한 자유를 위한다는 명분 아래, 독재(獨裁)를 은폐하는 역사적 역할을 계속하여 수행하고 있다는 증거는 훨씬 많다."[15]는 것이다.

'소극적 자유'를 강조하면 '개인지상주의'나 '자유방임주의'에 빠질 수 있다는 점은 누구나 쉽게 알 수 있을 것이다. 따라서 '적극적 자유'를 강조하면 '독재'를 은폐하거나 미화하게 될 수 있다는 점만 간략히 살펴보기로 하자.

앞에서 '적극적 자유'란 '스스로 자신의 주인이 됨'을 뜻한다고 했는데, 벌린은 '스스로 자신의 주인이 됨'이라는 말 속에 문제의 씨앗이 숨어 있다고 보았다. '나는 나 자신의 주인'이라고 말하지만, 우리는 때때로 자신이 '자연'에 예속되거나 '걷잡을 수 없는 열정'에 사로잡힌 것을 경험하기도

---

14) 벌린, 『자유론』, 413쪽.

15) 벌린, 『자유론』, 131~132쪽. 벌린이 이 글(『자유론』의 序文)의 草稿를 쓴 '현재의 시점'은 '1967년'이다.

한다. 벌린은 이러한 예속 상태로부터 해방 과정을 다음과 같이 설명한다.

> 그러한 해방의 와중에서 한편으로는 자아(自我)를 자각하였고, 동시에 인류의 내면에 무언가 치유가 필요한 것을 깨닫게 된 것이 아닌가? 그 후 인간의 의식을 지배하게 된 자아는 아주 다양한 형태로 규정되었다. 이성(理性), 나의 '보다 높은 본성', 장기적으로 보아 보다 많은 만족을 가져다줄 것이 무엇인지 계산에 의해 찾아내는 자아, 나의 '진정한' 또는 '이상적인' 또는 '자율적' 자아, 그리고 내가 '최선의 상태'에 있을 때의 자아 등등이 무엇이 자아인가에 대한 답으로 제시되었다. 자아가 이러한 방식들로 규정되는 이면에는 분명한 대조가 깔리게 된다. 즉, 비합리적 충동, 절제되지 않은 욕망, 나의 '낮은' 본성, 즉각적 쾌락의 추구, 나의 '경험적' 또는 '타율적' 자아 따위가 아니라는 강조가 수반된다. 자아가 그 '진정한' 본질의 높이까지 완전히 도달하기 위해서는 욕망 또는 열정의 바람에 휩쓸리는 부분을 엄격하게 훈육(訓育)하여 버릇을 잡아야 한다는 것이다.[16)]

위의 인용문의 논지는 세 가지로 요약된다. 첫째, '적극적 자유'를 확보하려는 노력, 즉 스스로 자신의 주인이 되려는 노력의 과정에서 '자아의 이중성'을 확인하게 된다. 둘째, '자아의 이중성'은 '이성(理性)'이나 '보다 높은 본성' 등을 담지 하는 나의 '진정한, 이상적인, 자율적' 자아와 '비합리적 충동'이나 '절제되지 않은 욕망' 등에 지배되는 나의 '경험적, 타율적' 자아로 설명된다. 셋째, '스스로 자신의 주인이 됨'이란 자율적 자아가 타율적 자아를 통제하는 것인바, 이를 위해서는 타율적 자아를 훈육해야 한다. 요컨대 위 인용문의 결론은, 적극적 자유를 위해서는 '타율

---

16) 벌린, 『자유론』, 361~362쪽.

적 자아에 대한 훈육' 이 필요하다는 것이다. 벌린에 의하면, 바로 이 '훈육(訓育)' 이 '권위주의적 억압' 을 정당화하는 기제로 둔갑하게 되는 것이다. 벌린은 그 둔갑의 과정을 다음과 같이 설명한다.

> 현자(賢者)는 너에 관해 너 스스로 아는 것보다 잘 안다. 왜냐하면 너는 감정의 포로이고 눈이 어두워 너의 진정한 목적을 이해하지 못한 채 타율적인 삶을 사는 노예이기 때문이다. 너의 소원은 인간이 되는 것이다. 그 소원의 충족이 국가의 목표다. 강제는 미래의 통찰을 위한 교육으로 정당화된다. 내 안의 이성이 승리하려면, 나를 노예로 만드는 '저급한' 본능, 감정과 욕망을 제거하고 억눌러야 한다. 이와 마찬가지로 사회에서 더 고상한 요소들은—더 잘 배운 자, 더 합리적인 자, 그 시대와 인민 중에서 최고의 통찰력을 소유한 사람들은—사회의 불합리한 부분을 합리화하기 위해 강제를 행사할 수 있다. 왜냐하면 합리적인 사람에게 복종함으로써 우리는 우리 자신에게 복종하기 때문이다.[17)]

위의 인용문은 벌린이 적극적 자유론자들의 상투적인 논법을 정리한 것이다. 적극적 자유론자들의 주장처럼 '우자(愚者)의 진정한 이익' 에 대해 우자 자신보다 현자(賢者)가 더 잘 알 수 있다고 한다면, 이는 마침내 '합리적인 사람에게 복종함으로써 우리는 우리 자신에게 복종하게 된다' 는 논리로 발전하고, 그리하여 결국 강제나 복종을 자유로 둔갑시키게 된다는 것이다.[18)] 벌린은 이와 같은 논지를 구사한 철학자들로 스피노자, 루소, 칸

---

17) 벌린, 『자유론』, 388~389쪽.

18) 실제로, 예컨대 루소는 "인민은 항상 스스로가 자신의 행복을 원하기는 하지만, 스스로의 힘으로 그 행복이 무엇인지를 항상 알고 있는 것은 아니다. (…) 개인은 참된 행복을 보고도 그것을 배척하는 수가 있고, 公衆은 행복을 바라지만 그것이 무엇인지를 잘 알지 못한다. 양쪽 모두를 지도해 줄 필요가 있다. 개인들에게는 그들의 의지를 理性에 일치시키도록 강제해야 하고, 공중에게는 그들이 원하는 바가 무엇인지를 가

트, 피히테, 몽테스키외, 버크, 헤겔, 마르크스 등을 거론했다.[19] 이들의 '적극적 자유론' 은 결국 강제와 복종을 '진정한 자유' 로 둔갑시키고 말았다는 것이다. 벌린은 다음과 같이 말하기도 한다.

> 두 개의 자아라고 하는 이 형이상학적 발상이 고대부터 팽배한 데에는 어쨌든 내면의 갈등을 진짜로 겪는 경우가 있으며, 그러한 갈등이 언어와 사유 및 행동에 지대한 영향을 미쳐왔기 때문일 것이다. 역사적 연원이 어떠하든지, 그런 식으로 설정된 '보다 높은' 자아라는 개념은 이내 사회제도, 교회, 민족, 인종, 국가, 계급, 문화, 정당, 그리고 실체성이 더욱 모호한 존재들, 즉 일반의사, 공동선, 사회 내의 개명된 세력, 가장 진보적인 계급의 전위(前衛), 섭리의 현현 등과 동일시되었다. 내 주장은, 애당초 자유의 신조로서 출발하였던 것이 그러한 동일시의 와중에서 권위의 신조로 또는 때로 억압의 신조로 탈바꿈하여 독재의 편을 드는 무기가 되어 버렸다는 것이다.[20]

위의 인용문에서는 '보다 높은 자아' 를 '일반의사(一般意思, 一般意志), 공동선(共同善), 사회 내의 개명된 세력, 가장 진보적인 계급의 전위(前衛)' 등 외부적 요소와 동일시함으로써, 결국 '자유' 의 이름으로 '자아를 외부적 요소에 복종시키게 됨' 을 지적한 것이다. 벌린은 이를 '자유의 신조가 권위의 신조 또는 억압의 신조로 탈바꿈한 것' 이라 했거니와, 이러한 맥락에서 벌린은 적극적 자유론의 폐단은 소극적 자유론의 폐단보다 훨씬 심각하

르쳐 주어야 한다. 그렇게 되면 공중은 계몽되어 政治體에 있어서 그들의 이익이 무엇인지를 완전히 이해하게 되고, 따라서 각 부분의 정확한 협력이 이루어져 전체는 최대의 힘을 발휘할 수 있게 되는 것이다. 이 점이 바로 立法者가 필요한 이유이다." 라고 주장한 바 있다(루소, 『사회계약론(外)』, 56~57쪽).

19) 벌린, 『자유론』, 383~386쪽.

20) 벌린, 『자유론』, 127쪽.

다고 인식하고, 적극적 자유론에 맞서 소극적 자유론을 옹호했던 것이다.

이상에서 벌린의 '적극적 자유와 소극적 자유' 라는 개념을 살펴보았다. 그런데 앞의 '자아의 이중성' 에 대한 언급에서 이미 짐작할 수 있었듯이, 벌린의 '소극적 자유와 적극적 자유' 역시 '육체적 본능과 도덕적 본성' 이라는 이분법에서 도출되는 개념체계였다. 이제 이 문제를 살펴보기로 하자. 벌린은 다음과 같이 말한다.

> 내 주장의 요체는 역사적으로 고찰할 때에 '적극적' 자유의 – '누가 주인인가?' 라는 질문에 대한 대답에 함축되어 있는 – 개념은 '내가 주인 노릇을 하는 것은 어떤 영역에서인가?' 라는 질문에 대답하는 형태로 표현되는 '소극적' 자유의 개념에서 갈라져 나왔으며; 자아라는 개념이 '보다 낮은', '경험적', '심리적' 자아 및 본성과 그러한 자아 및 본성을 다스리도록 되어 있는 '보다 높은', '진정한' 또는 '이상적' 자아로 형이상학적 분열을 거침에 따라, 나의 일상적인 열등한 자아와 그 자아에 대하여 주인 노릇을 해야 하는 '내가 최선의 상태에 있을 때의 자아' 로 분열됨에 따라, 콜리지(S. T. Coleridge) 식으로 표현하자면 대문자로 쓴 **나의 자아(I AM)**와 그 자아가 시간과 공간을 초월하지 못하고 그 안에서 육화(肉化)되어 나타나는 자아로 분열됨에 따라, 그 두 자유 사이의 간극이 넓어졌다는 것이다.[21]

위의 인용문의 논지는 세 가지로 요약된다. 첫째는 '적극적 자유' 의 개념은 '소극적 자유' 의 개념에서 파생되었다는 것이요,[22] 둘째는 자아에 대

---

21) 벌린, 『자유론』, 126~127쪽.

22) 그런데, 잠시 뒤에 소개할 것인바, 벌린은 또한 적극적 자유론은 고대의 자유론이요, 소극적 자유론은 근대의 자유론이라고도 했다. 벌린의 이 두 주장은 모순이 아닌가 한다.

한 논의가 이원화(二元化, 二分化)하면서 '보다 높은 자아가 보다 낮은 자아를 다스려야 한다' 는 논리가 성립했다는 것이며, 셋째는 그 결과 '적극적 자유' 와 '소극적 자유' 사이의 간극이 넓어졌다는 것이다. 여기서 우리가 주목할 것은 둘째와 셋째 논지이다.

위의 인용문에서 말하는 '보다 낮은, 경험적, 심리적 자아' 또는 '일상적인 열등한 자아' 는 앞에서 소개한 '비합리적 충동' 이나 '절제되지 않은 욕망' 등에 지배되는 '경험적, 타율적 자아' 와 궤를 같이하는바, 이는 인간의 '육체적 본능' 과 연관된 자아를 말한다. 또한 위의 인용문에서 말하는 '보다 높은, 진정한, 이상적 자아' 또는 '내가 최선의 상태에 있을 때의 자아' 는 앞에서 소개한 '이성(理性)' 이나 '보다 높은 본성' 등을 담지 하는 '진정한, 이상적인, 자율적 자아' 와 궤를 같이하는바, 이는 인간의 '도덕적 본성' 과 연관된 자아를 말한다.

벌린에 의하면, 자아에 대한 인식이 '본능적 자아' 와 '본성적 자아' 로 분열되면서 적극적 자유와 소극적 자유 사이의 간극이 넓어졌다. 위의 인용문으로 볼 때, '적극적 자유' 란 '본성적 자아의 자유' 로서, 구체적으로는 '보다 높은 자아가 보다 낮은 자아를 다스림' 즉 '본성적 자아가 본능적 자아를 통제함' 을 뜻하는 것이다.[23] 그렇다면 '소극적 자유' 란 '본능적 자아의 자유' 로서, 자기 마음대로 본능적 욕망을 충족시킴을 뜻하는 것인가? 위의 인용문만으로는 이렇게 단정하기가 어렵다. 그러나 다음의 인용문을 보면 벌린이 말하는 '소극적 자유' 란 바로 '본능적 자아의 자유' 임을 알 수 있다. 벌린은 다음과 같이 말한다.

고대 세계에서 제기된 중심 문제는 '누가 나를 다스려야 하나?' 였다. 혹자는

23) 이러한 맥락에서 스피노자와 칸트 등 적극적 자유를 옹호하는 철학자들은 理性이 情念(욕망)을 통제하는 '자율성' 을 진정한 '자유' 로 규정한 것이다.

군주라고, 혹자는 가장 훌륭한 사람이라고, 또는 가장 부자, 또는 가장 용감한 자, 또는 다수, 또는 법정, 또는 모든 사람의 만장일치를 답으로 제시했다. 근대 세계에서는 '다스림이라는 것이 있어야 할 범위가 어디까지냐?' 가 못지않게 중요한 질문이 되었다. 고대 세계에서는 삶은 한 가지고 법과 정치가 삶 전체를 포괄한다고, 삶의 한구석을 그러한 감독으로부터 보호해야 할 까닭은 없다고 추정되었다. (…) 근대 세계에서는 공적(公的) 생활과 사적(私的) 생활 사이에는 경계가 있고, 사적 영역의 범위가 아무리 좁더라도 적어도 그 안에서 나는 내가 하고 싶은 대로 할 수 있다고, 내가 누리는 것과 같은 타인의 권리를 침해하지 않는 한, 또는 이런 종류의 사회생활을 가능하게 만드는 기본 질서를 무너뜨리지 않는 한, 나 좋은 대로 살고 내 기분대로 원하는 대로 믿을 수 있다는 추정 위에서 우리는 움직인다.[24)]

위의 인용문은 콩스탕의 맥락에서 '고대인의 자유' 를 '적극적 자유' 로, '근대인의 자유' 를 '소극적 자유' 로 풀이한 것이다. 벌린은 근대인이 추구한 소극적 자유란 무해원칙과 공정원칙 등을 전제로 '사적(私的) 영역에서는 내가 하고 싶은 대로 하고, 나 좋은 대로 살고, 내 기분대로 원하는 대로 믿는 것' 이라고 설명했다. 이는 바로 '사적 영역에서의 욕망의 해방' 을 뜻하는 것이다. 벌린은 다음과 같이 말하기도 한다.

소극적 자유는 그저 내가 좋아하는 일을 할 자유를 뜻한다고 해서는 충분하지 않다. 왜냐하면 만일 그렇다고 한다면, 고대의 스토아주의를 답습해서 욕망을 죽이는 것으로도 욕망의 달성에 대한 장애물로부터 해방되었다고 할 수 있기 때문이다. 장애물이 가로막을 수 있는 욕망 자체를 서서히 제거하는 길은 인

24) 벌린, 『자유론』, 530쪽.

간에게서 자연적인 생명의 활동을 점차로 박탈하는 결과를 낳을 것이다. 다른 말로 하면, 죽은 사람에게는 욕망이 없어서 장애물도 있을 수 없으므로, 죽은 사람이야말로 가장 완벽하게 자유로운 사람이라는 말이 되고 만다. 내가 생각했던 것은 이와 달리 한 사람이 실제로 선택을 어떻게 내리든지 걸어갈 수 있는 대안으로 고려할 수 있는 길이 얼마나 많으냐였다.[25]

주지하듯이, 스토아주의는 '정념(情念, 욕망)을 소멸시킴으로써 자유를 얻는다' 는 '아파테이아(apatheia)' 를 추구하였다. 그런데 벌린은 '소극적 자유' 란 '아파테이아와는 다른 것' 이라고 해명했다. 소극적 자유란 욕망을 소멸시킴으로써 자유를 얻는 것이 아니라, 욕망을 그대로 긍정한 채 아무런 장애 없이 욕망을 충족시킬 수 있는 상태를 말한다는 것이다.

위의 인용문에서 주목할 것은 '자연적인 생명의 활동' 이라는 말이다. 벌린은 '욕망의 추구' 를 '자연적인 생명의 활동' 으로 규정했거니와, 이는 바로 본능적 욕구의 충족을 뜻하는 것이다. 이렇게 본다면 벌린이 말하는 '소극적 자유' 란 바로 자신이 원하는 대로 본능적 욕구를 충족시킬 수 있는 상태를 뜻함이 분명할 것이다.[26]

이제까지 살핀 것처럼, 벌린의 '소극적 자유와 적극적 자유' 는 '자아의

---

25) 벌린, 『자유론』, 599~600쪽.

26) 벌린은 밀(J. S. Mill)의 "문명사회의 구성원에게 그 자신의 의지에 반하여 권력을 행사할 수 있는 정당한 목적은 오로지 다른 사람을 해치지 못하게 막는 경우뿐이다. (…) 타인이 보기에 그가 그렇게 하는 것이 현명하거나 심지어 옳다는 이유로, 그렇게 하도록 사람에게 강제한다는 것은 결코 옳은 일일 수 없다." 는 주장에 대해, 칼라일(Thomas Carlyle)이 "인간 돼지들을 어떤 식으로든 통제하거나 더 나은 방식으로 살도록 강제하는 것이 마치 죄악이라도 된다는 양 …… 하느님 맙소사!" 라고 격노했다고 소개하였다(『자유론』, 453쪽). 칼라일은 밀이 추구한 '소극적 자유' 를 '돼지들의 자유' 로 규정하고, 비판한 것이다.

이중성' 문제, 즉 인간의 '본능적 욕망과 도덕적 본성' 이라는 인성론적 문제와 표리를 이루는 것이었다. 벌린도 말했듯이, '자유' 를 두 차원으로 나누어 논한 것은 벌린 이전에도 이미 선례가 있었다. 그렇다면 벌린의 공로는 자유를 두 차원으로 구분한 것 자체가 아니라, 이를 '인성론적 맥락' 에서 '자아의 이중성' 문제와 연관을 지어 해명한 점에 있다고 하겠다. 이제 벌린의 자유론에 대해 간단하게 몇 가지 문제를 제기해 보기로 하자.

첫째, 벌린은 소극적 자유는 '남들로부터 간섭을 받지 않음' 을 말하고, 적극적 자유는 '자아실현' 을 말한다고 분류했는데,[27] 이는 재고할 필요가 있다. 벌린은 소극적 자유론은 '다른 사람의 간섭 없이 스스로 할 수 있는 일을 할 수 있도록, 또는 스스로 될 수 있는 존재가 될 수 있도록 방임되어야 할 영역'[28]을 보장하라는 것이라 했다. 그런데 여기서 말하는 '스스로 할 수 있는 일을 함' 또는 '스스로 될 수 있는 존재가 됨' 은 곧 '자아실현' 이 아닌가? 그렇다면 적극적 자유론과 소극적 자유론이 모두 '자아실현' 을 추구한다는 점에서는 같으나, 적극적 자유론은 '높은 자아(본성적 자아)의 실현' 을 꾀하고 소극적 자유론은 '낮은 자아(본능적 자아)의 실현' 으로 만족한다고 설명해야 할 것이다.[29]

둘째, 벌린은 '적극적 자유' 를 비판하고, '소극적 자유' 를 옹호했다. 그 까닭은, 소극적 자유나 적극적 자유가 모두 일정한 폐단을 낳지만, '자유

27) 벌린, 『자유론』, 148쪽.

28) 벌린, 『자유론』, 343쪽.

29) 벌린은 "대다수 정치이론에서 자유는 형이상학적인 경향을 가진 저술가에 의하여, 時空의 한계 안에 국한되어 있는 경험적이고 유한한 개인적 존재인 한 사람 한 사람의 내면에 있는 자아가 아니라, 그보다 광활한 삶의 형식들, 이를테면 전통이나 제도 같은 것들을 통하여 구현되는 진정한 자아의 실현으로 정의되었다." 고도 했다(『자유론』, 128쪽). 이는 '자아실현' 을 두 차원으로 나누어, 소극적 자유론은 '개체적 자아의 실현' 을 추구하고, 적극적 자유론은 '진정한 자아의 실현' 을 추구한다고 설명한 셈이다.

방임(고삐 풀린 경쟁)' 이라는 소극적 자유의 폐단이 '독재(권위주의적 억압)' 라는 적극적 자유의 폐단보다는 낫다는 것이었다.[30] 벌린이 적극적 자유의 옹호자로서 스피노자와 칸트를 언급한 바 있듯이, 벌린이 말하는 '적극적 자유' 는 스피노자가 말하는 '능동성' , 칸트가 말하는 '자율성' 과 궤를 같이하는 것이다. 스피노자나 칸트의 이상은 우리가 '바깥 사물의 지배(유혹)' 를 받지 않고 스스로 자율성을 발휘하는 것이었다. 그런데 벌린은 이러한 이상이 권위주의적 억압을 정당화할 수 있다고 비판하였다. 그러나 벌린의 이러한 비판은 지나친 감이 있다. '바깥 사물의 지배' 조차 거부하는 사람들이 과연 '권위주의적 억압' 을 자유라고 강변하겠는가?[31]

셋째, 소극적 자유가 초래하는 '자유방임' 의 폐단에는 '고삐 풀린 경쟁' 만이 있는 것은 아니다. '멋대로 자유(exousia)' [32] 역시 자유방임의 폐단에 속하는 것이다. '고삐 풀린 경쟁' 은 사회적 약자들의 생존권을 위협하고 인간관계를 황폐화시키는 반면, '멋대로 자유' 는 사회의 질서를 어지럽히고 개인의 내면을 황폐화시킨다. 더군다나 신자유주의가 세계 경제를 지배하는 오늘날, 대부분의 나라들이 권위주의적 독재를 물리치고 민

---

30) 벌린, 『자유론』, 131쪽.

31) 벌린은 독일의 나치즘, 소련의 스탈린주의 등 권위주의적 억압이 횡행하던 시대를 살아 독재에 대해 민감하게 반응한 것이라 한다. 벌린은 자신의 시대에 적극적 자유론의 해악(권위주의의 정당화)이 더 크다고 했지만, 지금의 시대에는 소극적 자유론의 폐단(고삐 풀린 경쟁)이 더 크다고 볼 수도 있다. 벌린의 『자유론』을 번역한 박동천은 "소련 붕괴 이후 목소리를 높이고 있는 '신자유주의' 에 대한 통속적 우려에 대하여 벌린이 액면 그대로 동조하지는 않았을 것이 틀림없다. 그러나 만일 그가 현재의 시점(2006년경)에서 말했다면, 본문에서처럼 경쟁보다는 거창한 명분 아래 행해지는 독재가 더 문제라고 한 마디로 단언하지는 않았을지 모른다." 고 지적한 바 있다(벌린, 『자유론』, 131~132쪽, 譯註).

32) 플라톤은 '자신을 투명하게 만들어주는 요술반지(Gygēs의 반지)' 를 끼고 '마음대로 훔치고 간통하며, 마음대로 죽이거나 살리면서 神처럼 행세하는 것' 을 '멋대로 자유(exousia)라 했다(『국가』, 359c~360d). 이에 대한 자세한 논의는 서병훈, 『자유의 美學』, 210~212쪽 참조.

주화된 오늘날에는 이러한 소극적 자유의 폐단이 더욱 심화되는 것이다.[33] 그렇다면 우리는 '소극적 자유의 한계'에 대해 더욱 경계해야 할 것이다.

요컨대 벌린은 도덕성을 강조하는 적극적 자유론이 자유의 이름으로 강제를 정당화할 수 있다고 우려하고, 소극적 자유론이 적극적 자유론보다 해악이 적다고 주장했지만, 다른 한편으로 우리는 거리낌 없는 욕망의 충족을 옹호하는 소극적 자유론이 '돼지들의 자유' 또는 '멋대로 자유'로 전락할 수 있다는 점에 대해서도 충분히 경계해야 할 것이다.

---

33) 서병훈은 "평등한 세상에서는 數가 힘이 된다. 다수의 이름으로 못할 것이 없다. 그런 면에서 민주적 인간들은 기게스(Gygēs)의 반지를 집단적으로 소유하고 있는 셈이다. 이 힘을 바탕으로 민주적 인간들은 멋대로 자유에 도취한 채 술 취한 인간처럼 살고 있는 것이다."라고 지적한 바 있다(『자유의 美學』, 212쪽).

4. 롤즈의 '합리성과 합당성'

『사회정의론(*A Theory of Justice*)』과 『정치적 자유주의(*Political Liberalism*)』 등으로 잘 알려진 롤즈(John Rawls, 1921~2002)는 현대 자유주의를 대표하는 정치철학자이다.[1] 기존 자유주의의 정의론은 흄 · 스미스 · 벤담 · 밀 등의 공리주의적 전통과 로크 · 루소 · 칸트 등의 계약론적 전통으로 대별되는데, 롤즈는 공리주의와 결별하면서 사회계약론의 전통을 계승하여 새로운 정의론을 제시했다.

공리주의는 '공리(功利 : 쾌락 · 행복)' 를 '선(善, 좋음)' 으로 전제하고, '최대의 공리를 산출하는 것' 을 '정의(正義, 옳음)' 로 규정한다. 즉 공리주의는 공리에 입각하여 정의를 도출함으로써, 정의를 공리에 종속시키는 것이다. 그러나 롤즈는 좋음〔善〕과 옳음〔正義〕을 독립적인 별개의 개념으로 구분하고, 옳음이 좋음에 우선하며, 옳음과 좋음은 상호보완적인 것이라고 본다. 롤즈는 善을 합리성으로 규정하는데(合理性으로서의 善, goodness as rationality), 이는 공리주의의 선관(善觀)과 별 차이가 없다.[2] 롤즈와 공리주

1) 롤즈의 *A Theory of Justice* (Harvard University Press, 1971)와 *Political Liberalism* (Columbia University Press, 1993)은 서로 표리를 이루는 저작이다. *A Theory of Justice*은 황경식에 의해 『사회정의론』(서광사, 1985)으로 번역되었고, *Political Liberalism*는 장동진에 의해 『정치적 자유주의』(동명사, 1998)로 번역되었다. 그런데 서로 표리를 이루는 저작이 서로 다른 학자에 의해 번역됨으로써, 주요 개념들이나 용어들이 서로 다르게 번역되어, 종종 뜻하지 않은 혼란을 초래한다. 이에 本考에서는 두 사람의 번역본을 참고하되 英文本을 기본 텍스트로 삼아, 論者의 입장에서 번역어의 통일을 기하고자 하였다.

2) '자신의 욕구를 합리적으로 만족시킨다' 는 공리주의의 善觀은 롤즈의 '合理性으로서

의의 본질적 차이는 정의관(正義觀)에 있다. 롤즈는 정의(正義)를 합당성(合當性, 公正性)으로 규정하는데(公正으로서의 正義, justice as fairness), 이것이 공리주의의 정의관과 대립하는 것이다.[3] 이처럼 롤즈의 정의론은 '합리성과 합당성' 또는 '좋음과 옳음' 을 두 축으로 삼고 있는데, 이러한 개념들 역시 인간의 '육체적 본능과 도덕적 본성' 이라는 개념과 맞닿아 있는 것이다.

먼저 롤즈가 말하는 '합리성과 합당성' 또는 '좋음과 옳음' 에 대해 살펴보자. 롤즈에 의하면, 선관(善觀) 또는 합리성(合理性)의 개념은 '개인의 사적(私的) 목표' 를 제시하는 것이며, 정의관(正義觀) 또는 합당성(合當性)의 개념은 '사회의 공정한 협력조건' 을 제시하는 것이다. 롤즈에 의하면, 선관의 능력은 '합리적인 인생계획' 으로 표현되고, 정의감의 능력은 '정당성의 원칙들에 입각해서 행위를 하고자 하는 규제적인 욕망' 으로 표현된다.[4]

롤즈는 善을 '애착과 추구의 대상' 을 '합리적으로 추구하는 것' 으로 설명한다. 따라서 '선관의 능력' 이란 '우리들이 가치 있는 인생이라고 느끼는 善의 관념을 형성하고, 수정하고, 추구하는 능력' 이다. 롤즈는 선관은 '궁극적 목표와 목적 그리고 욕망의 결정적 체계' 로 이루어지는 것이 정

의 善觀' 과 다르지 않다.

3) 롤즈에 의하면, 효율성을 추구하는 공리주의의 정의관은 '소수의 권익을 희생시킴' 으로써 공정한 협력조건을 해치고, 결국 사회적 안정성을 해친다는 것이다. 롤즈가 대결한 또 하나의 사상적 전통은 직관주의였다. 즉 롤즈는 가치론적 측면에서는 功利主義와 대결하면서, 방법론적 측면에서는 直觀主義와 대결한 것이다. 롤즈는 '합당한 다원주의라는 사실' 로 인해 직관주의는 더 이상 正義 문제에 대한 해법이 될 수 없다고 보고, '당사자들의 同意(계약)' 라는 '構成主義' 를 채택했다. 그러나 롤즈가 직관을 전적으로 배제한 것은 아니었다. '구성의 재료' 는 직관을 통해서 얻어질 수밖에 없다는 점을 롤즈도 인정했다.

4) Rawls, *A Theory of Justice*, 491쪽.

상적이라고 본다.[5)]

롤즈는 우리들의 '애착과 추구의 대상' 을 설명하면서 '필요(needs)' 와 '욕망(desires)' 을 구분한다. '필요' 는 객관적인 것임에 반하여, '욕망' 은 그렇지 않다는 것이다.[6)] 롤즈는 또한 '시민들이 필요로 하는 것' 을 사회의 '기본적 재화(財貨)' 라 했다.[7)] 롤즈는 다음과 같이 말한다.

> 우리가 어떤 대상이 삶에 대한 합리적 계획을 지닌 어떤 사람이 합리적으로 원하는 성질을 가졌음을 확인했다면, 우리는 '그것이 그에게 좋은 것임' 을 증명한 셈이다. 그리고 만일 어떤 종류의 사물이 일반적으로 인간에 대해 이러한 조건을 만족시킨다면, 그 사물은 '인간에게 좋은 것(human goods)' 이다. 결국 우리는 자유와 기회 및 자존감(自尊感)이 이러한 범주에 속한다고 주장하고자 한다.[8)]

> '기본적 재화(primary goods)' 란 합리적 인간이 그가 다른 그 무엇을 원하든 상관없이 원하리라고 생각되는 것들을 말한다. (…) '기본적인 사회적 재화(primary social goods)' 란 광범하게 말하면 권리와 자유, 기회, 소득과 부(富), 자존감 등이다.[9)]

위의 첫째 인용문은 '애착과 추구의 대상' 으로서의 선(善, 좋은 것, goods)을 설명한 것이다. 롤즈는 '우리가 합리적으로 원하는 성질을 지닌 대상' 이 바로 '좋은 것' 이라 했다. 예컨대 '좋은 시계' 란 우리가 시계에

---

5) Rawls, *Political Liberalism*, 302쪽.
6) Rawls, *Political Liberalism*, 189쪽.
7) Rawls, *Political Liberalism*, 187쪽.
8) Rawls, *A Theory of Justice*, 351쪽.
9) Rawls, *A Theory of Justice*, 79쪽.

대해 합리적으로 원하는 성질을 가진 시계이고, '좋은 의사' 란 환자가 의사에게 합리적으로 원하는 기술과 능력을 갖춘 의사이며, 마찬가지로 '좋은 사람' 이란 질서정연한 사회의 구성원들이 그들의 동료에게 합리적으로 원하는 도덕적 특성들을 지닌 사람이라는 것이다. 이러한 맥락에서 롤즈는 자유와 기회 및 자존감(自尊感)이 '인간에게 좋은 것' 이라 했다.

위의 둘째 인용문에서는 '합리적 인간이 일반적으로 원하는 것' 을 '기본적 재화' 라 하고, 이러한 맥락에서 첫째 인용문에서 말한 '인간에게 좋은 것' 을 '기본적인 사회적 재화' 라고 규정했다.[10] 롤즈의 정의론은 무엇보다도 모든 사람들이 일반적으로 원하는 '기본적 재화' 를 사회의 모든 구성원들에게 공정하게 분배하기 위한 원리와 방식을 논한 것이었다.

이상에서 사람들이 원하는 대상으로서의 '좋은 것〔財貨〕' 에 대해 살펴보았거니와, 롤즈는 좋은 것들을 합리적으로 획득하려는 성향이나 능력을 '합리성(rationality)' 또는 '좋음(goodness)' 이라 했다. 롤즈는 '합리성으로서의 좋음' 이라는 개념에 대해 다음과 같이 설명한다.

> 이 개념은 민주적 사회의 구성원들이 (…) 전 생애에 걸쳐 그들의 선관(善觀)을 추구하기 위해, 그들의 좀 더 중요한 노력들을 계획하고, 마음과 육체, 시간과 에너지 등 다양한 자원을 할당한다는 견지에서, 인생에 대한 합리적인 계획을 적어도 직관적인 방식으로 가지고 있다는 것을 가정한다. 이러한 계획들을 구상할 때, 물론 사람들은 인생의 모든 단계의 미래 상황들에 있어서 자신들의 필요(needs)와 요구(requirement)에 관계되는 합당한 기대들을 고려하는 것

10) 후기의 저작 『정치적 자유주의』에서는 '기본적 財貨(primary goods)' 의 기초 목록을 ① 기본적 권리들과 자유들, ② 다양한 기회들을 배경으로 한 '거주 이전의 자유' 와 '직업 선택의 자유' , ③ 정치적, 경제적 제도 내에서 책임이 있는 직책과 직위의 권한과 특권, ④ 소득과 富, ⑤ 自尊感의 사회적 기반들 등으로 제시한 바 있다(Rawls, *Political Liberalism*, 181쪽).

으로 간주된다.[11)]

위에 보이는 것처럼, 롤즈가 말하는 '합리성' 이란 '인생의 모든 단계를 고려하면서 자신의 필요와 요구를 예측하고, 그것들을 얻기 위해 합리적으로(최선의 방식으로) 노력하는 것' 을 뜻한다. '합리성' 은 무엇보다도 '합리적 인생계획(rational plan of life)' 과 '합리적 선택(rational choice)' 으로 드러난다. 롤즈는 '합리적 인생 계획' 을 실현하기 위한 '합리적 선택의 원칙' 을 세 가지로 제시했다. 첫째는 '효과적인 수단의 원칙' 으로서, 이는 수단을 최소한으로 써서 목적을 최대한으로 달성함을 말한다. 둘째는 '포괄성의 원칙' 으로서, 이는 하나의 목표보다는 두세 개의 목표를 동시에 달성할 수 있도록 꾀함을 말한다. 셋째는 '보다 큰 실현 가능성의 원칙' 으로서, 이는 여러 가지 방식 중에 실현 가능성이 가장 큰 것을 선택함을 말한다.[12)] 여기서 알 수 있듯이, 합리성이란 자신의 인생계획을 세우고 그것을 가장 효과적으로 실현함을 말한다. 이러한 맥락에서 합리성은 본래 '사적(私的) 차원' 에 속하는 것이다.

합리성을 추구하는 선관(善觀)이 '사적(私的)' 인 것이라면, 합당성을 추구하는 정의감(正義感)은 '공적(公的)' 인 것이다. 롤즈는 합당성에는 기본적으로 두 측면이 있다고 하였다. 첫째는 '호혜성' 으로서, 다른 사람들이 그렇게 한다면, 기꺼이 협동의 공정한 조건을 제안하고 준수하려고 하는 것이다. 롤즈는 다음과 같이 말한다.

> '호혜성(reciprocity)' 은 공평성(impartiality)과 상호이익(mutual advantage) 사이에 위치해 있다. '공평성' 은 (일반적 善에 의하여 움직여지는) 이타

11) Rawls, *Political Liberalism*, 177쪽.

12) Rawls, *A Theory of Justice*, 361~362쪽.

적인 것이라 할 수 있으며, '상호이익' 은 누군가의 현재 혹은 예상되는 상황과 관련하여 모두가 이득을 보게 되는 것으로 이해될 수 있다. 합당한 개인은, 말하자면 일반적 善 그 자체에 의하여 움직이지 않는다. 그러나 합당한 개인들은 자유롭고 평등한 이들이 모두가 받아들일 수 있는 그런 조건에서 서로 협력할 수 있는 사회 세계를 열망하고 있다. 그들은 각 개인이 다른 사람들과 같이 이익을 얻을 수 있도록 그 세계 안에서 호혜성이 견지될 것을 주장한다.[13)]

둘째는 '판단의 부담' 을 기꺼이 인식하고, 입헌정체에서 정치권력의 정당한 행사를 지향하는 데 있어서 '공적(公的) 이성(理性)의 사용의 결과' 를 기꺼이 받아들이는 것이다. '판단의 부담' 이란 '합당한 다원주의의 사실' 로 인해 합당한 개인들 사이에 의견의 불일치가 야기됨으로써, 합의된 판단에 도달하기가 어려움을 말한다. '공적 이성의 사용' 이란 시민(市民, 公衆)이 공동선(共同善)이나 정의(正義) 문제에 대해 공개적으로 검토함을 말한다. '공적 이성의 사용 결과' 란 단적으로 '중첩적 합의' 의 내용을 말하는 것으로, 이를 통해 정당한 국가권력이 형성되고, 사회는 안정과 질서를 이룰 수 있다는 것이다. 롤즈는 다음과 같이 말한다.

자유롭고 평등한 시민은 사회의 집합적인 정치적, 강제적 권력에 대해 동등한 지분을 가지고 있고, 모든 사람은 동등하게 판단의 부담(burdens of judgment)에 예속된다. 그렇다면, 어떤 시민이나 시민의 협회가 그 자신이나 협회의 포괄적 교리가 명하는 대로 헌법의 본질이나 정의의 기본적 문제를 결정하기 위하여 국가의 경찰력을 행사할 권리를 가져야만 할 이유가 없게 된다. 이것은 이렇게 표현할 수 있다. 즉, 원초적 입장에서 동등하게 대표될 때, 어떤 시

13) Rawls, *Political Liberalism*, 50쪽.

민의 대표도 다른 사람이나 협회에 그렇게 할 수 있는 정치적 권위를 부여할 수 없다는 것이다. 그러한 권위는 공적 이성(public reason)에서는 근거가 없다. 대신에 제시될 수 있는 형태는 앞의 추론과 부합할 수 있는 관용과 사상의 자유이다.[14)]

요컨대 롤즈가 말하는 합당성은 호혜성에 입각해 기꺼이 협동의 공정한 조건을 제안하고 준수하며, 판단의 부담을 인식하여 겸허하게 공론(公論)에 따르며, 다른 사람의 자유를 존중하고 관용을 베푸는 것이다. 롤즈는 정의감 즉 합당성을 추구하는 것은 이타적인 것도 아니고, 이기적인 것도 아니며, 다만 공정성(公正性)을 추구하는 것이라고 보았다.

롤즈는 합리성과 합당성을 대비함에 있어서, 합리성을 추구하는 선관(善觀)은 각자의 목표를 제시하는 것으로 그것은 다양할수록 좋다고 하였고, 합당성을 추구하는 정의감은 각자의 목표를 추구하는 과정(또는 방법)상의 원칙으로서 그것은 마땅히 합의를 통해 통일되어야 한다고 보았다. 선관이 다양할수록 좋다는 것은, 그것이 각자의 자유 영역에 속한다는 의미요, 또한 그것은 사회적 합의의 대상이 아니라는 뜻이다. '선관의 다양성' 은 각자의 인생계획이 서로 다르다는 것으로서, 롤즈는 선관의 다양성은 개인들 간의 상호보완성을 더욱 풍부하게 해 주기 때문에 그 자체로서 좋은 것이라고 본다. 롤즈는 그러나 정의관(正義觀)에 있어서는 반드시 모든 구성원들의 합의를 통해 '동일한 원칙' 을 도출해야 한다고 강조한다.[15)] 그것은 정의의 원칙이 통일되어야만 사회적 화합과 안정을 기약할 수 있

14) Rawls, *Political Liberalism*, 61~62쪽.

15) Rawls, *A Theory of Justice*, 392~394쪽. 롤즈는 善觀의 다양성을 전제로 '良心의 자유' 와 '寬容' 을 옹호한다. 그러나 양심의 자유와 관용도 '合當性' 이라는 '正義의 원칙' 에 의해 제한됨은 물론이다.

기 때문이다. 롤즈가 필생의 심혈을 기울인 것은 바로 '동일한 정의의 원칙' 을 '어떻게 도출할 것인가' 하는 문제였다.

롤즈는 합리성과 합당성을 전혀 별개의 것으로 보지만, 그러나 양자는 상호보완적인 것이라고 본다. 롤즈는 다음과 같이 말한다.

> 상호보완적 개념으로서, 합당성과 합리성은 어느 쪽도 상대편 없이 홀로 존재할 수 없다. 단순히 합당하기만 한 행위자는 공정한 협력에 의하여 추진하고자 하는 자신만의 목적을 가지지 못할 것이다. 또, 단순히 합리적이기만 한 행위자는 정의감을 결여하고 있고, 타인의 주장의 독립적 타당성을 인정하지 못할 것이다.[16]

> 합당성과 합리성의 보다 기본적인 차이점은 합당성은 공적(公的)이고 합리성은 그렇지 않다는 것이다. 이것은 다음을 의미한다. 우리가 평등한 존재로서 다른 사람과의 공적인 세계에 들어가고 그들과의 협력의 공정한 조건을 기꺼이 제시하고 받아들이게 된다는 것은 바로 합당성에 의하여 이루어진다. 원칙으로 제시된 이러한 조건들은 우리가 상호 간에 우리의 사회적 관계의 기초로서 공유하고 공적으로 인정하는 근거들을 구체화한다. 우리가 합당한 한에 있어서, 우리는 공적인 사회 세계를 위한 틀을 고안해 내게 될 것이다. 즉, 다른 사람도 똑같이 할 것이라는 믿음을 전제로 해서, 모든 사람들이 인정하고 그에 따라 행동할 것이라고 기대하는 것이 합당한 그런 틀을 기꺼이 만들어낼 것이다. 만약 우리가 다른 사람들을 믿을 수 없다면, 그런 원칙에 따라 행동하는 것은 비합리적이거나 자기희생적이 될 것이다.[17]

---

16) Rawls, *Political Liberalism*, 52쪽.

17) Rawls, *Political Liberalism*, 53~54쪽.

롤즈에 의하면, 합리성은 자신만의 고유한 목적을 추구하는 것이요, 합당성은 타인과의 공정한 협력조건 즉 정의의 원칙을 제시하고 수용하는 것이다. 합리성이 결여되면 자신만의 고유한 인생 목표를 실현할 수 없고, 합당성이 결여되면 구성원 상호 간의 신뢰나 협력을 보장할 수 없기 때문에, 양자는 상호보완적인 것이다. 그러므로 합리성과 합당성은 반드시 결합하여야 하는데, 그 결합은 합당성이 합리성에 우선하는 결합이어야 한다('좋음'에 대한 '옳음'의 우선성). 롤즈는 이것을 '인격의 통일성'이라 하였다.[18] '인격의 통일성'은 개인으로 하여금 결국 '한정적(限定的) 선관(善觀)'을 지니게 하는데, 그것은 합당성(정의의 원칙)이 허용하는 범위 안에서 자신의 목표〔善〕를 추구하는 것이다.[19]

이상에서 롤즈의 '합리성과 합당성' 또는 '좋음과 옳음'이라는 개념을 살펴보았다. 그런데 롤즈의 이러한 개념들 역시 인간의 '이기적 본능과 도덕적 본성'에서 도출되는 개념체계였다.[20] 이제 이 문제를 살펴보기로 하자.

롤즈가 '선관(善觀)'을 '궁극적 목적의 체계'요 동시에 '욕망의 체계'[21] 라고 한 데서 알 수 있듯이, 롤즈가 말하는 합리성은 본래 인간의 이기적 욕망과 궤를 같이하는 것이다. 또한 롤즈는 '합리성' 또는 '좋음'을 '자신

---

18) Rawls, *A Theory of Justice*, 491~492쪽. "인격의 통일성은 그의 인생 계획이 갖는 整合性에 나타나게 되는데, 그러한 통일성은 그의 정당성과 정의감에 일관되게 합리적 선택원칙에 따르고자 하는 보다 고차적인 욕구에 기초를 둔 것이다."

19) Rawls, *Political Liberalism*, 19쪽 및 314쪽.

20) 앞에서 칸트의 '가언명령'은 '이기적 본능'과 궤를 같이하고, '정언명령'은 '도덕적 본성'과 궤를 같이하는 개념임을 살핀 바 있다. 그런데 롤즈는 자신이 말하는 '합당성과 합리성'은 칸트의 '정언명령과 가언명령'으로 소급될 수 있다고 언급한 바 있다(Rawls, *Political Liberalism*, 48~49쪽). 그렇다면 롤즈의 '합리성과 합당성' 역시 인간의 '이기적 본능과 도덕적 본성'에 상응하는 개념임을 유추할 수 있겠다.

21) Rawls, *Political Liberalism*, 302쪽.

만의 고유한 목적을 추구하는 것' 이라 했거니와, 여기에는 '자기의 이익을 증진하기 위해 최선을 다한다' 는 뜻이 포함되어 있다. 롤즈는 '원초적 입장(original position)' 에 있는 사람들은 "기본적인 사회적 재화(財貨)를 적게 차지하기보다는 많이 차지하기를 원할 것" 이라고 전제했다. 이는 사람은 누구나 '보다 큰 몫' 을 원한다는 뜻이다. 구체적으로 말하면, "일반적으로 사람들은 자신의 자유를 지키고, 자신의 기회를 넓히고, 무엇이든 그들의 목적을 실현해줄 수단을 확대하기 위해 노력하게 된다." 는 것인바, 롤즈는 이를 '합리적' 이라 했다.[22] 이렇게 본다면, 롤즈의 '합리성' 이란 바로 인간의 '이기적 본능' 에서 도출되는 것임이 분명할 것이다. 그런데 롤즈는 다음과 같이 말하고 있다.

> 합리적 행위자는 오직 자기 이익만 추구하는 그런 존재가 아니다. 즉, 그들의 이익은 항상 그들 자신에게만 이익인 것은 아니다. 모든 이익은 행위자 자신의 이익이지만, 그러나 모든 이익이 행위자 자신에게만 이익인 것은 아니다. 사실상 합리적 행위자는 모든 사람들에 대한 애정을 갖고 있으며 동시에 자연과 국가에 대한 사랑을 포함한 공동체에 대한 애착도 있다. 그리고 그들은 다양한 방식으로 자신들의 목적을 선택하고 그 순서를 정할 수 있다.[23]

위의 인용문에서는 합리적 행위자가 오직 자기 이익만 추구하는 것은 아니라고 했다. 합리적 행위자는 국가나 공동체에 대한 애착도 지닌다는 것이다. 그러나 이는 결코 공정성(정의)에 속하는 것이 아니요,[24] 다만 자아

22) Rawls, *A Theory of Justice*, 123쪽.

23) Rawls, *Political Liberalism*, 51쪽.

24) 롤즈의 "단순히 합리적이기만 한 행위자는 정의감을 결여하고 있다." 는 말을 상기해 보라.

의 범위가 확대된 것일 뿐이다. 다시 말해, 합리적 행위자가 자아의 범위를 '자기 자신' 으로부터 '자기 가족, 자기가 속한 공동체, 자기가 속한 국가' 로 확대한다면, 이기적 차원에서 자기 가족의 이익을 추구할 수도 있고, 애국심을 발휘할 수도 있는 것이다.

이제 '합당성' 또는 '옳음' 의 경우를 살펴보자. 롤즈는 "적어도 어느 정도까지는 우리가 정의로운 제도 아래서 살아가고 그로부터 이득을 얻을 경우 정의롭게 행위를 하려는 욕구를 습득하게 되는 것이 인간의 본성" 이라는 '대부분의 전통적 이론' 을 수용했다.[25] 요컨대 롤즈는 정의감을 '인간 본성의 소산' 으로 규정한 것이다. 롤즈는 이를 보다 분명히 하기 위하여 '도덕심리학의 세 가지 법칙' 을 다음과 같이 제시하였다.

제1원칙 : 가족 제도가 자녀의 선(善, 좋음)을 돌봄으로써 부모의 사랑을 표현할 경우, 자녀는 자신에 대한 부모의 명백한 사랑을 인식하고 부모를 사랑하게 된다.

제2원칙 : 제1원칙에 따른 애착심으로 인해 어떤 사람의 동료감(fellow feeling) 능력이 개발되고, 사회 체제가 정의로우며 그 정의로움이 모든 사람에게 공식적으로 알려질 경우, 그리고 공동체 내의 타인들이 명백한 의사로써 그들의 의무와 책무를 수행하고 그들의 지위에 알맞은 이상(理想)에 따라 살 때, 그 사람은 그들에 대한 우호와 신뢰의 유대감을 나타내게 된다.

제3원칙 : 앞의 두 원칙에 따른 애착심으로 인해 어떤 사람의 동료감 능력이 개발되고, 사회 제도가 정의로우며 그 정의로움이 모든 사람에게 공식적으로 알려질 경우, 그리고 자신과 자기가 돌보는 사람이 그 체제의 수혜자임을 알게 될 경우, 그 사람은 그에 상응하는 정의감을 갖게 된다.[26]

---

25) Rawls, *A Theory of Justice*, 399쪽.

26) Rawls, *A Theory of Justice*, 429~430쪽.

위의 '도덕심리학의 세 가지 법칙' 은 두 맥락에서 이해할 수 있다. 첫째는 '부모-자식 간의 사랑' 이 일반적인 인간관계에서 '동료감' 으로 발전하고, 동료감이 '정의감' 으로 발전한다는 '연속성' 의 맥락이다.[27] 둘째는 "그들이 우리가 잘 되기를 바란다는 것을 우리가 인정하는 까닭에, 그에 대한 보답으로 우리도 그들의 안녕을 바라게 된다."[28]는 '호혜성' 의 맥락이다. 여기서 우리의 관심을 끄는 것은 '호혜성' 이다. 롤즈는 이에 대해 다음과 같이 말한다.

> 근본적인 관념은 호혜성(reciprocity), 즉 같은 것으로 응답하려는 성향이다. 이러한 성향은 중요한 심리학적 사실이다. 이것이 없었다면, 우리의 본성(本性)은 서로 아주 달랐을 것이며, 유익한 사회적 협동이 불가능하지는 않았을지라도 깨어지기 쉬웠을 것이다. (…) 만일 우리가 사랑을 미움으로 답하든가, 우리에게 공정하게 행위를 하는 자를 미워하거나, 혹은 우리의 善을 증진하는 행동을 싫어하게 될 경우, 공동체는 곧 해체되고 말 것이다. 유별난 심리를 가진 존재는 결코 존재할 수 없거나 혹은 진화의 과정에서 곧 소멸하게 마련이다. 같은 방식으로 응답함으로써 형성된 정의감(正義感)의 능력은 인간의 사회성의 조건으로 나타날 것이다.[29]

롤즈는 '도덕심리학의 세 가지 법칙' 에서 근본이 되는 관념은 '호혜성' 이라고 설명했다. 롤즈는 "이것이 없었다면, 우리의 본성은 서로 아주 달

---

27) 롤즈의 이러한 주장은 孟子의 "나의 부모를 공경하고 그 마음을 미루어 남의 부모를 공경하는 데 이르며, 나의 어린아이를 사랑하고 그 마음을 미루어 남의 어린아이를 사랑하는 데 이른다면, 天下를 손바닥 위에서 다스릴 수 있을 것이다(『孟子』 梁惠王上 7 : 老吾老以及人之老 幼吾幼以及人之幼 天下可運於掌)." 라는 말을 떠올리게 한다.

28) Rawls, *A Theory of Justice*, 433쪽.

29) Rawls, *A Theory of Justice*, 433쪽.

랐을 것"이라 했는데, 이는 호혜성이 인간의 보편적 본성에 속한다는 뜻이다. 요컨대 롤즈는 호혜성을 인간의 보편적 본성으로 규정하고, 호혜성으로부터 정의감이 형성된다고 보았다.

위의 인용문에서 또 하나 주목할 것은 '정의감'을 '사회적 협동의 가능 근거' 또는 '인간의 사회성의 조건'으로 설명한 점이다. 더 나아가 롤즈는 "정의감이 없는 자는 '인간다움(humanity)'이라는 개념 아래에 포섭되는 어떤 기본적인 태도와 능력을 갖추지 못하고 있다."[30]고 하여, 정의감을 '인간다움의 근거'로 설명하기도 했다. 요컨대 정의감(합당성)은 인간의 본성에서 우러나는 것으로서, 인간을 인간답게 만들고, 인간의 사회생활을 가능하게 한다는 것이다.

이제까지 살핀 것처럼, 롤즈의 '합리성'은 인간의 '이기적 본능'과 상응하는 개념이고, '합당성'은 인간의 '도덕적 본성'과 상응하는 개념이다. 롤즈는 합리성과 합당성을 '상호보완적인 것'으로 규정하여 '양자는 반드시 서로 결합되어야 한다'고 주장하면서도, 그 결합은 '합당성이 합리성에 우선하는 결합'이어야 한다고 주장했다. 롤즈는 이를 '좋음에 대한 옳음의 우선성'이라고도 했고, '옳음에 의해 제한된 좋음(限定的 善觀)'이라고도 했다. 롤즈의 주장은 요컨대 '도덕적 본성의 지도 아래 본능적 욕망을 충족하라'는 가르침이었다. 이러한 가르침은 사실 동서고금 수많은 도덕철학자들의 가르침과 궤를 같이하는 것으로서, 특별한 것이 아니다. 그렇다면 롤즈 도덕철학의 특별한 의의는 무엇일까?

롤즈가 '합당성과 합리성'을 구분하고, 합당성이 합리성에 우선한다는 관점에서 '한정적 선관(善觀)'을 옹호한 것에 대해, 일반적으로 '기존의 공리주의(功利主義)를 비판하고, 극복하고자 한 것'이라고 평가한다. 롤즈의

30) Rawls, *A Theory of Justice*, 428쪽.

공리주의에 대한 비판의 핵심은 '합당성(옳음)이 합리성(좋음)에 우선한다'는 한마디에 응축되어 있지만, 롤즈는 보다 심원한 관점에서 공리주의를 비판했다. 홉스의 경우에서 이미 확인되었듯이, 공리주의자들의 인간관은 대개 '이기적 본능(욕망, 정념)'과 '타산적 이성'만을 주목하고 '도덕적 본성'의 존재를 외면하는 것이었다. 그 결과 공리주의자들은 도덕을 '타산의 체계' 또는 '상벌의 체계'로만 인식하고, '인간의 인간다움'에 대해서는 제대로 성찰할 수 없게 된다.[31)]

롤즈는 '도덕감(道德感)의 형성'에 관한 전통적 설명을 둘로 대별하여 설명한 바 있다. 하나는 흄에서 시즈위크(Sidgwick)에 이르는 공리주의자들이 견지한 경험론적 입장이며, 다른 하나는 루소와 칸트 등이 견지한 합리론의 입장이다. 롤즈는 공리주의자들의 경험론적 입장을 다음과 같이 설명한다.

> (공리주의적 입장의) 최신 형태는 '사회적 학습 이론(social learning theory)'으로 대표된다. 그 핵심 주장 가운데 하나는, 도덕교육의 목적은 결핍된 동기(옳은 것은 그 자체를 위해서 행하려는 욕구와 그른 것은 행하지 않으려는 욕구)를 부여함에 있다는 것이다. 옳은 행위는 (공리의 원칙에 의해 규정된 것처럼) 일반적으로 타인과 사회에 이로운 행위인데, 흔히 우리는 그런 행위에 대한 효과적인 동기를 결여하고 있다. 반면에 그른 행위는 일반적으로 타인과 사회에 해로운 행위인데, 흔히 우리는 그런 행위에 대해서는 충분한 동기를 지니고 있다. 사회는 어떻게든 이러한 결함을 보완해야만 한다. 이것은 부모나 권위 있는 타인들의 시인(是認)과 비난(非難)에 의해 이루어진다. 그들은 필요에 따라 애정을 주거나 뺏는 것부터 쾌락과 고통을 가함에 이르기까지 보상과 형벌을

31) 그 대표적인 예는 벤담(Jeremy Bentham)의 『도덕과 입법의 원리 서설(*An Introduction to the Principles of Morals and Legislation*)』일 것이다.

이용할 수 있다. 결국 여러 심리적인 과정을 거쳐, 우리는 옳은 행위에 대한 욕구와 그른 행위에 대한 혐오를 습득하게 된다.[32)]

인간에게 '옳은 행위의 동기는 결여되어 있고, 그른 행위의 동기는 충분하다'는 사회적 학습이론의 전제는 인간의 이기적 본능만 주목하고 도덕적 본성은 외면한 것이다. 이러한 맥락에서 공리주의자들은 대개 인간에게는 '도덕적 동기'가 결핍되어 있다고 전제하고, 시인과 비난, 상과 벌 등을 통해 '옳은 것에 대한 욕구와 그른 것에 대한 혐오'를 습득하도록 교육해야 한다고 본 것이다.[33)] 한편, 롤즈는 루소와 칸트 및 근래의 피아제(Piaget) 등으로 대표되는 합리론적 입장을 다음과 같이 설명한다.

(이들에 의하면) 도덕적 학습이란 결핍된 동기를 부여하는 것이기보다는 본래 타고난 지적, 정서적 능력을 그 자연적 성향에 따라 자유로이 발전시키는 문제이다. 일단 이해의 능력이 성숙하고, 자신의 사회적 지위를 인식하며, 타인들의 관점을 취할 수 있게 되면, 사람들은 사회적 협동의 공정한 관계를 확립하는 것이 서로의 이익이 된다는 것을 이해하게 된다. 우리는 타인들에 대한 자연적인 동정심을 갖고 있으며, 동료 감정과 자제심이 주는 즐거움을 받아들일 만한 본래적인 능력을 갖고 있는데, 일단 우리가 적절하게 일반적인 관점으로부터 우리의 동료들에 대한 우리의 관계를 명백히 파악하게 될 경우, 그러한 것들이 도덕감에 대한 정의적(情意的) 기초를 제공하게 된다. 그래서 합리주의 전통에

32) Rawls, *A Theory of Justice*, 401쪽.

33) 그러나 공리주의자들의 이러한 주장 자체가 사실은 語不成說이다. 만약 우리에게 본래 도덕적 동기가 결핍되어 있다면, 우리는 어떻게 '이러한 결함을 보완해야만 한다'는 생각을 하게 되는 것인가? 이러한 생각을 하게 된다는 것 자체, 즉 상과 벌 등을 통해 '옳은 것에 대한 욕구와 그른 것에 대한 혐오'를 습득하도록 교육해야 한다고 보는 것 자체가 이미 인간에게는 '도덕적 본성'이 내재한다는 증거가 되는 것이다.

서는 도덕감을 우리의 사회적 본성의 완전한 이해력이 자연스럽게 성숙한 것으로 간주한다.[34)]

요컨대 합리론자들은 인간은 본래 '도덕적(사회적) 본성' 을 지니고 태어났다고 보고, 따라서 도덕교육의 본질은 '결핍된 동기' 를 부여하는 것이 아니라 '선천적 본성' 을 계발하는 것이라고 본다는 것이다. 이처럼 경험론(공리주의)과 합리론의 입장을 대비한 다음, 롤즈는 "합리주의의 전통은 보다 합당한 설명을 제시하고 있다. 왜냐하면 그것은 정당성과 정의의 원칙들은 우리의 본성(本性)에서 생겨나며 우리의 善과 어긋나지 않는다고 주장하는 반면, 다른 해명 방식에서는 그렇게 보장하지 않을 것으로 생각되기 때문이다."[35)]라고 설명했다. 롤즈의 이러한 분석은 다음과 같은 중요한 점들을 시사한다.

첫째, 스피노자나 프롬이 말한 '능동성과 수동성' 의 맥락이다. '상과 벌이 인간을 도덕적으로 만든다' 는 공리주의자들의 관점은 결국 도덕적 행위를 수동적 행위로 규정하는 것이다. 둘째, 칸트가 말한 '정언명령과 가언명령' 의 맥락이다. '칭찬이나 보상을 받기 위해 도덕적으로 행위한다' 는 공리주의자들의 관점은 결국 도덕적 행위를 가언명령에 따른 행위로 인식하는 것이다. 반면에, 도덕을 '인간 본성의 자연스러운 발현' 으로 규정하면, 도덕을 '능동적 행위' 로 규정할 수 있고, 또한 도덕을 '인간다움의 근거' 로 인식할 수 있게 된다. 이러한 점에서 '도덕적 본성의 실재성' 을 옹호한 롤즈의 기여는 높이 평가되어야 할 것이다.

34) Rawls, *A Theory of Justice*, 402~403쪽.

35) Rawls, *A Theory of Justice*, 403쪽.

제2장

정치의 두 기반과 두 양상

5. 플라톤의 '군주정과 민주정'

'군주정(君主政)과 민주정(民主政)'은 각각 전통시대의 정체와 오늘날의 정체를 대표하는 개념으로서, 정체에 대한 논의에서 가장 흔히 거론되는 개념쌍이다. 그런데 '군주정과 민주정'을 여러 다양한 정체들의 모태(母胎)로 규정한 인물은 바로 플라톤이다. 플라톤은 이상적으로는 '철인왕의 통치' 즉 군주정을 제안했지만, 현실적으로는 군주정과 민주정을 혼합(混合, 止揚)한 정체를 추구했다.

플라톤(소크라테스)[1]은 대화편 『국가(Politeia, 政體)』에서 "나라의 형태들에 다섯 가지가 있다면, 개인들의 혼(魂)의 상태들에도 다섯 가지가 있을 것"[2]이라 하였다. 최선자(最善者) 정체, 명예지상(名譽至上) 정체, 과두(寡頭) 정체, 민주(民主) 정체, 참주(僭主) 정체 등 각각의 정체에는 그에 상응하는 인간형들이 있다는 것이다. 이처럼 플라톤은 '정체'와 그 '구성원들의 사람됨'은 밀접한 관계가 있다고 보았거니와,[3] 플라톤의 이러한 생각의 저변에는 바로 '도덕적 본성과 이기적 본능'의 문제가 놓여 있었다. 이제 '플라톤의 정체에 대한 논의' 및 그것들이 '플라톤의 인간관'과 어떠한 관련이 있는지 살펴보기로 하자.

---

1) 관례에 따라, 本考에서도 소크라테스와 플라톤을 구분하지 않고 '소크라테스의 말'을 '플라톤의 사상'으로 간주할 것이다.

2) 플라톤, 『국가』(박종현 역주, 서광사, 1997), 544e.

3) 플라톤은 대화편 『국가(Politeia, 政體)』, 『정치가(Politikos)』, 『법률(Nomoi)』 등에서 政體에 대한 논의를 전개했다. 그런데 주목할 것은, 플라톤은 政體를 논하면서 항상 그와 상응하는 인간상을 제시했다는 점이다.

주지하듯이, 플라톤은 한 국가의 계급을 '통치계급, 군인계급, 생산계급'으로 나누어 보았다. 플라톤의 다양한 정체에 대한 논의는 결국 이 세 계급 사이의 역학관계 또는 권력투쟁에 관한 논의이기도 했다. 그런데 플라톤은 국가의 이 세 계급은 영혼의 세 부분 즉 '이성, 기개, 욕구'와 상응하는 것이라고 보았다. 이러한 맥락에서, 먼저 그의 영혼에 관한 설명을 살펴보기로 하자.

플라톤에 의하면, 인간의 영혼은 크게 세 부분으로 이루어져 있다. 첫째는 '배움을 좋아하는 부분' 또는 '헤아리는 부분'으로서, 이를 '이성'이라 부른다. 둘째는 '발끈하기를 좋아하는 부분'으로서, 이를 '기개(氣槪, 격정 · 분노)'라 부른다. 셋째는 '식색(食色) 및 이와 관련된 쾌락을 좋아하는 부분'으로서, 이를 '욕구(욕망)'라 부른다.[4] 플라톤은 이 세 부분의 특징과 역할을 다음과 같이 설명한다.

첫째, 이성은 '지혜로우며 혼(魂) 전체를 위한 선견지명(先見之明)을 지니고 있는 헤아리는 부분'으로서, "그 나름으로 이들 세 부분의 각각을 위해서 뿐만 아니라 이들 셋으로 이루어진 공동체 전체를 위해서 유익한 것에 대한 지식을 그 자신 속에 지니고 있다"는 것이다. 따라서 이성은 다른 두 부분을 다스리는 '지배자'의 역할을 하게 되는바, 이성의 미덕은 '지혜'이다.

둘째, 기개는 '욕구와는 별개의 것으로서, 때로는 욕구들에 대항해서 다투는 역할'을 한다. 다시 말해, 기개는 이성을 위해 무장(武裝)을 하고, 이성을 보조하는 역할을 하는 것이다. 기개가 고통이나 쾌락에 굴복하지 않고 이성의 지시에 따라 용감하게 다투면 '용기가 있는 사람'이 된다.

셋째, 욕구는 영혼의 대부분을 이루는 부분으로서, 그 성향상 도무지 재

4) 플라톤, 『국가』, 435c~436b.

물에 대해 만족할 줄을 모른다. "이 부분이 이른바 육체적인 쾌락들로 그득하고 강대해진 나머지 제 할 일은 하지 않고, 이 부류로서는 어울리지도 않게 오히려 그 두 부분을 자기에게 종속시키어 지배하려 든다." 그러므로 욕구가 모두의 삶 전체를 뒤집어엎게 되는 일이 없도록, 이성과 기개가 욕구를 감시해야 하는바, 욕구가 이들의 감시와 지배를 받아들이면 '절제 있는 사람'이 된다.[5)]

위의 설명에서 이미 윤곽이 드러났거니와, 플라톤에 의하면, 이성은 기개와 욕구를 통제하는 역할을 해야 하고, 기개는 이성의 명령에 따라 이성이 욕구를 다스리는 것을 보조해야 하며, 욕구는 이성이나 기개의 통제를 받아들여야만 한다. 플라톤은 이러한 맥락에서 '이성, 기개, 욕구' 사이의 바람직한 관계를 다음과 같이 설명한다.

> 이(利)를 탐하는 부분 및 이기기를 좋아하는 부분과 관련해서도 많은 욕구가 있는데, 이것들이 지식과 이성적 추론을 따르고 이들 둘과 함께 즐거움을 추구하게 될 때는, 분별 있는 부분이 인도하는 즐거움들만을 취하거니와, 그것들이 취하게 되는 즐거움들은, 그것들이 진실한 것들로 취할 수 있는 한에 있어서, 가장 진실한 것들이며, (…) 따라서 혼 전체가 지혜를 사랑하는 부분을 따르고 반목을 하지 않는다면, 혼의 각 부분이 다른 모든 면에서도 자기 일들을 할 수 있으며 올바를 수 있고, 특히 각각이 자기의 즐거움들을, 최선의 그리고 가능한 한의 가장 참된 즐거움들을 누릴 수 있을 걸세.[6)]

위의 인용문에서, '이(利)를 탐하는 부분'은 '욕구'를 뜻하고, '이기기를 좋아하는 부분'은 '기개'를 뜻하며, '지혜를 사랑하는 부분'은 '이성'

5) 플라톤, 『국가』, 440a~442d.
6) 플라톤, 『국가』, 586d~e.

을 뜻한다. 요컨대 욕구와 기개가 이성의 지도에 따르면, 각자의 본분(本分)을 완수할 수 있게 되어, 욕구에도 알맞고 기개에도 알맞으며 이성에도 알맞은 '가장 참된 즐거움' 을 누릴 수 있다는 것이다.

플라톤의 철학에서 '영혼의 세 부분' 은 '국가의 세 계급' 에 상응하는 바, 통치계급은 이성에 해당하는 부류로서 지혜(사려분별)를 발휘해야 하고, 군인계급은 기개에 해당하는 부류로서 용기를 발휘해야 하며, 생산계급은 욕망에 해당하는 부류로서 통치계급의 통제에 순응하여 절제를 발휘해야 한다는 것이 플라톤의 기본적인 생각이었다. 이와 관련하여 함께 살펴볼 것은 플라톤의 이른바 '개국신화(開國神話)' 이다. 플라톤은 자신이 구상하는 이상국가(kallipolis)에 긴요한 개국신화로서, 다음과 같은 이야기를 지어냈다.

이 나라에 있는 여러분은 실은 모두가 형제들입니다. 그러나 神은 여러분을 만들면서, 여러분 중에서도 능히 다스릴 수 있는 이들에겐 탄생 시에 황금(黃金)을 섞었는데, 이들이 가장 존경받는 것은 이 때문입니다. 반면에 보조자들에겐 은(銀)을 섞었습니다. 하지만 농부들이나 다른 장인들에게는 쇠와 청동(구리)을 섞었습니다. 따라서 여러분은 모두가 동족이기에, 대개는 여러분 자신들을 닮은 자손들을 낳지만, 때로는 황금의 자손에서 은의 자손이, 그리고 은의 자손에서는 황금의 자손이, 그리고 그 밖의 모든 자손이 이처럼 서로의 자손에서 탄생하는 때가 있습니다. 그러므로 통치자들에게 神은 무엇보다도 첫째로 지시하기를, 통치자들은 그들의 자손들의 혼(魂)에 그것들 중의 무슨 성분이 혼합되어 있는지부터 지켜보는 것에 있어서 훌륭한 수호자가 될 것이며, 또한 무엇보다도 이를 예의주시하도록 하라고 했습니다. 그래서 만약 그들의 자손이 청동 성분이나 쇠 성분이 혼합된 상태로 태어나면, 어떤 식으로든 결코 동정하지 말고, 그 성향에 적합한 지위를 주어서 장인들이나 농부들 사이로 밀어 넣을 것이로되, 반대로 이들 중에서 누군가가 황금이나 은의 성분이 혼합된 상태로 태어난다면, 그런 사람을 예우하여, 수호의 지위나 보조의 지위로 상승시킬 것입니다. 이는 쇠나 청동의 성분을 지닌 수호자가 나라를 지키게 될 경우에는, 나라가 멸망하리라는 신탁(神託)의 말씀이 있기 때문입니다.[7]

위의 인용문에서 말하는 '황금'은 '이성'을 뜻하고, '은'은 '기개'를, '쇠와 청동'은 '욕망'을 뜻한다. 위 인용문의 함의는 다음과 같이 정리할 수 있다. 첫째, 통치계급, 보조계급(군인계급), 생산계급(농부와 匠人)은 서로 영혼의 성분이 다르다. 통치계급의 영혼에는 황금이 섞여 있고, 보조계급의 영혼에는 은이 섞여 있으며, 생산계급의 영혼에는 쇠나 구리가 섞여 있다. 이처럼 각 계급은 서로 영혼의 성분이 다른 바, 따라서 각자는 자신의 영혼에 알맞은 직책에 종사해야 한다는 것이다. 둘째, 후손이 태어날 때, 그의 영혼을 정확히 감별하여, 그에 알맞은 지위(계급, 직책)를 부여해야 한다. 자손에게 신분을 무조건 세습시키지 말고, 각자의 영혼의 성분을 잘 감별하여 그에 합당한 신분을 부여하라는 것이다. 셋째, 영혼을 감별하는 일을 소홀히 하여 적합하지 못한 통치자가 등장하면 나라가 멸망한다. 요컨대 황금 영혼을 지닌 사람만이 통치자에 적합하며, 은의 영혼이나 쇠 또는 구리 영혼을 지닌 사람이 통치자가 된다면 결국 나라가 망한다는 것이다.

황금 영혼을 지닌 사람만이 통치자가 되어야 한다는 것, 은의 영혼이나 쇠 또는 구리 영혼을 지닌 사람은 통치자로서 부적합하다는 것이 플라톤의 지론이었다. 플라톤은 "정체의 형태가 다섯이고, 혼(魂)의 유형도 다섯"[8]이라 했거니와, 그가 거론하는 다양한 정체들은 결국 황금 영혼을 지닌 사람이 통치하는 '바람직한 정체'와 은의 영혼이나 쇠 또는 구리 영혼

7) 플라톤, 『국가』, 415a~c.

8) 플라톤, 『국가』, 445d.

을 지닌 사람들이 통치하는 '바람직하지 못한 정체들' 을 구분하여 논의한 것이었다. 이제 『국가』에서의 정체에 대한 논의를 살펴보자. 『국가』에서는 정체를 다섯 가지로 구분했다.

첫째는 '특출한 사람이 다스리는 정체' 로서, 특출한 한 사람이 다스릴 경우에는 '왕도(王道) 정체(basileia)' 라 하고, 특출한 여러 사람들이 다스릴 경우에는 '최선자(最善者)들의 정체(aristokratia)' 라 한다.[9] 플라톤은 통치자로서 적합한 '특출한 사람' 은 누구보다도 철학자라고 보았거니와, 플라톤은 철인왕(哲人王)이 다스리는 나라의 특징으로 "여자들이 공동의 것이어야 하며, 아이들과 일체 교육이 공동의 것이어야 하고, 전시와 평화시의 활동도 마찬가지로 공동의 것이어야 한다."[10]는 점을 들었다.[11]

둘째는 최선자 정체가 쇠퇴하면서 등장하는 '명예지상(名譽至上) 정체' 또는 '명예지배(名譽支配) 정체' 로서, 이 정체에서는 '이성적인 것' 보다도 '격정적인 것' 이 우세한 탓으로 승리와 명예에 대한 사랑이 지배하며, 축재(蓄財)에 대한 욕구도 적지 않다. 플라톤은 이 정체가 등장하는 과정과 특

---

9) 플라톤, 『국가』, 445d.

10) 플라톤, 『국가』, 543a. 이러한 '共有' 는 통치계급(수호자들)에게만 해당하는 것이다. 플라톤은 "이들에겐 사유의 주택도, 토지도, 소유물도 있어서는 아니 된다." 고 하였다. 플라톤은 통치계급은 "몸을 제외하고는 아무것도 私有하는 것이 없고, 다른 것들을 다 共有하는 까닭에" 이들한테서는 소송이나 폭행 등이 거의 사라질 것이라 하고, 따라서 共有는 '이 나라에 있어서의 最大善의 원인' 이라고 설명했다(『국가』, 464b~e).

11) 플라톤의 왕도정치는 '법률〔法條文〕이 아니라 智慧로 다스리는 정치' 이다. 플라톤은 법조문은 현실에서 벌어지는 각종 상황을 모두 충분히 반영할 수 없다는 맥락에서 善意의 통치자의 재량권을 강조한 것이다(『정치가』, 292c~295b 참조). 반면에 孟子의 왕도정치는 '법률(형벌)이 아니라 惻隱之心으로 다스리는 정치' 이다. 맹자는 왕도정치를 '仁政' 이라 하고, 仁政의 핵심요소를 '형벌을 줄이고 세금을 가볍게 함' 으로 설명한 바 있다. 맹자는 당시의 폭군들이 무서운 형벌과 무거운 세금으로 백성들을 학대하는 것을 목도하고, 측은지심을 발휘하는 정치를 강조한 것이다(『孟子』 梁惠王上 5 참조).

징을 다음과 같이 설명한다.

일단 내분이 생기게 되면, 통치자들 중에서 철과 청동의 성분을 갖는 두 부류는 〔政體를〕 각기 돈벌이와 토지, 가옥, 금은의 소유 쪽으로 끌어당기나, 이와는 달리 황금 및 은의 성분을 갖는 두 부류는 본성상 가난하지 않고 정신적으로 부유해서, 〔사람의〕 '훌륭함(덕)' 과 옛날의 체제 쪽으로 이끄네. 그러나 이들은 서로 격렬하게 다투며 항거하다가는, 중간선에서 합의를 보게 되네. 그래서 그들은 땅과 집들을 분배하여 사유화(私有化)하는 한편으로, 이전에는 자유로운 친구들로서 그리고 그들의 생계를 돌보아 주던 사람들로서 그들의 수호를 받아오던 사람들을 노예들로 만들어, 예속인들로 그리고 가노(家奴)들로 갖고서는, 그들 자신이 이들을 상대로 한 전쟁과 이들에 대한 수호에 골몰하게 되네.[12)]

위에서 말하는 '내분' 이란 '통치계급 내부의 분열' 로서, '영혼의 감별' 을 소홀히 하여 쇠의 영혼이나 구리 영혼을 지닌 사람들이 통치자가 됨으로써 황금 영혼이나 은의 영혼을 지닌 통치자들과 대립하게 됨을 말한다. 마침내 양자의 타협으로 명예지상 정체가 성립하면, 한편으로는 기존의 공유제도가 무너져 '사유화' 가 진행되고, 한편으로는 기존의 자유로운 친구들이 '노예' 로 전락하게 된다.

셋째는 명예지상 정체가 쇠퇴하면서 등장하는 '과두정체(寡頭政體, oligarchia)' 로서, 이 정체에서는 평가 재산이 많은 사람들이 통치권을 차지하고, 가난한 사람들은 통치에 관여하지 못한다. 따라서 이 정체에서는 끝없이 재산을 끌어모으는 부류와 이들에게 재산을 넘겨주게 된 가난한 부류가 대립하는 양상을 보이게 된다. 플라톤은 '명예지상 정체의 인간'

12) 플라톤, 『국가』, 547b~c.

이 '과두정체적 인간'으로 변모하는 과정을 다음과 같이 설명한다. "한때 장군이었거나 또는 다른 높은 관직을 맡고 있다가, 무고자들한테 무고를 당해 소송에 말려들게 되어서는, 사형되거나 추방되는 것을, 또는 시민권을 박탈당하고 일체 재산을 몰수당하게 되는 것"[13]을 그 아들이 목격하게 되면, 그 아들은 명예심을 던져버리고 탐욕스런 돈벌이로 전향하여, 과두정체적인 인간으로 변한다는 것이다. 플라톤은 다음과 같이 말한다.

> 여보게나, 아들은 이런 일들을 보고 겪은 데다 재산마저 잃게 되자, 겁을 먹고서, 명예에 대한 사랑과 저 격정적(기개적)인 부분을 자신의 혼에 있는 그 옥좌에서 잽싸게 몰아내 버릴 것이라 나는 생각하네. 또한 그는 가난으로 비천해진 나머지, 탐욕스레 돈벌이로 전향하여, 조금씩 절약하며 일을 하여, 재물을 모으게 되네. (…) 그는 헤아리는(이성적인) 부분과 격정적인 부분을 욕구적인 부분 아래 땅바닥 양쪽에 쪼그리고 앉게 하여, 노예 노릇을 하게 하면서, 앞엣것에 대해서는 어떤 수로 더 적은 재물에서 더 많은 재물이 생기게 되겠는지를 셈하거나 생각하는 것 이외에는 그 어떤 것도 허용하지 않을 것이라 나는 생각하네.[14] 그런가 하면, 뒤엣것으로 하여금 부와 부자들 이외에는 아무것에 대해서도 감탄하며 존중하지 못 하도록 하며, 또한 재물의 획득이나 그것에 도움이 되는 것 이외에는 그 어떤 것도 자랑거리로 여기지 못하도록 할 걸세.[15]

---

13) 플라톤, 『국가』, 553b.

14) "앞엣것에 대해서는 어떤 수로 더 적은 재물에서 더 많은 재물이 생기게 되겠는지를 셈하거나 생각하는 것 이외에는 그 어떤 것도 허용하지 않을 것"이란 오늘날의 이른바 '이성의 도구화'에 해당하는 것이다. 홉스나 흄 등 근대 자유주의자들은 '이성은 정념의 노예요, 오직 노예여야만 한다'고 선언했거니와, 이 점에서 그들은 '과두정체적 인간'이라 하겠다.

15) 플라톤, 『국가』, 553b~d.

플라톤은 '평가 재산은 결코 통치자의 자격 조건일 수 없다' 고 설명하고, 따라서 '자격이 없는 사람들이 통치를 맡는 것' 자체가 과두정체의 큰 결함이라고 보았다.[16] 게다가 더 큰 문제는 과두정체의 나라는 사실상 두 나라로 분열된다는 점이다. 과두정체적 인간의 부(富)에 대한 과도한 욕망은 빈민들에 대한 수탈로 이어짐으로써, 결국 나라를 분열시킨다는 것이다. 플라톤은 다음과 같이 말한다.

> 이런 나라는 필연적으로 하나 아닌 두 나라, 즉 가난한 사람들의 나라와 부유한 사람들의 나라일 것이니, 같은 곳에 거주하면서 언제나 서로에 대해 음모를 꾸미는 사람들의 나라일 걸세.[17]

이처럼 부유한 계급과 가난한 계급이 심원하게 분열되면 빈민들의 '혁명 열망' 을 조장함으로써, 마침내 과두정체가 무너지고 민주정체가 등장하게 된다. 요컨대 '부(富)에 대한 만족할 줄 모르는 욕망' 이 과두정체를 몰락시키고, 민주정체를 등장시킨다는 것이다.

넷째는 부자와 빈자의 계급투쟁 결과 과두정체가 몰락하면서 등장하는 '민주정체(民主政體, dēmokratia)' 이다. 민주정체에서는 부자들을 모두 숙청한 다음 모두가 평등권을 누리며, 관직도 추첨으로 배정한다. 민주정체에서는 자유가 넘쳐, 무슨 짓이든 마음대로 할 수 있는 '멋대로 자유(exousia)' 가 보장된다. 플라톤은 민주정체적 인간의 특징을 다음과 같이 설명한다.

> 이들은 자유로우며, 이 나라는 자유와 언론 자유로 가득 차 있어서, 이 나라

16) 플라톤, 『국가』, 550c~551d.
17) 플라톤, 『국가』, 551d.

에는 자기가 하고자 하는 바를 '멋대로 할 수 있는 자유' (exousia)가 있지 않겠는가? (…) '멋대로 할 수 있는 자유' 가 있는 나라에서는 각자가 어떤 형태로든 제 마음에 드는 자신의 삶의 개인적인 대책을 마련할 게 명백하이. (…) 이렇게 되면, 이 정체에서는 무엇보다도 온갖 부류의 인간들이 생겨날 것이라 나는 생각하네.[18]

오만무례함을 교양 있음이라, 무정부 상태를 자유라, 낭비성을 도량이라, 그리고 부끄러움을 모르는 상태를 용기라 부르네. (…) 이런 사람은 이후에 필요한 즐거움 못지않게 불필요한 즐거움을 위해서 돈과 노고 그리고 시간을 바치며 살 것이라 나는 생각하네. (…) 또한 그는 진실한 말을 받아들이지도, 그걸 초소로 들어오게 하지도 않을 것이네. 가령 누군가가 어떤 즐거움들은 아름답고 좋은 욕구들에 속하는 것들이지만 어떤 것들은 나쁜 것들에 속하는 것들이며, 한쪽 것들은 추구되고 존중되어야 하나 다른 쪽 것들은 억제되고 굴종시켜야 한다고 말할 경우에 말일세. 그는 오히려 이 모든 경우에 거절의 표시를 하고선, 모든 즐거움은 같으며 똑같이 존중되어야만 한다고 말할 것이네. (…) 그는 또한 날마다 마주치게 되는 욕구에 영합하면서 살아가는데, 어떤 때는 술에 취하여 아울로스의 소리를 듣는가 하면, 다시 물만 마시며 살을 빼다간, 어떨 땐 다시 신체 단련을 하네. 그런가 하면, 게으름을 피우며 만사에 무관심해지는 때가 있기도 하고, 때로는 철학에 몰두하기도 하네. 또한 자주 정사(政事)에 관여하기도 하는데, 벌떡 일어나서는 생각나는 대로 말하고 행하기도 하네. 그리고 전쟁에 숙달한 사람들이 부러우면 그쪽으로 이동하고, 돈 버는 사람들이 부러우면 이번에는 이쪽으로 이동하네. 그의 삶에는 아무런 질서도 필연성도 없으나. 그는 이 삶을 즐겁고 자유로우며 축복받은 것이라 부르며 평생토록 이 삶

---

18) 플라톤, 『국가』, 557b~c.

을 살아가네.[19)]

민주정체적 인간의 특징은 '참다운 가치' 의 척도를 외면한다는 점이다. 그러므로 그는 욕구에 있어서도 '필요한 욕구' 와 '불필요한 욕구' 를 구분하지 않고,[20)] 즐거움에 있어서도 '필요한 즐거움' 과 '불필요한 즐거움' 을 구분하지 않으며, 모든 것을 무절제하게 추구하는 것이다. 이러한 삶은 '그때그때의 욕구에 영합하는 삶' 이요, 무엇이든 '멋대로 할 수 있는 자유' 를 추구하는 삶이다. '멋대로 할 수 있는 자유' 가 만연하면 시민들은 차츰 법률을 무시하게 되어 결국 '무정부 상태' 를 야기하게 된다. 이에 대해 플라톤은 '부(富)에 대한 만족할 줄 모르는 욕망' 이 과두정체를 몰락시켰듯이, '자유에 대한 만족할 줄 모르는 욕망' 과 '그 밖의 다른 것들에 대한 무관심' 이 민주정체를 몰락시키고 참주정체를 탄생시킨다고 설명했다.[21)]

다섯째는 '참주정체(僭主政體, tyrannis)' 이다. 플라톤에 의하면, 무엇이건 지나치면 곧잘 반대쪽으로 큰 변화를 일으키거니와, 이는 정체에서도 마찬가지이다. 이러한 맥락에서 플라톤은 "극단적인 자유에서 가장 심하고 야만스러운 예속이 조성되어 나올 것"[22)]이라 했거니와, 민주정체 속에서 멋대로 자유를 만끽하던 민중들은 더 큰 자유를 위해 선동가들을 추종하다가, 결국 그들의 노예로 전락하는 것이다. 플라톤은 그 과정을 다음과 같이 설명한다.

---

19) 플라톤, 『국가』, 560e~561d.

20) 플라톤은 예컨대 '건강과 좋은 상태의 유지를 위하는 만큼은 먹으려는 욕구' 를 '필요한 욕구' 라 하고, '몸에도 해롭고, 지혜 및 절제와 관련해서 魂에도 해로운 욕구' 를 '불필요한 욕구' 라 했다(『국가』, 559a~c).

21) 플라톤, 『국가』, 562c.

22) 플라톤, 『국가』, 564a.

민주정체의 민중들은 '손수 일을 하고 정치에는 관여하지 않으며 재산도 그다지 많이 갖지 못한 사람들' 인데, '민중 선동가들(dēmagōgoi)' 이 가난한 민중들에게 '채무의 무효화와 토지의 재분배' 를 선전한다. 그리하여 선동가들은 민중들로부터는 호응을 얻고 부자들로부터는 살해의 위협을 받는데, 살해의 위협에 대항한다는 명목으로 경호대를 요구하게 된다. 마침내 선동가들이 경호대를 확보하게 되면, 부자들을 타도하고 그 재산을 빼앗아, 대부분은 자기들이 갖고 일부는 민중들에게 나누어 준다. 이 단계에 이르면 선동가는 이미 완벽한 참주가 된 것이다.[23] 참주는 그다음에는 전쟁을 일삼는데, 그 까닭은 민중들로 하여금 지도자가 필요한 상태에 있게끔 하기 위해서요, 또한 전쟁을 위한 세금으로 민중들이 가난해져서 하루하루의 생계에 매달리게 하기 위해서이며, 또한 민중들이 자신에 대한 음모를 꾸밀 여가가 없게 만들기 위해서이다. 이러한 과정을 통해 민중들은 '참주의 노예' 로 전락하게 된다.[24] 이러한 설명 다음에, 플라톤은 참주정체적 인간의 특징을 다음과 같이 묘사한다.

> 불필요한 즐거움들과 욕구들 가운데 어떤 것들은 내가 생각하기엔 불법한 것들인 것 같으이. 이것들은 아마도 누구에게나 생기겠으나, 법률에 의해서 그리고 이성(logos)을 동반한 더 나은 욕구들에 의해서 억제됨으로써, 몇몇 사람들의 경우에는 아주 없어져 버리거나 소수가 약한 상태로 남아 있거나 하지만, 다른 사람들의 경우에는 더 강한 상태로 남아 있네. (…) 혼의 다른 부분이, 즉 이성적이고 유순하며 지배하는 모든 부분이 잠들 때면, 짐승 같고 사나운 부분은 잔뜩 먹고 마시고서는 발딱 일어나 잠을 물리치고 나가서는 제 기질을 충족시

---

23) 플라톤은 "다른 많은 사람을 타도하고서, 나라라고 하는 전차에 올라탔으니, 그는 이미 선도자가 아니라 완벽한 참주가 된 것" 이라고 설명했다(『국가』, 566d).

24) 플라톤, 『국가』, 564b~569c.

키려 꾀하지. 그런 때에 그것은 일체의 부끄러움과 분별에서 풀려나고 해방된 터라, 무슨 짓이든 감행한다는 것을 자네는 알고 있네. 그것은 상상하게 되는 데 따라 어머니와도, 그 밖의 인간들이나 신들 중의 누구와도, 또는 짐승들 중의 어떤 것과도 교접하기를 주저하지 않으며, 누구든 살해하는 것도 주저하지 않거니와, 어떤 음식이든 삼가는 일도 없다네. 한마디로 말해서, 어리석거나 파렴치한 짓을 빼놓지 않고 저지른다네.[25)]

만약에 사람이 나라와 유사하다면, 사람에 있어서도 질서 체계가 있는 것이 필연적이어서, 그의 혼도 많은 굴종과 부자유로 충만해져, 혼의 가장 선량한 부분들은 노예 노릇을 하나, 가장 사악하고 가장 광적인 작은 부분은 주인 노릇을 하는 것이 필연적이지 않겠는가?(…) 그렇다면 참주 체제의 혼도, 전체 혼과 관련해서 말할진대, 자기가 원하는 바를 할 수 있는 가능성이 가장 적을 걸세. 이 혼은 광적인 욕망(욕정)에 의해 어쩔 수 없이 언제나 끌려다녀 혼란과 후회로 가득하게 될 걸세.[26)]

참주정체적 인간의 특징은 "한마디로 말해서, 어리석거나 파렴치한 짓을 빼놓지 않고 저지른다."는 점, 또 이성과 욕망의 마땅한 지위가 전도(顚倒)되어 "그 영혼이 광적인 욕망에 의해 어쩔 수 없이 언제나 끌려다녀 혼란과 후회로 가득하게 된다."는 점이다.

대화편 『국가』에서는 다섯 유형의 정체를 논하면서 철인왕이 다스리는 '왕도정체(basileia)'를 가장 이상적인 정체로 상정했다.[27)] 그러나 대화편

25) 플라톤, 『국가』, 571a~d.

26) 플라톤, 『국가』, 577d~e.

27) 플라톤의 대화편 『정치가(Politikos)』에서는 '다섯 가지 정체'를 '왕도정체, 참주정체, 귀족정체, 과두정체, 민주정체'라 했는데(『정치가』, 301a~302d), 이는 『국가』에서의 '명예지상정체'를 생략하고 대신 하나로 간주되었던 '왕도정체와 최선자정체

『법률(Nomoi)』에서는 군주정체(monarchia)와 민주정체(dēmokratia)를 비교하여 논하면서, 이 둘을 혼합하는 체제를 바람직한 국가로 상정하였다. 그런데 『국가』의 '왕도정체'가 철저하게 도덕적 본성에 입각하여 고안된 정체라면, 『법률』에서 '군주정과 민주정의 혼합'을 꾀한 것은 도덕적 본성의 요소와 육체적 본능의 요소를 절충하여 적도(適度)를 실현하려는 취지였다.[28)]

먼저 『법률』의 군주정과 민주정에 대한 논의를 살펴보자. 플라톤[29)]은 "나라 체제(政體, politeia)들 가운데서도 어머니들과도 같은 것들 두 가지가 있는데, 이것들에서 다른 것들이 나왔다고 누군가가 말한다면, 그는 옳게 말하는 것입니다. 그리고 그 하나를 1인 통치 체제(1인 전제 정체, monarchia)라 일컫는 반면에, 다른 하나는 민주정체(dēmokratia)라 일컫는 것이 옳으며, 또한 앞의 경우의 극단은 페르시아 종족이 갖고 있되, 뒤의 경우의 극단은 우리(아테네)가 갖고 있다고 하는 것이 옳습니다. 다른 것들은 거의 모두가, 제가 말씀드렸듯, 이 둘이 다양한 형태로 변형된 것들입니다."[30)] 라고 했다. 요컨대 군주정과 민주정은 여러 다양한 정체들의 모태로서, 군주정의 대표적인 예는 페르시아의 정체요, 민주정의 대표적인 예는 아테

(aristokratia, 귀족정체)'를 둘로 나눈 것이다.

28) 『국가』의 王道政이나 『법률』의 君主政은 모두 '한 사람이 통치하는 정체'이다. 그런데 王道政은 '最善者 한 사람이 완전하게 통치하는 정체'이며, 君主政은 '제법 훌륭한 君主 한 사람이 제법 잘 다스리는 정체'이다. 註釋家들에 의하면, 王道政體가 실현되는 『국가』의 '칼리폴리스(Kallipolis, 아름다운 나라)'는 말 그대로 最善의 이상국가로서 '바람직한 나라의 본(paradeigma)'을 제시한 것이며, 군주정과 민주정의 혼합을 추구하는 『법률』의 '마그네시아(Magnēsia)'는 次善의 국가로서 현실에서 실현될 수 있는 나라를 논한 것이다(박종현, 〈『법률』 해제〉, 23~25쪽 참조).

29) 『법률』의 중심적 話者는 '아테네에서 온 손님'이거니와, 『법률』의 註釋家들은 이 '아테네인'을 '여든을 바라보는 원숙한 경지의 철학자 플라톤의 化身'으로 간주한다.

30) 플라톤, 『법률』, 693d.

네의 정체라는 것이다. 그렇다면 우선 양자의 특징을 살펴보기로 하자.

플라톤은 페르시아 군주정의 모범적 사례로서 키로스(Kyros) 대왕의 예를 들었다.[31] "페르시아인들이 키로스 시대에는 노예 상태와 자유 사이에서 알맞은 정도〔適度〕를 〔훗날에 비해〕 더 누린 편이었을 때, (…) 다스리는 자들이 다스림을 받는 자들에게 자유를 나눠 주고 평등하게 대해 줌으로써, 군사들이 지휘관들과 더욱 우애롭게 되었으며, 위험에 처해서는 헌신적으로 임했습니다. 또한 그들 가운데서 누군가가 지혜로워서 조언을 해 줄 수 있을 경우에는, 왕이 시샘하는 일이 없었으므로, 거리낌 없이 말하게 해 주며 어떤 일에 대해 조언을 해 줄 수 있는 자들을 존중해 주어, 그 지혜로움의 능력을 공동의 것으로 기여케 했습니다. 그래서 그야말로 모든 것이 그 때는 그들에게 있어서 향상되어 갔는데, 이는 자유와 우애 그리고 지성의 공유를 통해서였습니다."[32] 이처럼 키로스는 훌륭한 통치자였지만, '바른 교육' 에 대해서는 전혀 이해하지 못하여 아이들의 양육을 여인들에게 맡김으로써, 그 자식들이 왕국을 물려받았을 때 이들은 사치와 방종으로 충만해서, 결국 국정을 그르치게 되었다는 것이다.[33] 하지만 페르시아가 쇠퇴한 더 큰 요인은 '지나친 전제(專制)와 통치자들의 사리사욕' 이었다. 플라톤은 다음과 같이 말한다.

> 우리는 이들(페르시아인들)이 해가 갈수록 더 나빠지는 걸 발견하게 되는데, 그 까닭은 민중에게서 자유로움을 너무 많이 빼앗은 반면에, 전제적인 것을 적절한 정도 이상으로 끌어들임으로써, 나라 안에서 우애로움과 공동체적인 것을

31) 키로스 대왕은 기원전 557년에 등극하여 530년에 사망했으며, 관용과 지혜로 페르시아를 다스린 왕으로 알려져 있다.

32) 플라톤, 『법률』, 694a~b.

33) 플라톤, 『법률』, 694c~695b.

말살해버렸다는 것입니다. 이것이 사라짐으로써, 다스리는 자들의 의사 결정이 다스림을 받는 자들과 평민을 위해 내려지는 일은 없고, 그들 자신의 통치를 위해서 그렇게 됩니다. 조금이라도 자신들에게 이득이 있을 것이라고 그때마다 믿게 되는 경우에는, 나라들을 뒤엎는가 하면, 우호적인 민족들을 화염으로써 파멸시켜서는, 원수처럼 무자비하게 미워하며 미움을 받습니다. 그리고 저들 자신들을 위해 평민들이 싸워주는 것이 필요한 상황에 처하게 될 경우에, 그들은 이들에게 이번에는 위험을 무릅쓰고 싸우고자 하는 열의를 갖는 공동체적인 것이 전혀 없음을 발견하게 됩니다.[34]

군주정은 1인 통치 체제로서 한 사람의 역량이 국정을 좌우하는 것이다. 키로스나 다리우스처럼 '탁월한 군주' 가 통치할 때엔 지성과 자유와 우애가 조화를 이루어 페르시아가 번영했으나, 이후 '용렬한 군주' 가 등장하여 전제를 일삼고 사리사욕을 추구함으로써 나라 안에서 우애로움과 공동체적인 것을 말살시키고 페르시아를 쇠잔하게 하였다는 것이다.

플라톤에 의하면, 페르시아의 군주정은 '민중(dēmos)을 전적인 굴종(노예 상태)으로 몰아가는 것' 이 문제였다면, 아테네의 민주정은 '민중을 전적인 자유로 몰아가는 것' 이 문제였다. 아테네에서도 "옛 법률의 시대에는 민중이 어떤 것들에 대해서도 주인이 못되고, 어느 면에서는 자발적으로 법률에 복종했었다."[35] 플라톤은 아테네 민중의 자유를 타락시킨 원흉은 몇몇 어리석은 시인(詩人)들이라고 보았다. 플라톤은 다음과 같이 말한다.

그들은 본의 아니게, 자신들의 어리석음으로 해서, 시가(詩歌)에는 그 어떤 옳음도 없고, 즐거워하는 자의 즐거움에 의해서 판정하는 것이, 그가 더 나은

---

34) 플라톤, 『법률』, 697c~d.

35) 플라톤, 『법률』, 700a.

사람이건 또는 더 못한 사람이건 간에, 지당하다고 잘못 말했던 겁니다. 그들은 바로 그와 같은 시들을 짓고, 거기에다 그런 주장까지 덧보태어 함으로써, 다중(多衆)에게 시가에 대한 가락의 어김과 이들이 스스로 능히 판정할 수 있다는 만용을 심어주었습니다. 바로 이로 해서 관람객들은 소리를 내지 않는 자들에서 큰소리를 내는 자들로 바뀌었으니, (…) 그래서 음악〔詩歌〕에 있어서 최선자들의 지배(aristokratia) 대신에 일종의 고약한 형태인 관람객들의 지배 사태가 생기게 된 것입니다. 그리고, 만약에 일종의 민주주의(dēmokratia)가 음악에만 국한된 자유민들의 것으로서 일었다면, 그 결과는 그다지 두려워할 것이 전혀 아니었을 것이기 때문입니다. 그러나 이제는 모든 것에 대한 지혜를 누구나 다 갖고 있다는 생각과 위법(가락의 어김)이 우리의 시가에서 시작하더니, 자유도 따랐습니다. 〔스스로〕 아는 자들로서 무서울 것이 없는 사람들로 되니, 겁 없음이 뻔뻔함을 낳은 거죠. 대담함(자신감)으로 해서 더 나은 자의 의견을 두려워하지 않게 된다는 것, 이것 자체는 고약한 뻔뻔함과 진배없으니, 이는 지나치게 만용을 부리는 자유의 일종에 기인한 것입니다. (…) 이 자유 다음에는 통치자들에게 복종하고자 하지 않는 자유가 생길 것이며, 또한 이 자유에는 부모와 연장자들에 대한 복종과 이들의 훈계를 회피하려는 자유가 뒤따를 것이고, 마지막 단계에 가까워서는 법률에 복종하지 않으려 함이, 하지만 바로 마지막 단계에 이르러서는 맹세들과 신용들 그리고 神들에 대해서 전혀 개의하지 않음이 뒤따를 것입니다.[36]

플라톤에 의하면, 시가에는 어떤 '옳음의 준거'가 있는 것인데, 어리석은 시인들이 가락을 어긴 시가를 짓고 관람객들의 호응으로 우열을 가리고자 한 결과, 자신들이 능히 시가를 판정할 수 있다는 만용에 빠진 관람객

36) 플라톤, 『법률』, 700e~701c.

들이 등장하여 큰소리를 치게 된 것이다. 이는 '시가에 있어서의 민주주의' 라 하겠거니와, 이러한 풍조가 정치의 영역에까지 전염되어, 대중들은 자신들이 모든 것에 대한 지혜를 지니고 있다는 생각에서 더 나은 자의 의견을 무시하게 되고, 이러한 왜곡된 '평등' 의식으로 인해 결국에는 부모나 법률에도 복종하지 않고 神들에 대해서도 개의치 않는 '멋대로 자유(exousia)' 를 초래하게 되었다는 것이다. 이러한 맥락에서 플라톤은 "완전하고 일체 지배에서 벗어난 자유는 남들에 의해 적도(適度)를 갖게 되는 지배보다도 적지 않게 나쁘다."[37]고 단언하였다. 요컨대 민주정체에서의 지나친 자유의 폐단은 군주정체에서의 지나친 전제의 폐단 못지않다는 것이다.

이상에서 페르시아의 군주정과 아테네의 민주정에 대한 플라톤의 비판적 인식을 고찰했거니와, 플라톤은 결론적으로 다음과 같이 말한다.

> 가장 전제적인 나라 체제와 가장 자유로운 나라 체제를 선택해서, 이것들 가운데 어느 것이 바르게 다스려지는지를 우리가 지금 살피고 있습니다. 한데, 이것들 곧 전제적인 통치를 하는 유형들과 자유롭게 하는 유형들 각각이 어떤 적도(適度) 상태를 취하게 되었을 경우에는, 그럴 경우에는 그것들에 유달리 번영이 일었음을 보았습니다. 반면에 각각이 극단으로, 즉 한쪽은 노예 상태의 것들의 극단으로 다른 쪽은 그 반대 것들의 극단으로 나아갈 경우에는, 그 어느 쪽에도 유익함은 없었습니다.[38]

요컨대 군주정이나 민주정 모두 적도의 상태에서는 국가의 번영을 초래했으나, 극단에 빠졌을 경우에는 폐단을 낳았다는 것이다. 그렇다면 군주

37) 플라톤, 『법률』, 698b.
38) 플라톤, 『법률』, 701e.

정이나 민주정을 적도의 상태로 유지하는 것이 관건이라 하겠는바, 플라톤은 사실 그것이 쉽지 않다고 보았다. '1인의 지혜' 에 의존하는 군주정은 지나친 전제에 빠지기 쉽고, '다수의 자유' 에 의존하는 민주정은 방종에 빠지기 쉽다는 것이다. 그리하여 플라톤은 '군주정과 민주정의 혼합' 을 꾀하게 된 것이다.

이상에서 플라톤의 '군주정과 민주정' 에 대해 살펴보았다. 그런데 주목할 것은, 플라톤의 '군주정과 민주정' 은 각각 '도덕적 본성과 육체적 본능' 에 상응하는 개념이라는 사실이다. 앞에서 살펴보았듯이, 플라톤은 다양한 정체를 논하면서 각각의 정체와 상응하는 인간상을 제시하였다. 같은 맥락에서, 플라톤의 군주정은 '도덕적 본성' 을 발휘하는 인간상과 상응하는 정체요, 민주정은 '이기적 본능' 에 집착하는 인간상과 상응하는 정체이다. 이제 이 점을 살펴보기로 하자.

첫째, 플라톤의 정체에 관한 논의에서 군주정은 왕도정과 궤를 같이하는 개념이다. 다만 왕도정이 이상적인 '완벽한 철인왕' 을 상정한 것이라면 군주정은 현실에 존재하는 '탁월한 군주' 를 상정한 것이다. 철인왕은 무엇보다도 탁월한 지성을 바탕으로 '완벽한 지혜' 를 발휘하는 왕이거니와, 이는 바로 '도덕적 본성(이성)의 완전한 발휘' 와 같은 맥락이다.[39] 마찬가지로 플라톤이 군주정에 기대한 것은 '군주의 지혜' 였거니와, 이러한 맥락에서 군주정 역시 '도덕적 본성(이성)의 발휘' 와 궤를 같이한다. 이와 반대로, 플라톤이 말하는 민주정은 '본능적 욕구의 자유로운 충족' 에 상응하는 개념이다. 이는 다음의 두 논거를 바탕으로 알 수 있는바, 하나는 민주정의 주체인 '민중' 은 플라톤의 영혼론에서 본능적 욕구에 상응하는 계급이라는 점이며,[40] 다른 하나는 앞에서 살펴본 '민주정체적 인간의 모

39) 플라톤은 理性을 '사람 속의 사람' 이라 했는데(『국가』, 588c~589b), 이는 바로 理性이야말로 사람을 사람답게 만드는 '사람의 본성' 이라는 뜻이었다.

습' 은 바로 본능적 욕구에 매몰된 인간의 모습이라는 점이다.

둘째, 플라톤에게 있어서 군주정은 '지혜(슬기, 知性)' 를 상징하고, 민주정은 '자유와 우애(평등)' [41]를 상징한다는 점이다. 플라톤은 국가의 운영에 긴요한 세 요소로 '자유, 슬기, 우애' 를 들고, 다음과 같이 말했다.

> 〔한 나라에〕 지혜(사려 분별)와 함께 자유와 우애가 정말로 있으려면, 〔그것은〕 이들 둘(군주정과 민주정)에 관여해야만 하고, 또한 그러는 게 불가피합니다. 바로 이것을 우리의 논의가 우리에게 지시해 주고자 하는 것입니다. 결코 나라는 이 둘을 부분적으로 갖게 되지 않고서는 훌륭하게 다스려질 수가 없을 것이라는 말씀입니다.[42]

위의 인용문에서는 '지혜(사려 분별)' 와 '자유와 우애' 를 동시에 필요한 것으로 규정한 다음, 이를 위해서는 '군주정' 과 '민주정' 을 혼합해야 한다고 주장했다. 그런데 지혜는 군주정과 상응하는 개념이요, 자유와 우애(평등)는 민주정과 상응하는 개념이다.[43] 지혜가 군주정과 상응하는 개념이라는 점은 위에서 충분히 논의했다. 이제 자유와 평등이 민주정과 상응하는 개념이라는 것을 확인하기 위해, 플라톤의 다음과 같은 말들을 다시 보자.

---

40) 주지하듯이 플라톤은 영혼의 세 구성 요소를 '이성, 기개, 욕구' 로 설명하고, 이는 국가의 세 계급과 상응한다고 설명했다. 요컨대 이성은 통치계급에, 기개는 군인계급에, 욕구는 생산계급(민중)에 해당한다는 것이다.

41) 플라톤은 "평등이 우정을 생기게 한다." 고 했거니와(『법률』, 757a), 이처럼 '우애' 와 '평등' 은 맥락을 같이 하는 개념이다.

42) 플라톤, 『법률』, 693d~e.

43) 최상용은 "君主政은 지혜의 원리를 표현하는 것이며, 民主政은 대중의 참여와 동의 그리고 자유를 이념으로 하는 정치체제" 라고 설명한 바 있거니와(최상용, 「플라톤의 中庸사상」, 147쪽), 君主政은 '군주의 지혜' 에 의거하며, 民主政은 '대중의 자유와 평등' 에 의거하는 것이다('대중의 참여와 동의' 는 '대중이 평등하게 참정권을 지닌다' 는 뜻이다).

만약에 일종의 민주주의(dēmokratia)가 음악에만 국한된 자유민들의 것으로서 일었다면, 그 결과는 그다지 두려워할 것이 전혀 아니었을 것이기 때문입니다. 그러나 이제는 모든 것에 대한 지혜를 누구나 다 갖고 있다는 생각과 위법(가락의 어김)이 우리의 시가(詩歌)에서 시작하더니, 자유도 따랐습니다. 〔스스로〕 아는 자들로서 무서울 것이 없는 사람들로 되니, 겁 없음이 뻔뻔함을 낳은 거죠. 대담함(자신감)으로 해서 더 나은 자의 의견을 두려워하지 않게 된다는 것, 이것 자체는 고약한 뻔뻔함과 진배없으니, 이는 지나치게 만용을 부리는 자유의 일종에 기인한 것입니다. (…) 이 자유 다음에는 통치자들에게 복종하고자 하지 않는 자유가 생길 것이며, 또한 이 자유에는 부모와 연장자들에 대한 복종과 이들의 훈계를 회피하려는 자유가 뒤따를 것이고, 마지막 단계에 가까워서는 법률에 복종하지 않으려 함이, 하지만 바로 마지막 단계에 이르러서는 맹세들과 신용들 그리고 神들에 대해서 전혀 개의하지 않음이 뒤따를 것입니다.[44]

그는 진실한 말을 받아들이지도, 그걸 초소로 들어오게 하지도 않을 것이네. 가령 누군가가 어떤 즐거움들은 아름답고 좋은 욕구들에 속하는 것들이지만 어떤 것들은 나쁜 것들에 속하는 것들이며, 한쪽 것들은 추구되고 존중되어야 하나 다른 쪽 것들은 억제되고 굴종시켜야 한다고 말할 경우에 말일세. 그는 오히려 이 모든 경우에 거절의 표시를 하고선, 모든 즐거움은 같으며 똑같이 존중되어야만 한다고 말할 것이네. (…) 그는 또한 날마다 마주치게 되는 욕구에 영합하면서 살아가는데, (…) 그의 삶에는 아무런 질서도 필연성도 없으나, 그는 이 삶을 즐겁고 자유로우며 축복받은 것이라 부르며 평생토록 이 삶을 살아가네.[45]

---

44) 플라톤, 『법률』, 701a~701c.

45) 플라톤, 『국가』, 560e~561d.

민주정체적 인간의 특징은 둘로 요약할 수 있다. 하나는 위의 첫째 인용문에서 말하는 것으로서, 전문가의 권위를 인정하지 않는 '평등' 의식이다. "모든 것에 대한 지혜를 누구나 다 갖고 있다는 생각"처럼 전문가의 권위를 인정하지 않는 왜곡된 평등 의식은 결국 일체의 사회적 권위에 대한 부정으로 연결되어 '멋대로 자유'를 조장한다. 다른 하나는 둘째 인용문에서 말하는 것으로서, 참다운 가치의 척도를 외면하고 모든 것들은 '평등한 가치'를 지닌다고 주장한다는 점이다. "모든 즐거움은 같으며 똑같이 존중되어야만 한다."는 주장은 '가치의 평등'을 상징하는바, 이처럼 '모든 가치는 평등하다'는 논리를 바탕으로 '선택의 자유'를 주창하는 것이요, 그리하여 마침내 '멋대로 자유'에 빠지는 것이었다.

이렇게 본다면 자유와 평등은 민주정의 토대가 되는 관념으로서, 역시 본능적 욕구 중심의 인간관에 기초하고 있음이 분명하다. 요컨대 플라톤의 철학 체계에서 지혜는 '이성'의 산물이며, 자유와 평등은 '본능적 욕구'의 산물이다. 이러한 맥락에서 플라톤의 '군주정과 민주정'은 각각 '도덕적 본성과 이기적 본능'에 상응하는 것이다.

이제 마지막으로, 플라톤이 추구한 '군주정과 민주정의 혼합'[46]에서 '도덕적 본성'의 요소와 '이기적 본능'의 요소는 어떻게 혼합되고 있는지 살펴보기로 하자. 플라톤의 혼합체제에서 본성의 요소와 본능의 요소는 다음의 두 방식으로 혼합되고 있다.

첫째는 '지혜'와 '자유·평등(우애)'의 결합이다. 플라톤은 "나라는 자유로우며 슬기롭고 자체적으로 우애로워야만 하며, 입법하는 사람은 이런

---

46) 플라톤이 '혼합체제'라는 말을 직접 사용한 것은 아닌데, 후세의 학자들이 플라톤의 구상을 '혼합체제'라고 명명한 것이다. 플라톤에 앞서 솔론(Solon)이 이미 '혼합체제적 구상'을 실천에 옮긴 바 있다(서병훈, 「플라톤의 '혼합체제' 론」, 154쪽 참조). 한편, 아리스토텔레스 역시 混合政을 추구했거니와, 그의 혼합정은 흔히 '寡頭政과 民主政의 혼합'으로 설명된다. 이에 대해서는 다음 節에서 살펴보기로 하자.

것들에 주목하여 입법을 해야만 한다."[47]고 전제하고, "〔한 나라에〕 지혜(사려 분별)와 함께 자유와 우애가 정말로 있으려면, 〔그것은〕 이들 둘(군주정과 민주정)에 관여해야만 하고, 또한 그러는 게 불가피합니다."라고 주장했다.[48] 요컨대 한 나라가 훌륭하게 다스려지려면 지혜와 자유와 우애를 동시에 구현해야 하고, 이를 위해서는 군주정과 민주정을 혼합해야 한다는 것이 플라톤의 지론이었다. 이러한 맥락에서 『법률』에서는 새롭게 수립하려는 국가 마그네시아(Magnēsia)의 정체를 '군주정과 민주정의 혼합'으로 상정하고, 그에 알맞은 법률과 제도들을 논의했던 것이다. 그런데 위에서 살핀 것처럼 플라톤의 철학 체계에서 지혜는 '이성(도덕적 본성)'의 산물이며, 자유와 평등은 '본능적 욕구'의 산물이거니와, 따라서 플라톤이 추구한 '지혜'와 '자유·평등(우애)'의 결합은 '본성적 요소'와 '본능적 요소'의 결합으로 설명될 수 있는 것이다.

둘째는 '설득'과 '강제'의 결합이다. 플라톤은 『법률』에서 마그네시아의 입법을 논하면서 먼저 법을 두 종류로 구분하였다. 첫째는 '단순한 형식의 법'으로서, 이는 '단순히 처벌 규정만 담은 법'을 말한다. 둘째는 '이중적 형식의 법'으로서, 이는 '먼저 설득하는 내용을 담고, 그 뒤에 처벌 규정을 담은 법'을 말한다. 혼인과 관련된 법률로 예를 들자면, '단순한 형식의 법'과 '이중적 형식의 법'은 각각 다음과 같은 내용을 담고 있다.

> 개인은 30세가 되면, 35세까지는 혼인을 할 것. 그러지 않을 경우에는, 벌금과 불명예에 의한 처벌을 받을 것임. 벌금은 얼마 얼마이며, 불명예는 무엇 무엇임.[49]

47) 플라톤, 『법률』, 693b.
48) 플라톤, 『법률』, 693d~e.
49) 플라톤, 『법률』, 721b.

개인은 30세가 되면, 35세까지는 혼인을 할 것. 유념할 것은 인류가 어떤 본성에 의해서 불사성(不死性)에 관여(참여)하는 방식이 그것이며, 또한 이에 대한 온갖 욕구를 모두가 선천적으로 지니고 있다는 것이니라. 유명해지며 죽어서 이름 없이 묻히지 않는 것이 그런 것에 대한 욕구이기 때문이다. 따라서 인간들의 종족은 모든 시간〔永遠〕과 함께 묶이어 있으니, 모든 시간이 끝까지 인류에 동반하고 있으며 또한 동반할 것이다. 아이들의 아이들을, 언제나 같은 하나의 것인 것을 남기는 이 방식으로, 곧 출산(出產)에 의해서 불사성에 관여(참여)할지니라. 그러니 자의로 저에게서 이를 앗음은 결코 경건하지 못한 일이거니와, 자식들과 아내에 대해 무관심한 사람이라면, 의도적으로 그걸 앗는 것이다. 따라서 법에 복종하는 자는 벌을 받지 않고 자유로울 것이나, 반대로 불복하는 자는, 즉 35세가 되어서도 혼인을 하지 않는 자는 해마다 얼마 얼마를 벌금으로 내게 하라. 독신 생활이 자신에게 이득과 편함을 가져다주리라고 생각하는 일이 없도록 하기 위해서다. 또한 그 나라에서 젊은 연배의 사람들이 자신들보다 연장인 사람들을 그때마다 존경해주는 그런 명예도 누리지 못하게 하라.[50]

위의 첫째 인용문은 '단순한 형식의 법' 으로서, 이는 혼인에 대한 '명령' 과 이 명령을 어긴 사람에 대한 '처벌 규정' 만 담고 있다. 둘째 인용문은 '이중적 형식의 법' 으로서, 먼저 혼인을 해야만 하는 이유를 곡진하게 설명한 다음, 미혼자에 대한 처벌 규정을 담은 것이다. 플라톤에 의하면, 당시까지 "입법자들 가운데서 일찍이 아무도 법률 제정과 관련해서는 두 가지 것을, 즉 설득과 강제력을 이용할 수 있다는 생각을 하지 않았거니와, (…) 강제성을 설득과 혼화(混和)하여 법률 제정을 하지 않고, 순전히 강제

50) 플라톤, 『법률』, 721b~721d.

력만을 이용하기 때문"[51]이었다.

플라톤은 이처럼 '이중적 형식의 법'이 있을 수 있음을 소개한 다음, 이를 보다 체계화한 '셋째 방식'을 제안하였다. 이 '셋째 방식'은 법을 전문(前文)과 본문(本文, 條文)으로 구분하여, 먼저 전문을 제시한 다음에 본문을 제시하는 것이다. 이러한 맥락에서 플라톤은 "입법자는 전체 법률 앞에 언제나 전문들이 없는 상태로 만들어서는 안 되거니와 법률 각각의 경우에도 이는 마찬가지여야만 한다."[52]고 주장하였다. 요컨대 플라톤은 기존의 법이 강제적인 처벌 조항 위주로 제정되었던 것을 비판하고, '처벌 조항 앞에 전문을 두어야 한다'고 주장한 것인바, 이는 "바로 법인 지시를, 즉 입법자가 법으로 공포하는 것을 받아들이게 될 사람이 호감을 갖고 받아들이도록 그리고 호감으로 해서 더 쉽게 알아듣도록 하기 위해서이기 때문"[53]이었다.

이상에서 플라톤이 제안한 '올바른 법의 구조(형식)'를 살펴보았거니와, 그것은 법의 취지를 설명하여 국민을 설득하는 부분인 '전문'과 법을 어겼을 때의 처벌조항을 담은 '본문'으로 구성된 법이었다. 그런데 플라톤이 말하는 '전문의 설득'과 '본문의 강제'는 각각 '도덕적 본성'과 '이기적 본능'에 상응하는 것이다. 왜냐하면 무릇 '설득'이란 말〔言說〕로 도덕적 본성을 계발하는 것이며, '강제'란 물리력으로 이기적 본능(본능적 욕구)을 통제하는 것이기 때문이다. 다시 말해 플라톤이 말하는 '올바른 법'은 설득의 요소와 강제의 요소가 결합된 것인바, 설득은 도덕적 본성의 계발에 해당하고, 강제는 이기적 본능의 통제에 해당하는 것이다. 요컨대 진정한 입법자는 '도덕적 본성의 계발'을 우선한 다음, '이기적 본능의 통

51) 플라톤, 『법률』, 722b~c.
52) 플라톤, 『법률』, 723b.
53) 플라톤, 『법률』, 723a.

제' 를 피해야 한다는 것이 플라톤의 지론이었다.[54]

이제 이상의 내용을 정리해보자. 플라톤은 본래 '국가의 다양한 정체' 는 '다양한 양상의 영혼' 과 상응한다고 보았다. 또 플라톤은 여러 다양한 정체들의 모태를 군주정과 민주정으로 보았는데, 군주정은 이성(지혜)과 상응하고 민주정은 욕구(자유 · 평등)와 상응한다. 군주정의 이상은 철인왕(哲人王)이 이성을 완전히 발휘하는 것이나, 현실에서 군주정은 지나친 전제(專制)로 귀결되기 쉽다. 민주정의 이상은 민중이 자유와 평등을 마음껏 만끽하는 것이나, 현실에서 민주정은 방탕(멋대로 자유)에 빠지기 쉽다. 그리하여 플라톤은 군주정의 지혜와 민주정의 자유 · 평등의 원리를 조화시킨 '혼합체제' 를 추구하였던 것이다.[55] 이는 이성의 통제에 따라 자유와 평등을 향한 욕구를 지혜롭게 실현하자는 취지라 할 수 있거니와, 이러한 맥락에서 플라톤이 추구한 '혼합체제' 는 '도덕적 본성과 이기적 본능의 조화' 로 해석될 수도 있는 것이다.

---

54) 최상용은 '플라톤의 혼합정체' 를 '자유와 우애를 중용의 원칙으로 포용한 것' 이라고 설명한 바 있다(최상용, 「플라톤의 중용사상」, 147쪽). 그런데 '플라톤의 혼합정체' 는 '도덕적 본성과 이기적 본능의 조화' 로도 설명될 수 있는 것이다.

55) 이는 君主政에서 專制나 僭主의 요소를 제거하고, 民主政에서 어리석은 방탕을 제거하여, 양자를 결합한 것이라 할 수도 있다.

6. 아리스토텔레스의 '교양과 재산'

주지하듯이, '교양(敎養, 理性)과 재산(財産, 富)' 은 근대 자유민주주의 정치사상에서 종종 '주권자(主權者, 有權者)의 자격' 으로 전제되었던 것이다. 그런데 '교양과 재산' 을 주권자의 자격으로 설정한 것은 아리스토텔레스로부터 기원한다. 아리스토텔레스의 '혼합정치론' 또는 '중산계급 정치론' 이 바로 그것이다. 아리스토텔레스는 중산계급이야말로 '교양과 재산' 을 겸비하여 중용의 정신을 발휘할 수 있는 적임자라고 보았고, 따라서 중산계급을 육성하여 다수의 중산계급이 정치를 주도하게 하는 것이 '현실에서 실현할 수 있는 최선의 정치' 라고 보았다. 그런데 그의 '교양과 재산' 이라는 개념은 근원적으로 '이성적 동물' 이라는 인간관 또는 '도덕적 본성과 이기적 본능' 이라는 인성론적 개념과 궤를 같이하는 것이다. 이제 아리스토텔레스의 『정치학』[1]을 중심으로 이를 살펴보기로 하자.

---

1) 본고에서 활용한 아리스토텔레스 『정치학(POLITIKA)』의 版本은 다음과 같다. 첫째는 國譯本으로, 천병희의 번역본(도서출판 숲, 2014)과 나종일의 번역본(삼성출판사, 1999)을 활용했다. 둘째는 英譯本으로, Ernest Barker의 번역본(Oxford World's Classics, 1995)과 T. A. Sinclair의 번역본(Penguin Classics, 1981)을 참조했다. 『정치학』을 別段으로 인용할 경우 대개는 나종일의 국역본을 활용했으나, 간혹 천병희의 국역본을 활용하기도 했다(이 경우 출처를 표기할 때 '천병희 譯' 이라고 附記했다). 또한 여러 版本들 사이의 번역어 통일을 기하기 위해서 또는 문장을 간명하게 다듬기 위해서 간혹 번역어나 번역문을 약간 손질하기도 했는데, 原意를 손상할 정도의 손질은 전혀 없었기 때문에 이를 별도로 표기하지는 않았다. 한편, 아리스토텔레스의 텍스트를 인용할 때엔 '1332a28' 처럼 Immauel Bekker 版(Berlin, 1831)의 '쪽수, 단수, 행수' 를 모두 표기하는 것이 관례이나, 본고에서는 '1332a' 처럼 간단하게 '쪽수와 단수' 만을 표기하였다.

아리스토텔레스에 의하면, 인간(개인)은 생존을 위해 다양한 것들을 갖추어야 하나, 그의 능력은 한정되어 있다. 요컨대 개인들은 자급자족이 어려우므로 결사(結社)를 통해 서로 협력하고, 의존해야 한다. 아리스토텔레스는 인간의 결사가 발전하는 단계를 '가족, 부락, 국가' 의 3단계로 설명했다. '가족' 은 남자와 여자의 결합 및 주인과 노예의 결합으로 이루어지는 결사로서,[2] 매일 되풀이되는 필요를 충족시키기 위하여 자연적으로 형성되는 최초의 결사 형태이다. '부락' 은 대개 가족의 증식에 의하여 자연스럽게 이루어지는 결사이며, 여러 개의 부락이 결합함으로써 마침내 '국가' 라는 결사체가 등장하게 된다. 그는 다음과 같이 말한다.

> 우리는 끝으로 최종적이고 완벽한 결사에 도달하게 되는데, 이것은 여러 개의 부락으로 이루어지며 이것이 바로 국가이다. 이 결사는 말하자면 완전한 자급자족을 이룬 것이며, 혹은 더 정확하게 말하면 국가란 그저 생존만을 추구하는 과정에서 성장하는 반면에 일단 완전히 성숙하고 나면 좋은 생활을 위하여 존재하며 따라서 이 단계에 이르러서는 완전히 자급자족한다고 할 수 있다.[3]

위의 인용문에서 주목할 것은 '완벽한 결사' 또는 '완전한 자급자족' 이라는 말이다. 아리스토텔레스에 의하면, 국가란 일차적으로는 '자급자족

2) 아리스토텔레스에 의하면, '남자와 여자' 의 결합은 일반적으로 식물이나 동물의 세계에도 있는 결합으로서, 후세에 자신들과 같은 존재를 남기려는 자연적인 충동에서 비롯한다. '주인과 노예' 의 결합은 자연적으로 지배적인 요소와 자연적으로 피지배적인 요소의 결합으로서, 이는 양자의 존속에 다 같이 필요한 것이다. 知性(理性)에 의하여 예견의 능력을 갖는 요소는 자연적인 주인 즉 지배계층이며, 육체의 힘으로 지배층이 계획한 것을 실행하는 요소는 자연적으로 노예 상태에 있는 것이다. 따라서 주인과 노예는 서로 상대방의 결함을 보충해 준다는 점에서 이해관계가 일치한다는 것이다(아리스토텔레스, 『정치학』, 1252a 참조).

3) 아리스토텔레스, 『정치학』, 1252b.

의 생존' 을 위한 결사체이나, 궁극적으로 '좋은 생활(훌륭한 삶, good life)' 을 위한 결사체라는 것이다.[4] 대개 국가에는 농업에 종사하는 농부, 여러 생활용품들을 만드는 장인(匠人), 여러 물품들을 유통시키는 상인(商人), 공동체를 수호하는 군인 등 여러 부류의 직업인들이 존재하는데, 이들 사이의 분업과 협동을 통해 한 국가는 자급자족의 생존을 실현하는 것이다. 그런데 아리스토텔레스는 '정치적 결사' 즉 '국가' 의 존재 이유는 여기에 한정되는 것이 아니라고 보았다. 국가는 더 나아가 '좋은 생활' 을 위하여 존재하며, 이 단계에 이르러야만 '완전한 자급자족' 이라 말할 수 있다는 것이다.

> 국가의 목적은 그저 생존만이 아니며, 좋은 생활의 질이 목적이 되어야 한다. (…) 명백한 결론은 이름만이 아니고 진실로 국가라고 불릴 수 있는 국가는 善을 고취하는 목표에 헌신하지 않으면 안 된다는 것이다.[5]

> 국가란 같은 장소에서 함께 살기 위한 결사가 아니며, 교환을 순조롭게 하거나 상호 간에 옳지 못한 짓을 막기 위해서 생겨난 결사도 아닌 것이 명백하다. 사실 이들은 국가가 존재하기 이전에 있어야 하는 조건들이다. 그러나 이들 조건들이 모두 있다고 해서 그 자체로서 도시국가를 형성하는 데 충분한 것은 아니다. 국가를 구성하는 것은 가정들과 부족들이 좋은 생활을 하도록, 즉 완전하고 자족적인 생존을 이룩하도록 하기 위한 결사인 것이다. (…) 도시국가의 목표와 목적은 좋은 생활이다. 그리고 사회생활의 제도들은 그 목적에 대한 수단인 것이다. 국가는 완전하고 자족적인 생존을 위한 가족들과 촌락들의 공동체

4) 뒤에서 다시 논의하겠지만, '敎養과 財産' 이라는 쌍개념 중에, 재산은 '自給自足의 生存' 과 궤를 같이하며, 교양은 '좋은 생활(훌륭한 삶)' 과 궤를 같이하는 것이다.

5) 아리스토텔레스, 『정치학』, 1280a~b.

이다. 그리고 우리의 정의에 따르면 완전하고 자족적인 생존은 진정한 행복과 善의 생활에 있는 것이다.[6]

앞에서 언급했듯이, 아리스토텔레스에 의하면, 국가란 일차적으로는 '자급자족의 생존' 을 위한 결사체이나, 궁극적으로 '좋은 생활' 을 위한 결사체였다. 이러한 입장은 위의 첫째 인용문을 통해서 다시 확인된다. 그런데 둘째 인용문에서는 '자급자족의 생존' 에 대해서는 '국가가 존재하기 이전에 있어야 하는 조건' 이라고 설명하고, 국가란 '완전한 자급자족의 생존' 즉 '좋은 생활' 을 위한 결사체라고 설명했다. 이러한 설명을 통해, 아리스토텔레스 국가론의 궁극적 취지는 '좋은 생활' 에 있음을 알 수 있겠다.

위의 두 인용문에 보이듯이, 아리스토텔레스가 말하는 '좋은 생활' 이란 '진정한 행복을 누리는 생활' 이요, '善(좋음, 훌륭함, agathon)을 고취하는 생활' 이다. 그런데 인간은 국가를 통하지 않고는 이러한 생활이 불가능하다는 것이다.

사람은 완성되었을 때 동물 중에서 가장 뛰어난 존재이지만, 법(法)과 정의(正義)가 없으면 가장 나쁜 동물로 전락하고 만다. 불의는 유용한 도구가 있을 때 더욱 심각한 것이 된다. 그런데 사람은 날 때부터, 예를 들어 언어 같은 유용한 도구를 갖고 태어난다. 이런 도구들은 워낙 도의적인 덕(德)이나 사려분별을 이루기 위한 것이지만 때로는 그 반대의 목적을 위하여 사용될 수도 있는 것이다. 그렇기 때문에 사람이 덕이 없으면 가장 추악하고 야만스러운 존재이며 탐욕과 무절제함이 다른 동물들보다도 더 강하다. 사람은 국가의 정의를 통하여

6) 아리스토텔레스, 『정치학』, 1280b~1281a.

구원받는다. 왜냐하면 정의란 옳고 그름을 판별하는 것인데 이것을 정치적 결사가 실현하는 것이기 때문이다.[7)]

아리스토텔레스에 의하면 인간은 '동물 중에서 가장 뛰어난 존재'가 될 수도 있고, '가장 나쁜 동물'로 전락할 수도 있다. 그는 이를 '도구의 선용과 악용'으로 설명했다. 그는 인간을 '이성적 동물'이라 했거니와, 이성을 선용하면 동물 중에서 가장 뛰어난 존재가 될 수 있지만, 이성을 악용하면 가장 나쁜 동물로 전락하는 것이다.

위의 인용문에서는 "사람이 덕이 없으면 가장 추악하고 야만스러운 존재이며 탐욕과 무절제함이 다른 동물들보다도 더 강하다."고 했다. 아리스토텔레스에 의하면, 이처럼 '가장 나쁜 동물'을 구제하여 '동물 중에서 가장 뛰어난 존재'로 만드는 것이 바로 '국가'의 존재 이유라는 것이다. 이러한 맥락에서 그는 국가를 '법과 정의'를 통하여 '善'을 고취하는 '정치적 결사체'라고 설명한 것이다.

문제는 모든 국가가 다 인간을 구제하는 데 성공하는 것은 아니라는 점이다. 아리스토텔레스는 "정치 분야에서의 善은 정의(正義)이다. 그리고 정의는 공동이익(common interest)을 증진시키는 방향으로 나아가는 데 있다."고 규정하고,[8)] "한 사람, 소수의 사람, 혹은 다수의 사람이 공동이익을 위하여 통치를 하는 경우에, 그들이 통치를 하는 정치질서는 필연적으로 올바른 정치질서라고 말할 수 있다. 이와 반대로 한 사람, 소수의 사람 혹은 대중의 개인적 이익을 지향하는 정치질서는 왜곡된 형태의 정치질서이다."라고 했다.[9)] 요컨대 '왕정, 귀족정, 혼합정(混合政, 共和政)'[10)]은 좋은 정

---

7) 아리스토텔레스, 『정치학』, 1253a.
8) 아리스토텔레스, 『정치학』, 1282b.
9) 아리스토텔레스, 『정치학』, 1279a.

체요, '폭군정, 과두정, 민주정' 은 나쁜 정체라는 것이다. 아리스토텔레스는 다음과 같이 말한다.

한 사람에 의하여 통치되는 정부 형태들 중에서 일반적인 언어의 용례에 따르면, '왕정(王政)' 은 공동의 이익을 지향하는 정치형태를 뜻한다. 소수인에 의한 정부 형태들 중에서 '귀족정체(貴族政體)' 가 그러한 형태에 해당하며, 이러한 이름이 이 형태의 정부에 주어지게 되는 것은 '최선의 사람들(aristoi)' 이 통치를 하거나, 혹은 그것의 목적이 국가와 국민들을 위하여 '최선의 것(ariston)' 이라는 이유 때문이다. 결국 공동이익을 위하여 대중이 국가를 통치하는 경우에, 이러한 형태의 정치를 부르는 이름은 모든 정치질서에 공통되는 속명(屬名, generic name)으로서 그저 '정체(政體, politeia, polity)' , 혹은 '혼합정체(混合政體, Constitutional Government)' 라고 부른다.[11]

위의 세 가지 형태에 상응하는 세 가지 형태의 왜곡된 정치질서가 있다. 즉 폭군정체(暴君政體)는 왕정의 타락된 형태이고, 과두정체(寡頭政體)는 귀족정체의 타락된 형태이고, 민주정체(民主政體)는 혼합정체의 타락된 형태이다. 폭군정체는 한 사람이 자기 자신의 이익만을 위하여 통치하는 것이고, 과두정체는 부자들의 이익만을 위한 정치이고, 민주정체는 가난한 계층 사람들의 이익을 위한 정치이다. 이 세 가지 형태 중의 어떤 것도 시민 전체의 이익을 위한 것은 아니다.[12]

---

10) 아리스토텔레스는 '대중이 공익을 추구하는 올바른 정치질서' 를 'politeia' 라고 했는데, 여러 학자들은 이 'politeia' 를 '혼합정' 또는 '共和政' 으로 해석한다.

11) 아리스토텔레스, 『정치학』, 1279a.

12) 아리스토텔레스, 『정치학』, 1279b.

위의 둘째 인용문에서는 폭군정 · 과두정 · 민주정에 대해 각각의 통치자들이 모든 국민들의 '공동의 이익'을 외면하고 자신들의 '사사로운 이익'을 추구하는 것이라고 비판했다.[13] 여기서 말하는 '공동의 이익'이란 '공동선(共同善)'과 같은 의미로서,[14] 곧 모든 국민이 '좋은 생활'을 누리게 됨을 말한다.

위의 첫째 인용문에 보이듯이, 왕정 · 귀족정 · 혼합정은 공동선을 추구한다는 점에서 모두 좋은 정체로 규정된다. 그런데 이 셋 중에서 아리스토텔레스는 단연코 혼합정을 가장 바람직한 정체로 꼽았다. 이제 그 까닭을 살펴보기로 하자.

왕정은 '한 사람의 가장 탁월한 인물'이 공동선을 위해 주권을 행사하는 것이요, 귀족정은 '소수의 탁월한 인물들'이 공동선을 위해 주권을 행사하는 것인 반면, 혼합정은 대중(大衆) 즉 '다수의 평범한 사람들'이 공동선을 위해 주권을 행사하는 것이다. 그런데 '탁월한 한 사람 또는 소수의 지혜'보다는 '평범한 다수의 지혜'가 더욱 바람직하다는 것이 아리스토텔레스의 지론이었다. 그는 다음과 같이 말한다.

> 소수의 훌륭한 사람들보다 인민 일반이 최고 권위를 가져야 한다는 주장은 그럴듯하게 보이며, 약간의 난점이 있지만 아마도 약간의 진리도 내포하고 있다. 다수에 의한 정치를 지지하여 이렇게 말할 수 있다. 그들 중의 각자는, 그 자신으로서는 좋은 자질을 갖지 못할는지도 모르지만, 그들이 함께 모이면 소수

13) 아리스토텔레스는 '민주정'은 '自由民 출신이며 가난한 자들이 동시에 多數여서 정부를 통제하는 정치질서'요, '과두정'은 '家門이 좋고 부유한 사람들이 동시에 少數여서 정부를 통제하는 정치질서'라고 설명했다(『정치학』, 1290b).

14) 아리스토텔레스는 "'올바른' 것은 '평등하게 올바른' 것으로 이해되어야 한다. 그리고 '평등하게 올바른' 것은 국가 전체에 이익이 되며, 그 국가의 시민 전체의 共同善을 위한 것이다."라고 말한 바 있다(『정치학』, 1283b).

의 훌륭한 사람들보다 그 자질이 더 뛰어날 수 있다. 많은 사람들이 돈을 염출한 잔치는 한 사람의 비용으로 하는 잔치보다 더 훌륭할 수 있다. 마찬가지 방식으로 많은 사람들이 모이면 각자가 자기의 몫만큼 선과 도덕적인 사려 분별을 가져올 수 있고, 그들이 함께 모이는 경우에는 인민 전체가 여러 개의 발과 손과 감각을 갖고 있어서 인격과 지성의 자질도 역시 여럿 가질 수 있는 단일 인간의 본성과 비슷한 것으로 될 것이다.[15)]

아리스토텔레스는 '한 사람의 큰 부자가 마련한 잔치' 보다는 '많은 사람들이 돈을 염출한 잔치' 가 더욱 훌륭한 것처럼, '탁월한 소수의 자질' 보다는 '평범한 다수의 자질을 결집한 것' 이 더욱 우월하다는 점에서 '다수에 의한 정치' 를 지지하였다. 요컨대 그는 플라톤류의 '철인(哲人) 독재' 보다는 말 그대로 '집단 지성' 을 신뢰한 것이다. 그는 다음과 같이 말하기도 한다.

오늘날에 있어서 실제로 인민들은 집회에서 심의적(審議的)인 그리고 사법적(司法的)인 권능을 모두 지니고 있다. 그리고 이들은 이 두 가지 권능을 겸비하여 특별한 경우들이 관련되어 있는 결정을 내린다. 이들 집회의 개별적인 구성원들은 최선의 1인보다 아마도 열등할 것이다. 그러나 국가는 많은 개인들로 구성되어 있으며, 많은 사람들이 추렴을 한 잔치가 한 사람이 마련한 잔치보다 더 나은 것처럼, 같은 이유로 여러 문제에 있어서 대중이 어느 한 개인보다 더 나은 결정을 할 수 있다. 또한 사람의 수가 많으면 부패의 위험성이 적다. 물의 양이 많으면 적을 때보다 오염될 위험성이 적은 것처럼, 전체의 인민은 소수인들보다 부패의 위험성이 적다. 한 사람의 판단은 그 사람이 격분하였거나 혹은 다

15) 아리스토텔레스, 『정치학』, 1281a~b.

른 어떤 비슷한 감정의 영향 하에 있을 때에 변질될 수밖에 없다. 그러나 전체 인민이 분노하거나 동시에 감정적인 결정을 하기에는 어려울 것이다.[16)]

위의 인용문에서는 '다수에 의한 정치' 를 지지하는 논거로서 '보통 개인은 최선의 1인보다 열등하지만, 대중은 최선의 1인보다 우수할 수 있다' 는 것 외에, '대중은 개인보다 부패의 위험성이 적다' 는 것과 '대중은 개인보다 감정의 영향으로부터 안전하다' 는 것을 들었다.[17)] 이러한 맥락에서 아리스토텔레스는 '다수에 의한 정치' 를 '1인이나 소수에 의한 정치' 보다 선호했던 것이다.

아리스토텔레스는 이처럼 '다수에 의한 정치' 를 자신의 정치철학의 초석으로 삼았다. 그런데 '다수' 는 대개 '교양과 재산' 이 부족하여, 물욕(物慾)에 굴복하기는 쉬운 반면 이성(理性)을 발휘하기는 어려운 것이 사실이다.[18)] 그러므로 다수에게 부족한 '교양과 재산' 을 보강하여, 그들을 정치의 주도세력으로 삼고자 한 것이 바로 아리스토텔레스가 추구한 '혼합정' 또는 '중산층(中產層)에 의한 정치' 이다. 먼저 그의 '중산층 예찬' 을 살펴보자.

모든 국가에 있어서 시민들을 세 가지 부분 혹은 세 가지 계급, 즉 매우 부유

16) 아리스토텔레스, 『정치학』, 1286a.

17) 아리스토텔레스가 '다수에 의한 정치' 를 지지한 또 하나의 이유는 '다수를 배제하고는 국가의 안정을 꾀할 수 없다' 는 이유 때문이었다. 그는 "많은 수의 빈곤하면서도 정치적 권리가 없는 시민들로 이루어진 국가는 필연적으로 敵으로 가득 찬 국가일 수밖에 없기 때문이다. 여기에 대한 대안은 시민들로 하여금 審議와 司法的인 기능에 참여할 수 있도록 하는 것이다." 라고 하였다(『정치학』, 1281b).

18) 주지하듯이, 아리스토텔레스 당시 아테네의 民主政을 주도한 民衆들은 가난하여 쉽게 物慾에 굴복하고, 理性을 발휘하지 못했다(디킨슨, 『그리스인의 이상과 현실』, 127쪽 참조).

한 계층, 매우 가난한 계층, 그리고 그 중간을 형성하는 중산계급으로 구분할 수 있다. 일반적인 원칙으로서 절제와 중용이 항상 가장 좋다는 것은 이미 인정하였다. 우리는 따라서 모든 재산의 소유에 있어서 중간상태가 최선이라고 결론지을 수 있다. 이러한 상태에 있는 사람들은 가장 잘 이성(理性)에 따른다. (…) 중산계급의 또 하나의 장점은 그들은 가장 야망이 적다는 것인데, 이 야망이란 군사적인 또는 시민사회의 영역에 있어서 모두 국가에 위험한 것이다. 또한 너무 많은 이점(利點)을 향유하는 사람들—즉 힘 · 富 · 친지관계 등등—은 남에게 복종하기를 꺼리며 복종하는 것을 알지 못한다는 사실을 부언하지 않을 수 없다.[19)]

아리스토텔레스는 먼저 '절제와 중용이 항상 가장 좋다' 는 맥락에서 '매우 부유한 계층' 이나 '매우 가난한 계층' 보다는 그 중간을 형성하는 '중산계급' 이 낫다고 주장하였다. 그리고 중산계급은 '가장 잘 이성에 따른다' 는 점과 '가장 야망이 적다' 는 점을 부연하였는데,[20)] 이는 아리스토텔레스가 정치적으로 중산계급을 옹호하는 실질적인 이유라 하겠다.

아리스토텔레스에 의하면, '지나치게 아름다운 사람, 지나치게 튼튼한 사람, 지나치게 가문이 좋은 사람, 지나치게 부유한 사람' 이나 '지나치게 약한 사람, 지나치게 비천한 사람' 등 '양극단에 속하는 사람들' 은 이성에 따르기가 어렵다. 이들은 폭력이나 건달 짓 등을 하는 경향이 많으며, 이로부터 온갖 범죄가 싹트게 된다. 또한 너무 많은 이점을 향유하는 사람들은 어린 시절부터 사치스런 생활에 젖어서 규율에 복종하는 습관을 갖지 못

19) 아리스토텔레스, 『정치학』, 1295b.

20) 아리스토텔레스의 '중산층은 理性에 잘 따르고, 야망이 적다' 는 말은 오늘날의 '중산층은 온건하고 합리적이다(moderate and rational)' 라는 말이나 옛날의 '衣食이 풍족해야 禮義를 안다' 는 말과 궤를 같이한다.

하는 반면, 아무 이점도 누리지 못한 사람들은 너무 저속하고 겁이 많게 된다. 따라서 중산층을 배제하고 빈곤층이나 부유층만을 주목하면, "그 결과로 국가는 자유민이 아니고 단지 노예와 주인으로서만 이루어져서, 한쪽에는 부러움과 시기심만이 있고, 다른 한쪽에서는 경멸만이 있는 국가로 되고 만다."[21] 이러한 맥락에서 그는 다음과 같이 말한다.

> 국가는 가능한 한 평등하며 동등한 사람들로 구성된 사회로 되고자 한다. 그리고 다른 어떤 계급보다 중산계급이 이러한 종류의 구성을 갖고 있는 것이다. 따라서 중산계급에 기초를 두고 있는 국가가 우리들의 견해에 의하여, 국가를 자연적으로 구성하고 있는 요소들의 견지에서 볼 때, 가장 최선의 질서를 갖고 있음에 틀림없다. (…) 이제까지 논의해 본 바에 의하면 아래와 같은 점이 명백하다. 첫째, 정치적 사회의 최선의 형태는 권력이 중산계급의 손에 있는 사회이며, 둘째, 중산계급이 큰 국가들이 좋은 정부를 달성할 수 있다.[22]

이상에서 아리스토텔레스의 중산계급 예찬을 살펴보았거니와, 문제는 중산계급의 규모가 충분히 커야 한다는 점이다. 아리스토텔레스는 "중산계급의 규모는 가능하다면 다른 두 계급을 합한 것보다 더 강할 정도로 크거나, 아니면 적어도 두 계급 중 어느 하나보다는 더 강할 정도로 커야 한다."고 했다.[23] 이처럼 중산계급의 규모가 클 때는 시민들 사이의 분열 또는 파벌이 생길 가능성이 가장 적다는 것이다. 그런데 당시 그리스의 경우 중산계급의 규모가 크지 못했기 때문에 혼합정이 성공한 사례가 드물었고, 대신에 과두정이나 민주정이 득세하게 되었다는 것이다. 아리스토텔

21) 아리스토텔레스, 『정치학』, 1295b.
22) 아리스토텔레스, 『정치학』, 1295b.
23) 아리스토텔레스, 『정치학』, 1295b.

레스는 다음과 같이 말한다.

일반적으로 큰 국가들은 큰 중산계급을 갖고 있으므로 파벌이 덜하다. 반대로 작은 국가들에 있어서는 전체 인구가 단지 두 계급으로만 나누어지기 쉽다. 중간에는 아무것도 없으며 거의 모든 사람이 부자이거나 가난뱅이이다. (…) 방금 말한 것으로 미루어 보면 어째서 대부분의 정치질서들이 민주정체가 아니면 과두정체인가 하는 것이 설명된다. 첫째로 대부분의 국가에 있어서 중산계급은 일반적으로 수가 적은데, 그 결과로 두 개의 주된 계급들—유산층이나 일반 대중들—중의 어느 하나가 유리한 입장에 서게 되면, 곧 중용(中庸)의 道를 벗어나서 자기 계급의 이득에 맞는 방향으로 헌정질서를 만들어서 경우에 따라 민주정체나 과두정체를 설립하는 것이다. 둘째로 대중과 부유한 계급 사이에는 파벌적인 분쟁과 투쟁이 쉽게 일어나며, 그리고 때에 따라서 어느 쪽이 이기건 간에 이긴 쪽이 공동 이익과 평등의 원칙에 근거를 둔 헌정질서를 세우기를 거부하며, 그러나 승리의 노획물로서 헌정적인 권리를 더 많이 차지하려고 하기 때문에 각기 원칙에 따라 민주정체나 혹은 과두정체를 세우는 것이다.[24]

중산계급이 취약할 경우, 소수의 부자나 다수의 빈자가 정치권력을 행사하게 된다. 그런데 부자나 빈자는 중용의 도를 벗어나기 쉽기 때문에, 결과적으로 부자의 권익만을 중시하는 과두정이나 빈자의 권익만을 중시하는 민주정이 등장하게 된다는 것이다. 아리스토텔레스의 관점에서 과두정과 민주정은 모두 바람직하지 못한 정체인데, 이는 중산계급이 취약할 때 등장하기 쉽다. 이러한 맥락에서 그는 "국가의 구성원들이 적절하고 알맞은 재산을 갖고 있으면, 그 국가에는 아주 좋은 일"[25]이라 하여, 중산층의

---

24) 아리스토텔레스, 『정치학』, 1296a.
25) 아리스토텔레스, 『정치학』, 1295b.

번영 자체를 국가의 축복으로 인식했다.

위의 인용문에서 주목할 내용은 '중용(中庸)의 道' 와 '공동 이익과 평등의 원칙에 근거를 둔 헌정질서' 라는 말이다. 아리스토텔레스는 중산계급이 국정을 주도할 때 '중용의 도' 와 '공동 이익과 평등의 원칙에 근거를 둔 헌정질서' 를 실현할 수 있다고 본 것인데, 이것이 바로 그가 추구한 '혼합정' 이었다. 그는 '중산계급' 과 '혼합정' 의 관계를 다음과 같이 설명한다.

> 중산계급이 다른 두 계층을 합한 것보다, 또는 둘 중 어느 한쪽보다 수가 많은 곳에서는 '혼합정체' 가 지속될 수 있다. 그럴 경우 부자들이 빈민과 결탁하지 않을까 염려할 필요가 없기 때문이다. 이 두 계층은 어느 쪽도 다른 쪽에 종속되기를 원치 않을 것이고, '혼합정체' 보다도 더 두 계층의 이익에 부합하는 정체를 찾아내려 해도 찾아내지 못할 테니 말이다. 부자와 빈민은 서로 불신하기에 번갈아가며 지배하는 데 결코 찬성하지 않을 것이기에 하는 말이다. 어디서나 중립적인 중재자가 가장 신뢰를 받기 마련인데, 중산계급 출신자야말로 그런 중재자다.[26)]

위의 인용문에서 알 수 있듯이, 아리스토텔레스가 추구한 혼합정이란 중산계급이 국정을 주도하는 것이다. 그런데 앞에서 '공동 이익과 평등의 원칙에 근거를 둔 헌정질서' 라고 했듯이, 혼합정이란 중산계급이 자신의 이익만 추구하는 정체가 아니요, 부자와 빈민의 이익도 공정하게 배려하는 것이며, 더 나아가 부자와 빈민 사이의 갈등을 공정하게 중재하는 것이다. 요컨대 아리스토텔레스는 부유층 · 중산층 · 빈민층 가운데 '공동 이익과 평등의 원칙에 근거를 둔 헌정질서' 를 실현할 수 있는 적임자는 중산

---

26) 아리스토텔레스, 『정치학』, 1296b. (천병희 역)

층이라고 본 것이요, 그리하여 중산층이 국정을 주도하는 것이 가장 바람직하다고 본 것인데, 이를 그는 '혼합정' 이라고 부른 것이다.

이제 아리스토텔레스가 말하는 혼합정의 구체적인 내용을 살펴보자. 아리스토텔레스는 혼합정을 종종 '민주정과 과두정의 혼합' 이라고 설명했다. 그런데 다음의 인용문에서 알 수 있듯이 그가 말하는 혼합정은 실제로는 '민주정과 과두정 및 귀족정의 혼합' 이었다.

> 미덕(美德)에 따라 공직을 배분하는 것이 귀족정체의 주된 특징이다. 귀족정체의 원칙은 미덕이고, 과두정체의 원칙은 부(富)이며, 민주정체의 원칙은 자유민 신분이니 말이다. 물론 다수결의 원칙은 이 모두에서 발견된다. 과두정체에서나 귀족정체에서나 민주정체에서나 국정 참여자의 다수가 결정하는 것은 최고 권력을 갖기 때문이다. 그런데 대부분의 국가에서는 이른바 '혼합정체' 라는 이름이 잘못 쓰이고 있다. 이들 국가에서 혼합이 추구하는 것은 빈민의 자유민 신분과 부자들의 부(富)를 통합하는 것뿐이니 말이다. 그것은 이들 국가에서는 대개 부자들이 실질적으로 신사(紳士)들의 위치를 차지하고 있는 것처럼 보이기 때문이다. 그러나 '혼합정체' 에서 동등한 몫을 요구할 수 있는 요소는 사실은 세 가지, 즉 자유민 신분, 부(富), 미덕이다. 흔히 네 번째 요소로 간주되는 좋은 가문은 마지막 두 요소의 결과이며 세습된 부와 미덕의 혼합에 지나지 않는다.[27]

위에 보이듯이, 아리스토텔레스는 혼합정이란 민주정의 요소인 자유민 신분, 과두정의 요소인 부(富), 귀족정의 요소인 미덕을 동등하게 배려하는 것이라고 분명하게 설파하였다. 그럼에도 불구하고 종종 혼합정을 "빈민

27) 아리스토텔레스, 『정치학』, 1294a. (천병희 역)

의 자유민 신분과 부자들의 부를 통합하는 것"으로 오해하는 까닭은 "대개 부자들이 실질적으로 신사(紳士)들의 위치를 차지하고 있는 것처럼 보이기 때문"이라는 것이다.[28)]

아리스토텔레스가 추구한 혼합정은 민주정의 요소인 자유민 신분, 과두정의 요소인 부(富), 귀족정의 요소인 미덕을 동등하게 배려하는 것인바, 이는 앞에서 살핀 '중산층에 의한 정치'와 서로 표리를 이루는 것이다. 중산층은 '자유민 신분으로서, 적절한 부(富, 財産)와 합리적인 이성(理性, 美德)을 갖춘 존재'라고 이해할 수 있기 때문이다. 다시 말하면, 아리스토텔레스의 혼합정은 당시 민주정의 주도세력이었던 '빈곤하고 무식한 대중(자유민)'을 '교양과 재산을 갖춘 중산층'으로 탈바꿈시킴으로써 실현될 수 있는 것이었다.

그러면 아리스토텔레스는 왜 이처럼 주권자의 자격으로 '교양과 재산'을 강조한 것인가? 이는 그의 '국가관(정치관)'과 관련된 문제이기도 하고, 그의 '인간관'과 관련된 문제이기도 하다. 먼저 '국가관'의 측면을 살펴보자. 앞에서 살펴보았듯이, 아리스토텔레스에 의하면 국가란 일차적으로는 '자급자족의 생존'을 위한 결사체이나, 궁극적으로 '좋은 생활(훌륭한 삶)'을 위한 결사체였다. 이를 염두에 두고, 다음의 인용문을 보자.

> 정치적 권리를 주장할 수 있기 위해서는 국가의 존재를 구성하는 요소들에 어떤 기여를 할 수 있어야 한다. 그래서 가문이 좋고 자유민 출신이며 부자인 사람들이 명예와 관직을 요구할 수 있는 좋은 기반을 가지는 것이다. 관직을 담당하는 사람은 필연적으로 자유민이어야 하며 납세자여야 한다. 국가는 생활수

28) 여기서 '紳士'는 '美德'과 상응하는 개념이다. 요컨대 富者들이 '富와 美德을 겸한 것'처럼 보이기 때문에, 혼합정을 논함에 있어서 '귀족정의 요소'를 별도로 고려하지 않고 그저 '과두정과 민주정의 혼합'으로 간주하게 된다는 말이다.

단이 없는 사람들만으로써는 구성될 수 없는바, 이것은 마치 국가가 노예들만으로써 전적으로 구성될 수 없는 것과 마찬가지이다. 그러나 만약 부(富)와 자유민 출신이라는 점이 필요한 요소라고 한다면, 정의로움과 군인다움도 또한 필요한 요소라고 부언해야 한다. 이들도 또한 사람들이 한 국가 안에서 함께 살려면 구비되어야 하는 요소들이다. 한 가지 차이점은 첫 번째 두 가지 요소는 국가가 단순히 존재하는 데 필요한 것이며, 마지막의 두 요소는 국가에서 좋은 생활을 향유하기 위해서 필요한 요소라는 점이다. (…) 만일 우리가 국가의 존재에 기여한다는 점에서 생각한다면, 위에 언급한 모든 요소들, 혹은 적어도 그들 중의 몇 개는 관직과 명예를 수용하는 데 있어서 인정해주어야 하는 것이라고 주장하는 것이 올바를지도 모른다. 그러나 만약 우리가 국가에 있어서 좋은 생활에 대한 기여라는 면에서 생각해 본다면, 교양과 善이 위에서 이미 살펴본 바와 같이 가장 정당한 주장을 갖고 있는 것으로 볼 수 있다.[29)]

위의 인용문에서 주권자의 자격 요건으로 제시된 요소들은 '부(富)와 자유민 출신' 및 '정의로움과 군인다움' 이다. 그런데 아리스토텔레스에 의하면, '부(富)와 자유민 출신' 은 국가가 단순히 '존재' 하는 데 필요한 요소이며, '정의로움과 군인다움' 은 국가에서 '좋은 생활' 을 향유하기 위해서 필요한 요소라는 것이다. 또한 위의 인용문 마지막 부분의 내용으로 본다면, '정의로움과 군인다움' 은 '교양과 善' 과 궤를 같이하는 개념이다. 요컨대 국가를 기본적으로 '자유민들의 결사체' 라고 본다면, 국가의 '생존(존재)' 을 위해서는 '부(富)' 가 필요하고, '좋은 생활' 을 위해서는 '교양(정의로움, 군인다움, 善)' 이 필요하다는 것이다.

아리스토텔레스는 이처럼 혼합정의 성공 요건으로 부(富)와 교양을 함

29) 아리스토텔레스, 『정치학』, 1283a.

께 언급하지만, 궁극적으로 중요한 것은 부(富)가 아니라 교양이라고 보았다. 그는 다음과 같이 말한다.

> 국가의 시민들은 활동에 찬 생활과 그리고 전쟁을 수행할 능력이 있어야 하는 것도 사실이다. 그러나 그들은 이보다 더 여가와 평화의 생활을 영위할 수 있어야 한다. 또한 그들이 필요하고 유용한 행동들을 할 수 있어야 함도 사실이지만, 이보다 더 그 자체로서 좋은 행동을 할 수 있어야 한다. (…) 오늘날에 최선의 정치질서를 갖고 있다고 치는 그리스 국가들과 그 국가들의 정치체제를 이룩한 입법자들은 모두 이러한 이상에 미치지 못하였다. 명백히 그들이 제정한 정치질서들은 생활의 고차원적 목적을 염두에 두고 만든 것은 아니며, 또한 그들이 만든 법률이나 교육제도도 모든 덕성을 지향하도록 되어있지 못하다. 오히려 그 반대로 단지 실용적이며 더 이득을 많이 내는 그러한 성격과 성질의 배양을 목표로 천하게 타락되어 가는 것이다. (…) 대부분의 사람들은 제국(帝國)의 원칙을 신봉한다. 이것은 제국을 성취하면 크게 물질적인 번영을 얻을 수 있다고 믿기 때문이다. 스파르타의 정치질서에 관하여 저술한 모든 다른 사람들과 마찬가지로 티브론(Thibron)도 명백하게 이런 뜻에서 스파르타의 입법자가 국민들로 하여금 위험에 대처하도록 훈련시킨 결과 제국을 창설하게 되었다고 찬양한다. (…) 그럼에도 불구하고 스파르타는 사람의 생활을 가치 있게 만드는 모든 것을 상실한 것이다.[30)]

위의 인용문에서 '활동에 찬 생활과 전쟁을 수행할 능력, 필요하고 유용한 행동들' 은 '실용적, 물질적 번영' 과 궤를 같이하고, '여가와 평화의 생활, 그 자체로서 좋은 행동' 은 '생활의 고차원적 목적, 사람의 생활을 가치

30) 아리스토텔레스, 『정치학』, 1333a~b.

있게 만드는 모든 것'과 궤를 같이한다. 요컨대 전자는 부(富)와 관계된 것이며, 후자는 교양과 관계된 것이다. 그런데 당시 그리스 국가들은 부에 편중하고 교양을 외면함으로써 '사람의 생활을 가치 있게 만드는 모든 것'을 상실하게 되었다는 것이다. 이처럼 아리스토텔레스는 혼합정의 성공요소로 재산과 교양을 함께 거론했지만, 사실 재산은 또한 교양있는 생활을 뒷받침하기 위한 수단으로 인식되었던 것이다.[31]

이제 '인간관'의 측면을 살펴보자. 주지하듯이 아리스토텔레스는 인간을 '이성적 동물'로 규정했다. 그는 다음과 같이 말한다.

사람 이외의 다른 동물들은 대개 자연적 충동(natural impulse)에 의하여 살아간다. 단지 어떤 동물들은 약간의 정도로 습관에 의하여 행동하기도 한다. 사람은 자연적인 충동과 습관 이외에도 이성적인 원칙에 의해서도 생활한다. 그리고 인간은 이성을 지니고 있다는 점에서 독특한 존재이다.[32]

어떤 것에든지 그것에 고유한 것이 본성상 그것에 가장 좋고 즐거운 것이다. 그러므로 사람에게 있어서는 이성을 따른 생활이 가장 좋고 즐거운 것이다. 이성은 다른 무엇보다도 인간을 인간 되게 하기 때문이다. 그러므로 이러한 생활이 또한 가장 행복한 생활이다.[33]

위의 첫째 인용문에서는 다른 동물들은 대개 '자연적 충동' 즉 '육체적 본능'에 의하여 살아가나 인간은 '자연적 충동' 뿐만 아니라 '이성'에 따

31) 이는 아리스토텔레스가 '자급자족의 생존'을 '좋은 생활'의 조건으로 규정한 것(『정치학』, 1280b~1281a)과 마찬가지이다.
32) 아리스토텔레스, 『정치학』, 1332b.
33) 아리스토텔레스, 『니코마코스 윤리학』, 1178a.

르기도 한다고 설명하고, 이성을 인간에게만 존재하는 독특한 요소로 규정했다. 둘째 인용문에서는 이성을 인간의 고유한 본성으로 규정하고, 이성에 따르는 삶이 '인간다운 삶' 인 동시에 '가장 좋고, 가장 행복한 삶' 이라고 설명했다. 요컨대 자연적 충동이나 육체적 본능은 인간과 다른 동물이 공유하는 것이요, 이성은 오직 인간만이 지니는 것인바, 이러한 맥락에서 아리스토텔레스는 인간을 '이성적 동물' 로 규정한 것이다.[34]

아리스토텔레스는 인간을 '영혼과 육체의 결합' 으로 설명하기도 했다. 아리스토텔레스의 인간관에서, '이성' 은 '영혼' 과 상응하는 것으로 '인간의 (도덕적, 사회적) 본성' 에 해당하고, '동물' 은 '육체' 와 상응하는 것으로 '인간의 (이기적, 동물적) 본능' 에 해당한다.[35] 그런데 인간은 이성을 발휘해야만 다른 동물보다 존엄한 인간이 될 수 있는 것처럼, '영혼과 육체' 의 관계에서도 '영혼이 육체를 다스리고, 육체는 영혼의 지배를 받아야만 한다' 는 것이 그의 지론이었다.

영혼은 주인이 노예를 다스리는 것과 같은 종류의 권위를 갖고 육체를 지배한다. 정신은 욕망을 정치가나 군주와 같은 종류의 권위로써 다스린다. 사람의 내적 생활의 영역에 있어서는 육체가 영혼의 지배를 받는 것이 분명히 자연적이고 또 유익하기도 하며, 또한 영혼의 감정적인 부분이 정신과 이성적인 부분의 지배를 받는 것이 자연스럽고 유익한 것이다. 반면에 이 양면이 균형을 이루거나 지배 · 피지배 관계가 거꾸로 된다면 항상 유해한 일이다.[36]

---

34) '이성적 동물' 에서 '이성적' 은 인간을 다른 동물과 구별해주는 '인간의 種差' 인 것이다.

35) 이에 대한 자세한 논의는 拙著, 『본성과 본능 : 서양 人性論史의 재조명』 제2장 〈아리스토텔레스의 본성론과 이성적 삶〉 참조.

36) 아리스토텔레스, 『정치학』, 1254b.

위의 인용문을 통해 '영혼이 육체를 다스리고, 육체는 영혼의 지배를 받아야만 한다' 는 아리스토텔레스의 지론을 충분히 확인할 수 있겠다. 그렇다면 '영혼이 육체를 다스리고, 육체는 영혼의 지배를 받아야만 한다' 는 것은 구체적으로 무슨 뜻인가? 인간은 육체를 지니고 있으며, 따라서 생존을 위해 끊임없이 식색(食色) 또는 의식주(衣食住)의 욕구를 충족시켜야 한다.[37] 이는 육체로 인한 자연적이고도 필연적인 사실이다. '영혼이 육체를 다스린다' 는 것은 육체로 인한 본능적 욕구의 자연성과 필연성을 인정하면서도, 그것이 탐욕으로 흐르지 않도록 적절하게 통제하는 것을 말한다.

아리스토텔레스는 본능적 욕구의 자연성과 필연성을 인정하면서도, '본능적 욕구의 충족' 만으로는 또한 '사람다운 삶' 이 될 수 없다고 보았다.[38] 요컨대 그는 육체와 영혼을 별개로 상정하고, '영적(靈的)인 삶' 즉 '이성을 발휘하는 삶' 이 곧 '사람다운 삶' 이라고 보았던 것이다. 이러한 맥락에서, 그는 다음과 같이 말한다.

> 이러한 결과를 두고 우리는 두 가지 것을 자명한 것으로 가정할 수 있다. 첫째, 사람의 생활 영역에 있어서 첫 시작은 탄생이다. 그러나 그러한 시작으로부터 이루어지는 목적은 어떤 더 높은 목적을 향한 일보 전진일 뿐이다. 사람 본성의 궁극적인 목적은 이성적 원칙과 이성적 사고의 행사이다. 따라서 우리는 처음부터 우리들 시민의 탄생과 습관의 훈련을 이러한 능력의 사용이라는 견지에서 규제하지 않으면 안 된다. 두 번째로 영혼과 육체는 두 가지의 별개인 것과 마찬가지로, 영혼에 있어서도 또한 비합리적인 것과 합리적인 것의 두 부분이 있다. 그리고 또한 이 두 부분에 각각 상응하는 두 가지 상태로서, 육욕(肉慾,

37) 앞에서 말한 '자연적 충동' 이란 바로 이러한 '본능적 욕구' 로부터 비롯되는 작용이다.

38) 아리스토텔레스는 理性에 의해 통제되지 않은 '향락적 생활' 을 '짐승에 합당한 생활' 이라고 폄하했다(『니코마코스 윤리학』, 1095b).

appetite)과 순수사고(純粹思考)가 있다. 태어날 때 시간적으로는 육체가 영혼에 선행하며, 영혼 중에서도 비합리적인 부분이 합리적인 부분에 선행한다. 이것은 태어날 때부터 유아에게서 육욕의 모든 표시—즉 분노 · 억지, 그리고 욕망(desire)—를 볼 수 있지만, 추론이나 사색은 그들이 나이를 더 먹어야만 나타나는 기능임을 보아 분명히 알 수 있다. 여기에서 나오는 결론은 명백하다. 유아에 있어서는 영혼보다 육체를 더 잘 돌봐주어야 한다. 그리고 그들의 육욕은 그다음으로 통제되어야 하는 부분이다. 그러나 그들의 육욕을 통제하는 것은 그들의 마음을 이롭게 하기 위한 것이다. 이것은 마치 그들의 육체를 보살펴 주는 것이 그들의 영혼을 위한 것임과 같다.[39)]

위의 인용문에서, 아리스토텔레스는 먼저 두 가지를 자명한 것으로 가정했다. 첫째는 '시작으로부터 이루어지는 목적은 어떤 더 높은 목적을 향한 일보 전진일 뿐' 이라는 가정으로, 이를 통해 '인간으로 탄생한 궁극적인 목적은 이성적 원칙과 이성적 사고의 행사' 라는 주장을 도출했다. 둘째는 '영혼과 육체는 두 가지 별개인 것' 이라는 가정으로, 이를 통해 '육욕(肉慾, appetite)과 순수사고(純粹思考) 역시 별개' 라는 주장을 도출했다. 여기에다 '태어날 때 시간적으로는 육체가 영혼에 선행한다' 는 사실을 부가하고, 이로부터 '영혼보다 육체를 먼저 돌봐주어야 한다' 는 주장을 도출했다. 그리고는 '육체를 보살펴 주는 것은 영혼을 위한 것' 이라 하여, 궁극적으로는 '육체는 영혼을 위해 존재하는 것임' 을 깨닫도록 만든 것이다.

위의 인용문에 보이듯이, 육욕은 육체로부터 기인하는 것이요, 순수사고는 영혼(이성)의 기능이다. 아리스토텔레스는 '순수사고' 즉 '이성의 발휘' 야말로 '인간의 고유한 본성' 과 부합하는 '사람다움의 근거' 라고 보았

39) 아리스토텔레스, 『정치학』, 1334b.

으면서도, 우리는 '영혼보다 육체를 먼저 돌봐주어야 한다' 고 주장했다. 이는 육체적 욕구를 적절하게 충족시켜야만 영혼도 본래의 기능을 온전히 발휘할 수 있다고 보았기 때문이다.

이를 '재산과 교양' 을 연결해 본다면, 재산은 '육체적 욕구를 충족시키는 수단' 이며, 교양은 '영혼이 본래의 기능을 발휘하는 것' 이다. 아리스토텔레스가 말한 '좋은 생활' 은 '영혼이 본래의 기능을 발휘하는 삶' 인바, 아리스토텔레스는 "좋은 생활을 위해서는 일정한 양의 물질적 조건이 충족돼야 한다."[40]고 역설하였다. 그는 또한 "교양과 품행은 부유한 계급들과 더 관련이 많은 것" 이라 하고, "부유한 사람들은 일반적으로 여러 이점(利點)들을 갖고 있는데, 범죄자들은 이러한 이점들이 없기 때문에 범죄를 저지르게 된다." 고도 했다.[41] 이를 맹자의 말로 표현하면 '항산(恒產)을 지닌 사람들은 그로 인해 항심(恒心)도 지닐 수 있으나, 항산이 없는 사람들은 그로 인해 항심도 잃게 된다' 는 것이다. 이러한 맥락에서 맹자는 먼저 백성의 항산을 보장하고, 그다음에 항심을 지닐 수 있도록 교육하라고 주문했던 것이다. 마찬가지로 아리스토텔레스는 육체적 욕구가 충족된 다음에야 영혼이 본래의 기능을 발휘할 수 있다고 보고, 따라서 '먼저 백성을 부유하게 만들어주면, 백성들이 교양과 품행을 발휘하게 될 것' 이라고 주장했던 것이다.

이제 이상의 내용을 정리해보자. 아리스토텔레스에 의하면, 국가는 일차적으로는 '자급자족의 생존' 을 위한 결사체이나, 궁극적으로는 '좋은 생활' 을 위한 결사체이다. 아리스토텔레스는 이러한 이상을 실현할 수 있는 가장 현실적인 정체는 '혼합정' 이라고 보았다. 그가 말하는 혼합정이란 재산과 교양을 지닌 중산계급이 주도하는 정체로서, 중산계급이 부유

---

40) 아리스토텔레스, 『정치학』, 1331b.
41) 아리스토텔레스, 『정치학』, 1293b.

층과 빈곤층의 요구를 적절하게 수용하는 중용의 정치였다. 중산계급은 말 그대로 '지나치지도 모자라지도 않는 재력(財力)을 지닌 계급' 으로서, 아리스토텔레스는 이처럼 적절한 재력은 또한 이성(교양)을 발휘할 수 있는 토대가 되기도 한다고 보았다. 그런데 아리스토텔레스가 이처럼 '교양과 재산' 의 필요성을 동시에 주목한 것은 인간은 도덕적 본성과 육체적 본능을 함께 지닌 존재라고 보았기 때문이다. 그에 의하면 인간은 도덕적 본성을 발휘해야만 사람다운 사람이 되는 것이나, 본능적 욕구를 적절히 충족시켜야만 도덕적 본성을 발휘할 수 있는 것이다. 그러므로 그는 우선적으로 중요한 것은 적절한 재산이요, 궁극적으로 중요한 것은 교양과 품행이라고 강조했던 것이다.

7. 홉스의 '자연권과 자연법'

홉스(Thomas Hobbes, 1588~1679)의 업적은 무엇보다도 '자연상태' 에서의 '자연권(自然權)' 과 '자연법(自然法)' 을 기본 개념으로 삼아 정치철학을 구성하는 '정치철학에 대한 새로운 접근법' 을 제시했다는 데 있을 것이다. 주지하듯이 홉스의 '자연상태' 란 실정법이 작동하는 '사회상태' 와 반대되는 개념으로서, 인간의 본성으로부터 자연적으로 도달하게 되는 상태를 말한다. 홉스는 '정념(情念, passion)과 이성(理性, reason)' 을 두 축으로 삼아 인간의 본성을 논의했는데, 그의 '자연권과 자연법' 이라는 관념 역시 이러한 인간관을 토대로 삼는 것이다. 따라서 먼저 홉스의 인간관을 간략히 살펴보기로 하자. 홉스는 『시민론』에서 다음과 같이 말한다.

> 재화를 공유하면, 각자 자신이 그 재화를 최대한 향유하기 위해 반드시 싸움이 일어날 수밖에 없다. 그리고 이 싸움 때문에 어쩔 수 없이 모든 종류의 재앙이 잇달아 일어나는데, 누구나 본성적 직감을 통해 이런 재앙을 막아야 한다고 깨달았다. 따라서 인간의 본성에 관한 다음 두 공리에 이르게 되는데, 탐욕스러운 본성에서 발생한 한 가지 공리는 탐욕스러운 본성은 자기 이외의 모든 사람들이 함께 관심을 갖는 것들을 독점적으로 사용하려고 욕구한다는 것이다. 그리고 이성적 본성에서 발생한 다른 공리는 이성적 본성은 자연에서 이를 수 있는 최대의 불행인 반(反)자연적 죽음을 피하라고 일깨워준다는 것이다.[1]

1) 홉스, 『시민론』, 14쪽.

위의 인용문에서는 '인간의 본성에 관한 두 공리' 로서 "탐욕스러운 본성은 자기 이외의 모든 사람들이 함께 관심을 갖는 것들을 독점적으로 사용하려고 욕구한다."는 것과 "이성적 본성은 자연에서 이를 수 있는 최대의 불행인 반(反)자연적 죽음을 피하라고 일깨워준다."는 것을 들었다.[2] 여기서 알 수 있듯이, 홉스는 '탐욕'[3]과 '이성' 을 인간 본성의 두 축으로 파악하고 있었으며, 특히 홉스의 이성은 '옳음' 을 추구하는 도덕적 이성이 아니라 '반자연적 죽음' 을 피하는 방법을 모색하는 도구적 이성이었다. 홉스의 이러한 논법은 『리바이어던』에서도 그대로 지속된다.

『리바이어던』에서는 '의지적 운동의 내적 단초' 를 '정념(情念)' 이라 규정했다. 자유의지에 따른 인간의 자발적 운동은 모두 일정한 정념으로부터 비롯된다는 말이다. 홉스의 정념론은 다양한 내용을 포괄하고 있지만, 그것은 '욕망과 혐오', '사랑과 미움', '善과 惡' 등의 두 계열로 구분된다. 인간은 善을 욕망하고 사랑하며, 惡을 혐오하고 미워한다는 것이다. 요컨대 홉스는 인간의 삶을 이러한 두 부류의 정념에 따른 자발적 운동의 연속으로 보았다.

홉스가 말하는 '善과 惡' 은 어떤 객관적이고 절대적인 구분에 의한 것이 아니다. 홉스에 의하면, 어떤 개인이 욕망하는 대상이 그에게는 善인 것이며, 혐오하는 대상이 그에게는 惡인 것이다. 따라서 순수하고 절대적인 의미의 선·악은 존재하지 않으며, 선·악은 개인의 주관성과 밀접하게 관련된 것이다(도덕적 상대주의). 또한 욕망(desire)과 사랑(love)은 본질적으로 같은 것으로서, 그 대상〔善〕이 나에게 없을 때에는 그것을 욕망하는

---

2) '反자연적인 죽음' 이란 전쟁이나 약탈 등으로 인해 자연스러운 수명대로 살지 못하고 '非命橫死' 함을 말한다.

3) '탐욕' 은 '情念' 의 한 부분이다. 홉스는 인간의 情念 가운데 '재화에 대한 탐욕' 과 '죽음에 대한 공포' 를 특히 중시했다.

것이고, 나에게 있을 때에는 그것을 사랑하는 것이다. 혐오(aversion)와 미움(hate)도 같은 맥락에서, 그 대상〔惡〕이 나에게 없을 때에는 혐오하는 것이고, 나에게 있을 때에는 미워하는 것이다. 이러한 맥락에서, 욕망은 그 대상으로 접근하는 운동을 낳고, 혐오는 그 대상으로부터 도망가는 운동을 낳는다. 요컨대 인간의 의지적(자발적) 운동이란 이익이 되는 대상에게 달려가고 손해가 되는 대상으로부터 도망치는 '추리피해(趨利避害)' 의 과정이다.[4)]

그런데 이익이 되는 대상들은 대개 사람들이 원하는 것보다 적게 존재한다. 따라서 이익 추구의 과정은 또한 경쟁의 과정이기도 하다. 이러한 맥락에서 홉스는 "부(富), 명예, 지배, 기타 다른 권력에 대한 경쟁은 논쟁이나 반목 또는 전쟁을 낳기 쉽다. 왜냐하면 한 경쟁자가 욕망을 달성하는 길은 다른 경쟁자를 죽이거나, 정복하거나, 축출하거나, 배격하는 것이기 때문이다."[5)]라고 설파하고, "파괴와 정복을 불가피하게 만드는 경쟁의 주된 목적은 자기보존"[6)]이라고 해명하였다. 요컨대 이익의 대상보다 그에 대한 욕망이 더 큰 상황에서, 사람들은 서로 자기보존을 위해 경쟁에 돌입하게 되는데, 이러한 생존경쟁으로부터 이른바 '자연상태의 혼란' 이 야기된다는 것이다. 홉스는 자연상태의 불편함 가운데 가장 큰 것은 '공포와 위험' 이라고 하였다. 만인의 만인에 대한 전쟁상태에서, '자신도 언제 죽임을 당할지 모른다' 는 공포와 위험은 인간으로 하여금 평화를 지향하지 않을 수 없게 만든다. 요컨대 재화에 대한 탐욕스러운 욕망은 자연상태를 혼란에 빠뜨리고, 반(反)자연적인 죽음에 대한 공포는 이성으로 하여금 평화의 규칙을 고안하도록 만든다. 이제 '자연권과 자연법' 을 중심으로 홉스의

4) Hobbes, *Leviathan*, chap.6, 118~121쪽 참조.

5) Hobbes, *Leviathan*, chap.11, 161쪽.

6) Hobbes, *Leviathan*, chap.13, 184쪽.

이러한 생각을 자세히 살펴보기로 하자.

홉스는 근대적 자연권 사상의 비조로서, 그의 자연권 사상은 고전적 자연권 사상과는 궤를 달리한다. 고전적 자연권 사상이 '인간의 자연' 을 '불평등(不平等)' 으로 인식하고 불평등한 권리를 정당화한 것과 달리,[7] 홉스는 '인간의 자연' 을 '평등(平等)' 으로 인식하여 모든 사람이 '평등한 권리' 를 지닌다고 보았다. 그는 다음과 같이 말한다.

> 가장 약한 인간이 가장 강한 인간을 죽이는 것조차 얼마나 쉬운 일인지 생각해보면, 어느 누구도 자기 힘을 믿고 자신이 다른 사람보다 우월하게 창조되었다고 생각할 이유가 없다. 다른 사람에게 맞서 똑같은 행동을 할 수 있는 사람들은 평등하다. 그런데 가장 중대한 일, 이를테면 죽이는 일을 할 수 있는 사람들은 똑같이 죽일 수 있다. 그러므로 자연적으로 모든 인간은 서로 평등하다.[8]

사실 고전 철학자들은 '지혜와 덕성' 을 중심으로 인간을 파악하면서, 현자(賢者)와 우자(愚者) 사이의 인격의 격차에 입각하여 사회적 위계질서를 정당화했었다. 그러나 홉스는 '지혜와 덕성의 불평등' 보다 더 중대한 것은 '서로가 서로를 죽일 수 있다' 는 '강력(强力)의 평등' 이라고 주장하면서, 인간의 자연을 평등으로 규정했다. 이것이 바로 홉스의 '정치적 현실주의' 의 출발점이었다.

모든 인간이 자연적으로 평등하다면, 자연적 권리에 있어서도 누구나

---

7) 스트라우스(Leo Strauss)에 의하면, 고전적 자연권 사상을 대표하는 인물은 소크라테스 · 플라톤으로서, 이들은 사람마다 본래 智慧와 德性의 정도가 다르다는 점에서 '인간은 본래 不平等하다' 고 인식하고, 불평등한 권리를 정당화했다. 요컨대 고전적 자연권 사상의 핵심은 '지혜로운 賢者가 어리석은 民衆을 지배할 권리' 였다는 것이다(스트라우스, 『자연권과 역사』, 166~167쪽 참조).

8) 홉스, 『시민론』, 41쪽.

평등해야 마땅하다. 이러한 맥락에서 홉스는 자연권의 평등을 옹호했다. 그런데 홉스가 말하는 자연권이란 '자신의 본능적 욕망을 자유롭게 충족시킬 수 있는 권리' 였다. 따라서 홉스가 말하는 '평등한 자연권' 이란 결국 '누구나 자신의 본능적 욕망을 자유롭게 충족시킬 수 있다' 는 것이었다. 홉스의 말을 통해 이를 확인해 보기로 하자.

> 모든 인간은 자신에게 좋은 것을 욕망하고 나쁜 것을 회피하지만, 자연적 惡 가운데 가장 나쁜 것은 죽음이다. 그리고 인간이 이렇게 행동하는 것은 일종의 자연적 추진력(natural impulse)에 따른 것이며, 돌멩이가 자연적 추진력에 따라 낙하 운동하는 것과 전혀 다를 바 없기 때문이다. 그러므로 인간이 자신의 몸통과 팔다리를 죽음과 고통으로부터 보존하고 방호하기 위해 온갖 힘을 다하는 것은 불합리하거나 비난받을 일이 결코 아니며, 또 참된 이성의 명령에 위배되지도 않는다. (…) 권리라는 말은 모든 인간은 누구나 각자 올바른 추리에 따라 자신의 자연적 직능을 활용할 자유가 있다는 의미일 뿐이다. 그러므로 자연권의 제1차적 토대는 모든 인간은 각자 자신의 능력만큼 자기 생명과 신체를 방호하기 위해 노력한다는 것이다.[9]

홉스는 '권리' 를 '모든 인간은 누구나 각자 올바른 추리에 따라 자신의 자연적 직능을 활용할 자유가 있다' 는 의미로 풀이했다. 홉스에 의하면 '자신에게 좋은 것을 욕망하고 나쁜 것을 회피함' 은 '인간의 자연스러운 본성' 인바, 여기에 '권리' 라는 용어를 결합하면 '자연권' 의 내용을 도출할 수 있다. 요컨대 홉스의 '자연권' 이란 '자신에게 좋은 것을 욕망하고 나쁜 것을 회피할 수 있는 자유' 를 뜻한다. 그런데 모든 인간에게 있어서

9) 홉스, 『시민론』, 43쪽.

'가장 나쁜 것' 은 '죽음' 인바, 이러한 맥락에서 홉스는 "자연권의 제1차적 토대는 모든 인간은 각자 자신의 능력만큼 자기 생명과 신체를 방호하기 위해 노력한다는 것" 이라고 설파했다.

위의 인용문에서 주목할 것은 '자연적 추진력(natural impulse)' 과 '올바른 추리' 라는 용어이다. 우선 'natural impulse' 는 '자연적 충동' 으로도 번역할 수 있거니와, 주지하듯이 '자연적 충동' 은 '자연적 본능' 과 동의어이다. 그렇다면 '자신에게 좋은 것을 욕망하고 나쁜 것을 회피함' 은 곧 '인간의 본능' 에 따른 것인바, 이러한 맥락에서 '자신에게 좋은 것을 욕망하고 나쁜 것을 회피할 수 있는 자유' 로서의 자연권이란 곧 '자신의 본능적 욕구를 자유롭게 충족시킬 수 있는 권리' 를 뜻한다.

한편 홉스가 말하는 '올바른 추리' 란 본능적 욕구를 충족시킬 수 있는 '정확한 방법에 대한 추리' 를 뜻한다. 잠시 뒤에 소개하겠지만, 홉스는 '자연상태에서는 옳음과 그름이 존재하지 않는다' 고 했고, 따라서 '자연상태에서는 온갖 행위가 다 허용된다' 고 했으며, 그리하여 '자연상태는 혼란에 빠지게 된다' 고 했다. 요컨대 홉스의 자연권은 기본적으로 '옳고 그름' 에 따른 제약을 받지 않는 것이다. 또한 홉스가 '사고(思考)' 를 '사방을 정탐하며 원하는 대상에 도달하는 길을 찾아내는 정찰대나 간첩' [10]에 비유한 데서 알 수 있듯이, 홉스가 말하는 '올바른 추리' 란 실수 없이 자신의 욕망을 충족시키는 방법을 찾아냄을 뜻한다. 이렇게 본다면 홉스가 말하는 '올바른 추리' 란 '옳음과 그름에 대한 추리' 가 아니라 본능적 욕구를 충족시킬 수 있는 '정확한 방법에 대한 추리' 를 뜻함이 분명할 것이다.

홉스의 자연권은 실로 '만인에게 평등하게 부여된 권리' 요, 또 '모든 것에 대한 무제한적 권리' 였다. 홉스는 다음과 같이 말한다.

10) Hobbes, *Leviathan*, chap.8, 139쪽.

> 자연은 어느 누구에게나 모든 것에 대한 권리를 부여했다. 순수한 자연상태에서, 또는 사람들이 서로 계약을 맺거나 연대하기 이전의 시기에, 사람은 자기가 원하는 것을 실행하고, 다른 사람에 대해 자기가 적합하다고 생각하는 행동을 하며, 또 자신이 갖고 싶거나 가질 수 있는 것을 소유하고 사용하며 향유하는 것은 정당하다. (…) 자연상태에서 모든 것을 소유하고 어떤 조치든 실행하는 것이 누구에게나 정당하다. 그리고 이것이 자연은 모든 사람에게 모든 것을 주었다는 통상적인 말의 의미이다.[11]

홉스는 "자연은 어느 누구에게나 모든 것에 대한 권리를 부여했다."고도 했고, "자연은 모든 사람에게 모든 것을 주었다."고도 했는데, 이는 자연권의 평등과 무제약성을 설파한 것이다. 자연권의 평등에 대해서는 위에서 충분히 살펴보았으므로, 이제 자연권의 무제약성에 대해 살펴보자.

홉스는 "인간의 욕망과 기타 여러 정념들은 결코 그 자체로서 죄(罪)가 아니다. 그러한 정념들에서 생기는 여러 행동들도 그것을 금지하는 법이 있다는 것을 알 때까지는 결코 죄가 아니다."[12]라고도 했고, "만인이 만인에 대해 전쟁을 하는 상황에서는 그 어떤 것도 부당한 것이 될 수 없다. 거기에는 '옳음과 그름' 또는 '정의(正義)와 불의(不義)'의 관념이 없기 때문이다. 공통의 권력이 없는 곳에서는 법도 없고, 법이 없는 곳에서는 불의(不義)도 없다."[13]고도 했다. 요컨대 자연상태는 아직 공통의 규범이 성립하지 않은 상황인바, 그 상황에서는 모든 행위가 다 허용된다는 것이다. 이러한 맥락에서 홉스는 "국가가 형성되기 전까지는 해적(海賊)이나 노상강도(路上强盜)가 되는 것도 전혀 불명예스러운 것이 아니다."라고 설파했

11) 홉스, 『시민론』, 44~45쪽.

12) Hobbes, *Leviathan*, chap.13, 187쪽.

13) Hobbes, *Leviathan*, chap.13, 188쪽.

다.[14]

그러나 이처럼 모든 사람이 모든 것에 대한 권리를 지니는 상황은 사실 우리 모두 전혀 권리를 지니지 못한 상황과 다르지 않다. 홉스는 다음과 같이 말한다.

> 이처럼 만물에 대해 공동의 권리를 갖는 것은 사람들에게 거의 이익 될 것이 없다. 이 권리의 효력은 마치 권리가 전혀 없는 것과 다를 바 없기 때문이다. 설령 어떤 사람이 임의의 것을 이것은 내 것이다고 할 수 있을지라도, 대등한 권리와 힘으로 그것을 자기 것이라고 주장하는 이웃 때문에 그 사람은 그것을 향유할 수 없기 때문이다.[15]

자연상태에서는 내가 강도(强盜)처럼 남의 물건을 빼앗을 수 있다면, 남도 마찬가지로 나의 물건을 빼앗을 수 있다. 이러한 맥락에서 자연권의 무제약성은 결국 자연권을 '빛 좋은 개살구' 로 전락시키게 된다. 무제약적인 자연권은 우리들에게 아무런 실익(實益)을 보장하지 못하면서, 다만 자연상태를 혼란에 빠뜨릴 뿐이다. 홉스는 다음과 같이 말한다.

> 서로를 해치려는 인간의 이 자연적 성향이 인간의 정념, 특히 실속 없는 자기존중에서 유래되고, 당신이 이런 성향에 만물에 대한 만인의 권리를 추가한다면, 어떤 사람은 그런 성향으로 이 권리에 따라 침탈하고, 다른 사람은 이 권리

14) Hobbes, *Leviathan*, chap.10, 156~157쪽. 이처럼 홉스는 '實定法 이전의 道德' 을 인정하지 않았는데, 이는 '도덕의 선험성' 을 부정하는 것이다. 홉스의 이러한 태도는 그가 인간의 '도덕적 본성' 을 상정하지 않는 것과 궤를 같이한다. 인간의 도덕적 본성을 상정하면 도덕의 선험성을 긍정할 수 있게 되며, 도덕이 선험적인 것이라면 자연상태에서도 '옳음과 그름' 을 구별할 수 있는 것이다.

15) 홉스, 『시민론』, 45~46쪽.

에 따라 저항한다. 여기서 온통 끊임없는 질투와 의심이 발생한다. (…) 인간이 사회를 이루기 이전, 즉 인간의 자연상태는 전쟁일 뿐이며, 전쟁일 뿐만 아니라 만인에 대한 만인의 투쟁이라는 것을 부정할 수 없다.[16)]

위에 보이듯이, 홉스는 인간의 이기적 정념과 자연권의 무제약성이 자연상태를 '만인에 대한 만인의 투쟁 상태'로 만든다고 보았다. 이러한 전쟁상태는 어느 누구의 행복도 보장하지 못한다. 그리하여 자연상태의 인간들은 '평화(平和)'를 이루기 위해 '이성(理性)의 가르침'에 따라 자연법(自然法)을 찾아내고 사회를 건설하기로 합의(계약)하게 된다는 것이다.

홉스는 자연법을 '올바른 이성의 명령'이라고 정의하고,[17)] "우리가 생명과 신체를 지닌 한, 이 이성의 명령은 생명과 신체를 한결같이 보존하기 위해 우리가 실행하거나 실행하지 말아야 할 일과 직결되어 있다."고 설명했다.[18)] 생명과 신체를 한결같이 보존하기 위해서는 평화가 필요하고, 평화를 위해서는 특정한 일은 해야만 하고 특정한 일은 하지 말아야 하는데, 이에 대해 이성이 우리에게 가르쳐준 내용이 바로 자연법이라는 것이다. 홉스는 『시민론』에서 자연법의 구체적 내용을 20가지로 제시한 바 있다.[19)]

제1의 자연법, 즉 가장 근본적인 자연법은 "평화가 실현될 수 있는 경우에는 평화를 추구하고, 실현될 수 없는 경우에는 우리 자신을 방어하는 것"이다. '평화가 실현될 수 있는 경우에는 평화를 추구한다'는 말의 구체

---

16) 홉스, 『시민론』, 46쪽.

17) 홉스는 "자연법은 인간들의 합의가 아니라 이성의 명령이다."라고 했다(『시민론』, 49쪽). 自然法이 '이성의 명령'에 따른 것이라면, 實定法은 '인간들의 합의(계약)'에 따른 것이다.

18) 홉스, 『시민론』, 50쪽.

19) 『리바이어던』에서는 自然法을 19가지로 제시했고, 그 순서도 약간 다르나, 전체적으로는 『市民論』의 내용과 별 차이가 없다.

적 의미는 '기존의 자연권을 양도하거나 포기한다' 는 것이었다. 요컨대 제1의 자연법은 '만물에 대한 우리 권리를 포기하는 것' 이다. 홉스는 다음과 같이 말한다.

> 이 근본적 자연법에서 도출된 자연법 가운데 하나는 '만물에 대한 만인의 권리가 유지되어서는 안 된다. 어떤 권리는 양도되거나 포기되어야 한다' 는 것이다. 모든 사람이 각자 모든 것에 대한 권리를 유지한다면, 필연적으로 다음과 같은 결론이 나올 수밖에 없기 때문이다. 즉 어떤 사람은 권리에 따라 침탈해도 될 것이고, 다른 사람도 동일한 권리에 따라 그 사람으로부터 자신을 방어해도 될 것이다. 사람은 누구나 자연적 필연성에 따라 자기 신체와, 자기 신체를 방어하는 데 필요하다고 판단되는 것을 지키기 위해 노력하기 때문이다. 그러므로 전쟁이 뒤따를 것이다. 그래서 만물에 대한 자신의 권리를 포기하지 않는 사람은 누구든 평화의 이성, 즉 자연법에 위배되는 행동을 하는 것이다.[20]

위에 보이듯이, 자연법의 본질은 만물에 대한 우리의 권리를 포기하게 하는 것이다. 각자가 무제한적인 권리를 지닌 상태에서는 결코 전쟁을 피할 수 없거니와, 그러므로 평화의 이성은 '각자 공정하게 권리를 포기(양도)함으로써 평화를 이룩하라' 고 명령한다는 것이다.

홉스는 제1의 자연법으로부터 나머지 자연법들이 모두 추론 되는 것이라 했다. 제2의 자연법은 '계약을 이행하는 것' 이다. 제1의 자연법은 결과적으로 '권리의 양도(포기)에 관한 계약(합의)' 을 도출하게 되는데, "합의를 지키거나 신뢰를 유지하는 것은 평화를 얻는 데 필요한 일이므로," 이성은 우리에게 '계약을 이행하라' 또는 '신뢰를 유지하라' 고 명령한다는

---

20) 홉스, 『시민론』, 51~52쪽.

것이다.[21] 제3의 자연법은 '배은망덕하지 말라' 는 것이다. 배은망덕은 사람들 사이의 호의와 신뢰를 무너뜨려서 전쟁상태를 지속시키게 되므로, 이성은 우리에게 배은망덕을 금지한다는 것이다.[22] 제4의 자연법은 '누구나 다른 사람들에게 쓸모 있는 사람이 되라' 는 것이다. 홉스는 "모든 사람은 각자 다른 사람을 배려해야 한다는 것이 자연의 섭리이다. 이 법을 위반한 사람은 쓸모없고 애물 덩어리라는 말을 들을 수도 있다." 고 했다.[23]

제5의 자연법은 '자비(慈悲)' 로서, "앞으로 주의할 것을 다짐하면서 과거의 일을 뉘우치고 용서를 구하는 사람을 우리는 반드시 용서해야 한다." 는 것이다. 홉스는 다음과 같이 말한다.

> 과거의 일을 용서하거나, 죄를 사면하는 것은 우리와 싸운 뒤에 이제 그 행동을 후회하며 평화를 요청하는 사람에게 평화를 허락하는 것일 뿐이다. 그러나 뉘우치지 않는 사람, 또는 공격적 마음을 그대로 가진 사람, 또는 앞으로 주의할 것을 다짐하지 않는 사람에게, 즉 평화가 아니라 싸울 기회를 모색하는 사람에게 허락된 평화는 평화가 아니라 공포인 것이 정확하므로, 자연은 그런 사람에게 평화를 허락하도록 명령하지 않는다. 그러나 후회하며 미래를 다짐하는 사람을 용서하지 않으려는 사람은 평화 자체를 바람직한 것으로 여기지 않으며, 이런 것은 자연법과 위배된다.[24]

제6의 자연법은 "오직 미래를 고려해서 처벌하라." 는 것으로, 범법자에 대해 보복하거나 처벌할 때, 나쁜 과거가 아니라 미래의 좋은 것을 고려해

21) 홉스, 『시민론』, 65쪽.
22) 홉스, 『시민론』, 71쪽.
23) 홉스, 『시민론』, 72쪽.
24) 홉스, 『시민론』, 73쪽.

야 한다는 뜻이다. 홉스는 다음과 같이 말한다.

> 지나간 시간만 염두에 둔다면, 보복은 아무 목적도 없는 정신의 승리나 영광에 지나지 않는다. 보복은 지나간 일만 고려할 뿐이고, 목적은 미래의 일이기 때문이다. 그런데 어떤 목적도 지향하지 않는 것은 쓸데없다. 미래를 고려하지 않는 보복은 공허한 허영심 때문에 발생하므로 비합리적이다.[25]

제7의 자연법은 '모욕하지 말라' 는 것이며, 제8의 자연법은 '거만하지 말라' 는 것이다. 제9의 자연법은 '겸손하라' 는 것으로, "사람은 누구나 자신을 위해 주장하는 권리는 무엇이든 다른 모든 사람에게도 합당한 것으로 인정해야 한다." 는 것이다. 제10의 자연법은 '공정하라' 또는 '사람을 차별하지 말라' 는 것으로서, "모든 사람은 누구나 다른 사람과 권리를 나눌 때 각 당사자들에게 평등하다고 인정되어야 한다." 는 것이다.[26]

제11의 자연법은 '공동 소유물' 에 관한 것으로, "나눌 수 없는 것은 될 수 있는 대로 함께 사용해야 한다. 그리고 그 물질의 양이 충분하다면, 모든 사람이 각자 원하는 만큼 사용한다. 하지만 충분하지 않다면 사용자의 수에 비례하여 정해진 몫을 사용해야 한다." 는 것이다. 제12의 자연법은 '추첨' 에 관한 것으로, "함께 나누거나 공유할 수 없는 것이라면, (…) 그런 것은 번갈아가며 사용하거나, 추첨을 통해 오직 한 사람에게 준다." 는 것이다. 제13의 자연법은 '출생권과 최초 소유' 에 관한 것으로, "함께 나누거나 공유할 수 없는 것은 최초의 점유자에게 넘겨진다." 는 것이다. 이는 "아버지의 소유물은 아버지가 생전에 직접 그 권리를 다른 사람에게 양도하지 않은 한, 첫 아이에게 넘어가는 것과 마찬가지" 이다.[27]

---

25) 홉스, 『시민론』, 73쪽.

26) 홉스, 『시민론』, 74~76쪽.

제14의 자연법은 "평화의 중재자에게 안전이 보장되어야 한다."는 것이다. 홉스는 다음과 같이 말한다.

> 이성의 첫 번째 가르침은 평화이다. 그 밖의 모든 명령은 평화를 실현하기 위한 수단인데, 수단이 없으면 평화를 실현할 수 없다. 그런데 중재 없이는 평화가 실현될 수 없고, 안전 없이는 중재가 실현될 수 없다. 그러므로 평화를 위해 우리가 중재자의 안전을 완전히 보장해야 한다는 것은 이성의 명령, 즉 자연법이다.[28]

제15의 자연법은 '중재자 지정'에 관한 것으로서, "권리문제로 다투는 당사자들은 제3자의 의견과 판단에 스스로 복종해야 한다."는 것이다. 제16의 자연법은 "어느 누구도 자신과 관련된 문제의 재판관일 수 없다."는 것이다. 제17의 자연법은 "중재자는 재판을 받는 사람들로부터 어떤 보상을 기대해서도 안 된다."는 것이다. 제18의 자연법은 '증언'에 관한 것으로, 중재자와 재판관은 "사실에 대한 명확한 정황이 드러나지 않는 경우에 분쟁 당사자들에 대해 공정하다고 여겨지는 사람의 증언에 따라 평결하라."는 것이다. 제19의 자연법은 "중재자와는 어떤 계약도 할 수 없다."는 것이다. 제20의 자연법은 "과음 및 이성의 사용을 방해하는 어떤 것도 하지 말라."는 것이다. "추론 능력을 파괴하거나 감퇴시키는 사람은 정신의 자연상태를 교란시키는데, 술에 취하거나 과식을 한 경우에 이런 일이 발생하는 것은 아주 명백하다." 따라서 자연법은 과음 등 이성의 사용을 방해하는 것을 금지한다는 것이다.[29]

---

27) 홉스, 『시민론』, 76~77쪽.
28) 홉스, 『시민론』, 78쪽.
29) 홉스, 『시민론』, 78~81쪽.

이상에서 홉스가 말하는 20가지의 자연법을 살펴보았다. 홉스는 자신의 행동이 자연법에 부합되는지 의심스러울 때엔 '다른 사람의 입장에서 자신을 생각해보라' 고 했다. 요컨대 모든 자연법의 요체는 "자신이 당하고 싶지 않은 것을 다른 사람에게 하지 말라."[30]는 것, 또는 "자기가 대접받고 싶은 대로 남을 대접하라."[31]는 것이었다.

이제까지 살폈듯이, 홉스가 말하는 자연권과 자연법은 각각 '자연상태의 인간이 지니는 권리' 와 '자연상태를 벗어나기 위해 우리가 지켜야 하는 법' 을 뜻한다. 그런데 여기서 유의할 것은 '자연법의 자연' 과 '자연권의 자연' 은 사실 그 내용이 다르다는 점이다. 이는 이제까지의 논의에서 충분히 드러난 것인바, 이를 다시 확인해 보기로 하자.

홉스는 '자연권' 을 "모든 사람이 그 자신의 본성(nature), 즉 자신의 생명을 보존하기 위해 자기 뜻대로 자신의 힘을 사용할 수 있는 자유"라고 정의한 바 있다.[32] 여기서 알 수 있듯이, 홉스는 '자연권' 을 말할 때에는 '생존 본능' 을 '인간의 자연(본성)' 으로 규정했다. 그런데 홉스는 '자연법' 을 설명하면서는 "이성도 인간 정신의 다른 직능이나 감정과 마찬가지로 인간 본성의 일부일 뿐이므로, 이성 또한 자연적이라고 한다. 따라서 내가 자연법을 '올바른 이성의 명령' 이라고 정의해도 좋을 것이다."[33]라고 했다. 여기에 보이듯이, 홉스는 '자연법' 을 말할 때에는 '이성' 을 '인간의 자연(본성)' 으로 규정했다.

---

30) 홉스, 『시민론』, 81~82쪽.

31) Hobbes, *Leviathan*, chap.17, 223쪽.

32) Hobbes, *Leviathan*, chap.14, 189쪽. 홉스는 自然權을 "모든 사람이 그 자신의 본성, 즉 자신의 생명을 보존하기 위해 자기 뜻대로 자신의 힘을 사용할 수 있는 자유" 라고 정의한 다음 "즉 자신의 판단과 이성에 따라 가장 적절한 조치를 취할 수 있는 자유"라고 부연했다. 그러나 앞에서 살핀 것처럼 홉스의 自然權은 '모든 것에 대한 무제한적 권리' 였던바, 따라서 理性의 역할은 사실상 無意味한 것이었다.

33) 홉스, 『시민론』, 50~51쪽.

요컨대 홉스가 '자연권(right of nature)' 을 말할 때의 '자연(nature)' 은 '인간의 육체적 본능' 을 뜻하고, '자연법(law of nature)' 을 말할 때의 '자연(nature)' 은 '인간의 타산적 이성' 을 뜻한다. 홉스의 이러한 논법은 그의 인성론과 궤를 같이하는 것이다. 홉스는 정념과 이성을 두 축으로 삼아 인간의 본성을 논했다. 홉스는 인간의 다양한 정념을 두루 언급했지만, 그 핵심은 '이익이나 쾌락을 좇아가고 고통이나 죽음을 회피한다' 는 것이었다. 본능적 욕망(이익이나 쾌락)을 추구하는 인간의 정념을 정당화하는 것이 자연권으로서,[34] 홉스는 '자연상태에서는 모두가 모든 것에 대한 권리를 지닌다' 고 했다. 그런데 무제한적인 자연권은 자연상태를 혼란에 빠뜨리므로, 우리의 정념은 한편으로는 평화와 안전을 추구하게 된다. 이러

34) 로크는 "자연의 이성은 인간이 일단 태어나면 자신의 보존에 대한 권리, 따라서 고기와 음료, 기타 자연이 그들의 생존을 위해서 제공하는 것에 대한 권리를 가진다고 가르친다." 고 주장했다(John Locke, *Two Treatises of Government (The Second Treatise of Government)*, chap.5, 273쪽). 로크의 자연권도 '본능적 욕구를 충족시킬 권리' 였던 것이다. 문제는 로크가 자연권을 '이성의 가르침' 으로도 표현했다는 점이다. 여기서 '이성' 을 주목하면 '자연권에서의 자연' 역시 '이성' 이라고 주장할 수 있겠다. 그러나 분명한 것은 로크가 말하는 자연권이란 내용적으로 '본능적 욕구를 자유롭게 충족시킬 권리' 였다는 점이다. 한편, 루소는 "그(자연상태의 인간)의 욕망은 자신의 육체가 필요로 하는 것을 넘어서지 않는다. 먹을 것, 여자, 그리고 휴식은 그가 이 세상에서 유일하게 경험하는 행복이다." 라 하고(『인간불평등기원론』, 66쪽), "인간의 마음에 자연적인 요구에 바탕을 두지 않는 한 자연의 모든 권리도 환영에 불과하다" 고 하여(『에밀』, 419쪽), '理性' 에 대한 언급 없이 '본능적 욕구' 를 중심으로 자연권을 설명했다. 이처럼 인권론자들은 대개 '자연적 욕구(natural desire)' 에서 '자연적 권리(natural right)' 를 도출한다. 그들은 인간의 '자연적 욕구' 를 '자연적이고, 보편적이고, 합리적인 것' 이라고 주장하고, 따라서 '정당화' 가 필요한 것은 '인간의 욕구' 가 아니라 그 '욕구의 충족을 저지하려는 것' 이라고 본다(Maurice Cranston, *What are Human Rights?*, 31쪽). 한편, 하트는 '도덕적 권리' 로부터 '자연적 권리' 를 도출한 바 있는데(H. L. A. Hart, "Are There Any Natural Rights?", 54쪽), 인간의 '욕구' 를 '자연적이고, 보편적이고, 합리적인 것' 이라고 주장하면, 이로부터 '그 욕구는 마땅히 충족되어야 한다' 는 '도덕적 권리' 를 확보하게 되고, 이것이 '자연적 권리' 로 승인되는 것이다.

한 정념을 위해 이성은 '각자의 자연권을 양도하여 공동의 권력을 수립한다' 는 평화의 규칙을 모색하게 되는데, 홉스는 이를 자연법이라 했다. '평화의 규칙으로서의 자연법' 은 '욕망의 정당화로서의 자연권' 을 제한하는 것이었다. 홉스의 이러한 '이중적 자연관' 은 이후 '자유주의의 교범(敎範)' 으로 정착되었다.

플라톤과 아우구스티누스 등이 제시한 고전적 가치관의 기본노선은 중세기까지 존중되었다. 그런데 르네상스를 계기로 그러한 기본노선은 도전을 받게 되었고, 마침내 홉스에 의해서 완전히 뒤집히게 되었다. 홉스의 '자연권과 자연법' 은 이러한 맥락에서 이해할 수 있다. 홉스의 '자연권' 은 '본능적 욕구를 자유롭게 충족시킬 수 있는 권리' 를 말하고, '자연법' 은 '이성의 명령에 복종할 의무' 를 말한다.

홉스의 인성론은 인간의 '이기적 본능' 과 '타산적 이성' 의 체계로서, 홉스는 그밖에 별도로 인간의 '도덕적 본성' 을 상정하지 않았다. 따라서 홉스의 '자연법과 자연권' 은 '도덕적 본성과 이기적 본능' 이라는 맥락에 입각한 '천상도성과 지상도성' 이나 '합당성과 합리성' 등과는 약간 궤를 달리하는 것이다. 그렇다면 '이성적 타산의 체계' 로서의 홉스의 도덕철학의 한계를 지적해 보기로 하자.

첫째, 홉스의 도덕철학은 '적법성' 만을 추구할 뿐 칸트적 의미에서의 '도덕성' 을 외면하는 것이다. 칸트의 도덕성은 '옳음 그 자체' 를 추구하는 '선의지(善意志)' 에서 유래하는 것이다. 그런데 홉스의 체계는 '선의지' 에 입각한 것이 아니라, '가장 효과적인 방법' 을 추구하는 '타산적 이성' 에 입각한 것이다. 홉스의 체계에는 '선의지' 가 등장하지 않는다.[35] '선의지

35) 『리바이어던』에서는 '情念' 을 여러 차원으로 분류하면서 '타인에게 善을 베풀려는 욕망' 을 '善意志(good will)' 라 한다고 말한 바 있다(*Leviathan*, chap.6, 123쪽). 그

의 원천' 은 바로 '도덕적 본성' 일 것인바, 홉스는 도덕적 본성을 상정하지 않기 때문에 선의지도 상정하지 않은 것이다. 홉스에 의하면, 인간은 다만 '이성적 타산' 의 결과 사회계약(평화의 규약)에 이른다는 것이다.

둘째, 홉스는 "자연상태에서 모든 것을 소유하고 어떤 조치든 실행하는 것이 누구에게나 정당하다."[36]고 했거니와, 홉스의 도덕철학은 '자연상태에서는 모든 것이 정당화될 수 있다' 는 것이었다. 이러한 맥락에서 홉스는 "사실상 사람들이 작은 가족 단위로 살아온 모든 지방에서 강탈과 약탈은 인간의 생업이었고, 자연법에 어긋난다고 비난을 받기는커녕 오히려 전리품이 많으면 많을수록 그만큼 명예로운 일로 여겼다."[37]고 주장했다. 여기서 알 수 있듯이, 홉스의 도덕철학은 자연상태에서의 강탈과 약탈을 인정하는 도덕철학이다. 홉스에 의하면, 도덕은 사회계약의 산물이기 때문에, 자연상태에서는 강탈과 약탈에 대한 가치판단 자체가 성립하지 않는다는 것이다. 그러면 자연상태에서의 강탈과 약탈은 그 자체로 정당한 것인가, 부당한 것인가? 또한 사회상태에서도 '아직 법이 제정되지 않은 분야' 가 종종 등장하는데, 이 영역은 사회상태 속의 자연상태일 것이다. 그렇다면 이 영역에서는 강탈과 약탈을 일삼아도 되는 것인가?

셋째, 홉스가 자연법의 요체를 "자기가 대접을 받고 싶은 대로 남을 대접함"[38]으로 설명했듯이, 홉스의 자연법은 '공정성' 을 추구하는 것이었다. 그런데 홉스의 공정성은 그 자체로서 목적이 아니라 '자기이익의 극대화' 를 위한 수단이었다. 이처럼 공정성을 그 자체 목적으로 설정하지 않고 다만 자기이익의 극대화를 위한 방법으로 인식할 경우, 종종 공정성을 해

런데 이 善意志는 '仁慈(benevolence)' 나 '慈善(charity)' 과 같은 맥락으로서, 칸트의 善意志와는 전혀 맥락이 다른 것이다.

36) 홉스, 『시민론』, 45쪽.

37) Hobbes, *Leviathan*, chap.17, 224쪽.

38) Hobbes, *Leviathan*, chap.17, 223쪽.

치면서 자기이익의 극대화를 꾀할 수 있는 길을 열어 주게 된다. 예컨대 '발각되지 않고 도둑질을 할 수 있음이 분명한 경우' 나 눈치껏 '무임승차'를 할 수 있는 상황 등이 그것이다. 이런 경우, 홉스는 어떤 선택을 옹호할 것인가?

이상에서 홉스의 체계에 대해 몇 가지 질문을 제기해 보았다. 이러한 비판적 질문으로부터 벗어나기 위해서는 근원적으로 '이해(利害)' 의 차원을 벗어나야만 한다. 다시 말해 우리는 '시비(是非)' 그 자체를 존중할 수 있어야 하며, 이를 위해서는 '도덕적 본성' 과 '선의지(善意志)' 를 상정하지 않을 수 없는 것이다.

8. 오크쇼트의 '신념정치와 의심정치'

마이클 오크쇼트(Michael Joseph Oakeshott, 1901~1990)는 20세기 영국의 저명한 정치철학자이다. 기존의 정치철학자들이 주로 '통치자와 통치규범의 정치적 정당성의 문제'에 주목할 때, 오크쇼트는 '정부가 할 일과 하지 말아야 할 일을 구분하는 문제'에 주목함으로써, 정치철학의 새로운 지평을 제시한 학자로 알려져 있다.[1] 그의 잘 알려진 저술 가운데 하나는 『신념의 정치와 의심의 정치(*The Politics of Faith and the Politics of Scepticism*)』[2]인바, 그는 '신념정치(politics of faith)'와 '의심정치(politics of scepticism)'라는 쌍개념으로 '정부가 해야 할 일이 무엇이냐' 또는 '정부가 하지 말아야 할 일이 무엇이냐'라는 문제를 논의했던 것이다. 이에 본고에서는 우선 그의 '신념정치와 의심정치'라는 개념에 대해 살펴본 다음, 이러한 쌍개념 역시 근원적으로 '도덕적 본성과 이기적 본능'의 문제와 연관된 것임을 밝혀 보고자 한다.

먼저 알아둘 것은, 오크쇼트가 말하는 '신념정치와 의심정치'는 서양(특히 영국)에서 '16세기 이후 약 5세기에 걸쳐 동시적으로 발전해온 근대적 정치생활의 두 양상'이라는 점이다.[3] 그에 의하면, 중세까지만 해도 정부의 역량이 매우 부족했기 때문에 '통치를 통해 인간의 완성에 이를 수

---

1) 김비환, 『오크숏의 철학과 정치사상』, 한길사, 2014, 311쪽 참조.

2) 이 책은 박동천에 의해 『신념과 의심의 정치학』(모티브북, 2015)이라는 제목으로 번역되었다. 본고에서도 이 번역본을 주로 활용할 것이다.

3) 오크쇼트, 『신념과 의심의 정치학』, 30~31쪽, 106쪽. 따라서 '신념정치와 의심정치'라는 구분은 16세기 이전의 정치를 해명하는 데는 적용할 수 없다는 말이다.

있다'는 식의 신념이 등장할 수 없었다. 그런데 근대에 들어 충분한 권력과 자원을 보유한 정부가 출현하면서, 게다가 과학기술까지 급격히 발전하게 되면서 이러한 신념이 등장하기도 하고, 또 반대로 정부의 강화된 권력에 대한 우려가 나타나기도 했다. "지금까지 들어보지 못한 행복으로 충만한 시대가 개막하리라고 보면서 열광적인 갈채와 함께 환영한 사람들도 있었고, 두려운 눈으로 응시하는 사람들도 있었다. 이처럼 상반된 반응의 와중에서 신념정치와 의심정치가 근대적인 형태로 출현했다."[4]는 것이다. 이러한 전제 아래 오크쇼트는 자신의 학문적 문제의식을 다음과 같이 표명한 바 있다.

> 다스리고 다스림을 받는 활동들, 그리고 그러한 활동들에 대한 우리의 이해를 구성하는 사유가 내가 다루려는 주제이다. 나아가 그러한 사유는 일반적으로 정부의 두 양상, 서로 다르면서 서로 연관되어 있는 두 양상과 관련된다. 하나는 누가 어떤 권위로써 다스릴 것이냐는 질문에 관한 것이고, 다른 하나는 (사람들이 타당하다고 여기는 방식으로 구성되어 권위를 부여받은) 정부가 해야 할 일이 무엇이냐는 질문에 관한 것이다. 나는 이 가운데 두 번째 질문에 관한 우리의 사유를 주로 고찰하려고 한다.[5]

위의 인용문에 보이듯이, 오크쇼트는 사유의 초점을 '정부가 해야 할 일이 무엇이냐?'라는 문제에 두었다. 그가 말하는 '신념정치와 의심정치'란 이 문제에 대한 두 가지 대조적인 답변의 체계였다.

'신념정치'란 인간의 완성 또는 구원이 '현세(現世) 안에서, 인간의 기획과 노력에 의해' 가능하다고 보는 것이다. 아울러 인간을 둘러싼 외부 환

4) 오크쇼트, 『신념과 의심의 정치학』, 106쪽.

5) 오크쇼트, 『신념과 의심의 정치학』, 32쪽.

경적 조건들을 개선함으로써 완성할 수 있다고 보며, 현재의 상태로부터 최종 완성의 상태까지 직선거리로 빨리 이동할수록 좋다고 본다. 따라서 이처럼 선한 최종 목표에 가급적 빨리 도달하기 위해 개인적 삶의 영역에 대한 꼼꼼한 통제가 정당화된다.[6] 오크쇼트는 다음과 같이 말한다.

> 신념정치에서는 다스림이라는 활동이 인류의 완성에 봉사하는 것으로 이해된다. (…) 인간의 완성은 인간의 노력에 의해 달성되어야 한다. 불완전성이 물러나리라는 믿음은 神의 섭리에 대한 신뢰가 아니라 인간의 힘에 대한 신념에서 나온다. 우리의 노력을 神의 섭리가 승인하고 지지해주리라고 믿음으로써 자신을 북돋우는 것까지는 어쩌면 허용될지 모른다. 어쨌든 완성의 달성은 우리 자신의 단호한 노력에 의존하며, 노력의 끈을 놓지 않는 한 완성이 찾아오리라는 깨달음이 우리에게 요구된다.[7]

위의 인용문에서 말한 그대로, 정치의 목적을 '인류의 완성에 봉사함'에 두는 것이 바로 신념정치이다. 위에서 특히 주목할 것은 '인간의 힘' 이라는 말이다. 요컨대 '정치를 통해 인류를 완성할 수 있다' 는 신념은 '神의 섭리' 에 대한 믿음에 기초하는 것이 아니라 '인간의 능력' 에 대한 믿음에 기초한다.[8] 이러한 맥락에서, 신념정치란 '인간은 스스로를 완성(구원)할 수 있는 능력을 지니고 있다' 는 믿음에 기초하여 '인간은 스스로를 완성(구원)하기 위해 노력해야 한다' 고 주장하며, 이를 정치의 과제로 삼는 것이다. 오크쇼트는 위의 인용문에 이어 다음과 같이 말한다.

---

6) 오크쇼트, 『신념과 의심의 정치학』, 238쪽(譯者 解題).
7) 오크쇼트, 『신념과 의심의 정치학』, 64쪽.
8) 뒤에서 다시 논하겠지만, 여기서 말하는 '인간의 능력' 이란 곧 '이성' 을 지칭하며, 보다 넓게는 '인간의 도덕적 본성' 을 지칭한다.

> 이 첫 번째 원칙에 이어 세 가지 원칙이 수반된다. 완성 또는 구원은 이 세상에서 이룩될 일이다. 즉 인간은 역사 안에서 구원받을 수 있다. 바로 이 점에서 이와 같은 정치의 양식은 '펠라기우스적' 이다. 나아가 인간의 완성은 현세 내의 일일 뿐만 아니라 인간의 환경을 구성하는 하나의 조건에 해당한다. (…) 이 양식을 품에 안는 사람들은 인간을 환경의 피조물이라 생각한다. 그러므로 환경이 인간의 완성을 위한 조건이 된다. 이 양식이 다른 양식과 구분되는 것은 바로 이 입장 때문이고, 이로 말미암아 이 양식은 인간이 바랄 수 있는 모든 것을 추구할 수 있게 된다. 완성이라는 정점에 도달할 때까지 인간성을 개선할 주된 주체는 정부라고 상정된다. 그리하여 다스림이라는 활동은 인간의 완성을 달성하려는 목적을 위해 인간의 활동을 통제하고 조직하는 사업이라고 이해되기에 이른다.[9)]

위의 인용문에서 말하는 신념정치의 세 가지 부수적 원칙은 다음과 같이 정리된다. 첫째는 인간의 완성(구원)은 이 세상에서 이루어져야 한다는 '현세의 원칙' 이다. 오크쇼트는 이를 '펠라기우스적' 이라 했거니와, 신념정치의 '낙관적 신념' 은 바로 '펠라기우스(Pelagius) 주의' 와 궤를 같이한다는 것이다.[10)] 둘째는 인간의 완성을 위해서는 인간의 환경을 함께 개선해야 한다는 '환경 개선의 원칙' 이다. 흔히 말하듯이 인간은 환경에 의존하거니와, 그러므로 인간의 완성을 위해서는 동시에 인간의 환경을 개선해야 한다는 논리가 성립하는 것이요, 그리하여 정치의 과업을 무한하게 확장시킬 수 있는 논거를 확보하게 된다. 셋째는 인간을 완성하는 주체는 정부라는 '정부 주체의 원칙' 이다. 그런데 정부를 운영하는 주체는 정치

9) 오크쇼트, 『신념과 의심의 정치학』, 65쪽.

10) '펠라기우스主義(Pelagianism)' 는 오크쇼트가 다양한 양상의 신념정치를 아우르는 중요 개념인바, 이에 대해서는 뒤에서 자세히 살펴보기로 하자.

가라는 점에서 '정부 주체의 원칙'은 곧 '정치가 주체의 원칙'이기도 하다. 정부나 정치가는 인간의 완성이라는 위대한 일을 수행하는 주체인바, 이러한 맥락에서 정부나 정치가에 대한 신뢰와 애정이 요구되는 것이다.

오크쇼트는 위와 같은 설명을 바탕으로 신념정치의 특징을 두 가지로 정리한다. 첫째, 신념정치에서는 정부를 정점(완성)을 향해 나아가는 과정에 영감을 불어넣는 주체이자 유일한 지휘자라고 인식한다는 것이다. 다시 말해, 신념정치에서는 통치를 인류를 '구원'하는 행위로 인식하고, 구원의 의무와 그에 필요한 권력을 정부 자체에 귀속시킨다는 것이다. 둘째, 신념정치는 '인간의 완성' 또는 '인간 환경의 향상'을 추구한다는 점에서 일종의 '천년왕국' 이념이요, 유토피아적이며, 완벽주의라는 것이다.[11]

이상에서 신념정치의 성격과 특징을 소개했거니와, 이러한 신념정치는 다음과 같은 특정한 전제와 신념에 기초하는 것이다. 오크쇼트는 다음과 같이 말한다.

> 이렇게 볼 때 신념정치를 특징짓는 두 가지 전제를 확인할 수 있다. 첫째, 구원을 가져오는 데 인간의 힘이 충분하다. 지금 당장 충분하지는 않더라도 앞으로 충분해질 것이다. 둘째, '완성'이라는 단어 또는 그 동의어는 인간을 둘러싼 환경 전반에 관해 하나의 유일한 상태를 가리킨다. 이 상태는 곧바로 실현되지 않을 수도 있고, 우리가 그 상태에 관해 구체적인 지식을 미리 가지지 못할 수도 있지만, 적어도 대략적인 윤곽은 알아낼 수 있다. 그것이 모든 정치활동의 목적이고, 그것 말고는 어떤 대안도 없다. 그러므로 이 양식의 정치에서는 두 갈래의 자신감이 필요하다. 이런 목적을 위해 필요한 힘이 인간의 손안에 지금 있거나 또는 손안에 들어올 수 있다는 확신, 그리고 우리가 지금 당장은 비록

11) 오크쇼트, 『신념과 의심의 정치학』, 66~68쪽.

어떻게 완성을 이룩할지 정확히 모를 수 있지만 거기로 가는 길은 적어도 알고 있다는 확신이다.[12)]

요컨대 신념정치란 우리 인간은 자신을 완성할 수 있는 능력을 충분히 지니고 있다는 전제 아래 인간의 완성에 대한 '하나의 이상형(理想型)'을 설정하고, 이를 실현하고자 노력하는 것이다. 이러한 맥락에서, 신념정치에서는 권력을 골치 아픈 대상으로 여기기보다는 환영하며, 권력이 아무리 많더라도 지나치게 많다고는 생각하지 않는다.[13)] 공동체의 모든 활동에 대해 따져보고 모든 기획을 일사불란하게 수행하여 완벽한 이상을 실현하려면 정부가 충분하고도 자율적인 권력을 행사할 수 있어야 하는 것이다. 오크쇼트는 다음과 같이 말한다.

신념정치에서 정부의 직무는 신민의 모든 활동을 지시하고 통합하는 데 있다. 다스리는 권위에 의해 인도되었거나 또는 적어도 승인받지 않은 움직임은 일어나지 않는 상태가 이상으로 여겨진다.[14)]

신념정치에서는 다스린다는 일이 모든 활동들에 대한 꼼꼼하고 종합적인 통제이다. 정부의 직무는 현재 행해지고 있는 모든 활동이 하나의 단일한 유형에 부합하도록 또는 한 방향으로 열을 짓게끔 만드는 인간적 형편과 여건을 부과하고 유지하는 일로 인식된다. 여기에 일치할 수 없는 활동들은 마땅히 제거된다.[15)]

신념정치가 실현하고자 하는 '하나의 이상형'은 정부의 권능을 비대화

12) 오크쇼트, 『신념과 의심의 정치학』, 69쪽.
13) 오크쇼트, 『신념과 의심의 정치학』, 72쪽.
14) 오크쇼트, 『신념과 의심의 정치학』, 99쪽.
15) 오크쇼트, 『신념과 의심의 정치학』, 169쪽.

시키는 원인이 되기도 하고, 독선(獨善)과 배제(排除)를 야기하는 원인이 되기도 한다.[16] 위의 인용문에 보이는 것처럼 통치를 이해한다면, 사회는 하나의 원형감옥(panopticon)이 될 것이요, 통치자들은 모든 것을 들여다보는 감시자가 될 것이다. 또한 이견이나 불복종은 처벌 대상이 되는데, 단순히 말썽거리라서가 아니라 오류 또는 저질러서는 안 될 죄악이라는 이유 때문이다.[17]

오크쇼트는 근대의 신념정치를 설계한 대표자로 베이컨(Francis Bacon, 1561~1626)을 꼽았다. 베이컨은 '다스림'을 '세계의 여건을 안정시키는 예술'로 이해하고, "산업과 직종을 감독하고, 농업을 개량하며, 게으름과 낭비를 뿌리 뽑고, 물가와 소비를 규제하며, 부(富)를 분배하고, 학식을 함양하며, 종교를 (세속적 구원이라는 기획에 종교가 간섭하지 못하도록) 안정시키고, 그리고 물론 질서를 유지하고 외적을 방어하는 것이 정부가 할 일"이라고 생각했다는 점이 그 논거이다.[18] 오크쇼트는 다음과 같이 말한다.

> 인간성의 변혁을 기대하는 듯한 인상은 베이컨이 결코 남기지 않은 것이 맞다. 그렇지만 그가 추구하거나 부과해야 한다고 생각한 것은 일정한 세속적 여건이었다. 그는 그런 여건에 인간이 태생적인 권리를 가진다고 보지는 않았지만, 어쨌든 에덴동산에서 추방당할 때 상실했던 것을 복원해야 한다는 식으로 생각했다. 그러한 여건은 오로지 인간의 노력에 의해서만 달성할 수 있다. 인류

16) 오크쇼트는 "신념정치에서 정치적 결정과 기획은 (반드시 하나만 있어야 하는) 공동선을 영감에 의해 지각한 데 따르는 반응 또는 합리적 논증에 따라 도출된 결론으로 이해된다. (…) 이렇게 정치를 이해할 때, 다스림의 제도들은 현안을 처리한다든지 어떤 종류이든 결정을 내리기 위한 수단으로 해석되지 않고, '오류'를 배제하고 '진리'에 도달하여 그 '진리'가 세상을 이끌도록 만들기 위한 수단으로 해석된다."고 했다(『신념과 의심의 정치학』, 69~70쪽).

17) 오크쇼트, 『신념과 의심의 정치학』, 72~73쪽.

18) 오크쇼트, 『신념과 의심의 정치학』, 113쪽.

가 자신의 이익을 위해 세계의 모든 자원을 활용할 수 있는 힘을 보유할 뿐만 아니라 실제로 활용하고 있는 상태가 바로 그런 여건인 것이다. 세계가 허락하는 최대한의 '복지'를 인류가 향유하는 여건인 것이다. 최고의 정점에 달할 수 있다든지, 새로운 황금시대가 찾아오리라는 생각은 베이컨에게 별로 없었다. (…) 그러나 이 때문에 베이컨을 '완벽주의'에서 면제해줄 수는 없다. 베이컨의 길은 오직 그 길만이 탁월하기 때문에 선택되는 것이다. 그러므로 베이컨이 이와 같은 추구를 역사 안에서 인간이 구원을 얻는 길로 간주했다고 인정하더라도 그에게 불공정한 일은 아니다. 인간 노력의 총체가 엄격하게 조직될 수만 있다면 인간을 둘러싼 여건의 불완전성이 대체로 사라지리라는 것이 그의 논지였다. 따라서 인간은 그 노력에 종사해야 한다는 것이다.[19]

위의 인용문에서 말하는 '인간성의 변혁'은 앞에서 말한 '인간의 완성'과 궤를 같이하며, '세속적 여건의 복원'은 앞에서 말한 '인간 환경의 개선'과 궤를 같이한다. 오크쇼트에 의하면, 베이컨은 신념정치의 첫 번째 특징이라 할 수 있는 '인간의 완성'을 직접 추구하지는 않았지만 대신 '환경의 개선(에덴동산의 복원)'을 추구했다는 점에서 '역사 안에서 인간의 구원'을 추구한 것이다. 게다가 베이컨은 인간의 능력을 신뢰하고 인간의 노력을 강조했다는 점, 그리고 인간의 노력을 통해 세속적 여건의 불완전성을 극복할 수 있다는 완벽주의적 신념을 지니고 있었다는 점에서, 그는 근대 신념정치의 원조(元祖)라 할 수 있다는 것이다.[20]

---

19) 오크쇼트, 『신념과 의심의 정치학』, 109쪽.

20) 베이컨이 근대 신념정치의 원조라면, 그 절정은 마르크스일 것이다. 오크쇼트는 "마르크스주의는 신념정치의 한 판본, 베이컨주의적 판본에 적합한 방식만 빼고 나머지 활동방식은 모두 내다 버리라고 명령한다. 공산주의는 정치적 활동만이 아니라 분야를 막론하고 모든 활동들을 단순화한다는 기획이다."라고 했다(『신념과 의심의 정치학』, 211쪽).

이제 '의심정치' 에 대해 살펴보자. 의심정치란 새로운 실험보다 익숙한 관행을 소중히 여기고, 사전 예방보다는 사후 치료에 주안점을 두며, 피상적 질서의 유지가 정부의 첫 번째이자 궁극적인 임무라고 이해하는 것이다. 인류의 역사에서 지금까지 흔히 나타난 결함과 한계 중에 일부는 어쩌면 지식의 증진에 따라 치유될 수 있을지도 모르지만, 그중 대다수는 인간과 사회생활의 본성에서 기인하므로 사회를 어떤 방식으로 조직하든지 근절될 수는 없다고 보는 사유의 형식이자 그러한 사유형식을 바탕으로 삼는 정치적 실천의 양식이 의심정치이다.[21]

오크쇼트에 의하면, 근대의 의심정치는 '인간의 완성이란 착각에 불과하다' 는 근본적인 믿음, 또는 정부의 활동과 완성의 추구를 결부시켜서 한 방향으로만 모든 힘을 집중하기에는 완성을 위한 조건이 무엇인지에 관해 우리가 아는 바가 부족하다고 하는 약간 덜 근본적인 믿음에서 출발하는 것이다.[22] 그는 다음과 같이 말한다.

> 정부의 활동을 (인간) 완성의 추구에서 분리함으로써, 신념정치에서 정부에 맡겼던 공동선의 추구라는 종합적 목적이 정부의 활동 범위에서 삭제된다. 의심정치에서 정부의 직무는 완벽한 생활방식을 설계한다든지, 생활방식의 향상을 설계한다든지, 심지어 어떤 형태의 생활방식이라도 설계하는 것이어서는 안 된다. 그러나 이런 것이 삭제된다고 해서 정부의 활동 범위가 모조리 삭제되는 것은 아니다. 의심정치에서 정부의 활동을 인정하는 논거는 신념정치처럼 인간 본성에 관한 일정한 신조에서 나오는 것이 아니라 인간 행동에 대한 일정한 독해에서 나온다. 정치에 관한 회의주의자는 사람들이 서로 부대끼며 살아가고, 다양한 활동들을 추구하다 보면 서로 갈등을 일으킬 수밖에 없다고 본다. 이 갈

21) 오크쇼트, 『신념과 의심의 정치학』, 238쪽(譯者 解題).

22) 오크쇼트, 『신념과 의심의 정치학』, 75쪽.

등이 일정한 차원에 도달하게 되면 삶이 야만적이고 참기 어려워질 뿐만 아니라 심하게는 삶이 느닷없이 끝장날 수도 있다. 따라서 정치를 이런 식으로 이해할 때 정부의 활동은 善이기 때문이 아니라 필요하기 때문에 유지되는 것이다. 정부의 주된 직무는 인간적 갈등의 빈도를 줄임으로써 갈등의 강도를 완화하는 데 있다.[23)]

신념정치가 인간의 본성과 인간의 능력에 대한 신뢰를 바탕으로 인간이 자신을 완성할 수 있고 공동선을 실현할 수 있다고 믿는 것과는 달리, 의심정치는 인간의 본성이나 인간의 능력을 회의함으로써 인간의 완성이나 공동선의 실현과 같은 목표 설정을 반대하는 것이다.

의심정치에 따르면, 정부의 활동은 善이기 때문이 아니라 필요하기 때문에 유지되는 것이다. 신념정치에서는 정부를 '인간 완성과 공동선 실현의 주체', 즉 '善을 실천하는 주체' 라고 인식함에 반해, 의심정치에서는 정부를 '필요악(必要惡)' 으로 인식하는 것이다. 또한 필요악으로서의 정부의 직무는 '국민들 사이의 갈등을 줄이고 완화하는 것' 에 있는바, 오크쇼트는 이를 '피상적 질서(superficial order)의 유지' 라 했다.[24)]

의심정치에 의하면, 도덕적 승인이나 거부는 정부의 직무에 속하지 않는다. "정부의 직무는 인간의 영혼과는 상관이 없다." 는 것이다.[25)] 의심정치에서는 정부의 첫 번째 목적은 '질서의 유지' 라고 본다. 이처럼 정부의 임무를 피상적 질서의 유지로 규정하는 것은 정부를 저급하게 인식하는

---

23) 오크쇼트, 『신념과 의심의 정치학』, 76~77쪽.

24) 오크쇼트, 『신념과 의심의 정치학』, 77쪽. 오크쇼트가 '갈등의 해소' 라 하지 않고 '갈등의 완화' 라고 한 것 자체가 '인간 사회에서 갈등은 결코 완전히 해소될 수 없다' 는 懷疑의 표현인 것이다.

25) 오크쇼트, 『신념과 의심의 정치학』, 82쪽. 예컨대 플라톤은 "의술이 육체를 치유하듯이, 정치는 영혼을 치유한다." 고 하여 정치의 본질을 '영혼을 돌보는 것' 으로 설정했는데(『고르기아스』, 464b), 의심정치에서는 이를 부정하는 것이다.

것으로 볼 수도 있다. 그러나 의심정치에서는 질서라는 것이 언제라도 망가지거나 와해될 수 있는 만큼 피상적 질서의 유지 자체만으로도 위대하고 어려운 업적이라고 인식하고, "이 질서를 유지하는 데 필요한 정도 이상으로는 우리의 자원을 소비하지 않는 편이 좋다."고 역설한다.[26)]

의심정치는 인간의 본성 또는 인간의 능력에 대한 불신에서 출발하는 것인바, 그리하여 의심정치에서는 권력분립과 법치주의를 옹호하게 된다. 오크쇼트는 다음과 같이 말한다.

> 회의주의자가 인간의 행태를 읽는 방식에 따르면, 다스리는 활동에 종사하는 사람들이 다른 활동을 추구하는 사람들보다 자제력을 더 발휘할 이유가 없고, 다스리는 자들이 다른 사람들보다 무절제가 덜 하리라고 예상할 이유도 없다. 그러므로 회의주의자의 이해에 따르면, 다스림에 필요한 권력은 다수의 거대한 권력들로 구성된 세계에서 그것들을 총괄하는 권력이 튀어나올 때보다 서로 경쟁하는 권력결합들 각각이 애당초 거대하지 않을 때 더욱 경제적으로 집성될 수 있다.[27)]

위의 인용문은 의심정치가 '권력분립'을 추구하게 되는 맥락을 설명한 것이다. 의심정치에서는 '통치자들의 도덕적 우월성' 자체를 부정한다. 통치자들도 일반인들과 다를 바 없이 이기적 욕망에 휩쓸리는 사람이라면, 통치 권력을 몇몇 통치자들에게 모아주는 것은 매우 위험할 것이다. 그러므로 권력을 분산하여 서로 견제하도록 하는 것이 효과적이라는 것이다. 오크쇼트는 또 다음과 같이 말한다.

---

26) 오크쇼트, 『신념과 의심의 정치학』, 77쪽. 요컨대 신념정치가 '全部' 즉 '공동체를 구성하는 활동 전반에 대한 완전한 통제'를 지향하는 것과 달리, 의심정치는 '조금' 즉 '一部'에 대해서만 통제하려는 것이다(『신념과 의심의 정치학』, 203쪽).

27) 오크쇼트, 『신념과 의심의 정치학』, 161쪽.

> 회의주의자는 권력의 사용과 관련해서 괄목할 만큼 경제적인 다스림의 방식이 이른바 '법의 지배' 에 있다고 관찰하고 그 방식을 승인한다. (…) 법의 지배에 의한 정부는 권력의 분산을 촉진하기 위해서 존재하는 동시에 스스로 권력의 분산을 상징하면서도, (다스리는 자와 다스림 받는 자를 똑같이 구속하는 확립된 규칙이라고 하는 미리 정해진 방법으로 강제를 행하는 만큼) 힘의 세기가 약화되는 일이 없다. 이는 권력의 사용이라는 면에서 가장 경제적인 다스림의 방법이다. 여기서는 과거와 현재 사이, 그리고 다스리는 자와 다스림을 받는 자 사이에 제휴가 이뤄져서 자의성(恣意性)의 여지를 남기지 않는다. 이는 절제의 전통, 그리고 위험한 권력결합의 발호에 대한 저항의 전통을 장려한다. (…) 그리하여 허황되고 위험한 기대를 가지지 못하도록 우리를 제지하고, 과도한 야심을 가지지 못하도록 정부를 제지한다.[28)]

위의 인용문은 의심정치가 '법치주의' 를 추구하게 되는 맥락을 설명한 것이다. 앞에서 설명한 것처럼 의심정치에서는 '통치자들의 도덕적 우월성' 자체를 부정하거니와, 의심정치에서는 통치자들의 '자의적(恣意的) 통치' 를 막기 위해 통치의 모든 과정을 법으로 규제하게 된다. 요컨대 법의 지배는 통치자들의 '허황되고 위험한 기대' 나 '과도한 야심' 을 제지함으로써 정치적 안정과 질서를 지켜준다.

오크쇼트는 근대의 의심정치를 대표하는 인물로 흄, 버크, 벤담, 매콜리, 애덤 스미스 등을 거론하였다. 오크쇼트에 의하면, 이들은 단순히 효율성이 낮다는 이유로 신념정치를 반대한 것이 아니다. 이들은 신념정치 안에는 "인간 행태에 대한 너무 낙관적인 독해, 모든 활동을 정부가 쉽게 통제할 수 있는 형태로 축소함으로써 인간성을 빈약하게 만드는 경향, 사유

---

28) 오크쇼트, 『신념과 의심의 정치학』, 162쪽.

재산이 가지는 정치적 중요성을 뿌리에서부터 잘못 파악한 오해, 법으로 하여금 달성할 수 없는 일을 달성하라고 요구함으로써 초래하고 마는 법에 대한 불신, 불안정의 완화에 정부의 주요 책무가 있다고 주장하면서 도리어 그런 정부가 국내외적으로 조장하는 불안정"[29] 등 '여러 가지 착각들' 이 내재한다고 보았기 때문에 신념정치를 반대했다는 것이다.

이상에서 '신념정치와 의심정치' 에 대해 살펴보았거니와, 오크쇼트는 "근대 정치의 역사는 이 두 양식이 자아낸 불협화음의 역사"[30]라고 보았다. 그에 의하면, 신념정치와 의심정치는 서로 불협화음을 자아내면서도 또 서로 긴밀하게 의존한다. 그는 신념정치와 의심정치의 상호의존성을 다음과 같이 설명한다.

> 이 두 스타일 중 어떤 것이라도 스스로 완결되어 독립적이라고 주장한다면, 그 자체로써 자기 파괴적 본성을 노정하는 셈이다. 하나는 다른 하나의 적수(敵手)이자, 그에 못지않게 동반자(同伴者)다. 하나에게는 자기 파괴에서 자신을 구원해줄 다른 하나가 필요하다. 만약 하나가 다른 하나를 파괴하는 데 성공한다면, 바로 그 행동으로써 자신을 파괴했다는 사실을 깨닫게 될 것이다.[31]

오크쇼트에 의하면, 신념정치나 의심정치는 모두 자기 파괴적인 본성을 지니고 있다. 예컨대 신념정치에서는 '하나의 이상형' 을 설정하고, 그러한 이상에 가급적 빨리 도달하기 위해 개인적 삶의 영역을 꼼꼼히 통제하려 하는데, 정치를 이렇게 이해하면 정부의 독선(獨善)과 권력남용 속에서 국민은 '노예 상태' 로 전락할 수 있고, 단일한 추구의 방향만이 선택되고

---

29) 오크쇼트, 『신념과 의심의 정치학』, 139쪽.
30) 오크쇼트, 『신념과 의심의 정치학』, 74쪽.
31) 오크쇼트, 『신념과 의심의 정치학』, 167쪽.

나머지 모두는 정죄하려는 데서 '배제'와 '공포의 정치'가 탄생할 수도 있다.[32] 반면에 의심정치에서는 '절대로 과람(過濫)하지 않으려는 습관'으로 인해 업무 수행을 바로바로 해낼 수 없게 되기도 하고, '여러 종류의 변화에 상대적으로 무관심함'으로써 정치적인 개혁의 필요성을 감지하지 못할 위험성이 크며, '주어진 상황을 과소평가하는 성향'으로 인해 정치적 무사안일주의에 빠질 가능성도 있다. 보다 근본적으로, '인간의 능력을 과신하면 안 된다'는 의심정치의 '신중한 망설임(prudent diffidence)'은 '협량하고, 혹독하며, 냉정하고, 용기도 확신도 없는 정치'로 연결될 수 있다.[33] 요컨대 신념정치는 '과잉 의욕'으로 인해 문제를 야기하는 반면, 의심정치는 '지나친 절제'로 인해 문제를 야기하는 것이다. 이처럼 신념정치와 의심정치는 모두 자기 파괴적 성향을 지니고 있기 때문에 상대방에 의해 보완될 필요가 있다. 그리하여 양자는 서로 불협화음을 자아내면서도 서로 긴밀하게 의존할 수밖에 없다는 것이다.

이제까지 오크쇼트가 말하는 '신념정치와 의심정치'에 대해 살펴보았다. 그런데 흥미로운 점은 다른 많은 쌍개념들과 마찬가지로 오크쇼트가 말하는 '신념정치와 의심정치' 역시 그 저변에 '도덕적 본성과 이기적 본능'의 대립을 깔고 있다는 점이다. 주지하듯이 인간은 누구나 도덕적 본성과 이기적 본능을 함께 지니고 있다. 그런데 양자 가운데 도덕적 본성을 주

---

32) 오크쇼트, 『신념과 의심의 정치학』, 171~188쪽. 오크쇼트에게 있어서 '신념정치'는 '합리주의 정치'의 다른 이름이다. 오크쇼트는 합리주의 정치의 특징으로 '완전의 정치(politics of perfection)'와 '획일성의 정치(politics of uniformity)'를 들었다. 합리주의자는 정치를 문제 해결이라 생각하는 동시에 모든 정치적 문제에는 합리적인 완전한 해결책이 있다고 믿는다. 이러한 완전의 정치에 대한 믿음에서 획일성의 정치가 발생하는데, 이는 모든 지성이 동의할 수밖에 없는 하나의 최상의 통치형태가 존재한다는 믿음으로 표현된다(김비환, 『오크숏의 철학과 정치사상』, 275~276쪽). 이러한 맥락에서 신념정치는 '獨善과 排除'로 흐르게 되는 것이다.

33) 오크쇼트, 『신념과 의심의 정치학』, 190~195쪽.

목하는 사람들은 신념정치를 지향하며, 이기적 본능을 우려하는 사람들은 의심정치를 지향하는 것이다. 이제 이에 대해 살펴보기로 하자.

먼저 신념정치의 인성론적 배경을 살펴보자. 오크쇼트는 베이컨(Francis Bacon)을 근대 신념정치의 대표자로 거론하면서 다음과 같이 말한 바 있다.

> 지식이 힘을 제공할 수 있다고 그는 생각했다. 지식을 조직적으로 추구한다면 대량의 힘을 빠르게 제공할 수 있을 것이다. 그는 힘에 관심이 있었고, 힘이란 곧 인류의 이익을 위해 세계를 통달하는 일이라고 생각했다. (…) 그가 당대 사람들 및 후세 사람들에게 전한 요지는 세 가지로 요약할 수 있다. 첫째, 바로 이와 같은 전망에서 느껴지는 흥분감 ; 둘째, 이런 가능성에 도달하지 못할 만큼 인간 본성의 뿌리에 무슨 원천적인 결함이 있는 것은 아니라는 믿음 ; 셋째, 부지런히 노력하면 성과가 있으리라는 자신감. (…) 인류를 위한 베이컨의 소망에 진정한 겸손이 없지는 않았지만, 동시에 최고의 자신감에 충만한 펠라기우스주의도 있었다. 역사 안에서 인간의 노력에 의해 인류가 구원을 받으리라는 믿음이 있었다.[34)]

위의 인용문에서 우선 주목할 것은 둘째 부분으로서, 베이컨은 '인간의 본성은 별다른 결함이 없으므로 완전(perfection)에 도달할 가능성이 충분하다' 고 생각했다는 것이다. 위의 인용문에서 또 주목할 것은 베이컨의 신념정치는 '펠라기우스주의' 에 해당한다는 설명인바, 펠라기우스주의에 대해서는 잠시 뒤에 살펴보기로 하자.

위의 인용문에서 알 수 있듯이, 신념정치는 기본적으로 '인간의 본성에 대한 신뢰' 에서 출발한다. 다른 동물들의 본성과 구별되는 성향으로서의 '인간의 본성' 은 도덕적 측면에서 조명될 수도 있고 지능적 측면에서 조

34) 오크쇼트, 『신념과 의심의 정치학』, 111~112쪽.

명될 수도 있다. 근대의 신념정치는 지능적 측면에서는 '이성'을 부각시켜 인간 능력의 탁월성을 강조하고, 도덕적 측면에서는 인간의 본성에는 아무런 결함이 없다고 보아 인간의 선의(善意)를 낙관했던 것이다(펠라기우스주의).[35] 오크쇼트에게서 '신념정치'는 '합리주의 정치'의 다른 이름이었거니와, 그는 합리주의 정치에 대해 다음과 같이 논한 바 있다.

> 정치적 합리주의자들은 "사회를 적절히 조직하고 사회문제를 적절히 해결하기 위해서는 전통이 아니라 추상적인 원칙들이 필요하다"고 믿는데, "이런 원칙들은 문명의 산물이 아니라 인간 본성 전체 속에 쓰여 있는 자연적인 것들"로서, 모든 인간이 똑같이 이용할 수 있는 탐구기술인 이성에 의해 자연(본성)에서 발견할 수 있다고 보았다.[36]

> 합리주의자들이 생각하는 합리적인 행위의 가장 중요한 요소는 목적이다. (…) 이와 같은 목적 합리성 개념의 배후에는 인간의 정신에 관한 일정한 가정이 숨어 있다. 이것은 인간의 정신에는 사물에 대해 생각할 수 있고 활동의 명제(원칙)에 대해 숙고할 수 있으며 이런 명제를 질서정연하게 배열할 수 있는 능력, 곧 이성이 있다는 가정이다. 더구나 이성은 인간이 가진 다른 모든 능력과 구분되는, 활동이 그로부터 발원하는 능력으로 간주된다.[37]

'정치적 합리주의자'란 '이성'을 '합리적인 인간이 추구할 목적을 먼저

---

35) '理性'과 '도덕적 본성'은 理性에 대한 관점에 따라 '하나'로 간주될 수도 있고 '둘'로 간주될 수도 있다(혹자는 이성이 도덕능력을 겸한다고 보고, 혹자는 이성을 지능으로 이해하여 도덕능력과 별개로 보기 때문이다). 본고에서는 '인간의 완성'을 말할 때에는 '도덕적 본성'이라 하고, '환경의 개선'을 말할 때에는 '이성'이라 말하고자 한다.

36) 김비환, 『오크숏의 철학과 정치사상』, 281쪽.

37) 김비환, 『오크숏의 철학과 정치사상』, 286~287쪽.

선택해 분명히 규정하고 이에 적합한 최선의 수단을 선택하는 능력' 으로 이해하고,[38] '속박되지 않은 인간의 이성이야말로 정치세계의 가장 확실한 안내자라고 믿는 사람들' 이다.[39] 위의 두 인용문에서 알 수 있듯이 '인간은 이성적 존재' 라는 믿음 자체가 정치적 합리주의의 논거가 되고, 여기에서 신념정치가 싹트는 것이다. 요컨대 신념정치는 인간은 '선한 본성' 과 '탁월한 이성' 을 지니고 있다는 전제 아래 우리의 노력으로 '인간의 완성(구원)' 과 '환경의 개선' 이라는 두 가지 목표를 충분히 실현할 수 있다는 신념을 지니게 된 것이다.

이제 의심정치의 인성론적 배경을 살펴보자. 오크쇼트는 의심정치 즉 '정치적 회의주의' 에 대해 다음과 같이 설명한 바 있다.

> 인간의 나약함과 잔악함 그리고 인간적 업적의 무상함에 주목하는 이 암울한 시선을 던(John Donne)이나 허버트 같은 이들은 깊게 느꼈고, 홉스나 스피노자나 파스칼 같은 이들은 철학적으로 정리했으며, 몽테뉴나 버튼 같은 이들은 온화한 아이러니로 취급했다. 이런 시선이 다스림이라는 활동에 관해 궁리하는 대목에 적용되었을 때, 정치적 회의주의의 원천이 되었다.[40]

> 회의주의자는 정부의 직위를 차지하게 될 사람들이 그들의 통치를 받게 될 피치자들과 종자가 같다는 사실을 망각할 수 없는 성향을 가진다. 다시 말해, 누구든 통치자의 자리에 일단 앉으면 자신의 준거점을 벗어나 자기네의 특수 이익에 우호적인 '질서' 를 공동체에 강요할 수 있는 경향에 항상 노출된다는 것이다. 또는 그들이 질서 이상의 것을 공동체에 강요할 수도 있다. 이러한 이

38) 김비환, 『오크숏의 철학과 정치사상』, 287쪽.
39) 김비환, 『오크숏의 철학과 정치사상』, 274쪽.
40) 오크쇼트, 『신념과 의심의 정치학』, 142쪽.

유만 생각하더라도 의심정치로서는 정부의 손아귀에 들어갈 권력의 양에 인색해야 맞다.[41]

위의 첫째 인용문에서는 '인간의 나약함과 잔악함 그리고 인간적 업적의 무상함에 주목하는 암울한 시선' 을 거론했는데, '인간의 나약함과 잔악함' 은 '인간은 본래 악하다' 는 뜻을 담고 있고, '인간적 업적의 무상함' 은 '인간의 지능(이성)마저도 탁월한 편이 못 된다' 는 뜻을 담고 있다. 둘째 인용문에서는 '통치자들 역시 피치자들과 종자가 같기 때문에, 일단 권좌에 앉으면 자기네의 특수 이익을 추구하게 된다' 고 했는데, 이는 통치자나 피치자를 막론하고 '인간은 누구나 이기적 존재로서 사리사욕을 추구한다' 는 점을 강조한 것이다.

위의 두 인용문에 보이듯이, 의심정치는 '인간의 이기적 본능에 대한 우려' 로 인해 정치의 모든 것을 '의심의 눈초리' 또는 '암울한 시선' 으로 바라보는 것이다. 오크쇼트는 또 다음과 같이 말하기도 한다.

유명한 정치적 저술가 중에서 원칙의 수준에서 의심정치를 각자 나름의 판본으로 정리해서 주창한 사람을 열거하자면, 스피노자, 파스칼, 홉스, 몽테스키외, 버크, 페인, 벤담, 헤겔, 콜리지, 칼훈, 매콜리 등을 들 수 있다. (…) 이들 사이에 어떤 차이점이 있더라도, 정치적 펠라기우스주의를 모두 거부했다는 공통점이 있다. 정치적 펠라기우스주의는 공동체에게 종합적인 행동 유형을 부과하는 것이 정부가 할 일이라는 믿음으로서, 근대에 출현한 신념정치의 모든 판본에서 뿌리를 이룬다. 이것을 거부한다는 것은 곧 정부가 압도적인 권력을 보유하는 데 대해 의심을 거두지 않는다는 것이고, 모든 정치적 질서가 우연의 소산

41) 오크쇼트, 『신념과 의심의 정치학』, 79쪽.

이며 대다수의 질서는 불가피하게 자의적(恣意的)임을 인정한다는 것이다.[42)]

위의 인용문에 의하면, 신념정치와 의심정치를 구분하는 중요한 척도는 '펠라기우스주의를 수용하느냐, 거부하느냐' 하는 것이다. 펠라기우스는 아우구스티누스와 대립했던 신학자로서 그의 주장은 결국 이단(異端)으로 정죄되었거니와, 그렇다면 '펠라기우스주의'란 무엇인가? 이에 대해 『교회용어사전』에서는 다음과 같이 설명하고 있다.

영국의 금욕적 수도사요 신학자요 교사인 펠라기우스(Pelagius, 360?~420?년)로부터 유래한 신학적 견해. 그는 410년을 전후한 때에 로마에서 신앙생활 지도와 저술에 종사하다가 아프리카의 히포와 카르타고, 팔레스타인을 전전하며 금욕적 수도생활을 했다. 성경과 고전에 대한 교양이 풍부했던 그는 하나님이 남녀에게 자유의지를 주셨기 때문에 그들이 구원받든지 말든지를 선택할 수 있다고 주장했다. 그와 함께 은총론 및 예정설의 내용을 변질시키고 원죄(原罪)를 부정하는 이른바 펠라기우스설을 주창했다.

그는, 하나님께서 인간에게 불가능한 것 그 무엇 하나도 명령하지 않았고, 또 누구든지 그 사람이 원하기만 하면 죄를 범하지 않고 생활할 수 있다고 강조하면서, 육체의 연약성 등을 구실로 우유부단한 신앙생활을 하는 그리스도인들을 향해 도덕적 노력을 하도록 분발시키려 했다.

펠라기우스와 그의 추종자들은 인간의 성질은 하나님에 의해 만들어졌기 때문에 충분한 능력이 있다고 가르쳤다. 인간의 의지는 항상 선과 마찬가지로 악을 선택할 자유가 있다면서 인간의 성질은 악에 대한 편향을 조상에게서 물려받지 않았다고 했다. 즉, 이 세상에 태어나기 전 유아들은 타락 이전의 아담과

42) 오크숏트, 『신념과 의심의 정치학』, 150쪽.

똑 같은 상태였다는 것이다.

또한, 펠라기우스주의자들은 하나님의 계명을 지키기 위한 내적 은혜의 필요성도, 속죄의 필요성도 모두 부정하였다. 인간의 성질은 선하게 만들어졌기 때문에 만일 원하기만 한다면 쉽게 바른 생활을 할 수 있는 힘을 창조자로부터 부여받았다고 한다. 이른바 '선택할 수 있는 힘' (possibilitas utriusque patris) 곧 형식적인 자유(인간은 그의 자유의지에 의해 하나님에게서 해방되었다는)를 강조했다.

이러한 사상에 가장 강력히 반발한 사람은 어거스틴이었다. 어거스틴의 불만으로 논쟁이 일어났고 마침내 예루살렘 회의(415년), 디오폴리스 회의(415년)에서 펠라기우스주의가 이단시되었으며, 두 차례 카르타고 회의(417, 418년)에서 정죄 유효선언이 내려졌고, 제2 오랑주 회의(529년)에서 다시 정죄되었다.[43)]

위의 인용문으로 본다면, 펠라기우스주의의 핵심은 '원죄설(原罪說)의 부정' 에 있다. '원죄설의 부정' 은 "인간의 성질은 선하게 만들어졌기 때문에 만일 원하기만 한다면 쉽게 바른 생활을 할 수 있는 힘을 창조자로부터 부여받았다." 는 주장으로 연결되는바, 이처럼 '인간의 선한 능력' 을 강조하고 이로부터 '도덕적 노력' 을 분발시키는 것은 앞에서 살펴본 신념정치와 정확히 궤를 같이하는 것이다. 그러므로 오크쇼트는 신념정치를 '정치적 펠라기우스주의' 라고 설명하고, 의심정치는 '정치적 펠라기우스주의를 거부하는 것' 이라고 설명했던 것이다.[44)]

---

43) 가스펠서브 편, 『교회용어사전 : 교리 및 신앙』, 생명의말씀사, 2013, '펠라기우스주의' 條.

44) 하이에크(Friedrich Hayek)는 '인간이 이성으로 理想鄕을 건설할 수 있다' 는 근대 지성적 합리주의의 원조로 루소와 데카르트를 꼽고, 이로부터 社會主義 사상이 비롯된 것이라고 설명한 다음, 이들은 '치명적 자만(fatal conceit)' 에 빠진 것이라고 비판한 바 있다(하이에크, 『치명적 자만 - 사회주의의 오류』, 106쪽). 요컨대 하이에크

원죄설을 부정한다는 것은 다른 말로 하면 '인간은 본성적으로 선하다' 고 보는 것이다. 성선설(性善說)은 인간에 대한 근원적 신뢰의 토대가 될 수 있는바, 이러한 토대 위에서 스스로의 노력에 의한 구원(완성)을 역설한 것이 근대의 신념정치였다. 근대 신념정치의 또 하나의 축은 이성이었다. 인간은 이성이라는 탁월한 지능을 지니고 있으므로 얼마든지 자신의 목적대로 환경을 개선할 수 있다는 믿음이었다. 반면에 '의심정치는 정치적 펠라기우스주의를 거부한다' 는 말은 의심정치는 성악설(性惡說)에 기초한다는 뜻이다. 앞에서 설명했듯이, 의심정치는 '인간의 나약함과 잔악함 그리고 인간적 업적의 무상함' 에 대해 '암울한 시선' 으로 바라보며 '인간의 사리사욕' 을 경계하고자 정치적 회의주의를 견지한 것이다.

이렇게 본다면 오크쇼트의 '신념정치와 의심정치' 라는 쌍개념은 근원적으로 인간의 '도덕적 본성과 이기적 본능' 의 문제와 연관된 개념으로, 도덕적 본성에 대한 낙관적 신뢰가 '인간의 완성을 이룰 수 있다' 는 신념정치를 낳고, 이기적 본능에 대한 비관적 우려가 '피상적 질서를 유지하기에도 벅차다' 는 의심정치를 낳은 것이라 하겠다. 한편 오크쇼트의 '신념정치와 의심정치는 서로 대립하면서도 서로 의존한다' 는 주장은 도덕적 본성이나 이기적 본능 어느 하나만으로는 인간과 사회를 제대로 해명할 수 없다는 뜻이요, 반드시 인간성의 양면을 함께 고려해야만 제대로 된 정치가 가능하다는 가르침일 것이다.

는 신념정치를 '치명적 자만' 에 빠진 것으로 비판하고, 의심정치를 지지한 것이라 하겠다. 이에 반하여 서병훈은 '의심정치' 를 비판하면서 "정치를 '사회적 자원의 권위적 배분(authoritative allocation of values for a society)' 차원 정도로 규정하는 '기술적, 행태론적' 시각이 정치학 교과서의 첫머리에 나오는 것은 그런 시류와 무관하지 않다. 개인의 이익을 지키고 사회 질서를 잡아주는 차원으로 정치를 한정하면 그러한 정치 속에는 인간 삶의 본질에 대한 고뇌가 설 자리는 없다." 고 지적하였다(서병훈, 『위대한 정치 : 밀과 토크빌, 시대의 부름에 답하다』, 267쪽).

天上
都城
地上
都城
鬼神
賢者
所有樣式
存在樣式
文明
原始

제3장

문명의 이상과 현실

9. 아우구스티누스의 '천상도성과 지상도성'
10. 에라스뮈스의 '우신(愚神)과 현자(賢者)'
11. 프롬의 '소유양식과 존재양식'
12. 저잔의 '문명과 원시'

9. 아우구스티누스의 '천상도성과 지상도성'

아우구스티누스(Aurelius Augustinus, 354~430)의 『신국론(神國論)』은 '천상도성(天上都城)과 지상도성(地上都城)'의 투쟁이라는 관점에서 인류의 역사를 논한 책이다. '천상도성과 지상도성'은 본래 기독교의 『성경(聖經)』에 보이는 개념으로서, 천상도성은 '하늘나라(kingdom of heaven)'나 '하나님(하느님)의 나라(kingdom of God)'를 말하고, '지상도성'은 '지옥(地獄, hell)'을 말하는 것이다. 먼저 『신약성서』〈마태복음〉 제5장의 다음과 같은 내용을 보자.

심령이 가난한 자는 복이 있나니 천국이 그들의 것임이요, 애통하는 자는 복이 있나니 그들이 위로를 받을 것임이요, 온유한 자는 복이 있나니 그들이 땅을 기업으로 받을 것임이요, 義에 주리고 목마른 자는 복이 있나니 그들이 배부를 것임이요, 긍휼히 여기는 자는 복이 있나니 그들이 긍휼히 여김을 받을 것임이요, 마음이 청결한 자는 복이 있나니 그들이 하나님을 볼 것임이요, 화평하게 하는 자는 복이 있나니 그들이 하나님의 아들이라 일컬음을 받을 것임이요, 義를 위하여 박해를 받은 자는 복이 있나니 천국이 그들의 것임이라. (…) 너희가 율법학자들이나 바리사이파 사람들보다 더 옳게 살지 못한다면 결코 천국에 들어가지 못할 것이다. "살인하지 마라. 살인하는 자는 누구든지 재판을 받아야 한다."하고 옛사람들에게 하신 말씀을 너희는 들었다. 그러나 나는 이렇게 말한다. 자기 형제에게 성을 내는 사람은 누구나 재판을 받아야 하며, 자기 형제를 가리켜 바보라고 욕하는 사람은 중앙 법정에 넘겨질 것이다. 또 자기 형제더러

미친놈이라고 하는 사람은 불붙는 지옥에 던져질 것이다.

위의 인용문은 이른바 '산상수훈(山上垂訓, Sermon on the Mount)' 의 첫머리로서, 앞부분에서는 '천국' 의 주인공들을 말하고, 뒷부분에서는 '지옥' 에 던져질 사람들을 말했다. 그런데 여기서 주목할 것은 '천국과 지옥' 이 '마음가짐' 의 문제로 설명되고 있다는 점이다. 요컨대 심령(心靈, spirit)이나 마음(heart)이 '가난하고, 슬퍼하며, 부드럽고, 올바르고, 동정하며, 깨끗하고, 평화로우며, 굳건한' 사람은 천국의 행복을 누리게 되나, '탐욕스럽고, 사람을 죽이며, 화를 내고, 욕하며, 비하하는' 사람은 지옥의 고통을 겪게 된다는 것이다. 이러한 맥락에서 아우구스티누스는 천상도성과 지상도성의 투쟁을 근원적으로 '도덕적 본성과 육체적 본능' 의 문제로 파악했다. 요컨대 아우구스티누스의 '천상도성과 지상도성' 은 그의 '영육이원론(靈肉二元論)' 과 궤를 같이한다. 따라서 먼저 그의 영육이원론을 간단히 살펴보기로 하자.

아우구스티누스는 영육이원론을 전개하면서 '영혼' 을 '인간 속의 하느님' 의 요소로 보았고, '육체' 를 '인간 속의 인간(짐승)' 의 요소로 보았다. 요컨대 그는 영혼을 '이성(理性), 사회성(社會性), 하느님의 요소, 천사, 천상도성' 과 결부시키고, 육체를 '정욕(情慾), 이기성(利己性), 인간의 요소, 악마, 지상도성' 과 결부시켰다. 다음의 인용문을 보자.

인간이 하느님을 따르지 않고 사람을 따라 살 때에는 마귀와 다름없다. (…) 인간이 진리를 따라 살 때에는 자기 자신을 따라 사는 것이 아니라, 하느님을 따라 사는 것이다. "나는 길이요 진리요 생명이다."(요한 14:6) 말씀 하신 이는 하느님이기 때문이다. 그러므로 인간이 자기 자신을 따라, 다시 말해 인간을 따라 살 때에는 확실히 거짓을 따라 사는 것이다. (…) 나는 이미 앞에서 서로 다르고 반대되는 두 도성이 있는 것은 육체를 따라 사는 사람들과 정신을 따라 사는 사람들이 있기 때문이라고 말한 바 있다. 다시 말해서 어떤 인간들은 인간을 따라 살고, 어떤 인간들은 하느님을 따라 살기 때문이라고 말할 수 있다. 사도 바울로는 고린도 신도들을 향해 "여러분이 서로 시기하고 다투고 있으니, 여러분은 아직도 육적(肉的)인 사람들이고 세속적인 인간의 삶을 하고 있는 것이 아니고 무엇이겠습니까?"(1고린 3:3)라고 아주 뚜렷하게 말한다. 이처럼 육신에 속했다고 하든지, 인간을 따라 행한다고 하든지 그 의미는 같다. 인간의 일부분인 육신은 바로 인간 자신을 의미하기 때문이다.[1)]

위의 인용문에서는 인간의 '정신과 육체'를 각각 '하느님과 인간' 또는 '진리와 거짓'으로 분류하면서 대비시키고, 이로 인해서 서로 반대되는 '천상도성과 지상도성'이 생기게 된 것이라고 설명했다. 하느님은 "나는 길이요 진리요 생명이다."라고 말씀하신 바 있거니와, "우리가 받은 성령(聖靈)은 하느님께서 주신 것"[2)]이기 때문에, 인간의 '영혼(정신)'은 역시 '인간 속의 하느님이요, 진리인 것'이다. 또 그렇다면 같은 맥락에서 인간의 '육체'는 '인간 속의 인간이요, 거짓인 것'이다. 아우구스티누스는 이러한 관념을 그대로 인간 사회에 투영시켜 '두 도성'[3)]의 역사철학을 전개하였다.

세상에는 두 가지 인간 사회밖에 존재하지 않는다고 말할 수 있다. 우리 『성경(聖經)』대로(에페 2:19~22 ; 필립 3:17~21) 우리는 이를 두 도성이라고 부른다.

---

1) 아우구스티누스, 『神國論』, 640~641쪽.

2) 아우구스티누스, 『神國論』, 641쪽.

3) '都城'은 라틴어 'civitas'의 번역어로서, '도시(city)'나 '사회(society)' 또는 '나라'로 번역되기도 한다(이석우, 『아우구스티누스』, 285~288쪽 참조).

하나는 육체적 생활을 택하는 인간들의 도성이고, 다른 하나는 영적(靈的)으로 살기를 택하는 인간들의 도성으로, 서로 목적으로 삼는 평화의 종류가 다르다.[4]

아우구스티누스는 인간을 영육이원론으로 해명하면서 영혼과 육체를 서로 대립하는 실체로 보았고, 또 각자의 자유의지에 따라 영혼과 육체 가운데 어느 하나를 선호한다고 보았다. 이러한 맥락에서 인간은 '영적인 삶을 택하는 부류' 와 '육체적 생활을 택하는 부류' 로 구별되는바, 따라서 인간 사회 역시 '영적으로 사는 사람들의 사회' 와 '육체적으로 사는 사람들의 사회' 로 구분된다는 것이다. 그는 전자를 '천상도성' 또는 '하느님의 나라' 라 했고, 후자를 '지상도성' 또는 '인간의 나라' 라 했다.[5] 그는 '두 도성' 의 특징을 다음과 같이 설명한다.

두 사랑이 두 도성을 이루었다. 심지어 하느님까지도 멸시하는 자신 사랑이 지상도성을 만들었고, 자신을 멸시하면서 하느님을 사랑하는 사랑이 천상도성을 만들었다. 따라서 지상도성은 자신 자체를 자랑하며 천상도성은 주님을 자랑한다(2고린 10:17). 지상도성은 사람들에게서 영광받기를 바라고, 천상도성

4) 아우구스티누스, 『神國論』, 635쪽.

5) 따라서 여기에서 말하는 '천상도성과 지상도성' 은 우리가 흔히 말하는 '물리적 實在' 로서의 '天堂과 地獄' 이 아니다. 대중들의 신앙에서는 '착한 일을 많이 하면 死後에 하늘나라로 올라가 福樂을 누리며, 악한 일을 많이 하면 死後에 지옥으로 떨어져 고통을 받는다' 는 관념이 있는데, 이것이 '물리적 實在' 로서의 '天堂과 地獄' 이다. 그러나 아우구스티누스가 말하는 '천상도성과 지상도성' 은 모두 인간 사회에 내재하는 것으로서, '서로 사랑하며 사는 사람들의 사회' 는 '천상도성' 인 것이요, '서로 싸우며 사는 사람들의 사회' 는 '지상도성' 인 것이다. 이에 대한 자세한 논의는 노울런(Albert Nolan), 『그리스도교 이전의 예수』, 80~83쪽 및 그레사케(Gisbert Greshake), 『종말신앙』, 110~117쪽 참조.

은 우리 양심을 보시는 하느님을 가장 큰 영광으로 여긴다. 지상도성은 자신의 영광으로 머리를 높이 들며, 천상도성은 하느님께 "당신은 나의 방패, 나의 영광이십니다. 내 머리를 들어주십니다."(시편 3:3)라고 한다. 지상도성에서는 지배욕이 자체 내의 귀인들과 피정복 민족들 위에 군림하고, 천상도성에서는 지도자와 피지도자들이 사랑으로 서로 섬기되, 지도자는 지혜로 피지도자는 복종으로 섬긴다. 지상도성은 그 권력자들이 나타내듯이 자체 권력을 사랑하며, 천상도성은 하느님께 "나의 힘이신 야훼여! 당신을 사랑합니다."(시편 18:1)라고 말한다.[6)]

위의 인용문에서는 '지상도성' 은 하느님을 멸시하면서 자신을 사랑(자랑)하는 사람들의 도성이며, '천상도성' 은 자신을 멸시하면서 하느님을 사랑(자랑)하는 사람들의 도성이라 했다. 이는 '영적으로 사는 사람' 은 '하느님의 뜻대로 사는 사람들' 이며, '육체적으로 사는 사람' 은 '사람(자신)의 생각대로 사는 사람들' 이라는 설명과 궤를 같이한다.[7)]

위의 인용문에 의하면, 지상도성의 사람들은 자신의 영광을 위해 남에 대한 지배를 추구하고, 천상도성의 사람들은 하느님의 영광을 위해 서로 사랑으로 섬긴다. 이처럼 양자는 전혀 다른 목적을 추구하면서 전혀 다른 방식으로 산다. 두 도성의 삶의 방식을 좀 더 구체적으로 살펴보자.

아우구스티누스에 의하면, '영적으로 사는 사람' 은 하느님의 형상에 따라 사는 사람으로서, '사랑, 기쁨, 평화, 인내, 친절, 선함, 신실, 온유, 절제' 등 사회적(도덕적) 본성을 발휘하는 사람이었다. 이러한 맥락에서 그는 천상도성의 삶의 방식을 다음과 같이 설명한다.

---

6) 아우구스티누스, 『神國論』, 683~684쪽.

7) 아우구스티누스, 『神國論』, 685쪽 참조.

(천상도성의) 이 시민들은 영원한 평화 속에 이기심이나 고집 없이 서로 섬기는 사랑으로 함께 산다. 그 많은 신도들이 다 한마음 한뜻이 되어 아무도 자신의 소유를 자신의 것이라고 하지 않고 모든 것을 공동으로 사용하였다(사도 4:32). 말하자면 완전한 일치로서 사랑이 존재하고 있음을 말해주는 것이다.[8]

위에 보이듯이, '이기심이나 고집 없이 서로 섬기는 사랑' 또는 '한마음 한뜻이 되는 완전한 일치'가 바로 천상도성의 특징이며, 이는 무엇보다도 '모든 것을 공동으로 사용함'으로 드러난다. 위의 인용문에서는 '영원한 평화'를 바탕으로 '서로 섬기는 사랑' 또는 '완전한 일치'가 이루어진다고 설명했거니와, 아우구스티누스는 '영원한 평화'의 구체적 내용을 다음과 같이 설명한 바 있다.

신체의 평화는 그 부분들의 균형 있는 배치에 있고, 비이성적인 영혼의 평화는 욕구의 조화로운 충족과 안정에 있으며, 이성적 영혼의 평화는 지식과 행동의 조화에 있다. 신체와 영혼의 평화는 생물체로서 질서 있고 조화로운 삶과 건강에 있다. 죽어야 하는 인간과 하느님 사이의 평화는 영원한 법에 대해서 신앙으로 질서 있는 순종을 하는 데 있다. 사람과 사람 사이의 평화는 잘 정돈된 조화에 있다. 가정의 평화는 같이 사는 사람들 사이에서 명령하는 자와 따르는 자들 사이의 잘 정돈된 조화에 있다. 시민들 사이에서의 평화는 명령하는 자와 따르는 자의 질서 있는 조합에 있다. 하늘 도성의 평화는 완전한 질서와 조화로 하느님을 즐기며, 하느님 안에서 서로를 즐기는 데에 있다. 모든 평화는 평온한 질서에 있다. 질서는 동등한 것들과 동등하지 않은 것들을 저마다 고유한 자리에 배치하는 것이다.[9]

---

8) 아우구스티누스, 『神國論』, 689쪽.
9) 아우구스티누스, 『神國論』, 959쪽.

위의 인용문에서는 신체의 평화, 비이성적인 영혼의 평화, 이성적 영혼의 평화, 신체와 영혼의 평화, 인간과 하느님 사이의 평화, 사람과 사람 사이의 평화, 가정의 평화, 시민들 사이에서의 평화 등 온갖 단계의 평화를 언급한 다음 '하늘 도성의 평화'를 언급했다. 아우구스티누스는 '하늘 도성의 평화는 완전한 질서와 조화로 하느님을 즐기는 것'이라 했는데, 이는 앞에서 열거한 여러 단계들의 평화가 모두 순조롭게 실현된 것이 곧 '하늘 도성의 평화'라는 의미일 것이다.

아우구스티누스는 "모든 평화는 평온한 질서에 있다."고 하고, 천상도성의 특징을 '영원한 평화'로 규정했다. 지상도성은 천상도성과 반대되는 것인바, 그렇다면 지상도성의 특징은 바로 '영원한 전쟁'이다. 그는 다음과 같이 말한다.

> 하느님의 의도에 맞게 행동하지 않고 자기 의도대로 행동하는 사람들, 올바른 마음으로 살지 않고 그릇된 마음으로 사는 사람들, 그러면서도 하느님께 무엇을 선물로 드림으로써 도움을 받으려고 하며, 그 도움도 자신들을 올바르게 하여 건강하게 만드시는 것이 아니라 자신들의 정욕을 만족시켜 주시는 것이라고 생각하는 사람들-이런 사람들은 모두 카인과 같이 행동한다. 그리고 이것이 지상도성의 특징이다.[10)]

지상도성의 사람들은 하느님의 의도를 외면하고, 자기의 의도대로, 그릇된 마음으로 자신들의 정욕을 추구하는 사람들이다. 위의 인용문에서 주목할 것은 "이런 사람들은 모두 카인과 같이 행동한다."는 말이다. 이는 지상도성의 사람들은 카인처럼 전쟁과 살육을 일삼는다는 뜻이다.

---

10) 아우구스티누스, 『神國論』, 694쪽.

기독교 『성경』의 〈창세기(創世記)〉에 의하면, 카인은 아담의 맏아들로서, 그 아우 아벨을 죽였다. 그런데 아우구스티누스는 "인류의 최초 조상에게서 맏아들로 태어난 카인은 인간의 도성에 속했고, 그다음에 난 아벨은 하느님의 도성에 속했다."[11]고 하여, '카인과 아벨'을 각각 '지상도성과 천상도성'의 시민으로 분류한 다음, 다음과 같이 말한 바 있다.

지상도성의 창건자는 자기 아우를 죽였다. 그는 시기심에 사로잡혀, 영원한 도성 시민이며 지상 나그네인 자기 아우를 죽이고 말았다.[12] 그러니 범죄의 최초 본보기가 오랜 뒤에 로마시가 건설되었을 때 비슷한 범죄로 나타난 것을 보고도 우리는 놀라지 않는다. 로마시는 결국 많은 민족을 지배하며 우리가 말하는 지상도성의 최고가 되었지만, 그들 가운데 한 시인이 말한 것과 같이 그 도성의 '처음 성벽에서는 아우의 피가 흘렀다.' 로마 역사에 기록된 대로 레무스가 그의 형 로물루스에게 죽은 것이다. 그러므로 로마와 저 지상도성은 건설된 사정이 다르지 않으며, 다만 로물루스와 레무스는 둘 다 지상도성의 시민이었을 뿐이다. 둘 다 로마를 건설하는 영광을 가지려고 했으나 둘이 차지하는 영광은 독점하는 것보다는 적을 수밖에 없었다. 살아 있는 같은 동료들과 권력을 나누어서는 지배하는 영광이 줄어들기 때문이다. 그러므로 영광을 전적으로 독점하기 위해서 동료들을 죽였고, 그 범죄의 결과 나라는 커졌으나 그 질(質)은 아래로 곤두박질쳤다. 그렇지 않았더라면 나라가 작았을지라도 질(質)은 나았을

11) 아우구스티누스, 『神國論』, 686쪽.

12) 아우구스티누스에 의하면, 카인은 지상도성의 창건자이지만, 아벨은 천상도성의 시민으로서 이 땅에는 나그네로 온 것이기 때문에 도시를 창건하지는 않았다. 그는 "聖徒들의 도성은 위에 있지만 아래 쪽 세상에 있는 동안 시민들은 태어나면서 나그네로 살아가다가, 천상도성에서 지배하는 부활의 날에 모든 시민을 모았다. 그리고 약속된 나라를 받아 영원한 왕이신 그들의 왕과 더불어 영원무궁토록 지배할 것이다."라고 했다(『神國論』, 686쪽).

것이다.[13)]

위의 인용문에서는 '카인이 아벨을 죽였다'는 〈창세기〉의 기록에 근거하여 로마를 창건한 두 형제(로물루스와 레무스) 사이의 살육을 설명하고, 이를 통해 전쟁과 살육을 지상도성의 특징으로 규정했다. 아우구스티누스는 '동료들과 권력을 나누어서는 지배하는 영광이 줄어들기 때문에, 그러므로 영광을 전적으로 독점하기 위해서 동료들을 죽인다'고 했다. 지상도성에서 전쟁과 살육이 그치지 않는 이유는 권력이나 영광 또는 쾌락을 독점하려는 욕망 때문이다.[14)] 이러한 맥락에서 그는 "지상도성은 다툼과 전쟁과 분쟁으로 분열되며, 승리를 얻는다고 해도 많은 생명이 죽으며 오래가지도 못한다. 대립된 부분들 자체가 죄악에 사로잡혀 다른 시민들을 이기려고 애쓰기 때문이다. 승리한 자는 오만으로 부풀며, 그 승리는 사람 목숨을 죽게 만들 것이다."[15)]라고 설명했다.

이상에서 천상도성과 지상도성의 특징을 살펴보았거니와, 아우구스티누스는 인류의 역사를 '두 도성 사이의 투쟁'으로 설명했다. 그에 의하면, 지상도성 내부에서도 분열과 전쟁이 벌어지지만, 지상도성과 천상도성 사

13) 아우구스티누스, 『神國論』, 690쪽.

14) 위의 인용문에서 또 하나 주목할 것은 "그 범죄의 결과 나라는 커졌으나 그 質은 아래로 곤두박질쳤다. 그렇지 않았더라면 나라가 작았을지라도 質은 나았을 것이다."라는 말이다. 이는 전쟁과 살육을 통해 지상의 나라를 더 부강하게 만들 수 있으나, 그럴수록 그 나라는 질적으로 더 타락한다는 말이다. 현실의 역사를 보면 침략전쟁을 통해 부강하게 발전하는 나라들이 있는데, 이처럼 승리의 영광을 추구하면서 침략전쟁을 일삼는 나라일수록 도덕적으로 높이 평가할 여지는 적어지는 것이다. 아우구스티누스의 이러한 주장은 오늘날 '경쟁을 통한 발전'을 역설하는 경쟁론자들에 대한 비판으로도 해석될 수 있다. '경쟁을 통한 발전'은 대부분 '공동체의 파편화'를 수반하는데도 불구하고, 경쟁론자들은 한결같이 경쟁을 '경제발전 원동력' 또는 '문명진보의 원동력'이라고 예찬하기 때문이다.

15) 아우구스티누스, 『神國論』, 689쪽.

이에도 적대와 전쟁이 벌어진다. 그는 다음과 같이 말한다.

> 로물루스와 레무스의 다툼은 지상도성의 내부 분열을 보여주며, 카인과 아벨의 사건은 하느님 도성과 사람 도성 사이에 있는 적대관계를 설명한다. 악인과 악인이 싸우며 선인도 악인과 싸운다. 그러나 선인과 선인, 적어도 완전한 선인들이 서로 싸울 수는 없다. 다만 완전한 선인이 되려고 노력하는 도중에서 자기와 싸우는 문제들에 관해서는 선인은 다른 사람들과도 싸운다. 모든 개인 생활에서 "육체의 욕망은 성령을 거스르고 성령께서 원하시는 것은 육정을 거스르므로"(갈라 5:17), 이 성령의 욕망이 다른 사람의 육체의 욕망과 싸울 수 있다. 또 육체 욕망이 다른 사람 성령의 욕망과 싸워서, 선인과 악인의 싸움이 될 수도 있다. 또는 악인과 악인이 싸우는 것과 같이, 아직 불완전한 두 선인의 육체 욕망이 싸우는 것은 더 확실한 일이다. 이런 일들은 하느님 은혜로 치료받은 사람들이 마지막 승리를 얻을 때까지 계속된다.[16)]

위의 인용문에서는 두 종류의 전쟁을 구별했다. 첫째는 지상도성 내부의 분열과 전쟁으로서, 이는 악인과 악인의 투쟁이다. 이러한 전쟁이 일어나는 까닭은 한 사람의 육체적 욕망이 다른 사람의 육체적 욕망과 충돌하기 때문이다. 둘째는 천상도성과 지상도성 사이의 적대와 전쟁으로서, 이는 선인과 악인의 투쟁이다. 이러한 전쟁이 일어나는 까닭은 선한 사람의 성령의 욕망과 악한 사람의 육체적 욕망이 충돌하기 때문이다.

이 두 종류의 전쟁에서 아우구스티누스가 더욱 주목한 것은 천상도성과 지상도성 사이의 전쟁이다. 이 전쟁은 선인과 악인 사이의 전쟁이요, 보다 근원적으로는 성령의 욕망과 육체적 욕망 사이의 전쟁이다. 그는 이 전쟁

16) 아우구스티누스, 『神國論』, 691쪽.

이 “하느님 은혜로 치료받은 사람들이 마지막 승리를 얻을 때까지 계속된다.” 고 했거니와, 이 전쟁의 궁극적 승리자는 천상도성의 선인들이라는 것이다. 이러한 낙관론은 ‘하느님의 계획(예정)에 대한 신앙’ 에서 유래한다. 그는 다음과 같이 하느님의 계획을 소개한 바 있다.

> 우리는 인류를 두 부류로 나누어, 사람의 생각대로 사는 사람들과 하느님 뜻대로 사는 사람들이라고 했다. 그리고 그들에게 두 도성이라는 비유적인 이름을 붙였는데, 이것은 두 사회라는 뜻이다. 그 가운데 한 도성은 하느님과 함께 영원히 지배하기로 예정되었고, 다른 도성은 마귀와 함께 영원한 벌을 받기로 예정되었다.[17]

이상에서 아우구스티누스의 ‘천상도성과 지상도성’ 에 관한 사상을 살펴보았다. 이제까지의 논의에서 충분히 드러났듯이, 그의 ‘두 도성’ 이론은 그의 영육이원론과 궤를 같이한다. 한 인간 내부에서는 성령의 욕망과 육체적 욕망이 대립하고 있는바, 성령의 욕망이 우세한 사람은 선인이 되고, 육체의 욕망이 우세한 사람은 악인이 된다. 천상도성은 성령에 따르는 선인들의 사회인바, 그는 이들을 ‘하느님의 뜻대로 사는 사람들’ 이라 했다. 지상도성은 육체에 따르는 악인들의 사회인바, 그는 이들을 ‘사람의 생각대로 사는 사람들’ 이라 했다. 이처럼 인간의 사회에는 두 부류의 도성이 존재하는바, 인류의 역사는 본질적으로 이 두 도성 사이의 전쟁의 과정이라는 것이다. 아우구스티누스는 천상도성의 승리를 확신했다. 이 두 도성 사이의 전쟁은 개인적 차원에서의 영혼과 육체의 싸움과 궤를 같이한다. 따라서 개인적 차원에서 성령에 순종하여 육체적 욕망을 극복할 때, 비

17) 아우구스티누스, 『神國論』, 685쪽.

로소 천상도성의 승리가 실현될 수 있을 것이다.

아우구스티누스의 '천상도성과 지상도성' 은 그의 영육이원론을 그대로 역사철학 또는 윤리학에 응용한 것인바, 이는 또한 기독교『성경』의 가르침을 충실하게 따른 것이기도 하다. 그가 말하는 '영(靈)' 은 결국 인간의 '도덕적 본성' 을 뜻하고, '육(肉)' 은 결국 인간의 '이기적 본능' 을 뜻한다. 그에 의하면, '육(肉)' 을 추구하는 '지상도성' 의 사람들은 모든 것을 자기의 소유로 만들려고 고집하나, '영(靈)' 을 추구하는 '천상도성' 사람들은 모든 것을 공동으로 사용한다. 요컨대 지상도성은 육체적 욕망에 사로잡힌 이기적 인간들의 사회요, 천상도성은 이웃을 배려하고 모든 것을 함께 나누는 도덕적 인간들의 사회이다.

아우구스티누스는 인간 사회를 이처럼 둘로 구분한 다음, 인류의 역사를 '투쟁(전쟁)' 으로 설명했다. 그에 의하면 인류의 역사는 두 종류 투쟁의 역사이다. 첫째는 지상도성 내부의 전쟁으로서, 이는 악인과 악인의 전쟁이다. 이는 한 사람의 육체적 욕망이 다른 사람의 육체적 욕망과 충돌하기 때문에 일어난다. 권력이나 재물은 둘이 나누면 작아지기 때문에, 이기적 욕망에 사로잡힌 사람들은 독점하기 위해 서로 싸우는 것이다. 둘째는 지상도성과 천상도성 사이의 투쟁 즉 악인과 선인의 투쟁이다. 이는 선인의 성령(聖靈)과 악인의 육욕(肉慾)이 충돌하기 때문에 일어난다. 다시 말해, 선인과 악인 사이의 투쟁은 선인에 대한 악인의 핍박 때문에 일어나기도 하고, 불의(不義, 惡人)에 대한 정의(正義, 善人)의 항거 때문에 일어나기도 한다.

기독교『성경』〈창세기〉의 '카인은 아담의 맏아들로서, 그 아우 아벨을 죽였다' 는 내용에 대해 아우구스티누스가 "인류의 최초 조상에게서 맏아들로 태어난 카인은 인간의 도성에 속했고, 그다음에 난 아벨은 하느님의 도성에 속했다." 고 설명한 것은 다음의 두 의미를 함축하고 있다. 첫째, 카인은 맏아들이고 아벨은 둘째 아들이라는 것은 '육체적 본능이 도덕적 본성보다 우선한다' 는 뜻이다. 둘째, 카인이 아벨을 죽였다는 것은 '육체적 본능이 도덕적 본성을 압도한다' 는 뜻이다. 요컨대 카인과 아벨에 대한 〈창세기〉의 기록과 아우구스티누스의 해석은 '양심보다 욕심을 앞세우고, 욕심이 양심을 압도하는' 우리들의 삶의 현실에 대한 상징적인 서술이라 할 수 있다.

아우구스티누스는 인간의 현실적 삶을 위와 같이 진단했음에도 불구하고, 선인과 악인의 투쟁에서 하나님의 뜻에 따라 최종적으로 선인이 승리를 거두고, 비로소 인류는 '영원한 평화' 를 누리게 될 것이라고 주장했다. 이러한 주장은 '신앙의 영역' 으로서, 본고의 논의 대상이 아니다. 본고에서 주목하는 것은 다음의 두 가지이다.

첫째, 아우구스티누스는 인간 사회에서의 '가치관 대립' 의 본질을 단순 명쾌하게 해명하고, 나아가 '가치관 정립' 의 핵심을 단순 명쾌하게 제시했다는 점이다. 그의 영육이원론에서 알 수 있듯이, '영(靈)과 육(肉)' 또는 '도덕적 본성과 이기적 본능' 의 문제는 인문학이나 윤리학 또는 사회철학 분야의 온갖 이분법이나 이원론의 근원이 된다. 또한 윤리학적 관점에서 말하는 '가치관의 정립' 이란 본질적으로 양자의 바람직한 관계를 설정하는 문제였던 것이다.

둘째, 아우구스티누스는 바람직한 가치관의 기본 내용을 제시했다는 점이다. 바람직한 가치관의 기본 요건은 여러 관점에서 논의할 수 있지만, '영원한 평화' 도 그 가운데 하나이다. 다시 말해, 바람직한 가치관은 영원한 평화를 뒷받침할 수 있어야 한다. 그는 "모든 평화는 평온한 질서에 있다. 질서는 동등한 것들과 동등하지 않은 것들을 저마다 고유한 자리에 배치하는 것이다."[18]라고 했는데, 이는 두 차원에서 이해할 수 있다. 첫째는

'영적인 것과 육적인 것' 의 관계를 설정하는 문제로서, 그는 육(肉)을 영(靈)의 통제 아래 둠으로써 평화를 달성하고자 했다. '욕구의 조화 있는 충족과 안정'[19]을 추구한 데서 알 수 있듯이, 그는 결코 '금욕주의자' 가 아니었다. 그가 추구한 것은 영(靈)과 육(肉) 사이의 '순서가 바른 사랑'[20]으로서, 이는 분명 '영육쌍전론(靈肉雙全論)' 이라 할 수 있다. 둘째는 '모든 것들을 저마다의 고유한 자리에 배치하는 것' 으로서, 이는 전통 유교의 명분론(名分論)과 궤를 같이한다.

아우구스티누스의 영육이원론은 유교의 인심도심론(人心道心論)과 놀라울 정도로 궤를 같이한다. 또한 영육쌍전론과 명분론은 전통 유교의 지론이기도 했다. 이처럼 신앙의 측면을 배제하고 본다면, 전통 기독교와 전통 유교는 가치관의 기본 노선을 공유하고 있었던 것이다.[21] 그런데 근대에 접어들면서 '올바른 사랑의 순서' 가 뒤집히면서 서양의 기독교적 질서나 동양의 유교적 질서 모두 파탄을 맞이하게 된 것이다. 이른바 '가치관의 전도(顚倒)' 에 따른 '세속화(世俗化)' 가 그것이다. 세속화에 따른 욕망의 해방과 권리의 향연은 인류에게 자유와 풍요를 선사했지만, '사람다움' 의 의미를 망각하게 하는 부작용을 동반하기도 했다.

'사람다운 사람들의 사회' 를 전통 유학에서는 '중화(中華)' 라 했는데 기독교에서는 '천국(天國, 천상도성)' 이라 한 것이요, '사람답지 못한 사람들의 사회' 를 전통 유학에서는 '이적(夷狄)' 또는 '금수(禽獸)' 라 했는데 기독교에서는 '지옥(地獄, 지상도성)' 이라 한 것이다. 기독교에서 말하는 '천국

18) 아우구스티누스, 『神國論』, 959쪽.

19) 아우구스티누스, 『神國論』, 959쪽.

20) 아우구스티누스, 『神國論』, 725쪽.

21) 그럼에도 불구하고 中世의 기독교는 다분히 금욕주의를 견지하고, 내세에 대한 희망으로 인해 현세의 조형을 소홀히 했다는 점은 부정할 수 없겠다(그레사케, 『종말신앙』, 41~45쪽 참조).

과 지옥' 에 대한 그레사케(Gisbert Greshake)의 다음과 같은 설명을 소개하면서 이 절의 논의를 마치고자 한다.

> 천국이란 우리 모두가 철저하게 그리스도의 몸이 되고 그와 아주 비슷하게 되며 유대를 이루고 또한 이웃들과 아낌없는 사랑의 교환으로 서로 일치하는 데에서 이루어진다고 할 수 있겠다. 그리스도가 서로 사랑하는 사람 사이에서 당신의 모습을 드러낸다면 인간이 서로를 위해서 존재하고 서로 사랑하고 있는 곳에 이미 천국은 시작되었다고 말할 수 있겠다. 요컨대 천국은 아주 먼 훗날 시작하게 되는 이질적인 실재가 결코 아니다. (…) 천국은 사랑이 있는 곳에 그리고 사랑이 생활화하는 곳에 이미 시작되어 점점 확장되어 간다. 이와 반대로 한 인간이 자신에게만 사로잡혀 있어 이기주의의 노예가 되어 있는 곳에는 성서와 성전이 말한 지옥이 시작되고 있는 것이다. 한 인간이 이웃을 물리치고 그리스도의 공동체를 배척한다면 그의 삶은 이미 현세에서 파멸되어 그의 삶 안엔 지옥이 전개되고 있는 것이다. '여기가 생지옥이다' 라고 말하는 민중의 지혜는 사태를 올바로 인식한 것이다. (…) 지옥은 하느님이 세상 종말에 가서 죄인들에게 화풀이하려고 준비해둔 형벌이 아니다. 천국이나 지옥은 인간 삶의 내재적 논리라 할 수 있다.[22]

22) 그레사케, 『종말신앙』, 111~112쪽.

10. 에라스뮈스의 '우신(愚神)과 현자(賢者)'

아우구스티누스(Aurelius Augustinus, 354~430)가 기독교의 성직자이자 신학자로서 중세(中世) 기독교적 가치관의 원형을 정립하는 데 기여했다면, 에라스뮈스(Desiderius Erasmus Roterodamus, 1466?~1536)는 한편으로는 성직자이자 신학자로서 기독교의 참된 의미를 천명하는 데 힘썼으면서도 한편으로는 인문주의자(humanist)로서 자유와 즐거움의 기치 아래 중세 기독교적 가치관을 무너뜨리는 데 앞장선 인물이다.[1] 우리에게 잘 알려진 『우신예찬(愚神禮讚)』에는 에라스뮈스의 이러한 양면성이 잘 드러나 있다.

에라스뮈스는 1509년 영국을 여행하면서 "사람의 생각을 사로잡고 행동을 부추기는 동기가 무엇인가? 진실과 사랑, 지성과 현명, 이런 고상한 것보다는 허영과 욕망, 정념과 어리석음이 세상뿐만 아니라 심지어 교회(敎會)마저도 움직이는 원동력이 아닌가?"[2]라는 생각을 품게 되었는데, 『우신예찬』은 이러한 생각을 구체화한 작품이다. 『우신예찬』은 '바보스럽다, 어리석다' 고 세상 사람들의 조롱을 받는 우신(Moria, 바보의 신)이 '어리석음이야말로 이 세상 사람들을 행복하게 만들어주는, 세상 사람들의 인생을 살맛나게 만들어주는, 이 세상에서 가장 중요한 역할을 하는 요소' 라

1) 에라스뮈스는 '아우구스티누스 修道會' 에서 수도한 경력도 있다. 에라스뮈스는 神父가 된 다음 깜브라이 主敎의 도움으로 당시 스콜라 철학과 神學의 중심지였던 프랑스 파리에 유학했는데, 결과적으로 스콜라 철학과 神學에 반감을 가지게 되었다고 한다(강영안, 「에라스뮈스」, 168쪽 참조).

2) 강영안, 「에라스뮈스」, 170쪽.

고 스스로 예찬하는 내용이다.[3] 우신은 "나 우신을 받아들이고 나 우신을 가까이하지 않으면 인간들 가운데 누구도 행복하게 살 수 없다."[4]고 장담하였다.

『우신예찬』에서는 '현자(賢者)와 우신(愚神)' 또는 '지혜로움과 어리석음'을 대비하면서 지혜로운 현자를 조롱하고 어리석은 바보를 예찬한다. 그런데 에라스뮈스가 말하는 '현자와 우신'이나 '지혜로움과 어리석음' 역시 인간의 '도덕적 본성과 이기적 본능' 또는 '이성(理性)과 정념(情念)'의 문제와 맞닿아 있는 쌍개념이었다. 먼저 이를 확인해 보기로 하자. 에라스뮈스(愚神)[5]은 다음과 같이 말한다.

> 스토아의 정의(定義)에 따르면 지혜란 합리성(合理性)에 따르는 것이며, 반대로 어리석음은 정념(情念)의 처결에 따르는 것인바, 유피테르[6]는 인간들의 삶을 슬프고 심각하게 만들지 않기 위해서 합리성보다는 정념을 더 많이 만들어 인간들에게 주지 않았습니까? 대략 정념과 합리성의 비율은 24대 1쯤 될 것입니다. 유피테르는 더욱이 합리성은 두개골의 한쪽 구석에 몰아넣은 반면, 정념은 온몸 여기저기에 흩어져 있도록 뿌려 두었습니다. 또 유피테르는 마치 매서운 폭군과 같은 정념 두 개를 홀몸의 합리성에 대립시켜 놓았습니다. 하나는 분노(忿怒)인바, 분노는 오장육부의 성채를 장악하고 있으며 더불어 생명의 원천

---

3) 에라스뮈스는 『우신예찬』의 성격을 '유쾌하고 즐거운 글이 사람들에게 진실을 가르치는 일에 있어 매우 성공적'이라는 취지에서 집필된 '유익함을 지향하는 농담'이라고 규정한 바 있다(에라스뮈스, 김남우 역, 『우신예찬』, 열린책들, 2011, 206~208쪽 참조).

4) 에라스뮈스, 『우신예찬』, 166쪽.

5) 『우신예찬』은 '愚神이 스스로를 예찬하는 내용'이라 했거니와, 따라서 『우신예찬』의 話者는 '愚神'이다. 그런데 '愚神의 발언'은 '에라스뮈스의 생각'을 담고 있는 것이므로, 本考에서는 양자를 구별하지 않고 혼용할 것이다.

6) 유피테르(Jupiter, 英語 발음으로는 '주피터')는 고대 로마 신화에서 최고의 神으로, 그리스 신화의 '제우스(Zeus)'에 해당한다.

인 심장(心臟)을 휘어잡고 있습니다. 다른 하나는 정욕(情慾)인바, 성기(性器)에 이르는 아랫도리 제국을 넓게 차지하고 있습니다. 이 쌍둥이에 대항하여 합리성이 도대체 기를 펴지 못하는 것은 이미 많은 사람들의 삶이 충분히 입증해 주었습니다. 합리성은 자신에게 허락된 오로지 그것 하나를 목이 쉬도록 외치며 올바른 삶의 명제들을 선전하지만, 그럴 때면 쌍둥이 정념들은 더욱 요란스럽고 어지러운 목소리로 소리 지르며, 마침내 지칠 대로 지쳐 쓰러져 두 손을 들어 항복한 적장(敵將) 합리성으로 하여금 스스로 제 목에 올가미를 걸게 만듭니다.[7)]

모든 정열(情熱)이 어리석음에 기초한다는 점은 분명합니다. 이것이 어리석은 자와 지혜로운 자를 구별하는 기준이 되는 고로 전자는 정열의 지배를 받으며, 후자는 이성(理性)의 지배를 받습니다. 그리하여 스토아학파는 모든 격정(激情)을 질병인 양 현자에게서 떼어 놓습니다.[8)]

위의 첫째 인용문에서는 '지혜' 를 '합리성에 따르는 것' 이라 하고, 둘째 인용문에서는 '지혜로운 자는 이성의 지배를 받는다' 고 했는데, 첫째 인용문에서 말하는 '합리성' 은 둘째 인용문에서 말하는 '이성' 과 같은 의미일 것이다. 또 첫째 인용문에서는 '어리석음' 은 '정념에 따르는 것' 이라 하고, 둘째 인용문에서는 '어리석은 자는 정열의 지배를 받는다' 고 했는데, 첫째 인용문에서 말하는 '정념' 은 둘째 인용문에서 말하는 '정열' 과 같은 의미일 것이다. 또 이상의 내용으로 보면 에라스뮈스가 말하는 '지혜와 어리석음' 은 '이성과 정념' 에 상응하는 것임을 쉽게 알 수 있다. 위의 첫째 인용문에서는 또 '합리성은 올바른 삶의 명제들을 선전한다' 고 했는

7) 에라스뮈스, 『우신예찬』, 48~49쪽.
8) 에라스뮈스, 『우신예찬』, 73쪽.

데, 이로써 에라스뮈스가 말하는 '합리성(이성)' 은 곧 '도덕적 본성' 과 궤를 같이하는 개념인 것도 분명히 알 수 있다. 같은 맥락에서 '오장육부나 아랫도리 제국' 을 장악하고 있는 '정념' 은 곧 '육체적(이기적) 본능' 과 궤를 같이하는 개념일 것이다.[9)]

위의 첫째 인용문에서 주목할 것은 "정념과 합리성의 비율은 24대 1쯤 될 것"[10)]이라는 말이다. 이는 요컨대 정념은 이성보다 24배나 우세하므로, '이성은 도저히 정념에 대항할 수 없다' 는 뜻이다. 플라톤이나 아리스토텔레스, 또는 그 이후의 스토아학파나 아우구스티누스 등 고전철학자들은 '이성이 정념보다 훨씬 미약하다' 는 점을 인정하면서도, '이성은 (기개의 도움을 받아) 반드시 정념을 이겨내야 한다' 고 역설했었다. 그런데 에라스뮈스는 "이 쌍둥이(정념)에 대항하여 합리성이 도대체 기를 펴지 못하는 것은 이미 많은 사람들의 삶이 충분히 입증해 주었다" 고 하여, 더 이상 '쓸데없는 시도' 를 하지 말라고 충고하는 것이다.

우신이 보기에, '이성으로 어리석은 정념을 물리치고 지혜롭게 살겠다' 는 현자들의 고집은 결국 자신의 삶을 스스로 메마르게 할 뿐이요, 더 나아가 우리 인생의 진실을 전혀 모르는 헛된 집착에 불과한 것이다. 그리하여 우신은 '어리석음이 지배하는 우리 인생의 진실' 을 밝혀주면서 현자들을 조롱하기도 하고 타이르기도 하는 것이다. 이러한 맥락에서 『우신예찬』의

---

9) 에라스뮈스가 정념을 '忿怒와 情慾' 으로 대별한 것은 홉스가 정념을 '욕망(desire)과 혐오(aversion)' 로 대별한 것과 궤를 같이한다. 유교의 경전 『禮記』에서도 인간의 감정을 '喜, 怒, 哀, 懼, 愛, 惡, 欲' 으로 구분한 다음, 이 七情 중에서도 핵심적인 것은 '欲(욕망)과 惡(증오)' 라고 설명한 바 있다.

10) 인간의 이상적인 체형을 '八等身(八頭身)' 이라 한다면, 두뇌의 크기는 신체 전체 크기의 8분의 1에 해당할 것이다. 그런데 플라톤의 靈魂三分說에 의하면 영혼은 '이성, 기개, 욕망' 으로 구성되어 있는바, 따라서 이성은 영혼의 3분의 1만 차지하는 셈이다. 八等身 관념과 靈魂三分說을 종합하면 "정념과 합리성의 비율은 24대 1쯤 될 것" 이다.

줄거리를 따라가 보기로 하자.

『우신예찬』에서 우신은 먼저 자신의 출생 신분을 밝혔다. 우신의 아비는 재물이 많은 '부유(富裕)', 어미는 명랑한 요정 '청춘(青春)'이며, 고향은 '행복의 섬'이다. 우신은 다음과 같이 말한다.

> 내 아비는 '부유'인데 (…) 실은 매력적인 만큼 누구보다 명랑한 요정인 '청춘'으로부터 나를 얻었습니다. 내 아비는 저 유명한 절름발이 대장장이가 태어날 때처럼 지루한 결혼 침상에서 그녀와 결합한 것이 아니며, 이보다는 훨씬 더 매력적인 일이었는바, 우리 호메로스의 말마따나 '사랑의 동침' 가운데 결합하였습니다. (…) 내가 태어난 곳은 '행복의 섬'입니다. 그곳에서는 씨앗을 뿌리지 않아도 밭을 갈지 않아도 모든 것들이 풍성하게 자랍니다. 행복의 섬에는 아무런 고생할 일이 없으며, 아무도 늙지 않으며, 누구도 병들지 않습니다. (…) 이런 경이로운 땅에서 태어난 나는 울음으로써 생애를 시작하지 않았으니, 태어나자마자 나는 어미를 향해 해맑게 웃었습니다.[11]

요컨대 돈 많은 남자와 젊고 예쁜 여자가 정식 부부(夫婦)도 아니면서 서로 눈이 맞아 남몰래 사랑을 나누었던바, 그리하여 우신이 태어나게 되었다는 것이다.[12] 이는 가장 통속적인 로맨스의 구도로서, 이러한 우신의 출생 배경은 자유와 풍요와 쾌락을 상징하는 것이다. 우신은 자유와 풍요와 쾌락이 넘치는 '행복의 섬'에서 태어났기 때문에, 태어나면서부터 '해맑은 웃음'을 지을 수 있었다. 한편, 우신은 자신의 유모(乳母)와 하인 등 자신의 주변 인물들을 다음과 같이 소개한다.

---

11) 에라스뮈스, 『우신예찬』, 29~32쪽.
12) 사실 에라스뮈스 자신이 私生兒였다고 한다(강영안, 「에라스뮈스」, 167쪽 참조).

나는 크로노스의 아드님이 염소를 유모로 두었던 것을 부러워하지 않습니다. 나로 말할 것 같으면 두 명의 아리따운 요정들이 젖 먹여 나를 키웠으니 말입니다. 그들은 바쿠스의 딸 '만취'와 판의 딸 '무지'였습니다. 이 둘을 여러분은 나를 수행하는 일행들과 하인들 가운데서 볼 수 있습니다. 아랫것들의 이름을 여러분이 알고자 하신다면, (…) 눈썹을 치올리고 있는 아이는 '자아도취'입니다. 여기 눈웃음을 지으며 연방 손뼉을 치고 있는 아이를 여러분은 보실 터인데, 이 아이의 이름은 '아부'입니다. 여기 꾸벅거리며 반쯤 졸고 있는 아이는 '망각'이라고 불립니다. 여기 깍지를 끼고 양쪽 팔꿈치를 괴고 있는 아이는 '태만'입니다. 여기 장미꽃으로 다발을 엮어 두르고 온몸 여기저기에 향수를 바른 아이가 '환락'입니다. 여기 불안하게 눈을 이리저리 돌리고 있는 아이는 '경솔'이라고 부릅니다. 여기 피부에 윤기가 흐르고 혈색 좋은 몸뚱이를 가진 아이는 '음란 호색'이라는 이름을 갖고 있습니다. 이렇듯 여러 계집 몸종들과 더불어 여러분은 두 명의 머슴들을 보실 수 있는데, 그 가운데 하나를 '광란 축제'라고 부르며, 다른 하나를 '인사불성'이라고 부릅니다. 말하거니와, 이와 같은 하인들의 충실한 도움을 받아 나는 세상만사가 내 명령에 따르도록 만들고 있으며, 심지어 군주들 또한 내게 복종하게 만듭니다.[13)]

우신의 주변 인물들은 '만취(滿醉), 무지(無知), 자아도취(自我陶醉), 아부(阿附), 망각(忘却), 태만(怠慢), 환락(歡樂), 경솔(輕率), 음란호색(淫亂好色), 광란축제(狂亂祝祭), 인사불성(人事不省)' 등 그 이름부터가 심상치 않다. 이들이 우신을 보좌하여 사람들을 '어리석게, 그리하여 더욱 행복하게' 만들어준다는 것이다.

위의 인용문에 이어, 우신은 자신이 神들뿐만 아니라 인간들에게도 얼마

13) 에라스뮈스, 『우신예찬』, 32~33쪽.

나 큰 이익을 가져다주는지, 그리고 얼마나 널리 자신의 위대한 역량이 미치고 있는지를 자랑스럽게 설명하였다. 우신의 역량 가운데 으뜸은 '모든 생명이 우신으로부터 비롯된다' 는 사실이다. 우신은 다음과 같이 말한다.

여러분에게 평소대로 터놓고 이야기하겠습니다. 나는 문거니와 머리통, 얼굴 낯짝, 젖가슴, 손가락, 귓불때기 등 이런 의젓한 사지 육신에서 신들이나 혹은 인간들이 생산되었겠습니까? 결코 그렇지 않습니다. 어리석기도 하고 우습기도 하여 웃지 않고는 입에 담을 수 없는 신체 부위, 내 생각에는 아랫녘 샅이야말로 인간 종족의 산출지입니다. 이곳이야말로 경건한 성지요, 세상 만물이 진실로 삶을 획득하는 샘일진대, 어찌 피타고라스의 사원소(四元素)에 비하겠습니까? 그러나 지혜로운 자들이 늘 하는 방식대로 먼저 결혼 생활의 불편함을 심사숙고하였다면, 아니 도대체 혼인의 재갈을 자발없이 덥석 입에 물 남자가 세상에 어디에 있겠습니까? 또 만약 출산이라는 위험천만한 노고를, 양육의 번거로움을 알았는지는 그만두고 최소한 짐작이라고 하였다면, 남자를 받아들일 여자가 세상 어디에 있겠습니까? 생명이 결혼에서 비롯된다고 할 때, 이렇게 결혼은 나를 시중드는 여종 '경솔' 에서 비롯된 것이니만큼, 결국 생명이 무엇보다 내게서 비롯된다는 것을 여러분은 알기 바랍니다. 또 출산을 일단 경험한 여자들이 새로이 이를 추구하는 것은 내 시종 '망각' 이 능력을 발휘한 결과가 아니겠습니까? (…) 술에 취하고 웃음이 가득한 나의 놀이가 있었기에 다른 이들은 말할 것도 없이, 저 잘난 맛에 취한 철학자들이며, 오늘날 이들을 대신해서 사람들이 수도승이라고 부르는 자들이며, 자줏빛 관복을 걸친 군주들이며, 경건한 사제들과 그보다 세 번은 더 경건한 교황들도 세상에 태어난 것입니다.[14)]

14) 에라스뮈스, 『우신예찬』, 34~36쪽.

우신은 '아랫녘 샅' 이야말로 인간 종족의 산출지로서, 이곳이야말로 경건한 성지(聖地)요, 생명의 샘이라고 설명하였다. 또한 결혼과 출산은 매우 불편하고 고생스러운 것이기에, 청춘 남녀가 지혜롭게 이를 심사숙고하였더라면 결혼과 출산은 이루어지지 않았을 것이다. 이러한 맥락에서 결혼과 출산에는 '경솔, 망각, 환락' 등이 크게 기여한 것인바, 이는 결국 우신 자신의 공로하는 것이다.[15)]

이처럼 우신은 모든 생명의 씨앗이요 원천으로서, 모든 삶이 우신으로부터 비롯되는 것이다. 그런데 우신이 또 하나 역설하는 것은 "실로 생명이 살아가면서 접하는 편리한 것들 모두가 하나도 남김없이 나〔愚神〕의 업적이라는 사실" 이었다. 우신은 다음과 같이 말한다.

> 여기 우리가 누리고 있는 삶은 어떠합니까? 삶에서 쾌락을 제거해 버린다면, 삶을 도대체 삶이라고 부를 수 있겠습니까? (…) 심지어 스토아 철학자들도 결코 쾌락을 멀리하지 않습니다. 그들은 속마음을 감추고 짐짓 대중들이 보는 앞에서 수많은 비난 욕설을 퍼부으며 쾌락을 산산이 부수어 버리지만, 결국 그것은 다른 사람들이 겁을 먹고 도망치고 나면 그들만 홀로 방해받지 않고 오랫동안 쾌락을 즐기기 위한 것입니다. 하지만 그들도 하늘에 맹세코 내게 동의해야 할 것입니다. 만약 나 우신이 삶을 위해 마련한 청량제와도 같은 쾌락이 없다면, 인생 어떤 부분도 침울하지 않고, 지루하지 않고, 끔찍하지 않고, 무미건조하지 않고, 고생스럽지 않은 게 없다는 점을 말입니다.[16)]

---

15) 위의 인용문에서는 '청춘 남녀가 결혼의 불편함과 출산의 고통을 지혜롭게 심사숙고하였더라면, 결혼과 출산이 이루어지지 않았을 것' 이라 하여 지혜로움과 심사숙고를 폄하했다. '지혜로움' 과 '심사숙고' 는 '賢者' 와 궤를 같이하는 말로서, 우리 인생을 불행하게 만드는 주범으로 비판받는 것이다.

16) 에라스뮈스, 『우신예찬』, 36쪽.

우신은 "삶에서 쾌락을 제거해 버린다면, 삶을 도대체 삶이라고 부를 수 있겠습니까?" 라고 반문하고, 쾌락은 자신이 삶을 위해 마련한 '청량제' 라고 설명했다. 우신은 이처럼 쾌락에 의미를 부여한 다음, "아무것도 모르고 사는 것이 가장 행복한 삶"[17]인바 "노인들은 망각의 샘물을 길게 한 모금 마실 때마다 조금씩 영혼에 가득하던 근심 걱정이 씻기면서 다시 유년의 모습을 되찾습니다."[18]라고 '망각' 을 예찬하였다. 그러므로 "사람들이 현명함과의 관계를 정리하고 내내 나〔愚神〕와 더불어 인생을 보내기만 한다면, 그들은 결코 노인이 아니며 오로지 영원한 유년을 즐기며 행복하게 살게 될 것"[19]이라 한다. 여기서 알 수 있듯이, 우신은 '현명함과 어리석음' 을 종종 '늙음과 젊음' 으로 비유했다.

> 여러분은 아마도 철학 공부와 같은 심각하고 힘겨운 학문에 시달려 심각한 표정을 가진 사람들을 보았을 것입니다. 이들은 대개 아직 젊음의 활개를 펼쳐보기도 전에 벌써 늙어 버렸는데, 이는 냉철하고 진지한 사유행위 등을 하느라 골머리를 썩이는 바람에 점차 호흡과 생명의 진액이 고갈되었기 때문이 아니겠습니까? 하지만 나를 따르는 어리석은 자들은 토실토실 살이 올라 몸뚱이와 피부에는 윤기가 흐르며, 사람들이 흔히 말하듯이 아카르나이아의 돼지처럼 지혜로운 자들과의 접촉이 없는 한 대개 노년의 불편함을 느끼지 못합니다.[20]

요컨대 현명함을 추구하면 어려운 학문에 시달려 골머리를 썩이며 늙어 버리나, 어리석음에 안주하면 토실토실 윤기 흐르는 젊음을 만끽할 수 있

17) 에라스뮈스, 『우신예찬』, 37쪽.
18) 에라스뮈스, 『우신예찬』, 38쪽.
19) 에라스뮈스, 『우신예찬』, 41쪽.
20) 에라스뮈스, 『우신예찬』, 41~42쪽.

다는 것이다. 이러한 맥락에서 우신은 "어리석고 어리석을망정 언제나 행복하며, 언제나 청춘이며, 언제나 모든 사람들에게 즐거움과 쾌락을 줄 수 있다면야, 도대체 누가 그처럼 되길 마다하겠습니까?"[21]라고 자신 있게 반문한다.

사람은 누구나 다 어리석음의 지배를 받지만, 남자와 여자를 구분해보면 여자가 더욱 어리석다. 우신은 그 취지를 다음과 같이 설명한다.

> 자연이 집안 경영을 주관할 과업을 사내들에게 주고, 그리하여 합리성을 약간이나마 남자에게 더 주어 남자가 사내 된 구실을 올바로 할 수 있도록 하였을 때, (…) 나는 여자를 남자에게 덧붙여 주도록 말하였는바, 대체로 어리석고 바보스러우며 실로 웃음이 많으며 우스꽝스러운 동물을 남자에게 붙여 주어 집안에서 함께 어울려 살며 여자의 어리석음으로 사내의 심각한 태도를 누그러뜨리고 풀어 줄 수 있도록 하자고 조언하였습니다.[22]

요컨대 한 가정을 경영하려면 약간의 합리성이 필요하므로 남자들에게 약간의 합리성을 부여한 것인데, 합리성은 남자의 삶을 심각하게 만들므로, 여자를 조금 더 바보스럽게 만들어, 한 집에서 서로 어울려 살게 했다는 것이다. '여자들이 남자들보다 조금 더 어리석다'는 주장은 여자들의 기분을 상하게 할 수 있다. 이에 대해 우신은 '여자들이 많은 측면에서 남자들보다 즐겁게 사는 것은 모두 어리석음 덕분'이라 하면서, 이를 다음과 같이 설명한다.

> 우선 아름다운 몸매의 우아함을 보시기 바랍니다. 이를 여자들은 세상 그 무

21) 에라스뮈스, 『우신예찬』, 44~45쪽.
22) 에라스뮈스, 『우신예찬』, 49쪽.

엇보다 중요하게 여기며 아름다운 몸매를 앞세워 세상 모든 독재자들을 상대로 독재자 노릇을 합니다. 여자들의 언제나 반주그레한 얼굴, 언제나 사분사분한 목소리, 곱고 해사한 속살은 흡사 영원한 유년을 보여주고 있는데, 이에 반해 남자들이 가진 노년의 징표라 할 우락부락한 생김새, 까스스하게 털로 뒤덮인 피부와 숲을 이루는 턱수염 등은 실로 지혜가 뿌려놓은 폐해가 아니고 무엇이겠습니까? 다음으로 남자들을 최대한 즐겁게 하는 것을 여자들이 삶에서 추구하는 모든 것으로 삼은 것은 누구 때문입니까? 이런 이유가 아니라면, 그 모든 치장술들이며, 그 모든 화장법들이며, 그 모든 목욕 방법들이며, 그 모든 머리 손질법이며, 그 모든 향유들이며, 그 모든 향수들이며, 얼굴과 눈매와 피부를 매만지고 색칠하고 꾸며내는 그 모든 기술들은 뭣 때문에 있겠습니까? 이때 남자들이 여자들에게 사로잡히는 것은 어리석음이 아닌 다른 무슨 이유겠습니까? 남자들은 몸 달아 쾌락의 빵 부스러기 때문에 여자들에게 무엇이든지 약속합니다. 이렇게 여자들이 쾌락을 줄 수 있는 것은 오로지 어리석음 때문입니다. 여자들이 주는 쾌락을 만끽하기로 결심한 남자들이 그때마다 여자들과 어떤 허튼소리를 지껄이고 어떤 허튼수작을 감행하는지 이를 곰곰이 스스로 생각해 본다면 누구도 이런 사실을 부정하지 못할 것입니다.[23]

우신은 '여자들은 아름다운 몸매를 앞세워 세상 모든 독재자들을 상대로 독재자 노릇을 한다' 고 설명했다. 남자가 여자보다 지혜롭다 하더라도, 결국엔 여자의 어리석음이 남자의 지혜를 지배한다는 것이다. 여자의 어리석음(아름다움)에 사로잡힌 남자들은 모든 무모한 희생을 감수하면서 여자들이 주는 쾌락에 빠지고 만다는 것이 에라스뮈스가 관찰한 남녀 관계의 실상이었다.

23) 에라스뮈스, 『우신예찬』, 50~51쪽.

남녀 관계 외에 또 우리를 즐겁게 해주는 것은 술잔치이다. 그런데 우신은 “어리석음이라는 양념이 없다면 술잔치는 결코 흥겨울 수 없다.” 고 주장하면서, 한가득 웃음을 선사하는 재담과 해학, 술잔치에서의 각종 오락들이 모두 어리석음의 결실이라고 설명한다. “이런 모든 것들은 희랍의 일곱 현인이 만들어 낸 것이 아니며, 진실로 내가 인간 종족의 건강과 유익을 위해 마련해 준 것들입니다. 이런 종류의 모든 것들은, 그것들이 더 많은 어리석음을 갖고 있으면 있을수록 그만큼 인간들 삶을 더욱 풍성하게 만들어 주는 것들입니다. 심각하고 지루한 삶을 과연 삶이라 부를 수 없을진대, 만약 오락거리들로 권태로움을 막아내지 못한다면 삶은 우울하고 지루하게 끝나버릴 수밖에 없습니다.”[24]

또한 우리 인간은 사회적 동물로서 혼자 살 수 없기 때문에 다른 사람들과 교제하면서 살아야 한다. 이에 대해 우신은 “사람들을 엮어주며, 엮인 사람들을 친구로 만들어 주는 것은 바로 이 어리석음”이라고 주장한다. “神과 같이 지혜로운 철학자들 사이에 우정은 전혀 형성되지 않거나 혹은 그저 냉랭하고 무덤덤한 우정이 맺어지며 그마저도 극히 소수의 사람들과 맺어질 뿐입니다. 이것은 대부분의 사람이 어리석어 여러 가지 일에 있어 우매하게 처신하되, 우정은 서로 닮은 사람들 사이에서만 생겨나기 때문입니다.”[25] 이처럼 지혜로운 사람들은 남들과의 교제에 취약하다면, 우정(友情) 역시 어리석음의 결실이라고 할 수 있을 것이다.

부부(夫婦)의 결합이 지속될 수 있는 것도 어리석음 때문이다. 에라스뮈스에 의하면 ‘결혼’ 이란 ‘결코 나뉠 수 없는 결합’ 이거니와, 애교와 희롱, 무지와 관용, 묵과(默過) 등 ‘우신을 추종하는 것들’ 의 도움을 받아야만 결혼생활이 유지될 수 있다.

---

24) 에라스뮈스, 『우신예찬』, 52쪽.

25) 에라스뮈스, 『우신예찬』, 54쪽.

만약 처녀가 아리땁고 겉으로는 정숙해 보이지만 결혼하기 훨씬 전부터 어떻게 놀았는지를 알아챌 만큼 남편감이 현명하다면, 세상에 결혼이 얼마나 성립하겠습니까? 또 아내가 남편의 무지와 어리석음에 도움받아 많은 일들을 숨기지 못한다면, 과연 이미 이루어진 결혼일지라도 그것이 얼마나 오래 지속되겠습니까? 실로 이것이 어리석음의 덕택으로 얻어진 혜택일지니, 어리석음이 있어 남편에게 아내가 사랑스럽고 아내에게 남편이 반가운 것이며, 집안은 조용해지고 가족의 유대가 이어지는 것입니다. 서방질하는 여편네가 눈물을 흘리면 이를 안아주고 달래주는 사내는 뻐꾸기 혹은 두견이라고 부를까요, 뭐라고인들 아니 불리겠습니까만 아무튼 웃음거리가 됩니다. 이 정도로 모를 수 있다니! 하지만 참으로 행복한 일이 아닙니까?[26)]

이상의 모든 내용을 종합하여, 우신은 "어떤 사회나 어떤 생명의 결합도, 내가 없었다면 어떤 것도 즐겁거나 혹은 지속될 수 없었을 것입니다. 서로에 대해 잘못 알고 있으며 때로 아첨에 속고, 때로 알고도 눈감아 주고, 때로 어리석음의 꿀맛에 이끌리기도 하는 마당에, 만약 이럴 수 없었다면 인민은 군주와, 주인은 머슴과, 안주인은 계집종과, 학생은 선생과, 친구는 친구와, 남편은 아내와, 지주는 소작인과, 전우는 전우와, 동료는 동료와 오래가지 못하고 진작 파경에 이르렀을 것입니다."[27)]라고 설명한다. 요컨대 모든 종류의 다양한 인간관계를 유지할 수 있는 비결은 '어리석음' 이라는 것이다. 이처럼 어리석음은 우리의 삶에서 중요한 역할을 한다. 그런데 에라스뮈스에 의하면, 어리석음은 이제까지 소개한 내용보다 더 중요한 역할을 한다. 그것은 바로 '자아도취' 로서, '선물 중에서도 가장 큰 선물' 인 자아도취 역시 어리석음의 소산이라는 것이다.

26) 에라스뮈스, 『우신예찬』, 56쪽.
27) 에라스뮈스, 『우신예찬』, 56~57쪽.

스스로를 혐오하는 사람이 누군가를 사랑할 수 있겠습니까? 스스로와 갈라선 사람이 다른 사람과 화합할 수 있겠습니까? (…) 불멸의 신들로부터 아름다움이라는 선물을 받은들, 자기혐오의 해악에 찌든 사람에게 그것이 무슨 소용이겠습니까? 비관에 곪아 터진 애늙은이에게 청춘은 다 무슨 소용이겠습니까? 나의 자매라고 불리거나 나를 대신하기에 합당하다 할 자아도취가 돕지 않는다면, 누가 삶에 부여된 온갖 재능 가운데, 혹은 혼자서 혹은 다른 사람들과 어울려 무슨 일인들 품위를 갖추어 할 수 있겠습니까?[28)]

자아도취에는 또 '아부' 라는 훌륭한 동생이 있다. 자아도취는 자기 자신을 어루만지면서 위로하는 것인데, 다른 사람들에게 이렇게 해주는 것을 '아부' 라 한다. 우신에 의하면 "아부는 누구나 스스로에게 흡족하고 기뻐하도록 만들어 주는 것인바, 이는 행복의 한 부분 혹은 행복의 요체" 이다. 따라서 "아부는 인간 삶 전체를 달콤하게 하는 꿀이며, 살맛을 북돋는 양념" 이라는 것이다.[29)]

남의 아부를 달콤하게 받아들이는 것은 '거짓에 속는 것' 으로서, 물론 어리석은 일이다. 사람들은 거짓에 속는 것을 '불행한 일' 이라고 하는데, 우신은 거꾸로 "실은 거짓에 속지 않는 것이 가장 큰 불행" 이라고 주장한다.[30)]

인간 행복이 사태의 진상에 놓여 있다고 생각한다면 이는 엄청난 착각입니다. 행복은 허상에 달렸습니다. (…) 더군다나 인간의 영혼은 진상보다는 차라리 거짓에 끌리기 쉽게 만들어져 있습니다. (…) 그러니 행복은 얼마나 적은 비

---

28) 에라스뮈스, 『우신예찬』, 57~58쪽.
29) 에라스뮈스, 『우신예찬』, 107~109쪽.
30) 에라스뮈스, 『우신예찬』, 109쪽.

용으로 가능합니까? (…) 거짓은 제일 쉬운 일인바 가진 허상만큼 혹은 가진 허상보다 훨씬 큰 행복에 이를 수 있습니다.[31]

우신은 '거짓에 속아서 적은 비용으로 누릴 수 있는 행복' 의 예를 몇 가지 들었다. 보잘것없는 음식을 '천상의 음식' 이라고 생각하며 먹는 경우, 못생긴 아내를 보면서 '베누스 여신처럼 아름답다' 고 생각하는 남편, 평범한 그림을 가지고 있으면서도 '유명 화가의 그림' 이라고 생각하며 감상하는 경우, 값싼 인조 보석을 선물한 남편과 그것을 '진짜 보석' 으로 여겨 즐거워하는 아내 등이 그것이다. 이처럼 비용을 아끼면서도 거짓에 속아 큰 만족을 얻을 수 있다면 '이보다 더 좋을 수는 없다' 는 것이다.[32]

이상에서 '어리석음' 이 수행하는 여러 중요한 역할들을 두루 살펴보았다. 우신은 "분명히 말하거니와, 나를 통하지 않고는 어떤 위대한 과업도 성취되지 않으며, 내가 나서지 않는다면 어떤 위대한 기술도 만들어지지 않을 것"[33]이라고 장담한다.

에라스뮈스는 이처럼 '우신' 과 '어리석음' 을 예찬한 다음에는 '현자(賢者)' 나 '철학자' 들의 '지혜로움' 에 대해 가차 없이 비판한다. 지혜는 일을 도모하는 데 방해가 될 뿐, 아무런 소용도 없다는 것이다. 에라스뮈스는 다음과 같이 말한다.

철학자들이 일상생활 전반에 걸쳐 얼마나 쓸모없는 인물들인지, 아폴론의 신탁(神託)에 따르면 유일한 현자였던 소크라테스 본인이 이를 증명할 수 있을 것입니다. 소크라테스는 상당히 잘못된 판단에 따라, 뭔지는 모르겠으나 대중적

31) 에라스뮈스, 『우신예찬』, 109~110쪽.
32) 에라스뮈스, 『우신예찬』, 110~111쪽.
33) 에라스뮈스, 『우신예찬』, 59쪽.

으로 무언가를 수행하고자 시도하였고, 그로 인해 모든 사람들로부터 조롱의 대상이 되었습니다. 이 남자가 그럼에도 불구하고 유용한 판단을 한 것이 없지 않은바, 현자라는 이름을 받아들이지 않고 이에 대하여 아폴론의 생각을 반박하였다는 점과, 현자는 정치를 멀리해야 한다고 충고한 점입니다. 이왕지사 충고를 하려거든 차라리, 사람다운 대접을 받고자 하는 이는 지혜를 멀리해야 한다고 했어야 합니다. 아무튼 그로 하여금 독배(毒盃)를 마시도록 만든 것은 오로지 지혜가 아닙니까?[34)]

에라스뮈스는 이처럼 소크라테스를 타박한 다음에는 플라톤을 비판했다. 플라톤은 "철학자가 군림하거나 군주가 철학하는 도시 국가는 행복 도시"라고 주장했지만, 역사적으로 본다면 국가에 가장 큰 해악을 끼친 정치가들은 오히려 철학에 몰두한 자들이었다는 것이다.[35)]

철학자들이 막중국사(莫重國事)만 맡는다면 그나마 참아 줄 것이나, 그들이 일상생활의 모든 영역에서 그렇게까지 무능한데야 봐줄 수가 없습니다. 철학자를 식사에 초대할라치면, 그는 무거운 침묵 혹은 알아듣지 못할 어려운 질문 공세로 잔치를 망칩니다. (…) 여러분은 철학자가 인간 구실 못하는 작대기 바보 천치라는 것을 알게 될 것입니다. 저 자신을 위해서도 조국을 위해서도 제 식구를 위해서도 아무짝에도 쓸모없는 자이니, 그는 공동체의 일이라고는 전혀 할 줄 모르는 데다가 한술 더 떠 대중의 의견 및 시중의 관습과는 멀고도 먼 생각을 하고 있기 때문입니다. 이럴진대 생활방식에 있어서나 생각에 있어서나 이렇게 다를 바에야 사람들로부터 따돌림을 당하는 것은 어찌 보면 너무도 당연합니다.[36)]

34) 에라스뮈스, 『우신예찬』, 60~61쪽.
35) 에라스뮈스, 『우신예찬』, 63쪽.

위의 인용문에서는 '철학자'를 '인간 구실 못하는 작대기 바보 천치'라고도 했고, 자신을 위해서도 조국을 위해서도 제 식구를 위해서도 '아무짝에도 쓸모없는 자'라고도 했다. 따라서 현자는 한마디로 '신물 나는 것들'[37]이라는 것이다. 에라스뮈스는 현자를 이처럼 신랄하게 비판하면서도, 한편으로는 현자들의 불쌍한 삶을 동정하기도 하여, 다음과 같이 말한다.

> 현자의 표본을 상상해 보십시오. 여러분의 현자는 유년 시절과 사춘기를 내내 학문을 익히는 데 쏟아 부었을 것이며, 인생의 가장 달콤한 시기마저 밤을 새워 노심초사 진력을 다해 학업에 헌납하였을 것이며, 그 외 인생 모든 부분에서 낙숫물만큼의 쾌락도 맛보지 못했을 것입니다. 늘 가난하고 궁핍하고 쓸쓸하고 우울했을 것이며, 자신에 대해 엄격하고 가혹하며 남들에게 신랄하고 잔혹했을 것이며, 창백하고 수척하고 몸은 쇠약하고 눈은 침침하여 조로(早老)에 조백(早白)하고 조졸(早卒) 또한 면치 못했을 것입니다. 결코 한 번도 제대로 살았다 할 수 없는 인생인 것을 죽는다 한들 다를 게 무엇이겠습니까? 이게 현자의 탁월한 초상입니다.[38]

이상에서 에라스뮈스의 '현자'에 대한 비판을 간략히 살펴보았다. 에라스뮈스는 마침내 '우신과 현자'를 다음과 같이 비교한다.

> 인간 삶이 얼마나 많은 재앙들로 피폐하고 가련한지, 출생은 얼마나 불결한지, 양육은 얼마나 힘겨운지, 소년은 얼마나 많은 불의에 노출되어 있는지, 청

---

36) 에라스뮈스, 『우신예찬』, 64~65쪽.
37) 에라스뮈스, 『우신예찬』, 75쪽.
38) 에라스뮈스, 『우신예찬』, 90~91쪽.

년은 얼마나 많은 노고를 겪어야 하는지, 노년은 얼마나 고단하며, 죽음은 얼마나 엄연한 운명인지, (…) 이런 인생의 형편을 곰곰이 생각해 본 사람이라면, 가히 가여운 예이겠으나 밀레토스의 처녀들이 과연 자살할 만했겠다고 받아들일 것입니다. 그렇다면 과연 이런 삶의 힘겨움 때문에 스스로 목숨을 끊은 자들은 대개 누구였습니까? 이는 지혜와 관련되어 있습니다. (…) 하지만 나 우신은 부분적으로 무지와 더불어, 또는 일부 아둔함을 통해, 경우에 따라서는 고통의 망각에 힘입어, 때로 행복의 희망을 빌미로, 그러니까 온갖 쾌락들로 꿀을 발라가며 이런 엄청난 고난 가운데 인생이 목숨을 스스로 끊지 않고 살아가도록 돕고 있습니다. (…) 누구도 인생의 고단함을 느끼지 못하도록 만들어주면서 말입니다.[39)]

에라스뮈스에 의하면, 우리의 삶은 본래 힘겹고 불쌍한 것인데, 현자와 우신은 이에 대응하는 방법을 달리한다는 것이다. 요컨대 '지혜로운 현자' 는 삶의 고통스러운 실상을 정확히 규명함으로써 결국 사람들로 하여금 좌절하여 자살하게 하나, '어리석은 우신' 은 고통스런 삶에 쾌락의 꿀을 듬뿍 발라주어 사람들의 인생을 살맛나게 만들어준다는 것이다. 우신은 다음과 같이 말한다.

나로 인해 노인네들은 아직까지 쾌락을 추구하며 청춘을 구가합니다. 머리를 염색하기도 하고 남의 머리카락을 덧써 대머리를 숨기기도 하고 아마도 돼지에게서 빌려온 틀니를 끼우기도 하고, 젊은 처자에게 빠져서 가련하게도 사랑을 앓으며 어리석은 연애질에 있어 여느 젊은이를 능가합니다. 이제 관에 들어갈 지경이 된 산송장 같은 노인네도 지참금을 불문하고 샛서방을 용인할지언정 어

39) 에라스뮈스, 『우신예찬』, 75~77쪽.

리고 어여쁜 여인을 아내로 맞아들이곤 합니다. 그런데 이보다도 더 재미난 일은 오랜 노년으로 죽음을 바라보며 송장이 무덤에서 다시 나왔다 할 만큼 흉물스러운 할망구들이 노상 입에다 '빛이여, 안녕' 을 달고 다닌다는 사실입니다. 여기에 보태어 (…) 발정 난 암캐처럼 걸근대는 일, 대단한 화대를 지불하고 청년 파온을 끌어들이는 일, 연지 곤지를 얼굴에 찍어 바르며 거울 앞에 붙어 있는 일, 치부의 음모를 뽑아 정리하며 말라붙어 볼품없는 유방을 드러내는 일, 감탕질로 늘어진 성욕을 부추기는 일, 술 마시며 이팔청춘 처녀들에 끼어 춤을 추는 일, 사랑의 편지를 쓰는 일 등을 펼칩니다. 이 모든 일은 모두로부터 가소롭다 조롱을 당하며 보시다시피 어리석음의 소치인바, 그녀들은 저 혼자 좋아 즐거워하며 지극한 쾌감을 만끽하며 전신에 온통 꿀을 바른 듯 살아갑니다. 그러므로 전적으로 나 우신 덕분으로 그녀들은 행복해합니다.[40)]

위의 인용문은 우신이 쾌락의 꿀을 발라서 노인들의 삶을 살맛나게 만든 예이다. 현자들은 위와 같은 삶에 대해 '노망난 추태' 요 '가소로운 꼴불견' 이라고 조롱하는데, 이에 대해 우신은 "행여 모든 것들이 지극히 웃기는 꼬락서니라고 여겨진다면, 그녀들이 이런 어리석음 가운데 삶을 달갑게 보내는 것이 좋겠는지 아니면 속담에 이르듯 목을 맬 대들보를 찾는 게 낫겠는지 고민해 보길 바랍니다."[41)]라고 주문한다. 우신은 이렇게 쾌락을 옹호하면서, 현자들의 반론을 의식하여 다음과 같이 말한다.

이쯤 되면 철학자들이 들고일어날 것이라 나는 생각합니다. 어리석음을 부여잡고 깨닫지 못한 채 잘못 알고 속으며 무지 가운데 살아가는 것, 그런 것은 불행한 일이라고 철학자들은 말하지만, 인간이란 원래 그런 존재입니다. 철학자

40) 에라스뮈스, 『우신예찬』, 77~79쪽.

41) 에라스뮈스, 『우신예찬』, 79쪽.

들이 왜 이것을 불행이라고 부르는지 나는 도무지 이해할 수 없습니다. 여러분은 그렇게 태어나 그렇게 양육되고 그렇게 가르쳐졌으니, 이것은 모두에게 공통된 처지입니다. 새처럼 날지 못하기 때문에, 여타 가축들처럼 네발로 걷지 못하기 때문에, 황소처럼 뿔로 무장하지 않았기 때문에 인류가 불행하다고 말한다면 모를까, 어떤 것도 자신의 본성을 따른다 하여 불행하다 할 수 없습니다. 그런 식의 논리라면, 아름답긴 하지만 문법을 모르며 과자를 즐길 수 없기 때문에 말〔馬〕은 불행하다, 씨름을 즐길 수 없기 때문에 황소는 불행하다 해야 할 것입니다. 말의 입장에서 문법을 모른다고 해서 전혀 불행할 것이 없는 것처럼, 인간의 입장에서 어리석음은 하등 불행일 수 없습니다. 그것이 인간의 천품(天稟)인 까닭입니다.[42]

위에 보이듯이, 에라스뮈스는 '어리석은 삶, 쾌락을 추구하는 삶' 을 '인간의 본성을 따르는 삶' 으로 설명했다. 에라스뮈스는 "정념과 합리성의 비율은 24대 1쯤 될 것" 이라 했거니와, '인간이란 원래 그런 존재' 이기 때문에, 인간은 어리석고 쾌락을 좋아할 수밖에 없다는 것이다. 이처럼 과연 '어리석고, 쾌락을 좋아함' 이 '인간의 천품(天稟)' 이라면, 이에 대한 더 이상의 정당화는 필요 없는 것이다. '본성의 실현은 사물의 존재 이유' 라는 것은 고전 철학자들도 모두 동의하는 바였기 때문이다.

이상에서 에라스뮈스의 '우신과 현자' 또는 '어리석음과 지혜로움' 에 대한 논의를 살펴보았다. 요컨대 우신이나 어리석음은 행복의 원천이요, 현자나 지혜로움은 불행의 원천이라는 것이 에라스뮈스의 지론이었다.

에라스뮈스는 이러한 지론을 당시 기독교 사회에 적용하여, 기독교인들 특히 성직자(聖職者)들의 위선(僞善)을 신랄하게 풍자하였다. 기독교인들은

42) 에라스뮈스, 『우신예찬』, 79~80쪽.

겉으로는 슬기로움과 쾌락의 절제를 말하지만, 속으로는 모두 어리석음과 쾌락을 좋아한다는 것이다. 그는 다음과 같이 말한다.

> 사람들이 성자(聖者)들로부터 소망하는 것은 전부 나 우신과 관련된 것들입니다. 여느 교회의 벽과 천장을 온통 채우고 있는 감사의 글들을 살펴보건대, 여러분은 그 가운데 어리석음을 쫓아 주었다거나 새털만큼이나 좀 더 현명하게 해주어 감사하다는 말을 적은 쪽지를 본 적이 있습니까?(…) 어떤 이는 마차 전복 사고에서 말들을 무사히 건졌다 하고, 어떤 이는 집이 무너졌으나 도망쳤다 합니다. 어떤 이는 본서방에게 걸렸으나 도망쳤다 합니다. 이렇게 누구도 어리석음에서 벗어나게 해주어 감사하다는 사람은 없습니다. 온갖 것들로부터 도망쳤음에 감사하지만 나 우신에게서 벗어났음을 감사하는 사람은 없은즉, 어리석은 것만큼 달가운 것은 없다 하겠습니다. (…) 아무튼 기독교인들은 하나같이 이런 어리석은 행동들이 차고 넘치는 삶을 내내 살아가고 있으나, 성직자(聖職者)들은 이로부터 무언가 이문이 생긴다는 것을 잘 알고 있기 때문에 이런 어리석음을 기꺼이 허락하며 심지어 조장하기까지 합니다.[43]

『우신예찬』의 후반부에서 에라스뮈스는 '성직자들의 위선' 을 두루 거론하며 비판하고, 풍자했다. 우선 사제(司祭)들에 대해서는 "사제들 가운데 장사꾼들에게 경배를 바치며 이들은 존경받을 만한 사람들이라고 공개적으로 외치는 형제들이 없지 않은바, 이는 이들이 더럽게 벌어들인 재물 가운데 일부나마 얻어 쓸까 하는 마음에서 비롯된 것"[44]이라 비판하고, "사제들은 사양지심을 발휘하여 긍휼의 과업을 모두 백성들에게 양보합니다."[45]라고 조롱했다. 교회학자(敎會學者)들에 대해서는 "이들은 간과할 수

---

43) 에라스뮈스, 『우신예찬』, 101~103쪽.

44) 에라스뮈스, 『우신예찬』, 119쪽.

없는 항목에 있어 내게 크게 빚지고 있는바, 우선 자아도취가 그것"[46]이라 하여, 공허한 말장난에 빠진 그들의 '자아도취'를 조롱하였다. 은수사(隱修士) 또는 수도승(修道僧)에 대해서는 "어떤 수사는 돈을 만지는 것을 마치 바꽃 독약처럼 기피하면서도 포도주와 여자는 대단히 절제하지 않습니다."[47]라고 핀잔했다.

주교(主敎)에 대해서는 "주교란 수고하고 돌보고 간수하는 자"라는 뜻인데, 몇몇 주교들은 "돈을 긁어모으는 일"에 관해서만 주교직을 정확히 수행한다고 조롱했다.[48] 추기경(樞機卿)에 대해서는 그들의 성대한 복장은 "지극히 큰 사랑을 만인에게 골고루 베풀며 모두를 감싸는 것"을 기대한 것이라고 설명하고, 그들이 한 번이라도 이를 생각하였더라면 "옛날 사도들이 살았던 것과 마찬가지로 세상을 염려하고 근심하며 평생을 보냈을 것"이라고 비판하였다.[49] 교황(敎皇)에 대해서는 "모든 수단을 동원하여 교황 자리를 사려는 자, 일단 사고 나서도 칼과 독약과 온갖 폭력으로 이를 보존하려는 자, 전쟁에 혈안인 자"들이 있었음을 거론하였다.[50]

에라스뮈스는 당시 군주들과 궁정귀족들, 시인들, 철학자들, 교수들, 변호사들 등에 대해서도 같은 맥락에서 비판하였다. 요컨대 당시 상류사회의 지도층들이 모두 하층계급의 대중들처럼 어리석음에 빠져 있고, 쾌락을 좋아하고 있다는 것이다. 이처럼 사회의 모든 사람들이 사실은 어리석음과 쾌락을 좋아한다면, 이제는 더 이상 위선적(僞善的)으로 굴 이유가 없는 것이다. 그러므로 명실 공히 우신을 예찬하고 쾌락과 행복을 추구하자

45) 에라스뮈스, 『우신예찬』, 165쪽.
46) 에라스뮈스, 『우신예찬』, 132쪽.
47) 에라스뮈스, 『우신예찬』, 144쪽.
48) 에라스뮈스, 『우신예찬』, 159쪽.
49) 에라스뮈스, 『우신예찬』, 160쪽.
50) 에라스뮈스, 『우신예찬』, 160~163쪽.

는 것이 『우신예찬』의 지론이었다.

그런데 『우신예찬』은 종결부에 이르러 극적인 반전(反轉)을 보여준다. 에라스뮈스는 "예수는 오로지 십자가의 어리석음으로, 단순하고 어리석은 사도들을 통해 세상을 구하고자 했습니다. 예수는 제자들에게 어리석음으로 열심히 가르쳤으며, 지혜를 멀리하게 했습니다."[51]라 하고, "조물주 하느님은 지혜가 마치 행복을 방해하는 독약이나 되는 듯 지혜의 나무에 열린 과실을 따 먹지 못하게 금기한 것입니다. 하여 바오로는 공개적으로 지혜가 사람을 교만하게 하는 위험한 것이라 비난하였습니다."[52]라 하여, 기독교가 본래는 '어리석음의 종교' 였다고 주장하는 것이다. 에라스뮈스는 다음과 같이 말한다.

> 기독교는 일종의 어리석음과 친연성을 가지고 있는 종교이며 지혜와는 무관한 종교입니다. 이에 대한 논거를 여러분이 요구한다면 말하노니, 우선 주목할 사실은 성사(聖事)에서 즐거움을 얻는 것은 다른 누구보다도 철부지들, 노인들, 아낙네들 그리고 여타 순진한 자들이라는 점이며, 이들이 분명코 오로지 타고난 본성에 이끌려 교회에 늘 가까이 붙어 있다는 점입니다. 또한 기독교의 초창기 교부(敎父)들은 놀라우리만큼 순진무구함을 갖고 있었던 반면, 문자 풍월은 대단히 멀리하였다는 점을 여러분은 기억하기 바랍니다. 마지막으로 기독교적 신앙의 열정에 전적으로 스스로를 헌신하는 사람들만큼 어리석은 사람들이 또 없다는 점입니다. 이들은 자기 재산을 모두 헌납하며, 세상의 손가락질에 괘념치 않으며, 속임을 당해도 참으며, 친구들과 원수들을 가리지 않으며, 쾌락을 멀리하며, 굶주림과 불면과 눈물과 고통과 천대를 물리도록 받으며, 세상사를 조롱하며, 오로지 최후의 날을 고대하는바, 다시 말해 모든 세속적 감각들은 마

51) 에라스뮈스, 『우신예찬』, 186~187쪽.
52) 에라스뮈스, 『우신예찬』, 187쪽.

비된 것처럼 보이는데 마치 스스로의 육신으로 사는 것이 아니라 오로지 스스로의 영혼으로 사는 듯 보입니다. 이런 모든 것들은 어리석음이 아니면 달리 무엇이겠습니까?[53]

요컨대 기독교적 신앙에 헌신하는 사람들은 순진무구한 사람들로서, 세속적 감각들이 마비된 것처럼 육신을 외면하고 오로지 영혼으로 사는바, 에라스뮈스는 이것을 또한 '어리석음' 이라 한 것이다. 그런데 이러한 '기독교적 어리석음' 은 『우신예찬』의 전반부에서 줄기차게 예찬했던 육체적 쾌락을 추구하는 '세속적 어리석음' 과는 완전히 반대되는 것이다. 에라스뮈스는 양자의 상반성(相反性)을 다음과 같이 설명한다.

대부분의 중생들은 물질적인 것을 최고라고 경배하며 물질적인 것만이 유일한 것이라고 생각합니다. 반면 기독교인들은 물질적인 것에 가까운 것일수록 그것을 경시하며 오로지 눈에 보이지 않는 것을 관조하는 데 사로잡혀 있습니다. 일반적으로 사람들은 재물을 최우선으로 여기며, 육체의 안락을 두 번째로 생각하며, 영혼은 제일 마지막에 둡니다. 이들 대부분은 눈에 보이지 않는다는 이유에서 영혼이 존재하지 않는다고 믿습니다. 반면 기독교인들은 먼저 전적으로 하느님을 우선으로 놓는바, 만물 가운데 가장 단순하신 분께 의지합니다. 이들은 하느님 다음으로 하느님께 가장 가까운 것인 영혼을 생각하며, 육체적인 것은 염려하지 않으며 금전은 마치 껍데기처럼 하찮게 여겨 멀리합니다.[54]

요컨대 일반 대중들은 눈에 보이지 않는 영적(靈的)인 것을 무시하고 '육체적인 것, 물질적인 것' 을 추구하는 반면, 기독교인들은 육체적인 것과

53) 에라스뮈스, 『우신예찬』, 189~190쪽.

54) 에라스뮈스, 『우신예찬』, 191~192쪽.

물질적인 것을 멀리하고 '영적인 것, 영원한 것'을 추구한다는 것이다. 이처럼 "기독교인들과 비기독교인들 사이에는 모든 면에서 커다란 차이가 있기 때문에 서로에게 상대방이 어리석은 사람들로 보이는 일도 생겨나는 것"이라 한다. 우신은 이렇게 두 부류의 어리석음을 해명한 다음, "하지만 어리석다는 말은 비기독교인들에게보다는 기독교인들에게 더욱 잘 어울린다."고 하여, 기독교적 어리석음이 더욱 참된 어리석음이라고 주장하였다.[55] 기독교적 어리석음이 더욱 참된 어리석음이라면, 기독교적 삶은 더욱 큰 행복으로 이어져야 마땅할 것이다. 과연 에라스뮈스는 다음과 같이 말한다.

> 기독교인들의 마음이 열광적으로 사랑하는 하늘의 삶은 장차 어떠하겠습니까? 영혼은 강해질수록 승리자가 되어 육신을 소진시킬 것입니다. 영혼이 한편으로 이런 변화를 준비하며 삶에서 육신을 일찍이 정화하고 육신의 힘을 감소시켜 왔다면, 다시 말해 영혼이 제 왕국에 살고 있다면 영혼은 이를 보다 쉽게 성취할 것입니다. (…) 행복을 마침내 완벽하게 얻게 되는 것은 물론 영혼이 영생을 얻어 몸이 다시 살았을 때이지만, 기독교인들의 삶은 영생을 관조하는 것이거나 혹은 영생의 그림자와 같은 것이기 때문에 미래의 행복을 조금이나마 미리 맛보고 냄새 맡을 수 있습니다. 이는 영원한 행복의 샘물에 비하면 작디작은 물방울 정도에 지나지 않지만, 그럼에도 불구하고 이런 행복은 모든 사람들이 모든 육체적 쾌락을 한 사람에게 몰아주었을 때의 행복을 크게 능가합니다. 이렇게 영적인 것은 육체적인 것보다 위대하며, 눈에 보이지 않는 것은 눈에 보이는 것보다 위대합니다.[56]

55) 에라스뮈스, 『우신예찬』, 194쪽.
56) 에라스뮈스, 『우신예찬』, 195~196쪽.

기독교적 어리석음은 결국 육신을 완전히 소진시키고 순수한 영혼의 왕국을 건설함으로써, 마침내 '영생(永生)의 행복' 을 얻게 한다는 것이다. 에라스뮈스는 '한 방울 영생의 행복은 모든 사람들이 모든 육체적 쾌락을 한 사람에게 몰아주었을 때의 행복을 크게 능가한다' 고 했다. 이는 육체적 행복과 영적인 행복 사이의 우열을 분명히 밝힌 것으로서, 이로써 우리가 추구해야 할 삶의 방향도 분명해진 것이다.

지금까지 '우신과 현자' 또는 '어리석음과 지혜로움' 이라는 맥락에서 『우신예찬』을 살펴보았거니와, 이제 이상의 논의를 정리해 보자.

첫째, 에라스뮈스는 '우신' 또는 '어리석음' 을 예찬하고 '현자' 또는 '지혜로움' 을 비판했다. 그런데 에라스뮈스가 예찬한 '어리석음' 에는 두 부류가 있는바, 육체적 행복(쾌락)을 추구하는 '세속적 어리석음' 과 영적인 행복(영생)을 추구하는 '기독교적 어리석음' 이 그것이다.

둘째, 세속적 '어리석음과 지혜로움' 은 각각 '정념과 이성' 또는 인간의 '육체적 본능과 도덕적 본성' 과 상응하는 개념이다. 그런데 '세속적 어리석음' 은 '육체적 행복(쾌락)' 을 추구하는 것인 반면 '기독교적 어리석음' 은 '영적인 행복(영생)' 을 추구하는 것이라는 점에서, 양자는 그 성격이 완전히 상반된다. 따라서 기독교적 '어리석음과 지혜로움' 은 각각 '이성과 정념' 또는 인간의 '도덕적 본성과 육체적 본능' 과 상응하는 개념이다.

셋째, 에라스뮈스가 비판한 당시의 기독교 성직자들은 말로는 '영적인 행복' 을 추구하면서 실제로는 '육체적인 행복' 을 추구한 것이다. 다시 말해 이들은 성직자 본연의 '기독교적 어리석음' 을 외면하고 대중들처럼 '세속적 어리석음' 을 발휘한 것이다.

넷째, 문제는 『우신예찬』의 종결부에서 '기독교적 어리석음' 과 '영생의 행복' 을 역설한 것은 전반부에서 '세속적 어리석음' 과 '육체적 쾌락'

을 적극 옹호한 것과는 완전히 상반(相反)된다는 점이다. '망각과 쾌락, 환상과 착각' 속에서 행복을 찾는 '세속적 어리석음'은 자연적 생명체로서의 인간이 고단한 삶을 견딜 수 있게 해주는 어리석음이며, '굶주림과 불면과 눈물과 고통과 천대'를 감내하는 '기독교적 어리석음'은 현세에서 초자연적인 영생(永生)을 조금이나마 미리 맛보게 하는 어리석음이다.[57]

에라스뮈스가 이처럼 서로 성격이 반대되는 '세속적 어리석음'과 '기독교적 어리석음'을 한 권의 책에서 함께 예찬한 것을 우리는 어떻게 이해해야 하는가? 이에 대해서는 다양하게 해석할 수 있는바, '세속적 가치관과 기독교적 가치관의 양립'이라는 해석도 가능할 것이다. 에라스뮈스는 본래 기독교 성직자이자 신학자였는데, 『우신예찬』으로 인해 '대표적 인문주의자'로도 평가받는 인물이다. 이러한 평가를 염두에 둔다면, 에라스뮈스는 먼저 '세속적 어리석음'을 찬양하여 대중들에게 '자유롭고 풍요롭고 즐거운 삶의 길'을 열어주고,[58] 다음엔 '기독교적 어리석음'을 보다 강조하여 기독교인들과 성직자들에게는 '영적인 행복'을 추구하는 기독교 본연의 삶에 충실할 것을 요구한 것이라 하겠다.

---

57) 강영안, 「에라스뮈스」, 177쪽 참조.

58) 에라스뮈스의 이러한 입장은 근대 인문주의(humanism)의 성격을 가늠할 수 있는 좋은 자료가 된다. 이에 대해서는 이 책의 결론부 제2절 〈인간의 본성과 인문학의 사명〉에서 다시 논의하기로 하자.

11. 프롬의 '소유양식과 존재양식'

현대의 사회심리학자 프롬(Erich Fromm, 1900~1980)은 현대 사회의 성격에 대한 심층적 해명으로 명성을 날린 바 있다. 그의 명저 『사랑의 기술(*The Art of Loving*)』, 『자유로부터의 도피(*Escape from Freedom*)』, 『소유냐 존재냐(*To Have or To Be?*)』 등은 이미 고전(古典)의 반열에 올랐다. 특히 『소유냐 존재냐』는 만년(晩年)의 명저로서, 이 책에서는 '소유양식(having mode)과 존재양식(being mode)' 이라는 개념을 중심으로 현대 문명을 심층적으로 분석, 비판하고, 우리가 추구해야 할 문명의 방향을 제시한 바 있다. 프롬에 의하면, '소유양식' 은 '사물' 에 중심을 둔 삶의 양식이며, '존재양식' 은 '인간' 에 중심을 둔 삶의 양식이다.[1] 그런데 그의 '소유양식과 존재양식' 이라는 개념 역시 인간의 '육체적 본능과 도덕적 본성' 이라는 개념과 맞닿아 있는 것이다.

먼저 프롬의 현대 산업사회에 대한 비판을 살펴보자. 프롬에 의하면, 현대 산업사회는 '무한한 발전(진보, progress)' 이라는 '위대한 약속' 에서 출발한 것이다. 그 약속의 내용은 '자연에 대한 지배, 물질적 풍요, 최대 다수의 최대 행복, 방해받지 않는 개인적 자유' 로서, 이러한 약속이 산업시대의 개막 이래 여러 세대의 희망과 믿음을 지탱해 왔다는 것이다. 그런데 산업시대는 그렇게 혁혁한 발전을 거듭했음에도 불구하고 결국 이 위대한 약속을 이행하는 데 실패했고, 점점 많은 사람들이 다음과 같은 사실을 인

1) Erich Fromm, *To Have or To Be?*, Harper & Row, Publishers, 1976, 19쪽.

식하게 되었다는 것이다.

① 모든 욕망의 무한한 충족은 '잘삶(well-being)' 으로 연결되지 않으며, 그것은 또한 '행복' 에의 길도 아니며, '최대의 쾌락' 으로 가는 길조차도 못 된다.
② '우리 삶의 독립적 주인이 된다는 꿈' 은 우리의 사상 · 감정 · 취미가 정부와 산업 그리고 이들이 지배하는 매스컴에 의해 조종되며, 우리는 모두 관료적 기계장치 속의 톱니바퀴가 되어버렸다는 사실을 자각하면서 끝나버렸다.
③ 경제의 발전은 부국(富國)에만 국한되었고, 부국과 빈국 사이의 격차는 계속 확대되었다.
④ 기술의 발전은 생태계의 파괴와 핵전쟁의 위험을 만들어 냈으며, 이 중 어느 하나 혹은 이 둘이 모든 문명(文明), 어쩌면 모든 생명(生命)의 종말을 초래할 수 있다.[2)]

프롬은 현대 산업사회가 이처럼 위대한 약속을 이행하는 데 실패하게 된 원인을 다음과 같은 '산업사회의 두 가지 심리적 전제' 에서 찾았다. 첫째는 '극단적 쾌락주의' 로서, 삶의 목적은 사람이 느끼는 어떤 욕망이나 주관적 욕구의 충족으로 정의된 행복, 즉 최대한도의 쾌락에 있다는 주장이다. 둘째는 '예정조화설(豫定調和說)' 로서, 산업사회가 기능을 발휘하기 위해서는 자기중심주의(egotism), 이기주의(selfishness), 탐욕(greed)이 조장될 필요가 있으며, 이것이 산업사회를 조화(harmony)와 평화(peace)로 인도한다는 주장이다.[3)] 이 두 심리적 전제에 대한 프롬의 비판을 살펴보자.

프롬에 의하면, '극단적 쾌락주의' 는 17~18세기의 서구 철학자들에 의

---

2) Fromm, *To Have or To Be?*, 2쪽.
3) Fromm, *To Have or To Be?*, 3쪽.

해서 본격적으로 설파되기 시작한 것으로서, 현대에 이르러 더욱 만연하게 된 것이다. 인류의 위대한 옛 스승들은 '주관적으로만 느껴지고 그 충족이 순간적 쾌락만을 가져다주는 욕구' 와 '인간의 본성에서 우러나고 그 실현이 인간적 성장과 잘삶(eudaimonia, well-being)에 기여하는 욕구' 를 구분하여, 전자를 절제하고 후자를 추구하라고 가르쳐 주었었다. 그러나 부르주아 시대의 철학자들은 이러한 구분을 무시하고 자신의 모든 욕구를 최대한으로 충족시키라고 설파했다는 것이다. 프롬은 다음과 같이 말한다.

> 삶의 목적이 모든 인간 욕망의 충족에 있다는 이론을 아리스티푸스[4] 이후 처음으로 명백하게 주창한 사람들은 17세기와 18세기의 철학자들이었다. 이런 이론은 '이익(利益)' 이 (『聖經』이나 그 후대의 스피노자에게서처럼) '영혼을 위한 이익' 이 아니고 '물질적 금전적 이익' 을 의미하게 되었던 시대, 중산계급(中產階級)이 정치적 굴레뿐만 아니라 사랑과 단결의 모든 유대까지 벗어던져 버리고 '단지' 자신만을 위하는 것이 더욱 자기 자신답게 되는 것이라고 믿게 된 시대에 쉽사리 등장할 수 있는 개념이었다. 홉스(Hobbes)에게 있어서 행복은 하나의 탐욕으로부터 또 다른 탐욕으로 끊임없이 발전하는 것이었으며, 라 메트리(La Mettrie)는 약물(藥物, 마약)을 적어도 행복의 환상을 주는 것이라고 추천하기까지 했다. 드 사드(de Sade)는 잔인한 충동을 만족시키는 것도 합당한 것이라 했거니와, 왜냐하면 바로 그런 충동이 존재하며 만족되기를 갈망하기 때문이라는 것이다. 이들은 부르주아 계급의 결정적 승리의 시대에 살았던 사상가들이었다. 전에 귀족들의 비철학적 관행이었던 것이 부르주아지의 관행과 이론이 되어버린 것이다.[5]

4) 아리스티푸스(Aristippus)는 기원전 4세기 전반에 살았던 인물로, 소크라테스의 제자였다. 그는 "만족할 만한 육체적 쾌락을 경험하는 것이 삶의 목적이며, 행복은 향유한 쾌락의 總和" 라고 주창했다(Fromm, *To Have or To Be?*, 3~4쪽).

위의 인용문에서 주목할 것은 두 가지이다. 첫째, 극단적 쾌락주의가 관행(慣行)의 차원에서 이론(理論)의 차원으로 발전했다는 점이다. 이제 극단적 쾌락주의는 이론으로 격상되어 스스로 그 정당성을 주장하게 된 것이다. 둘째, 극단적 쾌락주의는 이기주의와 표리(表裏)를 이룬다는 점이다. 이기주의와 쾌락주의가 표리를 이룬다고 함은 결국 '서로 더 많은 쾌락을 누리기 위해 경쟁한다'는 의미이다. '극단적 쾌락을 위해 이기적으로 경쟁하면 사회는 큰 혼란에 빠진다'는 것이 고전 철학자들의 일반적인 생각이었는데, 근대 철학자들은 오히려 '예정조화설'을 내세워 자기중심주의 · 이기주의 · 탐욕을 정당화했던 것이다.[6]

그러나 극단적 쾌락주의와 예정조화설이 모두 잘못된 전제였다는 것이 프롬의 진단이었다. 극단적인 쾌락의 추구는 결코 참된 행복이나 잘삶으로 연결되지 않으며, 탐욕과 평화는 서로 양립할 수 없다는 것이다.[7] 프롬은 이처럼 현대인들의 극단적 쾌락주의와 탐욕을 비판하면서, 이 둘을 뒷받침하고 있는 근저로서 '소유양식'을 문제 삼은 것이다.

프롬은 '돈 · 명예 · 권력에 대한 탐욕'이 지배하는 현대 산업사회의 삶의 양식을 '소유양식'이라고 명명하고, '소유양식'의 본질은 '사유재산'의 본질로부터 유추할 수 있다고 설명했다. '사유재산(private property)'에서 'private'은 '빼앗다'는 뜻의 라틴어 'privare'에서 유래한 말인바,[8] 이러한 맥락에서 소유양식에서는 '재산의 취득'과 '내가 취득한 재산을

5) Fromm, *To Have or To Be?*, 4~5쪽.

6) 이를 맨더빌(Bernard de Mandeville)은 "私惡이 바뀌어 公益이 된다."는 말로 표현했는데(맨더빌, 『꿀벌의 우화 : 개인의 악덕, 사회의 이익』, 120~121쪽), 이러한 생각은 18세기의 사상가들에게는 매우 익숙한 것이었다(브로노프스키 & 매즐리슈, 『西洋의 知的 傳統』, 435~437쪽).

7) Fromm, *To Have or To Be?*, 5~6쪽.

8) Fromm, *To Have or To Be?*, 69쪽.

유지할 수 있는 무제한적인 권리' 만을 문제 삼는다는 것이다.[9] 또한 '소유양식' 에서는 '나' 는 '나 자신' 으로 이해되지 않고 '내가 소유한 것' 으로 이해된다는 것이다. 프롬은 다음과 같이 말한다.

> 소유양식에 있어서 인간관계의 근본적 요소는 경쟁 · 대립 · 공포이다. 소유관계의 대립적 요소는 소유관계의 본질에서 파생된다. 만약 소유가 자신의 정체성(正體性)의 근본이라면, '나' 란 바로 '내가 소유한 것(what I have)' 인 셈이니, 소유하려는 소망은 필연적으로 많이, 더 많이, 가장 많이 소유하려는 욕망으로 유도된다. 다시 말해서 '탐욕(greed)' 이 소유지향의 자연스러운 결과가 된다.[10]

프롬은 자신의 정체성의 근본을 '소유' 로 설정하면, 소유하려는 욕망을 더욱 강화하여, 결국 '탐욕' 으로 귀결된다고 설명했다. 사람은 누구나 자신의 정체성을 강화하고자 하는바, 소유가 자기 정체성의 근본이라면, 소유에 대한 욕망이 더욱 강화됨은 당연할 것이다. 그 결과 소유양식은 제반 인간관계를 경쟁 · 대립 · 공포의 관계로 만든다. 이것이 오늘날 우리들의 삶의 실상이다. 프롬은 다음과 같이 말한다.

> 소유하고 있는 것은 이런저런 형태로 빼앗길 수 있는 것이기 때문에, 그런 위험에 대비하여 자기 존재를 더욱 잘 보호하기 위해서는 더욱 많이 소유해야만 한다. 모두가 더 많이 소유하기를 바란다면 자기가 소유하고 있는 것을 빼앗으려는 이웃의 침략적 의도를 항상 두려워할 수밖에 없다. 그러한 공격을 방지하기 위해서는 스스로 더 강해져야 하며, 예방적으로 자기가 공격적이 되어야 한

9) Fromm, *To Have or To Be?*, 76~77쪽.

10) Fromm, *To Have or To Be?*, 112쪽.

다. 또 생산은 아무리 그 양이 많더라도 무한한 욕망을 따라갈 수는 결코 없으므로, 각 개인들은 서로 더 많이 차지하기 위해서 경쟁과 대립을 일으키는 수밖에 없다. (…) 소유양식과 그로부터 결과하는 탐욕이 필연적으로 사람들 사이의 대립과 투쟁을 불러일으킨다는 사실은 개인 사이에만 해당되는 것이 아니라 국가들 사이에도 해당된다.[11)]

소유양식은 탐욕을 낳고, 탐욕은 투쟁을 낳는다면, 소유양식이 지배하는 사회에서는 투쟁에서 이길 수 있는 힘(권력)을 추구하게 됨은 물론일 것이다. 이러한 맥락에서 프롬은 "소유양식에서는 사람의 행복이 다른 사람에 대한 우위, 힘, 정복하고 빼앗고 죽이는 능력에 달려 있다."[12)]고 했다. 그리하여 오늘날 실로 많은 사람들이 사회생활의 본질을 경쟁으로 규정하고, 경쟁력을 갖추기 위해 매달리는 것이다.

문제는 탐욕이 우리의 '잘삶(well-being)' 을 보장하지 못한다는 점, 우월한 힘의 소유자가 실제로 '행복' 을 누리지 못한다는 점이다. 요컨대 소유양식에 매몰된 사람들은 인생의 본질을 탐욕과 경쟁이라고 호도함으로써 바람직한 인간관계만 해칠 뿐, 자신들의 참된 행복조차 가꾸지 못하는 것이다.

프롬은 탐욕스러운 소유양식과 대비되는 바람직한 삶의 양식을 '존재양식' 이라 명명했다. 이는 "어떤 것을 '소유' 하지도 않고 또 '소유하려고 갈망하지도' 않으면서 즐거워하고 자기의 재능을 생산적으로 사용하며 세계와 하나가 되는 삶의 양식"[13)]을 말한다. 프롬은 존재양식에 입각한 사회의 예로 서구의 중세사회,[14)] 오늘날 각지의 원시적 부족사회 등을 거론

11) Fromm, *To Have or To Be?*, 113쪽.

12) Fromm, *To Have or To Be?*, 81쪽.

13) Fromm, *To Have or To Be?*, 18~19쪽.

한 바 있다. 요컨대 산업화하기 이전, 전근대 사회에서는 동 · 서를 막론하고 일반적으로 존재양식이 주도했다는 것이다.

프롬에 의하면, 존재양식의 기본적 특성은 '인간의 힘의 생산적 사용' 또는 '자신이 타고난 능력과 재능 및 풍부한 인간적 소질의 발현' 이라는 의미에서 '능동적' 이라는 것이다. 이는 자신을 새롭게 하고, 성장시키고, 흘러넘치게 하고, 사랑하고, 고립된 자아(自我)의 감방을 벗어나고, 관심을 두고, 참여하고, 주는 것을 의미한다.[15] 이러한 맥락에서, 프롬은 "남에게 무엇인가를 주고, 남과 함께 하고, 남을 위해 희생하려는 의지"[16]가 바로 존재양식의 토대라고 설명했다. 프롬은 다음과 같이 말한다.

> 존재양식에서는 사유재산(私有財産, 私的 所有)이 정서적으로 별로 중요하지 않다. 무엇을 즐기기 위해, 심지어는 그것을 사용하기 위해, 내가 그것을 소유할 필요가 없기 때문이다. 존재양식에서는 한 사람 이상의 사람들(사실상 수백만의 사람들)이 같은 대상을 함께 즐길 수 있다. (…) 이는 투쟁을 피하게 하는 동시에, 가장 심오한 행복 가운데 하나인 '공유(共有, sharing)의 즐거움' 을 낳는다. (…) 공유의 경험은 두 개인 사이의 관계를 활발하게 만드는데, 이는 모든 위대한 종교적, 정치적, 철학적 운동의 기초이다.[17]

---

14) 아우구스티누스의 『神國論』에서는 "(천상 도시의) 시민들은 영원한 평화 속에 이기심이나 고집 없이 서로 섬기는 사랑으로 함께 산다. 그 많은 신도들이 다 한 마음 한 뜻이 되어 아무도 자신의 소유를 자신의 것이라고 하지 않고 모든 것을 공동으로 사용하였다(사도 4:32). 말하자면 완전한 일치로서 사랑이 존재하고 있음을 말해주는 것이다."라고 했다(『神國論』, 689쪽). 아우구스티누스가 말하는 '천상도성의 삶의 방식' 이 곧 프롬이 말하는 '존재양식' 인 것이다.

15) Fromm, *To Have or To Be?*, 88쪽.

16) Fromm, *To Have or To Be?*, 100쪽.

17) Fromm, *To Have or To Be?*, 114~115쪽.

앞에서 살펴보았듯이, 소유양식은 '자아(自我)'를 '자신이 소유한 것'과 동일시함으로써 탐욕과 경쟁심을 유발하고, 결국 우리의 삶을 피로 물들게 하는 것이었다. 그러나 존재양식은 '공유(sharing, 함께 함)의 즐거움'을 깨닫게 하여, 우리를 협력과 공존의 길로 안내한다. 같은 맥락에서, 프롬은 존재양식에서 추구하는 행복은 소유양식에서 추구하는 행복과 본질이 전혀 다르다고 보았다. "소유양식에서는 행복이 다른 사람에 대한 우위, 힘, 정복하고 빼앗고 죽이는 능력에 달려 있으나, 존재양식에서는 행복이 사랑, 공유, 주는 행동에서 찾아진다."[18]는 것이다.

대체로 말해, 전근대의 철인(哲人)들은 존재양식에 입각한 삶의 길을 제시했으나, 근대인들은 소유양식에 경도되어 소유양식이야말로 인간의 본성에서 우러난 삶이라고 인식했다. 근대인들의 이러한 인식에 대해, 프롬은 다음과 같이 비판한다.

> 현대사회에서는 소유양식이 인간의 본성에 뿌리박고 있고, 따라서 사실상 변화시킬 수 없는 것으로 여겨진다. 인간은 기본적으로 게으르고 본래 수동적이므로, 물질적 소득이나 배고픔 또는 처벌의 두려움에 의해 자극받지 않는 한, 어떤 일이나 그 밖의 무언가를 하려 하지 않는다는 통념(通念) 속에도 이와 같은 생각이 나타나 있다. (…) 그러나 진실을 말하자면, 인간의 본성 속에는 소유양식과 존재양식이 모두 잠재하고 있다. 생존을 위한 우리의 생물적 충동은 소유양식을 더욱 진전시키려는 경향이 있지만, 이기성과 나태성이 인간이 타고난 유일한 성향은 아닌 것이다. 우리 인간은 우리의 능력을 발휘하고, 능동적이고, 다른 사람들과 관계를 맺고, 이기주의의 감방으로부터 벗어나려는 뿌리 깊은 존재의 욕망을 지니고 태어났다. 이를 입증할 만한 증거는 한 권의 책을 채우고

---

18) Fromm, *To Have or To Be?*, 81쪽.

도 남을 만큼 많다.[19)]

프롬은 '인간의 본성에는 소유양식뿐만 아니라 존재양식도 함께 잠재한다' 고 주장했다. 그렇다면 근대인들처럼 소유양식을 인간의 본성에 입각한 삶의 양식으로 규정하고 정당화하는 것은 인간성의 한 측면만 주목하고, 한 측면을 외면하는 것이라 하겠다.[20)]

프롬은 인간의 본성 안에 소유양식과 존재양식이 공존하는 양상을 '상극적인 투쟁' 으로 묘사하고,[21)] "모든 인간의 내부에서 일어나는 이 상극적인 투쟁 중에서 한편이 우세하도록 결정하는 것은 사회구조와 가치관 · 규범 등이다."[22)]라고 설명했다. 그렇다면 우리는 사회의 구조와 가치관 · 규범 등을 바꿈으로써 삶의 양식도 바꿀 수 있는 것이다. 이러한 맥락에서 프롬은 소유양식에 매몰된 현대사회를 비판적으로 논하고 존재양식의 의의를 천명함으로써 '탐욕스러운 경쟁과 소외된 삶에서 벗어나 함께 함의 즐거움과 참된 행복을 누리자' 고 호소했다.

이상에서 프롬의 '소유양식과 존재양식' 이라는 개념을 살펴보았다. 그런데 앞의 인용문에서 이미 짐작할 수 있었듯이, 프롬의 '소유양식과 존재

---

19) Fromm, *To Have or To Be?*, 100쪽.

20) 여기서 유념할 것은, 프롬이 말하는 '인간의 본성' 이란 인간의 '육체적 본능' 과 '도덕적 본성' 을 모두 포함한다는 점이다. 잠시 뒤에 살필 것인바, 프롬은 육체적 본능에서 유래하는 삶의 양식을 소유양식이라 하고, 도덕적 본성에서 유래하는 삶의 양식을 존재양식이라 한 것이다. 그렇다면 프롬의 '인간의 본성에는 소유양식뿐만 아니라 존재양식도 함께 잠재한다' 고 주장은 '인간의 본성에는 육체적 본능뿐만 아니라 도덕적 본성도 함께 존재한다' 는 주장이 되는 것이다.

21) 프롬은 그 '相克의 양상' 을 "우리가 비존재인 소유양식을 감소시키는 정도만큼 존재양식이 나타난다. 존재양식은 자기중심주의와 이기주의를 포기할 것을 요구한다. 신비주의자들이 흔히 쓰는 말로 설명하면, 자신을 '텅 비게, 가난하게' 만드는 것이다."라고 설명했다(*To Have or To Be?*, 89쪽).

22) Fromm, *To Have or To Be?*, 105쪽.

양식' 역시 인간의 '육체적 본능과 도덕적 본성'에서 도출되는 개념체계였다. 프롬은 다음과 같이 말한다.

> 인간에게는 두 가지 경향이 있는 것 같다. 하나는 '소유'하려는 경향으로서, 이는 궁극적으로 분석해 보면 '살아남으려는 욕망'이라는 생물학적 요소에 기인한다. 다른 하나는 '존재'하려는 경향(함께 하고, 주고, 희생하려는 경향)으로서, 이는 인간적 삶의 특유한 조건 및 다른 사람과 하나가 됨으로써 자신의 고립을 극복하려는 타고난 욕구에 기인한다.[23)]

위의 인용문에서는 '소유'하려는 경향의 근원을 '살아남으려는 욕망'이라는 '생물학적 요소'로 설명했다. 앞에서 인용한 '생물적 충동'이란 바로 '살아남으려는 욕망'을 뜻했던 것이다. 이것으로 볼 때, 프롬이 말하는 '소유양식'은 인간의 '생존본능' 또는 '육체적 본능'에서 도출되는 삶의 양식임이 분명할 것이다. 한편, 위의 인용문에서는 '존재하려는 경향'을 '다른 사람과 함께 하고, 주고, 희생하려는 경향'으로 설명했는데, 이는 바로 인간의 '도덕적 성향' 또는 '사회적 성향'을 지칭하는 것이다. 이것으로 볼 때, 프롬이 말하는 '존재양식'은 인간의 '도덕적 본성'에서 도출되는 삶의 양식임 역시 분명할 것이다.

위의 인용문에서 주목할 것은, '존재'하려는 경향은 "인간적 삶의 특유한 조건 및 다른 사람과 하나가 됨으로써 자신의 고립을 극복하려는 타고난 욕구에 기인한다."는 말이다. '인간적 삶의 특유한 조건'이란 '인간은 혼자의 힘만으로는 생존하기 어렵다'는 조건, 즉 '인간은 사회적(정치적) 삶을 살 수밖에 없다'는 조건을 말한다. 프롬은 그렇기 때문에 인간은 다

---

23) Fromm, *To Have or To Be?*, 105쪽.

른 사람과 하나가 됨으로써 자신의 고립을 극복하려는 욕구를 타고났다고 본 것인바, 이 '타고난 욕구'가 바로 인간의 '도덕적 본성'을 이루는 것이다. 요컨대 프롬은 '인간적 삶의 특수한 조건'에서 '인간의 도덕적 본성'이 발달한 것이라고 보았다.

마지막으로, 우리가 또 하나 유의할 점은, 프롬이 '소유양식'을 비판하면서도 '생존을 위한 소유'에 대해서는 충분히 긍정하고 있다는 점이다. '생존적 소유'란 생존하는 데 필요한 의식주(衣食住) 등을 소유함을 말한다. 프롬은 생존적 소유는 존재와 갈등을 일으키지 않는다고 설명했다. 프롬이 '소유양식'이라는 개념을 통해 비판하는 것은 '생존적 소유'가 아니라 '성격논리적 소유'였다. 프롬은 다음과 같이 말한다.

> '생존적 소유'는 존재와 갈등을 일으키지 않으나, '성격논리적 소유'는 필연적으로 갈등을 일으킨다. 공정하고 거룩한 인간일지라도 그가 인간인 한 생존적 소유는 불가피하다. 반면 보통의 인간은 생존적 소유와 성격논리적 소유를 모두 바란다.[24]

위의 인용문에 분명히 보이듯이, 프롬은 '생존적 소유'에 대해서는 충분히 긍정하였다. 프롬이 '소유양식'이라고 비판하는 것은 '성격논리적 소유'로서, 곧 '탐욕(greed)'을 지칭하는 것이었다.[25] '생존적 소유'는 생리적 욕구를 해결하기 위한 것이나, '성격논리적 소유'로서의 '탐욕'은 생리적 욕구를 초월하는 것이다. 프롬은 다음과 같이 말한 바 있다.

> 무엇에 대한 탐욕이든, 탐욕스러운 사람은 결코 충분히 소유할 수 없고, 결코

24) Fromm, *To Have or To Be?*, 85~86쪽.
25) Fromm, *To Have or To Be?*, 77쪽.

만족할 수 없다. 배고픔 같은 생리적 욕구는 신체의 생리에 따르는 일정한 충족점이 있지만, 정신적 탐욕—모든 탐욕은 그것이 신체를 통해 만족할지라도 정신적인 것이다—은 충족점이 없다. 왜냐하면 탐욕의 추구는 그것이 극복하고자 했던 내적인 공허함, 권태, 외로움, 우울함 등을 채워주지 않기 때문이다.[26)]

위의 인용문에서 주목할 것은 '탐욕'을 '정신적'인 것으로 규정했다는 점이다. 프롬은 『소유냐 존재냐』의 곳곳에서 '소유'와 '생존의 욕망'을 결부시켰는데, 위의 인용문에서는 '탐욕'을 '정신적'인 것으로 규정했기 때문이다. 이 두 서술은 일견 서로 모순인 것 같기도 하지만, 짐작건대 탐욕이란 육체적인 생존의 본능과 정신의 상상이 결합한 산물이라는 것이 프롬의 논지인 것이다.

프롬은 『자기를 찾는 인간(*Man for Himself*)』에서는 "탐욕은 밑바닥 없는 구덩이와도 같으며 그것을 충족시키는 데서 유래되는 해방이란 관념은 하나의 신기루와 같은 것이다. 탐욕이란 것은 사실 흔히 상상되듯이 인간의 동물 근성에서 유래하는 것이 아니라 그의 정신과 상상에서 유래하는 것이다."[27)]라고 한 바 있다. 만약에 탐욕이 오로지 '생존의 본능적 욕구'에서 유래한 것이라면, 우리는 결코 탐욕을 비판하거나 비난할 수 없을 것이다. 그런데 탐욕은 사실 '생존의 본능적 욕구'와 '정신적 상상'이 결부된 것이기 때문에, 그리하여 자신의 '생존에 필요한 것 이상(以上)'을 추구하기 때문에 비판과 비난의 대상이 되는 것이다.[28)]

---

26) Fromm, *To Have or To Be?*, 112~113쪽.

27) 프롬, 『자기를 찾는 인간』, 159쪽.

28) 프롬의 "탐욕이란 것은 사실 흔히 상상되듯이 인간의 동물 근성에서 유래하는 것이 아니라 그의 정신과 상상에서 유래하는 것"이란 말은 깊이 음미할 필요가 있다. '본능적 욕구를 충족시키는 것'은 생존을 위해 불가피한 것이기 때문에 '육체적인 것'이다. 그런데 탐욕은 본능적으로 필요한 것보다 '더 많이 탐하는 것'이기 때문에 '정

프롬의 '소유양식과 존재양식'은 아우구스티누스의 '지상도성과 천상도성', 칸트의 '가언명령과 정언명령' 등과도 밀접하게 연결된 개념이다.[29] 지상도성의 사람들은 소유양식에 집착하여 가언명령에 따르고, 천상도성의 사람들은 존재양식을 추구하여 정언명령에 따르는 것이다. 이들의 밀접한 연관성 가운데 또 하나 주목할 것은 '수동성과 능동성' 문제이다.

프롬은 '소유양식과 존재양식'의 특징을 여러 측면에서 대비하면서, 그 가운데 하나로 '수동성과 능동성'을 거론한 바 있다. 소유양식에 따른 삶은 수동적 삶이며, 존재양식에 따른 삶은 능동적 삶이라는 것이다.[30] 그런데 프롬이 말하는 '수동성과 능동성'은 아리스토텔레스나 토마스 아퀴나스, 특히 스피노자의 철학에서 빌려온 것이다. 프롬은 스피노자의 『에티카(*Ethica*)』에 보이는 다음과 같은 말을 인용하고 있다.

> 우리의 내부 혹은 외부에서 어떤 일이 일어날 때, 우리가 그것에 관해 충분한 원인일 경우, 다시 말해 우리의 본성만으로 명백하고 분명하게 이해될 수 있는 것일 때, 나는 이것을 '우리가 행동함(능동)'이라고 말한다. 반대로 우리가 부분적인 원인에 불과한 그 무엇이 우리 내부에서 혹은 우리 본성에서 생겨나는

신적인 것'이다. 동물은 본능적 욕구에 충실하면서도, '본능적 욕구 以上'을 추구하지 않는바, 이런 점에서 동물에게는 탐욕이 없는 것이다. 그런데 인간은 상상력을 발휘하여 '본능적 욕구 以上'을 추구하는바, 그러므로 우리는 '탐욕스러운 인간'을 '짐승만도 못한 인간'이라고 비난하는 것이다.

29) 프롬의 '소유양식과 존재양식'은 문명 비판의 성격을 지닌다는 점에서 저잔의 '문명과 원시'와도 궤를 같이하는 점이 있다. 이에 대해서는 다음 節에서 논의하기로 하자.

30) 프롬이 말하는 '수동성과 능동성'은 우리의 日常 語法에서 말하는 내용과는 맥락이 전혀 다르다. 우리의 일상 어법에서는 자유롭게 자신의 욕망을 추구하는 것을 '능동적 삶'이라고 하나, 스피노자나 프롬은 그것을 '욕망의 노예가 된 수동적 삶'이라고 보는 것이다.

경우, 나는 이것을 '우리가 겪음(수동)' 이라 한다.[31]

위의 말은 상당히 이해하기 어려우나, 그 요점은 순전히 인간의 본성에서 우러난 것은 능동이며, 인간의 본성과 외부의 물질적 유혹이 결부되어 일어난 것은 수동이라는 것이다. 이러한 맥락에서 스피노자는 '자기 고유의 본성의 법칙에 따라서 행동하는 것' 또는 '이성의 지도에 따라 행동하는 것' 또는 '덕에 따라서 행동하는 것' 을 '능동' 이라 하고,[32] '외부의 자극' 을 매개로 삼는 '기쁨 · 슬픔 · 욕망 및 이들로부터 형성된 마음의 동요와 같은 또는 이들로부터 파생된 사랑 · 증오 · 희망 · 공포 등의 모든 감정' 은 '수동' 이라 했다.[33]

프롬이나 스피노자가 말하는 '능동성과 수동성' 은 사실 칸트에게서도 발견되는 내용이다. 칸트는 스스로 '보편적 도덕법칙(정언명령)' 을 부여하고 스스로 그에 복종하는 '자율성' 이야말로 인간의 존엄성의 궁극적 근거라고 보았는데, 칸트가 말하는 자율성은 곧 스피노자나 프롬이 말하는 '능동성' 과 같은 맥락이다. 또 칸트에 따르면, 가언명령은 결국 외부 사물의 지배를 받는 것이다. '부귀영화나 행복을 누리려면, 이러저러하게 행동하라' 고 하는 가언명령에서는 부귀영화나 행복이 나에게 행동의 법칙을 주는 것인바, 그러므로 가언명령에 따르는 삶은 수동적 삶인 것이다. 우리는 흔히 '자신이 자신의 주인이 되는 삶' 을 말하기도 하고, '욕망의 노예가 된 삶' 을 말하기도 한다. 프롬이나 스피노자 · 칸트 등은 우리에게 '수동적인 삶' 또는 '욕망의 노예가 된 삶' 을 버리고, '능동적인 삶' 또는 '자신이 자신의 주인이 되는 삶' 을 살라고 권하는 것이었다.[34]

---

31) Fromm, *To Have or To Be?*, 94쪽.

32) 스피노자, 『에티카/정치론』, 202쪽.

33) 스피노자, 『에티카/정치론』, 159쪽.

한편, 프롬이 '생존적 소유'에 대해서는 충분히 긍정하면서도 '탐욕'에 대해서는 엄격하게 비판한 것은 전통 유학의 인심도심론(人心道心論)·천리인욕론(天理人欲論)과 궤를 같이하는 것이다. 주자(朱子)는 생존을 위한 '인심(人心)'에 대해서는 '위태로운 것'이라 경계하면서도, '성인(聖人)도 없을 수 없는 것'이라 하여 충분히 긍정하였다. 요컨대 생존을 위해서 의식주의 욕구를 해결하는 것은 '천리(天理)'라 하여 긍정했으나, 의식주에 대한 욕구가 생존에 필요한 차원을 벗어나 '더 좋은 옷, 더 맛있는 음식, 더 편안한 집'에 대한 과도한 욕망으로 변질될 경우에는 '인욕(人欲)'이라 하여 여지없이 비판했던 것이다. 프롬이 말하는 '탐욕'은 전통 유학에서 말한 '인욕(人欲)'과 일치하는 개념이다. 이렇게 본다면, 프롬의 『소유냐 존재냐』는 전통 유학의 '인욕을 막고 천리를 보존하라〔遏人欲 存天理〕'는 주장과 궤를 같이하는 것이었다.

이제 마지막으로 김형효의 다음과 같은 주장을 소개하면서 이 절(節)의 논의를 마치고자 한다.

> 본디 본능과 본성은 다 같은 자연성으로서 그 힘은 자발성이다. (…) 소유와 존재는 몸을 매개로 하여 접점한다. (…) 인간은 몸을 떠나서는 소유와 존재의 경험을 가질 수 없다. 몸이 소유와 존재를 가르쳐 준다. 그러나 몸이 사회생활을 영위하는 과정에서 타인의 몸과 부딪치면서 사회성과 이기심을 동시에 경험한다. 사회성은 인간에게 인간 사이의 협동이 불가피한 것으로 여기게 하고, 이기심은 또 인간에게 인간 사이가 지옥임을 알려준다. (…) 인간이 사회생활의

---

34) 이 점에서는 루소도 마찬가지이다. 루소는 '官能에 복종함으로써 情念의 노예가 되는 삶'을 폄하하고, '理性에 복종함으로써 자신의 주신이 되는 삶'을 권했다(『에밀』, 589쪽 참조). 『論語』의 '克己復禮'와 '爲仁由己'도 스피노자와 프롬이 말하는 '능동적 삶'에 해당할 것이다.

와중에서 바쁘게 살면 살수록 본능의 소유욕은 증대되고 본성의 욕망은 은폐되어 간다. 본성의 욕망은 자아중심의 욕심이 아니라, 자연의 사실과 거의 동일한 그런 무의식이다. 인간은 사회적인 무의식으로서의 소유적 욕망을 지니고 있지만, 다른 한편으로 자연적 무의식인 존재론적 욕망을 은밀히 간직하고 있다. 그래서 인간이 자연의 품 안으로 들어가면 모두 그렇게 즐거워한다. 그런 즐거움 속에서 인간은 자아를 잊고 마음을 비우기 시작한다. 마음이 허공처럼 비워지고 맑은 공기처럼 해맑아지면서, 자연의 만물이 서로서로 상생(相生)의 연기적(緣起的) 그물관계를 형성하듯이 그런 공생(共生)의 한 계기에 불과하다는 것을 인간은 배운다.[35)]

35) 김형효, 『철학적 사유와 진리에 대하여』, 708~709쪽.

12. 저잔의 '문명과 원시'

주지하듯이, 1749년 프랑스 디종(Dijon) 아카데미가 '학문과 예술의 부흥은 풍속을 순화하는 데 기여했는가?' 라는 주제로 논문을 공모하자, 루소는 '학문과 예술의 부흥은 오히려 풍속을 타락시켰다' 는 내용의 『학문예술론』을 제출하여 대상을 받았다. 이렇게 본다면, 루소의 『학문예술론』은 서구 근대 문명에 대한 '문명비판의 원조(元祖)' 라고 할 수 있겠다. 루소 이후 한동안 잠잠했던 문명비판론은 제1차 세계대전을 계기로 다시 부상했다.[1] 슈펭글러(Oswald Spengler)의 『서구의 몰락』이 그 효시였으며, 프로이트(Sigmund Freud)의 『문명의 불안』, 헉슬리(Aldous Huxley)의 『멋진 신세계』, 오웰(George Orwell)의 『1984년』 등에 의해 계승되었다. 저잔(John Zerzan, 1943~)이 '인간, 생태, 지구를 생각하는 세계 지성 55인의 반성과 통찰' 을 모아 엮은 『문명에 반대한다(*Against Civilization*)』는 루소 이후 오늘날에 이르기까지의 문명비판론의 핵심을 총망라한 책이다.

이 책은 무려 55명의 글을 모아 엮은 것이기 때문에, 주요 개념과 논지(論旨)가 완전히 일치하는 것은 아니다. 그러나 '인간 파괴와 자연 파괴를 일삼는 오늘날의 탐욕스러운 문명' 에 반대하고 '인간과 인간이 평화를 누리고, 인간과 자연이 조화를 이루는 삶' 또는 '원시적(야생적) 삶' 으로 되돌아갈 것을 촉구한다는 점에서는 이들의 논지가 완전히 일치한다. 그런

1) 啓蒙主義는 본래 근대문명을 예찬하는 것이었으며, 帝國主義 시기에는 문명예찬론이 절정에 이르렀다. 특히 19세기 후반에서 20세기 전반에 극성한 서구의 제국주의는 자신들의 무자비한 식민 침략을 '文明化의 사명을 수행하는 것' 이라고 미화했다.

데 이들이 말하는 '문명(文明)과 원시(原始)' 역시 인간의 '이기적 본능과 도덕적 본성'에 상응하는 개념이었다. 이들은 '오늘날의 문명'을 이기적 욕망과 탐욕에 찌들어 인간의 본성을 훼손(상실)한 것으로 비판하고, '원시적 삶'을 인간의 도덕적 본성과 이기적 본능이 조화를 이룬 올바른 삶으로 예찬했던 것이다.

먼저 저잔이 말하는 '문명과 원시'에 대해 살펴보자. 고대 그리스의 시인 헤시오도스(Hesiodos, 기원전 8세기 말경)는 서사시집(敍事詩集) 『노동과 나날들』에서 인류의 역사를 '황금시대, 은의 시대, 청동시대, 철의 시대'로 구분하여 묘사한 바 있다. 인류의 역사는 황금시대 이후 지속적으로 타락한 역사라는 것이다. 약 7백여 년 후, 로마의 시인 오비디우스(Ovidius, 기원전 43년~기원후 17년) 역시 서사시집 『변신(變身)』에서 인류의 역사를 '황금시대, 은의 시대, 청동시대, 철의 시대'로 구분하여 묘사했다. 먼저 '황금시대'에 대한 묘사를 보자.

> 첫 번째 시대는 황금시대였다.
> 이 시대는 벌주는 자도 법도 없었다.
> 강제되지도 강요받지도 않았지만
> 모두들 스스로 신의를 지키고 서로에게 정의를 지켰다.
> 처벌을 두려워할 일도 없었고,
> 동판(銅版)에 새겨 사람들을 윽박지르는 위협적인 법도 없었으며,
> 탄원하려고 재판관 앞에서 벌벌 기며 자비를 비는 사람도 없었다.
> 벌주는 사람이 없어도 사람들은 어디서나 안전하게 살았다.
> (…)
> 이렇게 평화로운 세상이라 군인도 필요하지 않았다.
> 아직 어느 누구의 소유도 아니었던 땅은

괭이로 파고 보습으로 갈지 않아도 인간이 필요한 온갖 것을 저절로 대주었다.
힘든 노동 없이 자연의 산물로 땅에서 결실을 맺은
검소하고 단순한 음식에 사람들은 만족했다.[2)]

오비디우스는 '은의 시대'에 대해서는 '정주(定住)와 경작(耕作)'이 시작된 시기로 설명하고, "황금시대만은 못했지만, 그 뒤에 올 퍼렇게 녹슨 청동시대보다는 나았다."고 묘사했다. '청동시대'에 대해서는 "사람들은 본성이 거칠어지고 약탈이나 잔인한 전쟁을 일으키기는 했으나, 아직은 과거의 품위를 완전히 벗어버리지는 않았다."고 묘사했다.[3)] 그 다음 '철의 시대'에 대해서는 다음과 같이 묘사한다.

마지막은 철의 시대였다.
앞선 시대의 착하고 유순한 모습은 하나도 남아있지 않게 되었다.
이 사악한 시대가 오자 피의 강물도 함께 열렸다.
악행이 꼬리를 물고 자행되었으며 진실과 성실은 찾을 길이 없어지고
사람들이 그토록 굳세게 지키던 정의는 부끄러워 그 얼굴을 감추며
기만, 계략, 폭력, 질투, 교만, 사악함이 세상을 지배하였다.
(…)
전에는 공기나 태양빛처럼 모두의 공유물이었으며
누구의 차지도 아니었던 비옥한 땅위에
사람들은 길게 도랑을 파고 경계선을 그었다.
식량을 얻거나 저장하기 위해
곡식과 여러 과일을 땅에서 쥐어짜낼 뿐 아니라

2) 저잔 편, 정승현 · 김상우 역, 『문명에 반대한다』, 와이즈북, 2009, 57~58쪽.
3) 저잔, 『문명에 반대한다』, 58~59쪽.

대지를 파 내려가 지옥 가까운 곳에 깊이 숨어 있던
보물을 탐욕스럽게 찾아내어 독차지하니,
보화(寶貨)가 악행을 부추기고 적들이 사방에서 들끓었다.
사람을 해치는 쇠가 땅에서 나오고
쇠보다도 더 사람을 해치는 누런 황금이 나타나자
이 두 가지를 차지하려는 치열한 전쟁이 벌어져
피투성이 손으로 칼을 휘두른다.
사람이 약탈과 도둑질을 생업으로 삼으니
(…)
모든 정직과 경건함은 발밑에 깔렸다.
그리고 마지막까지 남아 있던 처녀 신 아스트라이아도
마침내 살육의 피로 물든 이 땅을 떠났다.[4)]

이상에서 오비디우스의 '황금시대'와 '철의 시대'에 대한 묘사를 소개했거니와, 저잔은 '황금시대'는 '원시시대'에 해당하고 '철의 시대'는 '문명시대'에 해당한다고 규정했다. 요컨대 원시시대는 모든 사람들이 소박한 행복을 누리던 낙원의 시대였지만, 문명이 시작된 이후 인류는 탐욕에 사로잡혀 계속 타락하고 더욱 불행하게 되었다는 것이다.[5)]

다음으로 주목되는 것은, 탐험가 콜럼버스가 전해준 이야기를 소재로 삼은 페어차일드(H. N. Fairchild)의 『고귀한 야만인』이다. 콜럼버스에 의하면, 1492년 그가 서인도 제도를 발견할 당시 "카리브 제도는 재산을 공동으로 나눠 갖고 벌거벗은 채 순수하게 함께 살아가는 착하고 온화한 사람들, 아름다우면서도 자연 그대로의 어떤 꾸밈없는 지성을 갖춘 사람들

4) 저잔, 『문명에 반대한다』, 59~60쪽.
5) 이렇게 본다면, 헤시오도스나 오비디우스야말로 '문명비판론의 元祖'라고 하겠다.

이 사는 곳" 이었다. 페어차일드는 이를 바탕으로 원시인들을 '고귀한 야만인' 으로 묘사하면서, '타락한 문명인' 과 대비시켰다.[6] 다음으로 주목되는 것은 루소의 『인간불평등기원론』이다. 루소는 다음과 같이 말한다.

> 지금까지 거의 대부분 확인된 미개인들의 사례는, 인류란 항상 그곳, 즉 자연상태에 머물러 있도록 만들어진 존재이며, 자연상태는 세상의 진정한 청춘기이며, 그 후의 모든 진보는 외견상 개인의 완성을 향한 것으로 보이지만 실상은 종(種)의 쇠퇴를 향한 여정이었음을 확인해주는 듯하다. 사람들이 투박한 오두막에 만족하는 한, (…) 곧 그들이 혼자 할 수 있는 작업과 다른 사람의 도움이 필요 없는 기술에 전념하는 한, 인간은 스스로의 본성에 따라 가장 자유롭고 건전하며 선량하고 행복하게 살았고, 서로 독립적인 상태에서 즐겁게 교류했다. 그러나 인간이 타인의 도움을 필요로 한 순간부터, 그리고 혼자서 두 사람 몫의 양식을 차지하는 것이 유리하다는 것을 알아차리자마자, 평등(平等)은 사라지고 소유(所有)가 도입되었으며 노동이 필요하게 되었다. 광대한 숲은 인간의 노고가 가해져야 할 넓은 들판으로 변했으며, 머지않아 그 들판에서는 곡식과 더불어 예속과 불행이 싹트고 자라게 되었다. 이러한 거대한 변화를 낳은 것은 야금술(冶金術)과 농업(農業)이라는 두 가지 기술이었다. 인류를 문명화시키고 타락시킨 것이 시인에게는 금과 은이지만, 철학자에게는 철과 밀이다.[7]

루소는 '야금술과 농업' 이 시작된 시점을 원시와 문명의 분기점으로 규정하고, '원시적 삶' 을 '인간 본성에 따른 자유롭고 건전하며 선량하고 행복한 삶' 으로, '문명인의 삶' 을 '탐욕, 예속, 불행, 타락한 삶' 으로 묘사했다. 루소와 같은 맥락에서, 하인버그(Richard Heinberg)는 대부분의 문명

6) 저잔, 『문명에 반대한다』, 64쪽.
7) 저잔, 『문명에 반대한다』, 78쪽.

역사는 '왕정, 노예제, 정복, 농업, 인구 과잉, 환경 파괴의 역사' 이기도 했다고 규정하고, "이런 특징들은 산업국가와 세계시장을 특징으로 하는—지금은 국가가 왕을 대체하고, 노예제가 임금노동과 다국적 기업을 통한 실질적인 식민지배로 대체되기는 했지만—가장 최근의 문명에서도 지속되고 있다." 고 설명했다.[8]

저잔의 책에서, 많은 학자들이 문명의 역사는 지금부터 약 1만 년 전 '신석기 시대' 의 '정주(定住)와 경작(耕作)' 으로부터 시작된다고 설명한다. 먼저 글렌다이닝(Chellis Glendinning)의 다음과 같은 설명을 보자.

> 신석기시대는 역사적으로 획을 긋는 중요한 사건이 일어난 시대이기도 했다. 야생식물과 경작식물을 의도적으로 분리하고 초원을 집 삼아 뛰노는 동물을 사로잡아 인간이 만든 우리에 몰아넣고자 하는 마음이 인간에게 생기기 시작했던 것이다. (…) 이제는 전례 없던 전혀 다른 일이 벌어졌다. 그것은 인간의 존재 자체를 다른 생명들과 의도적으로 분리해내는 일, 인간이 그 생명들을 길들이는 일이었다. 폴 셰퍼드의 용어를 빌리면 야생-사육의 이분법(wild-tame dichotomy)이라는 인류 최초의 이원론이 등장한 것이며, 이와 더불어 인간과 자연이 커다란 원 안에서 조화를 이루던 세계의 총체성이 무너졌다. 울타리는 이런 사태를 결정적으로 상징하는 것이다.[9]

위의 인용문에 의하면, 원시시대는 인간과 자연이 커다란 원 안에서 조화를 이루던 '총체성' 의 시대였다면, 문명시대는 식물을 경작하고 짐승을 길들이는 '사육(飼育)' 의 시대였다. 문명의 기점에서 등장한 '울타리' 는 '야생-사육의 이분법' 을 초래했고, 이와 함께 인간과 자연도 분리되어, 문

8) 저잔, 『문명에 반대한다』, 225쪽.
9) 저잔, 『문명에 반대한다』, 181~182쪽.

명의 역사는 한편으로는 '자연 파괴'의 역사가 되었다는 것이다. 한편, 타마락 송(Tamarack Song)은 다음과 같이 말한다.

> 문명의 기반을 제공한 것은 농업이다. 농업과 함께 영구 정착이 시작되었고, 토지 소유의 개념이 생겼다. 대지는 '재산', 곧 정신이 제거되고 생명력을 잃은 상품이 되었다. 부(富)와 권력의 집중, 약탈 무역과 전쟁, 인간, 동물, 식물, 물, 광물 등의 노예화와 같은 문명의 골격은 농업을 토대로 확립된 것이다. 대지를 숭배하고, 여기저기 돌아다니며 음식을 구하는 경제활동에 기초한 옛 방식은 앞서 언급한 문명의 특징과는 아무런 관련이 없으며 문화적, 경제적, 정치적 계급구조를 유지할 수도 없다. 그 대신 함께 공감하고, 함께 투쟁하며, 함께 기쁨을 나누는 이 조그만 상호작용 집단은 보다 인간적이고 덜 구속적인 삶의 방식을 만들게 된다.[10)]

글렌다이닝이 말한 '울타리'는 '야생-사육'의 경계선이기도 했지만, 다른 한편으로는 '소유(所有)'의 경계선이기도 했다. 송에 의하면, 소유는 재산의 관념을 낳았고, 이와 함께 대지(大地)는 영혼을 잃고 상품으로 전락했으며, 인간들 사이에는 지배와 예속의 관계가 형성되었다. 송은 이러한 '문명적 삶'에 반대하면서 '함께 공감하고, 함께 투쟁하며, 함께 기쁨을 나누는 옛 방식'을 옹호했다. 같은 맥락에서, 하인버그는 농업이 초래한 결과를 다음과 같이 설명한다.

> 일반적으로 농업과 함께 분업이 나타났고, 남녀 불평등도 증가했으며, 사회

10) 저잔, 『문명에 반대한다』, 267쪽. 타마락 송은 "원주민 촌락에서 자기 땅을 경작하는 사람들은 옛 방식과 문명의 과도기에 해당한다. 강력한 지도자, 계급체계, 부유한 개인이 처음 등장하는 것이 바로 이 단계다."라고 설명했다.

적 위계질서가 시작되었다. 사제, 왕, 비인간적인 조직화된 전쟁은 동시에 출현한 것으로 보인다. 결국 법률과 국경이 완전한 국가를 형성하는 요소가 되었다. 강제와 폭력의 집중체인 국가는 식민주의, 파시즘, 스탈린주의의 형태로 19세기와 20세기에 그 절정에 달했다. 민주적 산업국가도 본질적으로 다국적 기업의 식민지배와 자국민의 노예화를 위한 도구 역할을 수행할 뿐이며, 국민들은 기업의 세력 확대에 대해 정책 차이가 별로 없는 정당들 가운데 정부를 선출할 권한만 갖고 있을 뿐이다.[11]

하인버그는 농업의 결과를 '강제와 폭력의 집중체' 인 국가의 등장과 연결시켰다. 농업은 분업을 낳고, 분업은 통치체제를 낳고, 그 결과 등장한 국가는 결국 쟁탈 전쟁을 야기한다는 것이다. 그에 의하면, '식민주의, 파시즘, 스탈린주의 국가' 뿐만 아니라 '민주적 산업국가' 도 강제와 폭력의 집중체에 불과한 것이다.[12]

문명비판론자들이 원시를 예찬하고 문명을 비판하는 또 하나의 이유는, 원시적 삶이 생태계와 균형을 이루는 삶인 반면, 문명은 결국 생태계를 파괴한다고 보기 때문이었다. 저잔은 "한때 고도의 문명이 번성했던 대부분

11) 저잔, 『문명에 반대한다』, 231쪽.

12) 모든 국가는 본질적으로 '지배-피지배' 관계를 내포한다. '지배-피지배' 의 관점에서 문명의 폐해를 논하는 문명비판론자들은 "문명의 핵심에는 인간을 억압하는 권위주의가 자리 잡고 있다." 고 규정하고, 따라서 "문명은 절대적 통제를 할 수 있을 때까지 자연과 인간세계에 대한 통제를 멈추지 않는다." 고 본다(저잔, 『문명에 반대한다』, 201~203쪽). "문명은 내부적으로는 억압, 외부적으로는 정복으로 시작된다. 억압과 정복은 동일한 현상의 두 측면이다." 라는 것이다(上同, 339쪽). 이들은 "우리는 무정부 상태가 궁극적인 해방이고 우리 인간의 가장 자연적인 상태라고 믿는다. (…) 인류 역사의 대부분을 우리는 직접 얼굴을 맞대고 결정을 내리는 소규모 집단 속에서 살았다. 이곳에는 정부, 대표, 심지어 문화라고 부르는 추상적인 도덕체계도 없었다. 우리는 중간에 그 어떤 매개체도 없이, 직접적이고 본능적으로 의사소통하고, 인식하고, 생활했다." 고 하여, 결국 '무정부주의(anarchism)' 를 표방하게 된다(上同, 458쪽).

지역이 지금은 사막(沙漠)으로 변했는데, 이 초기 문명들이 환경을 파괴하고 말았다는 역사적 증거는 무수히 많다. 농업으로 인해 지중해 분지와 인접한 근동 및 아시아 지역 곳곳에 수목이 우거져 푸르고 살기 좋던 곳이 바위투성이의 건조한 땅으로 변했다."[13]고 지적했다. 요컨대 '문명은 그 뒤에 사막을 남긴다' 는 것이다. 같은 맥락에서 바로(Rudolf Bahro)는 "문명의 성공은, 한 지역을 황폐화시키고 다른 곳으로 날아가버리는 메뚜기 떼의 그것과 전혀 다르지 않다."고 주장했다.[14] 한편, 코키(William H. Koetke)는 다음과 같이 말한다.

> 우리는 범지구적 재앙에 직면해 있다. 지구 생명체계의 붕괴는 수천 년 동안 진행되어 왔고, 지금은 최후의 순간을 향해 나아가고 있는 중이다. (…) 범지구적 재앙이 닥친 것은 문명이 지구의 에너지를 너무 과도하게 사용한 결과 '문명의 에너지 수요와 지구의 에너지 공급 사이에 수급 균형이 깨졌다' 는 단순한 사실에 기인한다. (…) 아마도 이 행성에서 가장 중요한 생명의 근원은 얇은 토양층일 것이다. 지구의 생명은 태양, 물, 토양, 공기를 기본 요소로 하는 본질적으로 독자적이고 균형을 이룬 하나의 시스템이다. (…) 간단히 말해, 문명은 토양을 보존할 수 없다. 8천 년 역사가 이를 보여준다. 문명은 지구를 죽이고 있다.[15]

코키는 '얇은 토양층 파괴' 가 생태계의 균형을 파괴함으로써 지구를 죽이는 결과를 초래한다고 지적했다. 생태계의 파괴는 처음에는 다른 종(種)들의 멸종으로 드러나지만, 생태계란 '하나의 시스템' 이기 때문에, 결국엔 인류의 삶을 위협하게 된다. 이러한 맥락에서 하인버그는 "우리의 문명

13) 저잔, 『문명에 반대한다』, 152쪽.
14) 저잔, 『문명에 반대한다』, 377~378쪽.
15) 저잔, 『문명에 반대한다』, 282~287쪽.

은 지금 방식으로는 생태학적으로 지속될 수 없기 때문에 몇십 년 후 우리 후손들은, 의식적으로 선택했든 아니면 무의식적으로 받아들였든 간에 매우 다른 삶을 살아가게 될 것"[16]이라고 단언했다.

이제까지 저잔 등의 문명비판론을 살펴보았거니와, 그 요점은 "문명은 어머니와 자식 사이를 떼어놓듯 개인과 자연을 점점 더 분리시켰고, 인간의 공격성을 더 증폭시켰다."[17]는 것이다. 같은 맥락에서 이들은 '인간과 자연이 균형을 이루고, 인간과 인간이 조화(평화)를 누리는 삶' 으로서 '원시(原始)' 를 예찬했다. 그런데 이들이 말하는 '문명과 원시' 역시 '이기적 본능과 도덕적 본성' 이라는 인성론의 주제와 밀접하게 연관된 개념이었다. 이제 이 점을 살펴보기로 하자.

오비디우스는 '황금시대' 를 소유 관념이 없던 '공유(共有)의 시대' 로서, 그 시대에는 "모두들 스스로 신의를 지키고 서로에게 정의를 지켰다. 검소하고 단순한 음식에 사람들은 만족했다." 고 묘사했다. 여기서 "모두들 스스로 신의를 지키고 서로에게 정의를 지켰다."는 것은 인간의 '도덕적 본성' 이 제대로 발현되고 있었다는 뜻이며, "검소하고 단순한 음식에 사람들은 만족했다."는 것은 인간의 '육체적 본능' 도 적절하게 충족되고 있었다는 뜻이다. 오비디우스의 '황금시대' 는 '원시시대' 를 비유한 것인바, 그렇다면 원시시대는 '도덕적 본성과 육체적 본능이 균형을 이룬 시대' 였던 것이다.[18]

---

16) 저잔, 『문명에 반대한다』, 223쪽.

17) 저잔, 『문명에 반대한다』, 158쪽.

18) 왓슨(David Watson)은 "원시세계를 보면 놀라울 정도로 다양하지만 어떤 특징을 공유하는 일련의 자율적 사회들을 찾아볼 수 있다. 원시사회는 아주 적은 것들만 필요로 하고 모든 욕망이 쉽게 충족된다는 의미에서 풍요로운, '최초의 풍요사회' 라고 불려왔다." 고 했는데(저잔, 『문명에 반대한다』, 330~331쪽), 이것 역시 원시시대를 '도덕적 본성과 육체적 본능이 균형을 이룬 시대' 로 설명한 것이다.

오비디우스는 ‘철의 시대’ 에 대해서는 소유 관념이 등장한 ‘사유(私有)의 시대’ 로서, 그 시대에는 “악행이 꼬리를 물고 자행되었으며 진실과 성실은 찾을 길이 없어지고, 사람들이 그토록 굳세게 지키던 정의는 부끄러워 그 얼굴을 감추며, 기만, 계략, 폭력, 질투, 교만, 사악함이 세상을 지배하였다.” 고 묘사했다. ‘철의 시대’ 는 한 마디로 ‘탐욕(貪慾)의 시대’ 였다는 것이다. 인간은 분명 ‘도덕적 본성’ 과 ‘이기적 본능’ 을 동시에 지니고 태어났거니와, 그 가운데 ‘도덕적 본성’ 을 외면하고 ‘상상력을 남용한 결과’ 또는 ‘이성을 남용한 결과’[19] ‘이기적 본능’ 이 ‘탐욕’ 으로 표출되는 것이다. 오비디우스의 ‘철의 시대’ 는 ‘문명시대’ 를 비유한 것인바, 그렇다면 문명시대는 ‘도덕적 본성을 외면하고 육체적 본능에 매몰된 시대’ 인 것이다.[20]

이상에서 오비디우스의 ‘황금시대’ 와 ‘철의 시대’ 에 대해 인성론적 맥

---

19) 저잔, 『문명에 반대한다』, 204쪽.

20) 현대 영국의 종교학자 암스트롱(Karen Armstrong)은 ‘황금시대’ 와 이후의 ‘타락한 시대’ 에 대해 “황금시대에는 神들이 인간과 함께 땅을 걸어 다녔다고 한다. 서구의 잃어버린 낙원인 〈창세기〉의 ‘에덴동산’ 이야기가 전형적이다. 그때에는 인류와 神 사이에 불화가 없었다. 시원한 저녁이면 하느님이 동산을 거닐었다. 인간도 서로 나뉘어 있지 않았다. 아담과 하와는 性的 차이나 善과 惡의 차이를 모르고 조화를 이루어 살았다. 이것은 현재 파편화된 존재로서는 상상할 수 없는 통일의 상태이다. 그럼에도 거의 모든 문화에서 이런 원시적인 조화를 보여주는 신화가 등장하는데, 이것은 사람들이 평화와 완전을 계속 갈망해왔고, 또 그것이 인간의 제대로 된 상태라고 생각했음을 보여준다. 사람들에게 自意識의 탄생은 은총의 상태로부터 고통스럽게 타락하는 과정이었다.” 고 설명한 바 있다(암스트롱, 『스스로 깨어난 자 붓다』, 48~49쪽). 여기서 ‘인간의 제대로 된 상태’ 란 ‘인간의 본성에 부합된 상태’ 또는 ‘인간의 본성이 실현된 상태’ 라는 의미일 것이다. 암스트롱은 ‘自意識’ 을 ‘자기중심주의’ 와 같은 맥락으로 간주하고, “자기중심주의는 사람을 옥죈다. 우리가 이기적인 관점에서 사물을 본다면 우리의 시야는 제한된다. 우리의 지위와 생존에 대한 심한 불안과 겹쳐지기 마련인 탐욕, 증오, 공포의 영역 너머에서 산다면 해방감을 맛보게 될 것이다.” 라고 했다(上同, 184쪽). 그녀에 의하면, 불교의 ‘無我’ 는 바로 ‘자의식’ 이나 ‘자기중심주의’ 를 극복하고 ‘인간의 제대로 된 상태’ 를 회복하는 것인바, 이는 곧 ‘본능적 자아’ 를 극복하고 ‘본성적 자아’ 를 회복하는 것이다.

락에서 분석해 보았거니와, 저잔 등의 문명비판론도 대체로 이와 궤를 같이한다. 몇 가지 예를 들어보자. 저잔은 '문명'은 "자연과 '인간 본성'의 동반 훼손"[21]을 초래했다고 지적했다. 그렇다면 '원시'는 '자연과 인간 본성에 부합한 시대'였을 것이다. 저잔은 또 다음과 같이 말한다.

> 문명의 여러 특징 뒤에는 길들이기 즉 동물과 식물뿐 아니라 인간 본능과 자유의 길들이기가 공통적으로 깔려 있다. 곧 다양한 형태의 정복이 문명을 규정하는 특징이자 인간의 성취를 평가하는 척도였다. 사물에 이름을 붙이고, 계산하고, 시간을 재며, 표현하는 것, 즉 상징 문화는 위계질서와 구속을 야기하는 일련의 정복을 의미한다. 문명화는 또한 인간이 본래부터 갖고 있던 완전함과 품위로부터 단절되는 과정이기도 하다. 우리가 '인간성'이라고 부르는 이 불쌍한 것은 우리의 본성이 아니라 병에 걸린 상태다. 갈수록 기계화되고 메말라가는 세상을 아무리 합리화하고 찬양해도 공허함을 메울 수 없다.[22]

저잔은 '문명화(文明化)'에 대해 '본능을 길들이고, 본성을 병들게 하는 것'으로 규정했다. 그렇다면 문명화 이전의 '원시'에서는 '본능이 자유롭게 발휘되고, 본성이 온전하게 발현되었을 것'이다.[23] 과연 저잔은 다음과 같이 말한다.

---

21) 저잔, 『문명에 반대한다』, 10쪽.

22) 저잔, 『문명에 반대한다』, 12쪽.

23) 저잔이 文明化를 '본능 길들이기'로 설명한 것은 앞에서 '오늘날의 문명시대에는 본능에 매몰되어 탐욕스럽게 되었다'고 진술한 것과 일견 모순되어 보인다. 그러나 무정부주의자 저잔의 설명은 '지배-피지배'의 맥락에서 이해해야 한다. 요컨대 지배계급이 피지배계급의 본능을 억압했다는 것인바, 그 이면에 지배계급들 자신은 본능에 매몰되어 탐욕에 빠진 것이다.

> 오랫동안 기존 학문들은 현대사회에서 인간이 절제하고 복종하는 것은 '인간 본성'의 필연적인 귀결이라고 설명해왔다. 결국 생명의 위협, 잔인함 그리고 무지에 시달리던 문명 이전 시대의 인간에게 권위는 그런 우리를 야만성에서 구원해준 일종의 자비로운 선물이었다는 것이다. (…) 이제 우리는 가축 사육과 농업 이전의 삶이 실로 여유가 있었고, 자연과 친밀했으며, 감각적인 지혜가 있었고, 성적(性的) 평등과 건강함을 누렸음을 알게 되었다. 바로 이것이 성직자, 왕, 두목들에게 예속되기 전 수백만 년 동안 우리 인간이 갖고 있던 본성이었다.[24]

저잔은 현대 문명이야말로 인간의 본성과 부합한다는 기존의 통념에 반대하고, 가축 사육과 농업 이전의 원시적 삶이야말로 인간의 본성과 부합한다고 주장한 것이다. 한편, 펄먼(Fredy Perlman)은 다음과 같이 말한다.

> 씨와 알에서 나와 각자 자신의 고유한 잠재성을 실현하면서 성장해가는 나무, 물고기, 벌레들은 자유롭다. (…) 자연상태는 여러 종(種)들이 누리는 자유의 공동체이다. (…) 남아프리카 칼라하리 사막의 !쿵 부족은 자기파괴적인 이 시대까지도 기적적으로 살아남은 자유로운 인간공동체이다. (…) 그들은 자신 말고는 아무것도 가꾸지 않고 자신이 원하는 대로 세상을 살아간다. 자신의 고유한 본성 말고는 그 어느 것도 자신의 행동을 규제하지 못한다.[25]

펄먼은 오늘날의 문명을 '자기파괴적인 것'으로 규정하고, '인간 본성의 자유로운 실현'이라는 관점에서 원시사회를 찬양한 것이다. 또 다른 문명비판론자 터커(Kevin Tucker)는 다음과 같이 말한다.

---

24) 저잔, 『문명에 반대한다』, 384쪽.

25) 저잔, 『문명에 반대한다』, 84~85쪽.

아나키의 피와 정신이 우리 핏속에 흐르고 있다. 우리가 '문명 이전의 시대'를 볼 필요는 없다. 그저 우리 자신과 우리 주위의 세계에서 나오는 소리에 귀를 기울이기만 하면 된다. 그러면 우리는 무엇이 우리를 잘못된 길로 들어서게 했는지를 알 수 있고, 그런 인식을 통해 아나키를 향한 여정을 시작할 수 있다. 이 과정에서 즉 '인간이 되는' 과정에서 인간의 운명과 세계의 운명 사이에 놓인 장벽은 사라질 것이다.[26]

위에서 말하는 '문명 이전의 시대' 즉 '원시'와 '아나키'는 궤를 같이 하는 말이다. 터커는 "아나키의 피와 정신이 우리 핏속에 흐르고 있다."고 했는데, 이는 '아나키'야말로 '인간의 본성'과 일치한다는 뜻이다. 터커는 또 '우리 자신에게서 나오는 소리'에 귀를 기울이는 '아나키를 향한 여정'이 곧 '인간이 되는 과정'이라 했는데, 여기에서도 '원시'와 '인간의 본성'이 서로 부합하는 개념임을 거듭 확인할 수 있겠다. 한편, 하인버그도 다음과 같이 말한다.

원칙적으로 우리 모두는 언제라도 우리의 진정한 본성, 거칠고 자유로우며 총체적인 우리의 진정한 본성으로 돌아갈 수 있다. 내가 보기에, 이것이 바로 모든 진정한 예언자의 메시지였다. '(본성을 간직한) 내면의 아이'를 인지하거나, 명상을 통하거나, 아이나 동물과의 무언의 놀이, 혹은 야생과의 심오한 만남을 통하거나 간에, 우리는 느끼고, 사랑하고, 놀라워하는 법을 여전히 기억하고 있는 우리 내부의 어떤 부분을 일깨울 수 있다. (…) 우리가 그렇게 할 수 있다고 함께 느낄 때, 낙원을 창조할 것이 아니라 그곳으로 되돌아가야 한다고 확신할 때, 그리고 우리는 본래 순수하고, 우수하며, 순진한 존재라는 것을 확신

26) 저잔, 『문명에 반대한다』, 48쪽.

할 때, 이 과정은 훨씬 쉬워진다.[27)]

하인버그는 "우리는 본래 순수하고, 우수하며, 순진한 존재"라고 강조하고, 따라서 '원시의 낙원' 으로 되돌아가는 방법은 '우리의 진정한 본성으로 되돌아가는 것' 이라 했다. 그렇다면 '문명적 삶' 은 '인간의 진정한 본성에 어긋난다' 는 뜻이 되는 것이다. 이제 마지막으로, 살린스(Marshall Sahlins)의 다음과 같은 말을 보자.

> 일반적으로 풍요사회는 모든 사람의 욕구가 쉽게 충족되는 사회를 말한다. 이렇게 행복한 상황을 우리는 산업문명이 창조한 결과라고 즐겨 생각하지만, 수렵채집 사회와 민속학에서 주로 다루고 있는 한계사회(marginal society), 구성원들이 힘들게 생명을 유지해나가는 사회가 오히려 풍요사회에 더 가깝다. 욕구는 생산을 늘려도 충족되지만, 원하는 것이 적을 때에도 충족된다. 풍요에 이르는 길은 이렇듯 두 가지가 있는 것이다. (…) 시장경제에서는 산업 생산성이란 수단으로 '긴급한' 재화를 풍부하게 공급해야만 욕구 충족이란 목적에 가까이 갈 수 있다. 그런데 희소성과 풍요의 문제에 관한 해결책으로 이런 논리와는 정반대의 논리, 즉 인간의 물질적 욕구는 크지 않고 유한하며 인간의 욕구를 충족시키기 위한 기술수단은 변하지 않지만 전체적으로 적절하다는 가정에서 출발하는 선불교식 해결 방식이 있다. 선불교식 전략에 따르면, 낮은 생활수준에서만 가능하겠지만 인간은 물질적 풍요를 누릴 수 있다. 나는 이것이 수렵인 사회의 모습이라고 생각한다.[28)]

살린스는 풍요(행복)에 이르는 두 방식으로 '시장경제적 방식' 과 '선불

27) 저잔, 『문명에 반대한다』, 343쪽.
28) 저잔, 『문명에 반대한다』, 94쪽.

교적 방식'을 대비시켰다. 선불교적 방식은 욕구를 줄임으로써 만족도를 높이는 것이요, 시장경제적 방식은 충족을 늘림으로써 만족도를 높이는 것이다. 살린스는 원시사회가 추구했던 풍요의 방식은 선불교적 방식이었다고 설명하고, '선불교적 방식이 풍요사회에 더 가깝다'고 주장했다. 그 까닭은 "시장경제 속에서 생활한다는 것은 부족함에서 시작하여 상실로 끝나는 이중의 비극을 살아가는 것"[29]이기 때문이다.

'한계사회'에서의 '선불교적 행복'이란 안으로는 생존을 위한 필요 이상의 욕망을 자제하고, 밖으로는 부족한 재화를 기꺼이 이웃과 함께 누리는 것이다. 바꾸어 말하면, 이는 도덕적 본성에 입각하여 본능적 욕망을 절제하는 것이다. 이러한 맥락에서, 저잔이 말하는 '원시적 삶'은 '도덕적 본성과 육체적 본능이 조화(균형)를 이룬 삶'이요, '문명적 삶'은 '도덕적 본성을 외면하고 육체적 본능만 추구함으로써 탐욕에 빠진 삶'이었던 것이다.

이제까지 『문명에 반대한다』를 개관하면서 '본성과 본능'이라는 관점에서 그들의 반문명론(反文明論)을 분석해 보았다. 이를 요약하자면, 저잔 등 문명비판론자들은 '인간 파괴와 자연 약탈'이야말로 그동안 발전해온 문명의 본질이었다고 규정하고, '지구생태와 인간성의 회복'을 위해 원시로 되돌아가야 한다고 외쳤다. 이들에 의하면, '문명'은 '이기적 본능에 매몰되어 탐욕스럽게 사는 것'이며, '원시'는 '육체적 본능과 도덕적 본성이 균형을 이룬 것'이었다. 이러한 맥락에서 이들은 원시와 야생을 예찬했던 것이다.[30]

---

29) 저잔, 『문명에 반대한다』, 95쪽.

30) 한편, 우리에게 잘 알려진 『총, 균, 쇠』의 저자 다이아몬드(Jared Diamond)는 "수렵채집민과 비교할 때 현대화된 산업국가의 국민들은 더 나은 의료 혜택을 받을 수 있

그런데 저잔의 책에 소개된 문명비판론자들 가운데 일부, 특히 급진적 무정부주의자들은 원시나 야생을 '육체적 본능의 완전한 해방'으로 규정하기도 했다. 예컨대 '야생으로서의 혁명'을 외친 펀(Feral Faun)은 다음과 같이 말한다.

> 나는 억압되지 않은 욕망이라는 자유로운 야생성을 발견하고 축제와 같은 놀이를 통해 그것을 실현하고 싶다. 나는 내가 원하는, 길들여지지 않은 자유라는 격렬하고 열정적인 삶과 나 사이에 있는 모든 장벽을 무너뜨리고 싶다. 이 장벽들을 모두 합친 것이 문명이며, 우리가 야생세계에 직접 뛰어들어 그 삶을 경험하지 못하게 하는 그 모든 것이 바로 이 문명이다. (…) 사람을 길들이는 권위는 (…) 우리가 살고 있는 세계가 바로 이런 권위들이 창조한 세계, 문명화된 세계이다. (…) 야생의 혁명을 위한 강령이나 조직은 있을 수 없다. (…) 야생은 우리의 본능과 욕망을 해방시키고 우리의 열정을 자발적으로 표출하는 데서 나타난다.[31)]

위의 인용문에서 우선 주목할 것은 '축제와 같은 놀이'라는 말이다. 대부분의 사회에서 '과음(過飮)과 폭식(暴食)'이나 '성적(性的) 문란' 등 평소에는 금기(禁忌)로 규율하던 것들에 대해 '축제' 기간에는 '방종(放縱)과 일탈(逸脫)'을 허용하는데,[32)] 펀은 지금 그 '방종과 일탈의 일상화(日常化)'를

고 남에게 살해당할 위험도 적으며 평균 수명이 더 긴 데 반해 교우관계나 대가족 등으로부터 받을 수 있는 사회적 뒷받침은 훨씬 적은 편"이라고 설명한 바 있는데(『총, 균, 쇠』, 24~25쪽), 이는 음미할 만한 대목이라 하겠다.

31) 저잔, 『문명에 반대한다』, 395~396쪽.

32) 프랑스의 사회학자 카이유와(Roger Caillois)에 의하면, 禁忌는 '聖을 지키기 위한 것'이며 祝祭는 '聖을 어기기 위한 것'이다. 이러한 인식을 바탕으로, 그는 대부분의 사회에서 祝祭 기간 放縱과 狂氣가 권장되는 까닭을 둘로 설명한 바 있다. 첫째는 '신

촉구하는 것이다. 무정부주의자들은 문명을 '길들이기' 를 일삼는 '권위와 억압의 체계' 로 인식했거니와, 그들은 '길들이기에 대한 저항' 이라는 맥락에서 '본능과 욕망의 해방' 을 외친 것이다. 같은 맥락에서, 무정부주의자들의 〈공식발표문 23호〉에서는 다음과 같이 말한다.

> 우리의 본능을 되찾아 다시 야생적인 존재가 되어야 한다. 우리는 문명을 개혁하거나, 푸르게 만들거나, 보다 공정하게 만들 수 없다. 문명은 깊은 내부로부터 썩어있다. 우리는 우리 자신을 구원하기 위해 더 이상 이데올로기나 도덕, 혹은 근본주의, 더 좋은 조직 따위에 의존해서는 안 된다. 우리 스스로 구원해야 한다. 우리 자신의 욕망에 따라 살아야 한다. 우리 자신, 우리가 관심을 갖는 모든 것, 그리고 그 외 모든 생명과 결합해야 한다.[33)]

무정부주의자들이 말하는 '야생', 즉 '본능과 욕망의 해방' 이나 '길들여지지 않은 자유라는 격렬하고 열정적인 삶' 은 살린스가 말하는 '선불교적 해결 방식' 과는 분명 상반되는 것이다. 살린스는 원시사회를 '한계사회(marginal society)' 로 규정하고, 원시인들은 욕구를 제한하고 탐욕을 금하는 삶을 살았다고 설명했다.[34)] 그렇다면 이 두 설명 가운데 어느 것이 더 야생이나 원시의 사실과 부합하며, 어느 것이 우리에게 더 타당한 삶인지

화적 과거의 생존조건(혼돈)' 을 되찾기 위한 것이며, 둘째는 과잉은 氣力의 증가를 나타내는바 그 힘의 증가란 모두가 기대하는 再生에 '풍요로움과 번영' 을 가져다주기 때문이다. 둘째 이유와 관련하여, 그는 "多産性은 과도함에서 나온다. 축제는 性的 광란에다 음식과 술을 엄청나게 먹어대는 향연을 첨가시키게 된다. 오래전부터 준비되어진 '원시적' 축제들은 이런 특성을 무척 강하게 나타내고 있는데 이런 특성은 더 개화된 문명사회에서도 놀랍게도 유지되었다." 고 설명했다(카이유와, 『인간과 聖』, 171~181쪽 참조).

33) 저잔, 『문명에 반대한다』, 462쪽.

34) 저잔, 『문명에 반대한다』, 94~97쪽 참조.

따져보아야 할 것이다.

저잔이 신석기시대 이후 약 1만 년 동안 발전해온 문명에 대해 일률적으로 취급하는 것도 문제 삼을 수 있다. 우리는 흔히 '전근대 문명과 근대 문명은 본질이 다르다' 고 말한다. 예컨대 프롬은 서구의 중세사회나 오늘날 각지의 원시적 부족사회 등은 존재양식에 입각한 사회요, 현대 산업사회는 소유양식에 입각한 사회라고 보았다. 같은 맥락에서, 전근대 문명은 공동체의식에 입각하여 본능적 욕망을 제한했으나, 근대 문명은 개인주의를 옹호하고 욕망의 해방을 추구했다는 설명도 흔히 하는 말이다. 그렇다면 전근대 문명과 근대 문명을 구분한 다음, 근대 문명에 대해 '인간 파괴와 자연 약탈' 이라고 비판했으면 좀 더 설득력이 있었을 것이다. 전근대 문명은 본래 오늘날 화두가 된 '지속가능한 발전' 을 추구한 것이 사실이기 때문이다.

결론

1. 인간의 양면성과 쌍개념들의 의의

'인성론' 을 일반적으로 '인간의 천성(天性)에 대한 탐구와 논의' 라고 정의한다면, 인성론의 핵심 문제는 다음과 같이 설정할 수 있다.

첫째, 인간의 천성에는 도덕적 본성과 육체적 본능이 함께 존재한다는 점을 해명하는 일이다. 도덕적 본성의 구체적 내용으로, 전통 유학에서는 인 · 의 · 예 · 지 · 신(仁義禮智信)을 거론하였고, 서양에서는 이성(理性)이나 동정심(同情心) 등을 거론하였다.[1] 육체적 본능의 구체적 내용으로는 동서고금을 막론하고 일반적으로 식 · 색(食色) 또는 의 · 식 · 주(衣食住)를 추구하는 욕망을 거론한다.

둘째, 인간과 다른 동물들과의 공통점과 차이점을 규명하는 일이다. 식색을 추구하는 육체적 본능은 인간과 다른 동물들이 공유하는 것이나, 도덕적(사회적) 성향은 인간에게만 존재하고 다른 동물들에게서는 찾아보기 힘든 것이다. 따라서 도덕적 성향이 인간의 본성이 되는 것이요, 인간과 다

1) 理性과 同情心에 대한 보다 자세한 논의는 拙著, 『본성과 본능 : 서양 人性論史의 재조명』, 323~331쪽 참조.

른 동물들을 구별해주는 차이점이라 할 수 있다.[2)]

셋째, 도덕적 본성과 육체적 본능의 차이를 규명하는 일이다. 육체적 본능은 자신의 생존을 추구하는 것이기 때문에 '이기적(利己的)' 또는 '개인적(個人的, 私的)' 특징을 지니나, 도덕적 본성은 다른 사람과의 공존을 추구하는 것이기 때문에 '이타적(利他的)' 또는 '공정(公正)한' 특징을 지닌다.

이렇게 본다면 인성론의 핵심 문제는 결국 '인간의 양면성' 을 해명하는 문제로 귀결된다. 요컨대 인간에게는 도덕적 본성도 있고 이기적 본능도 있다는 점, 이기적 본능은 인간과 동물이 공유하는 것이나 도덕적 본성은 오직 인간에게만 존재한다는 점, 따라서 사회생활의 가능근거나 인간의 인간다움은 도덕적 본성으로부터 찾아져야 한다는 점 등을 해명하는 것이 인성론의 과제였다. 맹자의 '사단설(四端說)' 이나 플라톤의 영혼삼분설(靈魂三分說)은 그 대표적인 예이다.[3)] 그런데 이제까지 살펴본 전통 유학과 서양 철학의 주요 쌍개념들은 바로 '본성과 본능' 의 대립을 반영하는 개념들이었다. 먼저 그 주요 내용들을 간략히 정리해 보자.

제1부에서 살핀 전통 유학의 쌍개념들을 정리하면, 『서경』의 '인심(人心)과 도심(道心)' 은 '육체적 본능을 추구하는 마음' 을 인심이라 하고, '도덕적 본성을 추구하는 마음' 을 도심이라 한 것이다. 『예기』의 '천리(天理)와 인욕(人欲)' 은 '인심과 도심' 과 유사하면서도 약간 다른 개념체계이다.

---

2) 일부의 학자들, 특히 進化論者들은 동물에게도 理性이나 道德性이 존재한다고 주장한다. 그러나 동물이 발휘하는 이성이나 도덕성은 인간이 발휘하는 이성이나 도덕성에 비하여 현저하게 낮은 수준이다. 그러므로 論者는 이성이나 도덕성은 인간과 동물을 구별해주는 種差가 되기에 충분하다고 생각한다.

3) 맹자는 사람은 누구나 仁義禮智의 본성을 지니고 있다고 설명하고, "(그럼에도 불구하고) 四端을 발휘하지 못하는 사람은 사람이 아니다"라고 주장했다(『孟子』 公孫丑上 6). 플라톤은 인간의 영혼은 '이성, 기개, 욕구' 의 세 부분으로 이루어져 있다고 설명하고, 이성은 '사람 속의 사람' 이요 욕구는 '사람 속의 짐승' 이라고 비유했다(플라톤, 『국가』, 588c~d).

인심은 단순히 '육체적 본능을 추구하는 마음' 을 뜻하나, 인욕은 '과도하게 육체적 본능을 추구하는 마음' 곧 '탐욕' 을 뜻하기 때문이다. 따라서 전통적으로 인심에 대해서는 '위험한 것' 으로 규정하여 도심의 주재를 받아 '중용을 이룰 것' 을 주장했고, 인욕에 대해서는 '악한 것' 으로 규정하여 '인욕을 제거할 것' 을 주장했다. 이러한 맥락에서, 『서경』의 인심도심론이나 『예기』의 천리인욕론은 우리에게 요구되는 '바람직한 마음가짐' 또는 '심법(心法)' 을 제시한 것이다.

『중용』의 '계구(戒懼)와 신독(愼獨)' 은 인욕을 막고 천리를 보존하기 위한 구체적 방법론을 제시한 것이었는데, 주자학에서는 이를 토대로 존양성찰론(存養省察論)을 정립하였다. 아직 사물과 접촉하지 않을 때〔未發時〕에는 자신의 본심을 잘 보존하여 본성의 훼손을 막고, 사물과 접촉하여 마음이 움직일 때〔已發時〕에는 그것을 성찰하여 자기의 마음이 인욕으로 흐르는 것을 예방하라는 것이다.

『논어』의 '군자(君子)와 소인(小人)' 은 도덕적 본성을 발휘하는 사람을 君子라 하고, 이기적 본능에 집착하는 사람을 小人이라 한 것이다. 군자소인론은 인심도심론이나 천리인욕론이 제시하는 심법이나 마음가짐에 입각하여 각자의 인격을 평가하고 사람다운 삶의 길을 독려하기 위한 것이었다. 『맹자』의 '존현(尊賢)과 사능(使能)' 은 '도덕성과 실무능력' 을 관리의 선발 기준으로 제시한 것이다. 도덕적 본성을 발휘함에 있어서 모범적인 사람이 현자(賢者)였고, 본능적 욕구를 충족함에 있어서 효율적인 방법을 계발하는 사람이 능자(能者)였던바, 현자와 능자를 우대함으로써 '도덕적으로 정당하면서도 경제적으로 풍요로운 사회' 를 만들자는 것이 유교의 지론이었다.

『서경』의 '공(公)과 사(私)' 는 역시 도덕적 본성을 발휘하는 것을 公이라 하고 이기적 본능을 추구하는 것을 私라 한 것이다. 『서경』의 이공멸사론

(以公滅私論)은 사리사욕을 위해 권력을 남용하기 쉬운 공직자들에게 "관직은 교만을 위한 것이 아니고, 녹(祿)은 사치를 위한 것이 아님"과 "덕은 공손하고 검소한 데 있음"을 일깨운 것이다.

『주역』의 '덕(德)과 업(業)'은 도덕적 본성을 계발하는 것을 德이라 하고 의식주에 관한 산업을 발전시켜 본능적 욕구를 충족시키는 것을 業이라 한 것이다. 『주역』의 숭덕광업론(崇德廣業論)은 '도덕과 산업'을 '음과 양'의 관계로 인식한 데 특징이 있다. 역학의 음양론은 음양의 상호보완성을 강조함과 동시에 양존음비(陽尊陰卑)를 설파하는 것이다. 이러한 맥락에서 유학에서는 '우선적으로 중요한 것은 항산을 통한 본능의 충족이지만, 궁극적으로 중요한 것은 항심을 통한 본성의 발현'이라는 입장을 견지해 왔다.

『예기』의 '대동(大同)과 소강(小康)'은 유교의 이상사회관을 두 차원에서 논한 것으로서, 유교에서는 궁극적으로는 대동을 이상으로 여기면서도 보다 소박하면서도 실현가능한 이상으로는 소강을 추구했다. '대동과 소강'은 '최대도덕과 최소도덕'이라는 맥락에서 이해할 수 있다. 순수하게 도덕적 본성에 입각할 뿐 이기심이 전혀 개입하지 않는 것이 최대도덕인바, 최대도덕이 실현되는 사회가 대동이다. 한편, 이기심이 개입하면서도 공정성을 해치지 않는 것이 최소도덕인바, 최소도덕이 실현되는 사회가 소강이다. 유교에서는 이상적 인격, 이상적 덕목에 대해서도 이중적으로 접근했다. 요컨대 유교에서는 최소도덕을 모든 사람들의 준수사항으로 설정하면서, 때때로 최대도덕을 권장했던 것이다.

『맹자』의 '왕도(王道)와 패도(霸道)'는 당시 제후들의 패권경쟁을 위한 통치를 패도로 규정하여 비판하고, 과거 성왕들의 인정(仁政)을 왕도로 규정하여 옹호함으로써, 우리가 추구해야 할 올바른 통치의 방향을 제시한 것이다. 많은 사람들이 '왕도는 실현가능성이 희박한 이상주의'라고 비판하고 '패도야말로 현실성이 높은 것'이라고 옹호한다. 그러나 우리는 통치의 목적은 '국민 개개인의 행복한 삶을 보장함' 에 있는 것인지, '세계의 패권을 차지함으로써 자국의 영광을 실현함' 에 있는 것인지 근본적으로 성찰해야 할 것이다.

『춘추』의 '중화(中華)와 이적(夷狄)' 은 문화적 관점에서 '중국을 찬양하고 이적을 폄하하는 논리' 이기도 했지만, 보다 근원적으로는 '도덕적 관점에서 중국의 문화적 부침(浮沈)을 설명하고 비판하는 자기반성의 논리' 였다. 또한 유교의 존화양이론(尊華攘夷論)은 '중화는 왕도를 숭상하고, 이적은 패도를 숭상한다' 는 인식과 병행하는 것이기도 했거니와, 이러한 맥락에서 존화양이론은 '왕도를 존중하고 패도를 물리친다' 는 존왕천패론(尊王賤覇論)과도 표리를 이루는 것이었다.

이상에서 제1부에서 논의한 전통 유학의 주요 쌍개념들의 체계를 정리해 보았다. 이제 이를 바탕으로 '전통 유학이 추구한 길' 을 정리해 보자.

첫째, 전통 유학의 주요 쌍개념들은 바람직한 마음가짐이나 심법으로부터, 바람직한 인격, 공직자의 자세, 도덕과 산업 사이의 가치의 위계, 이상사회관, 정치적 이상과 문화적 이상 등 개인의 인격수양으로부터 사회와 국가의 모든 부면을 포괄하는 내용들이었다. 그런데 이러한 쌍개념들의 밑바탕에는 모두 '도덕적 본성과 육체적 본능' 의 문제가 깔려 있다면, 이는 유학이 인간 삶의 전 부면을 '본성과 본능' 의 대립 문제로 파악하고 있었다는 뜻이 된다.

둘째, '본성과 본능' 에 관한 유학의 종지(宗旨)는 인심도심론으로 체계화되었다. 그런데 본성과 본능의 대립 문제가 우리 삶의 전 부면을 관통하는 핵심 문제라면, 마찬가지로 인심도심론이야말로 우리 삶의 전 부면을 관통하는 핵심 문제인 것이다. 주자는 〈중용장구서〉에서 『서경』의 "인심은 오직 위태롭고 도심은 오직 은미하니, 오직 정밀하게 살피고 오직 한결같게 지켜서, 진실로 그 중용을 잡으라(人心惟危 道心惟微 惟精惟一 允執厥中)."

는 말을 해설한 다음, 다음과 같이 설파한 바 있다.

> 무릇 요 · 순 · 우(堯舜禹)는 천하의 위대한 성인(聖人)이었고, 천하를 서로 전해 줌은 천하의 중대한 일이었다. 천하의 위대한 성인이 천하의 중대한 일을 수행하여 왕위를 서로 주고받음에 정녕 경계하여 당부한 말은 이에 불과하였다. 그렇다면 천하의 이치가 어찌 이에 덧보탤 것이 있겠는가?[4]

요컨대 주자는 "인심은 오직 위태롭고 도심은 오직 은미하니, 오직 정밀하게 살피고 오직 한결같게 지켜서, 진실로 그 중용을 잡으라."는 가르침이야말로 더 이상 군더더기 말이 필요 없는 이 세계의 핵심 진리라고 보았다. 이와 같은 맥락에서, 유학자들은 이 세상의 치 · 란(治亂)을 곧 인심과 도심의 문제로 설명했던 것이다.[5]

셋째, 실제로 인간 사회의 대부분의 문제는 각자의 이해관계를 둘러싼 갈등으로부터 빚어진다. 그 갈등은 이해 당사자 어느 일방의 탐욕, 또는 쌍방의 탐욕으로 증폭되고, 마침내 피비린내 나는 투쟁으로 연결된다. 이때 만약 이해 당사자들이 '도심으로 인심을 주재하여 진실로 그 중용을 잡는다' 는 마음가짐을 지킨다면 과연 갈등과 투쟁이 지속되겠는가? 이러한 맥락에서, 인심도심론이야말로 더 이상 군더더기 말이 필요 없는 이 세계의 궁극적 진리라는 주장은 결코 과장이 아니다.

넷째, 인심도심론에서 추구하는 '중용(中庸)' 은 결코 인심(본능적 욕구)을 제거하라는 것이 아니었다. 유교에서는 오히려 의식주 등 본능적 욕구

---

4) 朱子, 〈中庸章句序〉: 夫堯舜禹 天下之大聖也 以天下相傳 天下之大事也 以天下之大聖 行天下之大事 而其授受之際 丁寧告戒 不過如此 則天下之理 豈有以加於此哉

5) 예컨대 省齋 柳重教는 '고금의 천하에 治日은 항상 적고 亂日은 항상 많은 까닭' 은 人心과 道心을 분간하지 못하고 道心이 人心을 주재하지 못하기 때문이라고 설명한 바 있다(『省齋集』 卷26 頁5~6, 〈三書衍義〉 참조).

의 충족을 우리 삶의 우선적 과제로 설정하였다. 다만 우리가 의식주나 식색에 집착하여 매몰되는 일이 없도록 하기 위해, 도심으로 인심을 주재하여 중용을 지키라고 권한 것이다. 이를 역학에서는 '도덕과 산업의 조화'로 설명했고, 맹자는 '의식주가 풍족해진 다음에는 반드시 인륜을 돌보아야 한다'는 말로 설명했다.

다섯째, 인륜이란 도덕적 본성이 각종 인간관계에 알맞은 행동양식으로 표출된 것인바, 유교에서 인륜을 강조한 까닭은 둘로 설명할 수 있다. 첫째는 인륜이 인간 사회의 안정과 평화를 보장하기 때문이다. 유교의 인륜론은 오륜(五倫)과 충서(忠恕)로 대별된다. 대부분의 생활을 공유하는 가까운 사람들 사이에는 오륜을 실천하고, '남과 남'의 관계로 만난 사람들 사이에서는 충서를 실천하라는 것이다. 둘째는 인륜이 인간과 짐승을 구별해주는 '사람다움'의 근거라고 보았기 때문이다. 육체적 본능은 모든 동물들이 공유하는 것이나, 도덕적 본성은 다른 동물들과 인간을 구별해주는 인간만의 고유한 본성이다. 따라서 맹자가 설파한 것처럼, 인간은 인륜을 실현할 때만이 다른 동물들과 구별되는 '존엄한 존재'가 될 수 있다.

이제 제2부에서 살핀 서양 철학의 쌍개념들을 정리해보자. 루소는 우리의 의지를 공동의 이익만을 고려하는 '일반의지'와 개인의 이익만을 고려하는 '특수의지'로 구분했다. 자신의 개인적 이익만 고려하는 특수의지는 '이해관계의 대립'을 낳고, 구성원 전체의 이익만 고려하는 일반의지는 '이해관계의 일치'를 낳는다. 그런데 국가는 '공공의 복지'를 위해서 설립된 것이므로, 따라서 국가는 일반의지에 의해 지도되어야 한다는 것이다.

칸트의 '정언명령과 가언명령'에서, 가언명령은 궁극적으로 '자신의 행복'을 추구하는 것인 반면, 정언명령은 자신의 행복과 무관하게 '도덕성'을 추구하는 것이다. 그런데 칸트에 의하면 자신의 행복을 추구하는 것은 '이기적 본능'의 역할이요, 도덕성을 추구하는 것은 '실천적 이성'의 역할이다. 이러한 맥락에서, 정언명령과 가언명령 역시 본성과 본능의 대립 구도를 반영한 것이었다.

벌린의 '소극적 자유와 적극적 자유'는 자유를 두 맥락으로 구분하여 논의한 것이다. '적극적 자유'란 '본성적 자아의 자유'로서 구체적으로는 보다 높은 자아가 보다 낮은 자아를 다스림 즉 본성적 자아가 본능적 자아를 통제함을 뜻하고, '소극적 자유'란 '본능적 자아의 자유'로서 남들로부터 간섭을 받지 않고 자기 마음대로 본능적 욕망을 충족시킴을 뜻하였다.

롤즈의 '합리성과 합당성'은 '선관(善觀)과 정의관(正義觀)'과 상응하는 개념이었다. 롤즈에 의하면, 선관의 능력은 '합리적인 인생계획'으로 표현되고, 정의감의 능력은 '정당성의 원칙들에 입각해서 행위를 하고자 하는 규제적인 욕망'으로 표현된다. 요컨대 '합리성'은 '개인의 사적(私的) 목표'를 합리적으로 추구하는 것이며, 합당성은 '사회의 공정한 협력조건'을 제시하고 준수하는 것이다.

플라톤은 이상적으로는 철인왕이 통치하는 '왕도정(王道政)'을 가장 높이 평가했지만, 현실적으로는 '군주정과 민주정'을 혼합한 정체를 추구했다. 그런데 군주정은 '지혜(智慧, 知性)'를 상징하고, 민주정은 '자유와 우애(평등)'를 상징하는 것이었다. 이러한 맥락에서 플라톤이 '군주정과 민주정의 혼합'을 꾀한 것은 도덕적 본성의 요소와 육체적 본능의 요소를 절충하여 적도(適度)를 실현하려는 취지였다.

아리스토텔레스는 중산계급이야말로 '교양과 재산'을 겸비하여 중용의 정신을 발휘할 수 있는 적임자라고 보았고, 따라서 중산계급을 육성하여 이들이 정치를 주도하게 하는 것이 '현실에서 실현할 수 있는 최선의 정치'라고 보았다. 그런데 '교양과 재산'은, 이성의 산물이 교양이며 육체적 생존을 위해 재산이 필요한 것이라는 점에서, 근원적으로 '이성적 동물'이라는 인간관 또는 '도덕적 본성과 이기적 본능'이라는 인성론적 개념과 궤를 같이하는 것이었다.

홉스의 '자연권과 자연법' 은 각각 '자연상태의 인간이 지니는 권리' 와 '자연상태를 벗어나기 위해 우리가 지켜야 하는 법' 을 뜻한다. 그런데 '자연법의 자연' 과 '자연권의 자연' 은 사실 그 내용이 다른 것이었다. 홉스는 '자연권' 을 말할 때에는 '생존 본능' 을 '인간의 자연(본성)' 으로 규정했고, '자연법' 을 말할 때에는 '이성' 을 '인간의 자연(본성)' 으로 규정했다. 홉스의 이러한 '이중적 자연관' 은 이후 '자유주의의 통론(通論)' 이 되었다.

오크쇼트가 말하는 '신념정치' 란 현세 안에서 인간의 노력으로 인간의 완성이 가능하다고 보고, 정치의 목적을 '인류의 완성에 봉사함' 에 두는 것이다. 신념정치가 인간의 도덕적 본성과 인간의 능력을 신뢰한 것과는 달리, '의심정치' 는 인간의 이기적 본능을 직시하고 인간의 능력을 회의함으로써 인간의 완성이나 공동선의 실현과 같은 목표 설정을 반대하고 단순히 '피상적 질서의 유지' 만을 정부의 직무로 설정한 것이다.[6]

아우구스티누스의 '천상도성과 지상도성' 은 두 종류의 사회를 대비(對比)한 것이다. 천상도성은 '영적(靈的)으로 사는 사람' 들의 사회로서, 모두가 사회적(도덕적) 본성을 발휘하여 '사랑, 기쁨, 평화, 인내, 친절, 선함, 신실, 온유, 절제' 속에 사는 것이다. 반면에 지상도성에서는 사람들이 하느님의 의도를 외면하고, 자기의 의도대로, 그릇된 마음으로 자신들의 정욕(情慾)을 추구하며, 카인처럼 전쟁과 살육을 일삼는다.

에라스뮈스가 '지혜로운 자는 이성의 지배를 받고, 어리석은 자는 정념에 따른다' 고 했듯이, 그가 말하는 '현자(賢者)와 우신(愚神)' 이나 '지혜로

---

6) 신념정치는 政府를 '인간 완성과 공동선 실현의 주체' 로 보는바, 이는 요컨대 '짐승을 면하기 위해 정치가 필요하다' 는 것이다. 반면에 의심정치는 政府를 '필요악' 으로 인식하고 정부의 역할은 '갈등의 완화' 에 있을 뿐이라고 보는바, 이는 요컨대 '전쟁을 면하기 위해 정치가 필요하다' 는 것이다.

움과 어리석음' 역시 인간의 '도덕적 본성과 이기적 본능' 또는 '이성과 정념'에 맞닿아 있는 것이었다. 다만 주목할 것은, 에라스뮈스는 고전철학자들과 달리 지혜로운 현자를 조롱하고 바보처럼 어리석은 삶을 예찬했다는 점이다.

프롬은 인간의 삶의 양식을 '소유양식과 존재양식'으로 구분했다. 소유양식에서는 행복이 '다른 사람에 대한 우위, 힘, 정복하고 빼앗고 죽이는 능력'에 달려 있으나, 존재양식에서는 행복이 '사랑, 공유, 주는 행동'에서 찾아진다. 요컨대 소유양식은 이기적 본능에 매몰된 삶의 양식이며, 존재양식은 도덕적 본성을 충분히 발현시키는 삶의 양식이다.

저잔의 '문명과 원시'는 현대 문명을 근원적으로 비판하는 개념체계이다. 저잔에 의하면, 오늘날의 문명은 '이기적 본능에 매몰된 탐욕의 화신'에 불과한 것이다. 저잔 등 문명비판론자들은 "문명의 성공은, 한 지역을 황폐화시키고 다른 곳으로 날아가 버리는 메뚜기 떼의 그것과 전혀 다르지 않다."고 비판하고, 인간의 진정한 본성을 실현했던 '원시의 낙원'으로 되돌아가자고 역설했다.

이상에서 제2부에서 살핀 서양 철학의 주요 쌍개념들을 정리해 보았다. 이제 이를 바탕으로 '본성과 본능'의 문제에 대해 '서양 철학이 걸어온 길'을 정리해 보기로 하자.

첫째, 서양 철학의 주요 쌍개념들도 전통 유학의 쌍개념들과 마찬가지로 인간의 양면성과 도덕의 문제, 정치의 두 기반과 두 양상, 문명의 이상과 현실 등을 두루 포괄하는 내용들이었다. 그런데 이러한 쌍개념들의 밑바탕에는 모두 '도덕적 본성과 육체적 본능'의 문제가 깔려 있다면, 이는 서양 철학 역시 인간 삶의 전 부면을 '본성과 본능'의 대립 문제로 파악하고 있었다는 뜻이 된다.

둘째, '본성과 본능'의 관계 설정에 관한 서양 철학의 기본 입장은 시대에 따라 달랐다. 플라톤 · 아리스토텔레스 · 아우구스티누스 등 고전 철학자들은 육체적(이기적) 본능을 도덕적 본성의 통제 아래 두려고 했다. 그러나 에라스뮈스 등 르네상스 시기의 인문주의자들은 오히려 본능적 욕구의 자유로운 해방을 추구하였고, 이는 이후 근대 자유주의의 기본 노선이 되었다. 홉스의 자연권 사상이나 벌린의 소극적 자유론도 이러한 맥락에서 성립하는 것이다. 한편, 칸트 · 프롬 · 저잔 등은 근대의 이러한 흐름에 대해 비판적인 입장을 견지한 것이다.

셋째, 고전 철학자들이 육체적(이기적) 본능을 도덕적 본성의 통제 아래 두려고 했다는 것은 결코 본능적 욕구를 완전히 금하자는 것이 아니었다. 예컨대 아우구스티누스는 육체적 본능을 도덕적 본성의 통제 아래 둠으로써 '욕구의 조화 있는 충족과 안정'[7]을 추구했던바, 그는 이것을 영(靈)과 육(肉) 사이의 '순서가 바른 사랑'[8]이라 했다.

넷째, 그러나 에라스뮈스 등 르네상스 시기의 인문주의자들은 본능적 욕구의 자유로운 해방을 추구함으로써, '인문주의'라는 그들의 취지와는 달리 오히려 '인간을 금수로 타락시키는 길'을 열어주었다. 이에 우리는 '인문주의(humanism)와 인문학(人文學)의 본질'에 대해서 다시 성찰할 필요를 느낀다.

다섯째, 이상의 내용을 종합하면, 서양 철학의 주요 쌍개념들도 인간의 양면성과 도덕의 문제, 정치의 두 기반과 두 양상, 문명의 이상과 현실 등을 두루 포괄하는 내용이었는데, 다만 '도덕적 본성과 이기적 본능의 관계를 어떻게 설정하느냐' 하는 문제에 있어서는 고전 철학자들과 근대 철학자들의 입장이 상반되었던 것이다. 그렇다면 흄이 모든 학문이 인성론과 관련되어 있다고 설명하고, 인성론을 '모든 학문의 중심'으로 규정한 다

7) 아우구스티누스, 『神國論』, 959쪽.
8) 아우구스티누스, 『神國論』, 725쪽.

음, "인간학은 다른 학문을 위한 유일하고 견실한 기초"[9]라고 설파한 것은 결코 과장이 아니었던 것이다.

이제까지 인간은 본래 도덕적 본성과 이기적 본능의 양면성을 지닌다는 점, 전통 유학이나 서양 철학의 수많은 쌍개념들은 대부분 본성과 본능의 대립을 반영하고 있다는 점을 살펴보았다. 이러한 쌍개념들은 '과도한 단순화'의 위험이 있기는 하지만, 사태를 '단순 명쾌'하게 정리하고 처결(處決)의 방향을 제시하거나 결단(決斷)을 유도하는 장점이 있다. 특히 여러 철학자들이 정립한 쌍개념은 대개 그의 사상을 간명하게 대표하는 경우가 많다. 따라서 이러한 쌍개념들을 제대로 이해하면 단도직입 철학의 핵심 문제에 접근할 수 있게 된다.

예컨대 『서경』의 '인심과 도심'은 '도심의 주재 아래 인심을 추구하라'는 원칙을, 『예기』의 '천리와 인욕'은 '정당한 욕구는 알맞게 충족시켜야 하지만 부당한 탐욕은 철저히 막아야 한다'는 원칙을, 맹자의 '존현과 사능'은 국가의 발전을 위해서는 현자(賢者)를 높이고 능자(能者)를 우대하라는 원칙을 제시한다. 마찬가지로 플라톤의 '군주정과 민주정'은 군주의 지혜와 민중의 자유를 결합시키라는 원칙을, 아리스토텔레스의 '교양과 재산'은 성공적 통치를 위해서는 교양과 재산을 겸비한 중산층을 육성해야 한다는 점을, 오크쇼트의 '신념정치와 의심정치'는 인간에게는 도덕적 본성과 이기적 본능이 함께 존재하므로 정치인들을 전적으로 신뢰하기만 해도 안 되고 전적으로 의심하기만 해도 안 된다는 원칙을 제시한다.

이처럼 '본성과 본능'이라는 인간 천성의 두 측면에서 유래한 쌍개념들은 인간의 양면성을 상기시키고, 도덕적 수양 문제, 윤리적 질서 문제, 사회적 해결 과제의 핵심을 간명하게 제시해준다. 그러므로 우리는 이 책에

9) 흄, 『오성에 관하여』, 21쪽 참조.

서 거론하지 않은 여타의 쌍개념들에 대해서도 관심을 가지고 분석해 볼 필요가 있겠다.

2. 인간의 본성과 인문학의 사명

오늘날 '인문학(人文學)' 이라는 말이 자주 회자된다. 그렇다면 인문학이란 무엇인가? 먼저 인문학의 개념을 살펴보자.

서양의 경우 '인문학(studia humanitatis)' 이라는 말을 처음 문자로 남긴 사람은 키케로(Marcus Tullius Cicero, 기원전 106~기원전 43)라 한다.[10] 이후, 르네상스(Renaissance) 시기 페트라르카(Franciscus Petrarca, 1304~1374)는 키케로의 작품을 통해서 '사람다움(humanitus)' 이라는 개념을 배웠으며, 마침내 "사람다움을 익혀서 동물적 본성을 극복하는 것이 하느님의 고귀한 선물이라는 것을 (…) 인간이 배우지 못한다면, 인간은 파괴적이고, 변덕스럽고, 믿을 수 없고, 이중적이며, 야만적이며, 잔인한 동물에 불과하다." 고 설파했다. 여기서 '사람다움' 은 '인간적인 감정, 동료 인간에 대한 온정적인 태도, 인간에 대한 사랑' 을 의미한다. 이처럼 페트라르카는 '야만적' 이거나 '동물적' 인 것과 구별되는 '사람다움' 을 설파했기에, '인간에 대한 학문' 을 부활시킨 최초의 인물로 추앙받게 되었으며, 이러한 맥락에서 '인문주의(humanism)' 라는 근대의 용어가 탄생했다.[11]

'인문(人文)' 이란 또한 전통 유교의 고유어이기도 했다. 『주역』 비괘(賁卦)에서는 "천문(天文)을 관찰하여 계절의 변화를 살피고, 인문(人文)을 관찰하여 천하를 화성(化成)한다."[12]고 했는데, 이에 대해 정자는 "인문(人文)

---

10) 강상진, 「서양 고중세의 인문정신과 인문학」, 67쪽.

11) 파이퍼, 『인문정신의 역사』, 30~31쪽.

은 인륜질서의 원리이다. 인문을 관찰함으로써 천하를 교화하여 그 예속(禮俗)을 완성하는 것이 바로 성인(聖人)이 비괘(賁卦)를 활용하는 방법이다." [13]라고 풀이했다. 이를 바탕으로 백종현은 다음과 같이 말한다.

> 우리가 중국 고전에서 '인문'의 의미를 새긴다면, 첫째의 의미는 '예교문화(禮敎文化)', 바꿔 말해 '시서예악(詩書禮樂)'이라 해야 할 것이다. 이것은 분명 오늘날 우리가 사용하는 '인문'의 핵심적인 뜻이기도 하고, 고대 로마 지식인 사회에서 당연한 것으로 받아들여졌던 '인간적(humanus)'인 것으로서의 인문소양(humanitas)이 함축하는 바와 상당 부분 합치한다고 볼 수 있다.[14]

'人文'이라는 한자어를 글자 그대로 풀이하면 '인간〔人〕의 꾸밈〔文〕' 즉 '사람을 사람답게 꾸며주는 것'을 말하는데, 서양어 'humanitas'도 역시 이러한 뜻이었다는 것이다. 이러한 맥락에서 '인문학'이란 '인간적인 감정, 동료 인간에 대한 온정적인 태도, 인간에 대한 사랑'이나 '예교문화(禮敎文化) 등 '사람다움의 근거'를 해명하고 실천하는 것이라 하겠다. 그런데 프롬(Erich Fromm)이 "사람다움(humanity)이라는 개념과 인문주의(humanism)라는 개념은 모든 인간이 공유하는 '인간의 본성(human

12) 『周易』 賁卦 彖辭 : 觀乎天文 以察時變 觀乎人文 以化成天下

13) 『周易傳義大全』 賁卦 彖辭, 程傳 : 人文 人理之倫序 觀人文 以敎化天下 成其禮俗 乃聖人用賁之道也

14) 백종현, 「한국 인문학 진흥의 한 길」, 126쪽. 한편, 백종현은 고전적 인문학과 근대 이후의 인문학을 구분하여, '고전적 인문학'은 주어진 공동체적 삶의 틀 가운데서 각각의 역할을 제대로 수행할 수 있는 자질을 키우는 일에 집중했는데, '근대 이후의 인문학'은 여타 근대 과학과 마찬가지로 엄밀한 탐구 방법과 탐구 대상이 있는 하나의 엄밀한 학문을 지향한다고 설명했다. 요컨대 고전적 인문학은 '전인적인 교양교육'을 지향했는데, 근대 이후의 인문학은 자연과학과 마찬가지로 하나의 '과학'이 되고 있다는 것이다(「한국 인문학 진흥의 한 길」, 132쪽).

nature)' 이라는 관념 위에 기초한다."[15]고 지적한 바 있듯이, '인문학' 역시 근본적으로 '인간의 본성' 문제와 연관된 것이다. 요컨대 인문학은 '사람다움' 을 문제 삼는 것인데, '사람다움' 의 의미나 내용을 해명하려면 결국 '인간의 본성' 문제에 봉착하게 되는 것이다.

우리는 흔히 어떤 사람에 대해서는 '사람다운 사람' 이라 하고, 어떤 사람에 대해서는 '사람답지 못한 사람' 또는 '짐승 같은 사람' 이라 한다. 그러면 어떤 사람이 '사람다운 사람' 이고 어떤 사람이 '짐승 같은 사람' 인가? 어떤 사물이 자신의 고유한 본성을 발휘할 때 그 사물을 그 '사물답다' 고 하는 것은 논리의 당연한 귀결이다. 마찬가지로, 어떤 사람이 '인간에게만 고유한 성질' 을 발휘할 때 우리는 그를 '사람다운 사람' 이라고 말하는 것이다. 그런데 다른 사물〔種〕과 구별되는 '인간만의 고유한 성질' 이란 곧 '인간의 본성' 을 뜻하니, 그러므로 '사람다움' 을 논하는 인문학은 '인간의 본성' 에 대한 탐구로부터 출발하지 않을 수 없는 것이다.

동 · 서를 막론하고 고전 철학자들은 이러한 원칙에 충실하였다. 예컨대 맹자는 "사람으로서 인의예지의 본성을 발휘하지 못하면 사람이 아니다."[16]라고 하였고, "사람에게는 道가 있거니와, 배불리 먹고 따뜻하게 입으며 편안히 살되 가르침이 없다면 곧 금수(禽獸)에 가깝게 된다. 성인(聖人)이 이를 근심하시어, 설(契)을 사도(司徒)로 삼아 인륜(人倫)을 가르치게 하신 것이다."[17]라고 하였다. 같은 맥락에서, 플라톤은 이성을 '사람 속의 사람' 이라 하고 욕구를 '사람 속의 짐승' 이라 하여,[18] 욕구의 충족에 매달리는 사람은 '짐승 같은 사람' 이요, 이성을 발휘하는 사람만이 '사람다운

15) Fromm, *Beyond the Chains of Illusion*, 27쪽.

16) 『孟子』 公孫丑上 6.

17) 『孟子』 滕文公上 4.

18) 플라톤, 『국가』, 588c~d.

사람' 이라고 설명했다. 아리스토텔레스는 "어떤 것에든지 그것에 고유한 것이 본성상 그것에 가장 좋고 즐거운 것이다. 그러므로 사람에게 있어서는 이성을 따른 생활이 가장 좋고 즐거운 것이다. 이성은 다른 무엇보다도 인간을 인간 되게 하기 때문이다. 그러므로 이러한 생활이 또한 가장 행복한 생활이다."[19]라고 설파하고, 이성에 의해 통제되지 않은 '향락적 생활'은 '짐승에 합당한 생활' 이라 했다.[20] 이처럼 고전 철학자들은 오직 '인간의 고유한 본성을 발휘하는 삶' 만을 '사람다운 삶' 이라 했던 것이다.

그런데 르네상스 시기의 인문주의자들은 '인문학' 이나 '인문주의' 를 제창하면서도 때때로 '인간의 고유한 본성을 발휘하는 삶' 에서 벗어나 '본능적 욕구의 자유로운 충족' 을 옹호하는 길로 빗나가곤 했다. 당시의 대표적 인문주의자로 꼽히는 보카치오(Giovanni Boccaccio, 1313~1375)나 에라스뮈스(Desiderius Erasmus Roterodamus, 1466?~1536)의 저작에서 이러한 사례들을 자주 목격하게 된다. 요컨대 『데카메론(*Decameron*)』과 『우신예찬(愚神禮讚)』 등 이들의 저작에서는 '사람다움을 익혀서 동물적 본성을 극복한다' 는 페트라르카의 인문학 이념과 어긋나는 점들이 많이 발견되는 것이다.[21]

먼저 보카치오의 『데카메론』을 살펴보자. 이 책은 '음담패설집' 이라 할 수 있을 정도로 태반이 음탕한 이야기들이며, '자유연애' 특히 '불륜(不倫)' 을 미화(美化)하는 것이 특징이다. 예컨대 보카치오는 유부녀와 어떤

19) 아리스토텔레스, 『니코마코스 윤리학』, 1178a.

20) 아리스토텔레스, 『니코마코스 윤리학』, 1095b.

21) 이 대목에서 루소가 그의 출세작 『학문예술론(*Discourse on the Sciences and Arts*)』에서 "예술과 학문의 진보는 도덕성을 증진하기는커녕 오히려 항상 도덕적 타락을 초래했다. 예술과 학문은 불필요한 욕구를 자극하여 사람들을 사악하게 만들고, 사치와 불평등이 범람하게 만든다."고 비판했던 것을 상기해 보는 것도 좋을 것이다.

사내의 불륜적 행태를 장황하게 소개하고 나서, 다음과 같이 말한다.

> 조금 후 그들은 얼간망둥이 같은 그 수도자(修道者)의 어리석음을 비웃고, 온 세상 사람들을 희롱하면서 서로 실컷 재미를 보고 즐겼습니다. 그리고 그다음부터는 수도자의 힘을 빌지 않고도 언제든지 맘껏 재미를 볼 수 있도록 일을 꾸몄습니다.－대자대비하신 천주(天主)여, 나와 그런 생각을 하고 있는 모든 선량한 기독교 신자들도 그와 같은 길로 인도해 주시옵소서.[22]

위의 인용문에 보이듯이, 보카치오는 남의 불륜을 그저 파한(破閑)의 이야깃거리로 삼고 그친 것이 아니다. 그는 "대자대비하신 천주(天主)여, 나와 그런 생각을 하고 있는 모든 선량한 기독교 신자들도 그와 같은 길로 인도해 주시옵소서."라고 기도하는바, 이처럼 불륜을 하느님의 비호 아래 모든 선량한 신자들이 누려야 하는 행복으로 묘사하고 있는 것이다.

보카치오가 소개하는 불륜의 주인공들은 평범한 남녀뿐만이 아니다. 보카치오는 당시 귀족(貴族)들은 물론이요, 사제(司祭)나 수도사(修道士)·수녀(修女) 등 이른바 성직자(聖職者)들까지 불륜의 주인공으로 등장시킨다.

> 수도원장(修道院長)은 여자를 보고 너무나 싱그럽고 아름다운 처녀였으므로, 아무리 나이는 먹었다 해도 젊은 수도사 못지않게 욕정이 발동했습니다. 그래서 저도 모르게 중얼거렸습니다. "참으로 아름다운 처녀로군, 게다가 이렇게 고운 여자가 여기에 있다는 걸 아무도 모르지 않는가. 마음대로 즐거움을 맛볼 수 있는데 맛보지 않을 필요가 어디 있지? 이런 경우엔 누구나 어쩔 수 없을 것이다. 정말 성자(聖者)라도 어쩔 수 없을 것이다. 이런 절호의 기회는 두 번 다시

22) 보카치오, 남용우 역, 『데카메론』, 209쪽(제3일 第3話).

오지 않으리라. 하느님이 행운을 내려주실 때 받아들이는 것도 현명한 판단일 것이다."[23]

수녀원장(修女院長)은 자신의 죄를 깨닫고 그것이 여러 사람에게 발각된 것을 알고는, 설교를 그치고 태도를 달리했습니다. 인간이 육욕(肉慾)으로부터 몸을 지킨다는 것은 불가능하다면서 말의 결론을 내렸습니다. 그러니 지금까지처럼 몰래 할 수 있을 때에는 각자 적당히 해도 상관없다고 말했습니다. 이렇게 해서 원장은 이자베타를 용서한 다음, 다시 사제(司祭)의 곁으로 돌아갔고, 이자베타는 애인의 곁으로 돌아갔습니다. 그 뒤부터 이자베타는 자주 그 청년을 불러들이게 되었습니다. 그리고 애인이 없었던 다른 수녀들도 때를 만난 듯 몰래 사랑의 모험을 찾아 애인을 구하기 시작했다는 것입니다.[24]

위의 첫째 인용문은 수도원장을, 둘째 인용문은 수녀원장을 불륜의 주인공으로 설정한 것이다. 수도원장은 "하느님이 행운을 내려주실 때 받아들이는 것도 현명한 판단일 것"이라 하며 처녀와 정사를 즐겼고, 수녀원장은 "인간이 육욕(肉慾)으로부터 몸을 지킨다는 것은 불가능한바, 지금까지처럼 몰래 할 수 있을 때에는 각자 적당히 해도 상관없다."고 하면서 사제와 정사를 즐겼다는 것이다.

보카치오가 소개하는 불륜에는 또한 동성애(同性愛)와 스와핑(swapping)도 포함된다. 요컨대 그는 우리가 상상할 수 있는 모든 종류의 성애(性愛)를 예찬하는 것이다.

"여자한테는 마음도 없으면서 왜 나를 아내로 삼았지? 정말이지 참을 수 없

23) 보카치오, 정재민 역, 『데카메론』, 25쪽(제1일 第4話).
24) 보카치오, 정재민 역, 『데카메론』, 62쪽(제9일 第2話).

는 일이야!(…) 젊었을 동안에 마음껏 즐겨야 해. 그가 즐기고 있는 것처럼 나도 멋대로 즐기라고 그놈이 좋은 본을 보여주고 있는 거야. 그는 저주의 대상이 되는 나쁜 짓을 하고 있지만 나에겐 떳떳한 변명의 여지가 있는 행동이야. 나는 오직 도덕만을 어길 뿐이지만, 그는 도덕과 자연을 다 어기고 있는 거라고."[25]

스피네로쵸가 제빠에게 말하기를, "제빠, 이젠 피장파장이 되었네. 아까 자네가 내 아내에게 말한 것처럼 우리는 그전처럼 우정을 버리지 말고 지내세. 우리들은 서로가 아내를 따로따로 가졌다는 것밖에는 다른 점이라고는 아무것도 없으니, 앞으로는 공유하지 않겠나?" 제빠는 그 제의를 받아들였습니다. 이리하여 네 사람은 세상에서 둘도 없을 정도로 사이좋게 오순도순 식사했습니다. 그리고 그 뒤로는 서로 바꾸어가며 사랑의 희열을 나누며 아내들은 두 남편을 섬기게 되었고 남편들은 저마다 두 아내를 거느리고 살았습니다.[26]

위의 첫째 인용문은 남색(男色)을 즐기는 남편에 대한 아내의 푸념을 소개하는 내용으로서, 결국엔 한 남자가 그들 부부를 두루 만족하게 해주어 모두가 흐뭇했다는 이야기이다. 둘째 인용문은 친구 사이였던 두 남자가 서로 상대방의 아내를 범했다가, 나중에는 즐겁게 스와핑을 일삼게 되었다는 이야기다. 보카치오는 이 두 사례 역시 아주 행복한 사례로 묘사하고 있다.

불륜과 성적(性的) 쾌락을 예찬한 것은 에라스뮈스도 마찬가지이다. 에라스뮈스가 성적 쾌락을 예찬한 사례는 앞의 제2부에서 충분히 살핀 바 있다. 에라스뮈스는 『우신예찬』에서 '돈 많은 남자와 젊고 예쁜 여자가 정식 부부(夫婦)도 아니면서 남몰래 사랑을 나누어 우신(愚神)이 태어나게 되었

25) 보카치오, 정재민 역, 『데카메론』, 158쪽(제5일 第10話).
26) 보카치오, 정재민 역, 『데카메론』, 98~99쪽(제8일 第8話).

다' 고 설명했는데,[27] 우신의 출생 배경을 이렇게 설정한 것은 불륜을 미화하려는 의도였을 것이다.

보다 근본적으로, 에라스뮈스는 이성(지혜, 賢者)을 옹호하고 정념(격정, 愚神)을 억제하던 고전적 전통에 대해 근본적인 비판을 제기하였다. 그는 다음과 같이 말한다.

> 스토아학파는 모든 격정을 질병인 양 현자(賢者)에게서 떼어 놓습니다. (…) 남들보다 갑절이나 스토아주의자였던 세네카는 실로 용맹하게 소리치며 모든 격정을 현자에게서 벗겨 내야 한다고 주장하였습니다. 하지만 그렇게 함으로써 그는 사람이라 할 수 없는바 차라리 새로운 신적(神的) 존재라고 불러야 마땅할 현자를, 어디에도 존재하지 않으며 언제고 존재하지 않을 존재를 창조해 냈습니다. 보다 정직하게 말하자면 실로 그는 사람 꼴을 하였으되 아무것도 느끼지 못하며 모든 인간적 감정이 결여된 대리석 조각을 현자라고 내세울 것입니다.[28]

> 어떤 자가 현자(賢者)랍시고 (…) 누군가를 가리켜 그가 짐승의 법도에 따라 욕정의 지배를 받고 있으므로 그를 인간 축에 넣을 수 없으며, 욕정을 주인 삼아 온갖 추잡한 주인에게 복종하고 있으므로 비루하기 짝이 없는 노예일 뿐이라고 외친다면 어떻겠습니까? (…) 사람들은 하나같이 그를 얼빠진 광인이라고 생각하지 않겠습니까? 시대와 불화하는 지혜보다 어리석은 것은 없으며, 세태를 거스르는 처신보다 신중하지 못한 것이 없습니다.[29]

27) 에라스뮈스, 『우신예찬』, 29~30쪽.
28) 에라스뮈스, 『우신예찬』, 73~74쪽.
29) 에라스뮈스, 『우신예찬』, 71~72쪽.

위의 첫째 인용문에서는 이성만 내세우고 정념을 배격한 스토아적 현자를 '사람 꼴을 하였으되 아무것도 느끼지 못하며 모든 인간적 감정이 결여된 대리석 조각'으로 묘사하고, '그는 사람이라 할 수 없는바 차라리 새로운 신적(神的) 존재라고 불러야 마땅하다'고 주장했다. 둘째 인용문에서는 욕정에 지배받는 사람을 짐승 취급하는 스토아적 현자를 '얼빠진 광인'으로 규정하고, 현자들에게 '시대와 불화하지 말라, 세태를 거스르지 말라'고 충고하고 있다. 세상은 이미 변하여 모든 사람들이 욕정을 추구하며 살고 있는바, 이를 현실로 수용하라는 것이다. 에라스뮈스는 더 나아가 욕정을 추구하는 삶이 지혜를 추구하는 삶보다 훨씬 행복한 삶이라고 주장한다.

> 지혜를 찾아 골몰하는 자들은 인간들 가운데 행복으로부터 가장 멀리 떨어진 사람들입니다. 이들은 (…) 인간의 조건을 망각하고 불멸의 神들이 누리는 삶을 추구하며 신들에게 덤볐던 거인족처럼 학문의 힘으로 만든 기계로써 자연에 덤벼들어 전쟁을 벌이기 때문입니다. 반면 야생 짐승의 천성인 어리석음을 될 수 있는 한 흉내 내며 결코 인간의 한계를 넘어서려 하지 않는 사람들은 그럼에도 가장 덜 불행하다고 하겠습니다. (…) 이들은 죽음에 대한 두려움이 없으며, 고로 유피테르에게 맹세코 적지 않은 고통에서 해방된 사람들입니다. 양심의 가책으로부터 자유롭습니다. (…) 창피한 줄도 모르고, 두려운 줄도 모르며, 야심이나 질투를 모르며, 욕심도 부리지 않습니다. 미욱한 판단력을 보건대 차라리 들에 사는 뭇짐승에 가까우며, 신학자들은 이들이 책임을 묻고 죄를 따질 만한 짓을 하지 않았다 하였습니다.[30]

30) 에라스뮈스, 『우신예찬』, 85~87쪽.

위의 인용문에서는 '지혜를 추구하는 현자들' 을 인간들 가운데 '가장 불행한 자' 로 규정하고, '야생 짐승처럼 어리석게 사는 자' 들을 '가장 행복한 자' 로 규정했다. 짐승처럼 어리석게 사는 자들은 죽음도 두려워하지 않고, 양심의 가책도 없고, 창피한 줄도 모르고, 야심이나 질투도 모르는 바, 이것이 바로 행복의 토대라는 것이다.

이상에서 보카치오와 에라스뮈스의 주장을 살펴보았는바, 우리는 과연 이들의 노선을 '건전한 인간성의 자유로운 발휘' 를 지향한 '인문주의'[31]라고 규정하고, 칭송할 수 있는가? 이들이 인간의 정욕을 긍정하는 것은 원론적으로 수긍할 수 있다. 그런데 정욕을 충족시키는 방식이 어찌하여 그렇게 한결같이 불륜적인 것인가? 예컨대 정상적인 남녀 관계 또는 정상적인 부부 사이의 화락(和樂)한 삶을 묘사하면 안 되는 것인가? 이들은 '정욕의 자유로운 충족' 이나 '욕망의 해방' 을 주장했을 뿐, 도대체 '사람다움〔人文〕' 을 고양시킨 것이 무엇인가? '신적(神的)인 고상한 삶' 을 탈피한다는 이유로 오히려 '짐승처럼 문란하고 뻔뻔한 삶' 을 선동한 것 아닌가?

인간의 정욕을 긍정하면서도 이들과 다른 노선을 견지했던 전통 유교의 사례를 살펴보자. 『시경(詩經)』의 〈관저(關雎)〉편은 남녀의 연애를 읊은 시인데, 공자는 이에 대해 "즐거우면서도 음란하지 않고, 슬프면서도 (心身을) 상하지 않았도다."[32]라고 칭송한 바 있다. 〈관저〉의 내용은 다음과 같다.

---

31) 권영민은 『한국현대문학대사전』의 '인문주의(humanism)' 條에서 "人間性의 옹호를 목표로 하는 휴머니즘은 본질적으로 인간성을 神의 굴레로부터 해방하려는 노력에서 시작되어서 14~15세기 이탈리아 르네상스를 계기로 개화하였다. (…) 이 휴머니스트들은 낡은 기독교의 내세주의적 질곡으로부터 인간의 해방을 부르짖고 개인의 권리와 존엄성을 옹호하였으며, 또한 금욕주의적 규범으로부터 **건전한 인간성의 자유로운 발휘**를 주장하였다. 이러한 사상적 경향은 反中世的이며 反宗敎的인 내용을 담은 보카치오의 『데카메론(*Decameron*)』 등에서 두드러지게 나타난다." 고 설명한 바 있다.

32) 『論語』 八佾 20 : 關雎 樂而不淫 哀而不傷

關關雎鳩 在河之洲　꾸욱꾸욱 물수리 물가에서 노니네
窈窕淑女 君子好逑　아리따운 숙녀는 군자의 좋은 배필

(1장)

參差荇菜 左右流之　올망졸망 마름풀을 이리저리 찾고있네
窈窕淑女 寤寐求之　아리따운 숙녀를 자나깨나 구하네
求之不得 寤寐思服　구해도 얻지 못해 자나깨나 생각하여
悠哉悠哉 輾轉反側　오래도록 오래도록 이리저리 뒤척이네

(2장)

參差荇菜 左右采之　올망졸망 마름풀을 이리저리 뜯고있네
窈窕淑女 琴瑟友之　아리따운 숙녀를 금슬처럼 벗하네
參差荇菜 左右芼之　올망졸망 마름풀을 이리저리 고르네
窈窕淑女 鍾鼓樂之　아리따운 숙녀를 종고처럼 즐기네

(3장)

1장은 암수 서로 정답게 노니는 물수리를 보고 시상(詩想)을 일으켜, 군자와 숙녀는 서로 좋은 배필이 됨을 노래한 것이다. '관관(關關)' 은 새의 울음소리를 나타낸 의성어로서 암수가 서로 화답하며 내는 소리이며, '저구(雎鳩)' 는 물수리(징경이)로서 태어날 때부터 정해진 짝이 있다고 한다. 2장은 군자가 숙녀를 사모하는 모습을 묘사한 것이다. '마름풀을 찾아 이리저리 헤맨다' 는 것은 군자가 숙녀를 찾아 방황하는 모습을 비유한 것이며, '오래도록 잠을 이루지 못하고 뒤척인다' 는 것은 마침내 아리따운 숙녀를 찾았으나 사랑을 이루지 못해 괴로워하는 모습을 표현한 것이다. 3장은 마침내 사랑이 이루어져 즐거워하는 모습을 묘사한 것이다. '마름풀을 이리저리 뜯는다' 는 것은 마침내 사랑이 이루어지는 모습을 비유한 것이며, '금슬(琴瑟)처럼 벗한다' 는 것 역시 군자와 숙녀가 사이좋게 사랑을 나눔을 비유한 것이다. '마름풀을 이리저리 고른다' 는 것은 사랑이 더욱 깊어짐을 비유한 것이며, '종고(鍾鼓)처럼 즐거워한다' 는 것 역시 사랑의 기쁨이 더욱 커짐을 비유한 것이다.

'슬프면서도 심신을 상하지 않았다〔哀而不傷〕' 는 것은 2장에 대한 평이다. 사랑이 이루어지지 않아 애달파도, 그저 이리저리 뒤척이며 잠을 이루지 못하는 정도일 뿐, 그로 인해 심신을 상하지는 않은 것이다. '즐거우면서도 음란하지 않았다〔樂而不淫〕' 는 것은 3장에 대한 평이다. '음란하다' 는 것은 '한도(限度)를 넘는다' 는 뜻이다. 모든 그릇에는 정해진 용량이 있거니와, 그것을 초과해서 물을 부으면 흘러넘치게 된다. 남녀 사이의 애정을 표현하는 데에도 지켜야 할 한도가 있거니와, 〈관저〉는 그 모범을 보여준다는 것이다. 〈관저〉에서는 사랑의 즐거움을 '금슬처럼 벗함' , '종고처럼 즐거워함' 으로 표현했다. 음악은 여러 악기들의 조화가 중요한바, 남녀의 사랑도 이처럼 조화를 이루어야 한다는 점에서 서로 통하는 바가 있다. 또한 금슬은 그 소리가 은은하나, 종고는 그 소리가 우렁차다. 〈관저〉는 사랑의 기쁨이 심화됨을 악기에 빗대어 은근하고도 절묘하게 표현한 것이다. 이러한 맥락에서, 공자는 남녀의 정욕을 긍정하면서도, 한도를 넘지 않도록 경계한 것이다.

한편 조선시대 유학자 연암(燕巖) 박지원(朴趾源)은 개가(改嫁)를 억제하는 당시의 법규와 풍습에 대해 다음과 같이 비판한 바 있다.

> 『경국대전(經國大典)』에 "개가한 여자의 소생은 정직(正職, 文官 · 武官)에는 서용(敍用)하지 못한다." 고 했는데, 이것이 어찌 일반 백성을 대상으로 만들어 놓은 것이겠는가? 우리나라에서는 4백 년 동안 백성들이 이미 오랫동안 인도한

교화(敎化)에 젖어, 여자는 신분이 귀하든 천하든, 또 그 일족이 미천하거나 현달했거나 간에 과부(寡婦)로 수절(守節)하지 않음이 없어, 마침내 이로써 풍속을 이루었다. 옛날에 열녀(烈女)라고 칭송했던 여자들은 오늘날 도처에 있는 과부들이다. 시골이나 여염의 젊은 과부와 같은 경우는 부모가 '행실이 나쁘다'고 핍박하는 일도 없고, '자손이 정직(正職)에 서용되지 못하는 수치'를 당하는 것도 아니다. 그런데도 한갓 과부로 지내는 것만으로는 절개가 되기에 부족하다 생각하여, 종종 한낮의 촛불을 스스로 끄고 남편을 따라 죽기를 빌어, 마치 낙토(樂土)에 가듯이 기꺼이 죽음을 택한다. 열녀는 열녀지만, 어찌 지나친 것이 아니겠는가?[33)]

박지원이 지적했듯이, 『경국대전』의 개가를 억제하는 조항은 관직에 진출하지 않는 일반 서민들과는 무관한 것이었다. 그런데도 수절을 칭송하는 교화가 오랜 세월 지속됨으로써, 마침내 귀천을 막론하고 수절을 당연하게 여긴 것이다. 박지원은 이런 풍속이 결국 젊은 과부들을 죽음으로 내몰고 있다고 지적했다. 박지원은 위의 인용문 다음에 "과부란 고독한 처지에 놓여 슬픔이 지극한 사람"이라고 설명하고, "과부라 하여 어찌 정욕(情慾)이 없을 수 있겠는가?"라고 반문하였다. 혈기왕성한 나이에 정욕을 채울 수 없는 삶은 '한낮의 촛불'처럼 무의미한 삶이므로, 젊은 과부들이 기꺼이 스스로 목숨을 끊는다는 것이다. 그리하여 박지원은 '여성의 행복추구권'이라는 관점에서 개가를 억제하는 풍습을 비판한 것이다. 요컨대 박지원은 정욕을 긍정하면서도 결혼이라는 틀 안에서 행복이 실현되기를 원했던 것이다.

이제 마지막으로 화서(華西) 이항로(李恒老)의 사례를 살펴보자. 어떤 사

33) 『燕巖集』 卷1 頁32~33, 〈烈女咸陽朴氏傳〉.

람이 "입으로는 맛있는 고기를 좋아하고 눈으로는 아리따운 처녀를 좋아하는 것은 천성(天性)이다. 이러한 마음이 이미 발동하면, 이는 성(誠)이 드러난 것으로서 숨길 수 없는 것이다. 만일 예문(禮文)에 구애되어 먹지 않거나 보지 않는다면, 이는 안으로는 자신의 마음을 속이고 밖으로는 남들을 속이는 것이 아니겠는가?"라고 주장하자, 이에 대해 이항로는 다음과 같이 답하였다.

> 그대는 맛있는 고기를 좋아하고 아리따운 처녀를 좋아하는 사사로움이 그대의 마음에서 나온다는 것만을 알고, 부모에게 효도하고 임금에게 충성하는 공정함이 그대의 마음속에 뿌리박고 있다는 것은 모르는가? 모두 같은 그대의 마음인데, 맛있는 고기를 좋아하고 아리따운 처녀를 좋아하는 것은 그대의 형체(形體)에서 생기는 것이요, 부모에게 효도하고 임금에게 충성하는 것은 그대의 성명(性命)에서 나오는 것이다. 형체는 한 개인의 사사로운 물건이요, 성명은 천하의 공정한 이치이니, 형체는 깃털처럼 가벼운 것이요, 성명은 태산처럼 무거운 것이다.
>
> 이를 어떻게 알 수 있는가? 배고플 때 그대가 밥 한 그릇을 얻었다면, 먼저 그대의 부모님께 드리겠는가, 아니면 먼저 그대의 입에 넣겠는가? 그대의 입을 잊고 부모님을 먼저 생각하는 것은 다름이 아니라 도리(道理)는 무겁고 구복(口腹)은 가볍기 때문이다. 추울 때 그대가 옷 한 벌을 얻었다면, 먼저 그대의 부모님께 입혀드리겠는가, 아니면 먼저 그대의 몸에 입겠는가? 그대의 몸을 뒤로하고 부모를 급하게 여기는 것은 다름이 아니라 예의(禮義)는 크고 신체(身體)는 작기 때문이다. (…) 대개 아름다운 여자를 좋아하고 나쁜 냄새를 싫어하는 것은 사람과 금수가 같은 것이요, 선을 좋아하고 악을 싫어하는 것은 금수는 할 수 없으나 사람만 할 수 있는 일이다. 그대가 금수와 다른 점이 바로 여기에 있고, 성인(聖人)이 그대를 위해 근심하는 점 또한 여기에 있다. 그대는 도리어 저

금수의 道를 참된 것이라 하고 이 사람의 道를 거짓된 것이라 하니, 또한 매우 미혹된 것이 아니겠는가?[34]

이항로의 논지는 넷으로 정리된다. 첫째, 인간은 식색(食色)이라는 '육체적 본능' 만 타고난 것이 아니라 인의(仁義)라는 '도덕적 본성' 도 타고났다. 둘째, 그런데 식색은 가벼운 것이나 인의는 무거운 것이다. 셋째, 또한 식색은 사람과 금수가 공유하는 것이나, 인의는 사람만이 지니고 있다. 넷째, 그러므로 인의를 외면하고 식색을 앞세우는 것은 '미혹된 짓' 이라는 것이다.

"입으로는 맛있는 고기를 좋아하고 눈으로는 아리따운 처녀를 좋아하는 것은 천성(天性)이다. 이러한 마음이 이미 발동하면, 이는 성(誠)이 드러난 것으로서 숨길 수 없는 것이다. 만일 예문(禮文)에 구애되어 먹지 않거나 보지 않는다면, 이는 안으로는 자신의 마음을 속이고 밖으로는 남들을 속이는 것이 아니겠는가?" 라는 주장은 보카치오나 에라스뮈스의 노선과 궤를 같이하는 주장이다. 이들은 '예문(禮文)에 따르는 것' 을 '지혜로운 현자(賢者)' 의 노선으로서 '神' 이나 실천할 수 있는바, '인간' 에게는 불행의 길이라고 비판했던 것이다. 이에 대해 이항로는 '사람과 금수가 다른 점' 을 거론하며, 사람의 도리를 다해야만 '사람다운 사람' 이라고 비판하였다.

이제 보카치오나 에라스뮈스의 노선이 '사람다운 삶' 의 길인지 따져보자. 보카치오나 에라스뮈스의 노선에서 도대체 금수와 다른 사람다움의 면모가 제시된 것이 있는가? 이들은 중세적 신본주의(神本主義) · 금욕주의(禁慾主義)에서 탈피한다는 일념에서 금수처럼 무절제한 정욕의 추구를 예찬한 것이 아닌가? 더군다나 에라스뮈스는 짐승처럼 어리석게 사는 것, 즉

34) 『華西集』 卷24 頁21~23, 〈孔雀問答〉.

죽음도 두려워하지 않고, 양심의 가책도 없고, 창피한 줄도 모르고, 야심이나 질투도 모르는 것이 바로 행복의 토대라고 설파하지 않았는가? 이들의 노선을 과연 '건전한 인간성의 자유로운 발휘' 라 할 수 있는가? 이에 대해서는 누구도 쉽게 긍정적인 답변을 할 수 없을 것이다. 그렇다면 이들의 노선을 '사람다운 삶' 을 추구한 '인문주의' 라고 말하기는 어려울 것이다.[35]

우리가 진실로 금수와 구별되는 '사람다움' 을 지향한다면, 플라톤이나 아리스토텔레스의 노선, 또는 아우구스티누스가 말하는 '순서가 바른 사랑' , 또는 맹자나 이항로의 노선을 추구하지 않을 수 없다. 이 노선에 부합되지 않는 것, 즉 '자유로운 욕망의 추구' 를 '인문주의' 라고 규정하는 것은 어불성설(語不成說)이다. 같은 맥락에서, 인문학은 '인간의 인간다움' 을 논하는 것, 즉 '사람다움의 의미, 근거, 내용' 을 밝히는 것이어야 한다. 인문학이 이러한 사명을 제대로 완수하려면 '인간의 본성' 에 대한 성찰로부터 시작해야 한다는 것은 다시 말할 필요가 없겠다.

3. 인간성의 전모(全貌)와 사회과학의 과제

인문학의 사명은 '인간의 본성' 에 입각하여 '사람다움' 을 추구하는 것

---

35) 서양에서는 고대부터 '인간' 을 '동물과 神 사이의 중간적 존재' 로 규정하고, 理性은 인간의 '神的 측면' 이요 情念(욕망)은 인간의 '동물적 측면' 이라고 설명해 왔다. 그런데 중세 기독교는 사람들에게 '거룩한 삶' 을 권장했거니와, 이는 '동물적인 情念(肉慾)' 에서 벗어나 '神的인 理性(靈魂)' 을 따르라는 것이었다. 이에 대해 르네상스 시기의 인문주의자들은 神本主義에 치우쳐 인간이 소외된 것이라고 비판하고, 人本主義를 제창하면서 이성을 격하하고 정념을 옹호하는 노선을 택하게 된 것이다. 그러나 이들의 노선은 결국 인간을 짐승과 별 차이가 없게 만들었는바, 따라서 '인문주의' 라고 부르기에 부적합한 것이다. 오늘날의 쾌락주의나 물질만능주의는 이들의 노선으로부터 유래한 것인바, 이것이 과연 '인간다운 삶' 인 것인가?

이라 한다면, 사회과학의 과제는 무엇이라 할 수 있는가? 이에 대한 답변은 '사회과학이란 무엇인가' 에 대한 해명으로부터 찾아져야 할 것이다. 로스(Dorothy Ross)는 다음과 같이 말한 바 있다.

> 사회과학은 18세기에 근대사회의 성격과 미래를 이해하려는 노력에서 기원했다. 이 새로운 사회과학의 전형적 텍스트들은 몽테스키외의 『법의 정신』(1784), 애덤 스미스의 『국부론』(1776), 콩도르세의 『인간정신의 진보에 관한 역사적 관점의 요강』(1795), 헤르더의 『역사철학을 향한 이념』(1784~91) 등이다. 이 텍스트들은 근대사회와 그 이전 사회들 간의 결정적 차이를 전제로 하여 근대사회를 미래로 인도해줄 사회과학을 구상했다. 이와 같이 사회과학을 창조하려는 노력은, 역사라는 것이 인간에 의해 구성되는 영역이고 인간행위가 누적된 결과에 의해 진전되는 것이며 새로운 질적 형태를 띠는 것이라는 발견과 깊이 연관되었다.[36]

본고에서는 로스와 같은 맥락에서 사회과학을 '인간 사회를 탐구함으로써, 사회의 발전에 기여하고자 하는 학문' 으로 규정하며, 역시 로스처럼 '정치학, 경제학, 사회학' 을 그 핵심 분야로는 설정한다.[37] 이러한 입장은 '경세제민(經世濟民)의 학문' 이라는 우리의 전통적 관념과도 잘 어울릴 것이다. 이제 이러한 전제를 바탕으로 '사회과학의 과제' 를 논의해 보기로 하자.

'사회' 는 '인간이 모인 것' 이다. 여러 사람들이 특정한 목적을 위해 모인 결사체(結社體)가 사회이다. 사람들이 결사체를 만드는 목적 즉 '사회의 기원' 문제는 차치하고서도, 사회는 인간이 모인 것이라는 단순한 정의로

---

36) 로스, 『미국 사회과학의 기원』 1, 39쪽.
37) 로스, 『미국 사회과학의 기원』 1, 32쪽 참조.

부터 다음의 사실을 분명하게 알 수 있다. 즉 모든 사회는 '개인의 권익을 증진(보호)하는 동시에, 공동선(공동의 이익)을 추구해야 한다' 는 것이다. 만약 어떤 사회가 '개인의 권익' 을 외면한다면 개인이 그 결사에 참여하지 않을 것이요, 또 '공동선의 실현' 에 실패한다면 그 사회가 유지되지 못할 것이기 때문이다.

요컨대 모든 사회는 '개인의 권익과 공동의 이익' , 간단히 말해 '개인과 공동체' 를 모두 고려해야 지속해서 발전하며 존속할 수 있다. 그런데 '개인의 권익' 은 인간의 '이기적 본능' 과 궤를 같이하는 개념이요, '공동선' 은 인간의 '도덕적(사회적) 본성' 과 궤를 같이하는 개념이다. 이러한 맥락에서 사회과학은 인간의 도덕적 본성과 이기적 본능을 동시에 고려해야 한다. 다시 말해 인간은 본래 도덕적 본성과 이기적 본능을 함께 지닌 존재라는 점을 인식하고, 이 두 측면 즉 '인간성의 전모(全貌)' 를 바탕으로 탐구와 논의를 진행해야 한다는 것이다.

'도덕적 본성과 이기적 본능' 은 사회과학의 차원에서 다음의 네 측면으로 구분해 논의할 수 있다. 첫째는 '도덕적 양심과 개인적 이기심' , 둘째는 '사회적 연대와 이기적 경쟁' , 셋째는 '인간의 보편적 본성과 개인의 독특한 개성' , 넷째는 '도덕적 가치와 물질적 가치' 라는 측면이다.

첫째, '도덕적 양심과 개인적 이기심' 즉 '도덕성과 이기성' 의 측면에서 논해보자. 사람은 누구나 이기적인 동시에 도덕적이라는 양면성을 지니는바, 이기적 존재로서는 자신의 이익을 극대화하려고 하고, 도덕적 존재로서는 남들의 권익도 함께 고려하려 한다. 이기심은 한편으로는 자발성과 역동성의 원동력으로서 사회의 생산성을 높여주나, 한편으로는 개인들 사이의 충돌을 야기하여 사회적 갈등을 낳기도 한다. 이렇게 양면적인 이기심을 올바로 지도하는 역할을 할 수 있는 것이 도덕적 양심이다. 이것이 우리의 현실이요, 인간의 전모이다. 따라서 인간을 대상으로 삼는 사회과학은 당연히 이러한 인간의 전모에서 출발해야 할 것이다. 그런데 오늘날 사회과학은 그렇지 못하고 종종 한쪽으로 치우친 모습을 보여준다. 자유주의와 사회주의의 대립은 그 대표적인 예이다.

자유주의자들은 대개 인간의 이기심을 예찬하며, 이기심이 야기할 수 있는 사회적 갈등을 과소평가한다. 흔히 거론하듯이, 애덤 스미스의 다음과 같은 주장은 그 대표적인 예이다.

> 사실 그는 공공의 이익을 증진시키려고 의도한 것도 아니며 그가 얼마나 기여하는지도 알지 못한다. (…) 그는 오직 자신의 안전을 의도한 것이고 (…) 오직 자신의 이익을 의도한 것이다. 그는 이렇게 함으로써 〔다른 많은 경우와 같이〕 보이지 않는 손(an invisible hand)에 이끌려 그가 전혀 의도하지 않은 목적을 증진시키게 된다. 그가 의도하지 않았다고 하여 반드시 〔의도했을 경우에 비해〕 사회에 보다 적게 기여하는 것은 아니다. 그는 자기 자신의 이익을 추구함으로써 종종 그 자신이 진실로 사회의 이익을 증진시키려고 의도하는 경우보다 더욱 효과적으로 그것을 증진시킨다.[38)]

스미스는 이른바 '보이지 않는 손' 을 끌어들여 이기심에 대한 일말의 우려마저 완전히 불식시키려 했다. '보이지 않는 손' 은 개인의 이익과 공공의 이익을 일치시켜주는 '신적(神的) 존재' 로서, 스미스는 이러한 개념을 통해 개인의 도덕적 부담이나 책임을 감면시켜준 것이다.[39)] 이제 개인은 자유롭게 자신의 이익만 추구하면 될 뿐, 나머지 문제들은 보이지 않는 손에 의해 저절로 해결되는 것이다〔豫定調和〕. 이러한 맥락에서 밀(John Stuart Mill)도 '상품의 저렴한 가격과 탁월한 품질이 가장 효과적으로 제공

---

38) 스미스, 『國富論』 上, 434쪽.

39) 박순성, 『아담 스미스와 자유주의』, 211쪽 참조.

되는 방법' 은 '생산자와 판매자 모두에게 완벽한 자유를 부여하는 것' 이라 주장할 수 있었다.[40)]

스미스가 그랬던 것처럼, 대부분의 자유주의자들은 '공공의 이익을 증진시키려는 의도' 를 불필요한 것으로 본다. 20세기 신자유주의의 기수였던 하이에크(Friedrich Hayek)도 "야망과 탐욕은 자비심이 한 것보다 더 나은 일을 하였다"[41)]고 역설하였다. 요컨대 사회는 도덕적 본성의 발휘 없이 이기심만으로도 잘 굴러갈 수 있다는 것이다. 그런데 현실은 그렇지 못했다는 것을 근대 서구의 역사가 입증하였다. 이에 사회주의자들은 인간의 이기심을 비판하면서 '불쌍한 이웃에 대한 온정(溫情)' 이나 '모든 사람들에 대한 형제애(兄弟愛)' 를 역설했던 것이다. 그러나 사회주의적 온정이나 형제애도 결국 '도덕적 해이(moral hazard)' 라는 폐단을 초래하고 말았다. 이는 도덕적 본성에만 과도하게 호소하고 인간의 이기심을 외면한 결과였다.

자유주의와 사회주의의 사례를 본다면, 사회과학은 개인적 이기심과 도덕적 양심을 항상 동시에 고려해야 한다는 점을 알 수 있겠다. 사실 『서경』의 '인심과 도심' , 『예기』의 '천리와 인욕' , 아리스토텔레스의 '재산과 교양' , 루소의 '일반의지와 특수의지' , 칸트의 '정언명령과 가언명령' 등 앞에서 이미 살핀 쌍개념들은 '인간의 전모' 를 유념하면서 사회과학적 논의를 전개한 모범적 사례였던 것이다.

둘째, '이기적 경쟁과 사회적 연대' 의 측면에서 논해보자. 대부분의 사람은 자신의 이익을 추구할 뿐만 아니라, 또 남보다 더 많은 이익을 얻고자 하는바, 이러한 맥락에서 '이기심의 자유로운 충족' 은 '자유경쟁' 과 표리를 이룬다. 자유주의자들은 이기적 경쟁을 자연스러운 사실로 받아들임은

40) Mill, *On Liberty*, 94쪽.
41) 하이에크, 『치명적 자만 – 사회주의의 오류』, 246쪽.

물론, 사회발전의 적극적 계기로 인식했다. 경쟁은 사회적 효율성의 원천이므로, 진보와 발전을 위해서는 각 개인의 이기적 경쟁심을 적극 북돋아야 한다는 것이다. "산업사회의 체계가 기능을 발휘하도록 하기 위해서는 자기중심주의 · 이기주의 · 탐욕을 조장할 필요가 있으며, 이것은 조화와 평화로 이르는 길이다."[42]라는 생각, 즉 예정조화설에 근거한 자유경쟁론은 근대 자유주의의 지론이었다.[43]

게다가 진화론(進化論)이 등장하면서, 몇몇 자유주의 이론가들은 경쟁을 진화의 원동력으로 예찬했다. 19세기 후반의 스펜서(Hebert Spencer)는 사회진화론을 제창하여 이러한 조류(潮流)를 선도했고, 20세기 후반의 하이에크도 "모든 진화는 경쟁에 의존하고, 끊임없는 경쟁은 기성의 성취를 보존하기 위해서도 필요하다."[44]고 역설했다. 하이에크에 의하면 "가능한 한 전체 생산에 많은 기여를 하기 위해, 개인에게 어떤 방향으로 노력해야 할 것인가를 알려줄 수 있는 유일한 방법은 시장경쟁에서의 생산품의 분배방식"인바, 우리의 문명은 "경쟁적인 시장에 의해 만들어진 자생적으로 확장된 인간질서"에 의존하고 있다는 것이다.[45] 하이에크는 이러한 맥락에서 자본주의 시장경제를 옹호하고, 사회주의에 대해서는 '불가능한 목표(생산수단의 중앙관리를 통한 사회정의의 실현)'를 실현할 수 있는 체하는 '치명적 자만(fatal conceit)'에 빠진 것이라고 비판하였다.[46]

---

42) Fromm, *To Have or To Be?*, 3쪽.

43) 우리에게 잘 알려진 '죄수의 딜레마' 이론은 개인의 이익과 사회의 이익이 일치하지 않음을 명확히 보여주었다. 그렇다면 '각자의 이익이 모두의 이익'이라는 근대 자유주의 경제학의 일반적 전제는 애초부터 타당성이 부족했던 것이다(액설로드, 『협력의 진화』, 32쪽 및 291쪽 참조).

44) 하이에크, 『치명적 자만 - 사회주의의 오류』, 61쪽.

45) 하이에크, 『치명적 자만 - 사회주의의 오류』, 26쪽.

46) 하이에크, 『치명적 자만 - 사회주의의 오류』, 26~29쪽. 하이에크의 주장대로 사회주의가 '치명적 자만'에 빠진 것이라면, 하이에크 자신은 '近視眼'에 빠진 것 같다. 하

그러나 사회주의자들은 자유주의자들의 이러한 주장에 동의하지 않았다. 사회주의자들은 "사람들을 착취하지 말고, 지구를 엉망으로 만들지 말고, 자신을 고립시키지 말고, 섬이 되지 말라. 우리는 함께 살아가는 존재다."[47]라고 외친다. 요컨대 경쟁은 '부익부 빈익빈'의 갈등을 낳을 뿐이니 경쟁은 통제되어야 마땅하다는 것이다. 사회주의자들의 〈프랑크푸르트 선언〉[48] 전문(前文) 제12조에서는 다음과 같이 말한다.

> 과학과 기술의 진보는 인류에게 스스로의 운명을 개선하거나 또는 자기 자신을 멸망케 할 힘을 한층 증대시켰다. 바로 이 때문에 생산을 경제적 자유주의의 놀음에 그대로 놔두어서는 안 된다. 오히려 생산은 인간의 필요에 맞추어 체계적으로 계획되어야 한다. (…) 사회주의는 국내 및 국제 문제에 있어서 자유와 계획을 동시에 지지한다.

사회주의자들은 보다 근원적으로 형제애(兄弟愛)를 내세워 이기적 경쟁의 심리 자체를 비판하고, 사회를 상호 협력 또는 연대(連帶)의 체계로 만들고자 하였다. 그러나 사회주의자들의 '통제와 계획'은 이른바 '국가(정부)

이에크는 '경쟁'을 진화의 원동력으로 예찬하는바, 進化論에 대한 근래의 연구들은 오히려 진화에는 '경쟁과 협력' 두 측면이 모두 작용하는 것이라고 설명한다. 진화생물학자 최재천에 의하면, 근래의 생태학 연구 결과는 "무모한 전면 경쟁을 통해 살아남은 생물들보다 일찍이 남과 더불어 사는 지혜를 터득한 생물들이 우리 곁에 훨씬 더 많다"는 사실을 깨닫게 했다는 것이다(최재천, 『호모 심비우스』, 89~90쪽). '온생명' 이론을 제창한 장회익도 "생물의 種들이 서로 싸운다는 건 오히려 예외적인 일이고, 사실은 서로 간에 엄청난 협동이 이루어집니다. (…) 진화의 과정은 오히려 협동의 체계를 이루어나가는 온생명의 성장 과정이었다고 보는 게 마땅할 거예요."라고 설명한 바 있다(장회익 · 최종덕, 『이분법을 넘어서』, 194쪽).

47) 라슨, 『문화 유전자 전쟁』, 29쪽.

48) 1951년 프랑크푸르트에서 열린 제1회 사회주의자 국제연맹(Socialist International) 총회에서 채택한 '민주적 사회주의의 목적과 과제'라는 선언문을 말한다.

의 실패' 를 초래하고 말았으며, '사회적 연대' 는 수혜자들의 '도덕적 해이' 를 초래하고 말았다.

경쟁은 대개 생산성을 높이는 효과가 있지만, 한편으로는 승자와 패자를 낳는다. 생산성을 높이는 것도 중요하지만, 패자들의 생존권을 보장하는 것은 더욱 중요한 문제이다.[49] 이 두 가지를 모두 우리의 과제로 시인한다면, 사회과학은 한편으로는 이기적 본능을 승인하면서도, 한편으로는 도덕적 본성을 매개로 이기적 본능이 초래하는 부작용을 다스려야 하는 것이다.

셋째, '인간의 보편적 본성과 개인의 독특한 개성' 즉 '보편성과 특수성' 의 측면에서 논해보자. 사람은 누구나 이기적인 동시에 도덕적이라는 양면성을 지니는바, 이기적 존재로서는 자신의 자유를 추구하고, 도덕적 존재로서는 사회의 질서를 존중한다. 자유는 '각자 자기의 방식대로 사는 것' 이라는 점에서 개인의 '독특한 개성' 과 궤를 같이하나, 질서는 구성원 상호 간의 합의(또는 默契)[50]를 통해서 성립한다는 점에서 인간의 '보편적 본성' 과 궤를 같이한다. 또한 사회의 질서만 강조하면 개인의 자유(개성)가 억압되고, 개인의 개성만 강조하면 사회의 질서가 문란해진다. 이것이 우리의 현실이요, 인간의 전모이다. 따라서 인간을 대상으로 삼는 사회과

---

49) '敗者들의 생존권 보장' 이 중요한 까닭은 세 차원으로 설명할 수 있다. 첫째는 '사랑' 의 차원으로, 패자들의 생존을 돌보는 것은 인간의 당연한 의무라는 설명이다. 둘째는 '사회 정의' 의 차원으로, 패자들에게도 생존의 권리가 있다는 설명이다. 셋째는 '사회 변동' 의 차원으로, 패자들의 생존을 돌보지 않으면 결국 반란이나 혁명적 상황을 야기한다는 설명이다. 첫째와 둘째는 '고상한 도덕' 의 차원이므로 무시할 수 있다고 해도, 셋째는 '현실적 지혜' 의 차원이므로 우리 사회의 지속적 번영을 위해서 반드시 고려해야 할 사안인 것이다.

50) 자유주의자들이 보통 사회규범을 구성원 상호 간의 '合意(契約)' 로 설명하는 것과 달리, 흄은 규범이 구성원 상호 간의의 '默契' 에 의해 성립한다고 설명했다(흄, 『도덕에 관하여』, 69쪽).

학은 당연히 이러한 인간의 전모에서 출발해야 하는 것이다. 그런데 오늘날 사회과학은 그렇지 못하고 종종 한쪽으로 치우친 모습을 보여준다. 역시 자유주의와 사회주의의 대립이 그 대표적인 예이다.

주지하듯이, 자유주의자들은 사회의 보편적 가치나 보편적 질서보다 개인의 개성과 프라이버시(privacy)를 강조한다. 벌린(Isaiah Berlin)의 다음과 같은 말은 그 대표적인 예이다.

> 자유의 정수(精髓)는 언제나 각자 선택하고 싶은 대로, 어떤 거창한 체계에 사로잡히거나 강압이나 협박에 의해서가 아니라 각자 그렇게 원하기 때문에 선택하는 능력 안에 들어 있다. 그리고 저항할 권리, 인기가 없어도 될 권리, 순전히 자기가 그렇게 확신한다는 이유 때문에 자기 확신을 신봉할 권리에 들어 있다.[51)]

벌린의 말처럼 많은 사람들이 '순전히 자기가 그렇게 확신한다는 이유 때문에 자기 확신을 신봉할 권리'를 내세운다면 사회의 보편적 가치관도 성립할 수 없고 사회의 보편적 질서도 성립할 수 없다. 예컨대 '양심의 자유'를 앞세운 '양심적 병역거부' 문제를 생각해보자. 양심적 병역거부를 옹호하는 사람들은 대다수 국민들의 생각과 달리 군대를 '살인(殺人) 집단'으로 규정하고, 병역을 거부하는 것이다. 한편, '양심적 병역거부'를 수용하기로 한다면, 같은 맥락에서 '양심적 납세거부'도 수용해야 할 것이다. 내가 내는 세금은 군자금(軍資金)이 되어 살인에 쓰일 수 있으므로, 마땅히 거부해야 하는 것이다.[52)] 이러한 주장들을 받아들인다면 공통의 이

51) Berlin, *Freedom and its Betrayal*, 103~104쪽.

52) 우리 현행 헌법 제38조에서는 '納稅의 의무'를 규정했고, 제39조에서는 '國防의 의무'를 규정했다. 그런데 양심적 병역거부자들은 헌법 제19조의 '良心의 자유'를 들

념, 공통의 질서가 모두 무너질 것인바, 그 사회(국가)의 미래가 어떻게 되겠는가?

자유주의가 개인주의를 옹호하는 것이라면, 사회주의는 다분히 전체주의에 치우친 것임은 재론할 필요가 없을 것이다. 이렇게 본다면 자유주의는 지나치게 개성을 강조하여 폐단을 낳고, 사회주의는 지나치게 보편성을 내세워 폐단을 낳는 것이다. 따라서 우리는 개인의 독특한 개성과 인간의 보편적 본성을 동시에 고려해야 하는바, 『논어』의 '화이부동(和而不同)'은 바로 이를 말한 것이다.[53]

넷째, '도덕적 가치와 물질적 가치' 즉 '도덕과 욕망' 또는 '도덕과 산업'의 측면에서 논해보자. 사람은 누구나 이기적 본능과 도덕적 본성을 지닌다고 했는데, 이기적 본능은 인간이 육체를 지닌 생명체라는 점에서 유래하고, 도덕적 본성은 인간이 자신의 생명을 초월할 수 있는 존재라는 점에서 유래한다.[54] 인간은 육체를 지닌 생명체라는 점에서는 생명의 지속을 위해 부지런히 기본적인 욕구를 충족시켜야 하나, 자신의 생명을 초월할 수 있는 존재라는 점에서는 자신을 희생하면서 남을 배려하고 공동선을 추구하는 것이다. 이것이 우리의 현실이요, 인간의 전모이다. 따라서 인간을 대상으로 삼는 사회과학은 당연히 이러한 인간의 전모에서 출발해야

어 '양심적 병역거부'를 '헌법적 권리'라고 주장하는 것이다. 이들의 주장이 정당한 것이라면, 같은 맥락에서 '양심적 납세거부'도 '헌법적 권리'인 것이다. 한편, 論者는 '양심의 자유'는 '양심적 판단의 자유'요, '양심적 행위의 자유'가 아니라고 본다. 그런데 '양심적 병역거부자'들은 '양심의 자유'를 '양심적 행위의 자유'로 해석하는 것이다. 만약 '양심의 자유'를 '양심적 행위의 자유'로 해석할 수 있다면, 감옥에 갇힌 良心囚들을 모두 석방해야 옳을 것이다.

53) '和而不同'은 '남들과 조화를 이루되 자신의 개성을 잃지 않는다'는 뜻인바, 이는 개인의 사사로운 개성과 인간의 보편적 본성이 지양된 결과로 볼 수 있다.

54) 인간이 '자신의 생명을 초월할 수 있다'는 것은 공자가 말하는 '殺身成仁', 맹자가 말하는 '捨生取義', 헤겔이 말하는 '목숨을 건 認定鬪爭' 등을 할 수 있는 존재라는 뜻이다.

하는 것이다. 그런데 오늘날 사회과학은 '욕망의 충족' 또는 '경제발전' 이라는 쪽으로 치우친 모습을 보여준다. '세속화(世俗化)' 또는 '지상낙원(地上樂園)' 이라는 이념이 그것인바, 이 점에서는 자유주의와 사회주의가 마찬가지였다.

먼저, 근대의 자유주의의 '욕망 편중' 성향에 대해 아블라스터(Anthony Arblaster)는 다음과 같이 설명한 바 있다.

> 인간의 욕망이라는 개념은 인간 본성에 대한 자유주의적 개념 안에서 커다란 힘을 갖는다. 홉스 · 흄 · 벤담에게 있어 욕망들은 일종의 주권적 독립성을 갖는다. 이것은 욕망들을 도덕의 영역 너머에 위치시킨다. 욕망은 본질적으로 인간성에 주어진 불변의 것으로, 도덕성은 그 자신을 욕망에 맞추어야 한다.[55)]

아블라스터에 의하면, 자유주의자들은 욕망에 주권(主權)을 부여함으로써, 욕망과 도덕성 사이의 전통적 주종 관계를 역전시킨 것이다. '욕망을 도덕의 영역 너머에 위치시킴으로써' 이기적 욕망을 그 자체로 긍정하는 것은 자유주의의 일반론이었거니와,[56)] 이러한 맥락에서 흄은 "이성은 정념의 노예요, 오직 노예여야만 한다. 이성은 정념에게 시중들며 복종하는 것 외에는 다른 어떠한 직분도 절대로 가질 수 없다."[57)]고 선언했던 것이다. 자유주의자들의 이러한 '욕망 편중' 성향은 홉스 이래의 '유물론적 인

---

55) Arblaster, *The Rise and Decline of Western Liberalism*, 28쪽.

56) 월린(Sheldon S. Wolin)도 自由主義를 "인간이 본질적으로 합리적인 존재이며 그 행실은 실제로 이성에 의해 지배된다는 견해" 로 간주하는 많은 학자들의 통념은 '상당한 오류' 를 범하는 것이라고 지적하고, "로크에서 시작해서 스미스, 흄, 공리주의자들을 거치면서 확장된 자유주의 논자들은 반복해서 인간이 강한 情念을 지닌 피조물임을 강조했다." 고 해명한 바 있다(월린, 『정치와 비전』 2, 221쪽).

57) Hume, *A Treatise of Human Nature*, 415쪽.

간관' 과 궤를 같이한다. 그런데 사회주의자들은 유물론적 인간관에 그치지 않고 '유물론적 역사관' 을 표방하여 더욱 심한 '욕망 편중' 성향을 보여주는 것이다.

다음, '지상낙원' 이라는 목표 아래 경제발전에 매달리는 근대의 물질주의에 대해 프롬은 다음과 같이 설명한 바 있다.

> 무한한 진보(進步)라는 저 위대한 약속—자연을 지배하고, 물질적 풍요를 가져오며, 최대다수에 최대행복을 가져다주며, 방해되지 않는 개인적 자유가 보장되리라는 약속이 산업시대의 개막 이래 여러 세대의 믿음과 희망을 지탱해왔다. (…) 기계 및 핵에너지가 동물 및 인간의 에너지를 대체하고 컴퓨터가 인간의 두뇌를 대체하는 산업발전이 이루어짐에 따라, 우리는 우리가 무한한 생산과 소비에의 길에 나섰으며, 기술이 우리를 전능(全能)하게 하고 과학이 우리를 전지(全知)의 존재로 만들었다고 믿을 수 있었다. (…) 무한한 생산, 절대적 자유, 무한정한 행복이라는 삼위일체(三位一體)가 '진보' 라는 새로운 종교의 핵(核)을 형성하였다.[58]

위의 인용문은 현대문명의 성격을 간명하게 정리해주고 있다. 현대문명의 이념은 한마디로 '진보(進步, progress)' 로서, '무한한 생산, 절대적 자유, 무한한 행복' 을 세 축으로 삼는다는 것이다. 그런데 자유와 풍요를 누리는 행복의 낙원에 '인문적(人文的) 가치' 를 담보할 수 있는 인륜도덕(人倫道德)이나 영성(靈性)은 없는 것이다. 따라서 이러한 행복의 낙원은 플라톤의 말로 '돼지들의 나라' [59]일 수 있는 것이다.

---

58) Fromm, *To Have or To Be?*, 1~2쪽.

59) 플라톤, 『국가』, 372a~374a. 후쿠야마도 오늘날 자유민주주의 국가의 시민들을 '동물로 전락한 인간' 으로 묘사한 바 있다(Fukuyama, *The end of history and the*

근대 이후의 물질주의와 달리, 고전 철학자들은 '도덕과 욕망' 또는 '도덕과 산업' 의 조화를 추구하였다. 예컨대 맹자는 "배불리 먹고 따뜻하게 입으며 편안히 살되 가르침이 없다면 곧 금수에 가깝게 된다. 성인(聖人)이 이를 근심하시어, 설(契)을 사도(司徒)로 삼아 인륜을 가르치게 하신 것이다."[60]라고 하였고, 같은 맥락에서 아리스토텔레스는 이성에 의해 통제되지 않은 '향락적 생활' 은 '짐승에 합당한 생활' 이라 했다.[61] 이처럼 고전 철학자들은 자유와 풍요를 말한 다음에는 반드시 인륜과 도덕을 거론하여 인간이 '배부른 돼지' 로 타락하는 것을 경계했던 것이다. 『주역』의 '덕(德)과 업(業)', 『춘추』의 '중화(中華)와 이적(夷狄)', 아우구스티누스의 '천상도성과 지상도성', 프롬의 '소유양식과 존재양식' 등도 이와 궤를 같이함은 물론이다.

이제 이상의 내용을 정리해 보자. 인간은 이기적 본능과 도덕적 본성을 함께 지니고 있다. 이 책에서 살핀 수많은 쌍개념들은 모두 이러한 인간의 양면성을 반영하는 것이었다. 여러 철학자들이 정립한 쌍개념들을 이해하면, 그들 철학의 핵심 문제에 쉽게 접근할 수 있다. 이러한 맥락에서 이 책에서는 다양한 쌍개념들에 관심을 두고 해명해 보았던 것이다.

인간은 이기적 본능과 도덕적 본성을 함께 지닌다 해도, 인간을 인간답게 만들어주는 것은 도덕적 본성이다. 그런데 인문학은 '사람다움' 에 대해 탐구하는 학문이므로, 인문학은 인간의 도덕적 본성을 규명하고 구현하는 데 초점을 맞추어야 하는 것이다. 이렇게 볼 때 일방적으로 정욕(情慾)을 예찬한 보카치오나 에라스뮈스 등 르네상스 시기의 인문주의자들은 중

---

last man, 312쪽).

60) 『孟子』 滕文公上 4.

61) 아리스토텔레스, 『니코마코스 윤리학』, 1095b.

대한 과오(過誤)를 범한 것이다. 이들의 노선은 자유주의로 연결되어 오늘날까지 지속적인 영향을 끼치고 있다.[62] 이제 우리의 인문학은 다시 고전 철학자들처럼 '인간의 도덕적 본성' 에서 '사람다움의 근거' 를 찾아야 하는 것이다.

인문학이 인간의 도덕적 본성에 초점을 맞추어야 하는 것과 달리, 사회과학은 인간의 도덕적 본성과 이기적 본능을 함께 주목해야 한다. 사회과학은 인간다움을 추구하는 학문이 아니라 개인의 행복과 사회의 발전을 추구하는 학문이요, 인간에게는 본래 도덕적 본성과 이기적 본능이 함께 존재하기 때문이다. 그런데 자유주의와 사회주의 등 근대 이후의 사회과학은 인간성의 전모(全貌)를 조망하지 않고, 각각 어느 한쪽에 치우쳐서 많은 폐단을 낳았던 것이다. 이 점에서도 우리는 고전 철학자들이 도덕적 본성과 이기적 본능 사이에서 '중용' 을 추구했던 정신을 본받아야 할 것이다.

(끝)

62) 예컨대 2015년 2월 우리 헌법재판소는 姦通罪에 대해서 개인의 '행복추구권' 과 '性的 자기결정권' 을 침해하는 것이라는 이유로 違憲 판결을 내린 바 있다. '행복을 위해서는 간통도 허용되어야 한다' 는 자유주의자들의 주장은 보카치오의 지론과 궤를 같이하는 것이다.

참고 문헌

『四書集註大全』 『詩集傳大全』 『書傳大全』 『周易傳義大全』
『禮記集說大全』 『春秋三傳』 『纂圖互註周禮』 『心經附註』
『墨子』 『管子』 『荀子』 『韓非子』
『二程全書』 『朱子大全』 『朱子語類』 『性理大全』
『古文眞寶』 『華嚴經』 『弘齋全書』 『退溪集』
『栗谷全書』 『淸陰集』 『遲川集』 『宋子大全』
『克齋集』 『皤溪隨錄』 『心性錄』 『華西集』
『蘆沙集』 『重庵集』 『省齋集』 『勉庵集』
『順菴集』 『與猶堂全書』

강상진, 「서양 고중세의 인문정신과 인문학」, 『지식의 지평』 제2호, 한국학술단체협의회, 2007.

강영안, 「에라스뮈스」, 『철학과 현실』 제101호, 철학문화연구소, 2014.

강정인, 『넘나듦〔通涉〕의 정치사상』, 후마니타스, 2013.

권영민, 『한국현대문학대사전』(eBook), 서울대학교출판부, 2004.

권정안, 「春秋의 根本理念과 批判精神에 관한 연구」, 성균관대학교 대학원 박사학위 논문, 1990.

김비환, 『오크숏의 철학과 정치사상』, 한길사, 2014.

______, 「현대 인권 담론의 쟁점과 전망」, 『인권의 정치사상』, 이학사, 2011.

김용민, 「루소의 일반의지에 나타난 권력 개념」, 『정치사상연구』 제5집, 한국정치사상학회, 2001.

김주성, 「자유주의의 세계사적 근대성 완성과 철학적 위기」, 『사회비평』 8호, 나남, 1992.

김주연, 『사라진 낭만의 아이러니』, 서강대학교 출판부, 2013.

김태경, 「'왕도적 치자' 와 나눔의 방법」, 플라톤, 김태경 역, 『정치가』(한길사, 2000), 譯者解題.

김형효, 『철학적 사유와 진리에 대하여』 1 · 2, 청계, 2004.

나종석, 『헤겔 정치철학의 통찰과 맹목』, 에코리브르, 2012.

박순성, 『아담 스미스와 자유주의』, 풀빛, 2003.

백종현, 「한국 인문학 진흥의 한 길」, 『지식의 지평』 제2호, 한국학술단체협의회, 2007.

서병훈, 『자유의 미학』, 나남출판, 2000.

______, 『위대한 정치 : 밀과 토크빌, 시대의 부름에 답하다』, 책세상, 2017.
______, 「플라톤의 '혼합체제' 론」, 『정치사상연구』 제10집 1호, 한국정치사상학회, 2004.
安炳周, 『儒敎의 民本思想』, 성균관대 대동문화연구원, 1987.
유원기, 「아리스토텔레스의 인간본성론」, 『신학과 철학』 제6집, 서강대학교 신학연구소, 2004.
이상익, 『儒家社會哲學硏究』, 심산, 2001.
______, 『儒敎傳統과 自由民主主義』, 심산, 2004.
______, 『朱子學의 길』, 심산, 2007.
______, 『嶺南性理學硏究』, 심산, 2011.
______, 『본성과 본능 : 서양 人性論史의 재조명』, 서강대학교출판부, 2016.
이석우, 『아우구스티누스』, 민음사, 1995.
이선경, 「一叟 李元龜의 易學思想 硏究」, 성균관대학교 대학원 박사학위논문, 2002.
이승환, 「한국 및 동양의 공사관과 근대적 변용」, 『정치사상연구』 제6집, 한국정치사상학회, 2002.
장대익, 『인간에 대하여 과학이 말해준 것들』, 바다출판사, 2016.
장하성, 〈한국의 '새로운 자본주의', 경제 민주화〉, 《조선일보》 2012년 3월 13일자 칼럼.
장회익 · 최종덕, 『이분법을 넘어서』, 한길사, 2011.
전상인, 〈한국 민주주의의 자멸 가능성〉, 《조선일보》 2010년 7월 8일자 칼럼.
전원섭, 『平和를 위한 歷史』, 道道, 1991.
조효제, 『인권의 문법』, 후마니타스, 2012.
최상용, 「플라톤의 中庸사상」, 『정치사상연구』 제10집 1호, 한국정치사상학회, 2004.
최재천, 『호모 심비우스』, 이음, 2012.

蕭公權 著, 崔明 · 孫文鎬 譯, 『中國政治思想史』, 서울대출판부, 1998
그레사케(Gisbert Greshake), 심상태 역, 『종말신앙』, 성바오로출판사, 1989.
그레이엄(Angus Charles Graham), 나성 역, 『道의 논쟁자들』, 새물결, 2001.
노울런(Albert Nolan), 정한교 역, 『그리스도교 이전의 예수』, 분도출판사, 1988.
다윈(Charles R. Darwin), 이종호 편역, 『인간의 유래와 성선택』, 지식을만드는지식, 2012.
다이아몬드(Jared Diamond), 김진준 역, 『총, 균, 쇠』, 문학사상사, 1998.
드 발(Frans De Waal), 오준호 역, 『착한 인류』, 미지북스, 2014.
디킨슨(G. L. Dickinson), 박만준 · 이준호 역, 『그리스인의 이상과 현실』, 서광사, 1989.
라슨(Kalle Lasn), 노승영 역, 『문화 유전자 전쟁』, 열린책들, 2014.
레이첼즈(James Rachels), 김성한 역, 『동물에서 유래된 인간』, 나남, 2009.
로스(Dorothy Ross), 백창재 · 정병기 역, 『미국 사회과학의 기원』 1 · 2, 나남, 2008.

롤즈(John Rawls), 황경식 역, 『사회정의론』, 서광사, 1985.
롤즈(John Rawls), 장동진 역, 『정치적 자유주의』, 동명사, 1998.
루소(Jean-Jacques Rousseau), 김중현 역, 『에밀』, 한길사, 2003.
루소, 김중현 역, 『인간불평등기원론』, 펭귄클래식 코리아, 2010.
루소, 이태일(外) 역, 『사회계약론(外)』, 범우사, 1999.
루소, 김중현 역, 『학문과 예술에 대하여(外)』, 한길사, 2007.
맨더빌(Bernard de Mandeville), 최윤재 역, 『꿀벌의 우화 : 개인의 악덕, 사회의 이익』, 문예출판사, 2011.
멩케(Christoph Menke) · 폴만(Arnd Pollman), 정미라 · 주정립 역, 『인권철학입문』, 21세기북스, 2012.
벌린(Isaiah Berlin), 박동천 역, 『자유론』, 아카넷, 2006.
벤담(Jeremy Bentham), 고정식 역, 『도덕과 입법의 원리 서설』, 나남, 2012.
보카치오(Giovanni Boccaccio), 정재민 역, 『데카메론』, 이가출판사, 2004.
보카치오(Giovanni Boccaccio), 남용우 역, 『데카메론』(上 · 下), 을유문화사, 1987.
볼(Terence Ball) · 대거(Richard Dagger), 강정인 外 역, 『현대 정치사상의 파노라마』, 아카넷, 2015.
브로노프스키 & 매즐리슈, 차하순 역, 『西洋의 知的 傳統』, 홍성사, 1983.
스미스(Adam Smith), 박세일 · 민경국 공역, 『도덕감정론』, 비봉출판사, 2012.
스미스(Adam Smith), 김수행 역, 『國富論』, 동아출판사, 1993.
스트라우스(Leo Strauss), 홍원표 역, 『자연권과 역사』, 인간사랑, 2001.
스티븐슨(Leslie Stevenson), 임철규 역, 『인간의 본질에 관한 일곱 가지 이론』, 종로서적, 1988.
스피노자(Benedictus de Spinoza), 추영현 역, 『에티카/정치론』, 동서문화사, 2013.
아렌트(Hannah Arendt), 서유경 역, 『과거와 미래 사이』, 푸른 숲, 2005.
아우구스티누스, 추인해 역, 『神國論』, 동서문화사, 2013.
아우구스티누스, 김기찬 역, 『고백록』, 크리스챤 다이제스트, 2012.
아리스토텔레스, 나종일 역, 『정치학』, 삼성출판사, 1999.
아리스토텔레스, 천병희 역, 『정치학』, 숲, 2014.
아리스토텔레스, 최명관 역, 『니코마코스 윤리학』, 서광사, 2002.
암스트롱(Karen Armstrong), 정영목 역, 『스스로 깨어난 자 붓다』, 푸른숲, 2015.
액설로드(Robert Axelrod), 이경식 역, 『협력의 진화』, 시스테마, 2012.
에라스뮈스(Desiderius Erasmus), 김남우 역, 『우신예찬』, 열린책들, 2011.
오크쇼트(Michael Joseph Oakeshott), 박동천 역, 『신념과 의심의 정치학』, 모티브북, 2015.
월린(Sheldon S. Wolin), 강정인 · 이지윤 역, 『정치와 비전』 2, 후마니타스, 2009.
윌슨(Edward O. Wilson), 이한음 역, 『인간 본성에 대하여』, 사이언스북스, 2009.

저잔(John Zerzan) 편, 정승현 · 김상우 역, 『문명에 반대한다』, 와이즈북, 2009.
탤벗(William J. Talbott), 은우근 역, 『인권의 발견』, 한길사, 2011.
트리그(Roger Trigg), 최용철 역, 『인간 본성에 대한 철학적 논쟁』, 간디서원, 2003.
카이유와(Roger Caillois), 권은미 역, 『인간과 聖』, 문학동네, 1996.
카텝(George Cateb), 이태영 역, 『인간의 존엄』, 말글빛냄, 2012.
칸트, 이원봉 역, 『도덕 형이상학을 위한 기초 놓기』, 책세상, 2002.
칸트, 최재희 역, 『실천이성비판』, 박영사, 1970.
칸트, 백종현 역, 『윤리형이상학』, 아카넷, 2012.
칸트, 신옥희 역, 『理性의 한계 안에서의 宗敎』, 이화여대출판부, 1984.
파이퍼(Rudolf Pfeiffer), 정기문 역, 『인문정신의 역사』, 길, 2011.
프롬(Erich Fromm), 박갑성 · 최현철 역, 『자기를 찾는 인간』, 종로서적, 1982.
플라톤, 박종현 역주, 『국가 · 政體』, 서광사, 1997.
플라톤, 박종현 역주, 『법률』, 서광사, 2009.
플라톤, 박종현 역주, 『파이돈』, 서광사, 2007.
플라톤, 김주일 역주, 『파이드로스』, 이제이북스, 2012.
플라톤, 김태경 역, 『정치가』, 한길사, 2000.
하이에크(Friedrich Hayek), 신중섭 역, 『치명적 자만 – 사회주의의 오류』, 한국경제연구원, 1996.
헤겔, 서동익 역, 『哲學綱要』, 을유문화사, 1987.
홉스, 이준호 역, 『시민론』, 서광사, 2013.
후쿠야마(Fransis Fukuyama), 이상훈 역, 『역사의 종말』, 한마음사, 1999.
흄(David Hume), 이준호 역, 『오성에 관하여』(『인간 본성에 관한 논고』 제1권), 서광사, 2012.
흄, 이준호 역, 『정념에 관하여』(『인간 본성에 관한 논고』 제2권), 서광사, 2012.
흄, 이준호 역, 『도덕에 관하여』(『인간 본성에 관한 논고』 제3권), 서광사, 2012.

Adam Smith, *The Theory of Moral Sentiments*, Edited by D. D. Raphael & A. L. Macfie, Liberty Fund, Indianapolis, 1984.
Anthony Arblaster, *The Rise and Decline of Western Liberalism*, Basil Blackwell Publisers Ltd., Oxford, 1984.
Anthony Quinton (ed), *Political Philosophy*, Oxford Readings in Philosophy, Oxford University Press, 1977.
Aristoles, *POLITIKA*, tr by Ernest Barker, Oxford World's Classics, 1995.
Aristoles, *POLITIKA*, tr by T. A. Sinclair, Penguin Classics, 1981.
David Hume, *A Treatise of Human Nature*, edited by L. A. Selby-Bigge, London, Oxford University Press, 1958.

Erich Fromm, *Beyond the Chains of Illusion*, Simon & Schuster, New York, 1962.
Erich Fromm, *The Heart of Man*, Harper & Row, Publishers, New York, 1964.
Erich Fromm, *To Have or To Be?*, Harper & Row, Publishers, New York, 1976.
Francis Fukuyama, *The end of history and the last man*, The Free Press, A Divission of Macmillan, Inc. New York, 1992.
Isaiah Berlin, *Four Essays On Liberty*, Oxford University Press, London, 1984.
Isaiah Berlin, *Freedom and its Betrayal*, Princeton University Press, London & Princeton, 2002.
John Locke, *Two Treatises of Government (The Second Treatise of Government)* in *Political Writings*, Penguin Books, London, 1993.
John Rawls, *A Theory of Justice*, revised edition, Harvard University Press, 2003.
John Rawls, *Political Liberalism*, Columbia University Press, 1993.
John Stuart Mill, *On Liberty*, edited by Elizabeth Rapaport, Hackett Publishing Company, Inc., Indianapolis, 1979.
Leo Strauss & Joseph Cropsey (ed), *History of Political Philosophy* (Second Edition), The University of Chicago Press, Chicago, 1972.
Leslie Stevenson, *Seven Theories of Human Nature*, Oxford University Press, 1974.
Maurice Cranston, *What are Human Rights?*, Taplinger Publishing Company, New York, 1973.
R. G. Collingwood, *The Idea of History*, Oxford University Press, 1961.
Thomas Hobbes, *Leviathan*, edited with an introduction by C.B. Macpherson, Penguin Books, London, 1985.
T. K. Seung, *Plato Rediscovered : Human Value and Social Order*, London, Rowman & Littlefield Publishers, 1996.

찾아보기

ㅂ

ㅅ

ㅇ

ㅈ

ㅊ

ㅋ

ㅌ

ㅍ

ㅎ

著者 略歷

이상익(李相益)

成均館大學校 儒學大學 韓國哲學科 졸업

同 大學院 東洋哲學科 졸업(哲學博士)

육군사관학교 철학과, 영산대학교 학부대학 교수 역임

現 부산교육대학교 윤리교육과 교수

저서 : 『歷史哲學과 易學思想』(성균관대 출판부, 1996)
『서구의 충격과 근대 한국사상』(도서출판 한울, 1997)
『畿湖性理學 硏究』(도서출판 한울, 1998)
『儒家 社會哲學 硏究』(심산, 2001)
『儒教傳統과 自由民主主義』(심산, 2004)
『畿湖性理學論考』(심산, 2005)
『朱子學의 길』(심산, 2007)
『사람의 길, 文明의 꿈』(심산, 2009)
『嶺南性理學硏究』(심산, 2011)
『인권과 인륜』(심산, 2015)
『본성과 본능 : 서양 人性論史의 재조명』(서강대출판부, 2016)

역서 : 『隱峰野史別錄』(安邦俊 原著, 崔英成 공역, 아세아문화사, 1996)
『譯註 四七新編』(李瀷 原著, 도서출판 다운샘, 1999)
『譯註 庸學辨疑』(趙彦儒 原著, 심산, 2006)
『譯註 己亥封事(外)』(李惟泰 原著, 李達雨 外 공역, 심산, 2007)

본성과 본능
– 쌍개념들의 탐구

초판 1쇄 발행일 2017년 8월 1일

지은이 | 이상익
발행인 | 최원필
발행처 | 심산출판사
주　소 | 서울시 은평구 불광동 219-7 예은 101호
전　화 | 02-357-0633
팩시밀리 | 02-357-0631
E-mail | simsan@korea.com
등록번호 | 제1-2114호(1996년 11월 28일)

ISBN 978-89-94844-50-3 93100

* 책값은 뒤표지에 표시되어 있습니다.